解读

分时图

超短线交易核心技术

郑　葭◎编著

中国铁道出版社有限公司
CHINA RAILWAY PUBLISHING HOUSE CO., LTD.

图书在版编目（CIP）数据

解读分时图：超短线交易核心技术/郑葭编著.—北京：中国铁道
出版社有限公司，2024.6
ISBN 978-7-113-31179-7

Ⅰ.①解… Ⅱ.①郑… Ⅲ.①股票投资-基本知识 Ⅳ.①F830.91

中国国家版本馆CIP数据核字（2024）第079520号

书　　名：**解读分时图——超短线交易核心技术**
　　　　　JIEDU FENSHITU：CHAODUANXIAN JIAOYI HEXIN JISHU
作　　者：郑　葭

责任编辑：杨　旭　　　编辑部电话：（010）51873274　　　电子邮箱：823401342@qq.com
封面设计：宿　萌
责任校对：苗　丹
责任印制：赵星辰

出版发行：中国铁道出版社有限公司（100054，北京市西城区右安门西街 8 号）
印　　刷：三河市宏盛印务有限公司
版　　次：2024 年 6 月第 1 版　　2024 年 6 月第 1 次印刷
开　　本：710 mm×1 000 mm　1/16　印张：11.5　字数：159 千
书　　号：ISBN 978-7-113-31179-7
定　　价：69.00 元

超短线投资是股票投资中的一种特殊形式，它要求的持股时间一般在一到两日，灵活性和资金流动性比起普通的短线投资来说更强，许多对这方面有要求的投资者都愿意尝试超短线投资。

超短线投资的方法有很多，最常见的两种就是在看准时机后前日低吸、后日高抛，以及利用价差做单日 T+0 操作。T+0 交易因其存在两个买卖方向，只要个股有价差，无论当日是涨还是跌，投资者都有机会获得收益，而且它的适用范围非常广。

当然，不同风险承受能力和不同操作风格的投资者，对于超短线投资策略的选择是不一样的。除此之外，个股的趋势变化和市场的情绪变动也会对投资者的超短线买卖造成很大的影响。关于这一点，超短线投资者就有必要通过分时图来进行详细分析。

分时图显示的是每一个交易日中每分钟的股价变动情况，其中包含大量的盘口数据。超短线投资者如果想要在短时间内获取足够的信息来对后市走向作出预判，以达到抓住买卖点的目的，除了观察 K 线整体走势以外，分时盘口数据和股价线运行情况也是必要的分析目标。

具体分析的内容大多集中在股价线的走势、成交量的异动及均价线与股价线的交叉形态和位置关系上。在一些关键交易时段中，分时图的这三大构成要素的特殊变动也能为超短线投资者带来丰富的研判信息。笔者以这些要点为出发点编写了本书，具体的内容结构如下图所示。

全书共有 5 章，除以上内容外，笔者还在第 5 章中安排了两种涨跌行情下的实战解析，将上述内容融会贯通，向投资者展示实际情况下如何应用超短线投资技巧达到短期获利的目的。

最后，希望所有读者通过对本书中知识的学习，提升自己的炒股技能，收获更多的投资收益。但任何投资都有风险，也希望广大投资者在入市和操作过程中谨慎从事，降低风险。

作　者

2024 年 3 月

目录

第1章 分时超短线操作基础

1.1 分时基础图形与信息 2

1.1.1 实时分时图与历史分时图 2

1.1.2 大盘分时图中的特殊信息 5

1.1.3 不同交易时段的竞价规则 7

1.1.4 不同市场的涨跌幅限制 10

1.1.5 多日分时图的设置与应用 12

实例分析 金龙鱼（300999）多日分时图应用 14

1.2 超短线概念及应用要点 15

1.2.1 超短线的定义与种类 16

实例分析 科沃斯（603486）T+0 交易实战应用 16

1.2.2 T+0 操作方向解析 18

实例分析 唐德影视（300426）逆向 T+0 解套应用 19

1.2.3 超短线的操盘原则 21

1.2.4 适合做超短线的个股 23

第 2 章 分时常见波形做短线

2.1 涨跌过程中的波形 26

2.1.1 三大基础波形需了解 26

实例分析 新易盛（300502）三大基础波形应用 27

2.1.2 涨势迅猛的分时波形 29

实例分析 龙头股份（600630）上涨过程中的攻击波与脉冲波 30

实例分析 龙溪股份（600592）上涨高位的攻击波 33

2.1.3 震荡上升波形应用 34

实例分析 华微电子（600360）股价高位的回头波 36

实例分析 得润电子（002055）上涨过程中的试盘波与震仓波 38

2.1.4 下跌波形注意回避 41

实例分析 旭升集团（603305）下跌期间的假升波、杀跌波和跳水波 42

2.2 筑顶与筑底波形 46

2.2.1 倒 V 形顶波形 46

实例分析 中贝通信（603220）倒 V 形顶波形应用 47

2.2.2 双重顶波形 49

实例分析 豪美新材（002988）双重顶波形应用 50

2.2.3 头肩顶波形 52

实例分析 易德龙（603380）头肩顶波形应用 52

2.2.4 震荡顶波形 54

实例分析 文一科技（600520）震荡顶波形应用 55

2.2.5 V 形底波形 57

实例分析 新诺威（300765）V 形底波形应用 58

2.2.6 双重底波形 60

实例分析 中天科技（600522）双重底波形应用 60

2.2.7 头肩底波形 62

实例分析 龙宇股份（603003）头肩底波形应用 63

　　　2.2.8　震荡底波形 64

　　　　　实例分析 贵航股份（600523）震荡底波形应用 65

　2.3　股价线与均价线的关系 66

　　　2.3.1　股价线向上穿越均价线 67

　　　　　实例分析 力源信息（300184）股价线向上穿越均价线 68

　　　2.3.2　股价线跌破均价线 70

　　　　　实例分析 天龙集团（300063）股价线跌破均价线分析 70

　　　2.3.3　均价线形成长期支撑 73

　　　　　实例分析 金太阳（300606）均价线形成长期支撑的分析 73

　　　2.3.4　均价线压制股价线下行 76

　　　　　实例分析 三超新材（300554）均价线压制股价线下行的分析 ...76

第 3 章　关键时段的量价形态

　3.1　开盘半小时的量价关系 80

　　　3.1.1　开盘高开放量高走 80

　　　　　实例分析 望变电气（603191）开盘高开放量高走解析 81

　　　3.1.2　开盘低开缩量上涨 82

　　　　　实例分析 众泰汽车（000980）开盘低开缩量上涨解析 83

　　　3.1.3　开盘高开放量压价 85

　　　　　实例分析 赛伍技术（603212）开盘高开放量压价解析 86

　　　3.1.4　开盘低开缩量下跌 88

　　　　　实例分析 望变电气（603191）开盘低开缩量下跌解析 89

　3.2　下午时段开盘后的走势 91

　　　3.2.1　午盘突兀放量拉升 91

　　　　　实例分析 亚邦股份（603188）午盘突兀放量拉升解析 92

　　　3.2.2　午盘转势缓量上涨 94

　　　　　实例分析 海立股份（600619）午盘转势缓量上涨解析 95

3.2.3 午盘骤然放量跳水 97

实例分析 钧达股份（002865）午盘骤然放量跳水解析 97

3.2.4 午盘放量逐步压价 99

实例分析 云从科技（688327）午盘放量逐步压价解析 100

3.3 尾盘特殊量价关系 102

3.3.1 尾盘巨量急涨拉升 102

实例分析 蓝色光标（300058）尾盘巨量急涨拉升解析 103

3.3.2 尾盘缩量小幅回落 106

实例分析 迪贝电气（603320）尾盘缩量小幅回落解析 107

3.3.3 尾盘放量压制跳水 109

实例分析 华正新材（603186）尾盘放量压制跳水解析 109

3.3.4 尾盘放量加速下行 111

实例分析 协和电子（605258）尾盘放量加速下行解析 112

第4章 特殊涨跌停短线形态

4.1 涨停盘面如何做超短线 116

4.1.1 高开直线冲板 116

实例分析 网达软件（603189）高开直线冲板形态 117

4.1.2 走平后突兀冲板 119

实例分析 省广集团（002400）走平后突兀冲板形态 120

4.1.3 高开震荡涨停 122

实例分析 华海诚科（688535）高开震荡涨停形态 122

4.1.4 台阶式上升涨停 124

实例分析 凯华材料（831526）台阶式上升涨停形态 125

4.1.5 V字开板再封板 127

实例分析 延华智能（002178）V字开板再封板形态 128

4.1.6 凹形开板后封板 ………………………………………… 130

实例分析 多伦科技（603528）凹形开板后封板形态 ……… 131

4.1.7 涨停板震荡交易 …………………………………………… 133

实例分析 宝明科技（002992）涨停板震荡交易形态 ………… 133

4.2 跌停盘面短线分析要点 ………………………………………… 136

4.2.1 低开急速跌停 …………………………………………… 136

实例分析 皖通科技（002331）低开急速跌停形态 …………… 137

4.2.2 横盘后期下跌封板 …………………………………………… 138

实例分析 常山药业（300255）横盘后期下跌封板形态 ……… 139

4.2.3 阶梯式下行跌停 …………………………………………… 141

实例分析 永和股份（605020）阶梯式下行跌停形态 ………… 142

4.2.4 跳水式跌停封板 …………………………………………… 144

实例分析 金奥博（002917）跳水式跌停封板形态 …………… 144

4.2.5 倒凹形开板再封板 …………………………………………… 147

实例分析 太龙药业（600222）倒凹形开板再封板形态 ……… 148

4.2.6 跌停板附近震荡 …………………………………………… 150

实例分析 大龙地产（600159）跌停板附近震荡形态 ………… 151

第 5 章 分时超短线实战解析

5.1 上涨行情的超短线买卖 …………………………………………… 154

5.1.1 涨跌趋势反转时的操作点 …………………………………… 154

实例分析 下跌末期的预示及上涨初期的买进 ………………… 154

5.1.2 上涨稳定后的做 T 与再建仓时机 ………………………… 157

实例分析 上涨稳定后的做 T 与再建仓时机 …………………… 157

5.1.3 上涨到高位后的卖出时机 …………………………………… 160

实例分析 上涨到高位后及时卖出 ……………………………… 160

5.1.4 面临下跌时果断止损 162

实例分析 下跌之后需果断止损 163

5.2 下跌行情的超短线买卖 165

5.2.1 股价反转下跌时的超短线买卖 166

实例分析 股价反转下跌时的超短线买卖 166

5.2.2 下跌行情确定后的反弹做多 168

实例分析 下跌期间的反弹超短线投资 169

5.2.3 持续下跌过程中的逆向 T+0 171

实例分析 下跌期间的逆向做 T 机会 171

第 1 章

分时超短线操作基础

超短线投资一直以来都是股市中的主流投资方向之一，凭借操作灵活、资金回笼快等特性，吸引了大量的股票投资者参与。不过，投资者在正式进行超短线买卖之前有必要对分时盘面结构、各种信息及超短线的常见操盘方式进行充分地了解，并谨记具体情况具体分析的原则，不要在实战中盲目应用从本书中学到的理论知识。

1.1 分时基础图形与信息

在大多数的炒股软件中，分时图存在两种表现形式：一是实时分时图，显示的是当日的分时走势；二是历史分时图，显示的是历史某一个交易日中的分时走势。除此之外，个股分时图和大盘分时图在结构细节上也有差别，下面逐一介绍。

1.1.1 实时分时图与历史分时图

个股实时分时图与历史分时图在走势窗口中的构成是一致的，最大的差别在于整个界面中包含的盘口信息不同。下面先来看投资者做超短线时最常观察的实时分时图结构，如图 1-1 所示。

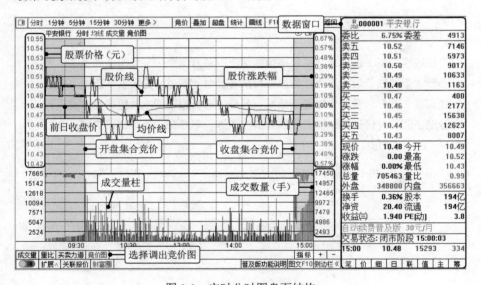

图 1-1 实时分时图盘面结构

在实时分时图中，主窗口包含的信息是最重要的，它展示了个股在当日每一分钟的走势变化和成交信息。其中，左右两侧颜色稍深的窗口分别代表开盘集合竞价和收盘集合竞价阶段的市场竞价情况。这两个阶段的竞价图一般是默认隐藏的，有需要的投资者单击下方功能菜单栏中的"竞价图"选项即可调出，更详细的信息将在 1.1.3 中介绍，这里不再赘述。

中间的则是主要分析窗口，其中包含股价线、均价线和成交量柱三大要素，具体含义如下。

- ◆　股价线：股价线是由多个点连接而成的曲线，这些点分别是个股每一分钟的最后一笔成交价，体现的是股价的实时变动情况。
- ◆　均价线：均价线也是一条由多个点连接而成的曲线，不过这些点是个股开盘后截至目前的平均成交价格，即由每一分钟的成交价格除以开盘分钟数计算而来，体现的是市场平均持股成本。
- ◆　成交量柱：成交量柱显示的是每一分钟的成交数量，单位为手（1 手 =100 股，1 手也是股市中最小的买卖数量单位）。

主窗口的左侧坐标轴上半部分是股票价格，单位为元，下半部分是成交数量；右侧坐标轴上半部分是股价涨跌幅度，以百分比显示，并以前日收盘价为界区分了涨和跌，下半部分也是成交数量；分时走势下方的横坐标显示的是交易时间。

除此之外，主窗口的右侧是当日的交易数据窗口，其中包含大量盘口信息，比如五档买卖盘、关键成交价格、涨跌幅、内外盘等；下方则是功能菜单栏，投资者选择相应的选项即可调出对应的指标进行分析，比如图中已经显示出的竞价图；上方的菜单栏中也包含许多炒股软件提供的功能，投资者若感兴趣可以自行探索，这里不再逐一讲述。

接下来观察历史分时图，看它与实时分时图有何差别，如图 1-2 所示。

图 1-2 中展示的依旧是平安银行（000001）在 2023 年 11 月 3 日的走势，从历史分时图中可以看到，它的主窗口与图 1-1 中的主窗口结构基本一致，股价线和均价线走势也是一模一样的，区别仅在于右侧的数据窗口及上下功能菜单栏而已。

造成这种差异，是因为投资者进入分时图的方式不同。如果投资者想观察实时分时图，只需要在个股的 K 线图中按【F5】键即可实现快速跳转。

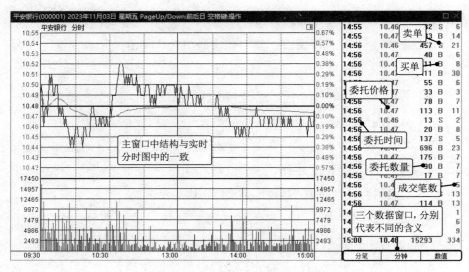

图 1-2　历史分时图盘面结构

如果投资者想要观察历史分时图，就需要在 K 线图中双击当日的 K 线（不一定是交易当日，也可以是个股历史上的任何一个交易日），即可单独调出一个历史分时图窗口，其中的盘口数据与实时分时图有差异。至于不同在何处，历史分时图又包含了哪些盘口信息，下面就来逐一解析。

首先，历史分时图右侧的数据窗口中会默认显示分笔交易数据，也就是下方菜单栏中的"分笔"选项，意为当天每一笔的委托买单和卖单信息。投资者可以看到，该窗口中显示了五列数据，每一列代表的含义有所不同，具体如下。

- ◆　第一列：委托单挂出的时间。
- ◆　第二列：委托单挂出的价格。
- ◆　第三列：委托单挂出的数量（手）。
- ◆　第四列：委托单挂出的方向，"S"即 sell，为卖单；"B"即 buy，为买单。
- ◆　第五列：委托单实际成交的笔数，简单来说，就是有多少笔成交消化掉了这一个买（卖）单。

通过分笔交易数据，投资者可以掌握更多市场交易信息，有助于作出买卖决策。除此之外，另外两个选项也包含了其他的盘口数据，图 1-3 展示的就是"分钟"和"数值"窗口中的信息。

14:46	10.46	2047
14:47	10.47	2492
14:48	10.46	1730
14:49	10.46	3606
14:50	10.46	2058
14:51	10.46	5363
14:52	10.46	1820
14:53	10.45	2831
14:54	10.47	7013
14:55	10.47	1539
14:56	10.46	4025
14:57	10.46	191
14:58	10.46	0
14:59	10.48	15293

分笔	分钟	数值

开盘价	10.49
最高价	10.52
最低价	10.43
收盘价	10.48
成交量	705463
成交额	7.39亿
涨跌	0.00
涨幅	0.00%
振幅	0.86%
换手率	0.36%
总股本	194亿
流通股	194亿

分笔	分钟	数值

图 1-3　"分钟"（左）和"数值"（右）窗口

"分钟"窗口中列示了三列数据，从左到右依次是交易的每一分钟、每一分钟的最后一笔成交价格及在这一分钟内成交的数量。在"数值"窗口中展示的则是一系列的成交价格和盘口数据，与实时分时图中的信息有许多重叠之处，可以帮助投资者分析市场情况。

1.1.2　大盘分时图中的特殊信息

大盘一般指的是各种指数，比如上证指数（999999）、深证成指（399001）、沪深 300（000300）等。它们是由成分股的成交价格经过一定的计算编制而成的指数，每一点指数值的变化，都是成分股整体变动情况的表现，具有反映市场走向的作用。

正因如此，大盘指数的走势也是许多投资者在操盘之前需要关注的，所以，短线投资者也需要对大盘分时图的结构和包含的信息有一定的了解。

下面先来看上证指数在 2023 年 11 月 6 日的实时分时图，如图 1-4 所示。

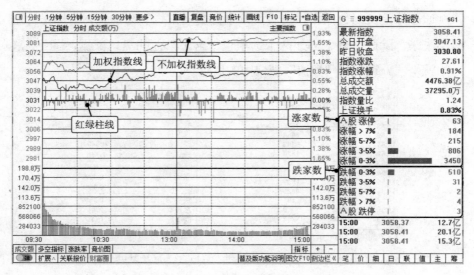

图 1-4　大盘实时分时图盘面结构

从图 1-4 中可以看到，在上证指数的实时分时图中，不仅有个股实时分时图所包含的成交量、换手率、涨跌幅等，还多出了一些个股实时分时图所没有的要素。

首先是围绕前日收盘指数出现的一些上下波动的红绿柱线。这些红绿柱线是上证指数包含的所有股票即时的买盘与卖盘数量的比率，用来反映指数上涨或下跌的强弱程度。

其次是两条走势相近但高低位置不同的指数线，分别为加权指数线和不加权指数线。

◆ 加权指数线：考虑了样本股的股本大小，经过加权的指数线加强了大盘股的变动对指数的影响程度。

◆ 不加权指数线：不考虑样本股的股本大小，没有经过加权的指数线，将大盘股与小盘股的变动对指数的影响程度一视同仁。

由于大盘股与小盘股股本大小的差异性，加权指数线显然更偏向于反映大盘股或权重股的走势，而不加权指数线也就从一定程度上反映了中小盘股的运行情况。因此，两条指数线的交叉形态与上下位置关系就映射出市场的大致运行状态，对于投资者判断走势也有着重要作用。

最后是在走势图右侧的数据窗口内，除了最上面一栏与个股实时分时图类似的数据以外，下方的两栏统计数据也是大盘实时分时图独有的。

◆ 上方红色一栏：统计的是当日上证指数样本股中上涨的个股数量。从上往下依次按照涨停、涨幅 > 7%、涨幅 5% ～ 7%、涨幅 3% ～ 5% 及涨幅 0 ～ 3% 排列，分别统计当日涨幅在相应区间内的个股数量。

◆ 下方绿色一栏：统计的是当日上证指数样本股中下跌的个股数量。从上往下依次按照跌幅 0 ～ 3%、跌幅 3% ～ 5%、跌幅 5% ～ 7%、跌幅 > 7% 及跌停排列，分别统计当日跌幅在相应区间内的个股数量。

对比这两栏统计数据，投资者就可以比较清晰地看出成分股的涨跌状态如何，进而结合其他数据作出基本的走势判断。

除此之外，如果投资者双击大盘实时分时图中数据窗口的任意位置，或单击大盘指数代码左侧的"▤"按钮，还可以将默认的数据窗口转换为分档涨跌家数窗口。

相较于默认的数据窗口来说，分档涨跌家数窗口更加侧重于对大盘指数成分股涨跌情况的展示，不过大多数信息还是与默认数据窗口中的一致，感兴趣的投资者可自行探索，这里不再赘述。

1.1.3 不同交易时段的竞价规则

不同交易时段的竞价规则主要指的是集合竞价和连续竞价两种。

投资者要知道，在上海证券交易所和深圳证券交易所中都有规定，除开市期间停牌并复牌的个股外，每个交易日的 9:15 ～ 9:25 为开盘集合竞价时间，9:30 ～ 11:30、13:00 ～ 14:57 为连续竞价时间，14:57 ～ 15:00 为收盘集合竞价时间。

一般情况下，分时图中默认显示的都是连续竞价的情况。在实时分时图中，投资者可以看到每个交易日的开（收）盘集合竞价情况，如图 1-5 所示。

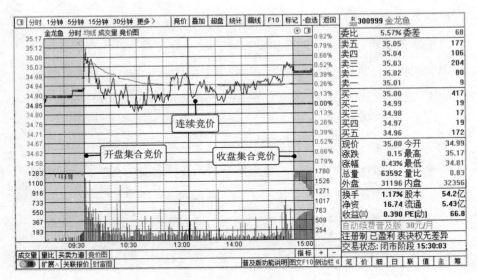

图 1-5 开（收）盘集合竞价图

从图 1-5 中可以看到，开盘集合竞价和收盘价集合竞价期间，价格变动的幅度和频率远不如连续竞价期间大，这是因为集合竞价和连续竞价确定价格的方式大不相同，投资者的挂单方式也是有区别的，下面就分别进行解析。

（1）集合竞价

集合竞价是指对一段时间内接受的买卖申报一次性集中撮合的竞价方式。简单来说，整个集合竞价期间只会产生一个成交价格，开盘集合竞价确定的最终价格为开盘价，收盘集合竞价确定的最终价格则是收盘价。

根据上海证券交易所规定，集合竞价时，成交价格的确定原则有以下几个方面：

①可实现最大成交量的价格。

②高于该价格的买入申报与低于该价格的卖出申报全部成交的价格。

③与该价格相同的买方或卖方至少有一方全部成交的价格。

两个以上申报价格符合上述条件的，使未成交量最小的申报价格为成交价格；仍有两个以上使未成交量最小的申报价格符合上述条件的，其中间价为成交价格。

将以上规则解读后，可以得出以下结论，即挂单量最大的价格为成交价；高于成交价的买单和低于成交价的卖单全部成交；在成交价上挂着的买卖单中，数量少的一方全部成交。

至于成交价在什么时候确定，挂单又在什么时候终止，也有相关规定。

在上海证券交易所中，每个交易日 9:20～9:25 的开盘集合竞价阶段、14:57～15:00 的收盘集合竞价阶段，交易所主机不接受撤单申报；其他接受交易申报的时间内，未成交申报可以撤销。

也就是说，在开盘集合竞价期间，9:15～9:20 这五分钟内，投资者可以委托买卖，也可以撤销委托单；9:20～9:25 这五分钟内，投资者可以委托买卖，但不可以撤销委托单；9:25～9:30 这五分钟内（即集合竞价结束，等待开盘的间隔时间），交易所主机不对买卖单作处理。

在收盘集合竞价期间，也就是 14:57～15:00 这三分钟内，投资者可以委托买卖，但不可以撤销委托单。这一点与开盘集合竞价不同，投资者一旦挂单就没有后撤的选择了，所以，想要在收盘集合竞价期间挂单的投资者一定要谨慎决策。

（2）连续竞价

连续竞价是指对买卖申报逐笔连续撮合的竞价方式，也是大部分交易时间中采用的竞价方式。

根据上海证券交易所规定，连续竞价时，成交价格的确定原则有以下几个方面：

①最高买入申报价格与最低卖出申报价格相同，以该价格为成交价格。

②买入申报价格高于即时揭示的最低卖出申报价格的，以即时揭示的最低卖出申报价格为成交价格。

③卖出申报价格低于即时揭示的最高买入申报价格的，以即时揭示的最高买入申报价格为成交价格。

规则说起来复杂，其实就是遵循"价格优先，时间优先"的原则成交的。同一时间申报的价格，价格高的买单和价格低的卖单先成交；以同一价格申报的，先申报者先成交。

进行了多次股票交易的投资者，相信已经对连续竞价的交易方式比较熟悉了。依旧不太明白的投资者可以将其理解为竞拍，买方价高者得，先叫价者得；卖方也是一样，价低者先出手，先出价者先卖。

在连续竞价期间，投资者是一直可以挂单、撤单的，并不存在如集合竞价期间一般每个阶段有不同的限制。但需要注意的是，投资者当日买进的筹码是不可以在当日就卖出的，需要等到下一个交易日才可以交易，这就是股市的"T+1"交易规则。

1.1.4 不同市场的涨跌幅限制

对个股单日的涨跌幅进行限制，是为了防止股价在短时间内过度上涨或过度下跌，影响市场秩序，同时也避免了主力或机构投资者投机获利。

不同的市场，对于股票单日的涨跌幅限制程度是不一样的。而不同交易状态下的股票，单日涨跌幅限制也会有所不同，投资者要注意分辨。

先来介绍不同市场对股票单日涨跌幅的限制。

◆ 主板市场：在主板市场上市，代码以"600"（上海证券交易所）或"000"（深圳证券交易所）开头的股票，涨跌幅限制比例为10%。

◆ 创业板：在创业板上市，代码以"300"（深圳证券交易所）开头的股票，涨跌幅限制比例为20%。

◆ 科创板：在科创板上市，代码以"688"（上海证券交易所）开头的股票，涨跌幅限制比例为20%。

创业板和科创板对于股票上市的审核条件比主板市场要宽松很多，其中的许多上市公司都是处于成长期的、具有一定发展潜力的公司，因此，需要大量的融资进行扩张和发展，股票涨跌幅限制比例也就放宽了许多。

正因如此，创业板和科创板中很容易出现黑马股和暴冷股，投资者所面对的收益和风险相对于主板市场也会有所增加。因此，风险承受能力较低的短线投资者，在选股时就要注意个股所处的市场情况。

注意，在以下几种特殊情况下，交易所不对股票实行价格涨跌幅限制：

①首次公开发行上市的股票上市后的前五个交易日。

②进入退市整理期交易的退市整理股票首个交易日。

③退市后重新上市的股票首个交易日。

④交易所认定的其他情形。

除此之外，不同状态的股票所面临的涨跌幅限制也不一样。

◆ 风险警示股票（即 ST 股、*ST 股）：主板市场股票的涨跌幅限制比例为 5%，科创板和创业板股票的涨跌幅限制比例为 20%。

◆ 退市整理股票：主板市场股票的涨跌幅限制比例为 10%，科创板和创业板股票的涨跌幅限制比例为 20%。

不同状态的股票涨跌幅限制比例主要针对的是主板市场上的风险警示股票，除了这些股票的涨跌幅限制比例缩减为 5% 之外，其他市场的涨跌幅限制比例都没有变化。

拓展知识 *北交所新三板的股票涨跌幅限制*

新三板指全国中小企业股份转让系统，属于三板市场（二板市场是创业板），原是与上交所和深交所并立的全国性股权交易市场。它分为精选层、创新层和基础层三层，其中精选层涨跌幅限制为 30%，创新层、基础层的集合竞价涨跌幅为 50%、100%，做市交易则不设涨跌幅，上市首日、挂牌终止后不设涨跌幅限制。

为了支持中小企业创新发展，2021 年 9 月 3 日，以服务创新型中小企业为目标的北京证券交易所（简称北交所）正式设立，将全国中小企业股份转让系统中的精选层平移至此，并试点注册制。延续原有全国中小企业股份转让系统精选层的涨跌幅限制，北交所股票的涨跌幅限制为 30%，最主要的目的就是拓宽中小微企业的融资渠道。

由此可见，北交所中上市交易的股票，其波动幅度和暴跌、退市风险比创业板和科创板都要高得多。因此，北京证券交易所也对入市的投资者作出了限制，即个人投资者开通交易权限前 20 个交易日，日均证券资产 50.00 万元，同时具备两年以上的证券投资经验。不符合以上标准的投资者自然是没有交易的机会，但即便是符合标准的投资者，如果风险承受能力较弱，最好也不要随意进入北交所交易。

1.1.5　多日分时图的设置与应用

多日分时图是一种特殊的分时长周期显示方式，在超短线实战中非常实用，甚至一些中长线投资者在寻找买卖点时也会用到多日分时图。

多日分时图的设置不难，投资者首先进入任意个股的实时分时图中，直接按【Alt+数字】组合键进行设置。【Alt+1】为1日分时图，显示的是当前交易日的走势；【Alt+2】为2日分时图，显示的是当前和前一个交易日的走势；【Alt+3】为3日分时图，显示的是当前和前两个交易日的走势，以此类推。

图 1-6 展示的是平安银行 2023 年 11 月 3 日和 11 月 6 日的 2 日实时分时图。

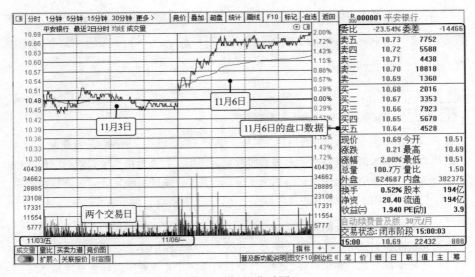

图 1-6　2 日分时图

可以看到，图 1-6 的分时窗口中显示出了两个交易日的股价线走势和均价线、成交量变动情况，不过右侧的数据窗口显示的还是当日的交易数据，这一点并不会被改变。

除了通过快捷键设置以外，投资者还可以右击分时窗口任意位置，将鼠标光标移动到弹出菜单中的"多日分时图"选项上，在子菜单中选择对应选项即可，如图 1-7 所示。

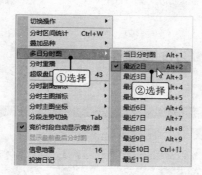

图 1-7　另一种多日分时图设置方式

在历史分时图中，也支持通过快捷键来设置多日分时图，方法与实时分时图中的一致，而另一种设置方式会有所不同。

投资者进入除当日外的任意历史分时图中，需要先选择右下角的"操作"选项，将鼠标光标移动到弹出菜单中的"多日分时图"选项上，然后在子菜单中选择对应选项，如图 1-8 所示。

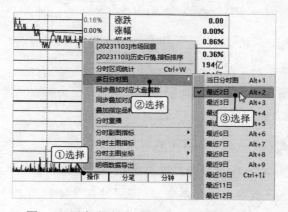

图 1-8　历史分时图中的多日分时图设置方式

通过多个交易日的连贯股价线走势和均价线、成交量变动情况，投资者可以更加顺畅地看到趋势的变动和市场情绪的转变，有时候还会观察到一些在单日分时图中难以察觉的关键信息，对于超短线投资者来说是很有效的分析方式。

下面来看一个具体案例。

实例分析

金龙鱼（300999）多日分时图应用

图 1-9 为金龙鱼 2023 年 10 月 23 日和 10 月 24 日的分时图。

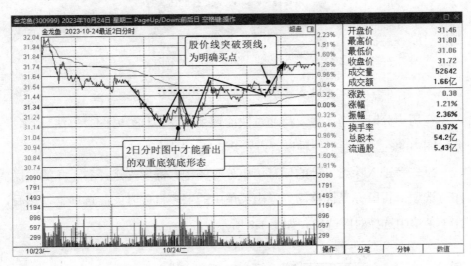

图 1-9　金龙鱼 2023 年 10 月 23 日和 10 月 24 日的分时图

图 1-9 中展示的是金龙鱼 2023 年 10 月 23 日和 10 月 24 日的分时图，单看每一个交易日的走势，似乎只是一跌一涨，并没有特殊之处。但连贯起来看，投资者就能发现在两个交易日的连接处，出现了一个两次下跌又两次被拉起，低点还处在相近位置的双重底形态。

双重底形态是一种十分典型的筑底形态，它往往意味着趋势的见底反转。当股价线向上突破形态的颈线，也就是中间波峰的高点时，形态即宣告成立，对于超短线投资者来说就是一个买进机会。

从 10 月 24 日的分时走势可以发现，股价线是在临近尾盘时彻底突破颈线的，并且前期还经历了长时间的回踩震荡，都没有跌破前期低点，更强化了双重底筑底信号的有效性。因此，超短线投资者就可以考虑在此买进。

下面来看 K 线图中的走势情况。

图 1-10 为金龙鱼 2023 年 9 月至 11 月的 K 线图。

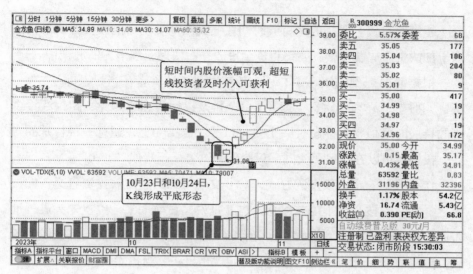

图 1-10　金龙鱼 2023 年 9 月至 11 月的 K 线图

从图 1-10 中可以看到，该股在 10 月中旬时正处于一段快速下跌的底部。随着分时双重底形态的成立，股价开始在后续的交易日内连续上升，短时间内的涨幅十分可观，及时入场的超短线投资者获利机会大，可见多日分时图对于低位买点确定的作用。

当然，连贯分时走势形成筑底形态只是多日分时图的其中一种应用方法，更多的例如观察成交量变动、分析主力意图等方法，会在后续章节的案例中进行解析，这里不再赘述。

1.2　超短线概念及应用要点

超短线投资之所以被称为"超"短线，自然是因为其持股时间相对于一般短线投资者来说更短，资金流动速度更快，相应承受的风险也会更低。本节就针对超短线的具体定义、应用方法和原则等内容进行详细阐述。

1.2.1 超短线的定义与种类

超短线投资一般指的是持股时间在一到两个交易日的投资方式，目的在于加快资金周转速度，始终将资金投放在有快速上涨潜力的股票中。

根据前面提到的股市"T+1"交易规则，投资者在当日，即"T"日买进的股票，必须在次日，即"T+1"日及以后卖出，因此，超短线投资者的持股时间似乎只能超过一个交易日了。但实际上，通过一种特殊的方法，投资者可以在当日买卖同一只股票，这就是超短线"T+0"。

作为典型的超短线投资方式，T+0 交易可谓是超短线投资者必备的技能之一。它的核心在于提前建仓，也就是说，在前期某一位置先买进一批筹码，等到交易时机到来后，投资者就可以在当日买进一批同样数量的筹码，再将前期买进的筹码卖出，即可实现当日买、当日卖的 T+0 交易。

当然，最后投资者手中还是会剩下一批筹码，可以选择在后续继续进行 T+0 交易，也可以择机彻底清仓。可见，这种 T+0 交易是合规的，是在"T+1"交易规则基础上建立起来的超短线投资方式。

下面利用一个案例来展示 T+0 交易在实战中的应用。

实例分析

科沃斯（603486）T+0 交易实战应用

图 1-11 为科沃斯 2023 年 4 月至 6 月的 K 线图。

先来看科沃斯的 K 线走势，从图 1-10 中可以发现，该股在 2023 年 5 月中旬之前处于长期的下跌之中。一直到 5 月 17 日，股价都还在持续下行，在没有明确反转预示的情况下，超短线投资者应保持观望。

5 月 18 日，股价出现了回升上涨，并突破均线压制的趋势。对于超短线投资者来说，这就是一个明确的建仓机会。

5 月 19 日，股价大幅向上拉升，单日涨幅较大，超短线投资者可以将其视作 T+0 的交易机会，于是在当日买进一批筹码后再卖出前一日买进的股票，完成了一次做 T。剩余的筹码则可以留到后续的交易日中继续操作。

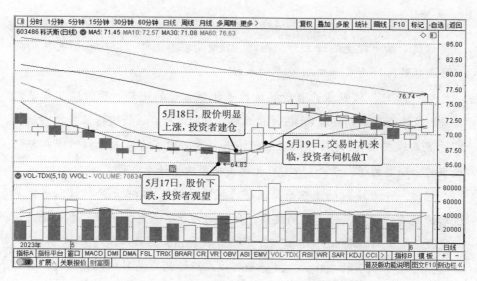

图 1-11　科沃斯 2023 年 4 月至 6 月的 K 线图

下面进入这三个交易日的分时走势中看一下具体操作的点位在何处。

图 1-12 为科沃斯 2023 年 5 月 17 日至 5 月 19 日的分时图。

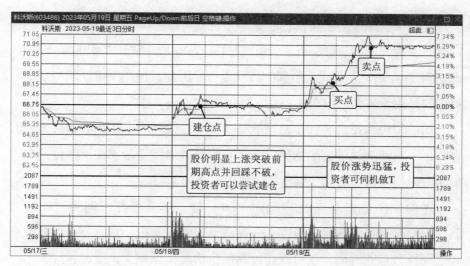

图 1-12　科沃斯 2023 年 5 月 17 日至 5 月 19 日的分时图

从图 1-12 中可以看到，科沃斯的股价在 5 月 17 日的表现比较弱势，因此，投资者应"按兵不动"。到了 5 月 18 日，股价直接以高价开盘，并且在开盘后不久就成功突破到了前期高点之上，并在后续形成回踩不破走势，说明该股后续可能会继续上升。因此，投资者在 5 月 18 日以 66.80 元的价格买进 200 股，作为后市 T+0 交易的基础。

5 月 19 日，该股在开盘后就出现了积极拉升的走势，股价线呈波浪式上升，很快便上涨到接近 68.85 元价位线。在此之后，该股进行了一次回调，不过低点踩在 67.45 元价位线上继续回升。这时投资者基本上就可以判断出后市的上涨潜力了，于是以 68.00 元的价格再次买进 200 股。

经过一个多小时的上涨后，该股已经攀升到了 71.65 元价位线附近，不过后续就有回落并高位震荡的迹象，短时间内也不再继续上涨。那么此时超短线投资者就可以将 5 月 18 日买进的 200 股卖出，完成一次 T+0 交易。

至于手中剩下的 200 股，投资者可以在后续的交易日中继续做 T，也可以等到下一波上涨结束后直接卖出，清仓撤离，结束在该股中的超短线投资。

1.2.2　T+0 操作方向解析

根据买卖顺序的不同，T+0 交易分为顺向和逆向两种。顺向 T+0 已经在上一节的案例中有过解析了，也就是在上涨过程中先买后卖的操作方式。而逆向 T+0 则是采用先卖后买的方式进行，因此，适用于下跌趋势之中，更多的是用于解套，而非获利。

虽然超短线投资者大多希望能够在稳定性较好的上涨行情中买卖，但总免不了判断失误被套的情况，或者有些投资者就是希望在下跌行情中也能赚取差价收益，因此，就需要用到逆向 T+0。

逆向 T+0 的前提条件与顺向 T+0 一样，都需要在前期买进一批筹码。当股价转势下跌时，投资者先在高位将筹码卖出，然后在后续的低点买进同样数量的筹码，就可以通过高低位价差降低损失，比起直接卖出止损来说能更好地解套，只是消耗精力较大。

这里需要注意的是，T+0 操作方向的不同，投资者需要准备的资金是不同的。在顺向 T+0 中，投资者需要先买后卖，因此，要额外准备一批资金买进新一批筹码。但逆向 T+0 不同，投资者先卖出前期筹码，就能将这一批资金回笼，等到下一次低点买进时，投资者就可以直接使用这批资金再次建仓，因此，不需要额外准备资金。

由此可见，对于本来就处于被套困境、资金不足的投资者来说，逆向 T+0 是一种很好的脱困方式，但前提是投资者能够把握好买卖点，否则还是以直接出局止损为佳，以免造成更大的损失。

下面通过一个案例来看逆向 T+0 的实际操作情况。

实例分析
唐德影视（300426）逆向 T+0 解套应用

图 1-13 为唐德影视 2023 年 4 月至 5 月的 K 线图。

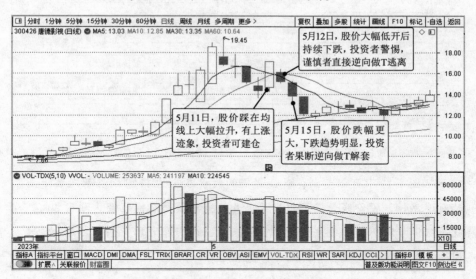

图 1-13　唐德影视 2023 年 4 月至 5 月的 K 线图

从唐德影视的这段走势可以看到，该股前期的涨势相当迅猛，从 8.00 元价位线附近上涨至最高 19.45 元只用了一个月左右的时间，涨幅却实现了翻倍。在此期间，大量的超短线投资者受到吸引介入操作，获利不菲。

5 月上旬，股价创出阶段新高后形成了数日的回落，低点小幅跌到短期均线附近，很快便在 5 月 11 日大幅拉升向上，有了上涨迹象。

这时，许多超短线投资者都会将其视作下一波拉升的前兆，进而在当日择机建仓，或者在前期做T的基础上再次买卖，使得手中握有一定量的筹码。

然而，在后续的两个交易日中，股价的走势却与投资者期望的大相径庭，导致超短线投资者不得不立即逆向做T解套撤离。下面通过这几个交易日的分时走势来观察具体的情况。

图 1-14 为唐德影视 2023 年 5 月 11 日至 5 月 15 日的分时图。

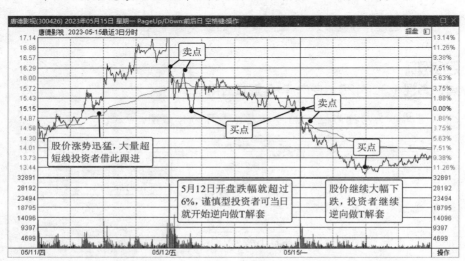

图 1-14　唐德影视 2023 年 5 月 11 日至 5 月 15 日的分时图

从图 1-14 中可以看到，唐德影视的股价在 5 月 11 日的涨势确实是非常具有迷惑性，股价线长期呈锯齿状上升，当日最高涨幅已经达到了 20%，也就是涨停。结合 K 线图中该股的位置来看，确实非常具有企稳回升的特性，因此，大量超短线投资者伺机建仓也不足为奇。

但在 5 月 12 日，股价一开盘就出现了超过 6% 的下跌，这一点相信投资者从集合竞价期间的市场表现就能提前预判出来，机警型的投资者在开盘时就直接抛盘出局了。

而在开盘之后，股价还在持续下行，一直跌到 15.43 元价位线附近才企稳反弹，但反弹的高点也没能上升太多就继续转势下跌了。见势不妙的超短线投资者，此时也要迅速卖出观望了。

几分钟后，该股跌出了 15.00 元的低价，随后再次反弹。可惜反弹的高点比前期更低了，因此，股价转势回升的可能性也在不断降低。那么在后续股价持续低位震荡的过程中，投资者就要注意选择合适的买进点，完成一次完整的逆向 T+0。

5 月 15 日，股价还是以低价开盘，虽然开盘价没有下跌太多，但后续的走势却比上一个交易日更加弱势。股价以极快的速度下滑，几分钟内就跌出了超过 4% 的跌幅，更加确定了下跌趋势的到来。

此时，手中还握有筹码的超短线投资者就要迅速在高位卖出，然后等待股价持续下跌，伺机在较低的位置再度买进，利用价差降低损失。

从 K 线图后续的走势可以看到，该股在 5 月 15 日之后还形成了一日幅度更大的下跌，这时大部分的超短线投资者应该都将损失抹平了，因此，可以在当日或后几日完全撤离，等待下跌结束。

该股在后续也受到中长期均线的支撑而形成了收阳回升的迹象，超短线投资者就可以借机继续进行顺向 T+0 操作，开始赚取收益。

1.2.3 超短线的操盘原则

超短线投资在所有股市投资方法中都算得上难度偏大的，别看快进快出似乎不需要太多操作技巧，也不需要过度跟随趋势。但正因如此，经验不足或是观察力不够的投资者，很难精细把握住买卖点之间的位置关系，本该做顺向却反倒做了逆向的情况比比皆是。

所以，超短线投资者在操盘时需要遵循一定的原则，同时自身也需要符合一定的条件，才能实现更高效的获利。

◆ 原则一：严格执行计划

超短线投资因为资金流动速度很快，因此，需要在事先进行规划。参与多少只股票的投资？每一只投入多少资金？每一只股票从建仓到开始做 T 的涨幅限制为多少等，这些问题都需要结合个股的实际情况来计划。

当然，时间并不充裕的投资者也没必要一次持有多只股票进行操作。

但即便只关注一只股票的情况，投资者也需要提前制订计划，并在后续的操作过程中严格执行。切记不能因为个股涨幅超出预期，或是突然转势下跌而随意更改计划，甚至放弃做 T，这样会造成思维混乱、操作无序，最终可能收益不成反受损。

◆ 原则二：细心、大胆、果断

选择了超短线投资，就注定了投资者不能优柔寡断。一旦在机会面前犹豫不决、反复思索，就有可能错过绝佳的买卖机会，导致收益缩水。更严重的是，一旦投资者出于惜售或其他原因不及时在弱势行情中撤离，很有可能连本金都一起亏损。

诚然，过于快速的操作可能使得投资者来不及更细致地观察各类盘口信息，导致失误率有所增加，但这就是超短线投资的特性，也是它的难度所在。如何在瞬息万变的市场中又快又准地抓住买卖时机，就要靠投资者不断积累实战经验了，单凭理论知识是达不到要求的。

◆ 原则三：设置风控计划

一般情况下，超短线投资所面临的风险并不算大，即便股价单日暴跌，只要投资者及时做好逆向 T+0，也不至于亏损太多。即便如此，投资者也应做好风控管理，必要时提前设置止盈线和止损线。

所谓止盈线和止损线，其实就是根据建仓成本设置的卖出位置。前者要求投资者的盈利或股价涨幅达到一定标准后就卖出，将收益落袋为安；后者则需要投资者在损失或股价跌幅达到一定程度后立即卖出，或转变做 T 方向，尽量减少损失。

具体的设置方式和标准还应根据个股震荡幅度及走势情况而定，同时每个投资者的风险承受能力也不一样，在同样的个股中设置出的止盈线和止损线可能也有很大差异。所以，投资者最好不要按照别人的风控计划操作，适合自己的才是最好的。

◆ 原则四：保持心态平稳

胜败乃兵家常事，股市投资也是一样，判断失误亏损了，或者提前卖出踏空了，都是会时常发生的，每个投资者都躲不开。但投资者需要谨记，失落、不甘只是一时的，等到下一次操盘时，这些情绪就需要全部抛却，不能让它影响到下一次对市场的判断。

但这并不意味着投资者完全不吸取前期失败的教训，只是不能将上一次的负面情绪带到下一次操盘中去，该卖出时惜售不卖，该跟进时犹豫不买，只会让自己陷入恶性循环中。

除了以上四大原则之外，超短线投资者还需要符合一定的条件才能更好地操盘。

有足够充裕的看盘时间和耐心。这一点相信超短线投资者在学习了前面部分的内容后已经有所体会。

有足够丰富的实战经验。实战经验是超短线投资获利的敲门砖，初入股市的投资者最好不要一来就做超短线，容易信心受损。

足够了解股市交易规则。什么时候挂单有效？挂单价格为多少才能成交？什么时候资金回笼？什么时候可以进行下一次交易等，这些都需要投资者熟记在心，避免机会来临时因为对规则不熟悉而错过。

1.2.4　适合做超短线的个股

虽然超短线投资对个股甚至对涨跌行情的要求都不高，但并不是所有的个股都适合做超短线，投资者要选就得选获利机会更大的。

首先，处于猴市阶段、震荡规律性不强的个股，不太适合经验不足的投资者做超短线。因为投资者很难从盘面中看出接下来股价的变动方向，在无序性太强的情况下，投资者操作失误受损的可能性就会更大，实在没有必要。

相反，上升趋势（或下跌趋势）稳定的个股就更适合做超短线，不仅短期发展方向基本固定，如果单日涨（跌）幅够大，投资者获利的空间也会扩大不少。

其次，如果选择振幅比较小、单日高低点之间的价差不大的个股，投资者做超短线能获得的收益会与付诸的精力不匹配。因此，投资者需要选择震荡幅度够大，能够在单日为自己提供足够收益的个股进行操作，比如创业板和科创板的个股，但这些个股风险偏大，投资者要注意衡量。

最后，值得一提的是，大盘股也不是一个好选择，因为盘面中交易量太大，即便是主力也无法在短时间内大幅度抬升或压低价格，因此，很多大盘股的单日振幅都非常小。比如工商银行（601398），多数情况下的单日振幅都在 2% 以下，即便投资者精准抓住了当日的最高价和最低价，收益也不过在 2% 左右，更何况投资者不可能每次都买在最低、卖在最高，因此，收益也是很有限的。

综上所述，投资者最好选择趋势稳定、单日振幅较大、盘面没有大到主力带不动的个股进行超短线投资。

拓展知识 *关于案例中炒股软件窗口时间轴显示问题的说明*

本书会涉及大量案例的解析，关于案例截图中软件 K 线图下方的时间轴显示的问题，这里提前做一个大致说明。

一般情况下，炒股软件窗口大小发生调整或对 K 线图进行缩放时，都会造成软件底部的时间轴发生相应的变化，所以，本书中的案例截图可能存在时间轴上显示的起止日期与分析内容描述的起止日期不一致，或案例截图中的时间间隔不是很连续的情况。这是软件自身原因造成的，本着客观陈述的原则，为了让读者能够更准确地查阅，本书在进行分析时仍然以实际 K 线走势的起止日期进行描述。

除此之外，A 股沪深股市的交易时间为每周一到周五，周六周日及国家规定的其他法定节假日不交易，所以，炒股软件中的 K 线图时间轴仅显示交易日。

第 2 章

分时常见波形做短线

在分时图中做超短线，认识分时常见波形很重要，投资者可以利用这些具有一定预示意义的特殊形态来确定买卖点的位置，包括股价线涨跌波形、筑底筑顶波形、与均价线的交叉波形等，本章将逐一介绍。

2.1 涨跌过程中的波形

股价线涨跌过程中会形成各种不同的波形，有的常见，有的特殊。但只要应用得当，再结合其他盘面信息综合分析，超短线投资者就能更准确地抓住买卖时机，提高成功率。下面先来了解股价线基础波形。

2.1.1 三大基础波形需了解

分时股价线的三大基础波形为圆角波、尖角波和锯齿波，它们是构成各种分时走势的基础，自身也具有一定的市场意义，因此，超短线投资者需要对其有一定的了解，然后再进入特殊波形的学习中。

图 2-1 为圆角波、尖角波和锯齿波的具体形态。

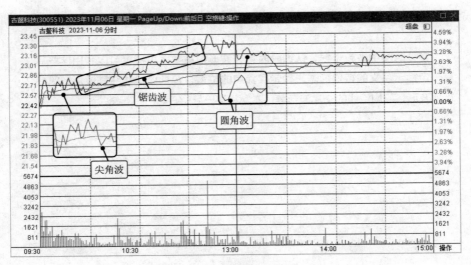

图 2-1 分时股价线的三大基础波形

从图 2-1 中可以看到，尖角波是一种转折角度比较尖锐的波形，说明股价变动幅度大、速度快，市场博弈相对激烈。若此时的量能还比较活跃，就有可能是主力在其中操作。当这种波形频繁出现时，投资者要更加集中注意力观察，避免主力突然出手拉升股价或压价，导致来不及反应。

　　而锯齿波则是一种稳定上扬（或下跌），但运行过程中股价线震荡频率很高，导致整段波形呈现出锯齿状的波形。这说明市场在短时间内对个股的期望达成了一致，主力开始持续推涨，股价短期向好。

　　虽然这样的走势不一定能维持太长时间（主要与主力意图有关），但对于超短线投资者来说已经属于主升波了。因此，投资者在结合多方信息分析出向好信号后，可以借助这种波形建仓或做 T。

　　圆角波则是一种转折处比较圆滑的波形，意味着个股转势过程中价格的变化并不激烈，是市场自然成交形成的可能性比较大。当然，如果圆角波在顶底位置出现，还有可能是主力筑顶出货或筑底吸筹造成的，具体情况需要根据实际走势来分析。

　　下面通过一个案例来进一步解析这三种波形的实战意义。

实例分析
新易盛（300502）三大基础波形应用

　　图 2-2 为新易盛 2023 年 2 月至 4 月的 K 线图。

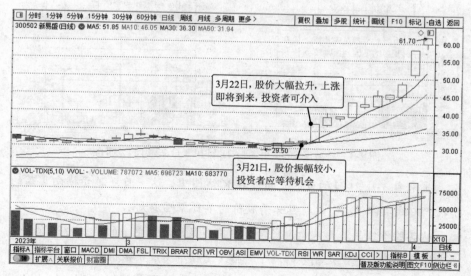

图 2-2　新易盛 2023 年 2 月至 4 月的 K 线图

从新易盛的 K 线走势中可以看到，中长期均线长期处于上升之中，也就是说，该股应当是处于上涨行情之中的。再加上股价走平接触到 30 日均线后并没有进一步下跌，而是沿着均线运行的方向横向整理，说明未来股价回归上涨的概率较大，超短线投资者可以等待机会。

3 月 21 日，股价还处于小幅震荡过程中，但在次日，主力明显出手拉升（这一点从成交量的明显放大就可以看出），导致 K 线收出一根大阳线，收盘价向上远离了中长期均线。这就意味着回调整理完毕，下一波上涨即将到来，超短线投资者可以开始介入做多了。

下面来看看这两个交易日中股价线的波形是如何变化的。

图 2-3 为新易盛 2023 年 3 月 21 日和 3 月 22 日的分时图。

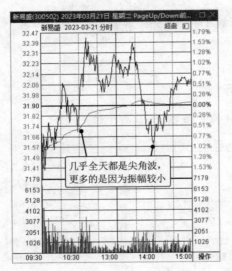
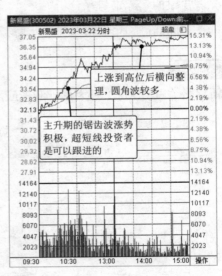

图 2-3　新易盛 2023 年 3 月 21 日和 3 月 22 日的分时图

先来看 3 月 21 日的分时走势，在 K 线图中，这一日还属于横向震荡的阶段，K 线实体很小，也就意味着股价的单日振幅不大。

从其股价线的波形来看，尖角波占据多数，可能更多的是因为股价整体变动幅度较小，即便是相邻的两个价格（A 股市场最小报价单位为 0.01 元，相邻价格即相差 0.01 元的两个价格）也可能使得股价线发生尖锐转折。因此，投资者不可盲目地将其认定为主力操作的痕迹。

再来看 3 月 22 日的分时走势，投资者可以发现该股在开盘后就出现了比较积极的上涨走势，并且越到后期涨势越稳定，最终形成了很长一段锯齿波，直接将价格从 32.00 元价位线附近带到了 35.00 元价位线附近，涨幅已经超过了 8%。

除此之外，下方的成交量也出现了积极的放量支撑，更加证实了市场追涨的积极性和主力出手拉升的可能性。对于超短线投资者来说，这是一个很好的介入时机，经验丰富的投资者可以在第一段锯齿波构筑的过程中就跟进建仓，预备后市做 T 或卖出。

第一段锯齿波结束后，股价进行了短暂修整，然后在 11:00 之后形成第二段锯齿波，股价一直上涨到接近 37.00 元的位置才横盘滞涨。在此期间，买进信号依旧存在，没来得及介入的超短线投资者还可以追涨。

到了后期，股价开始横向震荡，期间的圆角波逐渐增多，市场交易也没有刚开始那么激烈了，说明多空双方暂时达成平衡。如果临近收盘时股价还没有下跌，那么次日延续上涨的概率会比较大，超短线投资者可以持股等到后市继续上涨时做 T 或卖出。

在 K 线图后续的走势中，股价也确实在持续上扬，超短线投资者要注意把握持股时间，及时卖出兑利，不要一直惜售等股价越涨越高，这样就违背了超短线的操盘原则。

2.1.2 涨势迅猛的分时波形

前面介绍的锯齿波虽然属于主升波形，但很多时候的锯齿波涨速并不快。而本节即将介绍的另外两种波形，即攻击波和脉冲波，涨速就远远高于锯齿波，是超短线投资者有必要牢牢抓住的主升波形。其中，攻击波指的是股价在短时间内以远高于前期的涨速迅速拉升，经历短暂的尖角波震荡后将股价带到高位的波形，如图 2-4（a）所示。脉冲波则是在攻击波的基础上，涨势更加迅猛、突兀，期间也几乎没有发生过转折的强势波形。脉冲波形成前股价线走势偏向走平，因此，变盘意味也比攻击波更浓，如图 2-4（b）所示。

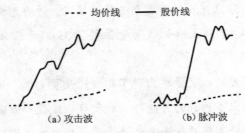

图 2-4　攻击波和脉冲波示意图

　　一般来说，攻击波要比脉冲波更常见，很多时候股价变盘上涨时，盘中就会形成攻击波，有的持续时间较短，有的则可能连续上涨数分钟，通常可视作主力或市场买方的助涨表现。

　　脉冲波则比较常见于涨停前夕，多数情况下都是主力发力注资，一鼓作气将股价拉至涨停，防止散户抢筹、增加拉升难度，或吸引散户追涨、方便自己出货的表现。

　　针对这两种波形的不同形成位置，超短线投资者应当有不同的应对策略。毕竟在上涨初期和行情高位，主力拉出攻击波或脉冲波的意图是完全不一样的，后市的上涨空间也大不相同，所以，超短线投资者也不能一味视作看涨信号盲目买进，至少在仓位轻重上需要有所区分。

　　下面通过一个具体的案例来解析上涨过程中的攻击波与脉冲波。

实例分析

龙头股份（600630）上涨过程中的攻击波与脉冲波

　　图 2-5 为龙头股份 2023 年 8 月至 11 月的 K 线图。

　　先来看龙头股份的外部环境，也就是 K 线走势如何。从图 2-5 中可以看到，该股在 2023 年 8 月底到 9 月中旬的走势偏向于横盘震荡，K 线实体都比较小，说明买卖盘暂时达成平衡，双方都没有激烈交易的意向，超短线投资者要耐心等待时机。

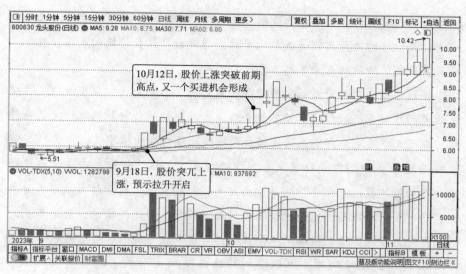

图 2-5　龙头股份 2023 年 8 月至 11 月的 K 线图

直到 9 月 18 日，K 线突兀收出一根长阳线，强势突破了 6.00 元压力线，再加上成交量的放大，可推测是主力在出手推涨，那么股价可能即将上涨，超短线投资者要注意开始建仓了。进入 10 月后，股价落到 10 日均线附近企稳，并开始逐步回升，向着压力线发起冲击。10 月 12 日，股价再度形成了快速拉升走势。下面来看看这两日的分时走势情况。

图 2-6 为龙头股份 2023 年 9 月 18 日和 10 月 12 日的分时图。

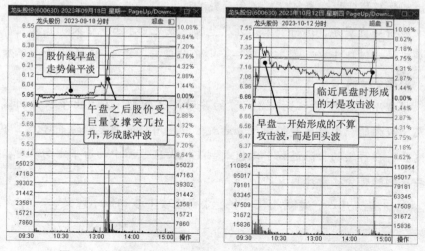

图 2-6　龙头股份 2023 年 9 月 18 日和 10 月 12 日的分时图

图 2-6 左侧展示的是龙头股份在 2023 年 9 月 18 日的分时走势，在早盘期间，股价线的走势比较平淡，几乎长期围绕前日收盘价横向震荡，整体来看与前期震荡阶段的走势并无差异。

不过在下午时段开盘后，股价线的走势有了急剧变化。在下方成交量突兀放大的推动下，股价线大幅转折直线上升，在短短几分钟内就冲上了涨停板，期间几乎没有形成明显的停顿，是一段比较标准的脉冲波。

而结合 K 线图中的位置来看，该股明显处于拉升初期，在这种位置形成突兀的脉冲波，很容易推测是主力发力拉涨的表现。对于超短线投资者来说，这也是一个很好的建仓机会，不过由于股价拉升速度太快，反应不及时的投资者只能在后续封板期间尽早挂单，看是否能够排到前列交易。

回到 K 线图中观察，可以看到后续该股确实形成了数日的上涨，不过第一波涨幅并不大，股价在 7.00 元价位线附近就受阻回调了。超短线投资者如果操作得好，是完全能够借助这几日的上涨卖出前期筹码或顺向做 T 的。

从图 2-6 右侧展示的 10 月 12 日的分时走势可以看到，该股开盘后就形成了急速的上涨，短期来看应该属于攻击波。但当股价上涨到 7.45 元价位线附近受阻回落，攻击波就转变为了回头波，其预示上涨的力度会有所下降，谨慎型的超短线投资者可以不必急于买进。

股价一直震荡，运行到了临近尾盘时，成交量才出现了又一波放大，支撑着股价线迅速上行，在形成了一个尖角整理后，于 14:30 左右冲上了涨停板，形成了一段十分强势的攻击波。

根据 K 线图中的位置和成交量的异动情况来看，主力出手拉升的概率还是比较大的。因此，超短线投资者就可以使用与前期类似的策略，立即跟进建仓，在后续的上涨过程中卖出或做 T。从 K 线图中的后市走向来看，投资者获利的机会还是比较大的。

下面通过另一个案例来看一下上涨高位攻击波的预示意义。

实例分析

龙溪股份（600592）上涨高位的攻击波

图 2-7 为龙溪股份 2023 年 5 月至 8 月的 K 线图。

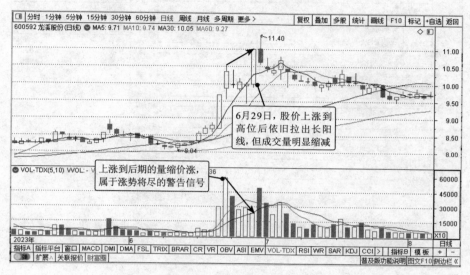

图 2-7　龙溪股份 2023 年 5 月至 8 月的 K 线图

在龙溪股份这段走势中，股价于 6 月中旬开始进入积极的拉升之中，并且涨速越到后期越快，直至形成涨停。在此期间，成交量也配合放大，许多超短线投资者已经伺机介入做多了。

但到了 6 月下旬，股价在 10.50 元价位线上受阻后滞涨了数个交易日，这时的成交量也明显缩减，超短线投资者需要暂停做多脚步。

6 月 29 日，K 线再度收出长阳线，但反观成交量，发现量能相较于前期还是明显缩减的，二者形成了量缩价涨的背离形态。在失去买方支持的情况下，股价的涨势一般很难持续，那么当日形成的急速上涨就有可能是主力出货前夕的推高诱多行为，下面通过当日的分时走势来验证。

图 2-8 为龙溪股份 2023 年 6 月 29 日的分时图。

图 2-8　龙溪股份 2023 年 6 月 29 日的分时图

龙溪股份在 6 月 29 日开盘后数十分钟内，股价线的走势是比较平缓的。不过很快，随着成交量的放大，股价线也开始迅速向上拉升，在经历了数次震荡后，最终形成了一段攻击波。

单看分时走势，积极信号还是很明显的，不过一旦结合 K 线图中的量能情况来分析，主力的意图就更偏向于出货。

因此，如果超短线投资者已经在前期建仓了，那么在当日就可以借助涨停时机清仓卖出，不要再继续做 T 纳入筹码了。如果投资者尚未建仓，也要克制自己不要追涨，避免在高位被套。

从 K 线图中后续的走势来看，该股确实在次日就收阴下行了，不过当日的最高价相较于前期还是抬高的，因此，即便超短线投资者在前一日建仓入场了，也有机会在当日解套撤离。

2.1.3　震荡上升波形应用

震荡上升的波形主要包括回头波、试盘波和震仓波，尽管这三种波形在形成过程中会出现一定程度的上涨，但它们并不像攻击波与脉冲波一般有预示拉升开启的效果，相反，很多时候它们发出的都是股价即将进入回调或下跌的警告信号。

先来看这三种波形的形态示意图，如图 2-9 所示。

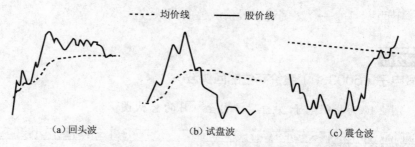

图 2-9　回头波、试盘波和震仓波示意图

从图 2-9 中可以看到，回头波和试盘波在前期的走势是比较相似的，股价线都会经历一段类似于攻击波的上涨。但在接触到压力线后，回头波会形成小幅回落后震荡运行的走势，下跌幅度不大，但持续性很强；而试盘波则会迅速转势下行，直至跌破前期低点，形成明显的看跌信号。

造成这种差别的原因，在于当前行情位置及主力意图的不同。回头波往往形成于回调或下跌前夕，上涨后遇阻震荡的走势意味着市场动能的衰竭，有时候也是主力拉高出货的表现，短时间内是不宜参与的。

而试盘波则常见于 K 线接近压力线的位置，或是拉升前夕，主力为了测试盘中筹码的稳定程度（也就是看多力度的集中性），会通过一次快速的拉升来观察阻力强度，以及测试盘中是否存在其他主力。

如果测试后发现目前拉升有难度，主力就可能暂缓推涨，股价会沿着当前轨迹缓慢运行，变盘时机尚不成熟，投资者也不必急于跟进。如果测试后主力认为时机成熟，就可能在次日甚至当日后续交易时间内再次拉涨，股价就会进入新一波拉升之中，这时超短线投资者就可以买入了。

至于震仓波，也是市场回调整理的表现之一，通常形态为持续低走，震荡下行到一定位置后企稳回升，最终在高于最低价的位置收盘。

震仓波是比较常见的回调波形，通常形成于回头波或试盘波之后，是股价持续下行的预示。即便股价线在后续有企稳回升的迹象，投资者也不能立即买进，而是要根据 K 线图中的信息综合分析，确定上涨趋势稳定后再介入会更加稳妥。

下面先通过一个案例观察股价高位的回头波。

实例分析

华微电子（600360）股价高位的回头波

图 2-10 为华微电子 2022 年 7 月至 9 月的 K 线图。

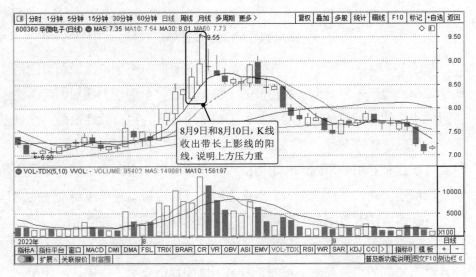

图 2-10　华微电子 2022 年 7 月至 9 月的 K 线图

从华微电子的 K 线走势可以看到，该股经历一段时间的震荡上涨后，于 8 月初开启了快速拉升，股价涨速明显提高，一周多时间就从 7.50 元价位线附近冲到了 9.00 元价位线以上，短期涨幅比较可观，参与其中的超短线投资者也不少。

不过在 8 月 9 日和 8 月 10 日，K 线收出的大阳线带有很长的上影线，尤其是 8 月 10 日，最高价与收盘价之间的差距非常大，说明股价大概率在盘中形成了冲高回落走势。在连续暴涨后的高位出现这种情况，很可能是市场推涨乏力，或是主力拉高出货的表现，也就是说，股价涨势难以为继，后续可能进入高位滞涨或回调中，超短线投资者要谨慎对待。

下面进入这两个交易日的分时图中观察具体的情况。

图 2-11 为华微电子 2022 年 8 月 9 日和 8 月 10 日的分时图。

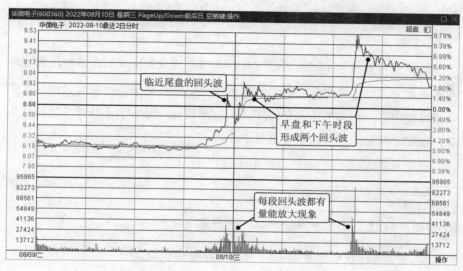

图 2-11　华微电子 2022 年 8 月 9 日和 8 月 10 日的分时图

从图 2-11 中可以看到，该股在 8 月 9 日的大部分交易时间内都保持着横盘震荡走势，直到临近尾盘才有了比较明显的上涨。随着成交量的持续放大，股价涨速越来越快，最终冲到 8.80 元价位线以上，然后迅速回落，以稍低的价格收盘。

很显然，这一段走势属于回头波，不过因为回头的时间比较短，场内很多投资者都没有意识到危险，或是没来得及撤离，甚至许多买盘还在持续挂单，导致成交量一直在放大。

这种在尾盘拉高又回头的走势，是主力经常采用的诱多手段，目的是吸引更多买盘跟进，来承接自身不断散出的筹码。可见这一段放大的量能中很可能也包含着主力出货的卖单。

来看次日股价的表现，8 月 10 日开盘之后，股价线就出现了积极的上涨，数分钟后在接近 9.00 元价位线的位置回头，低点落在均价线上，随后长期横盘震荡。而在股价回头的同时，成交量也有明显放大，更加证实了主力的出货意图，依旧留在场内的超短线投资者要注意撤离了。

下午时段开盘后不久，股价线在成交量巨幅放大的推动下脉冲上升，一直冲到了最高 9.55 元才止涨回落。在此期间，成交量经历了急速放大又急速缩减的走势，股价线后续的下跌速度也明显加快，主力出货的痕迹更明显了。

两日之内形成三个回头波，以及越来越大的量能峰值，在不断地向投资者发出警告信号，机警型的超短线投资者早已撤离观望，而惜售型的投资者若想继续操作，一定不能重仓持有，在 K 线图后续股价形成转势下跌的迹象后，这部分投资者也要迅速卖出止损。

接下来通过另一个案例分析上涨过程中的试盘波与震仓波。

实例分析

得润电子（002055）上涨过程中的试盘波与震仓波

图 2-12 为得润电子 2023 年 4 月至 7 月的 K 线图。

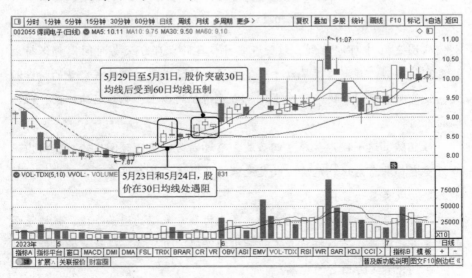

图 2-12　得润电子 2023 年 4 月至 7 月的 K 线图

在得润电子的这段走势中股价前期经历了一段时间的下跌，导致 K 线落到了中长期均线下方较远处，短期跌幅还是比较大的。

5 月上旬，该股落到 8.00 元价位线附近企稳后走平横盘，并最终于 5 月中旬开始逐步收阳向上拉升，数日后就靠近了 30 日均线。不过，当股价在即将接触 30 日均线时，盘中却出现了涨势减缓的形态，下面通过关键交易日的分时走势来具体分析。

图 2-13 为得润电子 2023 年 5 月 23 日和 5 月 24 日的分时图。

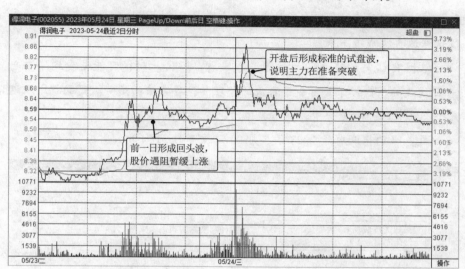

图 2-13 得润电子 2023 年 5 月 23 日和 5 月 24 日的分时图

5 月 23 日和 5 月 24 日正是股价靠近 30 日均线的两个关键交易日，从图 2-13 中可以看到，该股在 5 月 23 日开盘后横向震荡了一段时间，大约 10:40 之后才开始呈阶梯式上升。

然而在后续的上涨过程中，股价多次受到上方压力而回头，导致当日收盘后，K 线带有较长的上影线。观察 K 线图可以发现，分时压力线的位置正好在当时的 30 日均线附近，投资者可以近似看作 30 日均线的压力，进而推测出股价短时间内可能突破困难。

次日的走势也证实了这一点，该股在 5 月 24 日开盘后很快形成了一波急速拉升，在强势突破 30 日均线后又以同样快的速度回落，直接跌破当日开盘价，形成了一段标准的试盘波。

股价线在被 30 日均线压制后的次日形成试盘波，大概率是主力试探市场反应和直接拉升难度的表现。从当日后续的走势来看，试探结果可能是不宜立即拉起，而需经过整理和震仓。

因此，观察到这一现象的超短线投资者就不要着急介入。如果有投资者已经在前期买进，那么此时也最好借高卖出，观望等待机会。

回到K线图中观察，可以发现该股在此之后横盘整理了数日，最终于5月29日实现了突破。但在突破后的两个交易日内，市场似乎又在进行整理，股价涨速再次减缓下来。

根据K线与均线之间的位置关系来看，股价此时很可能是受到了来自60日均线的压力，于是形成了再次的整理和预备突破的走势。下面就进入这几个交易日的分时走势中，看看具体情况是怎样的。

图2-14为得润电子2023年5月29日至5月31日的分时图。

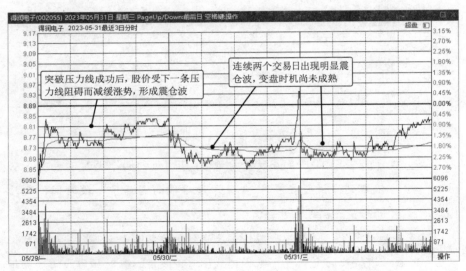

图2-14　得润电子2023年5月29日至5月31日的分时图

先来看突破当日，也就是5月29日的分时走势。股价在开盘后形成的一段攻击波成功实现了对外部压力线的突破，不过股价在上涨到接近8.85元价位线时便滞涨回落了，攻击波转变为回头波。

下午时段开盘后，股价又再度回升，虽然回升速度非常慢，不过也可以与早盘期间的下跌走势结合视作震仓波。这说明主力推涨的力度还没有大到能够支撑股价持续拉升，因此，该股后续有可能继续横盘震荡，也可能缓慢上升，总之价差很难拉开，超短线投资者没有必要费力参与。

在 5 月 30 日和 5 月 31 日，股价线形成了开盘后持续下行，在某一位置止跌后回升的走势，也就是都形成了震仓波。尽管两日都是以阳线报收的，但很显然在振幅较小的情况下，超短线投资者能够获得的收益也不会太多，还很容易产生挫败感影响心态。所以，在这种情况下，超短线投资者也是有必要止损撤离的，止住的是心态、精力和时间上的损失。

在 K 线图后续的走势中，股价还是突破到了 60 日均线之上，但由于前期涨势的不稳定及主力拉升的不坚定，该股在后续的表现也是飘忽不定的，突然上涨和突然下跌的情况时有发生，幅度还比较大。把握不好的超短线投资者要谨慎参与，经验丰富的投资者反而可以利用这些大幅度涨跌赚取差价收益。

2.1.4 下跌波形注意回避

上升波形和整理波形介绍完毕后，接下来就要介绍下跌波形了。如果说投资者在遇到整理波形时还能通过股价短时间内的上涨而做多获利，那么当下跌波形出现时，无论是谨慎型还是激进型的投资者都需要尽快撤离躲避，或者立即改变策略逆向做 T。

常见的下跌波形主要有假升波、杀跌波和跳水波，如图 2-15 所示。

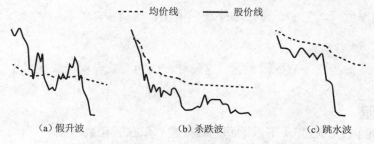

（a）假升波　　　　　　　（b）杀跌波　　　　　　　（c）跳水波

图 2-15　假升波、杀跌波和跳水波示意图

从这三种波形的示意图中可以看出，跳水波是最具威胁性的下跌波

形，其次是杀跌波，最后是假升波，原因自然是下跌速度的不同。

跳水波是跌速最快，也是下跌最突兀的。它往往表现为横盘或缓慢下跌到后期突然急速下行的形态，短时间内的杀伤力很大，有时候甚至还会像反向脉冲波一样直接跌停。

一般来说，如果盘中形成了跳水波，短时间内市场走势大概率是走弱的，对于超短线投资者来说是一种明确的警告信号。即便这是在下跌后期出现的，预示主力压价吸筹的形态，超短线投资者也需要等到上涨迹象形成后再介入，而非在压价阶段就买进。

杀跌波则是稍微缓和一些的下跌波形，常表现为高开后震荡下行的走势，很多时候会形成数段锯齿波，以示跌势稳定。这种波形传递出的也是短期看跌的信号，不过留给投资者的分析和撤离时间要更多一些，但如果投资者始终犹豫不决，最终受到的损失也可能比较大。

假升波是三种下跌波形中最缓和的，股价线会在下降过程中多次反弹，每一次的涨速和幅度都比较大，看似有止跌回升的迹象，但每一次上升的高点都无法彻底突破前期压力线，表明只是在"假升"而已。其成因需要根据行情位置来判断，可能是股价涨势已高后主力诱多出货造成的；也可能是股价转入下跌后，买方试图反推上涨但最终失败造成的。不过无论如何，超短线投资者都应以卖出观望为佳。

综上所述，超短线投资者在遇到任意一种下跌波形时，都最好将前期收益兑现后落袋为安，留在场外观望情况，等待下一次机会，或另寻优质个股操作。

下面就通过一个案例来解析这三种波形的实战表现。

实例分析

旭升集团（603305）下跌期间的假升波、杀跌波和跳水波

图 2-16 为旭升集团 2021 年 11 月至 2022 年 3 月的 K 线图。

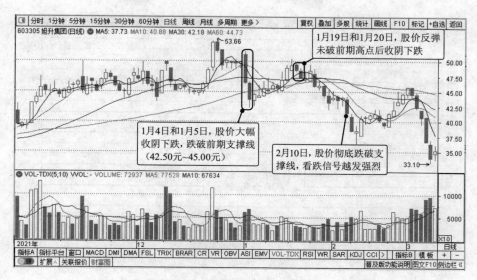

图 2-16 旭升集团 2021 年 11 月至 2022 年 3 月的 K 线图

观察旭升集团的 K 线走势，可以发现该股在进入 2021 年 11 月后不久，上涨速度就受到了明显的压制，成交量也在持续缩减，说明上涨行情无法延续太长时间，依旧在参与做多的超短线投资者要注意了。

12 月下旬，股价再一次快速拉升上涨一举突破了前期压力线，来到了 50.00 元价位线之上，短期涨幅还是很大的。可惜这只是主力短暂拉高后出货的手段，股价很快就开始收阴下行，并于 1 月 4 日和 1 月 5 日收出了近期最长的阴线，宣告下跌趋势的到来。

下面来看一下这两个交易日的分时走势。

图 2-17 为旭升集团 2022 年 1 月 4 日和 1 月 5 日的分时图。

整体来看，这两个交易日的分时走势十分相似，股价都是在开盘后就形成了持续下行的走势，一直跌到某一支撑线附近后暂时止跌震荡，数十分钟后又继续下跌了。

1 月 4 日，股价是以高价开盘的，因此，后续的下跌波形属于比较典型的杀跌波。而 1 月 5 日的开盘价稍低于前日收盘价，但也只是低了 0.03 元，因此，也可以视作杀跌波。那么超短线投资者在此期间就不能长期停留，及时借高撤离或逆向做 T 解套才是明智之举。

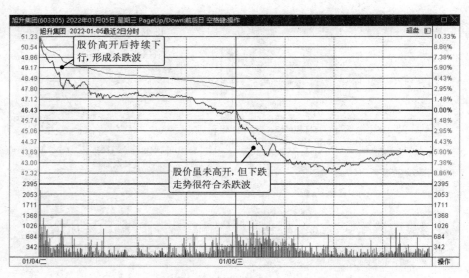

旭升集团(603305) 2022年01月05日 星期三 PageUp/Down:前后日 空格键:操作

旭升集团 2022-01-05最近2日分时   超盘

股价高开后持续下行,形成杀跌波

股价虽未高开,但下跌走势很符合杀跌波

01/04(二)   01/05(三)   操作

图 2-17　旭升集团 2022 年 1 月 4 日和 1 月 5 日的分时图

回到 K 线图中观察后续的走势,可以看到股价在次日就被拉起,经过一段时间的震荡后再次上涨到了 50.00 元价位线附近。但显然该价位线处的压制力十分强劲,股价没能成功突破,在接触到该压力线的次日就收阴继续下行了。

下面来看在这两个交易日的分时走势中,股价线又会形成怎样的波形。

图 2-18 为旭升集团 2022 年 1 月 19 日和 1 月 20 日的分时图。

在 1 月 19 日开盘后,股价线便形成了急速的震荡式下跌,杀跌波出现。数十分钟后,股价在 48.44 元价位线附近止跌并立即回升,上涨速度非常快,看似有继续上涨的迹象,但投资者只要等待几分钟就会发现,该股上涨到当日开盘价的下方不远处就滞涨再次下跌了,说明这只是一次反弹,也是一段假升波。

在后续的交易时间内,股价又形成了非常多的假升波,几乎每一次大幅度的反弹顶部都低于前期,下跌信号十分明显。

1 月 20 日的走势与 1 月 19 日非常类似,假升波也是频繁出现,而且高点下移的趋势更加明显了。结合 K 线图中股价突破前期高点失败的走势来看,下跌趋势基本确定,超短线投资者最好尽快撤离。

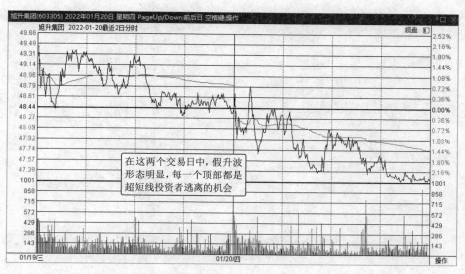

图 2-18　旭升集团 2022 年 1 月 19 日和 1 月 20 日的分时图

这时投资者回头再看 K 线图，会发现股价在此之后就持续下跌并跌破均线组合，落到前期低点附近后横盘震荡了数日，但最终还是于 2 月 10 日大幅收阴，彻底将支撑线跌破。

下面来观察跌破关键支撑线当日，股价线的特殊波形。

图 2-19 为旭升集团 2022 年 2 月 10 日的分时图。

从图 2-19 中可以看到，旭升集团在 2 月 10 日是以低价开盘的，开盘后经历了短暂的震荡，随后就进入逐步下跌的阶段中。数十分钟后成交量开始持续放大压价，导致股价线拐头向下，在短短数分钟内加速下跌至 42.29 元价位线附近，短期跌幅几乎达到了 3%。

这是一段十分典型的跳水波，并且由于股价跳水的幅度非常大，跳水过程中还彻底跌破了外部支撑线，传递出的卖出信号就更加强烈了。超短线投资者如果无视近期连续出现的下跌波形警告，还留在场内利用反弹做多，是很容易被套而受损的，尤其是经验不足的投资者。

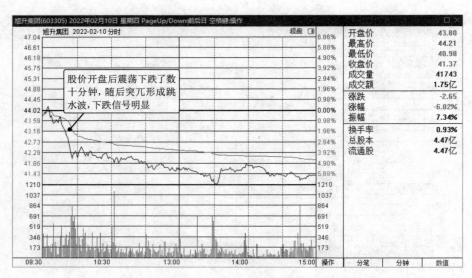

图 2-19 旭升集团 2022 年 2 月 10 日的分时图

2.2 筑顶与筑底波形

筑顶波形与筑底波形也属于股价线的特殊波形，在特定的行情位置出现时，将有较高的买卖参考价值，对于长期寻觅操作机会的超短线投资者来说也很有帮助。下面就针对一些常见的筑顶和筑底波形进行逐一讲解。

2.2.1 倒 V 形顶波形

倒 V 形顶，顾名思义，就是一个类似于倒置的字母"v"形状的尖顶波形，如图 2-20 所示。

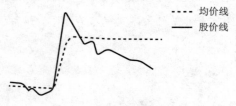

图 2-20 倒 V 形顶示意图

　　细心的投资者可能已经发现了，倒 V 形顶的波形与前面介绍过的回头波和试盘波非常相似，都是短时间内快速上涨，在某一位置遇阻后又立即下跌的波形，所以，它们的预示信号也是类似的。

　　不过，倒 V 形顶的技术要求更多一些，形成位置也会规定得比较严格。

　　首先，倒 V 形顶拥有一条颈线，即以股价开始快速上涨的位置为基点作出的一条水平线。只有当股价线跌破该支撑线时，倒 V 形顶才算彻底成立（有时候如果股价长时间缓慢下跌难以跌破，跌破均价线也是可以的）。

　　其次，倒 V 形顶构筑过程中，股价线如果能直上直下是最好的，如果不能，也允许其中存在多重次一级震荡，也就是可以形成多个尖角波或圆角波，但不能太过影响整体形态的成立。

　　最后，倒 V 形顶形成的行情位置，最好在上涨顶部，或者是高位震荡后期，这样形态的参考价值才能被发挥到最大。当然，如果投资者不能准确判断顶部何时到来，还是可以借助倒 V 形顶先行撤离再观察后市走势，看股价是否如预料一般下跌。

　　下面利用一个案例来具体解析操作策略。

实例分析

中贝通信（603220）倒 V 形顶波形应用

　　图 2-21 为中贝通信 2023 年 8 月至 10 月的 K 线图。

　　从中贝通信中长期均线的走势来看，该股的上涨行情还是比较清晰的，场内也有大量超短线投资者在做多。在 2023 年 9 月初，股价上涨到 30.00 元价位线下方后滞涨，随后进入了高位横向震荡之中。

　　在这种情况下，超短线投资者是需要出局等待机会的。当然，一些经验丰富的投资者也可以利用震荡期间的价差来做 T 获利，但要注意仓位管理和风险控制。

　　9 月 12 日，股价出现了短暂冲高后回落的走势，最高点接触到了 30.00 元价位线，但最终还是以阴线报收。从外部 K 线形态来看，该股似乎是进行了一次试盘。

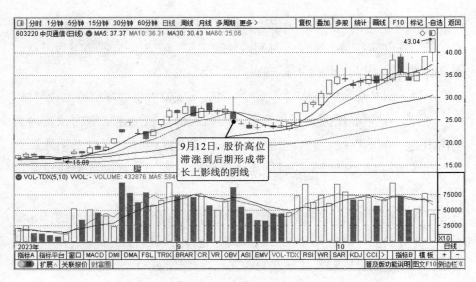

图 2-21　中贝通信 2023 年 8 月至 10 月的 K 线图

下面进入当日的分时走势中观察。

图 2-22 为中贝通信 2023 年 9 月 12 日的分时图。

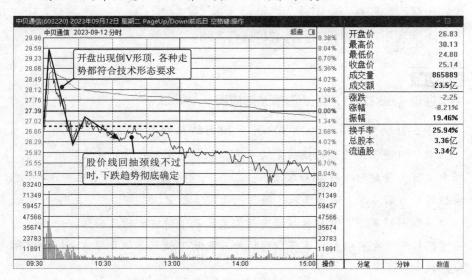

图 2-22　中贝通信 2023 年 9 月 12 日的分时图

该股在 9 月 12 日是以 26.83 元的低价开盘的，但在开盘后第一分钟就出现了急速的上涨，短短几分钟内，股价线就被直线拉升至最高 30.13 元。不过股价并未在高位停留，而是立即转折向下，在震荡中彻底跌破了开盘价，落到了 26.29 元价位线附近。

观察这段时间的波形，投资者应该可以很清晰地看出试盘波的形态，除此之外，它还符合倒 V 形顶的技术形态要求。那么在股价线跌破颈线，也就是开盘价，并且在后续回抽不过时，倒 V 形顶就成立了。

此时超短线投资者就要意识到，试盘波与倒 V 形顶同时出现，并且还处于高位滞涨横盘的后期，可能意味着短时间内突破困难，股价会继续横向震荡，或通过小幅回调来进一步减小拉升压力。所以，超短线投资者不能着急建仓买进，要耐心等待机会。

K 线图中后续的走势也证实了这一点，K 线开始连续收阴下跌，不过跌至 30 日均线附近就企稳横向整理了。一直到 9 月下旬，股价才开始出现上涨迹象，这时超短线投资者就可以准备跟进建仓了。

2.2.2　双重顶波形

双重顶与倒 V 形顶一样，都是形成于股价高位或横盘后期的，具有一定下跌预示意义的筑顶波形。它由两个波峰和一个波谷构成，其中两个波峰的高点需要相近，波谷处的支撑线则是形态的颈线，也是判定形态是否成立的依据，如图 2-23 所示。

图 2-23　双重顶示意图

严格来说，只要股价线跌破双重顶的颈线就可以算作形态成立了，但由于分时双重顶的构筑时间一般偏短，如果股价线只是跌破颈线，可能筑顶说服力并不够。因此，有时候投资者需要等到股价线跌破双重顶上涨初始的位置，才能确定筑顶完成。

这两种判定标准会根据实际情况的不同而互相切换，也就是说，如果投资者认为颈线被跌破时股价的跌势还不算明显，就可以等待上涨初始位置被跌破的时机到来再做判断。如果颈线被跌破时股价的跌势已经比较明确了，那么投资者就要注意及时撤离或立即改变做 T 方向了。

下面通过一个案例来详细解析。

实例分析

豪美新材（002988）双重顶波形应用

图 2-24 为豪美新材 2022 年 7 月至 10 月的 K 线图。

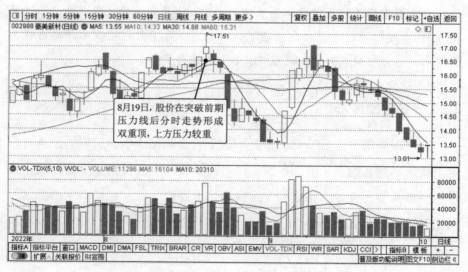

图 2-24　豪美新材 2022 年 7 月至 10 月的 K 线图

先来看豪美新材的 K 线走势，可以发现该股尽管在前期是处于上涨的，但涨势并不稳定，K 线多次上下震荡，使得超短线投资者的操作存在一定的难度，而且也很难判断下跌何时到来。这时投资者就要更加谨慎，并注意观察盘中可能出现的各种筑顶或下跌信号。

8 月 19 日，股价出现了明显的上攻走势，直接突破了前期压力线，即

17.00 元价位线之上。这看似是一个突破拉升的信号，但投资者只要仔细观察当日的分时走势，就可以发现与外部 K 线走势相悖的信号。

下面来看当日的分时走势。

图 2-25 为豪美新材 2022 年 8 月 19 日的分时图。

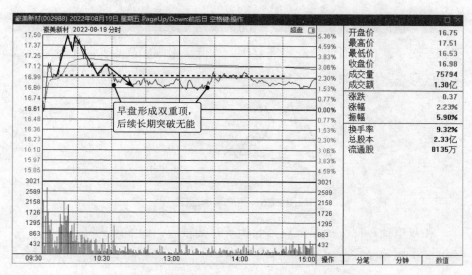

图 2-25　豪美新材 2022 年 8 月 19 日的分时图

在图 2-25 中，股价从开盘起就是以强势的姿态在运行。在连续的拉升过程中，股价线冲到了接近 17.50 元价位线的位置，然后在高位进行了快速的震荡。不过该股第二次上冲时没能突破前期高点，而是受阻后转势下跌，跌破了上一次震荡的低点，构筑出了一个双重顶。

不过由于股价线跌破颈线时，市场跌势还不算特别明显，均价线也还处于下方起支撑作用，因此，超短线投资者还可以继续观察一段时间。当然，谨慎型的投资者还是以借高撤离或逆向做 T 为佳。

几分钟后，股价线还是震荡下跌，接连跌破了均价线和双重顶开始构筑时的低点，即 16.99 元价位线，形成了更加明确的筑顶信号。此后，股价也长期受到该压力线的限制而突破无能，最终以 16.98 元收出一根带有长上影线的阳线。

而在当日冲高回落之后，股价也出现了连续的下跌，进一步警示超短线投资者远离。仍未离场的投资者如果要逆向做 T，需要注意风险。

2.2.3 头肩顶波形

头肩顶也是一种筑顶波形，它的构成稍显复杂，股价需要经过三次上涨和三次下跌，左右两个高点需要相近且低于中间的高点，两个低点连线则构成形态颈线，如图 2-26 所示。

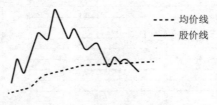

图 2-26 头肩顶示意图

和双重顶一样，如果头肩顶的构筑时间较短，颈线距离高点不远，那么投资者最好还是以股价开始上涨构筑形态的位置为准来判断筑顶信号的有效性。

至于头肩顶波形的形成位置和预示意义，与前面介绍的倒 V 形顶和双重顶并无太大差别，只是高位震荡得更加频繁。

由此可见，超短线投资者的应对策略也是一样的。如果能逆向做 T 的，可以尝试利用价差降低损失；如果没有提前建仓，但已经在当日买进的，就只能等到次日开盘后再根据实际情况寻找卖出点了。

下面来看一个具体的案例。

实例分析

易德龙（603380）头肩顶波形应用

图 2-27 为易德龙 2023 年 6 月至 9 月的 K 线图。

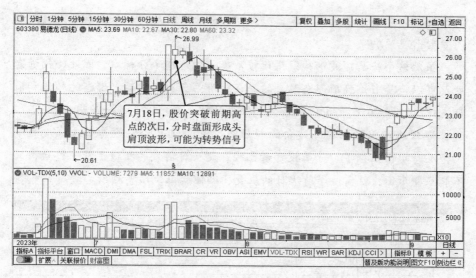

图 2-27 易德龙 2023 年 6 月至 9 月的 K 线图

从易德龙前期的走势来看，市场整体涨势比较强劲，不过压力线也十分明显，即 25.00 元价位线，股价多次上冲都没能突破。

但在 7 月 17 日，股价大幅拉升收出一根涨停大阳线，强势突破到了压力线之上，似乎下一波拉升即将到来，大量超短线投资者伺机而动，准备开始建仓或已经在当日建仓了。

7 月 18 日，股价开盘后也在继续上涨，但涨速远不如前一日冲击涨停的速度，而且盘中还形成了冲高回落的走势，整体来看似乎并不符合强势拉升的预期，那么超短线投资者就要考虑是否继续做多了。

下面通过当日的分时走势来具体分析。

图 2-28 为易德龙 2023 年 7 月 18 日的分时图。

从图 2-28 中可以看到，易德龙在当日开盘后有过一段积极的上涨，不过在小幅突破前日收盘价后就再度回落，一直下跌到 10:00 之后才再度开始上涨。

在经历了近半个小时的震荡上涨后，股价来到了接近 26.80 元价位线的位置，受阻后再次回落，低点在 26.41 元价位线处企稳后继续上升。

数十分钟后，该股小幅突破 26.80 元价位线，但并未继续上涨，而是在此附近横向震荡，在经历连续三次上冲又三次下跌后，一个头肩顶筑顶波形的雏形出现了。

虽然这个头肩顶波形构筑得比较紧凑，但形态十分标准，因此，投资者也是可以将其当作筑顶形态参考的。在股价第三次下跌后，形态的颈线和前期支撑线，即 26.51 元价位线很快相继被跌破，筑顶信号进一步明确。

那么此时已经在前期建仓的超短线投资者就有必要趁着下跌幅度还不大，及时卖出止损了。如果投资者已经在这一日前期的积极上涨中建仓，又不能立即卖出，就需要等待次日的机会，顺便验证筑顶猜测了。

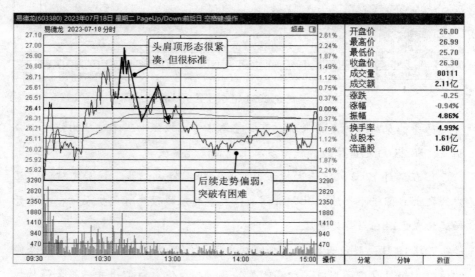

图 2-28 易德龙 2023 年 7 月 18 日的分时图

根据 K 线图中后续的走势来看，股价依旧在 26.00 元价位线附近横向震荡，走势暂时不明朗，但短时间内要继续上涨应该还是比较困难的。仅凭这一点，超短线投资者就需要将资金撤出，避免将时间和精力浪费在横向震荡的趋势中。

2.2.4 震荡顶波形

震荡顶，顾名思义，就是在高位反复震荡但始终突破失败，最终转势下跌的筑顶波形。相较于前面三个波形来说，震荡顶的构筑时间更长一些，而且也没有太强的规律性，股价线可能会在一个比较大的价格范围内上下波动，因此，也不具有明确的颈线，如图 2-29 所示。

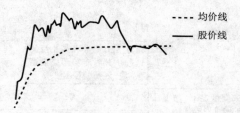

图 2-29　震荡顶示意图

震荡顶的成因和含义很好理解，一是主力将价格快速拉高后趁机出货，导致股价无法维持上涨而反复波动，形成震荡顶；二是由于前期股价涨势强劲，买盘源源不断地注资并消化卖盘，二者达到一定平衡后，也会使得震荡顶出现。

震荡顶的反转速度并不快，因此，留给超短线投资者的撤离空间也更多，但前提是投资者能够及时分辨出筑顶信号的出现。即便不能，震荡顶出现的位置也应当是当日的高位区域，顺向做 T 的投资者顺势卖出也是符合逻辑的，至于剩下的筹码，就要等到次日再寻找机会了。

下面来看一个具体的案例。

实例分析
文一科技（600520）震荡顶波形应用

图 2-30 为文一科技 2022 年 10 月至 12 月的 K 线图。

从图 2-30 中可以看到，文一科技自 2022 年 10 月中旬转势上涨后，整体走势就十分积极。在经历了一次回调整理后，该股于 11 月上旬继续向上拉升，直到接触到了 17.00 元价位线。

到目前为止，场内似乎都还没有出现明显的筑顶或下跌迹象，但投资者仔细观察下方的成交量就可以发现，在股价持续上涨的同时，量能却没有形成同步放大态势，而是逐渐走平，与 K 线产生了量平价涨的背离。在相对高位形成如此背离，很可能是股价涨势将尽的预示，属于警告信号。

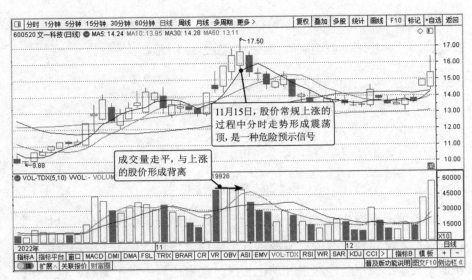

图 2-30　文一科技 2022 年 10 月至 12 月的 K 线图

下面来看一下量平价涨到后期股价接触 17.00 元价位线当日的分时走势表现。

图 2-31 为文一科技 2022 年 11 月 15 日的分时图。

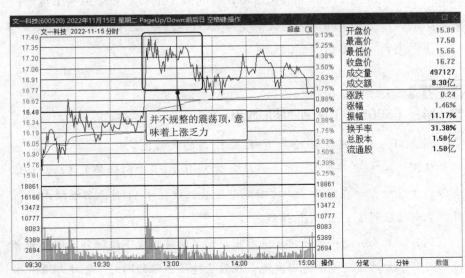

图 2-31　文一科技 2022 年 11 月 15 日的分时图

11 月 15 日正是股价第一次向上接触到 17.00 元价位线的交易日，当日的开盘价是比较低的，不过开盘后积极向上的走势弥补了这一点。股价在震荡上涨中小幅突破了前日收盘价，不过没有一举突破，而是反复拉锯了一个多小时后才终于强势向上，凭借一段脉冲波冲到了 17.00 元价位线之上。

从这段走势来看，市场积极追涨的情绪还是比较高昂的，这一点从下方急剧放大的成交量也可以看出。不过投资者要认识到，这样突兀的巨量一般都不是市场自然交易的表现，而是主力注资的结果。至于其目的是拉升还是推高出货，目前还不得而知，超短线投资者要注意防范下跌风险。

该股在创出当日最高价 17.50 元后，就在 17.20 元价位线之上的高位区域进行了一段时间的横盘震荡。期间股价有过小幅下跌，但很快被拉回，直到进入下午交易时段后，才彻底将该支撑线跌破，快速落到了均价线上方。

至此，一个不太规整的震荡顶形成了，尽管震荡的幅度偏大，但其涨跌变化的趋势还是很明显的，股价在后续就没能再创新高，最终仅以 1.46% 的涨幅收盘，并且当日的 K 线顶部也带有较长的上影线。

经过前面几个案例的分析和学习，投资者应该大致认识到了股价顶部和底部出现长影线的含义，很多时候都是市场尝试冲高或探底形成的，对于行情转势有一定的预示作用。再加上盘中形成的是具有较高参考价值的筑顶形态，以及 K 线图中量平价涨的警告信号，谨慎型的超短线投资者都已经可以先行兑现撤离了。

根据后市的发展情况来看，该股确实很快就反转向下进入下跌走势，判断失误在高位被套的投资者，此时就需要立即出局，或利用逆向做 T 解套了。

2.2.5 V 形底波形

V 形底波形是一种与倒 V 形顶相对应，形态正好相反的筑底波形，即快速下跌后又被快速拉起，因此，也被称为尖底，如图 2-32 所示。

V 形底的出现，往往意味着主力的探底，这一点也是与倒 V 形顶的试盘相对应的。探底指的是主力在拉升之前先进行一次压价试探，测试下方支撑力和市场看多意愿的坚定程度，以确定后期拉涨需要的资金量，从而达到节约成本的目的。

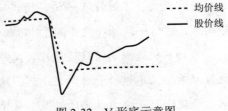

图 2-32　V 形底示意图

除此之外，主力还可能利用这种快速的下跌震仓，清理场内不坚定的浮筹，自身再趁机低位吸纳廉价筹码，降低拉升难度和成本。总之，当 V 形底筑底波形出现在股价低位时，超短线投资者就可以准备好资金，寻找合适的时机介入了。

当然，探底也并不意味着股价会立即进入上涨之中，如果主力认为时机不成熟，或者自身吸纳的筹码还不够充足，也可能维持低位震荡的现状，等到合适时再进行拉升。

因此，谨慎型的超短线投资者可以不着急在 V 形底形成当日买进，而是继续观察几个交易日，等到涨势稳定后再进入做多也来得及。

下面通过一个案例来分析买点位置。

实例分析
新诺威（300765）V 形底波形应用

图 2-33 为新诺威 2023 年 8 月至 10 月的 K 线图。

在新诺威的这段上涨走势中，市场有过一次明显的探底，那就是在股价转入上涨并突破中长期均线之后形成的回调底部，也就是 9 月 11 日，K 线收出带长下影线小阳线的当日。

从 K 线图中可以看到，当时股价已经回调到了中长期均线上方不远处，并且横盘整理了几个交易日。在此期间突然形成的快速下跌，大概率就是主力的探底行为，而且当日的成交量也有明显放大，更加证实了这一点。

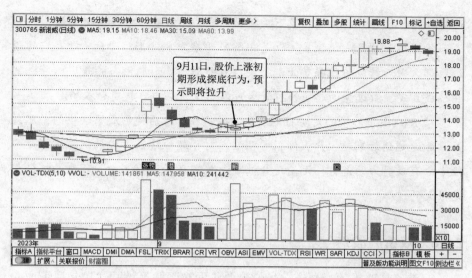

图 2-33 新诺威 2023 年 8 月至 10 月的 K 线图

下面进入当日的分时走势中仔细观察。

图 2-34 为新诺威 2023 年 9 月 11 日的分时图。

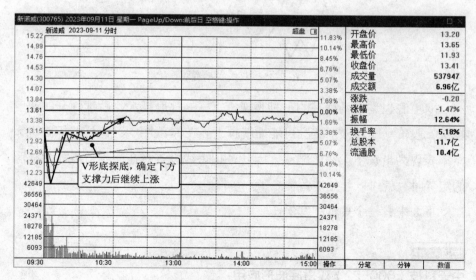

图 2-34 新诺威 2023 年 9 月 11 日的分时图

从图 2-34 中可以看到，该股在 9 月 11 日的探底行为出现在开盘后不久，股价在放大的量能压制下迅速下行，几分钟后到达 11.93 元的低位，然后迅速被拉起，数分钟后又回到了下跌初始位置，并沿着压力线横向震荡。

很显然，这是一次探底，也是一个 V 形底筑底波形，开盘价就是它的颈线。那么当后续股价线强势上涨并突破颈线时，V 形底形态的筑底信号也就明确成立了，激进型的超短线投资者可以尝试着在当日就建仓入场。

从 K 线图中后续的走势可以看到，股价在此之后就形成了逐步的上涨，并且涨速越到后期越快，上涨信号明显。对于超短线投资者来说，这就是一段十分有吸引力的走势，无论是分批顺向做 T 还是直接买卖，获利的机会都是很大的。

2.2.6　双重底波形

双重底与双重顶相对应，指的是股价两次下跌又被两次拉起后形成的筑底波形，两个低点的位置需要相近，如图 2-35 所示。

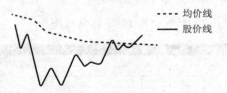

图 2-35　双重底示意图

双重底也是市场探底的一种表现，下探的幅度越大，后续回升的速度越快，股价立即转入上涨的可能性就越大。在 K 线图中，这样的探底也大概率表现为带长下影线的阳线，因此，超短线投资者在遇到特点如此鲜明的走势时，就可以开始准备资金了。

下面来看一个具体的案例。

实例分析
中天科技（600522）双重底波形应用

图 2-36 为中天科技 2022 年 3 月至 6 月的 K 线图。

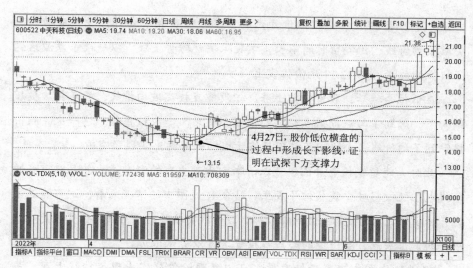

图 2-36 中天科技 2022 年 3 月至 6 月的 K 线图

大致观察中天科技涨跌趋势转变的过程，可以发现股价在跌到 14.00 元价位线附近后，收出的 K 线似乎都带有比较长的下影线，说明市场可能正在筑底试探。而 4 月 27 日的一条超长下影线可能预示着拉升前最后一次的测试。下面来看当日的分时走势。

图 2-37 为中天科技 2022 年 4 月 27 日的分时图。

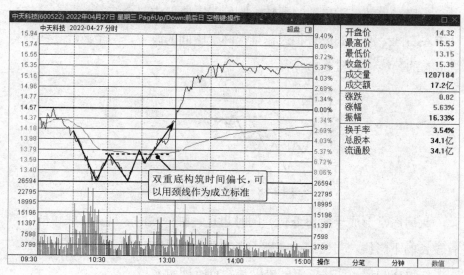

图 2-37 中天科技 2022 年 4 月 27 日的分时图

4月27日，股价是以低价开盘的，在开盘后数十分钟，股价成功向上突破了均价线，但停留时间不长，该股很快就转势下跌，以一段杀跌波落到了极低的位置，即13.15元价位线上。

在低位企稳后，股价回归上涨，但没能直接突破均价线，而是再次被压制向下，落到了与前期低点相近的位置，随后又一次被拉起。这一次，股价接触到了均价线，小幅回落整理后终于成功强势向上实现了突破。

此时，超短线投资者已经可以清晰看出双重底的形态了，并且双重底的颈线也已经被突破，筑底信号成立。结合K线图中的情况来看，这可能是主力开始拉升之前的最后一波试探，那么股价线突破关键压力线的位置就是一个很好的低位买点，激进型的超短线投资者可以尝试跟进。

回到K线图中观察后续发展，可以发现股价确实出现了持续上涨，虽然30日均线压制力强劲，导致K线回调整理了一段时间，但该股最终还是成功突破上涨。谨慎型的超短线投资者等到上涨行情稳定后，就可以跟随激进型的投资者一起操盘了。

2.2.7 头肩底波形

头肩底也就是头肩顶的翻转，股价线需要形成三个波谷和两个波峰，其中左右两个波谷的位置相近，且都高于中间的波谷，两个波峰连线则构成形态的颈线，如图2-38所示。

图2-38 头肩底示意图

头肩底常形成于股价低位，同时也是一种探底的表现，K线可能会带有较长的下影线。当颈线被突破，形态成立，外部环境也表现良好时，不同操作风格的超短线投资者就可以开始有所行动了。

下面来看一个具体的案例。

实例分析

龙宇股份（603003）头肩底波形应用

图 2-39 为龙宇股份 2022 年 3 月至 7 月的 K 线图。

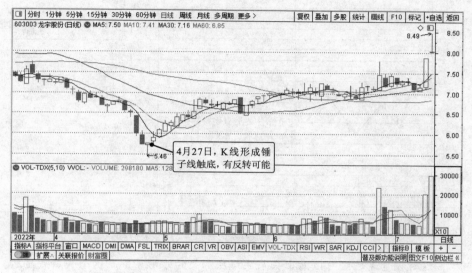

图 2-39　龙宇股份 2022 年 3 月至 7 月的 K 线图

从图 2-39 中可以看到，在龙宇股份的下跌趋势后期，K 线有明显的大幅收阴加速下跌的情况。这种走势通常是主力发力压价吸筹，股价即将触底的表现，单凭这一段下跌，超短线投资者就可以给予高度关注了。

4 月 27 日，股价依旧在快速下跌，但在触底后就被拉起，最终以阳线收盘，而盘中的下跌也使得阳线带有一条较长的下影线。从 K 线形态来看，它属于底部反转形态的一种，即锤子线，而从分时走势来看，它又具有怎样的预示意义呢？下面通过当日的分时图来观察。

图 2-40 为龙宇股份 2022 年 4 月 27 日的分时图。

龙宇股份在 4 月 27 日是以低价开盘的，开盘后经历了一系列的震荡，随后跳水下跌，来到了 5.50 元价位线附近，在此暂时止跌后回升至均价线上，不过没能突破成功，于是继续转势下跌。

10:30 之后，股价落到了 5.46 元的低位，得到支撑后开始向上回升。这一次股价线成功突破了均价线，但也只是小幅突破而已，很快该股就再度下跌，低点落到了与第一次下跌低点相近的位置，随后继续上涨。

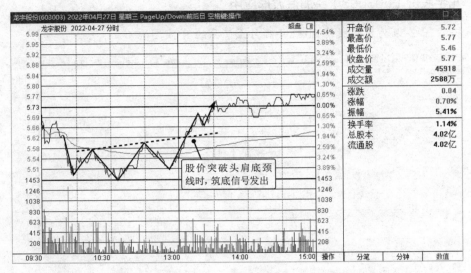

图 2-40　龙宇股份 2022 年 4 月 27 日的分时图

这时投资者已经可以看出头肩底筑底形态的雏形了，而这个头肩底显然比较大，因此，投资者就可以将两个波峰连接后延伸，作出颈线，并以此为形态成立的标准。

下午时段开盘后不久，股价线就成功向上突破了颈线，筑底信号就此发出。此后股价也在积极上涨，最终以阳线收盘。结合内外部情况来看，该股触底回升的可能性还是比较大的，超短线投资者可以尝试着在当日或后续几日伺机建仓或顺向做 T。

2.2.8　震荡底波形

震荡底即股价线快速下跌到低位后形成的横盘波动走势，如图 2-41 所示。震荡底预示着市场在底部的暂时整理，等到股价转势上涨突破压力线，短时间内的涨势就会比较确定。当然，前提是投资者能够通过外部 K 线走势情况确定底部的到来。

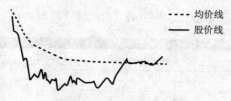

图 2-41　震荡底示意图

在震荡底构筑的当日，如果形态前后的涨跌走势都十分清晰、稳定，那么股价探底的概率就会提高不少。

下面来看一个具体的案例。

实例分析

贵航股份（600523）震荡底波形应用

图 2-42 为贵航股份 2022 年 9 月至 11 月的 K 线图。

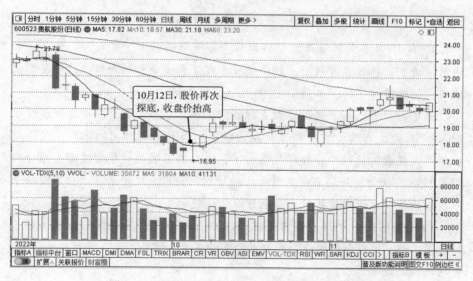

图 2-42　贵航股份 2022 年 9 月至 11 月的 K 线图

图 2-42 中展示的是贵航股份短时间内涨跌趋势转变的过程，在股价跌到低位，即 17.00 元价位线上方时，K 线开始降低收阴幅度，并且阴线的下影线逐渐变长。这至少说明股价的跌势得到了减缓，至于后市是否有上涨迹象，还需要根据关键交易日的分时走势来确定。

图 2-43 为贵航股份 2022 年 10 月 12 日的分时图。

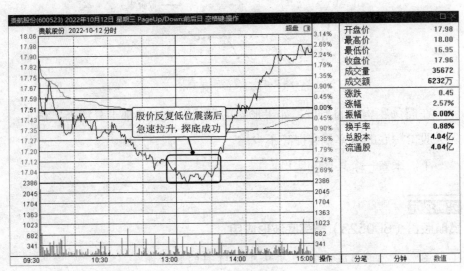

图 2-43　贵航股份 2022 年 10 月 12 日的分时图

　　10 月 12 日正是股价在低位收出长下影线阴线的一个交易日，从图 2-43 中可以看到，当日在开盘后，股价线就出现了急速跳水的走势，后续虽震荡减缓，但也持续下行，落到了 17.00 元价位线附近。

　　下午时段开盘后，股价在该支撑线附近横向震荡了半个多小时，最终于 13:30 之后快速回升，突破到了更高的位置。而且随着时间的推移，股价越涨越高，尾盘时已经十分接近开盘价了，当日的涨跌趋势非常清晰。结合外部 K 线状态来看，市场筑底的信号比较可靠，超短线投资者可以对该股给予一定的关注了，激进型的投资者也可以尝试轻仓介入。

　　回到 K 线图中观察，可以发现该股在此之后就出现了收阳上涨，尽管持续性不好，但对于超短线投资者来说影响不大，只要有价差就可以有收益，更何况价差还不算小。

2.3　股价线与均价线的关系

　　股价线与均价线之间的交叉形态和位置关系也是分时波形中的重要部

分，就如同 K 线图中 K 线与均线之间的关系一般，需要超短线投资者特别关注和学习。

均价线对股价线具有基本的支撑作用和压制作用，而股价线对均价线的穿越就是这两种作用互相转换的过程，当然，前提是股价线能够彻底突破或跌破均价线。一旦抓住了二者之间的关系代表的含义，超短线投资者就能够更加有效地对后市走向进行预判。

2.3.1　股价线向上穿越均价线

股价线向上穿越均价线的走势需要经过后续的回踩来确认，如果股价线在突破后回踩不破均价线，或是短时间内直线上升远离均价线，才能算作突破成功，如图 2-44 所示。

图 2-44　股价线向上穿越均价线示意图

股价线对均价线的成功突破意味着市场现价已经超越了目前投资者的平均入场成本。也就是说，部分低位买进的投资者已经开始盈利了，而高位买进的投资者，即便有损失，损失的程度也在降低。

在此之后，均价线的压制作用将会转变为支撑作用，股价线在回踩不破均价线后若能持续上扬，短期看涨信号就能够体现。不过，前提是在外部 K 线走势环境中，个股也能维持比较良好的上涨趋势，否则投资者无法确定后市的涨势能否持续。

因此，在上涨行情中形成的股价线突破均价线的走势，是比较理想的超短线建仓点或做 T 低吸点，投资者可以抓住机会买进廉价筹码，降低持股成本。

下面来看一个具体的案例。

实例分析

力源信息（300184）股价线向上穿越均价线

图 2-45 为力源信息 2023 年 8 月至 10 月的 K 线图。

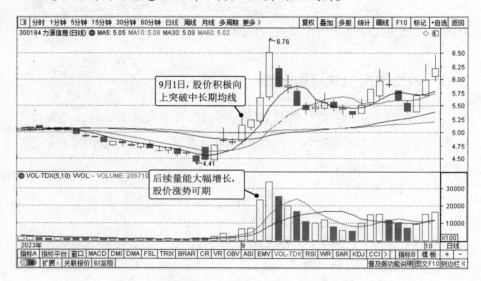

图 2-45　力源信息 2023 年 8 月至 10 月的 K 线图

在力源信息的下跌过程中，K 线是长期被压制在均线组合之下的，证明市场现价低于大部分投资者的买入成本，这一点与分时图中股价线和均价线的关系一样。所以，超短线投资者不可轻易介入，以免资金受损。

一直到 8 月底，K 线开始收阳上升并突破短期均线，意味着短期投资者的收益开始逐步回正，超短线投资者可以开始关注该股，甚至可以开始在低位建仓准备后市顺向做 T 了。

在 30 日均线附近徘徊两个交易日后，该股终于在 9 月 1 日收出了长阳线，不仅成功突破 30 日均线，其最高价和收盘价还站到了 60 日均线之上，说明了涨势的强劲。对于超短线投资者来说，这是一个比较明确的买进和做 T 时机。下面就进入当日的分时走势观察具体情况。

图 2-46 为力源信息 2023 年 9 月 1 日的分时图。

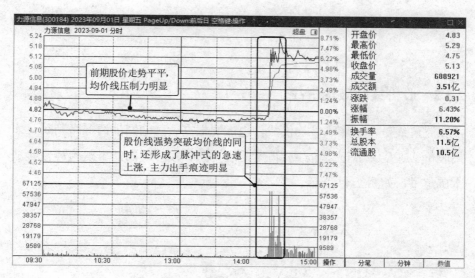

图 2-46 力源信息 2023 年 9 月 1 日的分时图

在 9 月 1 日前面大部分时间的走势中，力源信息的股价线几乎都处于均价线之下，并且偏向走平，期间没有形成过明显的反弹。单从这段走势来看，该股似乎并没有突破的迹象，因此，很多超短线投资者也没有轻举妄动。

14:17 左右，随着场内的巨量大买单集中涌现，股价线出现了急速的转折，并且在一分钟内就直线上冲到了 5.18 元价位线附近，形成的是一段十分标准的脉冲波。

无论是脉冲波还是成交量异动，传递出的市场信息都是明确的主力拉升，更何况股价线还同时突破并带动均价线扭转向上，后续回踩也没有跌破，形成的是强势的穿越形态，意味着对超短线投资者持股成本的超越。

此时，反应快的投资者是有机会在股价上冲的过程中及时买进，在股价受阻回落时迅速卖出做 T 的；反应不及又没有提前计划的投资者，也可以不着急在当日完成 T+0 交易，毕竟盘中主力发力拉升的痕迹很明显，后市大概率还有上涨空间。

从当日后续的走势可以看到，该股在尾盘虽有缩量回落，但最终的收盘涨幅依旧有 6.43%，单日为超短线投资者带来的收益就十分可观了。

而根据 K 线图中后续的量能表现和涨幅情况来看，超短线投资者还有机会获得更加丰厚的回报,但前提是抓好买卖时机,并注意在高位及时止盈止损。

2.3.2 股价线跌破均价线

股价线是否彻底跌破均价线,也需要根据后续的回抽情况来判断,如果股价线在反弹靠近均价线后再度受阻下跌,短时间内的下跌趋势也就基本确定了,如图 2-47 所示。

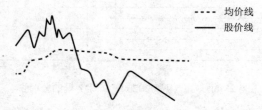

图 2-47 股价线跌破均价线示意图

股价线跌破均价线后,原本均价线的支撑作用就会转为压制作用,同时也意味着市场现价已经低于大部分当日入场投资者的平均持股成本,亏损情况比较严重。

如果股价线在后续下跌幅度较大,反弹又明确受阻难以突破,大概率意味着当日将以阴线报收。如果在外部 K 线走势中,股价还正处于上涨高位,可能就是即将回调或是进入下跌的预兆了。

那么,超短线投资者的操作策略就是能撤离就撤离,若是已经深度被套,就只能逆向做 T 挽回损失了。

下面来看一个具体的案例。

实例分析

天龙集团(300063)股价线跌破均价线分析

图 2-48 为天龙集团 2023 年 3 月至 7 月的 K 线图。

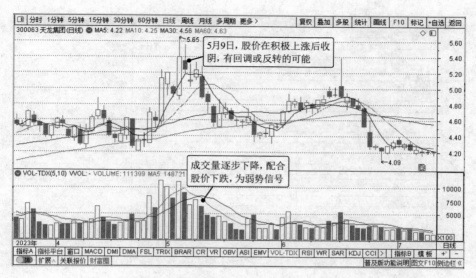

图 2-48　天龙集团 2023 年 3 月至 7 月的 K 线图

根据天龙集团的走势来看，该股在前期很少形成比较稳定、长期的上涨趋势，更多的还是偏向于震荡，单日涨幅普遍也不大。因此，超短线投资者在操作时就需要格外注意这一点，及时止盈止损。

2023 年 4 月底，股价在走平并接触到长期上行的 60 日均线后，受到其支撑而开始大幅收阳上升，进入了一波强势上涨之中。不过根据前期的经验来看，该股即便在拉升，稳定性可能也不会太好。

事实也确实如此，该股在此次拉升期间形成了多次震荡回调，虽然持续时间极短，跌幅也不深，但还是给超短线投资者的连续做 T 操作造成了一定的阻碍。

5 月上旬，该股在一次强势拉升中创出了 5.65 元的近期新高，然后在次日就收阴下跌了。这时超短线投资者可以很轻易地判断出这可能是又一次回调的预兆，于是开始寻找合适的卖出时机。

下面来看当日的分时走势。

图 2-49 为天龙集团 2023 年 5 月 9 日的分时图。

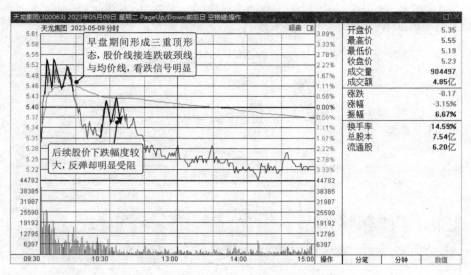

图 2-49　天龙集团 2023 年 5 月 9 日的分时图

5 月 9 日正是股价创新高后收阴下跌的当日，从图 2-49 中可以看到，该股是以比较低的价格开盘的，开盘后也有过积极的直线上冲，但在小幅突破 5.52 元价位线后就明显受阻，回落到均价线上。

此后半个小时内，该股多次在均价线的支撑下震荡上冲，但始终无法突破压力线，最终彻底下行，跌到了均价线之下。

此时，超短线投资者已经可以比较清晰地看出一个三重顶筑顶形态了。与双重顶一样，三重顶同样是上涨无力的预示形态，再加上形态颈线被跌破的同时，均价线也被跌破了，当日的看跌信号更加明显。反应快的超短线投资者应当立即借高出局，有意愿逆向做 T 的，也需要及时卖出前期筹码。

从后续的走势可以看到，该股在此之后就形成了急速的下跌，数分钟后就落到了 5.31 元价位线上。在此附近震荡数十分钟后，股价蓄积起力量再度上冲，可惜没能突破均价线，反而受到明显阻碍，在其下方形成了又一个筑顶形态，即双重顶形态，随后继续下行。

很显然，无论是下跌回抽失败还是双重顶的形成，都是股价转势下跌的信号。已经撤离的投资者不可介入，逆向做 T 的投资者则要等待时机，等到股价下跌到较低位置后再跟进，才能尽量扩大价差。

回到 K 线图中观察后市走向，根据 K 线反弹失败后连续收阴下跌的情况来看，投资者应当可以看出这并不是一次短暂的回调整理，而是涨势到达尽头，下跌趋势来临的表现。因此，一直在场外等待机会想要继续跟进做多的超短线投资者就需要另寻它股操作了。

2.3.3　均价线形成长期支撑

均价线对股价线形成的长期支撑，是建立在股价线彻底突破均价线，或是从开盘后就长期高于均价线的基础之上的。在支撑作用起效期间，股价线对均价线的回踩都不会形成彻底跌破，如图 2-50 所示。

图 2-50　均价线支撑股价线示意图

一般来说，只要均价线在开盘后能够承托住股价线两到三次的回调，并且股价线在回升后能够与均价线逐渐拉开距离，短时间内个股的上涨走势基本就可以确定。

不过，要达到吸引大量超短线投资者参与买卖的目的，外部 K 线走势也需要足够积极或稳定，至少能够让超短线投资者有更多的顺向做 T 机会，而不是让其在建仓后被迫逆向做 T 解套。

下面就通过一个案例来分析当稳定的上涨行情中出现均价线长期支撑股价线上行的走势时，投资者应当如何决策。

实例分析

金太阳（300606）均价线形成长期支撑的分析

图 2-51 为金太阳 2023 年 8 月至 11 月的 K 线图。

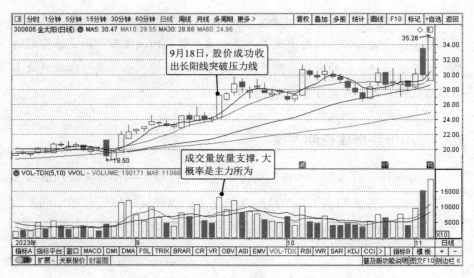

图 2-51　金太阳 2023 年 8 月至 11 月的 K 线图

从金太阳这段走势中均线的表现来看，该股当前的上涨趋势还是比较可靠和稳定的。在 2023 年 8 月下旬，股价创出 18.50 元的近期新低后，就开始一步步转势上涨，并在初期收出了数根实体偏长的阳线。

这时，该股市场已经吸引了不少超短线投资者参与投资，再加上主力及其他持股周期的投资者，多方加大注资力度，共同配合推出一波上涨行情，股价一直上升到 24.00 元价位线附近才暂缓涨势，短期价差较大，收益可观。

进入 9 月上旬，该股在 24.00 元价位线的压制下形成了数日的横盘整理。虽然到了后期，股价小幅越过该压力线，向着下一条压力线试探，导致收出的 K 线带有较长的上影线，但股价的变盘时机尚未到来。

直到 9 月 18 日，K 线大幅收阳拉涨，收盘价成功突破到了压力线之上，本身的涨幅也比较大，预示着下一波上涨的到来。这时，超短线投资者就可以开始跟进或是顺势做 T 了。

下面通过当日的分时走势做进一步的解析。

图 2-52 为金太阳 2023 年 9 月 18 日的分时图。

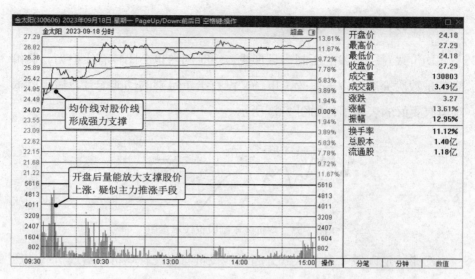

图 2-52　金太阳 2023 年 9 月 18 日的分时图

观察 9 月 18 日的分时走势，不难发现金太阳的股价在开盘后就出现了比较积极的上涨，而成交量在此期间也给予了放量支撑，使得该股在短短数分钟内上涨超过 7%，拉升迹象十分明显，同时也疑似是主力推涨的痕迹，超短线投资者要开始注意了。

除此之外，均价线在此期间也支撑住了股价线多次的回调。而且在临近10:00，股价线一次大幅回调的过程中，均价线也没有失去其支撑价值，股价在其附近震荡一段时间后就再度上行，进入了下一波积极的锯齿状上涨中。

这时，相信大部分关注着该股的超短线投资者都已经对后市的上涨走势十分明确了。那么已经在前期建过仓的投资者，此时就要抓紧时间低位吸纳，然后准备在股价上涨到高位时卖出，赚取 T+0 差价收益；如果是临时准备建仓的投资者，也要注意买点的选择，避免持股成本过高。

在当日后续的走势中，股价线在 26.82 元价位线附近受阻后，形成了长期的横向震荡，一直到临近收盘时才又再次小幅上冲，最终以 13.61% 的涨幅收出一根大阳线。做 T 的超短线投资者要注意及时卖出，完成一次完整的T+0 交易。

2.3.4　均价线压制股价线下行

均价线对股价线的压制一旦形成，短时间内也会比较有压迫力，股价线若是数次突破都宣告失败，市场又没有给予足够的动能配合，后市就很难再有更好的表现了，如图 2-53 所示。

图 2-53　均价线压制股价线示意图

对于除逆向做 T 外的大部分超短线投资者来说，均价线对股价线的压制也是对投资机会的抑制。因此，有必要止损的投资者就需要在股价跌幅还不深时迅速出局。

当然，及时卖出或逆向做 T 的前提是 K 线走势和分时走势都有比较确定的看跌信号形成。如果只是分时走势有均价线压制形态出现，外部行情却是整体上涨的，超短线投资者撤离的脚步未必会如此急迫。

下面通过一个案例来解析。

实例分析

三超新材（300554）均价线压制股价线下行的分析

图 2-54 为三超新材 2023 年 7 月至 9 月的 K 线图。

来看三超新材的外部行情走势，从图 2-54 中可以看到，该股在 2023 年 7 月上旬之前的走势还能算是上涨，但在创出 21.74 元的最高价后，该股就开始逐步走下坡路了。

到了 7 月下旬，股价已经跌到了 20.00 元价位线上，并在该支撑线上有了止跌反弹的迹象。数日之后，该股以一根强势上涨的阳线越过中长期均线的压制，来到了接近 21.00 元价位线的位置，看似有继续拉升的迹象，有些超短线投资者甚至已经开始建仓了。

但到了次日，也就是 8 月 1 日，股价却并未如部分超短线投资者预料的那般积极上涨，而是直接以向下跳空的低价开盘，随后形成急速的下跌，最终收出一根跌破了中长期均线和 20.00 元价位线支撑的阴线，且跌幅极大，彻底斩断了投资者的看多希望。

不仅如此，当日的成交量也有明显的放大，与前期对比来看几乎能算作是天量，很明显是主力介入导致的，目的很可能是出货。

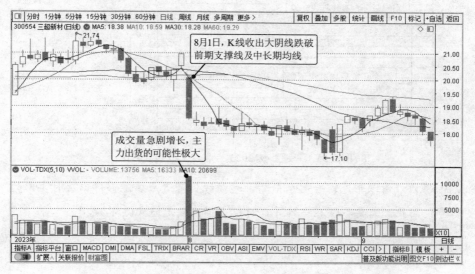

图 2-54　三超新材 2023 年 7 月至 9 月的 K 线图

下面进入当日的分时走势，观察还有哪些看跌信号形成。

图 2-55 为三超新材 2023 年 8 月 1 日的分时图。

从 8 月 1 日的开盘价就可以看出，该股确实有继续下跌的趋势。而开盘后几分钟内的走势也证实了这一点，股价在成交量急剧放量的压制下迅速下跌，很快便来到了 18.50 元左右的低位。

下跌期间，尽管股价线有过一次反弹，但均价线上的压制力十分强劲，股价反弹失败，说明市场看空决心较为坚定。

在后续的走势中，虽然该股在筑底后有所反弹，也成功冲到了均价线之上，但由于缺乏成交量的放大支撑，股价线并未继续上涨，反而在相对高位震荡一段时间后无奈下跌，再次落到了均价线之下，受到压制并持续下跌，最终以 11.58% 的跌幅收盘。

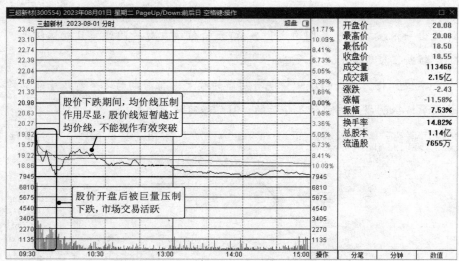

图 2-55　三超新材 2023 年 8 月 1 日的分时图

　　将内外看跌形态综合起来分析，超短线投资者应该能够得出及时卖出的信号，因此，需要尽快在当日寻找时机止损，或是逆向做 T 减损。

第 3 章

关键时段的量价形态

　　分时图中的量价关系是超短线投资者需要特别关注的部分，其中蕴含着大量的信息，包括市场买卖盘之间的力量对比及主力意图等。并且在关键的交易时段中，这些特殊的量价走势更具有分析价值，超短线投资者有必要进行深入学习。

3.1　开盘半小时的量价关系

　　开盘后的半个小时是决定市场情绪的关键时段，很多主力或机构投资者都更偏向于在这半个小时内操作，以达到引导市场跟随追涨或杀跌的目的。因此，这段时间内量价的异动就很能体现出后市的走向基调，或是反映出主力的某些意图，超短线投资者需要特别注意。

3.1.1　开盘高开放量高走

　　开盘高开放量高走指的是股价在以高价开盘后，受到成交量放大的支撑而持续震荡上涨的走势，极端情况下还可能直接涨停，如图 3-1 所示。

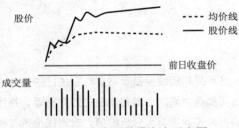

图 3-1　开盘高开放量高走示意图

　　根据前面学习过的内容来分析，高开意味着集合竞价期间市场看多的力量更加强劲，更多的买卖单愿意挂在高价上。因此，如果股价在高开后还能维持着放量震荡高走甚至涨停的趋势，当日及以后的市场基调就可能更偏向积极的一面。

　　对于超短线投资者来说，如果能在上涨初期或回调末期发现这种分时量价走势，往往就需要迅速跟进建仓或直接顺向做 T 了，因为这意味着新一波拉升的到来。

　　但如果开盘高开放量高走的分时走势出现在高位震荡区间，或是股价短期暴涨的后期，投资者就要考虑是否是主力诱多的手段了。因为开盘后半个小时内的走势对市场来说十分具有引导性，很多主力愿意在这段时间内花费一定的精力进行大力推涨，吸引大量买单进入，然后再出货。

因此，超短线投资者在发现开盘高开放量高走出现后，还是需要根据当前行情的具体情况分析后再决定，不能盲目跟风买进。

下面通过一个案例来观察上涨初期的开盘高开放量高走形态。

实例分析

望变电气（603191）开盘高开放量高走解析

图 3-2 为望变电气 2022 年 6 月至 8 月的 K 线图。

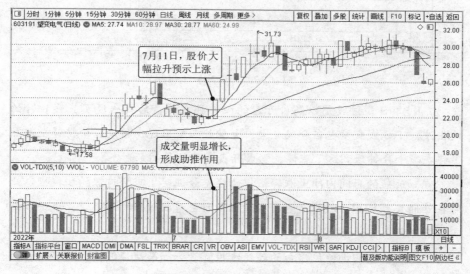

图 3-2　望变电气 2022 年 6 月至 8 月的 K 线图

从图 3-2 中可以看到，望变电气整体处于上涨趋势之中，并且在 2022 年 6 月下旬，该股的涨速是比较快的，这也说明在回调结束后，股价可能会以相近的速度回归上涨，超短线投资者可以尝试操作。

7 月初，股价回调至 30 日均线附近后止跌，横向整理了数日后，于 7 月 11 日出现了大幅的拉升。这明显是股价即将重拾升势的预兆，再加上下方成交量的急剧放大，超短线投资者的买进机会来临了。

下面就进入当日的分时走势中，观察具体的买卖时机在何处。

图 3-3 为望变电气 2022 年 7 月 11 日的分时图。

图 3-3　望变电气 2022 年 7 月 11 日的分时图

7 月 11 日，该股是以高价开盘的，并且在开盘后就出现了直线拉升的攻击波，下方成交量也在分段放大，大量柱频繁出现，推动股价持续上涨，最终在数十分钟后到达了涨停，形成开盘高开放量高走形态。

在如此短的时间内冲上涨停板，已经充分证实了市场追涨的积极性。此时在外部 K 线图中，投资者也可以看出单日巨量收长阳的形态了，进一步证实拉升即将来临的推测。

已经在前期回调低位建仓的超短线投资者，如果反应够快，是可以尝试在 7 月 11 日当天低吸高抛、顺向做 T 的。不过很多投资者没有提前买进，那么就需要在当日涨停之前，或是后续涨停板打开后迅速吸纳建仓，然后在后市的拉升过程中再卖出或做 T。

3.1.2　开盘低开缩量上涨

开盘低开缩量上涨指的是股价在以低价开盘后，成交量先是直接形成巨量，将价格推出基础上升走势后，再随着时间的推移逐步缩减量能，稳步抬升价格，如图 3-4 所示。

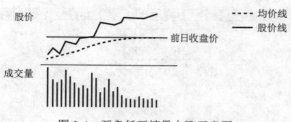

图 3-4　开盘低开缩量上涨示意图

　　低开意味着集合竞价期间，市场卖方比较占优势，也就是说，市场的情绪会受到一定程度的打压。如果在开盘后没有一股强势的动能推动价格产生明显变动，在自然交易的情况下，股价很有可能出现持续走平或下跌的情况。

　　那么，开盘后形成的巨量推涨就是为市场注入的一剂强心针。在原本就比较向好的上涨行情中，这一次推动就足以使市场再度打起精神开始追涨，进而使得价格持续升高，达到良性循环。

　　而这里所说的缩量是相较于开盘后前几分钟的量能来判断的，而事实上，如果将整个交易日的量能进行整体横向对比，投资者可以发现在开盘后的半个小时内，量能即便在缩减，市场交投也是十分活跃的。

　　因此，短时间来看，开盘低开缩量上涨的形态传递出的是积极向好的信号，超短线投资者是可以利用这种走势顺向做 T 的。

　　但该形态对于后市拉升的预示作用就不如开盘高开放量高走的形态强了，毕竟买方推涨的力度不算大。如果该股此时又正好处于比较高的位置，超短线投资者就需要考虑到反转的可能，进而谨慎操作了。

　　下面来看一个具体的案例。

实例分析

众泰汽车（000980）开盘低开缩量上涨解析

　　图 3-5 为众泰汽车 2023 年 6 月至 8 月的 K 线图。

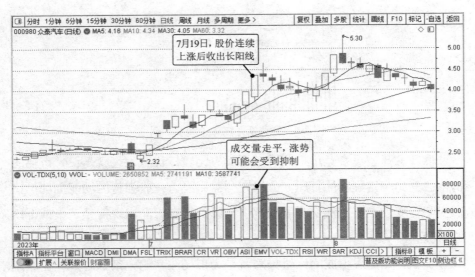

图 3-5　众泰汽车 2023 年 6 月至 8 月的 K 线图

从图 3-5 中可以看到，众泰汽车从 2023 年 7 月初开始快速上涨，摆脱了前期低位横盘的走势，进入了强势拉升之中。

不过，拉升阶段中股价一次性能够上涨的幅度并不大，在 7 月中旬之前，股价都只是上涨数个交易日便转势回调了。这也为超短线投资者的风控提供了一定的参考，让投资者明白股价上涨多少幅度或多少个交易日后，就有回调的可能。

因此，当股价在 7 月中旬时再次连续拉升，并且短时间内涨幅较大时，超短线投资者就要注意在做多的同时警惕反转的到来。尤其是在 7 月 19 日，股价再次快速上涨，但成交量没有形成同步放大时，投资者就更要注意风险控制了。

下面来看当日的分时走势是怎样的。

图 3-6 为众泰汽车 2023 年 7 月 19 日的分时图。

当日该股是以比较低的价格开盘的，但开盘后第一分钟，场内就出现了大笔交易，使得价格被迅速抬高，形成了攻击波。在后续数十分钟的时间内，成交量没有再继续放大，但整体活跃度还是很高的，股价线也在持续上扬，二者结合形成了开盘低开缩量上涨的走势。

在这段拉升结束后股价经历了短暂整理，随后又再度形成了锯齿波上涨，直至接触到涨停板，在高位震荡一个多小时后最终封板，直至收盘。

单凭这段走势来看，股价向好的信号还是比较明显的，激进型的超短线投资者也完全可以利用这段大幅上涨来顺向做 T，赚取差价收益。

不过，根据 K 线图中量价之间的量平价涨背离情况和该股所面临的回调危险来看，风险承受能力偏低的投资者就要考虑是继续跟进，还是就此借高卖出观望了。

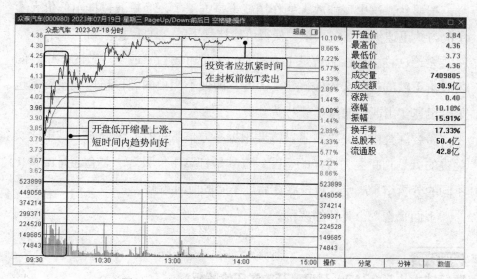

图 3-6　众泰汽车 2023 年 7 月 19 日的分时图

回到 K 线图中看后续的走势，可以发现股价确实在次日就出现了冲高回落并收阴的走势，不过其最高点还是明显高于 7 月 11 日的收盘价的。手中仍旧持有筹码的超短线投资者，是有机会借助当日上冲的高位进行撤离，避开后市下跌的。

3.1.3　开盘高开放量压价

开盘高开放量压价指的是股价在以高价开盘后，随着成交量的放大反而逐步下跌的走势，如图 3-7 所示。

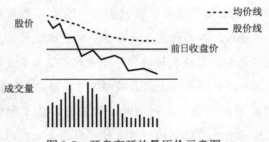

图 3-7　开盘高开放量压价示意图

很显然，这里量能放大的作用就不是推涨了，而是通过挂出低价大卖单的方式迅速消化场内买单，使得价格持续下跌，属于主动性的压价。

无论这种主动性压价是主力造成的还是市场自然成交导致的，短时间内股价下跌的趋势会比较确定。因此，即便不明白内因，超短线投资者也是以迅速卖出或逆向做 T 止损为佳。

若要深究内因，投资者就需要根据多方信息进行综合分析。其中比较关键的就是判断主力可能的意图，看其是打算压价吸筹、震仓还是出货，不同的分析结果决定了投资者在后期不同的应对策略。

下面来看一个具体的案例。

实例分析

赛伍技术（603212）开盘高开放量压价解析

图 3-8 为赛伍技术 2022 年 7 月至 9 月的 K 线图。

图 3-8 展示的是赛伍技术一段涨跌走势的变化过程，前期股价的涨势还算比较强势，半个月的时间从 23.00 元价位线附近上涨到了接近 30.00 元价位线的位置，涨幅超过了 30%。

不过在 8 月中旬之后，价格就转入了下跌之中。根据最高位置的两根 K 线表现及成交量对比来看，涨停当日的量能比开板交易且下跌当日的量能稍低，很像是主力推高后出货，或是市场积极追涨后开板大批卖出兑利造成的。

因此，投资者可以合理判断，后续的一段时间内，股价反转回升的难度比较大，那么风险承受能力较低的超短线投资者就要及时出局观望。至于风险承受能力较强的投资者，还是可以尝试留在场内逆向做 T 的。

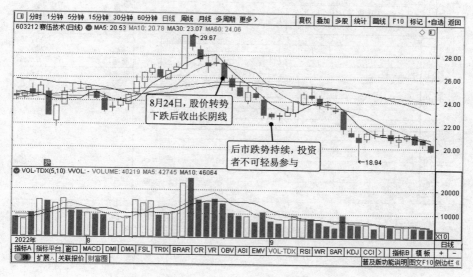

图 3-8　赛伍技术 2022 年 7 月至 9 月的 K 线图

8 月 24 日，股价收出长阴线加速下跌，彻底跌破两条短期均线，底部几乎踩在了 60 日均线上，进一步加强了下跌信号。

此时投资者观察当日的分时走势，会有更加确切的发现。

图 3-9 为赛伍技术 2022 年 8 月 24 日的分时图。

在 8 月 24 日，股价是以高价开盘的，但在开盘后，随着量能的间歇性放大，股价线却形成了锯齿状下跌的走势，可以看出是开盘高开放量压价的形态。后续股价虽有反弹，但几乎都没有成功突破过均价线，结合外部 K 线走势来看，下跌信号是十分明确的。

因此，目前还持有筹码在逆向做 T 的投资者，可继续利用差价获利，但要注意风险控制。而纯粹是因为判断失误被套场内，又不太擅长逆向做 T 解套的投资者，还是直接卖出止损比较好。

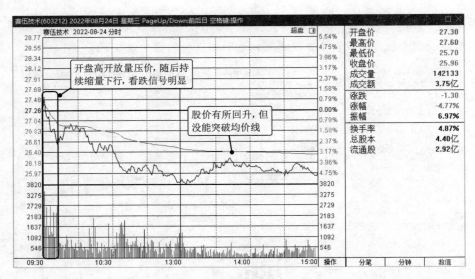

图 3-9　赛伍技术 2022 年 8 月 24 日的分时图

3.1.4　开盘低开缩量下跌

开盘低开缩量下跌指的是个股在以低价开盘后，成交量先放后收，使股价持续下跌的走势，如图 3-10 所示。

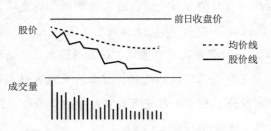

图 3-10　开盘低开缩量下跌示意图

这种情况通常是在主力引导下市场自然成交的结果，有时候即便主力不在开盘时放量压价引导，市场也可能形成这种走势，尤其是当前一日股价的涨势良好时，盘中积累的大量获利盘就可能在次日开盘后集中涌出，并随着时间的推移而逐渐减少，最终形成开盘低开缩量下跌的形态。

也就是说，开盘低开缩量下跌的形态在相对高位形成时，往往意味着回调或下跌的到来，对于超短线投资者来说是应当卖出观望的信号。当然，如果当日股价下跌的价差比较大，超短线投资者也可以顺势逆向做 T，获取一部分收益。

下面来看一个具体的案例。

实例分析

望变电气（603191）开盘低开缩量下跌解析

图 3-11 为望变电气 2022 年 6 月至 7 月的 K 线图。

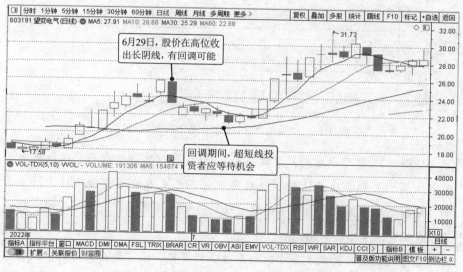

图 3-11 望变电气 2022 年 6 月至 7 月的 K 线图

根据该股在 2022 年 6 月下旬的走势来看，当股价上涨到接近 26.00 元价位线的位置时，涨速是有所下降的。并且该股也收出了一些带长上影线的小实体 K 线，说明该价位线附近存在可能使股价回调的压力，超短线投资者要注意了。

6 月 28 日，该股在经历了长期震荡后，最终于尾盘涨停封板并收盘，当日最高价达到 25.89 元，已经十分接近压力线了。但在次日，股价却并未向上继续突破压力线，而是在其压制下反转下跌，走势向弱。

下面来看当日的分时走势。

图 3-12 为望变电气 2022 年 6 月 29 日的分时图。

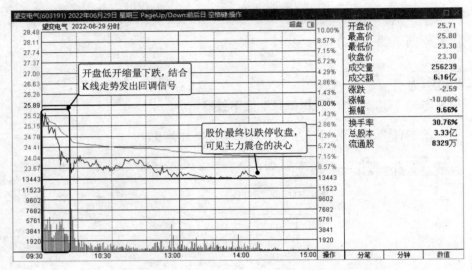

图 3-12　望变电气 2022 年 6 月 29 日的分时图

从图 3-12 中可以看到，该股在 6 月 29 日是以低价开盘的，仅此便显示出市场急于兑利卖出的情绪，并且其中也不乏主力蓄意震仓而挂出的大卖单。开盘之后，股价也出现了持续下跌的走势，成交量则是逐步收缩，形成了开盘低开缩量下跌的形态。

涨停后的次日开盘半个小时内形成如此走势，很可能是主力的一次顺势震仓的行为，再加上市场中也有大量卖盘希望兑利，双重压力下，股价后续很难有强势的回升表现，超短线投资者最好果断决定开始逆向做 T，或是及时卖出观望。

在当日后续的交易时间内，股价确实在持续下跌，最终以跌停收盘，更加证实了投资者有关主力震仓的推断。因此，超短线投资者更要根据自身情况及时决定解套策略了。

3.2　下午时段开盘后的走势

每个交易日的交易时段分为早间两小时和下午两小时，既然早间开盘后半个小时是关键分析时段，那么在午间开盘后半个小时的时间内，即投资者常说的午盘期间，超短线投资者也可以通过一些特殊的走势分析出关键信息。

接下来就针对一些常见的午盘特殊量价走势逐一进行解析。

3.2.1　午盘突兀放量拉升

午盘突兀放量拉升指的是股价线在早盘期间走势平平，或横盘震荡或小幅上涨或下跌，直到下午时段开盘后，才在成交量的放量支撑下形成突兀的转折上涨，使得前后两个时段界线分明，如图 3-13 所示。

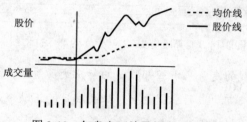

图 3-13　午盘突兀放量拉升示意图

通常来说，这样突然的转变都是主力或机构投资者造成的，若其出现在拉升初期、回调后期或是上涨过程中，大概率传递出的就是后市看涨的拉升信号，超短线投资者是可以借助该形态建仓或做 T 的。

当然，在发现该形态在应当拉涨的位置出现后，超短线投资者也不可盲目看多进而重仓介入，毕竟短时间内的上涨并不意味着个股能够长久维持这种积极走势。越是快速的上涨，持续时间往往越短，这是股市中的一般规律，投资者要谨记，任何时候都不可缺少风控措施。

下面就根据一个案例来分析午盘突兀放量拉升形态的介入时机。

实例分析

亚邦股份（603188）午盘突兀放量拉升解析

图 3-14 为亚邦股份 2022 年 3 月至 4 月的 K 线图。

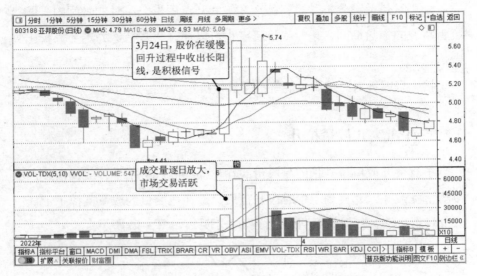

图 3-14　亚邦股份 2022 年 3 月至 4 月的 K 线图

从中长期均线的走势来看亚邦股份的行情变动情况，可以发现该股前期一直处于两条中长期均线的压制之下，证明往日的下跌还是比较明显的，在此期间，大部分的超短线投资者都不适宜介入。

一直到 3 月中旬，股价落到 4.60 元价位线附近才止跌企稳，在一次探底后开始收阳上涨，不过初期的涨速十分缓慢，单日振幅也不大，对于超短线投资者来说基本只有预示趋势变动的价值，操作价值则不大。不过希望在日后拉升过程中做 T 的超短线投资者，倒是可以在此低位建仓准备。

3 月 24 日，股价突然被大幅向上拉升，收出了一根涨停大阳线，一举突破到了 30 日均线之上，成交量也明显放大，形成了一个十分明确的拉升信号，对于超短线投资者来说也是一个极好的做 T 机会。

下面就进入当日的分时走势中具体分析。

图 3-15 为亚邦股份 2022 年 3 月 24 日的分时图。

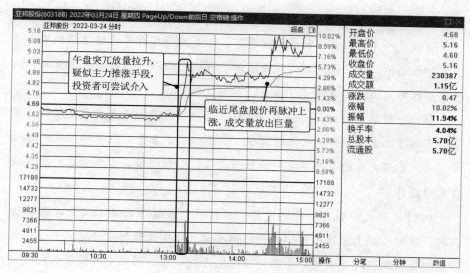

图 3-15 亚邦股份 2022 年 3 月 24 日的分时图

从图 3-15 中可以看到，亚邦股份在 3 月 24 日开盘后的走势偏低迷，股价线在与均价线纠缠一段时间后就落到了其下方，然后持续缓慢下行，直到临近早间收盘时才再度回到其上方，但涨势也不明显。整体看来，这与前期横盘的数个交易日并无差别。

但在下午时段开盘后，股价线的强势走势打破了这一推论。该股在成交量突兀、持续的放大过程中迅速转折向上，形成了一段急速的脉冲波，在短短数分钟后就冲到了 4.96 元价位线之上，涨幅超 6%，午盘突兀放量拉升的形态明显。

很显然，这是主力或机构投资者发力拉升的结果，再结合外部 K 线走势中止跌企稳后缓步上涨的走势，股价短时间内的上涨趋势应当比较肯定。那么，还未建仓的超短线投资者可以在当日迅速跟进，已经在前期建仓的超短线投资者，就需要及时抓住股价还未冲高的时机买进一批筹码了。

从分时图中后续的走势可以看到，该股在短暂上冲后有过一波回调整理，不过低点并未跌破均价线，后期还有继续上涨的趋势，因此，非但不是下跌信号，反而还为做 T 或建仓的超短线投资者提供了买入时机。

14:20 左右，成交量再度剧烈放量，股价线又一次以相似的脉冲波上冲，很快便接触到涨停板，不过并未封板，而是立即回落再次整理。

这就是一个比较明确的卖出信号了，毕竟股价在当日已经接触到了能够上涨的最高价，反应快的超短线投资者，可能已经在股价接触涨停板的瞬间或前后挂单卖出，完成做 T 了。

数十分钟后，股价在 5.03 元价位线上止跌企稳后，再度在成交量的放量支撑下脉冲上涨，最终彻底涨停封板，直至收盘。下午时段连续三次的脉冲波上涨，已经充分地证明了主力的拉升决心，超短线投资者也能比较顺利地在其中操作。

回到 K 线图中观察后续的走势，可以看到该股在次日依旧是以涨停收盘的，股价已经上涨到了 5.60 元价位线之上，短期涨幅相当可观。不过就像理论中提到的，越是快速的上涨持续时间可能越短，因此，当投资者发现 K 线在往后收出了带长上影线的小幅下跌阳线时，就要注意及时撤离，将前期收益落袋为安，避免高位被套了。

3.2.2　午盘转势缓量上涨

午盘转势缓量上涨指的是股价在经历早盘期间的横盘震荡或缓慢涨跌走势后，于下午时段开盘后，在一波波放大量能的推动下呈锯齿状上涨的走势，如图 3-16 所示。

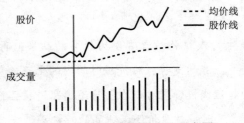

图 3-16　午盘转势缓量上涨示意图

在这种情况下，股价短时间内的涨势可能并不如午盘突兀放量拉升形态那么强势，但持续性要更好一些。除此之外，投资者能够用于分析的时间和空间也更多一些，因此，无论是建仓还是做 T，午盘转势缓量上涨都是比较合适的参考形态。

同时，超短线投资者在建仓或做 T 之前，也要先关注外部环境，也就是 K 线走势是否合适，行情位置是否能够为投资者提供足够的获利空间。如果内外部情况都比较适宜，超短线投资者跟进做多的成功率就要高不少。

下面通过案例来具体分析。

实例分析

海立股份（600619）午盘转势缓量上涨解析

图 3-17 为海立股份 2023 年 9 月至 11 月的 K 线图。

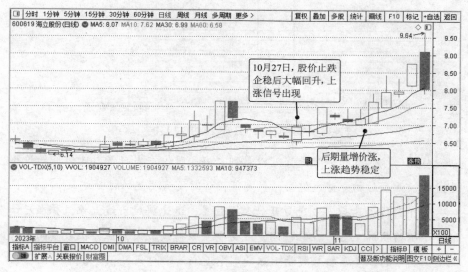

图 3-17　海立股份 2023 年 9 月至 11 月的 K 线图

来看海立股份的这段走势，能够看出在 2023 年 10 月下旬，该股从上一波下跌趋势中缓和过来不久，股价尚处于缓慢上涨后回调整理的过程中。不过此时的中长期均线已经扭转向上，因此，支撑力也是比较充足的，K 线在收阴跌到 30 日均线附近时，就有了止跌企稳的迹象。

10 月 27 日，该股向下接触到 30 日均线后突然快速拉升向上，收出了一根回调以来实体最长的阳线，说明行情有回暖迹象，超短线投资者可以引起注意甚至立即跟进了。

下面来观察当日的分时走势情况。

图 3-18 为海立股份 2023 年 10 月 27 日的分时图。

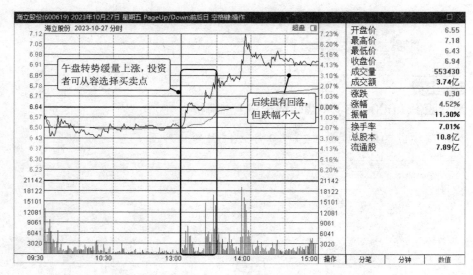

图 3-18　海立股份 2023 年 10 月 27 日的分时图

从 10 月 27 日的分时走势可以看到，海立股份在当日是以比较低的价格开盘的，开盘后的走势也偏向横盘震荡，暂时没有明显的拉升迹象。

下午时段开盘后，成交量开始大幅放量，迅速将股价线上推，并在后续形成了锯齿状的上涨。在此期间，成交量虽未持续放大，但分批放量的走势还是很明显的，午盘转势缓量上涨的形态逐渐清晰起来。

随着股价的持续上扬，市场的交易活跃度也在逐步被调动起来，超短线投资者的注意力也被吸引。一个小时后，股价最高已经上涨到了 7.18 元，涨幅相较于拉升初期已经有了近 9%，短期收益十分可观。

超短线投资者如果操作得好，是完全有机会在当日完成一次 T+0 交易，将这段涨幅的部分收入囊中的。当然，也有很多超短线投资者在此前没有建仓，因此，需要在股价涨幅不大之前介入，以降低买入成本。

该股在当日创出高价后有所回落，但回落幅度不大，最终以 4.52% 的涨幅收出一根阳线。从外部走势来看，这也属于比较清晰的拉升信号，并且后

市的上涨趋势也比较稳定，成交量逐日放大，形成量增价涨的配合形态，超
短线投资者可以分批做多，分批获利。

3.2.3　午盘骤然放量跳水

午盘骤然放量跳水与前面介绍的两个形态不同，它是明确的下跌信号，
因为股价在午间开盘后形成的是跳水式的下跌，同时成交量也会放量压制，
如图 3-19 所示。

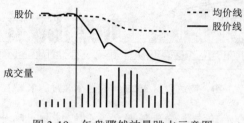

图 3-19　午盘骤然放量跳水示意图

这种走势的成因相信投资者已经可以自行分析出来了，无非是股价高
位主力大批出货，或是回调前夕主力放量压价震仓导致的。无论后市是否
还有上涨机会，短时间内个股的下跌趋势基本确定，那么超短线投资者就
应该立即撤离或是迅速转变做 T 方向，以降低损失。

至于还未入场的，风险承受能力又比较低的超短线投资者，遇到这种
情况就不要轻易介入了，等到后市股价重拾升势，或是进入反弹阶段时再
入场更加稳妥。

下面通过一个案例来解析。

实例分析
钧达股份（002865）午盘骤然放量跳水解析

图 3-20 为钧达股份 2023 年 5 月至 8 月的 K 线图。

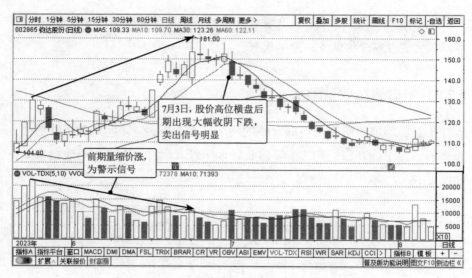

图3-20 钧达股份2023年5月至8月的K线图

图3-20展示的是钧达股份涨跌趋势变化的过程，从中长期均线的表现来看，该股在前期是经历过一段下跌的，直到进入2023年6月后，股价才彻底突破中长期均线的压制，形成了强势的上涨。在此期间，有大量的超短线投资者介入买卖，收益也很不错。

不过投资者仔细观察成交量就会发现，随着股价的持续上涨，成交量量能却有明显缩减，二者形成了量缩价涨的背离。除了整体的背离以外，当股价在6月中下旬上涨到高位时，同样与成交量形成了小范围内的量缩价涨背离，预示着上涨趋势即将到达尽头。

在这种警示信号的提醒下，超短线投资者的操作需要更加谨慎小心。当股价创出161.00元的高位，随后小幅回落持续高位震荡，并收出数根带有长上影线的小实体K线时，投资者更要及时反应过来，迅速在高位卖出，将前期收益落袋为安。

7月3日，K线大幅收阴下跌，彻底跌破了150.00元价位线的支撑，低点下探到了140.00元价位线上，短期跌幅极大，更加清晰地预示了行情的反转，对于超短线投资者来说是明确的出局信号。

下面通过当日的分时走势来观察合适的卖点在何处。

图 3-21 为钧达股份 2023 年 7 月 3 日的分时图。

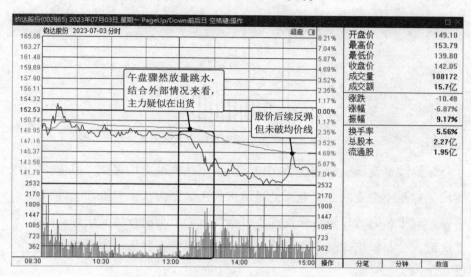

图 3-21　钧达股份 2023 年 7 月 3 日的分时图

从当日的分时走势可以看到，该股在开盘后出现过一系列的震荡，但最终还是落到均价线下持续下行。下午时段开盘后，股价更是在几分钟后就形成了跳水式的急速下跌，成交量也持续放量压制，结合外部 K 线走势来看，很有可能是主力出货导致的。

多种看跌形态在同一时期形成，即便是对于中长线投资者来说都是不宜停留的卖出信号，更何况是风险承受能力更低的超短线投资者。再加上后续股价反弹突破均价线失败的走势，更加强了这一信号，还未离场的超短线投资者需要抓紧时间，迅速撤离止损。

当然，经验丰富的超短线投资者也可以利用这一波快速下跌逆向做 T 降低损失，但一定要注意，回补完成后还是应以卖出为佳。另寻其他优质上涨个股参与，会比在这种下跌趋势中逆向做 T 的风险小得多。

3.2.4　午盘放量逐步压价

午盘放量逐步压价指的是股价在早间相对平稳运行后，于下午时段出现锯齿状下跌，成交量也持续或分段放量压制的走势，如图 3-22 所示。

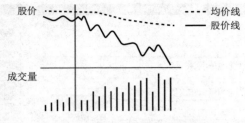

图 3-22　午盘放量逐步压价示意图

　　午盘放量逐步压价的走势相较于跳水下跌来说更加缓和，但传递出的卖出信号是不会变的，毕竟无论是跳水式还是锯齿状，股价都已经转入了下跌，对于超短线投资者来说都不好操作。如果当前行情又正好是高位震荡区域，或是经历连续上涨后的反转位置，该形态释放出的看跌信号就更强烈了。

　　在此之前，超短线投资者如果能借助其他盘面信息提前预判出下跌的到来，还能及时在下跌当日撤离；如果有的投资者判断失误已经建仓入场了，那就只能及时在当日逆向做 T，或是直接卖出止损了。

　　下面通过一个案例来解析。

实例分析
云从科技（688327）午盘放量逐步压价解析

　　图 3-23 为云从科技 2022 年 12 月至 2023 年 3 月的 K 线图。

　　图 3-23 中展示的是云从科技的一段上涨行情，从 K 线图中可以看到，该股自 2023 年 1 月下旬进入上涨阶段后，就形成了一波极为强势的拉升，连续的涨停使得价格迅速从 15.00 元价位线附近上冲至接近 35.00 元价位线上，短期内翻了一倍还多，涨幅极为可观。

　　但也正因如此，当股价在 35.00 元价位线上受阻横盘，成交量迅速缩减时，超短线投资者能够感受到的下跌威胁也更大。那么，当股价在 2 月中旬再度上升，却没能成功突破压力线，成交量放量幅度也远不如前期，超短线投资者就要及时意识到即将到来的回调或下跌，进而先行卖出了。

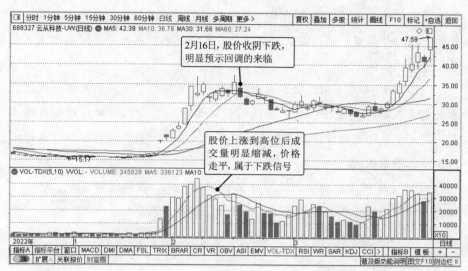

图 3-23　云从科技 2022 年 12 月至 2023 年 3 月的 K 线图

2 月 16 日正是股价突破压力线失败后下跌的一个交易日，下面来看当日的分时走势有何特殊之处。

图 3-24 为云从科技 2023 年 2 月 16 日的分时图。

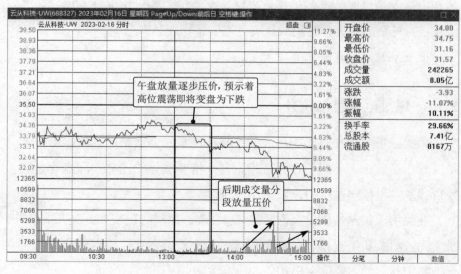

图 3-24　云从科技 2023 年 2 月 16 日的分时图

在 2 月 16 日开盘后，股价就长期围绕着均价线横向震荡，直到 10:30 之后才有所回升，不过在临近早间收盘时也出现了回落。下午时段开盘后，股价的下跌趋势越发明显，而且成交量也在逐渐放大，在半个小时内形成了午盘放量逐步压价形态。

结合 K 线走势来看，股价可能即将迎来回调或下跌，那么超短线投资者就需要及时择高卖出，或者快速转变做 T 方向了。从当日后续的走势来看，成交量虽没有持续放量，但也有分段放大，使得股价持续下跌，最终以 11.07% 的跌幅收盘。

回到 K 线图中，后市的走势也证实了这一点，股价逐步下跌，进入了回调之中，此时还未离场的超短线投资者，需要注意止损。

3.3　尾盘特殊量价关系

临近整个交易日收盘前的半个小时，被投资者称为尾盘。尾盘的重要性和开盘后的半个小时不相上下，个股在此阶段内的走势对次日的市场情绪和价格变动有比较大的影响，因此，许多主力和机构投资者也会在尾盘阶段进行一定的操作，超短线投资者需要特别注意。

接下来就进行逐一介绍。

3.3.1　尾盘巨量急涨拉升

尾盘巨量急涨拉升指的是股价在临近尾盘时，或是进入尾盘后，成交量突然急速放大，将股价直线上推，甚至推至涨停的走势。而在此之前，股价线基本是横向运行的，如图 3-25 所示。

在经历了长期的横盘运行后，突然在临近尾盘时出现如此突兀的拉升，是主力或机构投资者操作的概率很大。那么投资者只要根据当前行情的位置推断出其目的，就能拿出相应的应对方案。

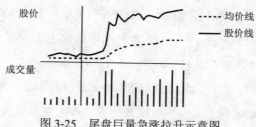

图 3-25　尾盘巨量急涨拉升示意图

如果是在拉升初期或是回调后期形成尾盘巨量急涨拉升走势，那么股价后市转入上涨的概率很大；但如果是在上涨一段时间后的高位形成这种走势，投资者就需要考虑是否是主力拉高出货，或将部分资金回笼后震仓的行为了。

不同的行情位置决定了投资者不同的应对策略，下面就直接通过一个案例来观察在股价高位出现的尾盘巨量急涨拉升，会有怎样的警示意义。

实例分析

蓝色光标（300058）尾盘巨量急涨拉升解析

图 3-26 为蓝色光标 2021 年 10 月至 12 月的 K 线图。

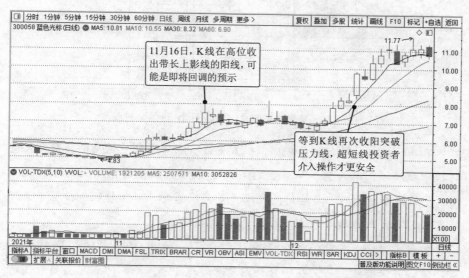

图 3-26　蓝色光标 2021 年 10 月至 12 月的 K 线图

从图 3-26 中可以看到，股价从 2021 年 10 月底创出 4.83 元的阶段新低后就进入了上涨趋势之中，在突破中长期均线时也十分强势地收出了长阳线，可见市场的追涨活跃度较高。

到了 11 月中旬，股价已经上涨到了 7.00 元价位线以上，相较于前期 5.00 元左右的低位，涨幅达到了 40%，短短数十日，却为超短线投资者带来了十分丰厚的收益。

不过在 11 月 16 日，股价虽然在继续上涨，但盘中形成的特殊走势却向超短线投资者释放出了危险信号，下面来看当日的分时图。

图 3-27 为蓝色光标 2021 年 11 月 16 日的分时图。

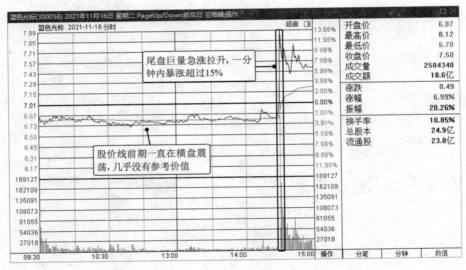

图 3-27　蓝色光标 2021 年 11 月 16 日的分时图

在 11 月 16 日的分时走势中，投资者可清晰地看到尾盘期间与前期交易时段中截然不同的走势。从开盘到 14:30，股价线几乎都被限制在 6.73 元到 6.87 元的价格区间内，与均价线之间更是多次穿插，对于超短线投资者来说基本不具有太高的参考价值。

但就在 14:30 当时，成交量突然形成了一根单量超过 16 万手的大量柱，使得股价直线上行，在一分钟内暴涨超过 15%，一举冲到了当日最高价 8.12 元上，尾盘巨量急涨拉升的走势十分明显。

如此突兀、极端的上涨，基本上可以确定为主力的手段，这一点从当日的分笔交易数据中也可以看出。

图 3-28 为蓝色光标 2021 年 11 月 16 日的部分分笔交易数据。

14:30	7.11	12093	B 409		14:31	7.97	15498	S 521		14:34	7.64	738	S 54
14:30	7.14	5529	B 345		14:31	7.86	3338	S 192		14:34	7.64	2306	S 108
14:30	7.16	9650	280		14:31	7.87	8991	B 187		14:34	7.66	7507	B 154
14:30	7.22	6370	B 443		14:31	7.86	4511	S 146		14:34	7.65	2212	S 97
14:30	7.28	12187	B 319		14:31	7.83	3209	S 85		14:34	7.68	1728	B 66
14:30	7.32	10006	B 300		14:31	7.84	3072	B 79		14:34	7.70	10413	B 209
14:30	7.32	11093	B 502		14:31	7.80	2619	S 127		14:34	7.71	1507	B 52
14:30	7.43	6271	B 346		14:31	7.80	3082	B 128		14:34	7.74	1431	B 67
14:30	7.45	9154	B 154		14:31	7.80	3124	B 139		14:35	7.73	2938	S 52
14:30	7.60	20625	B 620		14:31	7.79	3164	127		14:35	7.73	5347	S 94
14:30	7.57	4362	S 95		14:31	7.79	5717	B 101		14:35	7.73	9915	S 208
14:30	7.68	3011	B 122		14:31	7.77	3567	S 209		14:35	7.70	6013	S 137
14:30	7.70	8492	B 171		14:31	7.75	1361	S 55		14:35	7.68	4004	S 104
14:30	7.76	8098	B 321		14:31	7.74	3881	B 83		14:35	7.65	5482	S 188
14:30	7.74	7478	S 197		14:31	7.73	2944	B 109		14:35	7.68	2165	B 211
14:30	7.78	9358	B 249		14:32	7.72	12127	S 323		14:35	7.68	3958	B 91
14:30	7.87	9749	B 323		14:32	7.74	3709	S 154		14:35	7.66	3301	S 44
14:30	7.83	7575	S 188		14:32	7.70	8428	S 203		14:35	7.65	2572	S 62
14:30	7.96	4703	B 193		14:32	7.70	7095	S 202		14:35	7.65	2880	S 94

图 3-28 蓝色光标 2021 年 11 月 16 日的部分分笔交易数据

图 3-28 中的第一张图，展示的就是 14:30 时的部分分笔交易数据，不难看出，其中包含了大量的大买单，有的甚至达到了万手以上，金额极为巨大。也正是这些大买单，使得股价能够实现短期暴涨，进而吸引大量的场外投资者跟进。

回到分时图中继续观察，可以看到在 14:30 之后，股价线就出现了明显的转折回落。而在这几分钟内，分笔交易数据中又出现了大批的大卖单，显然是主力推高后迅速出货，回笼资金导致的。

因此，比较敏锐的超短线投资者当时就可以发现异常，进而借助股价短期暴涨的机会择高卖出，将前期收益落袋为安后离场。至于没有反应过来，依旧期望次日股价继续冲高的超短线投资者，就要等到后续几个交易日股价走势确定后才能做决断了。

回到 K 线图中看走势，股价在次日虽然没有明显下跌，但在 8.00 元价位线处受阻横盘的趋势还是比较明显的。而在随后几个交易日，股价更是连连收阴缓慢下滑，预示着回调的来临。

没能等到暴涨来临的投资者，此时就要迅速认清形势，进而及时撤离了。

等到后市股价回调完毕，K 线再次大幅收阳上涨突破压力线时，超短线投资者再次跟进才更加稳妥。

3.3.2 尾盘缩量小幅回落

尾盘缩量小幅回落指的是股价在经历持续或震荡性的上涨后来到尾盘，却在成交量缩量的影响下小幅回落，最终以稍低于最高价的价格收盘的走势，如图 3-29 所示。

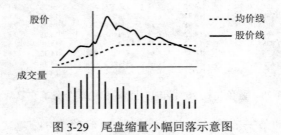

图 3-29　尾盘缩量小幅回落示意图

这是一种量能异动性不强，股价变动也不剧烈的形态，很多时候都是市场自然成交的结果，当然前提是前期量能也没有出现明显的暴增或地量。根据形态形成的位置，也有不同的推测。

◆ 当尾盘缩量小幅回落出现在拉升后期，或是高位横盘的后期，就有可能是市场推涨动能衰竭，买方逐渐承接不住愈加增多的卖单，股价即将转入回调或下跌的表现。

◆ 当尾盘缩量小幅回落出现在反转完成后的反弹期间，释放出的也是同样的下跌信号，只是买方的助涨力度会更弱，超短线投资者能够在其中做 T 获得收益的机会也更小。

◆ 当尾盘缩量小幅回落出现在拉升期间时，则可能意味着市场需要做一定的调整，未来数日可能出现涨势减缓、横盘整理或小幅下跌的走势。

对于超短线投资者来说，在这些位置出现的尾盘缩量小幅回落形态，传递出的都是应当先行卖出观望的信号，因此，不管是什么情况，投资者都不宜继续停留下去。

下面根据一个具体的案例来解析。

实例分析

迪贝电气（603320）尾盘缩量小幅回落解析

图 3-30 为迪贝电气 2022 年 7 月至 10 月的 K 线图。

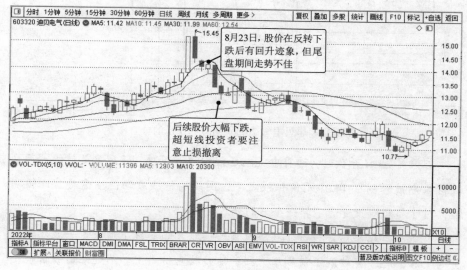

图 3-30　迪贝电气 2022 年 7 月至 10 月的 K 线图

从图 3-30 中可以看到，迪贝电气的股价从 8 月中旬之后就进入了下跌之中，K 线先是收出一根大阴线向下靠近 14.00 元价位线，成交量明显放大，主力出货的概率很大。随后的两个交易日，股价也是继续回落，跌到了 14.00 元价位线上横盘。

8 月 23 日正是股价落到该支撑线上的第二个交易日，在 K 线图中，当日收出了一根小阳线，但显然并没有起到太大的回升预示作用。

下面通过当日的分时走势来仔细观察。

图 3-31 为迪贝电气 2022 年 8 月 23 日的分时图。

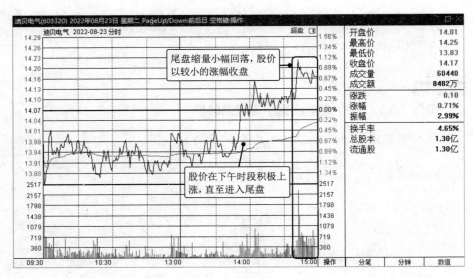

图 3-31　迪贝电气 2022 年 8 月 23 日的分时图

　　在 8 月 23 日开盘时，迪贝电气就已经出现了下跌，随后更是持续震荡，股价长期被限制在 14.01 元价位线之下，围绕均价线波动，横盘趋势比较明显，对于超短线投资者不算一个好的介入时机。

　　直到午盘结束后，股价才在成交量持续放大的支撑下形成了一波比较强势的上涨，终于突破到了前期压力线和前日收盘价之上。不过此后股价也是回调整理了半个多小时才再度上升，来到了 14.20 元价位线之上。

　　此时，当日的交易已经进入尾声，股价线却在卖方持续增长的挂单压力下出现了小幅回落，成交量也相较于前期有明显缩减，二者结合形成尾盘缩量小幅回落的走势。最终，当日该股以 0.71% 的微弱涨幅收出一根小阳线。

　　仅凭当日的分时走势，不看 K 线图中的弱势情况，投资者都能够看出买方的力有不逮，更何况 K 线走势中股价已经转势下跌了。因此，意识到下跌趋势短时间内难以逆转的超短线投资者，该出局的需要出局，该留在场外观望的也不要盲目买进了。

　　从 K 线图中后市的发展情况来看，股价在次日出现了急速的下跌，K 线收出长阴线，单日跌幅较大。而往后几个交易日的走势也不尽如人意，股价在连续震荡后彻底击穿 30 日均线，预示着下跌趋势的彻底稳定，超短线投资者此时更不宜停留了。

3.3.3　尾盘放量压制跳水

尾盘放量压制跳水指的是股价在交易日前期走势较为缓和，但到了尾盘时却被骤然放大的成交量迅速压制，形成了跳水式急速下跌的走势，如图 3-32 所示。

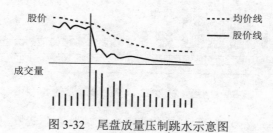

图 3-32　尾盘放量压制跳水示意图

这样的走势一般就是主力或机构投资者主导的了，有些极端情况下还会出现跌停封板。至于其意图，需要根据形成位置的不同而具体分析，但不外乎压价吸筹、震仓和出货这几种。

超短线投资者遇到尾盘放量压制跳水时几乎不需要太多分析，直接出局即可。毕竟该形态的出现一般都意味着股价短时间内的下跌，即便后市有重拾升势的机会，投资者也要等到机会来临时再跟进。

不过，这种走势形成的单日价差也是比较大的，有意愿逆向做 T 赚取这一波差价收益的超短线投资者要注意仓位管理。

下面就通过一个案例来细致分析。

实例分析

华正新材（603186）尾盘放量压制跳水解析

图 3-33 为华正新材 2022 年 7 月至 9 月的 K 线图。

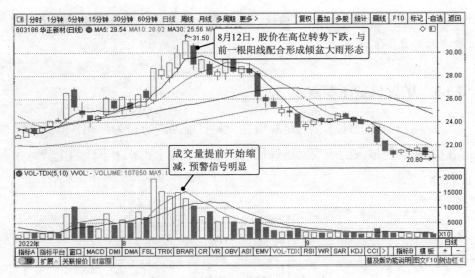

图 3-33　华正新材 2022 年 7 月至 9 月的 K 线图

　　先来看华正新材的 K 线走势，可以发现该股在临近反转时的上涨速度非常快，整体涨势十分强势，但成交量却表现出了提前缩减的态势，与连续收阳上升的 K 线形成了量缩价涨的背离。

　　在此期间，超短线投资者虽然还是可以继续参与做多，但一定要注意风险控制，不可重仓冒进。

　　8 月 12 日，股价的走势与前期截然相反，K 线收出了一根大幅下跌的阴线，底部击穿了上一根阳线的最低价，开盘价则处于前一根阳线的实体内部，二者配合形成了倾盆大雨 K 线组合形态。

　　这是一种典型的高位反转形态，预示的是下跌即将到来的信号，结合前期量缩价涨形态来看，股价后市发展不容乐观。

　　若投资者仍对此推测抱有疑问，下面就进入当日的分时走势来细致观察，看其中有没有出现明显的异动信号。

　　图 3-34 为华正新材 2022 年 8 月 12 日的分时图。

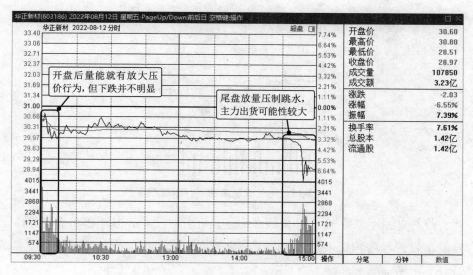

图 3-34 华正新材 2022 年 8 月 12 日的分时图

从图 3-34 中可以看到，华正新材在 8 月 12 日开盘后就出现了被放大的量能压制下跌的走势，但股价跌幅并不大，底部在接触到 29.97 元价位线后就企稳回升了，成交量也没有进一步的放量。

单看这段走势，投资者可能还发现不了什么。但当股价横向震荡到尾盘后，股价线在成交量的急剧放大影响下直线下跌，最低落到 28.51 元价位线上，形成尾盘放量压制跳水走势时，主力的分批出货意图就比较明显了，而这也能解释开盘后成交量为什么会放量压价。

多方信息结合来看，该股短时间内可能会维持下跌，或是回落到一定位置形成横盘震荡的走势。超短线投资者在这种弱势走势中虽然也是可以操作的，但不仅收益小，风险还比较高。

因此，这里建议风险承受能力较低的超短线投资者另寻其他优质个股买卖，而其他投资者则要时刻注意风控。

3.3.4 尾盘放量加速下行

尾盘放量加速下行指的是股价在前期本就处于下跌趋势之中，但进入尾盘后却被分段放大的量能进一步下压，形成了加速下跌的走势，如图 3-35 所示。

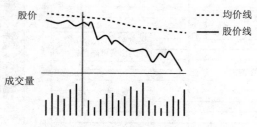

图 3-35　尾盘放量加速下行示意图

这种加速下跌无论是在 K 线图中还是在分时图中，基本都带有短期下跌的信号。尽管相较于跳水式的下跌来说要缓和不少，但加速下跌依旧是一种不可忽视的下跌预示。

尤其是当行情处于高位，量能有所异动，分时图中又有加速下跌形态出现时，超短线投资者更应该及时认识到危险来临，进而及时撤离了。

下面就进入案例中进行分析。

实例分析

协和电子（605258）尾盘放量加速下行解析

图 3-36 为协和电子 2022 年 7 月至 9 月的 K 线图。

在协和电子的这段走势中，股价的涨跌趋势变化过程十分清晰。从前期上涨阶段的走势可以看到，该股在上涨后期遇到了 29.00 元价位线的压制，多次突破都无法成功越过。而在此期间，成交量出现了明显的缩减，自然也很难支撑股价明显变盘上冲了。

8 月 11 日，股价突然收出一根长阳线上冲，直接突破到了 29.00 元价位线之上，看似有进入下一波拉升的迹象。但投资者仔细观察下方的成交量就可以发现，量能在当日甚至没有放大，此次上涨属于危险性较高的无量上涨，再加上当前行情位置偏高，谨慎型的超短线投资者要注意及时止盈了。

次日，也就是 8 月 12 日，股价在成交量的剧烈放量影响下出现了冲高回落的走势，当日也收出了大阴线，更加证实了投资者对于上涨无力的推测。

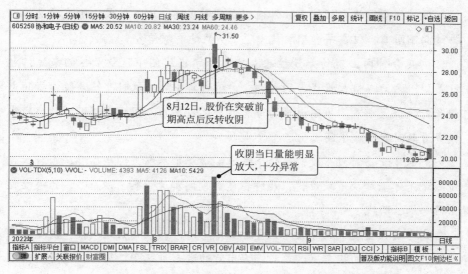

图 3-36　协和电子 2022 年 7 月至 9 月的 K 线图

下面就进入当日的分时走势中进一步分析。

图 3-37 为协和电子 2022 年 8 月 12 日的分时图。

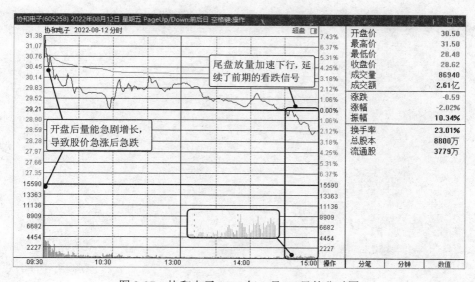

图 3-37　协和电子 2022 年 8 月 12 日的分时图

从图 3-37 中可以看到，该股当日是以高价开盘的，开盘后第一分钟场内就出现了一根巨大的量柱，将股价短暂上推到最高 31.50 元价位线后又迅速拉低，使得价格在短短几分钟内形成剧烈震荡，最终跌破均价线的支撑，持续向下滑落，仅在早盘期间就出现了明显的看跌信号。

这几分钟内出现的大量柱基本就是外部 K 线图中巨量量柱的来源，也就是说，主力或机构投资者的大部分力量都集中到了这时。结合股价线的走势和行情位置来看，推高出货的可能性是比较高的，因此，谨慎型的超短线投资者此时就应该借高卖出了。

到盘中交易时段，股价线的下跌速度减缓了不少，但在临近尾盘时，股价线还是逐渐加快下跌步伐，最终在尾盘期间加速下行，以 2.02% 的跌幅收出了一根长阴线。

由于前期量能太大导致尾盘量能显示不清，但只要放大观察，投资者依旧能够看出放量的状态，这是对主力出货的进一步证明。那么，此时逆向做 T 的超短线投资者就可以买进了，而已经止损的投资者则不宜继续介入。

第 4 章

特殊涨跌停短线形态

　　分时股价线的涨停和跌停案例已经在前面的章节中有所涉及了，但始终没有进行系统地讲解。要知道，特殊的涨跌停走势可能会使超短线投资者有机会在单日吸收极为可观的差价收益，甚至扭亏为盈。

4.1 涨停盘面如何做超短线

涨停盘面是很多超短线投资者都乐于见到的，尤其是在拉升初期和持续上涨过程中的涨停走势，更是能为超短线投资者带来风险较低的短期丰厚收益。

但需要注意的是，并不是所有的涨停盘面都能够预示出积极信号。当股价在特定的行情位置形成一些特殊的涨停盘面时，超短线投资者对其的看涨判断可能就要打一个折扣。

下面就逐一进行解析。

4.1.1 高开直线冲板

高开直线冲板指的是股价当日以高于前日收盘价的价格开盘后直接顺势上冲，直线拉至涨停的走势，如图 4-1 所示。

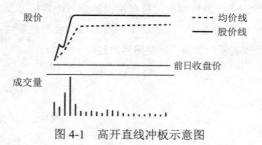

图 4-1 高开直线冲板示意图

高开直线冲板的速度是非常快的，并且开盘价格越高，涨停时间越短，有时候个股甚至在开盘后第一分钟就涨停了。在此过程中，股价线可能会有短暂的回调，形成一个小尖角，也可能直线上升。

由此可见，这种涨停形态是市场或主力积极推涨的结果，比较常见于拉升初期和连续涨停的过程中，传递出的是短期看涨的积极信号。但由于涨停盘面相对极端，在没有成交量持续支撑的情况下，个股很难维持住如此快速的上涨，因此，超短线投资者需要注意及时止盈。

不过从高开直线冲板形态的构筑速度来看，其留给超短线投资者的买卖时机基本是转瞬即逝的。已经在前期建仓的投资者还好，即便股价涨停也能卖出，但如果在股价线冲板的过程中稍有犹豫，就无法实现低吸，顺向做 T 的计划也只能搁置。而尚未提前建仓的投资者，可能就来不及买进。所以，投资者一定要果断决策，看准时机就迅速挂单跟进。

下面通过一个案例来详细解析。

实例分析

网达软件（603189）高开直线冲板形态

图 4-2 为网达软件 2022 年 11 月 8 日的分时图。

图 4-2　网达软件 2022 年 11 月 8 日的分时图

直接观察网达软件 2022 年 11 月 8 日的分时走势，可以发现该股当日是以 13.68 元的高价开盘的，并且开盘就有超过 2% 的涨幅。

开盘后，股价有小幅的回落，但两分钟后就止跌企稳，随后在成交量的急剧放量推动下迅速直线上升，最终于 9:34 涨停并持续封板，形成了高开直线冲板的形态。

此次高开直线冲板为投资者留出了四分钟的操作时间，对于一直在关注股价走势的超短线投资者来说已经足够了。尤其是股价小幅回落后再直线拉升的过程，更是可以在一定程度上降低投资者的持股成本。

但需要注意的是，投资者即便能在这四分钟内挂单，速度也一定要快。因为股价的涨速太快，投资者上一秒填下的买入金额，可能在下一秒就被抛到后方，导致挂出的买单迟迟无法成交，最终错过更低的入场机会。

因此，投资者在这种情况下就不要纠结更低的报价了，可以填入五档买卖盘中卖一的价格，甚至再高一些，这样才能更加稳妥地成交。

然而，分时图中如此积极的上涨，是否意味着K线图中上涨趋势的开启或是稳固呢？下面就来看一下网达软件的K线走势情况。

图4-3为网达软件2022年9月至12月的K线图。

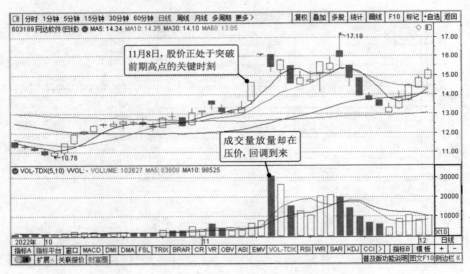

图4-3　网达软件2022年9月至12月的K线图

从网达软件这一段走势来看，该股正处于上涨过程中，这一点是大部分投资者都能判断出来的。在11月8日收出涨停阳线之前，股价还经历过一次小幅回调，回调前的高点在14.00元价位线下方不远处。

而11月8日的大阳线成功突破前期高点，大概率说明了下一波上涨即将来临。因此，投资者在当日低位挂单建仓或顺向做T，是经过了外部环境肯定的，下跌风险并不算大。

不过也正如理论中所说，股价有可能在连续上涨几日后就转势进入回调或下跌之中。所以，当投资者发现在 11 月 10 日，成交量大幅放量，股价却收阴下跌时，就要及时止盈，将前期收益落袋为安后撤离观望。

4.1.2　走平后突兀冲板

走平后突兀冲板指的是股价在开盘后的一段时间内走势平平，甚至小幅下滑，到了某一时刻，随着成交量的急速放大，股价线几乎呈直角转折向上，直线拉升至涨停封板的走势，如图 4-4 所示。

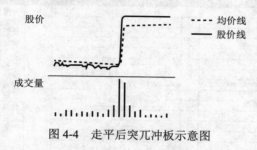

图 4-4　走平后突兀冲板示意图

这种直线冲板是非常典型的脉冲波，主力或机构投资者拉升的概率非常大，毕竟散户是很难这样联合起来，集中资金在特定的几分钟内将股价推至涨停的。

这种走势比较常见于 K 线收小阴小阳横盘整理的后期，前半部分的走平与横盘期间股价的走势契合，市场才不会有过度反应，导致主力拉升的难度加大。至于是高位横盘的后期，还是回调或下跌横盘的后期，就要根据 K 线图中状态来分析了。

在不同横盘位置形成的走平后突兀冲板走势，传递出的含义是不一样的。

◆　高位横盘后期：这时候的走平后突兀冲板形态，可能是主力吸引大批买单挂入，然后趁机出货的手段。超短线投资者可以跟进，但一定注意不能长期停留做 T，一旦股价有反转迹象，就要立即出局。

◆　回调或下跌横盘后期：这时候的走平后突兀冲板形态，可能是主力发力拉升的结果，后市股价的上涨空间要大得多，超短线投资者买进更有底气。但投资者也不能小看涨停结束后回调的杀伤力，该卖出观望的还是要卖出，等到下一波上涨到来时再跟进即可。

下面通过案例来分析。

实例分析

省广集团（002400）走平后突兀冲板形态

图 4-5 为省广集团 2023 年 7 月 13 日的分时图。

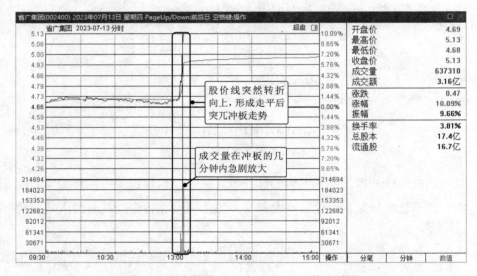

图 4-5　省广集团 2023 年 7 月 13 日的分时图

来看一下省广集团 2023 年 7 月 13 日的走势，可以发现该股在开盘后就进入了长期的横盘窄幅震荡之中，股价线与均价线相互交错运行，期间并未出现明显的变盘迹象，因此，许多超短线投资者也没有建仓意向。

但在临近早间收盘时，股价线却在成交量的剧烈放大推动下形成了急速的转折，价格在短短几分钟内快速攀升，涨速极为惊人。在下午开盘，也就是 13:00 的第一笔买单成交后，股价已经达到了涨停，走平后突兀冲板的形态形成。

虽然这种急速脉冲的走势涨幅可观，前期低位震荡的时间也很长，但实际留给投资者反应和决策的时间也不过三五五分钟。因此，很多投资者可能无法在当日实现建仓或做 T，那就只能等待后市时机了，而股价能否继续上涨，还需要根据 K 线图中的情况来判断。

下面通过 K 线走势来观察后市走向。

图 4-6 为省广集团 2023 年 5 月至 8 月的 K 线图。

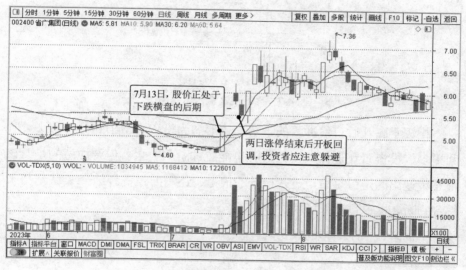

图 4-6 省广集团 2023 年 5 月至 8 月的 K 线图

从图 4-6 中可以看到，省广集团在 7 月 13 日之前，是长期处于下跌阶段中的，中长期均线始终压制在 K 线之上。那么，当股价落到 4.60 元价位线附近止跌，并在后续形成半个多月的横盘震荡时，投资者就可以将其认定为下跌期间的横盘。

由此可见，7 月 13 日的拉升预示出的大概率就是上涨开启的信号，那么投资者在后续就可以继续追进，但要注意回调。

从该股未来的发展状况来看，股价次日继续涨停，成功越过了两条中长期均线。但再往后一个交易日，K 线就收出了阴线，有回调下跌的迹象。这时投资者要暂缓跟进的步伐，等到回调结束，股价再次拉升时再介入，才能确定后市获利的可能。

4.1.3　高开震荡涨停

高开震荡涨停指的是股价在高价开盘后，被持续放大或分批放大的量能推动而呈锯齿状上涨，直至涨停封板的走势，如图4-7所示。

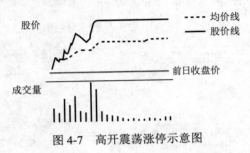

图4-7　高开震荡涨停示意图

相较于高开后直线冲板的走势，该形态为投资者留出的分析和决策时间更多，投资者在选择买卖位置时也能更加游刃有余。但要注意的是，该形态传递出的是否是后市进入拉升的信号，还需要投资者结合K线走势来综合判断，以免盲目入场高位被套。

下面来看一个具体的案例。

实例分析

华海诚科（688535）高开震荡涨停形态

图4-8为华海诚科2023年7月11日的分时图。

来看一下华海诚科在2023年7月11日的表现，该股当日是以66.66元的价格高开的，开盘后就进入了震荡式的上涨中。而成交量由于在开盘后有过放大，因此，在后续的数十分钟内有所缩减，但并不影响股价线持续上行形成锯齿波，超短线投资者依旧可看多、做多，低位吸纳。

在一次明显回调结束后，成交量再度形成巨幅放量，更快地将价格上推，几分钟后就达到了涨停，并持续封板，形成了高开震荡涨停的形态。

直到形态成立，时间也才过去了近半个小时，但期间形成的买入时机却十分丰富，超短线投资者有充足的时间来分析和判断，进而作出低吸的关键决策。至于决策的正确与否，就要结合K线走势来分析了。

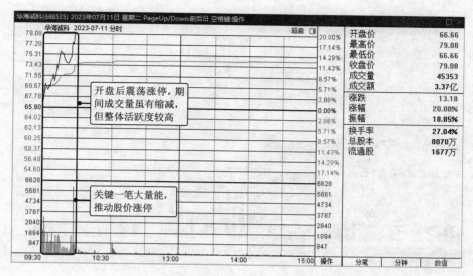

图 4-8　华海诚科 2023 年 7 月 11 日的分时图

下面来看一下华海诚科近期的 K 线走势。

图 4-9 为华海诚科 2023 年 6 月至 8 月的 K 线图。

在 K 线图中，华海诚科自 2023 年 6 月底开始上涨，在经历了小幅震荡和艰难突破后，该股在 7 月初成功越过中长期均线的压制，开始逐步向着 70.00 元的前期压力线靠近。

7 月上旬，股价在接触到 70.00 元价位线后，积极的上涨走势陷入停滞，K 线开始收阴震荡。而就在 K 线收阴的次日，也就是 7 月 11 日，分时图中出现了极为强势的拉升，当日交易结束后收出的长阳线也直接突破了前期压力线，收盘价还十分接近 80.00 元价位线。

可见，投资者在 7 月 11 日跟进是有根据的，没能在前期提前建仓的，也可以在后续几个交易日中利用当日吸纳的筹码继续做 T。毕竟从后续的走势来看，成交量也有持续的放量支撑，股价上涨的速度很快，投资者顺向做 T 能获得的收益不少。

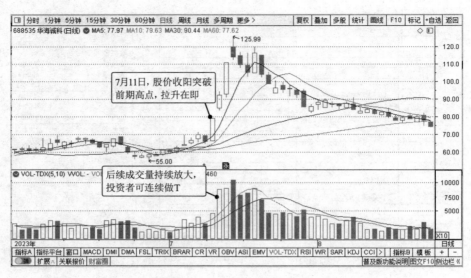

图 4-9　华海诚科 2023 年 6 月至 8 月的 K 线图

4.1.4　台阶式上升涨停

　　台阶式上升涨停指的是股价在开盘后，在成交量的分段放量推动下呈现出波段式的上升。在上升停滞时，股价线可能会小幅回落，最终跌到某一支撑线上横向震荡。在多次上涨→停滞→再上涨→再停滞的过程中，台阶式的形态就出现了，如图 4-10 所示。

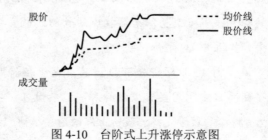

图 4-10　台阶式上升涨停示意图

　　这种台阶式的上升涨停，持续时间一般是比较长的，而且期间的上涨走势也比较稳定，因此，也会有更多的超短线投资者参与进来。

　　所以，这种状态很多时候是市场自然成交的结果。但如果在股价达到涨停时，成交量有形成巨幅放量推动封板，主力参与的可能性就很大了。那么此时投资者就要根据 K 线走势来具体分析。

下面来看一个案例。

实例分析

凯华材料（831526）台阶式上升涨停形态

图 4-11 为凯华材料 2023 年 1 月 31 日的分时图。

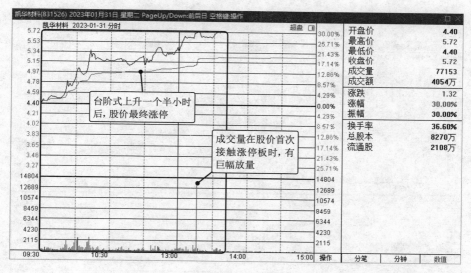

图 4-11　凯华材料 2023 年 1 月 31 日的分时图

凯华材料在 1 月 31 日是以平价开盘的，开盘后就有比较稳定的上涨。数十分钟后，成交量逐渐放大，股价线的上涨速度也在增加，在经历了一系列震荡后，该股来到了 5.34 元价位线附近。

此后，股价就出现了小幅回落，跌到 5.15 元价位线附近横盘运行，形成了第一个比较明显的台阶。后续股价还有过数次震荡上涨和走平，也形成了数个台阶。而随着价格越来越靠近涨停板，台阶式上升涨停的形态也越来越清晰，超短线投资者也更加能体会到看多信号的强烈。

那么，在股价台阶式上涨的过程中，有意向的超短线投资者就要注意及时跟进低吸了。但要注意的是，凯华材料这只股票是属于北交所的，也就是说，它的单日涨跌幅限制是30%。短期收益巨大的同时，风险也是很高的，因此，风险承受能力较低的投资者就不要参与了。

下午时段开盘后不久，股价终于接触到了涨停板。同一时刻，成交量也出现了巨幅放量，说明这一次拉升主力也是有参与的，那么投资者就得结合K线走势来分析了。

下面根据凯华材料的K线走势来判断。

图4-12为凯华材料2022年12月至2023年3月的K线图。

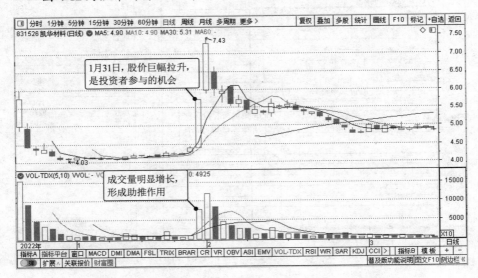

图4-12　凯华材料2022年12月至2023年3月的K线图

从图4-12中可以看到，凯华材料在1月31日之前的走势是低位震荡，每一根K线的实体都不长，可见该股在此期间并未发挥出北交所股票的短期大幅涨跌优势，因此，超短线投资者很多也并未参与进来。

但1月31日的积极上涨彻底打破了这一局面，单日高达30%的涨幅，直接将股价从4.50元价位线下方带到了接近5.75元的位置。已经提前建仓，并且操作得好的超短线投资者，完全可以通过当日获取较好的收益。

次日，股价继续收阳上涨，虽然没有涨停，但单日的涨幅也是极为可观的。仅仅通过这两个交易日的顺向做 T 交易，超短线投资者就能获得非常丰厚的收益。

不过投资者也不能被收益冲昏头脑，在发现后续 K 线收阴时还不及时止盈卖出，就有可能反被套住，遭受损失。

4.1.5 V字开板再封板

V 字开板再封板指的是股价在上涨至涨停后，并未彻底封板直至收盘，而是在某一或某些时刻突然被巨量卖单砸开，短暂回落开板又迅速回升封住，形成的类似于字母"V"的形态，如图 4-13 所示。

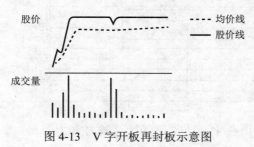

图 4-13　V 字开板再封板示意图

V 字开板是非常常见的回落交易走势，但其形成却不容易。因为在涨停期间，涨停价上堆积了大量的买单，只要这批买单不被消化完毕，个股就无法以更低的价格交易，股价也就无法跌下涨停板。

因此，如果股价在涨停过程中突然被大卖单砸开，形成 V 字开板，大概率说明是主力在大批量挂单，使得当时堆积在涨停价上的买单全部被清空，价格才有所下跌。等到这一批筹码兑现完毕后，主力又会继续注资买进，将股价再次推至涨停。

很显然，这种情况有可能是主力回笼部分资金的手段，同时也能吸引更多的买盘跟进，维持涨停现状。但如果是在上涨高位形成的，投资者就需要考虑主力推高出货的可能性了。

下面通过一个案例来进行分析。

实例分析

延华智能（002178）V字开板再封板形态

图 4-14 为延华智能 2021 年 12 月 20 日的分时图。

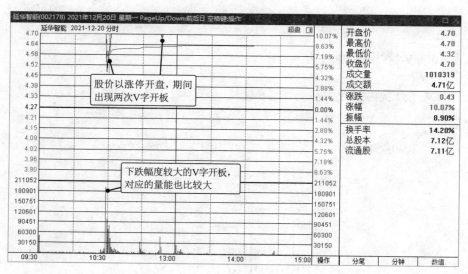

图 4-14　延华智能 2021 年 12 月 20 日的分时图

从延华智能 2021 年 12 月 20 日的分时走势中可以看到，该股当日是以涨停开盘的，相信超短线投资者从集合竞价期间的走势也能够提前分辨出来。那么有介入意向的投资者，最好在集合竞价期间就挂单，否则很难在后续可能形成的一字涨停期间完成交易。

在开盘后近一个小时的时间内，该股都是持续封板的，此时很多投资者都会认为当日会收出一根一字涨停线，因而不对其保持关注了。

但在临近 10:30 时，该股的涨停板却被突然出现的数笔大卖单砸开，短时间内形成了幅度较深的下跌，股价一直落到 4.52 元价位线之下，才止跌并迅速回升，一分钟后就回归了涨停，并继续封板。在封板的时刻，盘中也出现过同样数量巨大的买单，主力操作痕迹明显。

在此次 V 字开板的过程中，股价只脱离了涨停板四分钟左右，但下跌幅度却超过了 4%。对于没有时刻关注个股发展进程的超短线投资者来说，错过此次低吸机会是比较遗憾的，但这也提醒了投资者，该股在后续未必没有再次开板的可能，希望参与的投资者要注意了。

临近早间收盘时，该股又出现了一次 V 字开板，但这一次的持续时间更短，下跌幅度也更小了。能够抓住此次机会建仓的投资者同样不多，那么其他投资者就有必要结合 K 线走势来判断个股在涨停后是否还值得参与，进而决定是否在后续建仓跟进。

下面来看一下该股近期的 K 线走势。

图 4-15 为延华智能 2021 年 11 月至 2022 年 1 月的 K 线图。

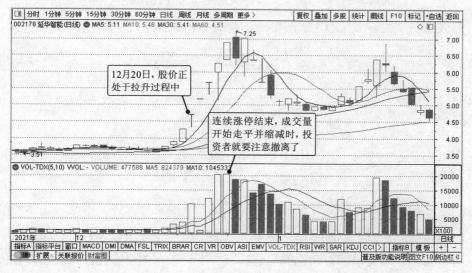

图 4-15　延华智能 2021 年 11 月至 2022 年 1 月的 K 线图

根据 K 线走势来看，延华智能在 2021 年 12 月中旬之前基本都处于低位窄幅震荡的状态。直到 12 月中旬成交量开始逐步放量后，股价才有了比较明显的变盘上升迹象。

在 12 月 20 日之前，股价刚对前期高点形成了一次强势突破，当日也是以涨停收尾的。那么 12 月 20 日形成的两次 V 字开板，就很可能是主力回笼部分资金以备后市拉升，同时为场外买盘制造成交机会，吸引更多资金注入帮助推涨的手段。

因此，在内外联合分析得出结论后，超短线投资者就需要及时挂单跟进，即便没能在当日成功交易入场，也可以在后续的交易日中寻找机会。但要注意价格越高，风险也越高，连续数次涨停都没能跟进的情况下，超短线投资者就要考虑放弃追涨了，防止高位被套。

4.1.6　凹形开板后封板

凹形开板后封板指的是股价在盘中达到涨停后不久便开板下跌，落到一定位置后形成短时间的震荡，最终又被大量能推涨向上，回到涨停板上，形成的一个类似于"凹"字的形态，如图 4-16 所示。

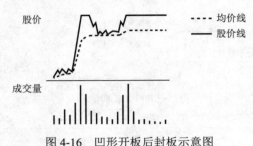

图 4-16　凹形开板后封板示意图

一般来说，股价的开板和封板都需要大量能进行配合，因此，在凹形开板形成的同时，成交量往往也会形成一个凹形，这一点从其示意图中也可以看出。成交量凹形两侧的峰值越高，主力参与的可能性就越大，投资者根据其意图预判后市走向就会比较轻松。

而这种凹形开板比起 V 字开板，交易时间更长，下跌幅度也更大，因此，超短线投资者也更有余力和时间对内外部走势进行综合分析判断，进而决定是否在当日跟进。

下面就根据一个案例进行详细解析。

实例分析

多伦科技（603528）凹形开板后封板形态

图4-17为多伦科技2023年11月3日的分时图。

图4-17 多伦科技2023年11月3日的分时图

在多伦科技2023年11月3日的分时走势中，可以看到该股当日是以低价开盘的，但这并不影响市场的积极性，股价在开盘后就出现了锯齿状的上升，数十分钟后还得到了巨大量能的支撑，形成了一次明显的脉冲波。

仅在这一次脉冲波的推动下，该股就冲上了涨停板，但并未封板，而是立即转折下跌，落到均价线上企稳后横盘震荡。

此时，即便股价线还未出现回归封板的迹象，超短线投资者也能看出当日走势的积极性和大幅收阳的可能性了。反应快的投资者已经在前期脉冲的过程中就买进了；而谨慎一些的投资者，此时跟进建仓或低吸做T也不迟。

股价在均价线上窄幅震荡数十分钟后，成交量再度明显放量，迅速将股价线上推，几分钟后就推到了涨停板上，并彻底封板，直至收盘。

这时一个凹形开板后封板的形态就十分清晰了。已经在当日低位建仓的超短线投资者可以继续持股，做T的投资者则可以挂单卖出了，毕竟股价已经涨无可涨，不用再等待。

然而，分时图中如此积极的上涨，是否意味着 K 线图中后市的走向良好呢？并不一定，所以，投资者需要回到 K 线图中进行分析。

图 4-18 为多伦科技 2023 年 9 月至 11 月的 K 线图。

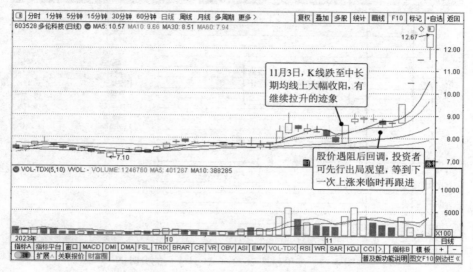

图 4-18　多伦科技 2023 年 9 月至 11 月的 K 线图

从图 4-18 中不难看出，多伦科技前期的走势并不算积极，成交量和 K 线振幅都能够说明市场的活跃度不高。并且由于单日价差不大，很少有超短线投资者愿意在其中做 T 或进行短线交易。

不过，自从该股突破中长期均线的压制，并来到 8.00 元价位线之上后，单日振幅就有明显的扩大。那么无论是涨还是跌，超短线投资者就都有机会赚取差价收益了，因此，场内的超短线投资者也多了起来。

11 月 3 日正是股价一次小幅回调，落在 30 日均线上止跌企稳的交易日，在这种关键时刻形成的凹形开板后封板，无疑证实了主力不仅自身在推涨，还希望散户参与进来助涨的意图。毕竟如果主力不希望散户抢筹，完全可以直接让涨停板封住，直至收盘。因此，超短线投资者在当日积极跟进的决策是比较可靠的。

但需要注意的是，当股价上涨到前期高点附近受阻回调时，只是建了仓还没来得及卖出兑利或是做 T 的投资者，还是以先行出局观望为佳。等到股价再次形成上涨迹象时，再介入也不迟。

4.1.7　涨停板震荡交易

涨停板震荡交易指的是股价在上升并涨停后，并未彻底封板，而是反复在涨停板附近震荡，期间股价线会多次接触到涨停的门槛，却始终无法彻底迈进，不过最终还是于某一时刻被大量能推涨封板，直至收盘，如图 4-19 所示。

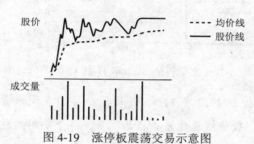

图 4-19　涨停板震荡交易示意图

在高位震荡的过程中，成交量会出现分批放量再反复回缩的走势。每一次股价达到涨停时，盘中都可能出现大量柱，根据行情位置的不同，这些大量柱和股价的震荡所代表的含义也会有所差别。

如果是在上涨初期或是回调后期，主力促使涨停板震荡交易形态出现的意图，可能是吸引市场注资，辅助大力推升，以达到扩收的目的。

但如果是在上涨高位或是高位横盘的后期，涨停板震荡交易形态的出现就可能是主力吸引散户入场承接出货筹码的手段。

下面就通过一个案例来看一下涨停板震荡交易形态的实战分析。

实例分析
宝明科技（002992）涨停板震荡交易形态

图 4-20 为宝明科技 2022 年 11 月 15 日的分时图。

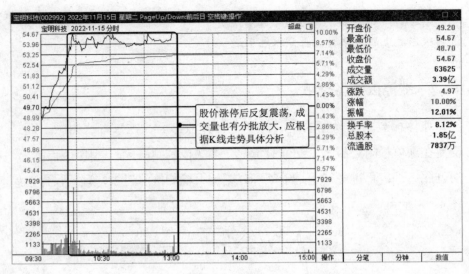

图 4-20　宝明科技 2022 年 11 月 15 日的分时图

　　根据宝明科技在 2022 年 11 月 15 日开盘后的表现来看，市场的推涨积极性还是很高的，股价线呈现攻击状的拉升，半个小时内就达到了涨停。

　　不过，该股并未就此封板，而是在涨停板附近形成了长期的震荡。股价线多次上冲又多次回落，每一次都伴随着成交量的明显放量。但即便如此，在经历了长达一个多小时的拉锯后，股价依旧没能彻底封板。

　　此时大部分超短线投资者已经看出，即便当日不能以涨停收盘，后续股价会转势大幅下跌，该股当日的价差都不会小。那么投资者无论是顺向做 T 还是逆向做 T，都有获利的可能。

　　不过根据前期的攻击波走势来看，希望顺向做 T 的投资者还是更多一些的。比较果断的投资者会在开盘后拉升的过程中就买进，然后在股价接近涨停时卖出。这样就可以先将当日的涨幅收入囊中。

　　至于逆向做 T 的投资者，当股价最终彻底封板时，这部分投资者的低吸打算可能就要落空了，只能在后续的交易日中伺机再建仓，但前期在涨停价卖出的收益依旧是可观的。尚未建仓的投资者也是一样，如果不能在当日低位及时建仓，就要等待后市发展。

　　下面就根据 K 线的走势来判断该股后市是否还值得介入。

图 4-21 为宝明科技 2022 年 9 月至 12 月的 K 线图。

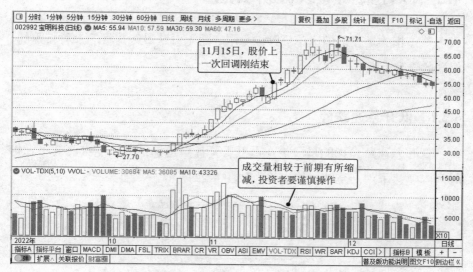

图 4-21　宝明科技 2022 年 9 月至 12 月的 K 线图

在宝明科技这几个月的走势中，股价表现出了十分强势的拉升走势，从 30.00 元价位线附近上涨至 55.00 元价位线左右，只用了不到一个月的时间，价格却是接近翻倍，可见其收益性之强。

但也正是因为短期涨幅过大，超短线投资者在参与投资时更要小心谨慎。当该股在 55.00 元价位线上受阻回落时，大部分谨慎型的投资者都会选择撤离。而在 11 月 15 日，股价再度收出涨停阳线并有突破压力线的迹象时，更多的超短线投资者也蠢蠢欲动了起来。

在次日，股价就越过了 55.00 元价位线，K 线虽然收阴，但低点也没有跌破 55.00 元价位线太多。而在后续的交易日中，股价更是节节攀升，阴阳线交错着上涨，预示着拉升再起，超短线投资者也有了做多的底气。

但需要注意的是，当股价持续上涨时，成交量却没有给予如前期积极拉升阶段那般的放量支撑，而是短期走平、整体缩减。

这说明市场的交易活跃度在下降，主力的推涨力度也有所放缓，结合当前的行情位置来看，该股随时有见顶反转的可能。持续做 T 的超短线投资者，此时一定要谨慎，不可盲目跟风追涨，以免高位被套。

4.2　跌停盘面短线分析要点

跌停指的是股价到达单日跌幅上限，跌无可跌最终封板的一种特殊的、极端的走势。

4.2.1　低开急速跌停

低开急速跌停指的是股价在以低价开盘后迅速被大量能打压向下，短时间内急速下跌乃至跌停的走势，如图 4-22 所示。

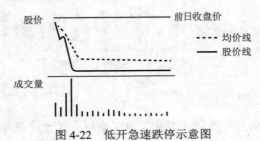

图 4-22　低开急速跌停示意图

在冲向跌停板的过程中，股价 K 线可能呈直线下坠，也可能有短暂的停滞，形成尖角波。前一种情况的跌速更快，极端情况下股价可能在开盘后第一分钟就直线下坠跌停了；后一种情况留给投资者的反应时间也不会太多，通常情况下，10 分钟内股价就会彻底跌停封板，直至收盘。

遇到这种情况，投资者就不会像涨停形态那样有多余时间和精力去分析外部行情走势。毕竟积极的上涨对应的是带有风险的收益，而快速的下跌对应的则是实打实的损失。

因此，无论处于何种情况，K 线走势又有何种变化，超短线投资者都需要尽量在股价跌停之前撤离，避开这一波下跌。就算个股在后市有积极的表现，也要等到上涨趋势形成后再谈建仓持股的问题。

下面通过一个案例来分析。

实例分析

皖通科技（002331）低开急速跌停形态

图 4-23 为皖通科技 2021 年 2 月 5 日的分时图。

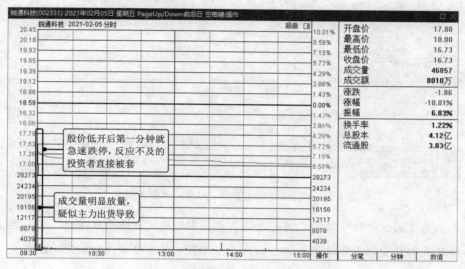

图 4-23　皖通科技 2021 年 2 月 5 日的分时图

乍一看皖通科技 2021 年 2 月 5 日的分时走势，投资者可能还以为是一次一字跌停。但仔细观察就会发现，该股当日是以 17.80 元的低价开盘的，虽然开盘就有超过 4% 的跌幅，但好在没有直接以跌停价开盘。

不过，在开盘后的第一分钟，随着数笔大卖单的挂出和交易，股价直线下坠，开盘即跌停，随后长期封板直至收盘，形成低开急速跌停形态。

如此快速的跌停，比起一字跌停也是有过之而无不及的。反应稍微慢一些的投资者直接就会被套场内，在往后的交易时间内也很难排在前列完成交易，只能等待后市开板再伺机卖出。

而根据开盘后的大卖单来看，主力意图震仓或出货的可能性比较大，但具体还需要根据 K 线走势来分析。

下面就来观察皖通科技的外部 K 线走势情况。

图 4-24 为皖通科技 2021 年 1 月至 4 月的 K 线图。

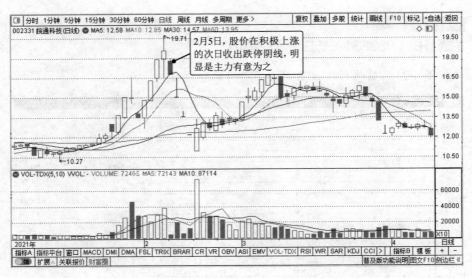

图 4-24　皖通科技 2021 年 1 月至 4 月的 K 线图

从 2 月 5 日股价跌停之前的走势来看，市场积极性还是很高的，股价连续几天都处于以涨停收尾的状态，只是在 2 月 4 日有过冲高后回落，K 线收出的是带有较长上影线的小实体阳线。

这一根 K 线的走势还不足以说明主力的出货意图，但结合 2 月 5 日的低开急速跌停形态来看，主力很可能在 2 月 4 日就有了出货的迹象，只是因为股价跌幅不大，很多警惕性不强的超短线投资者并未及时卖出，那就很可能在次日开盘后就被套。

既然已经被套，当日又没有逆向做 T 的空间，投资者就只能等待次日股价的表现了。但显然次日股价是以跌停价开盘的，投资者即便能在当日抓住时机撤离，遭受的损失也是比较大的，可见在前期及时止盈止损出局的重要性。

4.2.2　横盘后期下跌封板

横盘后期下跌封板指的是股价在开盘后长期维持横盘窄幅震荡，某一时刻成交量开始逐步放大，股价线也被也压制向下，很快便跌至跌停，最终封板收盘，如图 4-25 所示。

图 4-25　横盘后期下跌封板示意图

股价转势跌停的过程中，市场中的卖盘必定是更加活跃和占优的，这样很容易引起投资者的集中抛盘，造成恶性循环。手中持股的超短线投资者在发现股价终于变盘，却是向着消极的方向跌去时，就必须及时做出决断，迅速趁高卖出。

有能力的投资者，还可以在股价跌停后低位吸纳，完成一次逆向做 T，这样也能冲减一部分损失。不过经验不足的投资者就不要再低吸了，如果次日股价直接以跌停价开盘，又不能抓住集合竞价的时机及时卖出，就很可能再被套一个甚至数个交易日。

下面就通过一个案例来进行分析。

实例分析

常山药业（300255）横盘后期下跌封板形态

图 4-26 为常山药业 2023 年 10 月 19 日的分时图。

常山药业在 2023 年 10 月 19 日开盘后，表现出的走势是比较消极的，虽然没有明显下跌，但股价线长期位于均价线之下运行，短时间内变盘向上的难度不小。到此时，一些超短线投资者就已经可以卖出了，毕竟与其等待个股上涨，不如去投资更加强势的个股。

一个小时后，股价稍有上涨，并突破到了均价线之上，但最终还是没能突破当日开盘价，转而横向震荡，后续也多次与均价线产生交叉，变盘方向更加不明朗了。

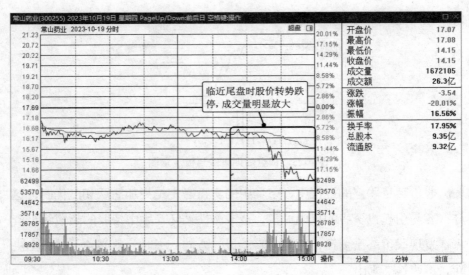

图 4-26　常山药业 2023 年 10 月 19 日的分时图

　　一直到临近尾盘时，股价线才在成交量的放量压制下出现了变盘向下的走势。这也给了场内超短线投资者一个明确的看跌信号，持有到现在的投资者，还是要尽快卖出，避开后市的下跌。

　　等到数十分钟后，股价落到跌停板上，准备逆向做 T 的投资者就可以在跌停价上挂单买进了，然后等待后市走向。

　　下面来看一下常山药业的 K 线走势表现。

　　图 4-27 为常山药业 2023 年 9 月至 11 月的 K 线图。

　　从图 4-27 中可以看到，常山药业在前期的上涨趋势十分稳定，涨速也是比较快的。但从成交量的表现可以看出，早在 9 月下旬，量能与 K 线就出现了明显的量平价涨背离。这是一种上涨乏力的预示，虽然在股价强势上涨的背景下显得不算急迫，但投资者也需要保持警惕之心。

　　到了 10 月 19 日前几个交易日，股价已经上涨到了高位并横盘震荡了数日。而此时的量能却出现了明显的缩减，结合 K 线高位震荡突破困难的走势来看，行情反转的可能性比较大。

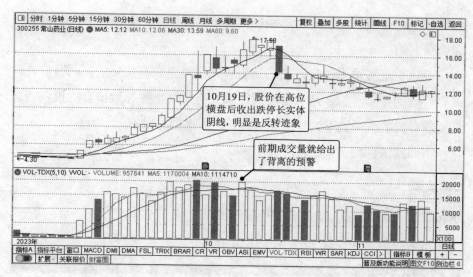

图 4-27　常山药业 2023 年 9 月至 11 月的 K 线图

根据这些信息综合分析，10 月 19 日的横盘后期下跌封板形态就更有可能是主力出货导致的。所以，超短线投资者，尤其是逆向做 T 的投资者，在后市抛出剩余筹码时就要更加果断，撤离后也不要轻易介入了。

4.2.3　阶梯式下行跌停

阶梯式下行跌停指的是股价在落向跌停板的过程中，呈现台阶式的一波波下跌，期间成交量也有一波波的放量，如图 4-28 所示。

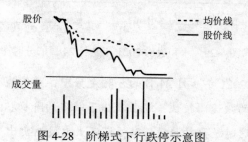

图 4-28　阶梯式下行跌停示意图

这种阶梯式的跌停过程更加常见于持续下跌的过程中，或是横盘后期变盘下跌的时刻。到这时，大部分着重参与上涨趋势的超短线投资者都已经撤离了，还留在场内的超短线投资者不是抢反弹的，就是冒险逆向做 T 意图获利的。

而这种走势对于逆向做 T 的投资者来说是比较有优势的，既有价差，又有合适的买卖时机。至于抢反弹结束没有及时止盈导致被套的投资者，就要趁着股价跌幅还不大时迅速卖出，达到止损的目的。

下面就根据案例来进行解析。

实例分析
永和股份（605020）阶梯式下行跌停形态

图 4-29 为永和股份 2021 年 9 月 24 日的分时图。

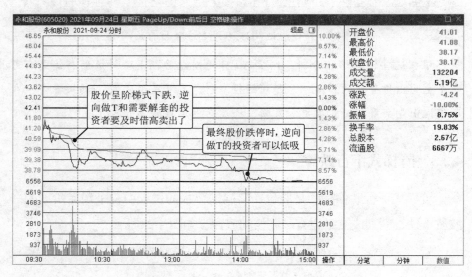

图 4-29　永和股份 2021 年 9 月 24 日的分时图

在永和股份 2021 年 9 月 24 日的分时走势中，股价线从开盘后就转入了下跌之中，初期的跌速比较快，还呈现出了一定的阶梯状。持续关注该股的超短线投资者，这时就要趁着股价跌幅还不太大迅速卖出了。

在后续的走势中，股价落到了 38.78 元价位线上横向震荡了两个多小时，多次试图突破均价线无果后无奈下跌，在临近 14:00 时首次接触到了跌停板。此时，阶梯式下行跌停形态也比较清晰了，逆向做 T 的超短线投资者可以在跌停价上挂出买单，以赚取差价收益。

至于到现在还未止损出局的被套投资者，在市势逼迫的情况下也可以尝试着逆向做 T 解套。不过在当日可能是没机会了，等到次日开盘，投资者可以开始操作逆向 T+0。

下面就来看一下该股后市的走向。

图 4-30 为永和股份 2021 年 8 月至 11 月的 K 线图。

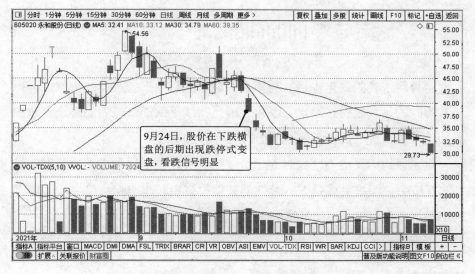

图 4-30　永和股份 2021 年 8 月至 11 月的 K 线图

根据永和股份这几个月的表现来看，该股正处于涨跌行情变换的过程中。9 月 24 日的跌停出现在股价见顶下跌，落到某一支撑线上横盘震荡的后期，并且当日就跌破了该支撑线，充分证明了下跌信号的可靠性。自此以后，股价就可能进入持续性的下跌。

这一判断对于本就想在下跌趋势中利用价差获利的超短线投资者来说，还算得上不错的消息。但对于被套投资者来说可能就有些不尽如人意了，那么这部分投资者最好还是尽快止损卖出，再参与其他优质个股的投资，才能尽快将损失弥补回来。

4.2.4 跳水式跌停封板

跳水式跌停封板指的是股价在一段持续性的下跌之后，于某一时刻突然加速下跌形成跳水波，并最终跌停封板的走势，如图 4-31 所示。

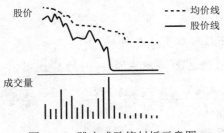

图 4-31 跳水式跌停封板示意图

这种跳水式的跌停也具有与横盘后期下跌封板形态一样的突然性，但与其不同的是，股价在跳水式跌停之前是持续下跌的，最后的跳水更倾向于加速下跌，对于投资者来说杀伤力没有那么强。

对于风险承受能力比较强的超短线投资者来说，这种走势也是逆向做 T 的好机会。而被套或是误入场内的其他投资者，也有机会借助股价前期的走势尽早卖出，进而降低损失。

下面来看一个案例。

实例分析

金奥博（002917）跳水式跌停封板形态

图 4-32 为金奥博 2022 年 1 月 27 日的分时图。

先来看金奥博在 2022 年 1 月 27 日的分时走势，可以发现该股当日虽以低价开盘，但开盘后数十分钟内的走势却相当强势。股价线在成交量放大的支撑下持续上冲，很快便创出当日最高价 15.20 元，涨幅也超过了 7%。

但积极的上涨也仅限于此了，该股在快速冲高后又立即转折向下。在失去成交量持续放量支撑的情况下，经历数分钟的震荡后，股价线还是跌破了均价线，形成了一个冲高回落的筑顶走势。

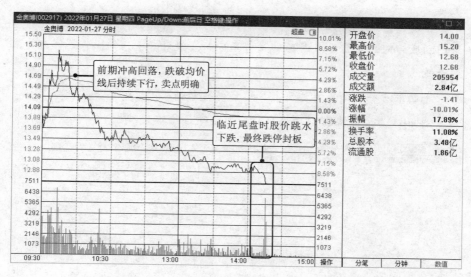

图 4-32　金奥博 2022 年 1 月 27 日的分时图

相信很多超短线投资者对于这种情况并不陌生，它往往意味着股价向上试盘的失败，或是主力推高出货、震仓的手段。若后续短时间内股价难以回升突破均价线，当日就极有可能是以阴线报收了。

因此，场内的超短线投资者就可以尝试着在高位先行卖出，然后等到股价线下跌到一定位置后低吸买进，完成一次逆向 T+0 交易。至于场外的投资者，则不能在当日轻易介入。由于股价前期的上涨而误入场内的投资者，则需要耐心等待次日的卖出机会。

继续来看分时走势中后续的情况。该股在跌破均价线后持续下行，一直到下午时段，都没有形成明显的反弹回升迹象，可见市场的看跌力度远超看多力量，超短线投资者应谨慎观望。

14:00 之后，股价已经跌到了 12.88 元价位线上，跌幅超过 8%，相较于前期涨幅超过 7% 的高点，价差已经非常大了。超短线投资者如果就此买进，能获取的收益也会十分可观。

而到了临近尾盘时，股价线骤然在成交量巨幅放量的压制下形成了一次跳水式的下跌，直接就落到了跌停板上封住，直至收盘，向准备逆向做 T 的超短线投资者发出了买进信号。

如此突兀的跳水波和量能的急剧增长，预示着主力的出手。至于主力的意图到底为何，还需要根据K线走势来分析，投资者未来的操作策略也要依赖于此。

下面来看一下金奥博这几个月的K线走势情况。

图4-33为金奥博2021年12月至2022年3月的K线图。

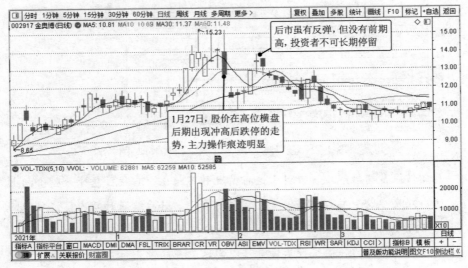

图4-33　金奥博2021年12月至2022年3月的K线图

根据金奥博前期的走势来看，该股应当是长期处于上涨的，那么1月27日所处的位置就是股价高位横盘的后期。而在此之前该股已经在15.00元价位线附近试探多次，K线也收出了多根带有长上影线的阳线，但成交量却持续缩减，股价上涨乏力的警示信号十分明显。

由此，投资者不难判断出1月27日中主力的异动原因，无非是察觉到后市拉升困难，准备就此出货了。那么后市的发展也很可能是向着反转下跌而去的，已经在当日逆向做过T，并且手中还留有筹码的投资者，还是需要尽快在后续的交易日中卖出。

然而，股价在次日就出现了跳空式的下跌，跌幅比较大，超短线投资者若是就此卖出，很有可能转盈为亏。不过即便如此，面对持续下跌的风险，这里还是建议谨慎型的超短线投资者卖出止损。

而风险承受能力较强的超短线投资者，则可以再等待数日。毕竟股价在此次下跌后落到了 30 日均线上，后市是有可能形成反弹的。

事实也确实如此，该股在 30 日均线上横盘数日后突然开始大幅收阳拉升。但显然，无论是成交量还是股价拉升的高度都无法与前期的积极上涨相比，因此，投资者只要能够保住收益即可，不要继续持有，否则很容易彻底被套场内。

4.2.5　倒凹形开板再封板

倒凹形开板再封板指的是股价在跌停后并未直接封板，而是在后续出现了开板回升交易的情况，但最终还是会在均价线和市场卖盘的压制下跌回封板，直至收盘，如图 4-34 所示。

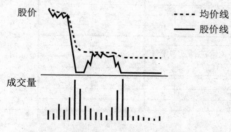

图 4-34　倒凹形开板再封板示意图

这种形态也比较常见于上涨高位和下跌末期，但传递出的信号却截然不同。如果是在上涨高位形成，盘中的跌停很有可能是主力大批抛售导致的，而开板交易则是主力砸开跌停板后将剩余筹码抛出的表现，最终股价会以跌停收盘，也证实了主力抛售的力度。

但如果是在下跌末期形成，倒凹形开板再封板就有可能是主力大幅压价吸筹的表现，盘中的倒凹形开板是刺激市场活跃度，方便在后市进行拉升的手段，因此，属于短期看跌，但长期看好的反转预示信号。

不过无论是何种情况，短时间内股价的跌幅还是比较大的，场内的超短线投资者要注意及时止损卖出，或是逆向做 T 解套；场外的超短线投资者则不着急介入，最终决策还应根据多方综合分析后作出。

下面来看一个具体的案例。

实例分析

太龙药业（600222）倒凹形开板再封板形态

图 4-35 为太龙药业 2022 年 12 月 14 日的分时图。

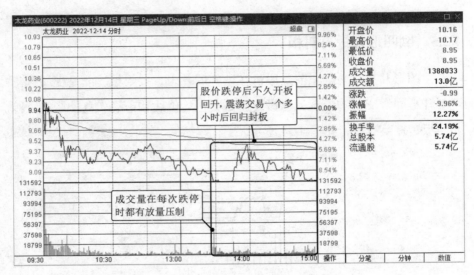

图 4-35　太龙药业 2022 年 12 月 14 日的分时图

太龙药业在 2022 年 12 月 14 日开盘后就出现了大幅度的震荡，但最终还是被压制到了均价线之下运行，并在数十分钟后形成了快速的下跌，一次性将价格带到了 9.23 元价位线附近，跌幅超 7%。

这种情况已经是比较明显的看跌信号了，场内超短线投资者无论是否有意愿逆向做 T，都以尽快借高卖出为佳。

在此后的走势中，股价虽未继续下跌，但也没有反转回升的迹象。临近早间收盘时，股价再次跌破支撑线变盘下跌，投资者也更能确定当日的弱势走势，进而留在场外观望了。

下午时段开盘后，股价仍旧在下行。半个小时后，股价在一波巨大量能的带动下彻底跌停并封板，为逆向做 T 的超短线投资者提供了明确的低吸机会。数十分钟后，跌停板打开，股价在大量能的支撑下出现了短暂的暴涨，但最终还是没能突破均价线的压制，转而逐步回落。

在经历了一个多小时的震荡后，该股最终还是在临近收盘时彻底跌停，并封板收盘，当日形成了一个倒凹形开板再封板形态。

这时，当日走势已经尘埃落定，K 线也收出了跌停大阴线，短期看跌的信号十分明显。应该撤离或逆向做 T 的超短线投资者在完成买卖操作后，还需要根据 K 线图中的走势对后市发展做出预判，进而决定是去是留。

下面来看一下太龙药业的 K 线走势情况。

图 4-36 为太龙药业 2022 年 10 月至 2023 年 1 月的 K 线图。

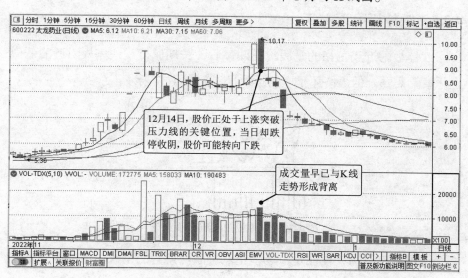

图 4-36　太龙药业 2022 年 10 月至 2023 年 1 月的 K 线图

在图 4-36 中，太龙药业的股价在 2022 年 11 月底之前都维持着积极的上涨，并且越到后期涨速越快。在连续几个涨停结束后，股价进入了回调整理之中。

12 月初，股价依旧在 8.00 元价位线附近横盘震荡。而在临近 12 月中旬，

K 线终于有了大幅收阳上升的迹象，股价迅速靠近前期高点。在 12 月 14 日之前的一个交易日，该股已经成功创出新高，按照当前趋势推断，该股应当在 12 月 14 日形成对 10.00 元价位线的彻底突破。

然而，事实却并未如市场所料的那般发展，该股在 12 月 14 日出现了明显的下跌，最终还以跌停收盘，导致大量投资者高位被套，市场形势大幅翻转，开始一致看跌该股，后市发展不容乐观。

其实这种突兀的反转在成交量的走势中已经有所预示了，对比 11 月下旬的量能，投资者可以很明显地看出成交量在缩减。这无疑是一种警示信号，结合 12 月 14 日的跌停阴线，超短线投资者对于后市下跌的判断愈加可信，因此，及时清仓的决策也需要下得更加果断。

4.2.6 跌停板附近震荡

跌停板附近震荡指的是股价在跌停后，长期保持在跌停板附近的低位上下窄幅震荡，但最终还是以封板收盘，如图 4-37 所示。

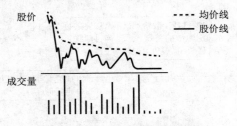

图 4-37 跌停板附近震荡示意图

这种低位震荡，往往是市场多空双方激烈博弈的结果。但如果该形态是在一些关键位置，比如上涨高位、高位横盘后期形成的，这种博弈就很可能是主力内部对倒买卖的表现。至于其目的和意图，还要根据 K 线走势来分析。

下面直接通过一个案例来进行详解。

实例分析

大龙地产（600159）跌停板附近震荡形态

图 4-38 为大龙地产 2023 年 8 月 31 日的分时图。

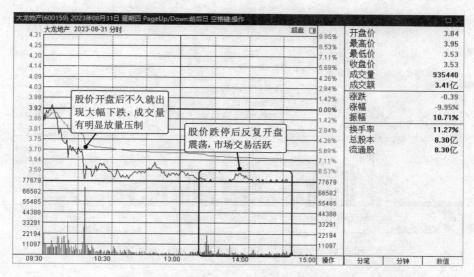

图 4-38　大龙地产 2023 年 8 月 31 日的分时图

大龙地产在 2023 年 8 月 31 日开盘后，股价先是经历了短暂的上升，但在接触到前日收盘价后，该股还是反转向下，进入了快速而持续的下跌之中。这时超短线投资者就已经可以借高卖出了，以避开后市的下跌。

在下跌期间，成交量也有明显的放量压制，导致价格在半个小时内就跌到了 3.70 元价位线之下。而在股价短暂横盘震荡到 10:00 之后时，成交量更是放出一根巨量量柱，导致股价线跳水式下跌并跌破 3.59 元价位线。此后，股价长期在低位横向震荡，但并未直接跌停。

一直到下午时段开盘后，该股才在逐步的下跌中靠近并接触到了跌停板，跌停的同时，成交量释放出巨大量能。不过该股也并未就此封板，而是在后续的一个多小时内反复震荡，形成了多次倒 V 字开板和一次倒凹形开板，说明市场买卖盘对倒得十分活跃，主力参与痕迹明显。

此时，倾向于逆向做 T 的超短线投资者就要及时买进低吸了。而后市的操作策略，还需要根据 K 线走势来观察。

图 4-39 为大龙地产 2023 年 7 月至 10 月的 K 线图。

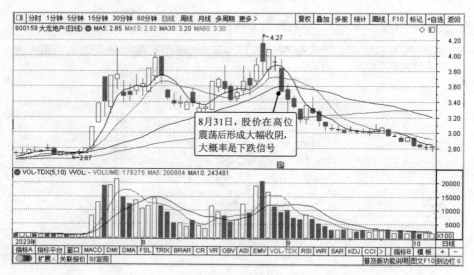

图 4-39 大龙地产 2023 年 7 月至 10 月的 K 线图

从大龙地产的 K 线走势不难看出，在 8 月 31 日之前，该股已经有转势下跌的迹象了。这一点从成交量放量幅度不及前期及股价上涨突破压力线失败的走势都可以看出。

因此，当 8 月 31 日 K 线大幅收阴下跌之后，股价很有可能会彻底转入下跌。那么超短线投资者在完成几次逆向做 T，获取足够收益来冲抵损失后，还是应以尽快出局为佳，避免某次操作失误导致损失扩大。

第 5 章

分时超短线实战解析

在学习了众多关于分时超短线的投资技巧后，投资者还需要将其应用到实战中，才能真正融会贯通。本章就将重点放在实战上，借助两只走势不同的股票，向投资者展示在连贯的行情走势中，超短线分析应当如何进行，决策又应当在何时作出。

5.1 上涨行情的超短线买卖

在上涨行情中，投资者顺向做 T 或是当日买次日卖的超短线操作是比较顺利且风险较小的。如果投资者在选股时做好了功课，选中了一只涨势比较迅猛的股票，还有可能抓住涨停机会，赚取丰厚的短期收益。

本节以川恒股份（002895）的一段上涨行情为例，解析超短线投资者在积极的拉升过程及回调过程中，如何分辨出合适的买卖时机及建仓和做 T 时机，达到短期获利的目的。

5.1.1 涨跌趋势反转时的操作点

在上涨行情开启之前，市场有可能在最后的下跌过程中产生一定的异动，这种异动往往与主力的吸筹行为有关。具体可能表现为 K 线突然快速收阴下跌，并伴随着成交量的大幅放量，意味着主力在大批量纳入廉价筹码，等到其筑底完毕，股价将迎来拉升。

而在主力参与反转行情的情况下，拉升初期往往也会有比较明显的上涨迹象，投资者可根据量价之间的关系来分析。

下面来看一下川恒股份在反转上涨的过程中，市场会有怎样的表现，超短线投资者又可以抓住怎样的时机。

实例分析

下跌末期的预示及上涨初期的买进

图 5-1 为川恒股份 2021 年 4 月至 6 月的 K 线图。

先来从外部 K 线走势来确定川恒股份股价的变动情况，从图 5-1 中可以看到，该股在 2021 年 4 月上旬的表现不尽如人意。股价先是在反弹靠近 30 日均线后受阻小幅回落，数日之后竟然出现了单日急速下跌的走势，成交量也在当日形成了巨幅放量，明显不是市场自然成交能够形成的。

那么，投资者此时就要考虑到是否有主力参与其中了。同时也要根据当前的位置尽量分析出主力可能的意图，便于预判后市走向。

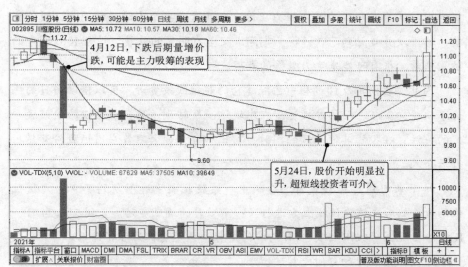

图 5-1　川恒股份 2021 年 4 月至 6 月的 K 线图

下面进入急速下跌当日的分时走势进一步观察。

图 5-2 为川恒股份 2021 年 4 月 12 日的分时图。

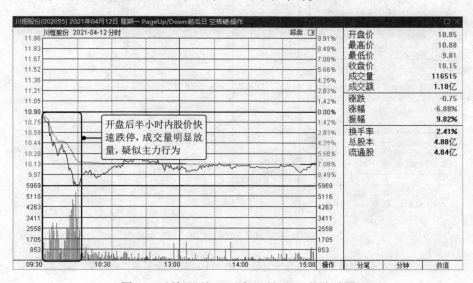

图 5-2　川恒股份 2021 年 4 月 12 日的分时图

4月12日正是股价大幅下跌的交易日，从其开盘后的走势就可以发现，市场中确实存在一股力量在强力压价。在开盘后半个小时的时间内，股价线就一路下跌并接触到了跌停板，期间成交量有明显的放量。结合K线图中的位置来看，很有可能是主力吸筹的表现。

因此，在前期反弹过程中已经建仓的超短线投资者，可以借助当日的快速下跌逆向做T。而场外投资者在发现这一反转预示后，就可以给予该股一定的关注，在投资其他个股的同时，留出一部分资金准备在川恒股份开始拉升后介入。

接下来回到对K线走势的分析中。该股此次快速下跌到了9.80元价位线附近，然后在该价位线上方进行了一个多月的筑底震荡。直到5月24日，K线才出现强势收阳上破30日均线的走势，预示着拉升即将开始。

下面来看当日的分时走势。

图5-3为川恒股份2021年5月24日的分时图。

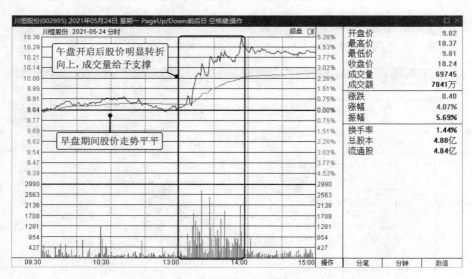

图5-3　川恒股份2021年5月24日的分时图

在5月24日开盘后，股价的走势更偏向于横盘震荡，也就是与前面数个交易日的走势无异。但在下午时段开盘后，股价就出现了突兀的转折向上，成交量也有明显放量。

结合前期对该股的反转预示信号来看，这很有可能是主力发力的标志。那么持续关注该股的超短线投资者，此时就可以迅速跟随建仓，准备在后市卖出或做 T 来赚取收益。

5.1.2　上涨稳定后的做 T 与再建仓时机

等到上涨行情彻底确定后，超短线投资者就可以在持续的上涨过程中多次做 T 或是分段买卖，将尽可能多的涨幅收入囊中。不过，在遇到回调时，投资者也要注意及时卖出观望，避开短期下跌，然后在股价重拾升势的位置再度跟进，继续下一波做多。

下面来看一下川恒股份上涨行情稳定后，超短线投资者的买卖点。

实例分析

上涨稳定后的做 T 与再建仓时机

图 5-4 为川恒股份 2021 年 5 月至 6 月的 K 线图。

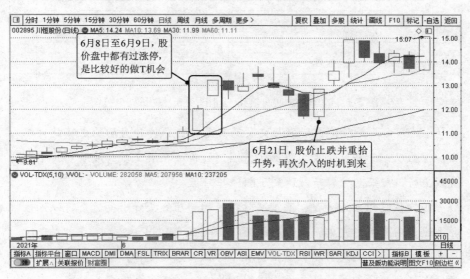

图 5-4　川恒股份 2021 年 5 月至 6 月的 K 线图

从图 5-4 中可以看到，到了 2021 年 6 月初，川恒股份的股价已经上升到了中长期均线之上，并且在回踩后确认了其支撑性，上升行情基本稳定，许多超短线投资者已经开始建仓以备后市做 T 了。

6 月 7 日股价收出一根实体偏大的阳线，成功向上小幅越过了 11.00 元价位线的压制。根据上涨行情的一般规律，该股在次日可能会有比较强势的突破，超短线投资者要做好准备了。

下面来看一下后续两个交易日的分时走势。

图 5-5 为川恒股份 2021 年 6 月 8 日至 6 月 9 日的分时图。

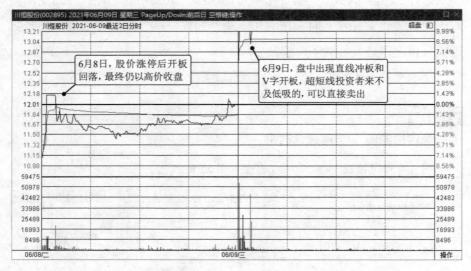

图 5-5　川恒股份 2021 年 6 月 8 日至 6 月 9 日的分时图

6 月 8 日正是股价出现强势突破的交易日，从其开盘后的走势就可以看出，主力从一开始就有大力推涨的意图，股价线在成交量的放量支撑下迅速直线上行，短短几分钟后就达到了涨停并封板。

但即便是短短几分钟，高度关注该股的超短线投资者也完全可以抓住机会迅速低吸高抛，完成一次快速的顺向 T+0 交易。

不过在后续的走势中，股价出现了开板回落的走势，虽然在下午时段开盘后重拾升势，但最终还是没能以涨停收盘。其实这也不失为一次低吸的机会，没来得及低吸只来得及高抛的 T+0 投资者，未必不可以尝试做逆向的T+0。

次日开盘后,股价直线冲板,紧随其后的 V 字开板也是即开即封,反应慢的投资者几乎抓不住挂单机会。不过在如此强势的涨停情况下,超短线投资者也不必纠结于做 T,直接卖出同样能够获得不菲的收益,至于后市做 T 的筹码,留到后市再建仓也不迟。

回到 K 线图中观察,可以看到在 6 月 9 日之后股价并未持续上涨,而是形成了高位震荡和回调的迹象。那么手中还留有筹码的投资者就要趁着股价尚未下跌时及时卖出,然后耐心等待后市机会。

6 月 21 日,股价在 30 日均线上方不远处出现了收阳上升的迹象,对于场外投资者来说无疑是一剂强心针,说明下一次跟进的机会来临了。

下面来看当日的分时走势。

图 5-6 为川恒股份 2021 年 6 月 21 日的分时图。

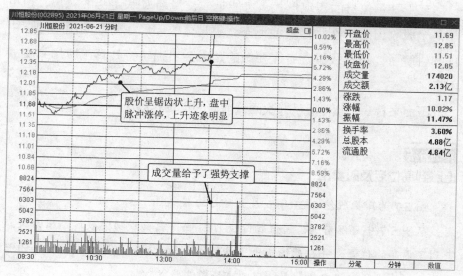

图 5-6 川恒股份 2021 年 6 月 21 日的分时图

在开盘后的半小时内,川恒股份的走势并不具备太大优势。但在 10:00 之后,该股有了明显的改变,股价线呈锯齿状上升,在半个小时内上涨了近 4%,向投资者传递出了初步的看涨信号。

下午时段开盘后,股价继续上涨,并在 13:30 之后出现了脉冲式的急速拉升，最终冲上涨停板封住，直至收盘。与此同时，成交量也有巨幅的放量支撑，主力推涨的可能性较大。

到了此时，股价重拾升势的迹象已经十分明显了，大部分看到机会的超短线投资者都已经在前期低吸跟进。而一直到股价涨停都没有决定建仓的投资者，可以等待次日开盘后再决策，这样更加稳妥。

5.1.3　上涨到高位后的卖出时机

川恒股份的上涨趋势固然值得参与，但投资者也不能忽略回调前夕的警示信号，该止盈出局的还是得及时作出决策，否则有可能转盈为亏，甚至深度被套。

至于警示信号的表现形式，可能是成交量与 K 线走势的背离，也可能是个股收出的特殊反转 K 线形态。更具体的已经在前面的理论知识中详细讲解了，超短线投资者需要做的是融会贯通，将其真正应用到实战中来。

下面来看一下川恒股份一次回调前夕的市场异动。

实例分析

上涨到高位后及时卖出

图 5-7 为川恒股份 2021 年 6 月至 8 月的 K 线图。

从图 5-7 中可以看到，川恒股份自 2021 年 7 月初成功突破前期压力线，来到了更高的位置，并在后续走出了持续的上行走势。越到后期，该股的涨速越快，收出的阳线实体越大，说明市场追涨越发积极。

7 月 9 日，K 线收出了一根近期实体最大的阳线，当日也达到了涨停。但在次日，也就是 7 月 12 日，K 线表现出的却是实体大幅度缩减，上下影线明显拉长的状态，有可能是回调的预兆。

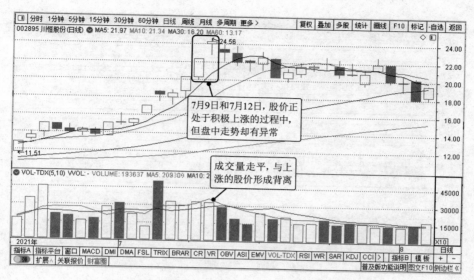

图 5-7　川恒股份 2021 年 6 月至 8 月的 K 线图

此时再来观察成交量，投资者会有更清晰地发现。在股价持续上涨的过程中，成交量却是整体走平，与股价形成了高位量平价涨的背离。经过对前面理论知识的学习投资者应该明白，这是一种典型的推涨动能衰减，股价涨势难以维持的警示形态。

K 线的异常表现和成交量的高位背离，都向投资者传递出了比较明确的回调警示信号。若部分投资者还对此表示疑惑不解，则可以进入这两个交易日的分时走势中细致观察，看其中是否还存在更加可靠的佐证。

下面来看 7 月 9 日和 7 月 12 日的分时走势。

图 5-8 为川恒股份 2021 年 7 月 9 日至 7 月 12 日的分时图。先来看 7 月 9 日的分时走势，能看到该股在开盘后不久出现了一波明显的下跌，跌幅还比较大，好在持续时间不长，股价很快就回归了上涨，并最终形成涨停。

不过，该股是在涨停板上震荡了一段时间后才彻底封板的，说明市场意向还是产生了一定分歧，卖盘逐渐开始发力了。在察觉到这一点后，依旧在场内继续低吸高抛做 T 的超短线投资者就要谨慎操作了，意图建仓的投资者也要注意适当减少资金投入。

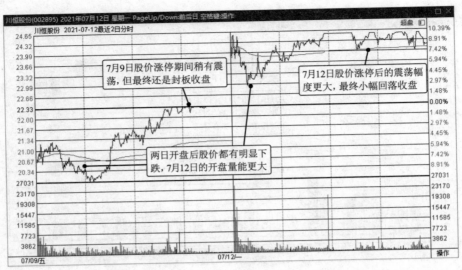

图 5-8　川恒股份 2021 年 7 月 9 日至 7 月 12 日的分时图

到了 7 月 12 日，股价开盘后依旧出现了震荡下跌，并且速度更快，成交量释放的量能也更大了，只是持续时间也不长，不到半个小时，股价就回归了上涨。临近早间收盘时，股价也达到了涨停，且在下午时段开盘后半个小时内持续封板。

这样看来，尽管前期发展并不顺利，但该股在当日的积极走势似乎已经确定。不过投资者只要多观察一段时间就会发现，股价自从实现一次开板交易后，就开始了反复的高位震荡，越到后期，股价停滞在涨停板上的时间越短，最终甚至没能以涨停收盘。

显然，这两个交易日的分时走势大概率是主力预备震仓导致的，结合外部 K 线走势和成交量的异动来看，不久之后行情转为回调的可能性比较大。因此，谨慎型的超短线投资者在这两个交易日内就可以着手准备清仓了；惜售型的投资者在发现股价确实进入回调后，也要及时止损卖出。

5.1.4　面临下跌时果断止损

股价上涨到高位后，并不一定是以震荡涨停的方式表现出市场的推涨力度竭尽。更多的时候，股价线会呈现出冲高后回落的走势，期间可能形成一些特殊的筑顶形态，为投资者提供卖点参考。

如果部分投资者由于判断失误或是惜售等原因没能及时借高卖出，就只能在股价下跌的过程中逆向做 T 或是直接清仓止损了，这也是需要一定时机判断能力的，而非盲目跟风卖出。

下面通过川恒股份行情反转的阶段来进一步进行解析。

实例分析

下跌之后需果断止损

图 5-9 为川恒股份 2021 年 8 月至 10 月的 K 线图。

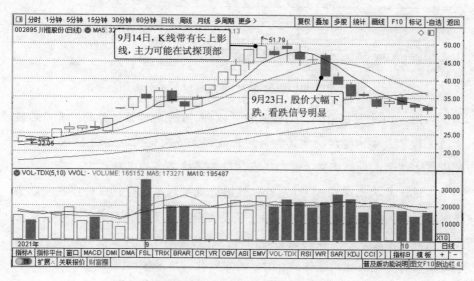

图 5-9　川恒股份 2021 年 8 月至 10 月的 K 线图

川恒股份的股价到 2021 年 9 月初时，已经上涨到了 35.00 元价位线之上，整体行情涨幅还是比较大的，这与股价上涨期间频频涨停的积极走势分不开。在经历了一次小幅回调后，股价于 9 月继续上行，涨速越发得快。

9 月 14 日，K 线收出一根带有长上影线的阳线，其实体虽然不短，但开盘价与收盘价与前日差距并不大，看似有高位滞涨的迹象。

下面通过当日的分时走势来仔细分析。

图 5-10 为川恒股份 2021 年 9 月 14 日的分时图。

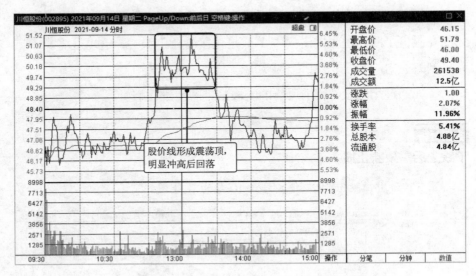

图 5-10　川恒股份 2021 年 9 月 14 日的分时图

从图 5-10 中可以看到，川恒股份是以 46.15 元的价格低开的，开盘后股价便进行了大幅、持续的震荡，与均价线形成多次交叉。直到 11:00 之后，股价线才终于上行彻底突破前期高点，进入了攻击式的上涨之中。

不过，此次上涨在 51.00 元价位线附近就受到了阻碍，股价线在此压力线附近反复高位震荡近一个小时后，还是无奈转入下跌，形成了一个清晰的震荡顶筑顶形态。在后续的交易时间内，该股落到了前期低点附近波动，在临近收盘时突兀上冲，最终以 2.07% 的涨幅收出了一根阳线。

无论是从震荡顶还是冲高回落的走势来看，股价即将进入高位震荡或回调的可能性是存在的。那么，谨慎型的超短线投资者就有提前清仓观望的必要；惜售型的投资者还可以继续持有观望。

回到 K 线图中观察，股价在次日确实出现了收阴走平的情况，其后数个交易日，K 线都在收阴，低点逐步下移，呈现出回调迹象。9 月 23 日，K 线突然收出的跌停大阴线彻底明确了下跌趋势，下面就来看一下当日的分时走势。

图 5-11 为川恒股份 2021 年 9 月 23 日的分时图。

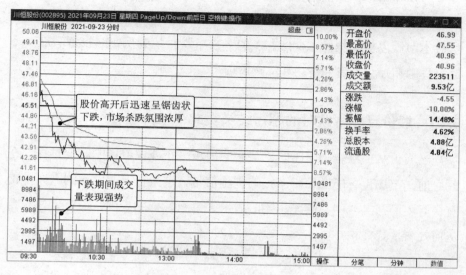

图 5-11 川恒股份 2021 年 9 月 23 日的分时图

9 月 23 日，股价虽以高价开盘，但开盘后第一分钟就被大量柱压制向下，形成了锯齿状的下跌，期间甚至没能向上接触过均价线。到了下午时段开盘后，股价很快继续下跌落到了跌停板上，最终封板收盘，可见其跌速之快，市场杀跌的情绪之强烈。

结合 K 线图中长期收阴低点下行的情况来看，投资者应当可以很快分辨出下跌趋势的到来。无论后市是转入深度回调还是下跌行情，超短线投资者都应当及时借高清仓，场外的投资者也不可轻易介入。

5.2 下跌行情的超短线买卖

在下跌行情中，依旧有不少的超短线投资机会，比如反弹阶段、价差较大的下跌阶段等。对于顺向和逆向 T+0 交易都比较熟悉的超短线投资者，完全可以忽略涨跌走势，只要有价差就可以交易。

而经验稍显不足，风控能力也有限的超短线投资者，就要注意尽量避开逆向做 T 的可能，将精力更多地放在反弹期间顺向做 T 的过程中。必要时还可以清仓卖出，去寻找其他处于上涨中的个股进行投资。

本节就以健民集团（600976）的一段下跌行情为例，向投资者展示下跌过程中超短线投资的技巧和注意事项。

5.2.1　股价反转下跌时的超短线买卖

当股价从上涨转为下跌时，势必会经历一个或快或慢的转变过程，在此之前，市场也可能会给出一定的预示信号，这些在前面几章的内容中都有讲解。而在实战中，健民集团的股价又会有怎样的表现，投资者又应当从何处着手分析呢？

下面就来看一下案例分析。

实例分析

股价反转下跌时的超短线买卖

图 5-12 为健民集团 2021 年 12 月至 2022 年 1 月的 K 线图。

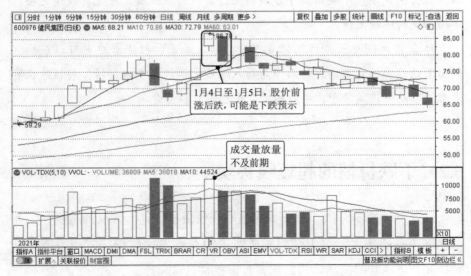

图 5-12　健民集团 2021 年 12 月至 2022 年 1 月的 K 线图

从健民集团 2021 年 12 月的股价走势来看，该股在此期间的上涨趋势还是比较稳定的。只是上涨到后期，成交量放量的强度开始逐渐下降，导致股价涨速有所下降，最终在 80.00 元价位线附近受阻回调。

两日之后股价重拾升势，很快便再次来到了压力线附近，并于 1 月 4 日形成了强势突破。但在次日，股价却出现了快速的反转下跌，行情似乎又要转向回调。

下面通过这两个交易日的分时走势来具体观察。

图 5-13 为健民集团 2022 年 1 月 4 日至 1 月 5 日的分时图。

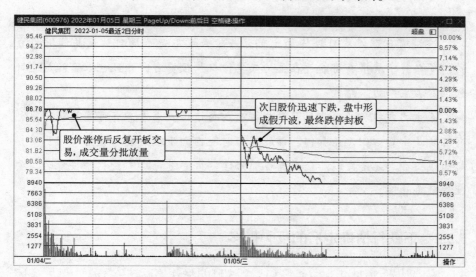

图 5-13　健民集团 2022 年 1 月 4 日至 1 月 5 日的分时图

1 月 4 日，股价在开盘后几分钟内就冲上了涨停板，但并未封板，而是迅速拐头向下，跌破均价线后落到 84.30 元价位线下方不远处，在此止跌后继续上涨。几分钟后，股价再达涨停，后续虽有多次开板交易，但大多都是 V 字开板，速度很快，跌幅也不大。最终收盘时，该股也是以涨停收尾的。

单从这一个交易日的走势来看，市场或主力的推涨力度还是比较充足的。不过由于当日的量能释放程度不及前期回调期间的峰值，股价是否能够维持现状还很难说，超短线投资者在操作时需要更加注意。

再看 1 月 5 日的分时走势，可以看到当日股价是以低价开盘的，并且在开盘后就出现了急速的锯齿状下跌，一路落到 80.58 元价位线下方才止跌反转，开始以同样快的速度回升。

不过，看似积极的上涨走势没能彻底将股价带到更高的位置，在短暂突破均价线的压制后，股价线拐头向下，再度跌回了其下方，形成了一段假升波。见势不妙的超短线投资者就要立即作出决策，是清仓卖出，还是转变方向逆向做 T，可根据个人情况而定。

在后续的走势中，该股更是长期保持下行，甚至在临近早间收盘时彻底跌停封板，直至收盘。跌停期间，逆向做 T 的超短线投资者就可以趁机低吸，完成一次完整的 T+0 交易。

这种前日涨停次日跌停的走势，一般来说不是市场自然交易能够形成的，那么其中就很有可能存在主力或其他机构投资者，并且也很可能是这部分投资者主导的。

而主力或机构投资者的目的根据当前行情位置来看，有可能是震仓，也有可能是出货。但无论如何，该股在短时间内的下跌或震荡趋势比较明显，超短线投资者还是应以清仓出局观望为佳。希望逆向做 T 获利的投资者，要注意风险管理。

5.2.2　下跌行情确定后的反弹做多

在经历了 2022 年 1 月 4 日和 1 月 5 日的涨跌停反转后不久，健民集团进入了持续性的下跌之中。短期均线接连扭转并跟随 K 线下行击穿 30 日均线，下跌趋势已经十分明确。

到了此时，还不愿意撤离的超短线投资者可能是想逆向做 T、利用反弹获利或是深度被套不愿意止损。无论是何种情况，场内的超短线投资者都要想办法抓住下跌期间的价差，通过各种各样的方式赚取收益，达到解套或盈利目的。

K 线跌到中长期均线上形成的反弹就是一个非常好的机会，投资者不仅能预判到反弹的起始时间，甚至还能根据已经转向的 30 日均线所带来的压力确定反弹结束的时间，进而及时撤离。

下面看一下健民集团后续走势的具体情况。

实例分析

下跌期间的反弹超短线投资

图 5-14 为健民集团 2022 年 1 月至 3 月的 K 线图。

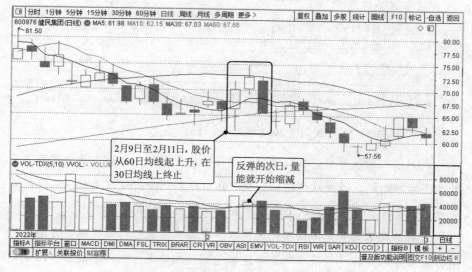

图 5-14　健民集团 2022 年 1 月至 3 月的 K 线图

从图 5-14 中可以看到，健民集团的股价在 2022 年 1 月下旬已经跌到了 30 日均线之下，在短暂回抽不过，确定其支撑力转为压制力后，股价继续下行靠近了 60 日均线。

1 月底，股价落到 65.00 元价位线上暂时止跌，形成横盘震荡。进入 2 月后，K 线开始有了踩在 60 日均线上反弹的迹象。2 月 9 日，这种迹象逐渐清晰起来，K 线收出一根近期实体最长的阳线，开启了反弹走势。

下面来看当日和后续两个交易日的分时走势。

图 5-15 为健民集团 2022 年 2 月 9 日至 2 月 11 日的分时图。

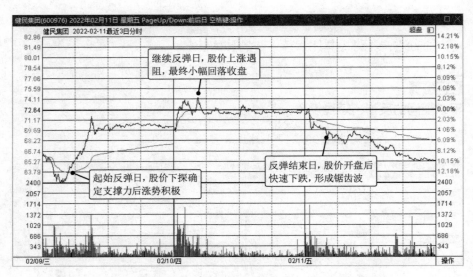

图 5-15　健民集团 2022 年 2 月 9 日至 2 月 11 日的分时图

先来看起始反弹日，也就是 2 月 9 日的走势情况，股价在开盘后其实是处于下跌状态的，并且跌速还比较快。但在跌到某一价位线上时，股价得到了一定的支撑，开始转而向上发起冲击，短时间内形成了积极的上涨。

这种走势其实就是一种反向的试盘，也称作探底，意为探明下方的支撑力，看后市拉升时，股价涨势是否能够达到预期效果。探底完成后，该股就一路向上，在小幅突破 71.17 元价位线后回落，最终以 6.22% 的涨幅收盘。期间的探底与上冲，就为超短线投资者提供了充足的做 T 空间。

再看 2 月 10 日的走势，股价在开盘后形成了积极的直线上涨，但最终并未达到太高的涨幅，而是在 74.11 元价位线附近反复震荡，多次突破失败后回落到均价线下方，然后长期横盘直至收盘。当日虽有上涨，但涨幅仅 3.46%，超短线投资者若在其中做 T，收益也不会太高。

除此之外，结合 K 线图中这两个交易日的量能对比情况来看，成交量在 2 月 10 日就出现了缩减，进一步说明了市场推动力的不足。再加上此时股价正处于 30 日均线下方，受其压制突破困难的可能性较大。

因此，谨慎型的超短线投资者此时就可以得出反弹可能即将结束的结论，进而提前清仓出局，避开后市下跌。当然即便后市股价下跌也能逆向做

T 的投资者，也可以不着急卖出。

下面来看 2 月 11 日的走势，该股在开盘后不久就出现了跳水下跌，落到 69.69 元价位线上小幅反弹后再度下行，形成了锯齿波。截至早间收盘，股价已经有了超过 6% 的下跌。

一般来说，这样的走势是股价回落整理以备后市再次反弹，或是就此下跌的表现。根据健民集团此次的跌幅和 K 线与中长期均线的位置关系来看，后者的概率更大。逆向做 T 的超短线投资者可以抓住机会借高卖出，等待股价下跌到低位后低吸跟进。

临近收盘时，该股已经跌停，最终收出了一根大阴线，最低价还接触到了 60 日均线。观察 K 线图中的量能情况，下跌当日的量能几乎与前日上涨过程中的量能相差无几，也变相说明了是市场在主动压价。

在后续的走势中，该股确实也就此跌破了 60 日均线的支撑，进入了更深的下跌之中。在此阶段，逆向做 T 超短线投资者的操作优势就开始显现了。至于抢反弹的投资者，则要注意在股价下跌期间撤离观望。

5.2.3　持续下跌过程中的逆向 T+0

个股的涨跌行情一旦稳定下来，就有可能在一段时期内形成持续的单边走势。而这种稳定性较强的走势是比较适合超短线投资的，尤其是分段的 T+0 交易。

在健民集团的下跌趋势稳定后，超短线投资者就可以尝试着在持续的下跌过程中逆向做 T，达到盈利的目的。至于判断失误入场被套的投资者，也可以采取这种方式快速解套出局。

下面就来看一下具体情况。

实例分析

下跌期间的逆向做 T 机会

图 5-16 为健民集团 2022 年 3 月至 5 月的 K 线图。

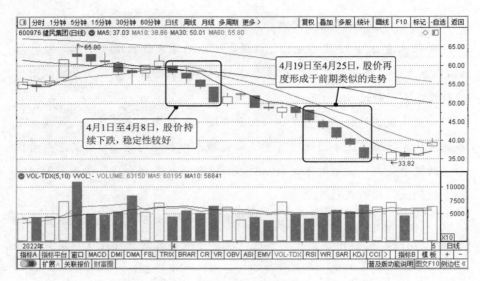

图 5-16　健民集团 2022 年 3 月至 5 月的 K 线图

截至 2022 年 3 月底，健民集团的股价已经跌到了 60.00 元价位线附近，并且随着中长期均线的不断靠近，暂时维持横盘的 K 线也不得不开始收阴下行，并于 4 月初跌破了前期支撑线。

在股价下跌并连续收阴的过程中，超短线投资者就可以借助稳定的跌势来逆向做 T，赚取收益。

下面来看一下股价转势下跌后几个交易日的分时表现。

图 5-17 为健民集团 2022 年 4 月 1 日至 4 月 8 日的分时图。

该股是从 4 月 1 日开始正式下跌的，从当日的分时走势可以看到，股价从开盘后就在震荡下行，期间形成过一次比较明显的假升波，但最终也没能突破均价线的压制，后续依旧在持续下跌。

在整个交易日中，均价线对股价线的压制力还是比较强劲的，因此，股价的下跌趋势比较稳定。超短线投资者只要抓住机会在相对高位及时卖出，然后在临近收盘的低位吸纳建仓，就能够将当日的价差收入囊中。

在后续的三个交易日中，股价延续了 4 月 1 日的走势，形成了在震荡中稳定下行的状态。越到后期，均价线对股价线的压制力越强，股价线能突破均价线的机会也越来越少，因此，超短线投资者也更能预判到合适的买卖时机，进而比较轻松地逆向做 T。

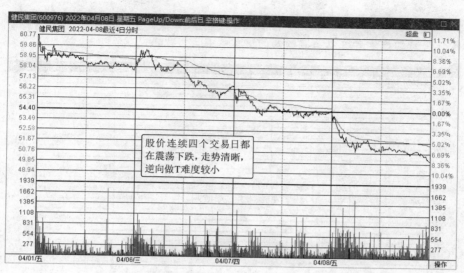

图 5-17　健民集团 2022 年 4 月 1 日至 4 月 8 日的分时图

　　如果是在反弹期间，或是震荡走势中逆向做 T，超短线投资者需要考虑的因素有很多，比如股价是否会见底回升，高位卖出后股价是否还能跌出更低水平以供低吸，当日价差是否足够等。但在这种稳定的下跌趋势中，投资者几乎只需要开盘后卖，收盘前买即可，难度相较于一般情况下的逆向 T+0 要小得多。

　　回到 K 线图中继续观察，可以看到该股在连续四日下跌后落到 50.00 元价位线上横盘震荡。数日之后，K 线再度连续收阴，投资者继续逆向做 T 的时机来临了。

　　下面来看一下后续几个下跌交易日的分时走势。

　　图 5-18 为健民集团 2022 年 4 月 19 日至 4 月 25 日的分时图。

　　4 月 19 日是股价开始收阴下跌的第二个交易日，也正是从这个交易日开始，股价延续了 4 月初的稳定下跌走势，在均价线的压制下逐步下跌，为超短线投资者创造出了较好的逆向 T+0 交易机会。

　　在连续五个交易日中，股价都在以类似的走势持续下行，每个交易日的开盘价几乎都与前日收盘价相近，这就为超短线投资者的高抛提供了一定的价格参考。而低吸的位置一般集中在临近收盘时，那时股价的跌幅已经比较大了，投资者买进能够得到的价差收益会更大。在完成这五日的逆向做 T 后，操作得好的投资者可以获取较高的价差收益，可见其优势。

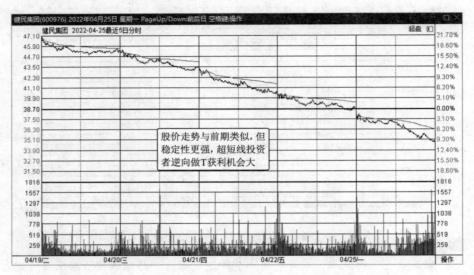

图 5-18　健民集团 2022 年 4 月 19 日至 4 月 25 日的分时图

本书关于超短线投资的理论知识和案例分析到此就告一段落了，希望投资者都能从中学习到实用的技巧。同时这里要特别提示，书中的理论知识并不是实操的唯一执行标准，更多的时候需要投资者根据实际情况来具体分析。市场信息上的细微差别，可能导致结果的不同走向，所以，投资者切忌盲目跟风，刻板操作。

《东吴文化遗产》 第四辑

主办单位：苏州大学非物质文化遗产研究中心

地　　址：苏州市工业园区仁爱路 独墅湖校区 苏州大学 603 号楼 313 室

邮　　编：215123

网　　址：dwyczx@126.com

主　　编：李超德

副 主 编：张朋川　朱栋霖

编 委 会（以姓氏笔画为序）：毛秋瑾　卢　朗　朱栋霖（兼）　李超德（兼）
　　　　　　　李　明　吴建华　周　秦　郑丽虹　曹林娣　魏向东

编辑室主任：郑丽虹

特约美编：张大鲁

東吳文化遺產

第四辑

苏州大学非物质文化遗产研究中心 编

上海三联书店

第四辑前言

  《东吴文化遗产》已发行三辑，秉承一以贯之的宗旨，所选文章涉猎广泛，研究极富深度与前瞻性，尤其对江南文化遗产的研究，已成为本书的一大特色，涵盖民俗、戏曲、传统手工艺等各类文化遗产，田野调查也愈发丰富。作为一种尝试，从本辑开始，特意增加非物质文化遗产传承人的创作手记及作品，目的在于为其提供一个广泛交流的平台，这也是我们支持非物质文化遗产保护与传承的一种积极姿态。

  第四辑《东吴文化遗产》组稿期间，苏州大学召开了第三届"中国非物质文化遗产·东吴论坛"。与前两届一样，不少与会学者带来了他们最新的研究成果，留下了高质量的文章。此次会议的主题为"记忆江南"，与会学者就"非物质文化遗产与传统文化"、"非物质文化遗产与市井文化"等五个议题，展开了开放式的对话，各位学者在非遗研究与实践诸多领域的反思与知识建构。

  除了参加会议的专家之外，我们还一如既往地向一些老专家和青年才俊约稿，你们的热情相助，是我们书籍永葆活力、不断提升水平的保证。同样，对于一些硕士研究生和博士研究生的文章，我们也是积极接纳，不限篇幅，不限字数，惟愿本书为新思想、新见解提供有力支撑。

  第四辑《东吴文化遗产》很快面世了，这使我们更加怀念本书创始人诸葛铠先生，2012 年 3 月 7 日，他在与疾病顽强抗争了两年之后，离我们而去，

　　相信每一位看过前三辑杂志的人都能够感受到他的心血和智慧，而对他最好的纪念，应当就是秉承他所倡导的编辑思想：坚持学术性和理论性，兼顾丰富性和可读性，使《东吴文化遗产》愈办愈好，成为文化遗产研究和学术交流的强大阵地。

编辑室

2012 年 10 月

目　录

第四辑前言————————————————————————1

【会议综述】————————————————————————1

　开放中的对话与反思中的建构————————————————1

　　——"第三届中国非物质文化遗产·东吴论坛"述评/卢　朗

【非物质文化论坛】————————————————————8

　遗产的认知向度与维度/彭兆荣　李春霞————————————8

　江南，如何留住记忆？————————————————————22

　　——城乡一体化发展中的非物质文化遗产科学保护/龚　平

　传统手工艺学徒制度之探寻/郭　艺————————————30

　太平天国忠王府建筑考辩　/朱　淳　童　慧————————38

　从句吴、姑苏得名原因说起/范明三————————————51

　血社火的视觉暴力及伦理性探讨/张西昌————————————57

　文化生态学视角下非物质文化遗产旅游开发研究：

　　以泉州为例/黄钟浩　方旭红————————————————68

【文化史论】————————————————————————————76

　　"襄阳做髹器"————————————————————————76

　　　　——唐代襄州漆器/尚　刚

　　略论吴稚晖的文化作为/汤可可————————————80

　　论我国古代佛教摩崖刻经艺术/尚　荣——————89

　　小城镇的文化功能——————————————————99

　　　　——传统民间音乐在现代社会中的发展/杨曦帆

　　论对联书法/张恨无————————————————————109

　　清末民初上海功名士人的社会活动——————————119

　　　　——以上海县陈行秦氏为例/陈媛媛

【江南文化】——————————————————————————138

　　苏州宋代雕塑艺术/张朋川————————————————138

　　谈"苏作"/王稼句——————————————————————157

　　试论浙派印风对清代中后期吴门篆刻的影响/陈道义————168

　　从《西青散记》看江南农妇词人贺双卿的精神世界/郭进萍————184

　　传统手工技艺的流变——————————————————197

　　　　——浙南地区婚俗中的文化符号糖金杏/孙茂华

　　屠隆《考槃馀事》初考/陈　剑——————————————202

　　西湖断桥与传说的聚焦——————————————————209

　　　　——论白蛇传说与断桥的关联/肖　波　尚永亮

　　年年和月醉花枝——————————————————————220

　　　　——唐寅花月诗之意蕴及其成因探赜/李金坤

　　苏州胜浦婚俗及其演变/马觐伯————————————————236

【昆曲研究】——————————————————————————257

　　昆剧表演中的"然境"阐发——————————————————257

　　　　——论王芳在《长生殿》中的表演艺术/金　红

论苏州昆剧服装的艺术特色及其文化内涵/束霞平————————272

【评弹研究】————————————————————————284

论苏州评弹的长篇演出及其生存方式和艺术特色/周　良————284

论20世纪中叶的苏州弹词女声流派/潘　讯————————294

【田野手记】————————————————————————302

苏州财神信仰调查研究/沈建东　郭子叶—————————302

2011年江苏省赣榆县小口村渔民春节习俗调查报告/高　伟———333

春天后面不是秋————————————————————361

　　——借郭小川诗续之/黄春娅

同里宣卷漫记/张舫澜——————————————————364

观摩辽宁博物馆馆藏缂丝精品所感/李　冰————————375

南京市高淳县东坝镇叔村祠山庙会———————————379

　　——"出菩萨"田野调查报告/杨天齐　杜　臻

【书评】————————————————————————385

从"哑铃图式"看"衣冠王国"—————————————385

　　——评专著《文明的轮回——中国服饰文化的历程》/张蓓蓓

高屋建瓴　继往开来——————————————————391

　　——我国首部《中国昆曲年鉴》阅后漫谈/孙伊婷

【文化遗产教学】——————————————————————395

问题、概念与抉择——————————————————395

　　——新时期专业音乐教育之多维共生观/钱建明

国立中央大学美术教育历史研究————————————409

　　——以徐悲鸿写实主义美术教学实践为例/尚莲霞

开放中的对话与反思中的建构

——"第三届中国非物质文化遗产·东吴论坛"述评

卢　朗

作者:卢朗(1972—　　),男,苏州大学艺术学院副教授、硕士生导师。中国工业设计协会会员、中国建筑学会室内设计分会会员、苏州风景园林学会会员。

作为人与生活环境长期磨合的结果,非物质文化遗产蕴含的信息涉及知识领域的各个方面,对它的研究需要一种系统性思考。这正是"第三届中国非物质文化遗产·东吴论坛"的主旨。论坛于 2011 年 11 月在苏州大学举办,来自全国各地的 70 多位专家、学者参加了会议。

本次东吴论坛的主题是"记忆江南",设立了"非物质文化遗产与传统文化"、"非物质文化遗产与市井文化"等五个议题,以突出非遗研究的系统性特征。论坛不同于以往演讲为主的形式,而用一种开放式的探讨与论辩来展开活动。每个议题设立主持人、主论人和主评人,希望通过观点的互动形成学术思想的

交流,激发出新的思考和见解,以充分彰显独立、自由的学术精神。

首场讨论的主题是"非物质文化遗产与传统文化",由西安美术学院赵农主持。他以"鹅湖之辩"的典故阐明了本届东吴论坛不同于以往的地方,希望以一种对话和辩论的形式产生思想的碰撞。上海博物馆范明三从苏州虎丘作为"吴文化的一个积存象征之地"的历史文化意义说起,通过阐述吴文化和甘陇地区的古羌文化数千年的渊源,呈现出一个尺度宽广的历史时空。并因此提出吴地文化遗产的研究应扩大历史半径和研究范围,如向 2500 年之前的"前吴文化"时期拓展,从对视觉、美术的偏重向吴语、吴乐研究

等方面拓展。中国艺术研究院孙建君从政府决策和国家意识的角度，阐明了非遗和传统文化的战略地位和社会行为空间。从对传统文化的集体认识、非遗—文化产业—群众文化生活三者的关系、宗教信仰问题及学理、法理基础等四个方面描述了文化遗产价值观的变迁，分析了传统文化的整体性和连续性在文化主权、文化安全、文化认同和文化身份等层面的意义。云南大学张跃则通过内蒙古民间的家庭那达慕现象、怒族节日中信仰迁移问题和阿昌族史诗传承困境等案例，指出在国家的话语实践和民间的生活实践之间存在着一些非连续的关系。非遗的编订作为一种官方的符号建构，在具有科学性的同时，也难免带有一些片断性和局限性，这和民间自发的、鲜活的生活世界形成对比。张跃进而用"文化认同的符号间隔"这一概念进行了阐释和总结。

主评人苏州大学张朋川在多方面和几位主论人形成了对话。他强调应重视非遗研究学理上的准确性以及认定标准上的科学性。应该动态地看待文化遗产，在保护策略上根据不同情况分别加以对待。张朋川借助昆剧中徽州方言的影响，以及桃花坞木刻版画和西方铜版画的交流催生出的特殊工艺等案例，论述了非遗在传统文化背景中的形成进程。本场讨论从文化根源、历史视野、政府决策、集体意识和日常实践等方面富于深度地发掘了非遗与传统文化的关系，描绘了诸多可能性和线索。

"非物质文化遗产与市井文化"的讨论则围绕着非遗作为市井文化载体的作用、市井文化中非遗的表现形式和特点、市井文化在经济驱动下的异化和矫正等方面展开。主持人苏州大学朱栋霖认为非遗的三个主体，即表演艺术及戏曲曲艺、舞蹈及民间传说和工艺美术，都存在于日常生活，是市井文化中不可分割的重要部分，并着重论述了中国民间的祥瑞文化。中国科学院苏荣誉指出，无形的文化遗产不是一成不变的，但当下非遗被热炒是因为它有巨大的表演空间，经济利益的驱动让源自生活的非遗变成了一种生活的点缀，而不再真实。这种偏离使它生存的土壤陷入了危机。面对变化和迁移，他认为应该从传统文化中汲取素材和空间，保护非遗的文化基因和多元化，从而找到向生活本源的回归和自我的认同。从实践的角度，他认为非物质文化遗产的"可保护性"是一个关系到决策科学性的重要标准。上海师范大学邵琦提出了文化的"农村包围城市"的理论，以宝贵的历史遗存来拯救我们的文化就是讨论非遗的意义和价值。他认为逻辑、理性和知识不能替代我们对生活的感受，而传统文化则充满了对这种感受的关怀。

同时,保护传统文化形态不是要回到过去,而是以历史为镜鉴,以映照我们当下的生活,对如何展开我们的生活进行思考。他还建议拓展博物馆的内涵,不仅将其作为珍藏过去文化形态的场所,也可以成为规范和研究现代生活文化形态的场所,把有限的空间和资金更切实地关注今天的生活。南通蓝印花布博物馆吴元新回顾了蓝印花布的背景以及发展现状,指出蓝印花布曾是属于市井文化里一个鲜活的内容,脱离生活就难以存在和发展。在蓝印花布的传承和发展中,他认为创新性的设计非常重要,希望将蓝印花布的"清新之气、自由之气、欣欣向荣之气"带到现实社会,融入当下的生活。

主评人上海工艺美术学校朱孝岳提出市井文化体现在比较微观但非常丰富的生活层面。非遗研究重要的目的之一,就是把这个社会失去的情感和感官加以恢复。同时,对文化遗产的判断不要失去应有的标准和立场:一种将任何事物加上文化的后缀进行推销的"泛"文化,最终将会导致"无"文化。在保护策略上,他认为非遗的保护需要原汁原味,不能变相变味。论及理想的生活方式和幸福时,朱孝岳提出了"市井让生活更美好"的观点。

第三场讨论的主题是"非物质文化遗产与生态文化",由清华大学杭间主持。讨论主要围绕着非遗是如何在城市化进程中伴随着生态环境、经济文化的变迁而跃升为一个社会课题而展开。专家们从历史和实践的角度对其根源、现象、内涵进行了深入的挖掘,并提出许多发人深省的问题。苏州市民族民间文化保护管理办公室龚平针对城市化变迁和传统江南的"消逝"进行了深入的社会分析。他谈到苏州在实行了"一张图、三集中、三置换、四对接"的城乡一体化进程之后,作为非遗母体的农耕文明正在消失,自然环境以及人们的生产生活方式、思想观念都起了根本的变化,"他城化"的现象也日益明显。围绕着"记忆江南"这一主题,龚平结合苏州的湖荡文化、角直水乡妇女服饰和太湖流域工艺美术生态保护区域等案例进行了三个层面的解读:江南是否只能记忆?江南是否不仅能被记忆,而且能保留其生态的样本?江南如何留住记忆?并提出在非遗保护中,应根据情况采取记录式的保存和传承传播式的保护等不同的操作策略。华东师范大学朱淳将当下对非遗的讨论与工业革命后英国工艺美术运动以及 20 世纪 70 年代的新手工艺潮流相对照,谈到了威廉·莫里斯对乡村手工艺的挖掘和取用,提出非遗的保护是一个世界性的问题。进一步他以大都会博物馆的"明轩"为例,讨论了文化遗产中的非物质因素:园主人和工匠两

3

种主体的消失使得园林文化的生态和传承土壤成为了问题。苏州大学沈爱凤从大历史的角度,分析了现代化进程所带来的双重创伤:一方面东方文明承受着西方文明的压制;另一方面农业文明又迅速地被工业文明所取代。他在亨廷顿式的文明冲突和汤因比式的文明共存间进行了沉重的选择,质疑单一的科学化选择是否能起到拯救文明整体的长效作用。他认为不同时代和地区的文明没有高下之分,从生态的角度来看都很重要,现代社会的多样性不能代替文明多元化。东南大学胡平认为应将非遗还原为一种现象而不是仅仅停留在概念探讨的层面。他以在江苏各地的保护调研实践,论证了保持文化生态完整性的意义。如通过对溱潼"会船节"的介绍,描绘出身处其中的人如何达到了"从物质到精神的完整状态";通过分析泰州的砖瓦生产和湖上生活的关系,探讨了一个不可分割的地域文化如何整体地发挥作用,以及原始生产方式与生态环境千丝万缕的关系。

四川大学徐新建作为本轮主题的主评人,首先点评了与会学者在生态文化、文化生态、政治生态等各个方面的思考维度,对非遗在不同地理空间和学科背景下的表现进行了延伸和阐发,并以北方游牧文化的缺席来对照农耕文化话语下非遗研究的南方本位,主张应该有更开

阔的视野和思考。同时,他指出只谈非遗不谈城乡一体化体现了针对政策的话语空间尚十分有限。徐新建主张以"无形文化"的提法来补足"非物质文化"概念的缺陷,应关注非遗的三个内涵:生活方式、精神信仰和文化传承。主持人杭间最后提出,当下所谈论的非遗大多承载了出生于50、60年代及更早的人们的记忆,而非80、90后等年轻人的记忆。如果说记忆不能强加于人,那"记忆江南"究竟是谁的记忆?非遗如何在不同代际得以认同与传承,是一个发人深思的问题。

在第四场"非物质文化遗产与女性文化"的讨论中,主持人苏州大学郑丽虹提出,本场主题的设立反映了女性意识的复苏,以及社会环境的改变对女性成长的期待。在非遗和传统文化的研究中,无法回避女性的参与与创见。湖南商学院李立芳认为不应刻意区分"物质"与"非物质"两种概念,而应当关注背后文化的传承和传承人。在谈到非遗传承中女性的作用与地位时,她以湖湘地区丰富的女红文化作为例,认为女性是民间非遗重要的守护者。浙江工业大学袁宣平则以蚕桑文化的保护为线索,审视了女性在传统江南经济社会生活中的地位。同时,她提出非遗中许多手工技艺都与妇工、妇容直接相关,应对传统女性价值观作一分为二的看

4

待。四川大学李春霞从制度和法理层面着手,说明了联合国非遗名录在地理、文化、宗教、年代,特别是非遗持有人性别等方面存在的失衡。指出当前非遗保护与传承工作中的性别失衡问题,其根源涉及社会、文化乃至认知模式等多个层面。苏州市民族民间文化保护管理办公室王燕认为,在非遗保护中女性带有传承者和观察者的双重身份。这一工作中女性的弱势形象,与民间根深蒂固的性别歧视、"女性禁忌"有着密切关联。非遗保护很重要的一个意义,恰恰是把许多处于弱势地位的传承人尤其是女性推到前台来,凸显出她们的价值,也提升她们的自尊和社会地位。苏州民俗博物馆沈建东则描述了江南民间传统节日中的女性形象、习俗和主体地位。指出由于特定的生活状态、相对宽松的社会环境以及在经济生活中占据的独特地位,江南女性在社会创造和技能传承方面扮演了重要的角色。

主评人苏州大学曹林娣强调在传统文化的形成中,女性的价值不言而喻,需要进一步扬弃男权社会对于女性的歧视和偏见。女性应该自尊、自强,在非遗和传统文化的保护研究中承担更重要的工作。

在"非物质文化遗产与可持续性发展"议题的讨论中,主持人南京大学徐艺乙认为,形成于前工业时期的非遗,在社会转型和人们生活方式发生改变后如何得以持续是本场讨论的主旨。在讨论中,他论述了非遗及传承人认定中的评议制度、非遗的合法性、内涵转变以及操作方式等多方面问题,指出了非遗保护是一种专业性和综合性很强的实践,也是一个长期、艰苦的过程,亟待进行理论建设和学科建设。上海大学李晓峰认为可持续发展的思考体现了对人类文明延续的关切,非遗的可持续性讨论则是反省历史中非常出彩和要害的一步。针对日益加速的现代化进程,他提出了可持续发展与跳跃式发展之间差异的思考,并认为非遗研究是以生命的"体温"来除却"现代性带来的偏执和冷漠"。山东艺术学院许大海结合参与民间工艺传承人调研的体会,指出非遗传承人的认定存在着依据和标准上问题。他建议改革由政府主导的多层级申报制度,而以专家和民间艺人组成委员会来进行评审。西安美术学院张西昌用事例说明了在精神和文化信仰转变过程中非遗保护可持续性的难度,讨论了自然资源的可持续性与非遗资源可持续性的关系。对活化石式、博物馆式、学校传承、家庭传承、整体文化传承、数字信息记录等非遗保护方式,从保存性和可持续性两方面进行了比较分析。苏州工艺美院董波在对现代文明批判的基础上质疑了非遗的合法性。他认为非遗问

题的提出和重视是现代文明更成熟更老练的表现，其意图是回避或掩盖现代文明真正的弊端，由此，非遗的保护"是现代人一种伪心理需求"。针对小集体的利己性，董波提出"只有世界的才是民族的"，主张文化研究应具有更广阔的关怀，并认为一种基层文化和高层文化的结合才是文化生命力得以延续的标志。

主评人厦门大学彭兆荣在点评中认为，"可持续性"概念在不断地被政治化和符号化的过程中面临着过度的消费，而"生命力"可能成为非遗研究更好的思考框架。非遗保护在操作上需重视整体性和完整性，可借助文化的自我传承方式来作为传承人的重要补充。他认为非遗的连续性在当下正面临一种"现代化的锻炼"，需要用智慧去面对。同时，他提出了"是我们抢救非遗？还是非遗抢救我们？抑或是人类的自我救赎？"的命题。呼吁在非遗研究中应该更关注那些属于精神性价值、生命力的东西，这才是我们守护自己家园的根本。最后，彭兆荣希望用中国的智慧、中国的经验、中国的分类、中国的知识系统来表达我们自己对非遗概念的认识，使我们的民族能够在经历跳跃性发展之后，仍然保存文化层面上的真正记忆。

非物质文化遗产的研究发展至今，概念和内涵已经逐渐清晰，其本质形态及表现特征的探讨日趋深入。与此同时，非遗保护的理念与策略也不断完善，更加具有建设性和现实的合理性。跨学科综合性研究方法也正在为这个领域的耕犁注入强大的动力。可以说，非遗工作在各方持之以恒的努力下已是春暖花开。尽管如此，这一工作目前仍面临诸多问题乃至困境。在经济社会飞速发展的今天，由农业生产和传统历史文化孕育而成的文化遗产，已逐渐脱离原有的文化土壤与生存环境。在这种情况下，非遗的研究与保护是在延缓其消亡，还是使其能真正得以持续演进？这些问题需要新的智性思考和知识建构。

本届东吴论坛从多方面系统探讨了非遗的生存环境以及内在机制。开放的论坛对话形式引发了专家们真诚的回应，并以深刻的反思乃至批判的方式呈现出来，并不断激发出新的见解。大家针对文化遗产活态性、民间性、生活性和传承性特征，或从文化遗产与生存方式、精神信仰及文化传承等人类文明发展核心命题的关系来重新思考其价值；或从现代文明的弊端、文化多元化以及法理制度等角度对非遗的传承问题进行剖析；或从自然与历史环境、生产生活方式和文化渊源等方面探讨非遗的生存土壤、运行机制和内在活性因子的特点……非物质文化遗产的合理保护与传承发展,其意义非凡,方法和过程也具有相当的复杂性。因此,在非遗工作中如何超越具体的形态,深入其内在的结构与精神,并在实践层面不断探索,实现更高层次的超越,最终使文化遗产在不断变迁的时代中始终彰显出自身的价值,是一个研究中的核心命题。本届论坛中在非遗研究与实践诸多领域的反思与知识建构,正是针对这一命题所产生的富有建设性的成果。

遗产的认知向度与维度

彭兆荣　李春霞

摘要：遗产是存在，也是认知。没有认知，也就没有现代意义上的遗产。在当代全球范围内的遗产运动中，不同的认知向度产生了不同的维度。从类型上看，联合国、联合国教科文组织以及国际遗产组织、机构站在全球的立场上，对遗产认知和条款规定属于超位性的；以民族国家为基本单位的遗产认知和表述属于高位性的；而那些文化遗产，尤其是非物质文化遗产的创造者、认同者、传承者所形成的核心价值才是本位性的。本文对三种不同的视角向度所形成的遗产认知维度进行分析，说明对现代遗产的认知和表述包括重复、重叠，多义、歧义，交叉、交融的复杂情形。

关键词：遗产　认知　向度-维度　超位-高位-本位

作者：彭兆荣，男，教授，博士，博导，厦门大学人类学研究所所长（福建　厦门　361005）；李春霞，女，副教授，博士，硕导，四川大学文学与新闻学院文学人类学研究所副所长（四川　成都　610065）。

世界遗产是我们从祖先那里继承的馈赠，我们今天与之同在，将来，我们将其传给后代。我们的文化和自然遗产是无可替代的，为我们孕育了源源不断的生命和取之不尽的灵感。

——2005年世界遗产信息箱[1]

"遗产"包含两种最基本的维度：即遗产的客观存在和人们对遗产的主观认知。人类在认知上的复杂性、多样性和差异性不仅贯彻在遗产运动、遗产体系和遗产学等历史事件和研究领域，也呈现在各种认知遗产的不同向度（站在特定立场对遗产的透视）以及不同的向度所出现的不同维度（对遗产认知所形成的范围）的"工具"价值。本文将集中对三"位"，即**超位**（超国家的、国际的和全球化的）、**高位**（以现代民族国家为基本单位的）和**本位**（创造、保护和传承遗产的主体）对遗产的认知向度和维度进行阐释。三者之间的关系既有交叉，又各自独立。不同的主体认知向度，必然产生不同的理解、阐释，甚至是操作上的差异和倾斜维度，意义和意思因此不同；仿佛"盲人摸象"，不同方向、不同角度产生不同的认识和感受，而对象则为同一物。

遗产的超位认知

人类遗产属于人类**共同财产**，这是一个具有时代价值的原则，也是联合国以及国际组织实施遗产保护政策的基础。然而，在具体的遗产确认和操作时却可能涉及全人类、全球，国家、民族、宗教团体、家庭乃至个人归属和利益问题。于是，站在不同的立场，从特定的角度看待遗产，认识遗产便成为当代"遗产运动"的重要研究范畴。

为了强调遗产的"超位性"，1980 年，博格斯（Borgese）归纳了"人类共同继承遗产"的五个原则：

▲ 人类共同继承遗产原则；

▲ 基于国际合作制度进行共同管理原则；

▲ 人类公共财产的整体分配原则；

▲ 专为和平目的而利用的原则；

▲ 为未来世代保护的原则。[2]

对遗产作超位判断的逻辑和基础是什么？在什么样的情况下，人们会产生这样的认知向度？总的来说，作出这种判断的认知依据主要是：人类作为一个整体（比如物种）与世界、地球作为一个整体之间的共生关系、共处关系所作出的认知判断。具体地说，这是一套源自自然资源争端及其和平解决的制度。如果没有人类共同继承遗产的认知哲学，判断便失去逻辑和合理性。因此，我们可以把"人类共同继承遗产"的理念理解成为一个为全球管理的综合过程形成的完整框架，它也与联合国的基本原则和目标一致。其实，在今天国际通用的语汇中，类似的语词很多，比如"地球村"就是一个例子。虽然，在这样的认知逻辑中，我们仍然可以清晰地看到在所谓"地球村"中人类的自大映象，以及把遗产作为消费物的自私痕迹，即人类把大自然作为一种"遗产资源"进行消费的意思。但是，我们也要看到人类与自然所形成的共同体中，人类作为保护自然资源的自觉性主体的姿态。

换言之，将遗产作为公共财产

的基本认知向度主要是从整体的角度来看待、对待自然遗产。然而，即使在这样的认知向度上，人们并非完全具有共识性，比如美国一直是国际海洋法公约的反对者，他们认为，将海洋等自然资源视为人类"共同继承的遗产"，实即"公共财产（public property）"的同义语，这种财产观念严重违背自由经济政策。且"公共财产"并不能真正起到保护资源的作用。正是因为这样的缘故，至今美国未签署"联合国海洋法公约"，[3]只是在1996年签署了"执行'联合国海洋法公约'有关养护和管理跨界鱼类和高度洄游鱼类种群规定的协定"。

当人们使用"公共财产"的时候，更多的问题也因此出现。从知识谱系的角度看，"公共财产"的概念古已有之。比如在原始的人群共同体社会，就已经存在类似"原始公共财产共同分享"的原则。氏族部落社会所面临的共同家园、生态环境、资源配置等都必然产生公共财产的观念和行为，差别只是所属范围问题。对于一个人群共同体而言，公共财产属于公共事务范围，它的归属边界是清楚的；某个（种）财产属于某群人，意味着不属于另一群人。一个特定社会形成一个特定的公共空间。所以，那个时候的公共财产是限制性的。也就是说，不同的人类群体的认知向度必然产生不同的遗产维度。今天，联合国所认可通过的"公共财产"本质上是无限制的——凡属于人类遗产都属于人类共同财产。

毫无疑义，站在超位立场对遗产所作的判断，主要来自于联合国和相关的国际组织。从国际组织的历史来看，"公共继承遗产"的理念可以追溯到1931年10月在雅典由国际联盟（League of Nations）赞助的第一届历史建筑建筑师与技师国际大会（First International Congress of Architects and Technicians of Historic Monuments，这次大会通过了《雅典宪章》或《历史建筑修复宪章》"The Athens Charter for the Restoration of Historic Monuments"，以下简称"宪章"）。在这次会议的七个议题中有两个议题与"公共继承遗产"有关：

第二项议题：与历史建筑有关的行政管理和法律措施（Administrative and Legislative Measures Regarding Historical Monuments）。宪章提出在保护历史建筑时，必须注意对其周边（物态）环境的保护，必然会面临社区权力与建筑的个体所有权之间的矛盾，因此，宪章提出需要顺应公众保护历史建筑本地及周边环境的舆论潮流。宪章还认为各国政府在历史建筑保护处于紧急状态下可采用强制性的保护措施，并倡议各国积极建构相关法律。

第七项议题：历史建筑的保护

与国际合作（the Conservation of Monuments and International Collaboration）。宪章提到"会议相信保护人类具有艺术和考古价值的财产是各国各社区的利益所在，这些国家及其社区正是文明的监护者，希望各国能本着国际联盟的精神，进行规模越来越大的、越来越实在的合作，深化对艺术和历史建筑物的保护"。[4]

宪章希望通过文化遗产个体、地方所有者的牺牲，本着合作精神来成全遗产在国际法律框架下得以保护的最终目的。这可以说是对"共同继承遗产"理念朦胧的追求。但是，宪章中的"公共遗产"的概念是限制性的，并没有明确后来在联合国、联合国教科文组织（UNESCO）以及一些国际组织所倡导的概念——全人类作为公共财产的认知主体的意义和意思。

1954年，联合国教科文组织《关于在武装冲突情况下保护文化财产的海牙公约》（Hague Convention for the Protection of Cultural Property in the Event of Armed Conflict。以下简称海牙公约）提出"确信对任何人文化财产的损害亦即对全人类文化遗产的损害，因为每一个人群对世界文化都有贡献；考虑到保护文化遗产对全世界人民具有重大意义，因此对这类遗产予以国际保护至关重要"。[5]为此，海牙公约还设立

了在特殊的武装冲突中将各地、各国、各族群文化遗产视为"全人类文化遗产"进行保护的国际法准则。很显然，海牙公约所提出的概念是特指一种非常规状态（战争）对遗产所做的超位性规定和限定。

20世纪60年代努比亚保护运动（Nubian action）以实际行动推进了"公共继承遗产"这一理念和概念。这一国际性保护运动最重要的经验就是超越时空、国界，强调人类必须承担起保护公共财产的责任。当下人（不论国籍）为了保护作为人类辉煌文明、人类智慧一部分的努比亚文化遗址，使其能延续更长时间（传递给未来）而进行合作。1966年联合国教科文组织"有关国际文化合作原则的宣言"（Declaration of the principles of international cultural co-operation），提出"鉴于各文化的丰富性和多样性，以及各文化间互惠的影响，所有文化都属于全人类共同继承的遗产"，[6]并希望让每一个人都能接近、享受全人类知识、艺术和文学，分享全球科学成果及其带来的利益，也能为丰富文化生活作出贡献。

1972年，联合国教科文组织在《保护世界文化和自然遗产公约》里，"具有卓越普世价值"（不仅要有杰出、卓越的价值，而且其卓越性还要是对人类全体而言的）被指定作为鉴定"世界遗产"的决定性因素。

虽然公约也指出，即使某个地方没有列入世界遗产名录，它也可以拥有"显著的普世价值"。可见 1972 年公约，不仅是世界环境伦理哲学领域的核心理念"人类共同继承遗产"的发展者，也是文化遗产领域人类共同继承遗产理念的总结者。它首次具体地以国际法的形式定义了超越个体、社区、地区和国家范畴的、囊括了自然遗产和文化遗产的世界级遗产概念。它不仅跨越疆域，也跨越了文化和自然的传统二元区分，更跨越代际边界，成为有史以来最为宏观的遗产概念。

1972 年公约将一个原本属于世界环境伦理哲学领域的概念"人类共同继承遗产"扩展到文化遗产领域，并成功地与文化遗产领域的同类理念对接，融合成为当下人类最有知名度的保护概念：世界遗产。据此，文化遗产的学者欧姆兰（Omland, A.）认为，1972 年公约背后最核心的基础理念是：文化遗产应该属于公众。但是，值得注意的是，1972 年公约从未使用过"共同继承的遗产"（common heritage）这一概念，而是使用"世界遗产"（World Heritage）和"人类的遗产"（heritage of mankind）等概念。但站在历史和学理的立场，不论是 1972 年公约的背景材料，还是与其有关的各种文献材料，都明确指出"世界遗产"和"人类的遗产"就是"公共继承的遗产"。[7]从这一些历史事件中我们可以看出，现在所通用的"世界遗产"概念已经明确地含有"人类共同财产"的意思和意义。从此我们也可以清楚地看出，国际组织所主导的遗产运动中的超位价值具有鲜明的话语特征。

遗产的高位认知

世界遗产委员会在界定什么是"世界遗产"时指出，世界遗产的核心价值是"普适性"，即世界遗产地属于全世界所有人，不论它坐落在哪个国家或地区的疆域内。[8]在世界遗产中心 2005 年编制的宣传册"世界遗产信息箱"里有一句话反映了公约对世界遗产作为"人类共同继承的遗产"理解的两面性：

> 在埃及的世界遗产如何能平等地"属于"埃及人，印度尼西亚人或阿根廷人？[9]

美国著名学者克什布雷特-金布雷特（Barbara Kirshenblatt-Gimblett）认为，一旦文化财产变成世界遗产，遗产及其新的受益者——人类之间的关系便发生变化。首先，人类不是创造遗产那个社区人们的集合。其次，新的受益者既不是整体的人类，也不是构成人类的个体，他们不是持有、承担或传递，更不用说是创造,再造或再创这些人类遗产的人,如果发生这样的事情,就会引发"挪用"或"侵权"之类的问题。第三,任何人对人类遗产权的首要性,也是最主要的,应该是接近、消费和普遍意义上的而非法律意义上的继承权。[10]她提出我们应该依据祖先和继承(人们之间的关系);公民(个体与国家的关系);人类(个体与国际法的关系)这三个关键词来理解1972年公约语境下"世界遗产"与人类的关系。事实上,克什布雷特-金布雷特已经分离出当代遗产认知结构中的三元关系。每一个单元的言说和表述都是有限性的,而"结构性"表述才是相对完整的。

在这个"超位—高位—本位"的表述关系中,国家是一个脱不了干系的表述单位。这里出现了一个问题:如果我们把遗产界定在"自然遗产"的范畴,其间的关系相对比较简单,因为根本而言,人类并没有参与"自然遗产"的创造,从全球的超高度、超单位、超群体的角度,遗产属于人类共有财产可以另行认知,另行处理。但是,如果将视角投射于文化遗产、非物质文化遗产的范畴,超位性的"公共财产"认知就要有限制、限度。在现代社会,人是有归属的。在各种归属属性中,"国家"是一个高位归属;即使是联合国教科文组织在各类世界遗产申报、审理和管理时都遵循一个基本原则:"缔

约国申报主体"。

众所周知,"民族—国家"(nation-state)是国际公认的表述单位,并成为国际政治舞台上各单位进行对话的基础。现代民族国家又被确认为"想象共同体"(imagined communities)。安德森在《想象的共同体》一书中勾勒出一个具有逻辑性和假定性的认知链条:假定前提:"民族属性(nation-ness)是我们这个时代的政治生活中最具有普遍合法性的价值。"[11]也就是说,现代人的身份认同的一个基本的、高端的归属是国家。这是现代国家的基本特性规定的。安德森为"想象共同体"归纳了以下几个基本特征:想象的、有限的、主权的、有领土边界的、共同体的。[12]但由于民族国家本身是一个历史的政治性产物——以主权国家的利益需求为核心并包含着大量假定、制造和选择成分。[13]

作为国际公认和通用性的表述原则,"国家主权"成为遗产拥有、遗产保护、遗产管理和遗产消费的高位向度,并在这个向度内产生和形成的遗产维度自成一范。从这个意义上看,世界不同国家的遗产体系有其各自的特色,而这些特色与现代国家产生、发展有着密切的关系。我们例举三个国家遗产体系:

法国遗产体系特色

法国是世界上公认的

遗产大国，它与法国大革命以及现代国家形态存在着千丝万缕的关联。法国文化遗产体系的一个特点：公共知识分子在国家和民众之间起到不可或缺的纽带作用。通常人们把法国视为保护文化遗产的先驱，而法国则视梅里美和雨果等视为法国文化遗产保护的先驱，特别是他们在收集、整理和保护法国的历史文物、遗产、遗址方面起到了重要的作用。除了国家通过立法实践对遗产进行有效保护外，法国的知识精英还在培养高规格的公民素质、高水平的专业知识和技能等方面起到重要作用，比如建议实行"文化遗产日"，法国政府采纳并设立"遗产日"（每年9月第三个周末的"文化遗产日"），使遗产成为法国人民生活的重要部分，彰显民族自豪感、增强历史责任感、提高公民素质等。

美国遗产体系特色

美国的历史短，遗留下的文化遗产相对匮乏；但美国的自然遗产资源和样态极为丰富。美国在自然遗产保护方面积累了丰富的经验，"美国式的自然体系"中的国家公园模式就非常有特点。公园的概念虽从欧洲传入，经过美国本土的自然生长，形成了美国式的认知理念，并落实在实践之中，黄石国家公园即为典型。在自然遗产的保护方面起到重要的作用。在黄石国家公园建立二十多年后，它的经验形成一套管理模式并影响到其他国家，后由联合国教科文组织将国家公园作为一个特色的自然遗产保护体系向全球推广。

日本遗产体系特色

日本的文化遗产被称为"文化财"，包括：有形文化财、无形文化财、民间文化财、纪念物、历史建筑群等。此外还特别解释了两类：重要的文化财，即在一些特殊条款之外包括了国宝。古迹名胜及天然纪念物，即在一些特殊条款之外包括特殊的历史遗址、名胜或天然纪念物，形成了完整而独特的文化遗产体系。日本1992年6月30日才正式签署1972年《保护世界文化与自然遗产公约》，但是凭着其近一个多世纪的遗产保护和管理体系的实践，日本很快成为联合国教科文组织人类遗产体系中举足轻重的角色。

这些例子足以说明，以国家为单位的遗产认知体系在现代遗产事业中是最为重要的范式。联合国对此也给予高度的认可；比如在相关公约中对**缔约国的责任**做了如下规定：

▲ 道义责任：1972年公约界定的世界遗产是在首先承认、尊重各国对文化和自然遗产地主权的基础上，在各国的认同下的国际确定、保护合作机制和援助系统；

▲ 承认以缔约国申报并列入世界遗产名录和濒危名录的遗产地属于世界遗产；

▲ 缔约国在一定的规则下，共同承担保护全球（包括自己的和其他国家和地区）被确定为"世界遗产"遗产的责任，即担任"地球管家"（global stewardship）[14]；

▲ 尊重其他国家、地区和群体的遗产。

▲ 各缔约国承担保护、管理自己境内世界遗产的主要责任。"本国领土内的文化和自然遗产的确定、保护、保存、展出和传承，主要是有关国家的责任。"[15]

▲ 建立一套与国际合作和援助

系统对接的机制。在一个有效合理的总体规划下，从机构、法律、资金、科研教育、宣传等方面系统地建构一个对接的机制，以便国际合作和援助机制得以建立。

▲ 具体到遗产的责任包括：普查缔约国境内具有卓越普世价值的遗产，建立世界遗产预备名单；按照章程进行提名工作；申报成功后实施提名时设计的保护、管理计划，并定期提交报告，接受来自世界遗产全球共有人的监管。

从这些例子和规定可以清楚地看出，以国家为主体的高位向度，在认知上与遗产的"人类公共财产"概念虽存在悖论，却又是最合适、最实际、最有效的管理方式。同时，我们也应该看到，以国家作为高位认知的向度同样也有许多问题，面临许多困难：比如不同国家的历史构造和演变并不一致，民族—国家的"通用性"在很大程度上只提供了一个相似的形式"外壳"，对于像中国这样拥有悠久历史和灿烂文明的特例，我们怎么在这一个国际公认的表述形式中填充特质性内涵，是体现中国特色的"遗产范式"的重要依据。此外，国家存在着时段性的分分合合，有时也给世界遗产带来一些悲剧性后果。比如自联合国教科文组织2008年批准了柬埔寨的申请，将柏威夏寺列为世界文化遗产，泰国和柬埔寨两国就各自宣布对这

一遗产拥有主权，并因此爆发军事冲突。

遗产的本位认知

在当下的遗产运动中，参与建构世界遗产系统中的角色不同，其中主要角色大致分为：国际组织，即超位性的；缔约国，即高位性的；遗产，尤其是非物质文化遗产，其创造者、传承者所在的具体民族、族群、家庭和个体，即我们所强调的本位性。虽然，无论从哪一个角色，在保护遗产方面都具有巨大的共识性，但由于视角投射的向度差异，致使对遗产的认知出现重复、重叠，多义、歧义，交叉、交融，甚至排挤、排斥的情形。比如在责任共担方面，国际组织规定了以下条款和措施：

▲ 道义责任：尊重所有遗产，尊重世界遗产所属国国家主权。

▲ 推进 1972 年公约的实施，"建立一个旨在支持本公约缔约国保存和鉴定这类遗产的努力的国际合作和援助系统。"[16] 具体措施包括：鉴定、保护和管理世界遗产。为此创立世界遗产名录和世界遗产濒危名录；组织各方力量为世界遗产地的保护和鉴定、确定提供资金、技术和培训等援助；组织世界遗产监控系统，达成世界遗产长久、有效的可持续性保护和管理等等。

但是，国际社会履行共担责任的另一种方式是尊重会员国的责任，即不破坏任何坐落在他国领土上的文化遗产。[17] 要求"谦逊对待和理解其他群体及其遗产"。[18] 对这种约束的理解，各缔约国是各不相同的，比如伊拉克和叙利亚在加入公约时，宣布这一条不能带入与以色列的关系中。[19] 1972 年 11 月 16 日，联合国教科文组织大会公投公约时，75 个国家投了赞成，1 个国家反对，17 个国家弃权，只有美国代表补充了一条建议，联合国应该清楚地解释公约，即在武装冲突情况下，公约不应强制或支配这些义务的执行。[20] 换言之，国家的独立主权的不容侵犯成了国际和平共处的基础。

在利益方面，国家显然是利益的终端。比如某个国家的遗产有机会得到世界遗产的提名，列入世界遗产名录中。这不仅是一项国际荣耀，增强国民自豪感，更能为时兴的文化旅游业提供世界级的旅游目的地。鉴于旅游业是当今世上最大的产业之一，其所能带来的经济效益是很多国家，尤其是发展中国家非常看重的。但是，这里出现了一个仍然无法逾越的界线：国家并不能完全取代遗产的创造者、传承者实施管理。由于遗产的归属性问题，1995 年世界遗产委员会第 19 次大会同意修改公约操作指南第 14 段为：**让当地人参与提名过程是使他们意识到要跟国家一起分担保护和管理遗产地责任的关键**。[21] 正式确立了

当地人参与提名过程的权利，以及与国家一起履行保护世界遗产地的责任。

在此，我们必须格外强调：无论是遗产的超位认知还是高位认知，归根到底，绝大多数文化遗产的根本性归属是创造、保护和传承遗产的民众。这才是遗产认知的**本位**。因为不同的文化遗产属于特定民族、族群和地方共同创造和记忆的历史价值在某一个（类）遗物上的积淀；从这个意义上说，这些特殊的遗产只属于创造遗产的特定人们。在这方面，过分强调"超位"和"高位"，降低对"本位"认知和认同，势必受到质问和质疑。比如梅里曼（Merryman）等作家便很强调国际社会对各国境内遗产的权力，"很多国家的人们对秘鲁考古和民族志田野点和意大利教堂油画感兴趣，这些遗产是属于全人类的，不仅仅属于秘鲁人和意大利人"。[22]威廉姆斯（Williams）也表达了同样的观点，她认为"文化财产是一种媒介，是地球上的人们借以获得和交换智慧的媒介，因此全球人都有权力接近或使用它"。[23]

这样的认知向度引发了一些伦理问题，因此也受到了很严厉的批判（在学术界以赛义德的"东方主义"为代表），尤其是来自原住民的批判。在挪威，人们认为这个概念代表了一种新的殖民主义，是用欺瞒的手段掠夺他人的过去。[24]在澳

大利亚人看来，"人类共同继承的遗产"代表的是白人的权力，[25]一种肆意接近、阐释，甚至建构别人遗产，擦洗遗产原创者及其使用者自己价值观，消解其对自己遗产阐释权力的文化殖民行径。这个概念是一个排挤的工具，用以排挤那些因文化遗产而拥有特别利益的人们。[26]其实，所有的质疑、拷问和批判来自最为简单的逻辑关系：这些遗产是"我"的，怎么就平白无故地成为"他的"和"全人类"的？这好比我钱包里的钱是"我的"，同时又是"他的"和"全人类的"一样荒谬。

吴哥窟就是一个很好的案例。今天人们讲到吴哥窟的历史时，通常会说吴哥窟是如何被西方"发现"的：1586年，方济各会修士和旅行家安东尼奥·达·马格达连那（Antonio da Magdalena）游历吴哥，并向葡萄牙历史学家蒂欧格·都·科托报告其游历吴哥的见闻：城为方形，有四门有护城河环绕……建筑之独特无与伦比，其超绝非凡，笔墨难以形容。但达·马格达连那的报告，被世人视为天外奇谈，一笑置之。1857年，驻马德望的法国传教士夏尔·艾米尔·布意孚神父（Charles Emile Bouillevaux，1823年—1913年）著《1848—1856印度支那旅行记，安南与柬埔寨》，报告吴哥状况，但未引人注意。1859—1861年，法国生物学家亨利·穆奥（Henri

Mouhot，1861 年死于缅甸）为寻找热带动物，无意中在原始森林中发现宏伟惊人的古庙遗迹，1983 年他的日记《暹罗柬埔寨老挝诸王国旅行记》发表，其描述生动而细致，他说此地庙宇之宏伟，远胜古希腊、罗马遗留给我们的一切，走出森森吴哥庙宇，重返人间，刹那间犹如从灿烂的文明堕入蛮荒，这才使世人对吴哥刮目相看。

从摄影史看，法国摄影师艾米尔·基瑟尔（Emile Gsell）是世界上最早拍摄吴哥窟照片的摄影师。1866 年他发表的吴哥窟照片使人们可以目睹吴哥窟的雄伟风采。1907 年，暹罗将暹粒、马德望等省份归还柬埔寨。1908 年起，法国远东学院开始对包括吴哥窟在内的大批吴哥古迹进行为期数十年的精心细致的修复工程。

事实上，当地人一直知道吴哥窟的存在，而且中国元朝使节周达观也留下了吴哥王朝及其王宫（吴哥窟）文字记录（《真腊风土记》，这是有关吴哥窟唯一的文字记录）。但今天吴哥窟却以西方人的"发现"开始。由此可以看出，很多欠发达地区和国家境内的世界遗产是由西方或者欧洲中心主义阐释的，或者说是西方人抢夺了本土人对自己遗产进行阐释和权利，本地人因此成为"没有历史"的人民。

在当代遗产运动中，我们之所以强调"家园遗产"，目的就是要让遗产回归本位。"家园"有一个具体的可计量范围和要素，比如共同生活在一个地方，有共同的传统，有共同的利益等。在这个意义上，它与"社区"近似。在现代的社会人类学研究领域，"社区"是最广泛使用的概念之一。虽然不同的学者对它有不同的定义，但比较有影响的是雷德菲尔德（Redfield）对"社区"四个特点的界定：小规模的范围，内部成员具有思想和行为的共性，在确定的时间和范围内的自给自足，对共同特质的认识。[27]传统的人类学大致确定社区有以下几个特点：1. 拥有共同的利益；2. 共同居住在一个生态和地理上的地方；3. 具有共同的社会体系或结构。[28]所以，传统的以"家"为基础和作为社会人类学的基本概念，"家园"需要有一个稳定的物理维度和与"生态社区"相符的地理空间和时间延续。[29]

家园遗产不仅强调某一具体空间单位人群共同体（包括族群、地缘群、信仰群、家族甚至个人）的历史关联性，强调他们是文化遗产的创造主体、认知主体、责任主体，是遗产的"法人"；当然也应该是利益分享的主体。[30]如果缺失、淡化、弱化了遗产的本位向度，遗产就失去了根本。

注 释

[1] World Heritage Centre. *World Heritage Information Kit*. Paris：UNESCO. 2005. 资料来源：http：//whc. unesco. org/documents/publi_infokit_en. pdf。

[2] Borgese，E. M. 1980："Expanding the Common Heritage of Mankind." In Dolman，A.（ed.）*Global Planning and Resource Management*. Oxford：Pergamon.

[3] 里根政府于1983年3月10日宣布，美国将接受除第11条（建立了管理深层海底矿藏开采的制度构架）之外的"联合国海洋法公约"为"国际习惯法"。

[4] The Conference convinced that the question of the conservation of the artistic and archaeological property of mankind is one that interests the community of the States，which are wardens of civilisation. Hopes that the States，acting in the spirit of the Covenant of the League of Nations，will collaborate with each other on an ever-increasing scale and in a more concrete manner with a view to furthering the preservation of artistic and historic monuments. 国际古迹和遗址理事会网站：www. icomos. org/docs/athens_charter. html。

[5] Being convinced that damage to cultural property belonging to any people whatsoever means damage to the cultural heritage of all mankind，since each people makes its contribution to the culture of the world；considering that preservation of the cultural heritage is of great importance for all peoples of the world and that it is important that this heritage should receive international protection. UNESCO. *Convention for the Protection of Cultural Property in the Event of Armed Conflict. Done at the Hague*，14 May 1954. Entered in force 7 August 1956. 资料来源：http：// www. unesco. org/culture/laws/hague/html_eng/protocol2. shtml。

[6] UNESCO. *Declaration of the principles of international cultural co-operation*. 1966. 资料来源：http：//portal. unesco. org/en/ev. php-URL _ ID = 13147&URL_DO=DO_PRINTPAGE&URL_SECTION=201. html。

[7] Atle Omland. *World Heritage and the relationship between the global and the local*. August 1997. Unpublished M. Phil. thesis，Dept. of Archaeology，University of Cambridge. 资料来源：http：//folk. uio. no/atleom/master/contents. htm。

[8] What makes the concept of World Heritage exceptional is its universal application. World Heritage sites belong to all the peoples of the world，irrespective of the territory on which they are located. 联合国教科文组织世界遗产中心网站：http：// whc. unesco. org/EN/about。

[9] World Heritage Centre. *World Heritage Information Kit*. Paris：UNESCO.

2005. 资料来源：http://whc. unesco. org/documents/publi_infokit_en. pdf。

[10] Barbara Kirshenblatt-Gimblett. ***"World Heritage and Cultural Economics"***. 资料来源：www. nyu. edu/classes/bkg/web/**heritage**. pdf。

[11] 班纳迪克·安德森《想象的共同体：民族主义的起源与散布》，吴睿人译，时报文化出版企业股份有限公司（台北），1999 年版，第 8 页。

[12] 班纳迪克·安德森《想象的共同体：民族主义的起源与散布》，吴睿人译，时报文化出版企业股份有限公司（台北），1999 年版，第 10—11 页。

[13] 参见彭兆荣"论民族作为历史性的表述单位"，载《中国社会科学》2004 年第 2 期。

[14] Tanner-Kaplash, Sonja 1989：*The Common Heritage of all Mankind. A study of Cultural Policy and legislation pertinent to cultural objects.* Unpublished PhD dissertation, Department of Museum Studies, University of Leicester. p. 16.

[15] 1972 年《保护世界文化与自然遗产公约》第四条。

[16] 1972 年《保护世界文化与自然遗产公约》第七条。

[17] UNESCO 1972：§ 3.

[18] Newspapers：Aftenposten, Thursday 18 April 1985 (my translation).

[19] UNESCO 1983/1985：98.

[20] UNESCO Doc. 1972：1124.

[21] Report of The Rapporteur on the Nineteenth Session of the World Heritage Committee. Session. Berlin, Germany. 4 - 9 December 1995. 资料来源：http://whc. unesco. org/archive/.

[22] Merryman 1983：759 (my emphasis). See also 1985 (pages 1895, 1916, 1923) and 1986. However, Merryman's major concern is a possible contradiction between the common heritage of mankind principle in the 1954 Hague Convention and a cultural nationalism in the 1970 Convention.

Merryman, John Henry 1983：'International art law：From cultural nationalism to a common cultural heritage.' (New York University) Journal of International Law and Politics 15，757 - 763.

Merryman, John Henry 1985：'Thinking about the Elgin Marbles.' Michigan Law Review 83，1881 - 1923.

Merryman, John Henry 1986：'Two ways of thinking about cultural property.' The American Journal of International Law 80，831 - 853.

[23] Cultural property is a medium through which the peoples of the world may gain intellectual exchange and thus they have a right to claim access to it. Williams, Sharon A. 1978：*The international and national protection of movable cultural*

property. A comparative study. New York，Oceana Publications Inc. p. 52 （my emphasis）.

［24］Magga，Ole Henrik 1990：'Samiske kulturminner og samisk kulturarbeid. ' In *Kulturminnevernets teori og metode. Status 1989 og veien videre. Seminarraport fra Utstein Kloster 8. - 11. mai 1989.* Oslo，Rådet for humanistisk forskning/Norges Allmennvitenskapelig Forskningsråd. p. 120.

［25］Langford，Rosalind F. 1983：*"Our heritage—your playground."* In *Australian Archaeology* 1983. 16. p. 4.

［26］Bowdler，S. 1988：*"Repainting Australian Rock Art."* In *Antiquity* 62，p. 521.

［27］Redfield，R. 1960：*The Little Community，and Peasant Society and Culture.* Chicago：Chicago University Press. p. 4.

［28］Rapport，N. and Overing J. 2000：*Social and Cultural Anthropology The Key Concepts.* New York：Routledge，p. 61.

［29］Douglas，M. *The Idea of Home：A Kind of Space.* In *Social Research* 1991. 58，1. pp. 289 - 290.

［30］参见彭兆荣《遗产：反思与阐释》，云南教育出版社，2008 年版，第 119—133 页。

江南，如何留住记忆？

——城乡一体化发展中的非物质文化遗产科学保护

龚 平

摘要：苏州非遗资源丰厚，同时又是江苏省唯一的城乡一体化综合配套改革试点。随着城乡一体化的推进，人们的生产生活方式、思想观念等都在发生根本性改变，主要是农耕文明产物的非物质文化遗产所依存的社会、自然环境也在急剧变化，对非遗的生存和传承产生了不可估量的影响。苏州正在更新理念，研究对策，根据不同类别非遗文化生态的要求，分别采取自身生态保护与区域性整体保护来科学保护、有效传承非物质文化遗产。

关键词：城乡一体化 非物质文化遗产 保护

作者：龚平，男，1956年3月出生，研究员，苏州市民族民间文化保护管理办公室主任。目前主要从事非物质文化遗产保护工作。

"第三届中国非物质文化遗产·东吴论坛"的主题，叫"记忆江南"。我很能理解主办方把"记忆江南"作为本届东吴论坛主题的用意：秋意正浓，在非物质文化遗产积淀深厚的苏州举行这样的论坛，希望能够给八方来宾留下对江南水乡的美好记忆。而作为一个苏州非物质文化遗产保护工作者来说，这个题目读来却另有一番感触：江南，就只能记忆了吗？

本文试图以当前经济社会文化发展大背景下的江南水乡这一平台，仅就城乡一体化发展中如何科学保护非物质文化遗产这一课题作些粗浅的研究。主要从三个层面来分析：一是江南是否只能记忆？（即：城乡一体化发展对于非物质文化遗产保护的严峻挑战）二是江南能否不仅记忆？（即：城乡一体化发

展中科学保护非物质文化遗产的重要意义）三是江南如何留住记忆？（即：城乡一体化发展中科学保护非物质文化遗产的理念与对策）

一、江南是否只能记忆？

苏州，是江南水乡的代表性区域。苏州，蕴涵着山温水软的自然环境、传统先进的农耕文明与底蕴丰厚的文化遗产。一直以来，苏州这个概念就是与"江南水乡"、"田园吴歌"和"鱼米之乡"紧密相连的。

（一）苏州非物质文化遗产资源特点

从苏州非物质文化遗产的资源丰厚来看，体现了三个方面的显著特征：

1. 苏州有一批非物质文化遗产项目在全国乃至世界处于举足轻重的地位。

苏州非物质文化遗产资源之丰厚，可以喻作只要信手拈来，就可能是全国之"最"，或在世界都有深远影响。比如昆曲，与古希腊戏剧和印度梵剧并称为"世界三大古老戏剧"，而且是其中至今唯一保留舞台演出的艺术。又比如河阳山歌，它的《斫竹歌》被认为"是传世古谣歌《弹歌》的原型，其产生年代应早于春秋时期《诗经》所收录的民歌"[1]。同样的，20世纪70年代末、80年代初芦墟山歌《五姑娘》的发现，被认为打破了"汉族没有长篇民间叙事诗"

的说法。[2] 再比如在北京故宫就处处能体验到苏州非物质文化遗产的魅力：宫殿建筑，由明代苏州"香山帮"匠师蒯祥负责建造；地上铺的，是苏州出产的御窑金砖；还有皇帝龙袍又与苏绣、缂丝、宋锦等苏州传统技艺有关。

目前，苏州拥有联合国教科文组织"人类非物质文化遗产代表作"6项，居全国各类城市之首；拥有国家级非物质文化遗产代表性名录项目29项，也名列全国各类城市前茅。

2. 苏州的传统美术、传统技艺优势突出。

在苏州的非物质文化遗产资源中，传统美术、传统技艺历史悠久，涉及生产实践和生活需要的各个领域，"苏作"、"苏工"久享盛誉。全国工艺美术11大类中，苏州就拥有10大类共3000多个品种。在已公布的118个苏州市级非物质文化遗产代表性名录项目中，传统美术、技艺类项目就占了约一半。

3. 苏州非物质文化遗产项目间生态链特色明显，并具有同类集聚分布的特点。

苏州丰富的非物质文化遗产资源不同区域集聚分布特色明显，各个项目之间联系紧密，形成了独具特色的项目生态链。苏州西部沿太湖的吴中区、高新区等区域传统技艺和传统美术资源集聚，尤其高新

区的东渚、通安、镇湖三镇是缂丝、苏绣、玉雕、木雕、仿古铜器等传统工艺美术技艺聚集地；苏州城东阳澄湖、金鸡湖等周边湖荡地区民俗、民间文学遗存集中丰富，如工业园区的胜浦、昆山市的张浦和吴中区的甪直等地的水乡妇女服饰等民俗、宣卷等传统曲艺以及吴歌等民间文学保存相对完整；苏州南部与浙江毗邻的吴江从四千多年前就开始了养蚕、缫丝的原始生产，传统蚕桑丝织文化（包括习俗、技艺等）积淀深厚，如小满戏、蚕桑丝绸生产习俗等；苏州东北部沿江的传统舞蹈音乐特色鲜明，如常熟辛庄的十番音乐、虞山古琴，昆山的跳板茶和断龙舞，太仓的江南丝竹和滚灯等。

（二）城乡一体化对于非物质文化遗产生存、传承的严峻挑战。

苏州是我国改革开放以来现代化、国际化发展进程最快的地区之一，特别是城乡一体化的推进发展，使非物质文化遗产的科学保护和有效传承面临了无可回避的严峻挑战。2008年9月，苏州市被确定为江苏省唯一的城乡一体化综合配套改革试点城市；2009年8月，苏州又被国家发改委确定为全国城乡一体化4个主题试点城市之一。苏州探索城乡一体化的路径，主要包括"一张图"、"三集中"、"三置换"和"四对接"。"一张图"，即科学制定规划。根据规划目标，"十二五"期末苏州8848平方公里土地要全部规划实现城乡一体化。"三集中"，即引导农民居住向新型社区集中、工业企业向工业园区集中、农业用地向规模经营集中。农民居住向新型社区集中，是把全市原有的2.1万个自然村规划调整为2517个新型社区。"三置换"，即以承包土地置换土地股份合作社股权、宅基地置换商品房、集体资产置换股份，实现城乡土地资源优化配置；"四对接"，即城乡基础设施、城乡公共服务、城乡社会保障和城乡社会管理的对接。苏州正在按照这一规划，加快推进城乡一体化。截至2011年底，苏州的城市化率已经达到70.6%，有43%的农户迁入新型社区集中居住，88%的农村工业企业进入工业园，80%的承包耕地实现规模经营。[3]江南水乡曾经以"苏湖熟，天下足"之誉成为全国的主要"粮仓"，而在城乡一体化规划中的苏州农业，却已被定义为了"观光农业"。

随着城乡一体化的发展推进，人们的生产生活方式、思想观念等都在发生根本性的改变，主要是农耕文明产物的非物质文化遗产所依存的社会环境和自然环境也在急剧变化，对非物质文化遗产的生存和传承产生了不可估量的影响。

二、江南能否不仅记忆？

城市化进程（在中国称作"城镇

化"发展），是一个全球趋势，由此带来的也是世界性问题；但带有规划性的"城乡一体化"，则是一个具有中国特色的课题。西方国家城市化的百年渐进过程，在中国却可以一种人为推进方式只需五年就能突进完成。自然，中国的农业应该步入现代化，中国的农民也应该过上"市民般"的生活，但当我们将"城乡一体化"以人为推进的突进发展方式来解决这些问题的时候，对非物质文化遗产的保护，便成为这一突进过程中不可忽视的突出问题。我们在作苏州非物质文化遗产保护"十二五"规划实施纲要时，提出把"如何在城乡一体化推进发展中科学保护、有效传承非物质文化遗产"和"如何在文化产业大发展中合理利用非物质文化资源优势"作为"十二五"时期苏州非物质文化遗产保护工作必须解决的两大课题。提出"如何在城乡一体化推进发展中科学保护、有效传承非物质文化遗产"的课题，其目的也就是要让"江南不仅只能记忆"。因为，有着活态性、传承性的非物质文化遗产是不可再生的。传统技艺一旦失传，将不可能再"失而复得"；文化记忆随着一代人的故去，也会由活生生的形象变成枯燥的文字。这些活生生的整体生态，就将都变成孤零零的"碎片"：当代苏州人至少还有生态的江南记忆，应该还能回味它的生动，但这以后一代代的人们（无论是否苏州人）呢？他们

对江南的认识就只能面对那些陌生而并非生动的影像，更多的则是枯燥的文字记载了。我们探讨城乡一体化进程中科学保护、有效传承非物质文化遗产，就是要让"江南不仅只有记忆"，而还应有能被我们后代"触摸"的可能。因此，作为城乡一体化先行城市苏州对这一课题的思考、探索和实践，不仅具有现实意义——在横向上，为周边城市在城乡一体化进程中无法回避的同样课题作出试验与示范；而且也具有历史意义——在纵向上，历史赋予了我们这代人必须为此作出努力的使命！

三、江南如何留住记忆？

要在城乡一体化的推进发展中科学保护、有效传承非物质文化遗产，必须在解决认识问题的基础上，更新理念、研究对策，并采取措施付诸实践。

（一）更新理念

解决认识问题，首先是要解决城乡一体化决策者与规划制定者的思想认识。必须解决的认识问题主要有两个：

一是对非物质文化遗产活态性、传承性的特点认识不清，更认识不到物质文化遗产与非物质文化遗产因其特点不同，保护方式也不同，以至在保护过程中常常将非物质文化遗产保护等同于物质文化遗产保护，存在保护了几个古村、古镇，就

认为是保护了全部文化遗产的理念性误区。非物质文化遗产活态性、传承性的特点强调了非物质文化遗产保护传承过程中人的因素，强调了非物质文化遗产核心技艺与文化记忆的活态传承。物质文化遗产与非物质文化遗产的特性不同，所采取的保护方式也是不同的。简单喻之：对物质文化遗产的保护，是要做到"它们还在"（那些文物、古遗址、古建筑不被损、被盗或被焚等），主要是物态性保护；而对非物质文化遗产的保护，则是要做到"他们还会"（传统技艺或文化记忆的掌握者能够将其一代代地传承延续下去），主要是活态性传承。非物质文化遗产作为一种特殊的资源，具有不可再生性和遭破坏后的不可逆性，传承链条一旦断裂就很难接续，最终造成非物质文化遗产无可挽回的消亡。

二是对非物质文化遗产真实性、整体性的特点认识不清，以至对非物质文化遗产生态保护的考量不够。非物质文化遗产真实性、整体性的特点决定了它必须依托特定的地域与人文条件而存在，必须依附于一定的生产生活方式下的个体、群体或空间区域而活态地传承、延续并发展的。在城乡一体化推进过程中，非物质文化遗产生存的生态遭遇急遽变动，许多非物质文化遗产项目本身重要构造与特征的完整性受到冲击，与非物质文化遗产项目生存密切相关的周边自然、文化环境也遭到致命的破坏。

因此，随着经济社会文化的发展，特别是在城乡一体化综合配套改革中，非物质文化遗产活态性、传承性、真实性与整体性保护的理念必须与之同步、协调，并实现可持续性的科学保护。

（二）研究对策

《中华人民共和国非物质文化遗产法》于 2011 年 6 月 1 日起施行，为我们廓清了在城乡一体化发展中如何科学保护、有效传承非物质文化遗产的思路，也为我们在法律的框架下协调、制衡、完善苏州城乡一体化发展规划成为可能。

我们可以从这样三个层面来廓清思路，研究对策：

第一个层面，"非遗法"提出了对非物质文化遗产实行区别保护的概念："国家对非物质文化遗产采取认定、记录、建档等措施予以保存，对体现中华民族优秀传统文化，具有历史、文学、艺术、科学价值的非物质文化遗产采取传承、传播等措施予以保护。"也就是说，对非物质文化遗产应该区别为保存与保护两种方式。

由此，我们首先应该对苏州的非物质文化遗产资源作出这样的分析：哪些是随着经济社会发展不再能融入当代社会了，那就采取保存的方式来保护；哪些是通过努力、采取相应措施而能够融入当下生活、当今百姓、当代社会的，那就提出传承保护方案，将它与城乡一体化规划结合起来。

对非物质文化遗产实施保存的方式，还涉及一个对于非物质文化遗产中的"糟粕"该不该保护的问题。学习理解《非遗法》不难得出明确的答案：无论"精华"还是"糟粕"，都要采取认定、记录、建档等措施来保存。因为"精华"和"糟粕"本身就是相对的，人们对它们的认识也会随着时代的发展而有所发展；而且，"糟粕"是以往文化和历史的一部分，如果不了解"糟粕"，也就无法深入理解"精华"所在和产生原因；对一些"糟粕"进行保护，并不是提倡，而是将其作为文化的历史痕迹来记录，为后人提供一份鉴戒和警醒。

第二个层面，对于具有历史、文学、艺术、科学价值，采取传承、传播等措施予以保护方式的非物质文化遗产，"非遗法"提出了要尊重非物质文化遗产整体性特征的原则。这个整体性就是它的文化生态，它应该是指两个方面：一是指非物质文化遗产项目本身重要构造与特征的完整性，这是非物质文化遗产固有的基本特征之一；二是指非物质文化遗产项目与周边自然、文化环境的完整性，这是由非物质文化遗产的生存发展特性所决定的。

那么，我们首先要分析，哪些是第一方面特征较明显的，城乡一体化发展并不对它的生存发展有很大影响的，就主要采取自身生态性方面的措施来保护它。比如苏州市对昆曲遗产的保护，就是非物质文化遗产自身生态性保护的一个成功实例。经过十年的努力，苏州市构筑对昆曲遗产两个"五位一体"保护工作体系。形成了以"节、馆、所、院、场"（中国昆曲艺术节和虎丘曲会、中国昆曲博物馆、苏州昆曲传习所、江苏省苏州昆曲院、一批昆曲演出场所）以及"中心、学校、活动、传播、法规"（建立中国昆曲研究中心，办好苏州昆曲学校，打造昆曲之乡和活跃曲社活动，做优昆曲电视专场、建立昆曲网站及昆曲演出、海外传播交流中介机构，制定昆曲保护条例）这两个"五位一体"为支点的，内部充分交流与外部衍生开放的"生态型"、"基地型"网络化系统。又比如苏州评弹，我们就从本体（整理传承传统书目）、主体（认定传承人、建好评弹学校有计划培养后继评弹演员）、客体（每个乡镇都建书场以培育观众，实施评弹"进校园等）这三要素来进行传承保护系统工程。

第三个层面，"非遗法"特别提出了"规划保护"与"区域性整体保护"的要求，这对于那些第二方面特征较明显，也即与周边自然文化环

境的完整性要求较强、依赖较大的非物质文化遗产类别或项目的保护有着重要意义。特别是对非物质文化遗产施行"区域性整体保护"的要求，更进一步帮助我们理清了在城乡一体化进程中如何科学保护、有效传承非物质文化遗产的思路，也帮助一些城乡一体化决策者和规划制定者解决了原来对非物质文化遗产活态性、传承性、整体性特点认识不够的问题。

对于那些第二方面特征较明显、与周边自然文化环境的完整性或生态性依赖较大的项目，必须放在城乡一体化这个大规划中来研究保护。非物质文化遗产区域性整体保护与城乡一体化规划相协调，主要应根据苏州市不同区域内非物质文化遗产资源类别相对集聚、特色明显、形成不同分布区的特点，提出有条件地在不同资源分布区建设有代表性的"文化遗产生态保护实验区"。根据苏州非物质文化遗产的分布特点，在西部沿太湖地区传统技艺和传统美术资源集聚地、古城以东湖荡地区民俗、民间文学遗存丰富区域以及南部与浙江毗邻的吴江蚕桑丝绸文化积淀深厚区域，通过调研，拟定方案，尽快与城乡一体化规划相衔接，分别建设有代表性的"文化遗产生态保护实验区"。

在非物质文化遗产整体性保护中，也应重视古镇、古村的功能。在提出建设"文化遗产生态保护实验区"的同时，要充分利用城乡一体化规划中对古镇、古村已有的保护规划，将非物质文化遗产的"区域性整体保护"、生态性建设融入其中，有机结合，协调保护。虽然，在认识上要明确城乡一体化发展规划"保护了几个古村、古镇并不就是涵盖了保护文化遗产全部"，但古镇特别是古村落是历史文化的容器，是物质文化遗产和非物质文化遗产的综合体，它必然应该在城乡一体化发展中发挥不可或缺的非物质文化遗产活态保护、生态保护的空间载体功能。自然，这有可能出现有些非物质文化遗产的"移植"或"嫁接"的问题。然而，与其让有些项目因失去生态而看着它"死"去，后人只能从我们这一代保存的资料中"认识"它，那还不如让它在与古镇、古村保护相融合的"移植"或"嫁接"中"活"下去，也还能让后人在我们这一代的保护下"触摸"到它。

非物质文化遗产本身存在形态的复杂性，决定了在城乡一体化发展推进中对其进行抢救、传承和保护工作的复杂性及特殊的规律性。苏州作为江苏省城乡一体化综合配套改革试点城市，正在积极实践解决的"城乡一体化发展推进中科学保护、有效传承非物质文化遗产"课题，就是要根据非物质文化遗产特点，在经济社会文化发展的新背景下,因地制宜地探索形成非物质文化遗产保护的"苏州模式"。

让江南留住还能够"触摸"到的记忆!

（本文系作者参加"记忆江南·第三届中国非物质文化遗产·东吴论坛"所作"非物质文化遗产与生态文化"主论发言后整理成文）

非物质文化论坛

注　释

［1］陈世海、吕大安主编.张家港市非物质文化遗产要览.凤凰出版社,2011年10月版,第3页。

［2］高福民、金煦主编.吴歌遗产集粹.上海文艺出版社,2003年11月版,第148页。

［3］《2011年苏州市国民经济和社会发展统计年报》之二《农林牧渔业》。

传统手工艺学徒制度之探寻

郭　艺

摘要：手工技艺充分体现了人的智慧，审美理想和精神世界的观念知识。在相当长的一段时间里，传统的手工技艺形成了一套特有的传承体系。手工技艺的持有者将相关的专门知识转化为可传授的范式、程序、口诀以及故事等，通过父子、师徒、作坊和社会等途径进行传承和传播。在过去，师徒相授的承袭过程，不但传承了技艺，也培养了技艺精神。随着社会的发展，技艺的传承也发生了变化，子承父业以及传统的师徒相传的方式，逐渐消失在现代化的变革中。

关键词：手工艺　传承　学徒制度

作者：郭艺，女，1969年出生，研究馆员，艺术学博士，浙江省非物质文化遗产保护中心主任、浙江省非物质文化遗产保护专家委员会委员。

中国传统社会以农业为主体经济，与农业相关的手工艺尤为发达，"男耕女织"的现象是当时社会的普遍生产形态。重农抑商也压制了手工艺的商业发展，因此，生活所需的手工制品大部分是家庭自产自销。除此之外，市民和宫廷所需的手工制品，均为职业手工技艺者提供，他们以手艺为生，而这样的职业身份并不是自己选择的，"工匠之子莫不继事"，[1]作为职业手工技艺者，身份早已限定。当手工艺商业尚不发达时，技艺传承为自发和强制两种方式：自发是家族传承，是经济需要的生活技能。强制传承的手工技艺者，他们无法改变自己的身份，以此为业并附属于官府。对于手工技艺者的训练，古人认为环境和身份影响习艺的态度。"士相与言仁谊于闲宴，工相与议技巧于官府，商相与语财利于市井，农相与谋稼穑于田野，朝夕从事，不见异物而迁焉。故其父兄之教不肃而成，子弟之学不劳而能，各安其居而乐其业。"[2]从这段文字中可知手工艺的传习和身份的认定是手工艺传承的主要因素。西周（公元前1027—前771年）时期的官府手工艺中就有职业的手工技艺者，专门为宫廷制作手工艺品，具有特定手工艺技艺者的身份，一生都在从事手工艺的制作，他们必须世代相传，因此，身份世袭，不能随便改行。社会角色的定位促使职业手工技艺者及其家庭习惯于他们的身份，没有选择地完成传承技艺的义务。《国语》卷6《齐语》中有如此记载：

> 令夫工，群萃而州处，审其四时，辨其功苦，权节其用，论比协材，旦暮从事，施于四方，以饬其子弟，相语以事，相示以巧，相陈以功。少而习焉，其心安焉，不见异物而迁焉。是故其父兄之教不肃而成，其子弟之学不劳而能。夫是，故工之子恒为工。

随着手工艺商业的兴起，隋唐时期开始出现了手工艺的作坊，这种适合市井商业的手工艺行业，其成员还是以家庭成员为主，兼有雇工和徒弟。宋代（公元960—1279）仍然沿袭这种手工艺商业的形式，出现了"行"的组织，这种民间产生

的手工艺团体组织，对从业者和其产业有了一些制约。至明清，手工艺商业更为细化，专业从事手工行业的从业人员众多，"行会"对手工艺行业的传承，发挥了重要的作用。手工艺行业中的技术，多是世代相传的技艺，几乎不落旁人，由此来保证技艺的独有性，保护手工技艺者的利益。随着手工艺商业的发达，家族继承已经满足不了市场的需求。手工艺纯粹依靠手工劳作，只有传授技艺才可保证拥有一定的生产力，处于这样的状态中，仅依靠自觉的个人道义是不能保护手工技艺者的利益，因此行会组织管理就显得尤为重要。因此，师徒的传艺也形成了一套规制，在行业内作为约定俗成的制度，成为中国传统手工技艺的传承习俗。

手工艺行业招募学徒是行业扩大的途径之一，学徒有可能成为行业成员，因此行业内招募新人，须遵循相关规定。通过行会规定的传艺制度，不仅稳定从业队伍，而且保护手工行业的利益。在中国传统社会里，学艺是职业培养的直接途径，也是普通人家培养孩子的选择。一来减轻家庭负担，二来谋求职业能力。学艺可以培养技能，同时是生存之道，由此学艺成为谋求职业的方式，为了保障手工艺行业有序发展，逐渐形成了规范的学徒制度。在行业认可的制度下对学徒人数、拜师、满

师、帮工、开业等方面均有规定，制约了师傅的生产力，从根本上防止了从业人数的增多。传统社会中的生产力比较落后，生产规模主要取决于劳动时间的长短和劳动力数量的多少，对学徒及学徒上升为师傅的数量加以严格限制，使手工技艺行业扩张规模保持一致。即使市场有所变化，也能通过行规来对从业人数进行调整，扩大或缩小招收学徒的人数，通过学徒制度对手工艺生产力进行管理。因此，传统的学徒制度具有阻止行业规模进一步扩大、避免同业间激烈竞争的作用。

手工艺行业的带徒，不仅关系到行业的发展，也影响到行业内的利益。带徒是手工艺行业中最为直接的劳动力，加之"师徒如父子"的感情因素，区别于一般的雇工。徒弟可能成为师傅的传人，是行业中从业队伍的主要人才来源，直接影响行业的发展，由此，行业对带徒学艺、雇工招募的间隔年限、人数都有强制性规定。师傅带在带徒弟期间不能再招艺徒，一般采用一进一出或二进二出的原则再招收，不按规矩行事，必然遭致纠纷，如清代江苏吴县蜡笺行业因为收徒所引起行内不满，告到了官府，其结果是"嗣后各小作均以六年为限，准收一徒"。并有另一条规定，必须在六年中捐足十二千文，"如不捐足此数，不许收徒"[3]。由于手工技艺具有技术性，

也是工匠以此为生的根本，当家族传承满足不了生产需要时，就要在没有血亲关系的人员中选择带徒，但对人选还是有一定的要求，艺徒须是本乡本土的同宗人，对此，地方手工艺行规里就有明确的规定，如湖南长沙《漆铺条规》里有："新带徒弟，我等同人，从不传别府别县之人为徒，违者议罚。"新宁漆店同样有类似的条规："本行徒弟，只准收带宝庆五属之人，不得私带外省外府之人，违者罚逐。"并且规定宝庆府人："如有愿学漆工者，尽可在同府同县店内投师，不准径投外府外人，如违革逐。"[4]《中国经济百科全书》[5]对学徒所做的考察，记载浙江青田石雕的学徒制的状况，徒弟与师傅之间都有着一定的血缘、地缘或业缘联系："大概从亲戚知交辈中，择其十二三岁以上之子弟，教养之以为徒弟者也，又往往于亲戚朋友以外，即同乡者之子弟，亦教养之。然而大抵无他乡之缘者，则不养也。"山西手工艺作坊招收艺徒"大概均系亲戚朋友家子弟，由情谊介绍而来"[6]。由于师徒之间或亲人、或同乡的特殊关系，手工艺的传承习俗类似封建的宗法制度。学徒必须如同儿子对待父亲那般孝顺，师傅则必须如同父亲管教子女那般严格。因此，确立师徒关系是一件很隆重的事。拜师必须选定某个黄道吉日，备办鸡、鱼、肉、粉干"四礼"到师傅家，行拜师大礼。学徒在学艺期间，要做到

"勤、忍、慎",一切都要遵守徒弟的规矩,勤恳学艺。学徒的升迁条件十分严格,未满师的学徒一律不得单独开店或外出帮工。这种具有浓厚封建家长制的传承形式,使学徒与师傅之间具有一定的人身依附关系,而学徒的人身安全却没有完全的保障。"湘谚语:三年徒弟,三年奴隶。"[7]在学徒期间,一切惟师傅之命是从。温州各业的学徒"凡在学习期间,大半皆无津贴,其有每年由师给一、二或三、四元为鞋袜费,系属例外之优待。"[8]青田石雕学徒期满称"出师",一旦出师,就意味着可以独立谋生,用手艺供养自己。在出师之日也要举行仪式,备"四礼"谢师;师傅收到谢师礼后,以锯、凿、刻刀等石雕工具作为回礼馈赠给徒弟。以后每年四时八节,尤其是端午、过年等重大节日,出师的徒弟都要备办礼品,去师傅处谢师恩。技艺传承习俗直至近代仍然保持,只是对学徒的选择条件相对宽松。民国时期手工技艺者学徒拜可以与师傅没有人情的关联,但更为制度化,学徒需由"保头人"引见,征得师傅同意后,便签订"师徒合约",方可上门。学徒年限由师傅制定;没有工钱,对意外伤亡事故师傅概不负责。逢年过节,徒弟要向师傅送礼。学徒满师必办"满师酒",祭祀鲁班祖师,宴请诸位常客工匠、至亲好友,学徒须向师傅、师母行三跪九叩大礼,师兄师弟之间把盏敬酒,互相庆贺,学徒满师后称"半作",其工钱只能拿师傅的半数。"半作"在外做工或承包业务,不得抢师傅之生意,否则被认为是不义不孝。

徒弟和师傅在人情上的关联,使师傅与徒弟之间关系亲近的同时,也可相互制约,当然,除此之外师傅对徒弟的选择,诸如人品、年龄、性情等有相应的规定。"伙友所不能服之劳役,徒弟服之。"[9]又如"徒弟投师时,年龄最小者,类自十二三以上,大不过十七八岁以下。"[10]学徒出师所需年限与行业有关,有的三年,有的则五年。青田石雕学艺规定:"雕刻匠有刻字、雕花、刻石三项,刻字匠学习期与雕花匠同为四年,刻石者为温、处两属特有之工艺,即取青天石雕成各种人物花鸟山水仙佛之状,玲珑妙肖,其学习期亦系三年,以上皆为手工业之学徒制度。"[11]手工艺行业中的学徒,师傅提供食宿,衣服则由自己解决,在学徒期间师傅有可能提供少量的零花钱。比较好的手工行业,学徒投师学艺还要交纳一些费用,如香钱、庙会钱、财神钱、谢师钱等。若学徒未满师,行会规定任何雇主都不得雇用他;出师独立前必须出资请一台戏。出师后还需帮师一年。

　　立投师字人〇〇〇，今愿投拜

　　〇〇〇为师，学习〇艺，以三年为限，愿出俸钱若干。无者不用此句。自拜师之后，遵师训诲，不得有违，寒暑星灾，各安天命，期限未满，不得见异思迁，倘有中途辍业，所议俸钱，仍照原数奉缴，不得退还，无俸钱者，则于中途辍业下云，惟保证人是问、并议处罚。今欲有凭，立此为据。

凭保订人〇〇〇

〇〇〇

宣统元年　月　日　笔立

东吴文化遗产

　　中国传统手工艺的学徒，既是后续劳动力，也是将来的师傅，只有遵循行业的规范，才能保证技艺有序地传承。因为在今后的行业中依然会有各种的关联，保持师徒的门派就尤为重要，所以在手工艺行业中的师承制度拜师与谢师是最为重要的环节。在师傅家学徒，徒弟往往是从打杂开始，在一二年的过程里，与师傅一家同吃同住，俨然是家庭的一分子，而师傅在这个过程中更为全面地观察徒弟的品行与性情，由此来判断教授多少程度的技艺给徒弟，当然师傅也不会轻易把绝招教给徒弟，更多的是看徒弟的悟性。在这点上，手工艺的师徒制度与商业的带徒还是有区别。"故师之于徒到三年时期，皆爱同子侄。"[13]又如山西学徒制也显示"若艺徒资质聪敏，及与师感情融洽，则艺成后即可满业，否则其师不免有抑留多年，久充学徒之习"[14]。手工艺带徒主要是训练作为手工技艺者的心性和技巧，由于徒弟有可能成为行业的同仁，亦通过师徒的传授关系，巩固相互间的情感纽带。商业带徒更多是注重职业的培训，为行业提供劳动力，所以并不重视师徒间的情感成分，仅采用契约的形式招入相应的学徒，因此，更在乎保人的推荐，然后按照合约的程序完成带徒。譬如：清末北京最有名的木器店铺龙顺成桌椅柜箱铺，对于招入的学徒有一套程序，一要有引荐人，二要有铺保，三要立字据。字据上要写明"逃跑、病死等一切与本铺无关，家长要赔偿学徒期间的饭钱。不遵守铺规，随时辞退"等。在学徒期间对徒弟的行为有详细的约束，工人、学徒和店员都要尊敬掌柜、先生、头儿、师傅、师哥对他们的训斥、打骂，不准还口还手；手脚要勤快、干活要出力；手脚要干净（不偷窃、不贪污）；工余时间未经许可不准外出；学徒期间不准回家、不准成亲；不得损坏柜上的物品等等。工作时间更有明细的规定：学徒每天早晨6点起来就得干，到晚6点吃饭才算收活。有时赶上忙活，还得上夜工，一天要干十四五个小时。平日没有休假日，只是端午节放假1天，中秋节放假 1 天,春节放假 6 天(除夕至初五日)。初六日开工后,可做一两天轻些的零碎活,到初八日就得大干了,所以有"赖七不赖八"之说。[15] 由此可知手工艺行业商业学徒主要是培养劳动力,相对手工艺作坊的学艺,对人员的选择就没有那么多限制。

传统手工艺行业的技艺传承,由于其技艺的特性必须由师傅口传身授,即便在近代,工业化生产冲击传统手工艺,师徒之间相互关联的传承制度依然延续。江苏南京刻扇骨工艺要求艺徒:

> 刻扇骨坊学徒之资格,较他类工艺为难,为学徒者,必曾读书数年,天资聪慧,心思灵巧,且不喜嬉戏者,方有良好之结果。

刻扇骨坊学徒之收徒,并无定额,换言之,即多多益善。但教授上初颇费神,当徒入门之初,必先教以用刀,试刻粗货,由师于竹边(南京粗货皆以竹制)画就墨迹,令其照纹雕刻,并须于余时课以粗画,由浅入深,迨至不需墨迹,自能空手刀刻寻常花卉,始能令刻次等精货,至于上等精工,则全视学徒之自能领悟,及心思之静巧矣。[16]

传统的传承制度是一个时代的产物,毋庸置疑,当今是无法也没有

必要复制曾经的制度,但当传统技艺面临濒危时,回首反思,传统的传承制度维护了技艺的原真状态。当技艺是生存手段时,手上的绝活就是个人的财富,对于可以带来利润的手艺,传艺的首选是家人,然后是同宗、同乡,在有亲情的人脉中,自然遵照家长制的礼仪来处理师徒的关系,师傅有着至高的地位,尊师是艺徒所要具备的德行。在带有情感的师徒关系中,师傅给徒弟传艺并没有障碍,只要徒弟聪慧,就能基本继承师傅的手艺,于是,其师傅的风格和工艺手法得以保存。古人曾哲学地总结技艺传承的条件,未必是勤奋苦学而得,重要的是耳濡目染,正所谓"少而习焉,其心安焉,不见异物而迁焉。是故其父兄之教不肃而成,其子弟之学不劳而能"。[17] 从某种意义上说,地域的民风培养人的情怀,本乡子弟学艺的先天条件优于外域的人员,从而保护了技艺的地域特色。传统的传承制度主要是维护行业的利益,控制从业人数众多带来的竞争,由此,技艺的承袭可以代代相承。

手工技艺传承的濒危,与其说是手工艺的传承制度的改变,不如说是社会的变革带来的变化,从艺人员逐渐减少,导致手工艺技艺的式微。当手工技艺的独有性不再被重视,当社会的教育培养有多种的途径,当人们的职业选择更为自由,

传统师徒制度必然遭遇颠覆，而手工技艺的继承又将如何应对这样的变化？对于"举之若无"、[18]"莹竹如玉"[19]的工艺绝技，可能不再是可遇不可求的物品了，而手工艺含量的制品对于现代人来说，到底意味着什么？是技术、是功力、是文化，可能都无法真正厘清其中的价值。诚然，经济的利益是最为直接的因素，因此，多年的学艺清贫加上技艺的人力成本，如此换算，又能获得多少的利润？如果仅从利润的角度来评判，手工技艺又将沦落到工业化生产的边缘，作为社会经济的弱势职业，技艺谁来传承？因此，技艺的传承依然需要制度，只是传统的制度是保障行业的秩序；而今天的制度是保护技艺的继承。从传统到当代，可以深刻地感悟到，手工艺技艺在几千年的发展中，出现了巨大的改变，导致了手工艺价值功能的转换，或许在若干年后，手工艺品再次成为珍品，而其意义与稀有物种一般，成为曾经手工劳作的标本。庆幸的是，我们现在还在享受手工艺品带来的愉悦，尊重人类的技艺智慧，因此在社会走向文明的进程中，保护传统手工技艺，制定合乎当今发展的手工艺传承制度，显现在当代技艺承传中的必要性。

注　释

[1] 荀子·效儒[O].篇8。

[2] 汉书(卷91)[O].货殖传.六十一。

[3] 吴县为禁止蜡笺作坊做手私立行头聚众把持给示碑.光绪十五年.转引:明清苏州工商业碑刻集[Z].江苏人民出版社,1981年,第102页。

[4] 湖南商事习惯报告书商·商业条规.转引:彭泽益主编.中国工商行会史料集(上册)[Z].中华书局,1995年,第482—484页。

[5] 陈岱孙著.中国经济百科全书[M].中国经济出版社,1991年。

[6] 彭泽益主编.中国近代手工艺史资料(第三册)[Z].生活·读书·新知三联书店,1957年版,第341页。

[7] 湖南商事习惯报告书·商业条规.彭泽益主编.中国工商行会史料集(上册)[Z].中华书局1995年版,第527页。

[8] 温州劳工近况.中外经济周刊[J].第210号,1927年5月7日。

[9] 彭泽益主编.中国工商行会史料集(上册)[Z].中华书局,1995年,第527页。

[10] 彭泽益主编.中国工商行会史料集(上册)[Z].中华书局,1995年,第527页。

[11] 温州劳工近况. 中外经济周刊 [J]. 第 210 号,1927 年 5 月 7 日,第 19—20 页。

[12] 彭泽益主编. 中国工商行会史料集(上册)[Z]. 中华书局,1995 年,第 528 页。

[13] 刻扇骨坊之学徒. 中外经济周刊 [J]. 第 110 号,1925 年 5 月 2 日,第 46 页。转引彭泽益主编. 中国近代手工业史资料(第三册)[Z]. 生活·读书·新知三联书店,1957 年,第 337 页。

[14] 晋省劳工状况. 中外经济周刊 [J]. 第 116 号,1925 年 6 月 13 日,第 8—9 页。转引彭泽益主编. 中国近代手工业史资料(第三册)[Z]. 生活·读书·新知三联书店,1957 年,第 342 页。

[15] 文武著. 龙成顺的木器家具 [M]. 转引:北京市政协文史资料委员会选编. 北京文史资料精华·风俗趣谈 [Z]. 北京出版社,2000 年,第 525—526 页。

[16] 刻扇骨坊之学徒. 中外经济周刊 [J]. 第 110 号,1925 年 5 月 2 日,第 46 页。转引:彭泽益主编. 中国近代手工业史资料(第三册)[Z]. 生活·读书·新知三联书店,1957 年,第 337 页。

[17] 国语(卷 6). 齐语。

[18] 老学庵笔记(卷 6)[O]。

[19] 南部新书(卷乙)[O]。

太平天国忠王府建筑考辩

朱　淳　童　慧

摘要：本文着眼于太平天国忠王府建筑特点进行研究，从整体布局、建筑特点、室内装饰等方面分别阐述相关内容。结合忠王府所经历的历史变迁，对其建筑方面特点的形成原因进行了分析探讨，得出这样的结论：忠王府的建筑整体而言是中国封建建筑文化的一个实例，但部分建筑与装饰又受到西方基督教文化的强烈影响。

关键词：太平天国　忠王府　中国传统建筑

作者：朱淳，男，1957 年 5 月生，华东师范大学设计学院副院长，教授；童慧，女，华东师范大学设计学院研究生。

一、关于太平天国的历史

"太平天国"作为中国近代史最重要的一次农民战争，其历史意义在学界颇有争议；对于太平天国及其领导人洪秀全及众多高级官员，历史学家也是褒贬不一。甚至连马克思对其的评价也经历过"水火两重天"。1853 年，即"金田起义"后的两年，马克思就写了《中国革命和欧洲革命》一文，热情地肯定了它的革命性质，说"中国连绵不断的起义已经延续了十年之久，现在已经汇成了一个强大的革命。"但在 1862 年 6 月，马克思在他最后一篇论及太平天国的文章中则指出："显然，太平天国就是中国人幻想所描绘的那个魔鬼的化身"，而"这类魔鬼是停滞的社会生活的产物"。

更有甚者，持否定态度的学者认为：洪秀全为首的太平天国战争，引发了中华民族史无前例的大灾难，仅苏、浙、皖、赣、闽五省，战争期间人口的非正常死亡人数就多达七千多万。中国南方当时最富庶的地区，经济受到极惨重的打击。太平军所到之处，文化受到无法弥补的破坏。同时，由于这场战争对清朝政府国力的沉重打击，导致帝国主义列强对中国的大规模蚕食：沙皇俄国侵占黑龙江以北、外兴安岭以南60多万平方公里的土地；又致使英、法联军轻易地攻占天津、北京，大肆抢掠，火烧圆明园等等……。

太平天国更多的功过留待历史学家去判断。无论如何，太平天国运动是中国历史上最后，也是最大的一场农民战争，虽然太平天国从起事到覆灭仅仅维持了十一年的时间，这场战争还是建立了能与清政府分庭抗礼的政权。导致这个政权灭亡的原因很复杂。其迅速瓦解的重要原因之一是太平天国上层官员的腐败，生活上的穷奢极欲。太平军进入天京（今南京）后，即大兴土木，兴建宫殿，并广为宣扬："正是万国来朝之候，大兴土木之时。"其实当时根本没有一国来朝，而大兴土木却是从大军进城第二个月就开始了。自洪秀全以下，各个封王纷纷营造宫殿，争相攀比奢侈。以洪秀全的"天王府"为例。整个宫殿群以原两江总督署为基础，拆毁万余间民宅，并扩展十里。建筑劳力每天高达万余，甚至征用大量妇女、老人，还专门从安徽、湖北招募来的能工巧匠。天王府共修建了两次。第一期工程半年即建成，后被突起大火烧毁了一部分。于是，次年正月又开始了第二期工程。两期工程所用的砖石木料都是从明故宫、庙宇、民房拆取而来的。本来还有第三期的天王府工程，计划扩建到周围的二十里，终因局势动荡未能实施

天王宫的装修极为奢靡。史料记载，宫殿内雕梁画栋，用黄金作装饰，绘以五彩，门窗用绸缎裱糊，墙壁用泥金彩画，以大理石铺地。天王所用王冠、浴盆、夜壶等许多器皿俱以金造。宫中奇珍异宝无数。

不独天王，诸王与各级官员的腐败也不逊色。东王杨秀清的府第同样富丽堂皇，尤其是所藏珍宝，甚至超过了天王府。即使到了王朝的后期，讲求排场的恶习依然没改。各王都纷纷修造自己的王府，驻外各王也不例外。当时驻扎在苏州的忠王李秀成，虽与清军战事不断，但自己府邸的营建一直没有停止过，直到苏州城陷落前尚在施工。其豪华程度令人惊叹，据说仅次于天王府，连后来进占苏州的李鸿章看到后都叹为观止。现存的忠王府即是当年的遗存。

二、忠王府的历史变迁

太平天国忠王府位于江苏省苏州市的东北街，最初的忠王府包括现在作为苏州博物馆出口部分的建筑群以及拙政园，现在为了满足不同旅游需要和便于政府管理，原来的忠王府被划分为现在的忠王府和拙政园，并归为不同政府部门管理。现在一般所说的忠王府并不包括拙

政园部分。

忠王府是中国历史上遗留下来的较完整的农民起义军王府。作为太平天国后期主要军事领导人忠王李秀成的府邸，也是太平天国时期在苏州地区遗存下来的最完整的建筑物，透过这样一所建筑的遗存，可以帮助我们更好地了解太平天国及那个时代，并对晚清时代中国南方建筑形制及演化有不同角度的认识。

清咸丰七年四月二十三日（1860年6月2日），李秀成与另一位太平天国重要将领英王陈玉成，突破清军的江南大营之后，挥师向东，一举攻破常州、苏州、嘉兴等地。随后，李秀成在苏州、常州一带建立起了太平天国的"苏福省"，并将苏州作为行政中心。同年十月，李秀成开始在拙政园旧址上兴建府邸，在修建的过程将拙政园周围两户民宅一并收入，并对其进行改建，形成了最原始的忠王府模样。随着天国衰败，太平军退出苏州，忠王府最终于同治二年冬（1863年12月）为清军占据，当时的江苏巡抚李鸿章据忠王府设为巡抚行辕，并按照衙署的建筑规范对其进行了较大的改动，成为现存的忠王府基本样貌。随后，忠王府几次易主，先后作为八旗奉直会馆、日伪"江苏省维新政府"驻所、国立社会教育学院校舍等，但建筑均保持为清李鸿章时期样式。直至1951年，忠王府划归为

政府所有，交于苏南区文物管理委员会管理，政府之后对忠王府进行过几次不改原貌的修葺，最终形成了如今的太平天国忠王府（图1）。

图1　忠王府大门

三、忠王府建筑与装饰的特点

忠王府是在当时吴姓拙政园和与其相邻的另外两姓人家府邸的基地上重新修建的。当时的忠王府包括公署、邸宅、花园等部分。其公署部分的建筑布局依然采用中国传统官式建筑布局方式，有明确的中轴线，建筑物基本对称分布，为中路、东路、西路三路。宫殿建筑等重要部分均处于中轴线上并坐北朝南，自南向北依次为照壁、大门、仪门、正殿、后堂、后殿等，忠王府正殿高大宽敞，北有穿廊连接后轩。正殿、穿廊与后轩平面呈"工"字形，合称为工字殿。邸宅建筑多数分布在东西两路的偏殿之后。整个建筑群布局小巧合理，建筑较为集中。李鸿章曾经对忠王府的住宅建筑有过这样的描述："忠王府虽有数十房眷

口，数百人随从，皆住得开。"并感慨忠王府是他"平生所未见之境也"。可见忠王府建筑的功能在布局上的合理和营建上的讲究。虽然忠王府的建筑较集中规整，但它仍然受到江南园林建筑风格的影响，在规整的建筑布局之中随处可见或对称或看似随性的庭院（图2），使得忠王府整体上显得既规整大气又灵巧精致。

图2　忠王府内随性的庭院

坐落在中轴线之上的建筑为宫殿建筑，一说是其建筑格局皆是按照"太平天国的规范制度"建造的，其实，太平天国的所谓建筑规范多是沿袭当时清代的建筑等级制度，如"亲王府门五间，殿七间；郡王至镇国公府都是门三间，堂五间"等。忠王府大门面阔三间，门前立有一对雕刻精美的石狮，与大门两翼的八字墙相对应的是亦为"八"字形的照壁，进入大门以后为一天井，左右设置两厢，正面为亦是面阔三间的仪门，仪门内设有圆柱支撑，其中两根刻有盘旋于柱上的金龙。仪门以内便为广庭，规整对称，正面即为正殿，东西两边设庑，面阔七间，空旷的广庭与低矮的庑廊衬托出正殿的气势。正殿与后堂依靠纵深五架的卷棚顶穿廊连结为一体，从平面上看呈"工"字型，这是中国现存的传统建筑中极为少数的"工字殿"范例之一。忠王府的正殿是忠王举行重要会议的场所，建筑高大雄伟，殿外有步廊，内部装饰精美，甚至出现从天花垂下的琉璃宫灯和分枝烛架（图3）。其后的后堂内有大厅数间，并设有小书房，为当时文书人员的办公之处。

图3　正殿内的现存　欧式灯具

绕过工字殿部分，又有另一庭院，庭院直通后殿，后殿即为太平军作礼拜所用的宗教场所（图4）。英国人呤唎所著《太平天国革命亲历记》中有这样的记载："太平天国不单设礼拜堂，而是以主要公署和王府中特别建造的圣殿，或'天厅'，充作礼拜上帝之用。天厅总是全部建筑物中最重要的部分，神圣尊严，从不在宗教之外充作别的用途。"后堂中央有以彩色玻璃花窗为装饰，中部有十字架，两侧设座椅，以供礼拜之用，这样的布置多少受西方基督教堂陈设的影响，但与西方教堂在建筑形制、结构布局和装饰上又相去甚远。估计设计者或建造者对基督教堂和礼拜过程等了解也仅仅通过少数西方传教士等人口授示意得

图4　作为礼拜所用的"天厅"

以了解。这样受西方文化影响的建筑在忠王府并不多见。在后殿之后便为居住所用的住宅建筑（图5），多为二层小楼，排列紧密，中间偶有面积不大的庭院相间其中。

图5　忠王府内住宅建筑，多为二层小楼

现保存的忠王府室内尽可能依原样复原，内部装饰色彩艳丽，其中包括红黄绸缎装饰、壁画、彩画等等。太平天国崇尚红色与黄色，在正殿内正中部设置有法案，两旁整齐排列着披有黄红绸缎的座椅，法案上空悬挂着同样是黄红绸缎所制的华盖（图6），靠墙边还悬挂有忠王的大旗与军旗，这些黄红绸缎体现出忠王的地位，更使得室内色彩鲜艳夺目。作为礼拜堂的后殿内有壁画九幅，高悬于彩色玻璃窗之上，这些壁画描绘得十分精致。忠王府中最具特色的装饰当属于堪称一绝的

图6　正殿内黄红绸缎所制华盖

图7　正殿梁枋之上随处可见精致苏州彩画

彩画了。忠王府现存的完整彩画共有三百余幅，这些彩画中有少数在李鸿章占据时期有过改动，其他均为太平天国时期的保存下来的原画。这些彩画的内容多为花鸟走兽、山水鱼虫和吉祥锦纹等等图案，此外还有独具太平天国特色的龙凤图案，在彩画上原本有多处为龙凤图案，大门上也有金色双龙，但后期多被涂改，现存的仅有位于正殿东西次间的两方"凤穿牡丹"（图7）。这些彩画除了表现出了传统装饰性彩画的共性之外也有着自己的特点，主要表现在两个方面：其一是彩画内容多表现一些善战的动物，如龙凤、虎豹、狮象等等，重点在于表现它们叱咤风云的气势与勇敢矫健的雄姿；第二个特点是在如此花样繁多的纹样中并没有传统中

国建筑装饰画中常见的人物画像。

四、忠王府建筑与装饰成因分析

1．中国传统建筑文化思想成为主要因素

建筑是社会生活与文化的最有力见证，一个时代的建筑往往集中反映了这个时代特定地点的技术、材料、社会需要以及社会思想。忠王府是在李秀成带领太平军大破清军江南大营之后，作为首府的苏州相对来说局势安稳的情况下兴建的，它带着太平天国成员深厚的农民意识，在原有清代建筑上扩建而成。对于整体建筑来说，无论是布局还是建筑形式，都是在中国封建建筑等级制度森严和晚清江南中国传统建筑形式完整的情况下形成的，其受到的影响和制约是不言而喻的；另一方面与当时众多变化一样，同样也受到太平天国成员强烈的"成者为王"的"农民造反"意识的影响。

首先，是在中国封建建筑等级制度方面的影响。在经历了唐宋时期

中国强盛和开放之后，明清时期，封建制度日益显示出其弊端，社会文化趋向于禁锢，最终清政府闭关锁国，这种封闭的状态使得中国传统建筑文化进行了最后的整合，成为封建社会与封建统治意识形态最显著的外在表现形式，大到总体布局，小到细节处理，都表现出严格的封建等级制度。

中国古代文化中的儒家思想和道家文化渗透了社会的各个方面，尊师重道讲求礼仪等等已经形成系统的礼仪规章，而统治者把这些规范更为详细而具象地编纂为律例，要求大臣子民皆需奉行。这些律法体现在建筑、服饰等等人们日常生活中的各个方面，严格的规定时刻提醒每个人自己所处的社会地位，充分反映了封建制度中严苛的等级制度。中国历朝历代都遵循着等级制度，在建筑中体现的尤为详尽，例如重要建筑均处于中轴线上、只有至高无上的建筑才可以采用庑殿顶的形制（图8）。虽然太平天国与清政府的政治立场不同，但是它们都

是受中国传统文化的深刻影响。忠王李秀成在太平天国的政治地位仅在天王洪秀全一人之下，他的地位非常高，他的王府规格自然在宫殿建筑的类别。据史料记载，忠王府原有大门屋为单檐歇山式屋顶（后天国覆灭，忠王府为李鸿章所据后，被依典制改建为硬山式屋顶）（图9），歇山式屋顶的等级仅次于庑殿式屋顶，也是宫殿建筑中常见的建筑形式之一。位于中轴线上的建筑多为殿式建筑，正殿檐口滴水兽皆为龙凤纹样，李秀全在自己的王府建造如此高规格的建筑形式足以显示他的地位。在室内装饰方面，王府多处采用黄红绸缎作为立面装饰，随处可见的彩画中也经常出现一直以来皇室专用的龙凤图案（多数在后期被涂改，现存的仅有两方），在仪门处和正殿内的立柱之上都雕刻有细致的金龙盘旋而上（图10）。太平天国建筑中处处可见对

图8 故宫太和殿的重檐庑殿顶

图9 拙政园内单檐歇山式屋顶

图10　仪门内金龙圆柱

联，这些对联也体现了建筑和主人不可逾越的等级观念，而忠王府仪门处的对联"朝纲理治运转乾坤，天泽流行恩深雨露"，也充分体现了李秀全"一人之下万人之上"的政治地位。忠王府的后花园（现为拙政园），其中海棠春坞的瓦当和留听阁的红木梁柱上，都留有云龙图案，龙尾在左，龙爪探向右侧火球，龙头回顾后方，但是它们都只是三个脚爪。这和李秀成的身份是符合的，作为太平天国后期的重要将领，李秀成被封为'九门御林忠义宿卫忠王'，尽管位高权重，手握重兵，毕竟只是一位"王"，并没有贵为天子，所以，龙的形象也制成三爪，以示区别。李鸿章进驻忠王府后，对所谓的"违制"建构进行了拆除或改建，但并没来得及彻底清除那滴水的一片瓦当。（与此相反的是李秀成的堂弟，"侍王"李世贤在排位上甚至要比其堂哥低一位，但是浙江金华的"侍王府"内的龙饰却毫不客气地用上了天王的规格。）太平天国的性

质是反清，但是却没有反封建，中国历来已久的封建等级制度依然渗入了太平天国建筑之中。

其次，是晚清江南一带完整的传统建筑形式对忠王府营建的影响。忠王府的建筑既符合时代特征也富有地域特性。它如同其他中国传统建筑一样，以木结构为主，砖墙为辅，采用框架结构，屋顶的重量通过梁传到立柱之上，而砖墙只起隔断的作用，即"墙倒屋不塌"。平面设置以围院布局为主要特征，院落周围建筑相互联系，室内外空间融合于一体。以正殿之前的石板广庭为例（图11），以广庭为中心，北面是整个建筑群中最重要的建筑——正殿，与其相对的是同样面阔三间的仪门，其东西各为面阔七间的"庑"（指正殿两侧的建筑）相对而立，仪门与正殿的屋顶比两侧庑廊高出许多，更显错落，庭内植物种植也呈对称布局。正殿是为商量军事的重要场所，因此整个区域便设置得规整开阔，氛围严肃。

图11　正殿前石板广庭

地处江南，毗邻拙政园，忠王府的营建也吸收了园林建筑的精华。忠王府的建筑排列紧密，只有两个稍大的院落，然而行走在这些建筑之中时，每过一座建筑都会有一些小景（图12、图13），或封闭或开放，开放的庭院有假山古树，碎石小路蜿蜒曲折，植物高矮错落，平面分布也疏密有别，在方正的建筑对比下，更显情趣。封闭的庭院更主要是从建筑采光的角度而设置的，传统园林建筑中常见的天井有时会由于建筑的三面组合甚至四面相围而形成死角，这时，在这些死角之中放置假山或种植树木，则既保留了天井的功能也使得从室内看向室外时可以看到风景。

图13　忠王府内封闭空间小景

此外，传统建筑装饰艺术的影响也在忠王府随处可见。忠王府的建筑装饰艺术的意义甚至更高过于建筑的意义，成为了一个装饰艺术的典范。中国历史上的皇室建筑，无不精雕细琢，描龙画凤，装饰的可谓富丽堂皇。忠王府也继承了传统建筑内部装饰性强的特点，它主要表现在彩画和壁画之上，苏式彩画是清朝三大官方彩画之一，在忠王府的梁枋之上随处可见绚丽夺目的彩画，从内容上看仍与传统建筑相同，即多体现王者风范和表达吉祥寓意。后殿内九幅壁画以山水为主，描绘了现实生活中的真山真水，冲破了传统建筑中壁画多为教育人的经典故事的狭隘模式。

图12　忠王府内庭院小径

2. 西方文化的渗透造就其特殊性

明末清初，中国并没有完全的闭关锁国，甚至有郑和七次下西洋的事迹，然而在 18、19 世纪，欧洲工业革命以后，生产力快速发展，进入资本主义快速传播的时代，而依旧处于封建社会的中国日益衰败，清政府开始严格控制外关，西方文化很难像唐宋时代那样在中国随意流传，所以清末的西方文化主要是依靠基督教的传播，一些西方传教士进入中国广州、上海等沿海地带，把基督教文化带入中国。

随着外国列强的入侵，中国普通民众处于水深火热的半殖民半封建社会之中，各地不满清政府腐败统治的人越来越多，统治者与被统治者之间剑拔弩张，矛盾不断，但由于清军的强大势力，力量对比悬殊，多次反抗均被镇压。而给清政府以沉重打击的太平天国起义却与以往的人民反抗有很大的不同，他们有组织有规划的策划起义，这其中不可不提及的便是西方基督教文化的影响。太平天国的领袖洪秀全是在《劝世良言》的启发之下开始信奉皇上帝，建立了拜上帝教，宣扬破除封建偶像崇拜，反对中国几千年的儒家思想，随后他到处宣扬新教，劝人入教，在多数民众对清政府均有不满的情况下，越来越多的人加入拜上帝教，日益发展为庞大的队伍，忠

王李秀全也是先入的拜上帝教，才在后期对太平天国做出了重大的贡献，由于当时外国传教士数量不多，洪秀全等人对《圣经》的一些地方的理解有些错误，拜上帝教与基督教在一些细节问题上还是有一定的差别，例如，基督教中以每礼拜日做祈祷，而拜上帝教中却在每礼拜六进行，另如基督教中的圣餐也被洪秀全等人所误解，于每月第四个礼拜日分饮葡萄酒，并成为了他们自己的习俗。在太平天国运动得到阶段性的胜利之后，洪秀全开始运用自己的权力更改一些拜上帝教的教规，以满足自己的要求，这使得很多将领开始有不满，如忠王李秀成在太平天国后期对天王洪秀全的一些行为十分不满，他仍然恪守严格的教规，在后期修建的忠王府建筑便体现了拜上帝教的一些硬性规定，这是在西方基督教影响下形成的。

其一，拜上帝教有每七日做礼拜的规定，然而太平天国时期并没有像西方一样有专设的教堂，而是在王府宫殿内设置"天厅"以作礼拜之用。位于忠王府建筑中轴线上的后殿则是专门作为对信教者施行洗礼、作祷告而用的宗教场所。后殿最具特色的是其根据西方基督教所做的彩色玻璃花窗（图 14），彩色玻璃花窗是基督教教堂不可缺少的装饰。在洪秀全等人所接触的一些基督教书籍或其他物件中可能绘有教

图14　后殿内彩色玻璃花窗

堂的彩色花窗图案或相关的描述，而把这样的形式运用于忠王府的建筑之上，则是李秀全对于拜上帝教的推崇，是对西方基督教建筑的尽可能模仿的表现。另一个特色之处在于天厅中部树立的十字架以及其背后凹陷进去的上圆下方的壁龛（图15），同样饰以镶嵌的彩色玻璃花窗，虽然整个建筑依然以中式传统建筑为主，但这仍然是不可忽视的带有基督教建筑色彩的重要探索。

图15　后殿内十字架与壁龛

其二，西方基督教的影响不仅体现在对建筑的直接影响下，还体现在一些不易发觉的装饰细节之中。拜上帝教早期由洪秀全、冯云山仿照基督教圣经《旧约全书》中的摩西所传上帝耶和华的十诫，并结合中国传统道德信条，制定并广为尊崇的"十款天条"，第二条便是"不好拜邪神"。这与中国传统儒家思想中崇尚孔子和佛教中崇拜众多神灵产生了冲突。鉴于这款天条，忠王府中没有一处可见偶像崇拜。此外在忠王府随处可见的彩画中却不曾见到任何一个人物，均饰以山水鸟兽等等。在后殿的9幅壁画之上也可见这款天条的影响，9幅壁画均以山水自然为主（图16），其中有些原本需要有人的部分也刻意隐去不画，可见基督教的影响之深。

图16　后殿内多绘以山水鸟兽的壁画

其三，李秀成占据苏州之后，还与外国商人保持了苏州特有的丝制品的贸易往来，甚至聘请英国人吟唎（Augustus Frederick Lindle，1840～1873）为顾问，予以特权往来于太平天国的领地。这位曾任英国海军的吟唎后加入太平军，投效李秀成，为其训练军队，先后率炮队作战，教练太平军操演，为太平天国采购武器和粮食，并率人潜入上海，夺取了一艘轮船"飞而复来号"（Firefly），献给太平军。1864年太平天国起义失败，回国后，于1866年2月3日出版《太平天国革命亲历记》，为后人研究太平天国留下宝贵的资料，呤唎本人的书中有专为李秀成等绘制的肖像，可见此人甚有艺术天赋。不难想见，在忠王府的营建过程中，对李秀成和当时的工匠产生影响的可能性。因此，太平天国除了基督教以外还有其他的方式接触外国人，这些都对忠王府建筑的室内摆设及装饰也会一定的影响。忠王府中等级最高的正殿中仍然悬挂有高高在上的欧式吊灯，由于忠王府几次易主，年代久远，保留下来的摆设装饰物极少，虽然如今在忠王府内只能看到这样一个欧式装饰，我们仍可以大胆猜测当时的室内装饰和陈设中仍有很多西方元素，这可以从富礼赐《天京游记》一书中找到佐证，书中有对忠王府的内部装饰进行了细致的描述："府内招待客人的餐具是精美的瓷器，筷子、叉、匙羹都是银制的……桌上又置有7个时间不一样的时钟……"，这些描述中的叉与时钟皆是西方事物，而在王府内随处可见，可以肯定其受西方文化的影响已经到一定的程度了。

3. 封建制度对其的再次约束

太平天国失败以后，忠王府建筑曾经经历过一次大的改动，即在江苏巡抚李鸿章据忠王府为江苏巡抚行辕期间所做的改建。封建制度历代强调礼制等级，包括布局、体量、建筑形式、装饰图案及颜色等等，均要符合礼制的规定。李鸿章在看到富丽堂皇的忠王府时感慨"平生所未见之境也"，但是随即看到整座建筑皆雕龙画凤，认为其是严重"僭越"的行径，并在之后便对忠王府做的较大的改变。

首先是在建筑上的改建，忠王府在李秀全时期是一个太平天国地方政权的象征，也是将领商量要事的地方，有重兵把守，曾按照军事建筑的形式在东西两侧各有一个五层的角楼，以供放哨瞭望。在李鸿章时期连同东西辕门、供吹拉乐的鼓吹亭一并拆除。大门原为单檐歇山式屋顶，而其在封建等级上仅次于庑殿顶，一般用于宫殿建筑或者较为高级的建筑。李鸿章则是要按照清代衙署样式来改建，因此将大门的歇山顶改为等级较低的硬山顶（图17）。

图17　现为硬山式屋顶的忠王府大门

其次是在装饰上的改动。李秀成修建忠王府是按照太平天国的规制修建的，大量采用的龙凤图案等是清朝政府规制所不允许的，尤其是"龙"的形象一向被视为皇家专用的图案。于是大量的绘有龙凤图案的彩画被涂刷了新的颜色，现如今仅存两方。同样是绘有双龙的大门也被漆上了黑漆（图18），以使忠王府（即当时的"江苏巡抚行辕"）的建筑等级不至于僭越。

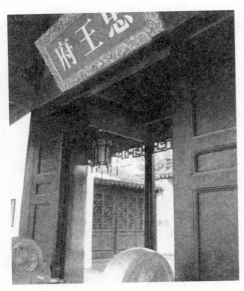

图18　现已被涂黑漆的忠王府大门

五、结语

日月如梭，光阴似箭。

一百多年前的一场轰轰烈烈的"浩劫"已经渐行渐远，其间许多人和事都慢慢淡出人们的视野。但是矗立在东吴大地上的这幢依然完好的建筑却成为那个时代遗存为数不多的一个标志物。作为太平天国时期最完整的建筑遗存，忠王府以其丰富的建筑与装饰特点，对我们考察研究这段历史，认识晚清时期建筑的演变历史有很大的帮助。它既是典型的中国传统建筑，又受到近代西方宗教与文化影响，经历了不同朝代和变革，却都为根深蒂固的封建等级制度影响着，为不同时代不同的主人服务。

忠王府不仅是一幢建筑，更是传统思想与新思想的对立与融合的重要表现，透过忠王府，我们看到一幅幅历史变迁的画面，同时也给了我们关于建筑关于历史的更多启示。

从句吴、姑苏得名原因说起

范明三

摘要：苏州缘何称"句吴"、"姑苏"？学界历来认识不一。经本文考证，泰伯仲雍南奔江南，立国称吴乃继承古羌传统，系不忘本之示；而苏州称"姑苏"，渐变为苏州地名，亦不足为信。重新审视前吴文化，将有益于对苏州新一轮开发的构思与实践。

关键词：句吴　姑苏

作者：范明三（1938—　　），男，上海博物馆中国少数民族工艺馆研究馆员。

研究苏州历史一向从泰伯仲雍南奔建立"句吴小国"开始。但为何取名"句吴"？后来为何又称"姑苏"？学者解释并不统一。有一点认识较一致：句吴、姑苏应是古语发声助词现象，也可能是吴越古人发声特征，例如宁波称"我"为"厄奴"，称"他"为"杰拉"，称"我们"为"阿拉"之类。

"吴"字一直按许慎《说文解字》为据，原著"吴，姓也，亦郡也。一曰大言也，从矢口。"(1)徐锴注："大言，故矢口以出声，《诗》曰不吴不扬，今写诗者改吴作"吴"(1)……其

谬甚矣。"古文也写作"吴"。徐锴认为把吴写成吴是"其谬甚也"，却不知自己把"大言也"解为"矢口以出声"更是大谬。徐锴此解把后人的思路都引向了"苏州人都因大声喧哗而被称作"吴"的歧途。致误原因是许慎把"矢"解为"倾头也，从大象形，凡矢之属皆从矢"。许慎已不知吴跟发声洪亮无关。因为许慎已不知吴之"大言"的本意了。如果真是"人侧头、发大声（吴）"，就不该说"大言"，而只能说"大声"，因为"言"是有思想有内容的，"声"则指嗓门声音大小。大家知道，"吴侬软语"

从未以粗嗓宏声为特征,何况发大声转作地名更是莫名其妙!

战国古籍《山海经》保存许多古地理和古人对特殊事物的观念。在《大荒东经》保存的材料应可以理解"吴,大言也"之谜:"东海之外,甘水之间,有羲和之国,有女子名曰羲和,方欲日于甘渊。羲和者,帝俊之妻,是生十日。……东海之外,大荒之中,有山名大言,日月所出。"原来"大言"是古羌人崇拜的"日月所出"之圣山之名!具体位置在哪里?要考证此山,先须辨明这个"东海"并非今日的黄海、渤海、东海,而是古羌游牧民族所指的高原湖泊(至今甘青川黔群众仍把高原湖泊成为"海子"),此处"东海"就是今日甘肃文县的天池,由白龙江上的天池向东到天水,甘谷渭河都是古羌族发祥之地,古迹甚多。古羌人相信日月之母羲和(即常羲、嫦娥)每天在甘渊(天池)中替十个太阳宝宝洗温泉浴(即因太阳水浴而使水恒温),翌日,执勤的太阳由甘渊旁的大言山出发升空。然则"吴"字本义应是古羌人仰头望日之象形。夏周民族继承古羌传统,把吴山(大言山)视为日出圣山而致祭礼。泰伯仲雍南奔至江南立足建国起名"句吴"示不忘本,这才是立国称吴的原故!

《山海经》中保存此类古地名很多,在上引《大荒东经》文中有"大荒东南隅,有山名皮母地丘。"显然此意谓"地母神隆起状"。而《大荒西经》则有"大荒之中有山名曰日月山,天枢也,吴姬天门,日月所入,有神,人面无臂,两足反属头上,名曰嘘。颛顼生老童,老童生重及黎,帝令重献上天,令黎邛下地。下地是生噎,出于西极,以行日月星辰之行次。有人反臂,名曰天虞。有女子方浴月,帝俊妻常羲,生月十二,此始浴之。"把这段文字与前文对照,可知都是古羌族同一观念:日月山在今青海省湟源县,可见甘青地区的古羌族是把甘肃天池和青海湖区视作日月升降之所。随着古羌人活动范围扩大,各部落把这类观念带到各地,指定某一山川为祭天地日月祖灵的圣境,所以《山海经》中有许多日月升降之山。"句吴"之名就是显例。而各地涉名"吴山"者颇多,都应是古羌族观念的影响,举例如下:《南山经》:"南次二山之首曰柜山,西临流黄,北望诸毗……又东……曰句余之山,……又东,曰浮玉之山,北望具区,东望诸……苕水出于其阴,北流注于具区……又东……曰会稽之山,……又东……曰区吴之山……又东……曰鹿吴之山。……东……曰漆吴之山……凡南次二山之首,自柜山至漆吴之山,凡十七山、七千二百里,其神状皆龙身而鸟首。其祠:毛用一璧瘗糈用稌。"这一大段都是叙述浙江省地形。"具区"就是太湖古名"诸毗"则指东海（囟为"头之会、脑之盖"，固有汇聚之义，"诸毗"即众水汇聚之东海）。"苕水"出天目山，在今日湖州地北流入太湖。"会稽"今绍兴一带，秦朝置会稽郡，包括江浙大部（江南），郡治就在吴（苏州），东汉移治山阴（绍兴）。古代会稽山名"防山"、"茅山"、"苗山"。《史记·夏本纪》："禹会诸侯江南，计功而崩，因葬焉，命曰会稽。"可知《南方二山》所举涉吴之山都跟大禹治水，古羌文化东传有关。例如"防山"就是大禹杀死"防风氏"之地，而"漆吴之山"就在天目山中。今天的漆姓祖源即出自"防风氏"。

"南次三山之首，曰天虞之山，其下多水，不可以上。"令人想及今日江苏常熟之虞山，北临长江，向北则是苏北，山东而远望渤海。而《大荒西经》前引文也有人名"天虞"："吴姖天门，日月所入，有神，人面无臂，两足反属于头上……有人反臂，名曰天虞。"这名叫天虞的神人住在日月所入的"吴姖天门"旁，显然就是古羌人"出于西极，以行日月星辰之行次"主管天文现象的神巫形象观念传播到江南吴越之地的痕迹。"吴姖天门"则是古羌人把日月夜间藏匿之地想象成柜状山形观念的表现。这"天虞"究竟是啥模样？

《海外东经》："朝阳之谷，神曰天吴，是为水伯，……其为兽也，八首人面、八足八尾，背青黄。青丘国

在其北。"显然这天吴（虞）就是水神，住在今日四川西部某山。甚至天吴可能就是大禹的化身？因为禹的妻子正是九尾狐狸涂山氏—他俩都是今日嘉戎藏族祖先！所谓"青丘山"可能即是峨眉山，都是古羌圣山，又是羌人认知世界的地标性圣山，青丘国就是后世成都蜀国地域。

"中次十一山"是湘鄂地域，又有"区吴之山"，在衡山与荆山之间。应是古羌族向东顺长江传播的文化踪迹。

"中次十二山洞庭山……曰洞庭之山……帝之二女居之，澧沅之风，交潇湘之渊……"很明显跟苏州的洞庭山出于同源，可证后来的吴文化是古羌文化，夏周文化从湖北汉江顺长江一线传来。

《大荒东经》："有青丘之国，有狐，九尾……有夏州之国，……有神，八首人面，虎身十尾，名曰天吴。"明写这天吴是虎形之神，显然这段文字跟上引《海外东经》、《大荒西经》的两段所述同一神。为何是虎形呢？至今羌族都是崇拜虎神的，因为虎是古羌族的图腾之一。此神在《山海经·西次三经》有描述："昆仑之丘，是实惟帝之下都，神陆吾司之。其神状虎身而九尾，人面虎爪，是神也，司天之九部及帝之囿时。"这"陆吾"虎形神即《海内西经》所述之昆仑"开明兽"，也即《庄

子·大宗师》所述之"肩吾"。我疑"陆吾"即"陆虞"、"陆吾",原义都是古羌族崇拜的昆仑圣山守护神兽,这也是"吴山"得名本义。当苏州城建起后吴王遵循民族古观念要建祭祀神之坛,在苏州的西北寻得唯一孤峰,故曰"虎丘"(《吴越春秋》),既可能是造谣,更可能是故意按古义编造"阖闾显灵回归故里"以证明吴王血脉的正统之义。事实上,当年伍子胥建苏州城市"上应天象,下达地聪"早已定案:苏州城西门有金门,因五行观"西天属金",而吴国王族来自陕西周族,秉承夏周族崇拜西方昆仑山,所以苏州金门外又设"阊门",即向西北朝圣去阖闾之门,甚至挖出山塘水道以便乘舟楫朝圣。吴王名阖闾即自命天之子,是古羌血脉的嫡传,他生前已营造了拟比昆仑的虎丘墓地:虎丘原名"海涌山",到苏州建城后改名"虎丘",并改造成三层叠上、四周凿河的形状。为何圣山名"昆仑"?《尔雅·释丘》:"三成为昆仑丘。"《海内四经》:"海内昆仑之虚,在西北,帝之下都,昆仑之虚,方八百里,高万仞……面有九井,以玉为槛,面有九门,门有开明神兽守之,百神之所在。……开明神兽身大类,虎而九首,皆人面,东向立昆仑上。"到过虎丘的人都知道:从山门"海涌山"向上至"千人石"为二层,再从东面绕登山顶为三层平台,即"三层为昆仑丘"古意(塔为后建,古时只有平台,即祭天

圣坛),虎丘山四周绕有人工开凿的河,就是摹拟"疏圃之池……黄水三周……饮之不死",虎丘山南面有深潭绝崖,即"南渊深万仞",拟比醴泉与瑶池。阖闾葬于深潭下的石室,就是摹仿古羌族"从黄泉魂归故里"之旧俗……。虎丘山上有桥,桥中凿孔,显然并非为汲水,而是拟比"北面有九井,以玉为槛"……近日,苏州有扩建虎丘景区之举,希望有关方面采纳我的建议。

至于苏州为何又称"姑苏",有不少人认为吴山在山上祭天时说了一句"姑苏民困",因而留下"姑苏"一词,渐变为苏州地名,这是不足为信的。1936年《吴越史地研究会》总干事卫聚贤到苏州的石湖旁的磨盘山上考察,发现了吴城和黄璧山越城遗址,撰成《姑苏台》一文,提出"姑苏台(假定为上方山)经始与重建"的判断。据《越绝书》:"胥门外有九曲路,阖闾造以游姑苏之台。"《史记·吴世家集解》引《越绝书》:"阖闾起姑苏台,三年聚材,五年乃成,高见三百里。"《国语·吴语》:"今王……高高下下以罢(疲)民于姑苏。"《洞冥记》:"吴王夫差筑姑苏之台,三年乃成。"《吴地记》:"阖闾十一年起台于姑苏山,因山为名。西南去过三十五里。夫差复高而饰之,越伐湖焚之。"据此可知,姑苏台自阖闾十一年建成,后被越军焚毁,经夫差重建增饰,至夫差十四年彻

底被毁，夫差也被越军所逼而在姑苏台"伏剑自杀"。说吴王在祭天时呼吁"姑苏民困"是绝无可能的。首先，先有"姑苏山"名而建台称"姑苏台"，"姑苏"一名必非由吴王祭之语起始。其次，"姑苏民困"译成今语即"暂时缓解老百姓的困乏"。把原为发声虚词"姑"坐实为副词，把"姑苏"一词改篡了本义。第三，吴王绝非宽厚仁爱之君。从阖闾建台时"三年聚材五年乃成"到《国语·吴语》："今王……高高下下以罢（渡）民于姑苏"可证只有残酷压榨。怎会忽生怜悯去呼吁"姑苏民困"？况且，即使暴君演戏以示关怀，也不至于笨到呼吁"暂时缓解"嘛！

吴王的傲慢自大是有传统的：从泰伯自立国至寿梦凡十九世，"寿梦立而吴始益大称王"。从周初到春秋战国，吴只是一个相当于子爵的边远小国，"战国七雄"也轮不到吴国称雄，偏偏吴国最早称王，十足"夜郎自大"！到阖闾时尚且被越军偷袭伤足而死。后来夫差借伍子胥战败勾践，并乘势参加河南封丘县的"黄池之会"，《左传·哀公十三年》："公会单平公、晋定公、夫差于黄池。"就在这次会盟上，首次出席的"吴人曰：于周室我为长！"简直狂妄至极！正当夫差远征河南时，范蠡率越军奇袭吴都，灭亡了世仇之国。联系到夫差冤杀伍子胥，重建姑苏台崇饰土木、弹耙人力，宫妓千人，台上别立春宵宫

为长夜之饮，又于宫中作海灵馆、馆娃阁、铜沟玉槛、宫之楹桹皆珠玉饰之……，玩弄西施，侮辱勾践……从一贯的恶劣行径可判断，夫差绝不可能是想"姑苏民困"之仁君！

那么，吴王祭天神而发"姑苏民困"一语，从何讹传而致呢？统观吴王之作为，列代吴王都存有"夺正朔，争霸权"的心理。夫差祭天时的"姑苏民困"之呼吁可能是"告朔"之讹："告朔"之礼仪到战国时已渐弛缓被淡忘了。《论语·八佾》："子贡欲去告朔之饩羊。"朱注："告朔之礼，古者天子常以冬季颁来十二月之朔于诸侯（由君王向诸侯颁布明年历书，以统一指导农业生产与礼仪安排），诸侯受而藏之祖庙。月朔则以特羊告庙，请而行之。鲁自文公始不视朔，而有司犹供此羊，故子贡欲去之。"而子贡已不明白"告朔之饩羊"的古礼意义，受到孔子批评："子爱其羊，我爱其礼。"

按"告朔"原有二义：一为天子以朔政告于诸侯。《史记·历书》："幽万之后，周室微，陪臣执政，史不记时，君不告朔。"另一义为天子告朔于明堂，诸侯告朔于庙。"凡听朔必以特牲，告其帝及神。"《左传·文公六年》："闰月不告朔，非礼也。"注："经称告月，传称告朔。明告必以朔。"实际上，告朔之礼仪就是强调"君权神授"的君臣大礼。吴王的参与"城濮之战"、参与"黄池会盟"

都是处心积虑想争霸，他在会盟时狂妄的高呼"于周室我为长！"不仅是想在诸侯会盟时自封老大，并且藐视周王室的宗主地位——抬出泰伯仲雍让位的典故来，申称周王室的统治是出自"我的祖先让予你称祖的"！真有阿Q在赵太爷面前说"我的祖先比你阔多了"的味道。因而，所谓"姑苏民困"很可能是夫差在姑苏山顶演出"告朔"丑剧而致误！

弄清楚历史疑案有益于我们对苏州新一轮开发的构思与实践。吴文化由古羌文化扩展而成，真正的"前吴文化"是怎样的？江南地区的远古文明不以吴文化为限，真正的土著原住民文化应引起我们更多的关注与研究。

血社火的视觉暴力及伦理性探讨

张西昌

摘要:血社火是诸多社火民俗中颇为特殊的种类,属于以视觉装扮为传播方式的哑社火形态。血社火以迷幻的化装手段造成血腥暴力的展现效果,而以善恶报应、惩恶扬善的道德伦理为内核,因而具有较强的传承性。笔者通过对陕西关中区域血社火事件的实地调查,试从视觉传播角度来揭示其暴力性特征和道德伦理的潜在因素。

关键词:血社火 视觉暴力 伦理道德 善恶报应

作者:张西昌,男,1976 年 1 月生,陕西扶风人,西安美术学院在读博士研究生,研究方向为中国艺术设计史论,非物质文化遗产研究。

血社火是社火民俗中颇为特殊的种类。在关中民间,多有"快活"、"快火"、"八斩"、"把扎"、"扎快活(火)",以及"血故事"等乡俗称谓。据零星文献所载,地处陕西关中的宝鸡市赤沙镇、兴平市汤坊乡、华阴市、韩城市、渭南市的合阳县、蒲城县、大荔县,以及西安市阎良区等地都曾有过血社火的事象传承。大致来分,血社火属于哑社火范畴,即是依靠人物的扮相达到视觉传播和文化认同的目的。但是相较于芯子、背社火、马社火、车社火等种类而言,除了脸谱、服装、把子等颇具视

觉效果的装扮手段之外,血社火化装的迷幻性使其更具视觉上的感染力。视觉上的迷幻性和暴力色彩是血社火的重要看点,所以,其文化渊源首先值得探讨。

由于文献记载的荒疏,血社火的渊源考证仍旧是个尚未展开的话题。较早从事陕西社火研究的胥鼎先生认为:"血社火保留的这种原始的、残酷的,甚至是野蛮的杀人形式,很可能是原始部落杀虏庆功,表现部族尚武精神以及祭神祈天时所进行的'杀牲祭'的某些遗风,或是傩祭的某些残存。遗留到现在的某

图1　宝鸡市赤沙镇的血社火造型

些社火表演也可能是某些艺人为了生计而玩弄的幻术，据说起自明代，但幻术在我国西汉时就有，以后只是引用而已。"[1]胥鼎先生在文中所提到的杀虏、血祭和幻术，分别是从血社火的视觉、精神和技术三个角度所做的猜想，因为是猜想，所以用词也很谨慎。

目前，有关血社火的研究尚属起步阶段，因而，在杀虏、血祭和幻术等的猜想之间，仍然缺乏可值信服的资料梳理。在血祭和杀虏庆功的因素中，均具有血腥和观演的性质，而前者的宗教意味更为明显。血祭是远古时期三大祭祀仪礼之一，具有原始的巫术性质。《周礼·春宫·大宗伯》中载："以血祭祭社稷，五祀，五岳。"其做法是将宰杀的牲畜或人体用土掩埋，或者将人和动物的血液注于地下而祭祀土神。笔者通过实地调查认为，血社火在游演中，更注重的是视觉展演而非以对动物机体的伤害来对神灵进行祭祀，由此看来，现今的血社火与血祭之间应该没有近亲的渊源。至于杀虏，其暴力色彩中所包含的尚武重义之风，依然在民间有所流传，从而衍生出正义和邪恶之间的精神较量，这在血社火民俗中有着隐潜的精神流脉。在关中各地的血社火中，表现与英雄豪杰相关的武战题材也有不少，但这些若视其为血社火民俗的药引可能更为合适。此外，古代幻术中避实就虚、以假示真的做法，在技术上和血社火有着近似的因缘。中国古代幻术的范围极其宽泛，其中对人体造成伤害的割首、剖腹、挖眼、断臂等项目，已经很难说与血祭之间有着必然的关系，起码血祭中严肃而神秘的巫术因素已经逐渐被娱乐性所取代，更多倾向于一种人类智谋的艺术外化。鉴于以上原因，笔者认为：血社火可能与杀虏庆功、血祭仪礼、佛教思想、道教方术等因素相关，但更多应该是幻术的分支性发展，在展示形式上借鉴了传统社火的做法，并融入了中国传统文化中善恶报应的伦理观念，以弘扬正义，抑制邪恶为主旨，逐渐形成了今天所能看到的血社火形式。

一、血社火游演的视觉形态

血社火之"血"，说明了其表演形式的恐怖性特色。在关中地区的血社火装扮中，脸谱和服饰往往较其他社火形式显得随意，所侧重的则是化装手段的迷幻性。血社火属于哑戏类，但与别种哑社火相较，并不侧重角色扮相的视觉美，而是通过幻术的手法，反其道而行之，以视觉幻化的途径造成视觉的凶酷、残忍之感，从而达到对人心理的刺激作用。

中国戏曲的角色区分为生、旦、净、丑四大行当。生、旦为"俊扮"，接近于生活化装；净、丑为"花扮"，多采用奇异的涂面，称作"脸谱"。虽然在血社火装扮中生、旦、净、丑皆有，但生、净、丑之间也无定规。比如宝鸡市陈仓区三寺村血社火——《武松大闹狮子楼》一出中，武松多为生扮，门徒则有时为丑角，有时为生角，西门庆有时为净角，有时则为丑角。总的来看，关中地区血社火化装主要集中于人物的额部、肩部、腹部三个部位，有用锐器或钝器刺击额头，以刀、剑、矛、箭等物刺穿腹部，用锯、刀割砍肩臂等，化装手段是运用棉花、动物内脏和血液，以及特制的植物染料为原料，借助道具上的玄机，附着在人体的不同部位。血社火与古代幻术中某些血腥项目的相同之处在于其化装手段的迷幻性，但幻术表演中以动态居多，社火表演则以静态为主。（据说陕西血社火表演中也有动态表演，其效果更为真实，但未曾亲见有民俗表演。）三寺村血社火在其传统的表演中，为了加强迷幻的真实性，原一直采用两班人马交替表演的办法。第一班演员不装道具，而执于演员手中向群众示意，类似于魔术表演前的展示，游演一圈后，第二班装好身子的演员出动，化装逼真、视觉震撼，往往令人惊怵畏惧，唏嘘不已。但由于两班人马所需人手多，为了便于表演，近年已被简化为一班人马。

在图像传播愈来愈便捷的当下时代，视觉暴力也陷入一种被追捧和诟病的矛盾之中。对于视觉暴力的界定，大致有两点：一是基于传统的视觉文化认同，是指凡能够引起视觉不适和心理不安的视觉形式，如杀戮、流血、身体伤残等都属此类。二是指在视觉形式作为重要文化传播的信息时代，那些以强迫的、粗蛮的方式侵入观者视界的视觉传播方式。此文中的视觉暴力是指前者。如今，视觉暴力在影视、摄影、绘画等艺术形态中由于商业因素的刺激而表现得愈来愈频繁。暴力内容对人类来说具有双面性，一方面，在深层次的生理诉求中，可以引起人对常规生活拘囿产生突破和释放的深层快感，这种快感与人类早期生活的遗传记忆具有紧密的联系，这也是为什么人类一直不能控制自己对于暴力内容产生好奇的原因。另一方面，暴力视觉可以引起人类的生理不安，并与生活的常态和祈愿发生冲突，从而更加强化人类对于自身平安和健康的主观诉求。这也是血社火民俗能够博人眼球的重

要因素,如今经由网络,更使血社火成为被热议的民俗事象之一。但值得注意的是:经由网络方式传播的血社火图像,已经将原有的民俗文化空间因素大大过滤,并用单一的图像元素将其形式化,文化空间本身所具有的辅助意义被淡化。

视觉暴力中的非常态内容,往往会对人的心理产生强烈刺激。尤其在缺乏图像传播的传统社会中,血社火游演中的虚拟性视觉暴力,则会在人的内心产生震撼性的文化认同,它比文字性和绘画性的视觉传播更为有效。即便是在数字图像广为传播的今天,血社火游演所焕发出来的视觉冲击力,仍然是网络途径所无法替代的。所以,在既定的文化环境和空间中,这种视觉暴力一方面被部分人群所认同,更对民俗文化心理产生了深层次的传播效应。

二、血社火与幻术的视觉及文化关联

血社火的视觉暴力与影视作品中含有暴力内容的美术手段相类似,是对真实暴力的形式模拟,供其借鉴的是古代幻术资源。幻术是一个庞杂的传统文化范畴,当下学术界对于幻术的理解,大致有以下观点:一、魔术和方术的合称。二、杂戏和百戏表演项目的一种,或称戏法。三、定义为方术的一种。"幻"在《说文解字》中解释为:"相诈惑

也,从反予,周书曰无或诪张为幻。"[2]"幻"是一种人类对于自身局限的想象性突破,"术"则是手段,多借用虚而不实的手段表达出来。由于上古人类对于自然外力的不可知控性,从而使其产生了自身能力和自然外力的心理反差,也就有了人类弥补自身缺陷的方式,主要大抵有两种:一是企图借力于神力,因而产生了巫术;另一种是法术,则来自远古人类的模拟性思维,如狩猎前模仿所欲猎取鸟兽的动作而跳舞,佩戴猛兽牙骨或雄牛利角而奔突等。法术不是依靠神力行事,而是以特定视觉途径来影响或控制对象。法术逐渐演化为更加多样的幻术形式。

幻术在古代文献中也不鲜见,形式极为多样。据文献记载,宋代时其形式已达数十种之多,[3]其中的吞刀戏、杀马戏、剥驴戏、吞剑伎、弄枪伎、肢解伎等均属血腥类幻术,与血社火表演直接相关的,则属此类。据说此种幻术传自西域,自西汉时便逐渐风靡中原。古代文献中有关此类血腥幻术的记载也不鲜见。东汉《异苑》中载:"上虞孙奴,多诸幻伎。元嘉初叛,建安中复出民间。治人头风,流血滂沱,嘘之便断,创又即敛。"这种幻术类似于现代的移头魔术。《后汉书·陈禅传》又载:"永宁元年,西南夷掸国王诣阙献乐及幻人,能吐火,自支解,易牛马头,明年元会,作之于庭,安帝及群臣共观,大奇之。"

另有《搜神记·卷二》载："晋永嘉中有天竺胡人来渡江南，其人有数术。能断舌复续、吐火，所在人士聚观。将断时，先以舌吐示宾客。然后刀截，血流覆地。乃取置器中，传以示人。视之，舌头半舌犹在。既而还，取含续之，坐有顷，坐人见舌则如故，不知其实断否。其续断，取绢布，与人各执一头，对剪，中断之。已而取两断合视，绢布还连续，无异故体。时人多疑以为幻，阴乃试之，真断绢也，其吐火，先有药在器中，取火一片，与黍糖合之，再三吹呼，已而张口，火满口中，因就热取为炊，则火也。又取书纸及绳缕之属投火中，众共视之，见其烧了尽，乃拨灰中，举而出之，故前物也。"

巧的是，作为宋代玩具生产中心的西安，曾出土过三件陶塑人偶，其中较为完整的一件最引人注目，该偶为单面模印，脚部微残，残高8厘米，男性，披发而立，披膊、护肩等处有铠甲。口衔短刀，双手扒开腹部，露出肋骨内脏，恐怖狞人。有研究者认为其应为宋代幻术表演项目——"七圣刀"。[4]据宋人孟元老《东京梦华录》卷七《驾幸临水殿观争标锡宴》中记载："……又爆仗响，有烟火就涌出，人面不相睹，烟中有七人，皆披发文身，着青纱短后之衣，锦绣围肚看带，内一人金花小帽、执白旗，余皆头巾，执真刀，互相格斗击刺，作破面剖心之势，谓之'七圣刀'。"其

视觉的残酷性与血社火相类。

图2　宋代陶塑七圣刀玩具

在明清时期的话本小说中，有关幻术的记载更多。《水浒传》第九十回："偶游崆峒山，遇异人传授幻术，能呼风唤雨，驾雾腾云。"《三国演义》第六十八回《左慈掷杯戏曹操》中即有详细的幻术表演描写："（左慈）令取大花盆放筵前，以水盛之，顷刻发出牡丹一株，并放双花"。并"教把钓竿来，于堂下鱼池中钓之，顷刻钓出数十尾大鲈鱼，放在殿上。""慈掷杯于空中，化成一白鸠，绕殿而飞。"除了这种直接描写之外，明清时江湖幻术的风行也极大影响了坊间话本小说的写作，以此来迎合世风俗好。所以，有研究者认为"幻术是中国古代小说重要母题之一，它是汉代从西域传入的，其

62

图3 敦煌158窟涅槃变图中西域送葬诸王子中刺心剖腹的形象

渊源是佛教经典中的神通故事。来自天竺、西域的高僧从传教功利出发，现身表演幻术，促进了幻术在中土的流播。幻术传入后，与中土的原始巫术信仰、阴阳五行思想相结合，并深受佛教密宗及民间秘密宗教白莲教的浸润和影响，最终形成了独特的幻术形式。明清通俗小说吸收传统幻术母题的养料，大大拓展了幻术的表现范围，形成了新的超越性特征"。[5]在小说《西游记》、《封神演义》中，除了幻术的具体描写，幻术思维更是影响了其宏大的述事铺陈方式，幻境成为这些小说的整体审美取向。再如《三遂平妖传》、《聊斋志异》、《镜花缘》、《绿野仙踪》的神怪小说中，都显现出幻术手段由于其幻想性质而

借用为话本小说资源的事实。根据笔者的调查，关中地区的血社火中有很多以明清话本小说的故事为原型。如宝鸡市陈仓区赤沙镇三寺村的血社火以《水浒传》第二十八回《武松大闹狮子楼》一出为素材；渭南市蒲城县、大荔县、合阳县的血社火中则以《说唐全传》中《罗通大战王不超》为素材；《铡美案》以清代戏剧为其模型；《王佐断臂》、《杨六郎就义》等剧目，则来自于《说岳全传》和《杨家将演义》等明代话本小说。

图4 社火艺人在为潘金莲角色装芯子

明代时，江湖上幻术风行，并有不少被方士巫师操弄，蛊惑人心，谋骗钱财。项目诸如咒水自沸、移景法、剑斩鬼、咒枣烟起、咒自焦、烧香召雷神、钱入水即化、呼鹤自至等。幻术在百姓惊奇附和的同时，也有

时人出来揭穿这种假象。明人储泳、方以智便分别在其《祛疑说》和《物理小识·神鬼方术类》中揭露过这些道术的骗局。对于各种幻术，官方和民间一直多有异议。其实早在唐代时，高宗便令禁过以血腥幻术表演谋取名利的胡人。据《册府元龟》载，唐高宗显庆元年（公元656年）正月，帝"御安福门楼观大酺，胡人欲持刀自刺以为幻戏，帝不许之。乃下诏曰：'如闻在外有婆罗门、胡等，每于戏处，乃将剑刺肚，以刀割舌，幻惑百姓，极非道理。宜并发遣还番，勿令久住，仍约束边州，若更有此色，并不须遣入朝'。"[6]便是从视觉恐惧和欺骗本质上出于社会效应而做的官方决策。但是，由于好奇之心的娱乐所需，以及解释世界知识系统的局限，幻术一直盛行不衰。

远古时期，人类为满足社会生活所需和超越人类自身物种，便产生出多种需求和愿望。当社会历史条件无法实现时，便凭借想象力构思出虚幻意象。幻术的手段仅仅是迷惑性技巧，而不是生产性手段。所以，幻术的技巧一旦被揭穿或被他人所掌握，也就会失去了其神秘性。当神秘被揭穿之后，它所营造的视觉幻景也只能是惑人耳目，从而会使其所力图营造的精神结点大打折扣。所以，失去了神秘性的同时也就会失去神圣性，这也是关中地区的血社火表演，在技艺传承中

恪守传男不传女，对内不对外，严格遵循技艺保密的主要原因。另外值得注意的是，在幻术逐渐向杂戏等表演形式渗透的过程中，其娱乐性、趣味性逐渐多于神秘性，从而使幻术必然逐渐成为一种艺术化的娱乐方式，而在血社火民俗中，又使商业性的幻术具有了弘扬正义、伦理教化、尊神敬祀等的民俗内容，这也可视为幻术发展中的另一种智慧转向。

三、血社火的道德伦理教化内质

总的来看，关中地区先后流传的血社火形式，其共同点则是以血腥的扮相为视觉形式，由此助推乡俗空间里的伦理教化传播。

关中地区的血社火内容各异，其传说来源也各有不同。宝鸡市陈仓区赤沙镇三寺村的血社火取材于《水浒传》中《武松大闹狮子楼》一出；兴平市汤坊乡许家庄的血社火据说与义和团抗击八国联军的民族英雄主义情结有关，其装扮与渭南市蒲城县、大荔县的内容有部分相

图5　渭南艺术节上的血社火造型

似之处;渭南市蒲城县苏坊镇、大荔县迪村乡的血社火,其内容大多取材于凶杀格斗的传统武戏、神鬼传说,如《铡美案》、《耿娘杀仇》、《刺辽》、《小鬼推磨》、《锯裂分身》、《王佐断臂》、《阎王换头》等。在众多的内容中,所贯穿的则是对于人间正义弘扬的主旨,这一点也是多数哑社火精神内质的一种展现,其中隐含着传统社会对于伦理道德的整体认同和传播。

善恶报应是人类在物质生活中所衍生出来的精神理由。远古人类虔诚地相信:生产的丰收和狩猎的成功是由于神灵的恩赐,遭受失败或灾难是由于恶魔的责罚,其他一切不幸事故、伤损、疾病、衰老和死亡等,都是神灵在作祟,都是人们的行为顺应或违背了神灵意志的结果。[7]在这一思想的基础上,形成了人们趋善避灾的集体心理,甚至在欧洲基督教诞生之前也已经建立了"恶人必罚,善人必赏"的社会观念。墨子在《法仪》中说:"爱人利人者,天必福之。恶人贼人者,天必祸之。"也即是这种"赏善罚暴"的理念。有了善恶报应的人生观念,也就有了带有种种禁忌的生活方式,尤其会在节庆礼仪中通过祭祀、祈祷,自我牺牲,以及惩恶扬善的途径致意并感动上庭,使自己的族群消灾弥祸,趋吉纳祥。另外,中国幻术与佛教之间也有着紧密的文化渊源。鲁迅先生曾在《中国小说史略》中通过对梁吴均的幻术小说《鹅笼书生》的分析探讨,考溯其源流,并指出其源于佛教的影响。他说:"魏晋以来,渐译释典,天竺故事,亦流世间,文人喜其类异,于有意或无意中用之。"佛教的哲学,认为一切诸法,都空无实性,如幻如化。所谓幻即是幻现,所谓化即是变化,二者都是假而非真,空无有实,以幻来喻解"法空"。[8]佛教无论在精神观念上还是技术内容上,都曾对中国幻术的发展产生过影响,其中包括血腥幻术。据《搜神记》所载,晋永嘉(公元307—313年)中,有天竺人至江南,并带来了四种幻术,其一则为血腥幻术《断舌复续》。[9]这些幻术以劝诫行善为主,并深入到了中国民俗文化的内核之中。

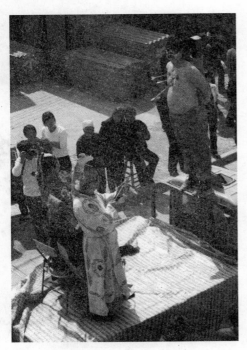

图6　血社火中饱含了民众对于人间正义的坚守与认同

图7 血腥恐怖的视觉形式是血社火重要民俗特征

图8 血社火游演前的祭神仪式

明清时期,各种讲劝善恶功过的书纷纷问世,托名吕洞宾的《十戒功过格》则将人生中的种种作为与阴德相联系,让人们对其行为产生自我约束和赏罚的意识。我国古代善恶报应习俗极其杂芜,但基本分为两类:一是由个人行为所招致的赏罚报应;二是由官府行为所招致的灾祥报

应。前者可分为:杀生报、善报、恶报、孝报、不孝报、逆神报、佞神报,以及冤冤相报等。恶报中包括偷盗、奸淫、口恶、贪欲、暴虐、忘恩负义、奢靡懒惰等,关中的血社火中显然以恶报的伦理内容为主。其中《小鬼推磨》、《锯裂分身》等,则明显与宗教中善恶报应的故事直接相关。

上层社会的子弟通过书本教育而识理,下层百姓子弟通过报应告谕而明事,二者殊途同归,都是培养、形成封建时代社会人的必要途径。[10]在传统社会的封建时代中,以儒道佛为核心的“上位层次文化”与以民俗为形态的“下位层次文化”共同联姻,成为不断规范、整合、塑造社会道统的重要力量。民俗是一种底层社会的自觉规范体系,是人类在长期的社会生活中所累积起来的共同遵守的生活模式和行为规则,这种规范往往成为社会稳定的基础单元。社火事象是一种多重文化的混合体,也具有规范性和服务性的多重文化功能。它在社会中的传播流布,很大

图9 宝鸡市赤沙镇的血社火游演

程度上依靠其规范的传统力量,这种强大的文化惯性,常常超越任何个体的意志。支撑这种民俗规范的还有其教化功能,它会使民俗在社会化文化过程中具有教育、感染和模塑的作用。在非文字传播的社会空间中,历史知识、生活经验、宗教信仰、道德礼仪、艺术审美等文化模块,需要借助一定的手段进行传播,社火事象虽然内容庞杂,情节简单,但它们大都有

图 10　当代市民在商业文化消费中不由自主对传统民俗进行了误读

一个共同的主题思想:弘扬正气,抑制邪恶,歌颂人类智慧,通过不同题材,表达出对良好人性的赞美。

善恶报应是传统社会中民众表达其思想感情、道德观念和价值尺度的方式之一,它满足了人们对于美好事物进行颂扬,对邪恶人事进行谴责的情感需求,在教化民风的同时,也使人们获得了心理上的平衡。善恶报应的习俗心理在一定程度上甚至超越了宗教的力量,成为人心约束和自我教化的重要标尺。血社火正是以此作为精神内核,通过视觉的拟真复原,从伦理道德的角度对人予以警醒。它用反其道而行之的方法,让民众从中取得心理和行为的规范,以求得生活和社会的和谐。这种教化功能独特而直白,不需要以言语和文字的形式来宣讲传统社会的道德标准,而是用最单纯的形式,在无言的交流中,完成其教化人心,确立规范的作用。

注 释

[1] 胥鼎.三秦社火.陕西师范大学出版社,2002 年,第 96 页。

[2] (汉)许慎.说文解字义证.中华书局,1987 年,第 332 页。

[3] (北宋)陈旸.乐书.卷一百八十六至一百八十七,文渊阁四库全书第二一一册,第 834 页。

[4] 杜文.宋代陶塑玩具上所见"七圣刀"幻术.见《中原文物》,2009 年第 3 期。

[5] 陈庆纪.幻术母题与明清通俗小说.辽宁师范大学 2002 年硕士学位论文。

[6] 荣新江、张志清.从撒马尔干到长安——粟特人在中国的文化遗迹.北京图书馆出版社,2004 年,第 41 至 48 页。

［7］刘道超.中国善恶报应习俗.陕西人民出版社，2004年，第2版，第8页。

［8］傅天正.佛教对中国幻术的影响初探.佛教导航：www.fjdh.com，2009年4月12日发布。

［9］据《搜神记》中描述，此幻术情形为："将断舌时，先以舌吐示宾客，然后刀截，血流复地；乃取置器中，传以示人，视之舌头犹在；继而还取含续之。坐有顷，人见舌则如故，不知其实断否？"这段记载，有交待、有演程、有现象、有效果，是一则新奇的节目。截舌术在后来的传统节目中，有着两种演法：其一是"钢针刺舌"，把一根粗大而锐长的钢针，从舌头中心穿过，一会儿拔去针后，舌上泯然无迹。另一种是"利刃划舌"，用锋利的刀，把舌头划破数处，鲜血直流，少顷就恢复原状。这两种幻术，清代还有人演出，从源流上看，可能从"断舌复续"演变而来。

［10］刘道超.中国善恶报应习俗.陕西人民出版社，2004年第2版，第140页。

文化生态学视角下非物质文化遗产旅游开发研究:以泉州为例

黄钟浩　方旭红

摘要:本文基于文化生态学理论,论证了运用文化生态学理论进行非物质文化遗产旅游开发的可行性,认为非物质文化遗产的生存和延续的实质是在文化的流动中与其生境进行自适应和发展的过程,要保护非物质文化遗产就要保护其生存环境,就要保护非物质文化生存的自然生态环境和人文生态环境。以泉州为例,概括了泉州非物质文化遗产的文化生态的有利条件和不利条件,在真实性动态性和整体性的原则下运用文化生态学理论提出了泉州非物质文化遗产的旅游开发策略。

关键词:非物质文化遗产　旅游开发　文化生态　泉州

作者:方旭红,男,1971年生,博士,华侨大学旅游学院副教授;黄钟浩,男,华侨大学旅游学院研究生。

文化生态是借用生态学的方法来研究文化现象而产生的一个概念。美国文化人类学家朱利安·斯图尔德(Julian H. Steward)于1955年首次提出文化生态学的基本理念,倡导成立专门的学科,目的在于"解释那些具有不同地方特色的独特的文化形貌和模式的起源"。这标志着文化生态学的诞生。[1]在20世纪80年代,文化生态学理论传入我国并逐渐发展,文化生态学是研究文化与环境的互动关系的理论,是以人类在创造文化的过程中与自然环境及人造环境的相互关系为对象的一门科学,其使命是把握文化生成与文化环境的内在联系。文化生态学理论在社会科学研究中最重要的作用在于其方法论上的意义,它运用了系统论的有关原理、发展的看问题，把人类文化放到具体的自然与社会环境中加以研究，并着重强调文化与环境的互动。文化生态学既研究文化的外环境，也研究文化的内环境，并从大文化的"宏观"角度建构学科理论。[2]保护非物质文化遗产就是保护非物质文化遗产所在的文化空间，保护其产生和发展的自然与人文环境的完整性，避免碎片化保护，注重非物质文化遗产的整体性保护。旅游开发是非物质文化遗产保护与开发的重要手段之一，旅游地通过对非物质文化遗产的挖掘整理，对民间艺术真实地表演、对民俗文化的旅游开发，能更好地提高旅游地的知名度。与此同时，对传统工艺品进行重新设计包装，开发成旅游商品，能产生巨大的经济效益，从而拉动地方经济增长。

泉州是全国文化模范城市，中国优秀旅游城市，国家环境保护模范城市。泉州也是是国务院首批公布的 24 个历史文化名城之一，历史文化底蕴深厚，现有各级文物保护单位 680 多处，其中国家级 20 处。泉州作为"闽南文化生态保护实验区"的核心区，非物质文化遗产资源丰富，有各级非物质文化遗产 68 种，其中国家级非物质文化遗产 29 项，省级非物质文化遗产 12 项，市级非物质文化遗产 27 项。现阶段，泉州非物质文化遗产的旅游开发还

处于初级阶段，还处在单纯静态展示的阶段，本文基于文化生态学理论，提出具体的非物质文化遗产旅游开发措施，以期为泉州乃至海西的文化旅游业服务，同时也为其他地方非物质文化遗产旅游开发提供借鉴。[3]

一、文化生态学视角下非物质文化遗产旅游开发的可行性分析

文化生态学是以一种开阔、全面的视角和研究方法，从自然-人类-社会之间的关系入手，从历史的、现实的、时间的、空间的综合维度展开文化的讨论，既重视有形的、自然的物质文化的创造，又重视无形的、非物质文化的创造。文化生态理论的实质是指文化与环境——包括技术、资源和劳动——之间存在一种动态的富有创造力的关系。它还强调文化在适应其环境的过程中呈现出特殊的趋势，倘若环境发生变化，文化也将由旧的形态发展变化成为新的形态。[4]非物质文化遗产作为一个文化系统，要做到科学保护就必须构建一种与之相适应的生存环境。换言之，要保护非物质文化遗产，首先应当保护其赖以生存的土壤——自然、人文、社会等相互协调的文化生态。正如民间文学专家刘守华所说：文化生态正是非物质文化遗产保护工作中，一个具有关键意义的理论与实践问题，亟待通过研讨引

起各方的关注。否则，所谓'科学保护'就难以落到实处而收不到应有成效。"[5]从文化生态学的视角来看，其原因是多样的，有内部的，也有外部的，包括自然的或是社会的种种因素。当前人类不能改变非物质文化遗产的过去，却可以改善其现实的状况。周围自然生态环境的破坏程度，早已触目惊心，我们今天能有保护环境的意识，建设生态的举措，皆因环境与生态与人的重要性。只因我们的血肉连同毛发都是自然的，我们无法割断同自然的一脉相传、息息相关的本质，所以我们不能保护自己的家园，不能不正视自己的自然的本质。保护生态，就是要正视生态系统的自然本质，不去破坏它，或者说不要超越它的环境承载力，让它以自然的平衡而生存。而保护文化如非物质文化遗产则形同于此。人类从自然存在至文化存在，自然的生态建设与文化的生态建设一样举足轻重，前者是人类的一块和谐、稳定、健康、有序的自然乐土，而后者则是人类一块诗意栖居的精神家园。因而，我们如果不能为非物质文化遗产创造适宜发展的环境，不能保持乃至建设文化生态，人类终将置身于贫瘠、干枯、荒凉的文化沙漠。[6]

文化是旅游的精髓，是旅游的价值所在。非物质文化遗产作为一个地方文化的重要组成部分，可以满足旅游者寻求和体验文化差异的心理需求，成为了重要的旅游资源，各地纷纷将本地的非物质文化遗产作为一项重要的旅游产品进行开发。在非物质文化遗产进行旅游开发的研究中，研究内容上大多侧重于如何处理保护与旅游的关系、资源开发的可行性方面做理论上的探讨，缺少具体的保护和开发策略，没有将非物质文化遗产转化为物化的旅游产品。旅游开发作为保护非物质文化遗产一种现实可行又富有成效的方式，实现了非物质文化遗产的经济价值，为非物质文化遗产的发展提供了生存空间。运用文化生态学的理论研究非物质文化遗产的旅游开发，与以往的非物质文化遗产旅游开发研究相比，更加具有整体性和动态性。非物质文化遗产是证明文化多样性的活化石，保护活态文化任重道远。运用文化生态学的理论对非物质文化遗产的旅游开发进行分析，可以更全面地认识非物质文化遗产的产生和发展历程，有利于非物质文化遗产的后续保护开发，避免碎片化保护的倾向。

文化生态视野下的非物质文化遗产研究，将是更为整体性的、动态性的一种分析方法。因此这样的分析方法也使得非物质文化遗产的高度和价值有所提升。它不仅只是一种民间的传统文化，更是与各个时期社会经济、政治、文化发展密不可分的影响要素。在分析过程当中，这种方法论可以更全面地梳理非物质文化遗产的发展运动过程，辐射性地联系起所有的文化因素；并且，文化生态角度的非物质文化遗产研究，更有利于非物质文化遗产的后续保护开发，是一种针对性、操作性更强的理论与实践相结合的研究方法。

二、泉州非物质文化遗产文化生态分析

（一）有利条件

1. 自然地理条件

泉州地处福建省东南部，濒临东海和南海，对外贸易发达，泉州的许多非物质文化遗产都带有"海洋"的特征。例如水密隔舱海船制造技术、惠安女服饰、闽台对渡（海上泼水节）习俗等非物质文化遗产都与泉州地处沿海的自然条件息息相关。泉州依山临海，山地绵延，山峰耸峙，戴云山横贯境内。多山的地形不利于农业耕作，但由于多山的地形使得与平原地区的联系相对较少，因此保持了良好的文化生态，泉州文化在相对封闭的环境下，保持了良好的文化生态，区域内地区之间的文化差异依然明显，与区域外相比也保持较为明显独立性。

2. 语言条件

地域文化的显著特征大多就能够用方言进行描述和概括，方言能为观察地域文化提供一个独特的视角，泉州居民主要以闽南话为日常生活使用语言，各种非物质文化遗产的表现语言也是闽南话。语言的独立性能让泉州文化遗产保持较好的真实。保证语言的真实性是保证非物质文化遗产原真性的一个重要内容。

3. 民间热情

民间力量是不容忽视的文化生态保育力量，在泉州境内有泉州市闽南文化保护协会、新海路闽南文化保护中心、泉州市民族民间文化保护协会、各民间剧团、各民间南音社团、各民间仪仗表演团队、各民间传习所等民间团体，这些民间团体的演练及商业活动对民间文化生态起到积极的保育作用。

（二）不利条件

1. 闽南语受到极大的挑战

普通话的普及和越来越多的人学习英语使得很多的年轻人的闽南语越来越普通话化、舶来化。很多年轻人，尤其是年轻人很多的生活用词都不会用闽南语表达而是直接用普通话代替或者用相似词的音直接翻译，在这种情况下，更谈不上闽南语的谚语和歇后语的表达了。闽南语在普通话的普及和英语学习热的浪潮下正逐渐地退化、变味。

2. 保护资金缺口大

任何一项文化生态遗产的保育都是需要大量的资金支持保障的。目前，泉州对于南音和梨园戏、高甲戏等投入资金较大，其他非物质文化遗产资金的投入较少，甚至是尚

未投入。由于资金的缺口较大,很多文化生态遗产仍处于尚未规划保护的状态,文化生态整体发展良好,局部严重失衡。

3. 民间传统民俗被逐渐放弃,非物质文化遗产传承后继无人

城市化进程的加快,生活节奏变得比之前的乡村生活快得多,这使很多原本保持传统民间习俗的从农村到城市生活的居民不得不逐渐放弃传统习俗,尤其是年轻一代深受西方文化的影响,更是毫不犹豫地放弃之前的生活习俗。如惠安女服饰只有在一些自然村落才能看到纯正的生活服饰,而非景点景区供游客拍照的服饰;泉州的祭祖活动也只是中老年人这一代人还在坚持着开展,而年轻人大多在外打工、工作,宗族的观念不断地淡化,而且祭祖活动需要繁杂的准备工作、较大的资金投入、繁琐的仪式要做,所有不少地区开始放弃了祭祖活动。泉州传统民俗正处于一个大的文化生态动荡时期,是文化生态发展进程中的关键期。[7]非物质文化遗产的传承需要人员的培养和继承,可是由于从事非物质文化遗产人员无法从中获取良好的经济效益,从而很少人愿意学艺继承这些非物质文化遗产,之前从事非物质文化遗产的人也有不少放弃之前所继承的文化遗产技艺,由此,众多非物质文化遗产处于濒临消失的处境。

三、文化生态学视角下的泉州非物质文化遗产旅游开发措施

泉州作为闽南文化生态保护区的核心地区,非物质文化遗产有着良好的文化生态条件,但是也面临着传承后继乏人的困境,旅游开发作为解决的主要途径之一,同时也面临着将非物质文化遗产"异质化"开发的危险。在以经济为主导的发展模式中,决定了在文化事项的再构造中,具有商业价值的文化元素被赋予了表达权,缺乏商业价值的文化元素则失去这一权力,被边缘化,甚至被遗忘。另一方面,为了适应商业规律,具有商业价值的文化元素一再接受着改造、创新,很容易失去其原生特质。在政府主导的文化活动中,行政权力容易越俎代庖,群众的表达权不能得到充分尊重。文化实践的主体应该是承载文化孕育成长的民间力量,增强社区居民参与非物质文化遗产保护的积极性,培养社区组织和民间群体作为非物质文化遗产化传承和表达的主体。[8]在真实性、动态性和整体性的原则上对非物质文化遗产进行旅游开发,根据这些原则,提出以下开发的措施:

(一)建立非物质文化遗产博物馆和教学基地

博物馆作为一种搜集、保管、研

究、陈列有关历史、文化、艺术、科技等方面的文物或标本的机构，不仅是展览一个国家和民族文明的主要窗口，而且也是进行国民教育、科普宣传、历史文化和艺术熏陶的重要课堂。[9]这种开发模式主要针对的是对于那些在现实中已濒临灭亡、难以维系其自身传承的但尚有生存希望的非物质文化遗产。要采取抢救措施，调动一切现代科技手段，尽可能把那些残存的活动内容全景式地采制下来，尽可能地搜集有关的物质遗存，归类存档，在其原生地建立博物馆和传习机构，为后人留下一份可资记忆的资料，为当代人提供观览、研习的场所，并最大限度地维系和原生态环境的联系。在过去博物馆作为重要的人文旅游资源得到各国政府的重视并带来了丰厚的经济和社会回报；现代博物馆更注重传播、交往、审美的功能，与现代人追求旅游体验的要求相契合，更多参与性、互动性的注入将使博物馆在非物质文化遗产保护和旅游开发方面承担重头戏。[10]设立非物质文化遗产传习教学基地，引领周围社区居民参与到非物质文化遗产的保护中来，开发针对青少年的修学旅游产品，增强非物质文化遗产的可参与性。

（二）发展非物质文化遗产文化创意产业

文化创意产业是未来经济发展的主流，在开发中实现互惠双赢的

保护模式。也就是说对非物质文化遗产的保护既要有一个静态的博物馆在那里诉说着历史，还要有与之相关的产业传承它的精神，形成一个静态与动态结合、既能带来社会效益又能带来经济效益的保护局面，因为"文化产业是（非物质文化遗产）'活态'保护的一种模式"[11]。产业开发式保护模式是指通过产业化的手段来寻求女书及女书文化在新时代语境下的传承与传播的市场和文化空间，并借市场化的手段和机会来扩大其规模和集聚资金。产业开发一方面可以为非物质文化遗产的保护注入资金，实现其独特的价值魅力。另一方面对非物质文化遗产的文化内涵和基因的挖掘又促进了产业的开发，这样会形成保护与开发的良性互惠互动[12]。

（三）构建非物质文化遗产旅游纪念品体系

旅游购物仍是各个旅游目的地的薄弱环节。购物的发展需要结构性的优化，也需要更深地挖掘当地的文化内涵。泉州传统民间工艺品品种丰富，但开发深度不够，需要更深地挖掘当地的文化内涵，因此，可以将非物质文化遗产深入开发成具有区域文化特点的旅游纪念品。一来可以扶植濒于灭绝的手工艺，有利于非物质文化遗产的传承，二来可以满足国内外旅游者的需要，给当地带来就业机会，创造经济收入。

非物质文化遗产当中的民间工艺在旅游商品开发中具有许多优势，它们文化意蕴深厚，工艺特色显著。泉州（李尧宝）刻纸、泉州（江加走）木偶头雕刻、惠安石雕、德化瓷烧制技艺、晋江灵源万应茶都可以具有开发旅游纪念品的潜力，尤其是惠安石雕和德化瓷烧制技艺可重点挖掘其潜力可以产生巨大的经济价值。

（四）举办泉州非物质文化遗产旅游节

泉州的非物质文化遗产在类别上最大的特点就是民间音乐舞蹈和传统戏剧较多，尤其是拥有南音这一世界级的非物质文化遗产，由于物质文化遗产旅游价值的开发，具有一定的特殊性，它需要通过一系列动态艺术和静态艺术的表演来向人们展示其价值，不能仅通过简单的参观，且必须要有动态的欣赏过程。因此，这类遗产价值通过借助一定的节庆活动，或者一种舞台表演，尤其最有价值的形式是在民间开展与民俗活动相关的表演。而且南音等民间舞蹈和传统戏剧对于年轻人可以说是晦涩难懂，对其没有太大的吸引力，而以非物质文化遗产为基础和品牌策划开发的旅游节庆不仅能立足于本土文化，具有深厚的文化基础，而且有利于民众参与的最大化，尤其是喜欢喜庆节日的年轻人的参与热情。

文化生态学向我们提供了一个更加系统、整体的认识观，将各种文化形态看作类似于自然界的有机生物，与其生存环境之间发生着互动影响。作为一种蕴含在人类生活当中的民间智慧，非物质文化遗产本身也是一种文化形态，分析非物质文化遗产，掌握非物质文化遗产的发展规律，了解非物质文化遗产与社会发展之间的互动关系，利用文化生态学观点指导非物质文化遗产保护工作。

参考文献

[1]［美］唐纳德·L.哈迪斯蒂.生态人类学［M］.郭凡、邹和译.文物出版社，2002：8。

[2]戢斗勇：文化生态学论纲［J］.佛山科学技术学院学报（社会科学版）.2004，（5）：6。

[3]黄益军.泉州非物质文化遗产的旅游开发——以增强游客体验为视角［J］.泉州师范学院学报（社会科学版）.2010，28（1）：125—126。

[4]唐家路.民间艺术的文化生态论［M］.清华大学出版社，2007：36—39。

[5]刘守华.论文化生态与非物质文化遗产保护［J］.华中师范大学学报，2006

(5)。

［6］王金柱. 非物质文化遗产与文化生态建设［J］. 内蒙古师范大学学报（哲学社会科学版）.2007,36(1):59—63。

［7］张著疆. 泉州文化生态旅游开发与管理［D］. 福建师范大学硕士学位论文，2009:25—26。

［8］马威. 文化生态观视角下的民族文化保护与发展——以"景宁模式"为例［J］丽水学院学报.2010,32(1):67。

［9］杨丽. 我国博物馆特色旅游开发刍议［J］. 经济地理.2003,1:121—125。

［10］王凤丽. 非物质文化遗产的旅游开发研究—以山西省非物质文化遗产旅游开发为例［D］. 华中师范大学硕士学位论文,2008:25—27。

［11］刘锡诚. 文化产业是"活态"保护的一种模式——以蔚县高佃亮剪纸为例［J］. 美术观察,2006(6)。

［12］肖曾艳. 非物质文化遗产保护与旅游开发的互动研究［D］. 湖南师范大学硕士学位论文,2006:14—30。

"襄阳做髹器"

——唐代襄州漆器

尚　刚

摘要：襄州漆器名扬唐代，文献记录的其品类有襄样和库路真两种。本文依据实物和文献，推测为"天下取法"的襄样当为以圈叠法制胎的素髹漆器；襄样制作糜费，主要用于中央政府与西北民族交好，或为金银平脱漆器。

关键词：唐　襄州　漆器　襄样　库路真

作者：尚刚，男，1952年生，博士，清华大学美术学院教授，博士生导师，院学术委员会副主任。

按照土贡资料，唐代常贡漆器的州府有河中府和襄州。河中府（蒲州）治今山西永济西，它贡漆器，仅《元和郡县图志》有载，列入开元贡，所贡为漆匣。[1]开元十七年（729），将玄宗皇帝的降诞日定为千秋节，节日里，用镜甚多，而讲究的铜镜往往置于匣奁内，如著名的扬州百炼镜，[2]故河中府漆匣或即镜匣。

襄州治今湖北襄樊，是唐代声名最高、影响最大的漆器产地。这里贡漆器，在唐代的几种土贡资料里都有记录。《唐六典》称，所贡为"漆隐起库路真，乌漆、碎石文漆器"，[3]《元和郡县图志》称，开元间贡"库路真"，元和间贡"漆器"，[4]《通典》称，贡"五盛碎古文库路真二具、十盛花库路真二具"，[5]《新唐书》称，贡"漆器，库路真二品：十乘花文、五乘碎石文"。[6]

由此可知，与河中府相比，襄州贡漆器的时间更长，品类也更丰富，至少有"库路真"和"漆器"两种。这里所谓漆器当与库路真相对，指相对朴素的制品。中唐人记述的一种襄州漆器应该就是它：

襄州人善为漆器,天下取法,谓之襄样。及于司空顿为帅,多酷暴,郑元镇河中,亦虐,远近呼为"襄样节度"。[7]

各地不会普遍拥有高超技艺,否则,天下无从取法;能被普遍仿效的产品必有优长,否则,不配天下取法。所以,一种产品能为天下取法,最少应当具备两个条件:制作不复杂和优点突出。具备这两个条件的漆器曾在湖北监利出土。

当年的报道称,在监利的一座唐墓,出土了8件漆器。器形有盂、盘、盒、勺、大碗、小碗,外髹褐黑漆、内髹朱漆,出土时,它们浸泡水中,自然干燥后,器形无收缩变化。[8]王世襄指出,那只盂实为一钵一盘,故所出为9件。[9]监利的漆器除勺为雕木做胎外,其余几件都是以圈叠法制胎,根据复原研究,这是将"木片裁成条,水浴加温,弯曲成圈,烘干定形后,一圈圈累叠,胶粘成形,经打磨后,再上灰髹漆"。圈叠法将各圈接口错开,分散了木材的应力,使器物不易变形。这种制胎法是在汉代薄片屈木胎的基础上发展来的,到两宋仍然流行。[10]而以此法制胎的漆器,还发现在扬州唐城遗址和宁波和义路遗址的唐代文化层。[11]

监利去襄州不远,前述出土在那里、以圈叠法制胎的漆器正好符合这些条件,因此,大约就是襄样。倘若它们果真就是襄样,则到宋代,其器胎的制作依然是天下的楷模。倘若它们果真就是襄样,则襄州漆器的造型也的确优秀。如其中的长盒(图1)仅委四角,变化尽管简单,却于洗练之中,展露优美。还有只大碗,口径虽已达37.5厘米(图2),但器形依然准确规范。晚唐的襄阳人皮日休撰碑文说,山南东道节度使李夷简曾以"襄之髹器千事"从强藩王武俊那里,换来了旧交刘言史,[12]这种髹器应当也是襄样。襄样的受欢迎已经不必再说,而其产量之高又以此可见一斑了。

77

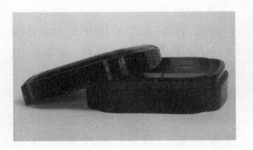

图1

图2

襄州所贡的另一种漆器名库路真。库路真还会写为"库路贞"、"库

露真"，一词而有同音的多种异写，显见它是个音译的外来语词，但源出哪种语言，南宋人已经说不明白，博学如洪迈也只能推测为"周、隋间西边方言"。[13]晚唐诗人曾借库露真做过一首旨在讽喻的乐府诗：

> 襄阳做漆器，中有库露真。持以遗北虏，绐云生有神。每岁走其使，所费如云屯。吾闻古圣王，修德来远人。未闻做巧诈，用欺禽兽君。吾道尚如此，戎心安足云。如何汉宣帝，却得呼韩臣。[14]

据诗意，库路真是种很华丽、糜费很多，而又不大耐用的漆器，被帝王用来馈赠西北少数民族领袖。库路真带花纹，故前揭史料称"漆隐起库路真，乌漆、碎石文漆器"；"五盛碎古文库路真二具、十盛花库路真二具"；库路真二品：十乘花文、五乘碎石文"。不过，用哪种材料"隐起"？"碎石文"或"碎古文"（"石"、"古"两字中，当有一讹）面貌若何？仅凭这只字片语实在无法揣摩。陈晶曾作出解说，认为"'花库露真'与'碎石文库露真'乃'剔犀'与'犀皮'装饰的胄甲片与马鞴"，[15]这虽不为无据，但尚难成定论。

1945年，在甘肃武威的慕容曦光墓（开元二十六年，738年）里，出土了4只漆碗，主持发掘的阎文儒对它们的描述是"木质，外涂以漆，颇精致。其一为莲叶形，口外嵌以银钿；于其面上绘以朱花，更以漆涂之。今外层漆剥落，朱花遂露"。[16]它们现存台湾，大陆学人一般无由得见。尽管对阎先生的描述较难准确、透彻理解，但那只嵌银钿、绘朱花、再涂漆（未知是否透明）的"莲叶形"漆碗，当年一定极精美，而其做法又很特殊。"口外嵌以银钿"，似有银平脱的意味，但再加漆绘等又是今见平脱漆器未曾采用的做法。按墓志，慕容曦光为吐谷浑国王的嫡裔，仕唐为朔方节度副使兼知部落使，恰为西北少数民族领袖，故其墓中的"莲叶形"漆碗，应有已成千载疑案的库路真的可能。如果这个猜测不错，那末，库路真当与金银平脱有关联，而唐代的金银平脱恰以装饰细巧的面貌出现，这大有碎石文或碎古文中"碎"的意味。唐代的金平脱漆器也曾在甘肃武威出土，那是在出降吐谷浑的金城县主墓（开元七年，719年）里。作品是残朽的黑漆马鞍，图案为打马球和狩猎，花纹均施"毛雕"，被阎文儒誉为"希世之宝"，[17]实物亦存台湾。

总之，库路真大有金银平脱漆器的可能。但猜测终归是猜测，库路真谜底的揭开尚有俟新的发现和研究。

最后该说的是，北宋时代，襄州

漆器依然著名，仍旧被纳入土贡。《太平寰宇记》称，当地土产有库路真、漆器。[18]《元丰九域志》称，襄州土贡漆器二十事。[19]

注　释

[1] 李吉甫.元和郡县图志.卷一四《河中府》，

[2] 白居易.百炼镜　辨皇王鉴也.全唐诗.卷四二七。

[3]《唐六典》卷三《户部·郎中》。

[4]《元和郡县图志》卷二三《襄州》。

[5] 杜祐《通典》卷六《食货典·赋税下》。

[6] 宋祁、欧阳修《新唐书》卷四十《地理志三》。

[7] 李肇.唐国史补.卷中《襄样节度使》。

[8] 湖北荆州地区博物馆保管组.湖北监利县出土一批唐代漆器.文物，1982年第2期第93页。

[9] 中国古代漆工艺.中国美术全集·漆器卷，第53页。王先生相信此墓"年代为北宋前期的可能性更大"。

[10] 中国古代漆工艺.中国美术全集·漆器卷，第26页。

[11] 陈晶.三国至元漆器概述.中国漆器全集·三国——元卷，第9页。

[12] 皮日休.刘枣强碑.（《全唐文》卷七九九）："故相国、陇西公夷简之节度汉南也，少与先生游，且思相见。命列将以襄之桼器千事赂武俊，以请先生，武俊许之。先生由是为汉南相府宾冠。"

[13]《容斋四笔》卷8《库路真》："库路真者，漆器名也，然其义不可晓。……《旧唐书·职官志》：'武德七年，改秦王、齐王下领三卫及库真驱咥真并为统军。'疑是周、隋间西边方言也。记《白乐天集》曾有一说，而未之见。"

[14] 皮日休.诮虚器.全唐诗，卷608。

[15] 解读"库露真".考古与文物，2003年第2期第75页转80页。

[16] 河西考古杂记（下）.魏晋南北朝隋唐史（报刊资料选汇），1987年第3期第34页。原文载《社会科学战线》1987年第1期。

[17] 河西考古杂记（下）.魏晋南北朝隋唐史（报刊资料选汇），1987年第3期第32～33页。

[18] 卷一四五《襄州》。

[19] 卷一《襄州》。

略论吴稚晖的文化作为

汤可可

摘要：吴稚晖是孙中山创立的同盟会重要成员，早年投身辛亥革命，参与建立共和，作为国民党的中枢智囊，为推进北伐、坚持抗战作出过不懈努力。他一生致力于国民教育，倡导青少年学子出国留学，主张发展职业教育，培养专业人才，以实现"科学救国"、"实业救国"。提倡学习西方先进科学技术，特别强调科学精神、科学方法，力主以工商立国，建设物质文明。探索汉语文字改良，编制汉字注音符号和拼音表，以利国语教育的普及。从事多方面的文化研究和传播，一生留下数以百万字计的著述，内容涉及哲学、伦理、历史、文艺、语言文字音韵等诸多方面。吴稚晖一生不恋官位、不图钱财，物质生活十分俭朴，精神上却棱角分明、敢说敢为、风格独标，体现了中国知识分子"忧乐圆融"的人文精神，因此被联合国教科文组织授予"世界百年文化学术伟人"的称号，是迄今为止获得这一荣誉的唯一一位中国人。

关键词：吴稚晖　无锡　政治影响　文化学术　伟人

作者：汤可可：(1951—　)，江苏无锡人，经济学硕士，档案研究馆员，原无锡市政协研究室主任。主要从事中国近代史、近代经济史、区域经济社会发展研究，独著或合著《无锡近代经济史》、《江苏近代企业和企业家研究》、《无锡近代企业和企业家研究》、《荣氏家族和经营文化》、《工商华章》等及论文数十篇。

百年前的中国，山河寥落，风雨激荡。多少人奔走呼号，多少人热血喷溅，赢来帝制终结、民国肇始。然而，随着历史远去、人事更替，当年在政治舞台上叱咤风云的很多志士仁人，现在已逐渐淡出人们的视野和记忆。但是有一个人，无论是在历史转折中所起的作用，还是其个人独特的个性魅力，似乎都不应该被忘却。他，就是吴稚晖。

吴稚晖，原名脁，又名敬恒，字稚晖。1865年3月出生于江苏武进雪堰桥，6岁时母亲病故，遂寄养无锡江尖上外祖母邹家。以后，他常自称为"无锡人"。从赴京参加科举考试，到1949年去到台湾，他始终是历史活剧中一个令人注目的角色。但因为历史本身的纷繁复杂，也因为海峡两岸的长期隔阂，人们至今对吴稚晖抑扬轩轾、评说不一。正是在半个多世纪的政治冲突中处于特殊的位置，又表达了带有鲜明倾向的种种见解和主张，所以百年后的今日，依然值得去追寻他早已远去的身影。

一、吴稚晖其人

吴稚晖是孙中山创立的同盟会的重要成员，从辛亥革命到北伐到抗日战争都作出过不懈的努力，历来被称为"国民党元老"。但也因痛骂当局，鼓吹自治、合作，宣传西方学说，而被目为"无政府主义思想家"。更因为提议"清党"，支持蒋介石"戡乱建国"，又被斥为"反共反人民的反革命"。事实上，吴稚晖一生的作为，远比这些政治标签要丰富得多。

热衷科考倾向维新。吴稚晖出身贫寒，自幼熟习经史，又在与同学师友的交流中讨论时事，接受新的知识新的思想，因而对清朝官场和科场的黑暗腐败深深厌恶。但他早年仍然热衷于走读书科考、博取功名的人生道路，后来他回顾自己的经历时曾说，甲午之前他只是一个"懵不知革命为何物，但慕咬文嚼字"的"陋儒"。甲午中国战败，清廷与日本签订丧权辱国的《马关条约》，吴稚晖与当时其他一些知识分子一样惊醒。正在北京参加会试的他，响应康有为维新变法的倡议，加入了"公车上书"的请愿行列。这期间，他发起创办文明书局，编印出版图书，积极鼓吹变法改良。不过此时的他依然背负忠君循道的传统思想，他在北洋大学堂以"率土王臣论"为题布置作文，曾受到学生的讥讽和抵制。

出洋留学投身革命。1901年，在同乡士绅廉泉的资助下，吴稚晖东渡日本求学，为中国第一批赴日留学生。次年发生成城学校入学事件，吴稚晖因带头请愿、据理力争，被清驻日公使蔡钧指使日本警局加以拘禁，由此与清朝统治者决裂，转向革命。回国后常常在上海张园安恺第集会演说，讨论政治、倡言革命；积极为《苏报》撰稿，报道各地学生爱国运动，旗帜鲜明地抨击清廷皇室官府。《苏报》案后，他流亡英国伦敦，在那里结识了孙中山。1905年8月，孙中山在日本东京创立中国同盟

会,提出三民主义的奋斗目标,吴稚晖于同年冬加入同盟会。随后他在法国巴黎创设世界社,主办《新世纪》周刊,不断著文宣传民主革命,与国内的武装起义相呼应,在海内外产生广泛影响。

矢志共和誓师北伐。辛亥武昌起义爆发,吴稚晖会合从美国来到伦敦的孙中山,一同研究创建中华民国的大政方略。随后回国,协助孙中山处理南京临时政府事务,带头为财政艰窘的革命政权宣传募捐,但拒绝担任官职。他对袁世凯窃取政权、实行专制、剿杀革命党人,坚决予以揭露;对张勋公然复辟帝制、段祺瑞勾结日本卖国求荣,严词加以抨击;二次革命失败后再度流亡海外,他坚持维护民主共和,利用各种方式大力宣传三民主义。孙中山改组国民党,吴稚晖被指定为中央政治委员会委员。1926 年 6 月,国共合作出师北伐,他发表《北伐告国民书》。在广州举行的北伐誓师典礼上,宣读由他起草的北伐誓师词,代表国民党中央勉励北伐将士"为民先锋,为国效忠,有进无退,救国救民"。

鼓动"清党"维护"统一"。1927年 4 月 2 日,国民党中央监委在上海举行全体会议,身为监察委员的吴稚晖在会上发表《致中央监察委员会请查办共产党文》,为会议定下基调。10 天后国民党实行清党,爆发以抓捕、屠杀共产党人为目标的"四一二政变"。国民政府在南京成立时,吴稚晖在大会发表演说,庆祝国府奠都南京和国民党恢复党权。同年武汉事变和广州事变后,对汪精卫等人痛加贬斥,并在各路军阀间斡旋调定,以维护"国家统一"和蒋介石的领袖地位。蒋冯阎中原大战后,受蒋介石委托,主持草拟国民政府组织法,筹备国民大会。其间至各地考察,在宣传孙中山三民主义的同时,积极倡导发展工业、改良教育,以他自己的方式参与国民党的"建国大业"。

鼓舞民心坚持抗战。早在 1931年"九一八事变"时,吴稚晖就对"不抵抗主义"提出批评,呼吁当局对日实行抵抗政策,为此还特地书写岳飞《满江红》词赠送蒋介石。卢沟桥事变和淞沪抗战打响后,他发起成立救济失学失业青年委员会,每周集会以"抗战必胜"为题作演讲。南京沦陷前夕,他在国民党中央党部发表《长期抗战必然胜利》的演讲,强调不要把暂时的进退"误看做胜败",在政界、军界产生积极影响。汪精卫叛逃投敌,吴稚晖致信陈璧君劝说无果,接连发表文章,揭露其卖国投敌的无耻嘴脸,并提议将汪逆永远开除出党、通缉严办。在战时生活异常艰苦的情况下,他以挂单鬻字维持生活,为逃难至川渝的亲友提供食宿,还发起节约储蓄,带头募捐、支援抗战。避居重庆期间,他不断发表演说和评论文章,激励抗敌士气民心,直至抗战胜利。

参与制宪流寓台湾。抗战胜利后,吴稚晖担任制宪国民大会临时主席,在他参与下,国民政府制定并通过《中华民国宪法》。他相应著文阐述宪政和政党政治，主张维护和发展"友党"，逐步走向"两党互竞"。但国民党统治区经济凋敝，通货恶性膨胀，官场贪腐盛行，各类社会矛盾日趋激化，不过两年时间，人民解放军即以摧枯拉朽之势席卷中原、挥戈南下，国民党统治分崩离析。1949年2月，蒋介石派专机"美龄号"将吴稚晖从广州接往台北。赴台后，吴稚晖任"总统府"资政、国民党中央评议委员，但年逾八旬的他病痛迭至、生活困苦。1953年10月病逝，终年89岁。5天后火化，骨灰海葬于金门海峡。蒋介石特地签发褒扬令，称赞他"翼赞中枢，厥功尤伟"。

二、顺应特定时代的文化作为

1962年，在吴稚晖去世后的第十个年头，联合国教科文组织第六十一届会议上，授予吴稚晖"世界百年文化学术伟人"的荣誉称号。他是迄今为止获得这一荣誉的唯一一位中国人。那么，这位一生处于近代中国政治漩涡中心，但又特立独行、言行怪僻的人物，又是凭了什么而荣膺"文化学术伟人"称号的呢？

一生致力于国民教育。吴稚晖关注教育、提倡教育，并且躬自实践办学任教。近代中国积贫积弱，遭受列强欺凌，吴稚晖认为教育不振、实业落后是根本原因，因而竭力鼓吹发展教育。他本人科考所经历的磨难，也促使他幡然醒悟，认识到"中国不能不学西方工艺，

对于兴学实刻不容缓"。赴日本留学，使其眼界顿为开阔，他主张发展教育，自一开始就与倡导青少年学子出洋留学联系在一起。1901年冬，他在广州筹备广东大学堂和广东武备学堂，第二年春即带领一批学生自费前往日本留学；随后又劝说李石曾、张静江等赴法留学，成为中国第一批留法学生。民国成立后，吴稚晖与李、张等人发起留法勤工俭学活动，先后成立俭学会、华法教育会，并争取到时任民国教育总长蔡元培的支持，拨款设立留法预备学校。以后与李石曾等人相继在北京和法国里昂创设中法大学，担任校长，以很大的精力组织多批青年学子赴法勤工俭学。当年随吴稚晖一起去法国的著名作家苏雪林，曾写下《吴稚晖先生与里昂中法大学——一个五四青年的自白》一文，对吴稚晖及其倡导的留法勤工俭学作出十分中肯的评价。吴稚晖教育理念中另一个重要而一贯的方面，是提倡职业教育，目标在于学习西方先进的工程技术，培养专业人才，以发展实业，也为青年人谋就业。他是国内最早主张普及中等职业技术教育并相应发展高等职业技术教育的人，他到处演说，并在参政会上提出提案，呼吁改革教育体制，扶持开办工程技术专科学校。为了实践自己兴办专科学校、实现"科教兴国"的主张，1918年吴稚晖毅然放弃北京大学学监的职位，转到唐山路矿学校任教，在那里主持优化课程设置，改进教学方法，亲自授课，并为学校创作校

歌,希望把学校办成一所完美的理化工程学校。即使不算早年的设塾课徒,自1897年应聘北洋大学、次年转往南洋公学任国文教席,至1948年担任江南大学校董、为大同大学学生作毕业演讲,吴稚晖与中国近代教育相伴而行,先后达半个世纪之久。

倾情宣传科学救国。就在辛亥革命爆发的那一年,吴稚晖撰写的文化史论著《上下古今谈》完稿,寄上海文明书局出版。在这本书里,他根据自己在英法的所见所闻,结合对中国历史文化的比较和反思,提出了学习西方民主制度和科学技术的一系列见解和主张。在他之前,国内曾有好多人大声疾呼"睁眼看世界"、"师夷长技",但因为吴稚晖特有的犀利文笔,和以日常生活取譬的论说风格,深入浅出地表达出他透辟的思想观点,所以特别受到欢迎。他这部铅印线装4卷20回的著作,至1918年已连续出了13版。他这一时期的评论、演讲、采访录《机器促进大同说》、《物质文明与科学——臭毛厕与洋八股》、《箴洋八股化之理学》,以及后来的《摩托救国论》、《精神物质应当并重说》和主编《科学周报》等,不仅阐述他发展科学、兴办实业、改善民生的一贯思想,也对抱残守缺、陈旧迂腐传统观念和脱离实际、食洋不化的"物质决定论"提出批评,常常被学界和新闻界称为"新上下古今谈",在社会上产生持续的影响。"五四运动"爆发,吴稚晖与陈独秀、胡适等一起,在《新青年》发表评论,宣传新思想、新文化,他特别强调科学精神、科学方法,力主发展科学教育,以工商立国,建设物质文明。此后不久,中国思想界发生了一场关于科学与玄学的大论战。先是以鼓吹生命主义哲学著称的教授张君劢,在清华大学发表演讲,对"科学万能"的唯科学主义提出批评;随即,地质学家丁文江在《努力周报》发表长文《玄学与科学——评张君劢的"人生观"》,由此拉开论战帷幕。其时,各派人物纷纷"亮剑",围绕引入西方科学文明与保存中国传统价值体系展开激烈争辩。论战高潮时期,吴稚晖发表了长达7万言的《一个新信仰的宇宙观及人生观》,系统批驳张君劢的思想观点,论述科学是一种信仰,一种可以在各个领域起主导作用的终极真理体系。论战文字的结集《科学与人生观》于1924年底出版,胡适高度评价吴稚晖在这场论战中所发挥的作用:"《一个新信仰的宇宙观及人生观》是整个论战中精华之所在","59岁的吴稚晖成了这场论战的压阵大将"。不仅是科学思想的传播,这一时期的吴稚晖,还就政治和社会变革的多个方面提出主张,从民主政治建设到男女平等,乃至改进历法、改易服饰、改行文明婚礼等,莫不加以讨论,其激进程度并不在鲁迅、刘半农之下。

积极倡导汉语文字改良。1896年吴稚晖在苏州任教时,创出一套汉字注音符号,按照《康熙字典》所列声韵对汉字的读音进行标注。这套符号借鉴篆书笔画，简洁而又便于辨认，因形似豆芽，他戏称之为"豆芽字母"。回家时把它教会了不识字的妻子和亲友，以后他奔走于海内外，每与家中通信，便用这种"豆芽字母"拼写无锡方言，作为交流的语言文字。他们夫妻之间这种独特文字的家书，每封少则千字，多达万言，居然能非常清晰而方便地表达意思。受此启发，吴稚晖开始了汉语文字改良的探索。民国成立之初，他发起成立国语统一会，被推选为汉语读音统一会首任会长。1913 年初，在他主持下确定 37 个汉字注音符号，核定了 6500 多个汉字的读音标注，编成《国音汇编草》一书，后在此基础上编纂《国音字典》出版，收字超过 10000 个。"五四"前后，他与钱玄同讨论汉字注音规范，为刘半农《四声实验录》一书作序，又创作注音符号歌，编制汉字注音符号和拼音表，以很大精力来研究汉字注音和语音的统一，以利国语教育的普及。至 20 年代初，教育部正式颁行由吴稚晖主编的《国音字典》，并配套发行《国音字母》读音唱片。以后，他在上海创立国语师范，致力于培养国语师资；师范附设平民学校，招收失学青少年，开展注音符号辅助国语教育的实验。他还出任商务印书馆国语传习所所长，担任教育部国语统一筹备委员会主席、国语推行委员会主任委员，在全国教育大会等会议上多次提出积极推广注音符号、印行注音汉字通俗读物、以 5 年为期普及注音文字等提案，期望以改进国语教育，推

动文盲学习识字。值得注意的是，吴稚晖对于汉语注音的探求，不同于"五四"新文化运动中某些人"废汉文"、"汉字拉丁化"等主张，而是在保留汉语表意为体、以神统形、讲究领悟和体验的语言文字系统的前提下，增强表音功能，发挥韵律特长，强调汉语的改良和普及，在适应口语化和走向白话文方面起到积极作用，为后来的汉语拼音开了先河。

多侧面的文化研究和传播。吴稚晖虽然大力倡导学习西方先进科技，并言词激烈地批评中国传统文化的僵死落后，但这正是基于对中国历史文化的深刻体认，而对其中的优秀成分他一向注重吸收和传扬。吴稚晖对中国的历史、哲学、伦理道德等都有深入的研究，并且比较西方思想学说，结合现实的社会、政治、文化生活，提出自己的主张。早在 1925 年，就有《吴稚晖先生文存》、《吴稚晖学术论著》编印出版，1928年时陶乐勤编辑《吴稚晖先生文粹》4 册，上海全民书局出版；同年又有东方亮编辑《吴稚晖全集》，计 10 卷 5 册，由上海群众图书公司出版，其中哲学、历史、文艺、语言文字音韵占了较大的篇幅。因为吴稚晖的文风鲜明泼辣，取譬浅近，不避俚俗，因而在同时代一般读者中产生很大影响。1934 年，当局有鉴于全国高等教育重文轻理倾向突出（统计全国文科在校学生 2 万多人，而理、工、农、医合计不过 9000 人），为优化高校文理科结构，教育部下令停办部分师

资、设备相对不足的学校，无锡国学专修学校亦被指令暂停招生。5月，吴稚晖特地写了一封长信给教育部长王世杰，希望对这所私立专门学校予以"软性救济"，适当维护，不要让它终止。信中他对自己早年所说"投线装书于毛厕"作了解释，当年的"激宕之言"，是针对有人以尊孔读经压制科学、民主而发，并不是一概否定国学，更不是要毁灭中国传统文化。"三十年之后，中国科学昌明了"，应"把这些书捞起来读"。在他的支持之下，无锡国专这所在近代教育史上独树一帜的学校得以保留存续。除此而外，吴稚晖还应聘担任故宫博物院理事、南京中央博物院理事，指导历史文物的收藏保护；出任国立音乐专科学校筹备委员会委员，带头捐款赞助国乐教育；发起创办无锡美术专门学校，与苏州美专偏重于油画、水彩不同，而致力于国画的修习和传承，培养了一些后来很有作为的国画家和国画教育人才。吴稚晖本人的书法艺术有很深的造诣，尤以篆书的遒劲而不失秀丽著称，与国民党另一元老于右任的行书相齐名，而这也依托于他深厚的传统文化学养。为此，1927年设立中央研究院，吴稚晖当选为评议员（后改称院士）；国民政府设立大学院，他受聘为委员和特约著作员；1930年5月，国际联盟通过决议，聘请他为国际文化事业协进委员会委员，他的文化学术成就赢得了国际荣誉。

坚持风格独标的人文精神。吴稚晖一生不恋官位，不图钱财，他竭力倡导科技实业、物质文明，但个人的物质生活十分俭朴；而在精神上却是锋芒毕露、敢说敢为，绝不阿谀逢迎，有着开阔的精神襟怀。这与他所处时代的官场社会投机钻营、争权夺利、贪污腐败、奢侈糜烂的风气景象，形成鲜明的对照。加上他言语尖刻，行止不依常规，常有惊世骇俗之举，所以被很多人目为"怪人"。早年吴稚晖进江阴南菁书院读书，谒见山长黄以周时，见案桌座右有"实事求是、莫作调人"八字铭文，深受启迪，"从此一生只认得真理是非，而不肯随便调和"。他在为高攀龙入圣庙撰文和为孙继皋编著年谱时，对家乡前贤"严气正性、卓然自立"，以及"吾人立身天地间，只思量作得一个人是第一义"的论说十分钦佩，特意立下"忠孝勤俭、闳达沈毅"的八字自立之箴，以及"乐贫贱、务专精、养气度、祛私欲"等八条自勉之箴。同盟会时期，他与蔡元培等人发起组织"进德会"，分别以"三不"至"八不"为入会条件，相互约束，以为社会树立风气。其中最高要求"八不"包括：不赌博、不狎妓、不官吏、不议员、不纳妾、不吸烟、不喝酒、不食肉。除招待朋友偶尔尝肉饮酒外，吴稚晖是唯一一个终身基本坚持规约的会员。民国元年组建民国政府，孙中山准备将教育总长一职授予吴稚晖，他坚决推辞说："我愿意任奔走之劳，做官我是做不像的。"1928年南京国民政府成立，蒋介石多次请他出任高官，1943年林森去世，

又准备由他继任国府主席，他一概回绝，说："我是无政府主义者，脾气又不好，不敢当官。"抗战时避居重庆，日军飞机轰炸，将吴稚晖居住的房屋震塌。蒋介石数次邀他搬到嘉陵江对岸环境较好的黄山，承诺为其另建住宅，他婉言谢绝，诙谐地说："生平不修边幅，一切自由自在"，"住惯了坏房子，好比猪住在猪圈里很舒服，倘使把猪搬进水门汀洋房，反而要生病的"，"我还是保全老命吧"。吴稚晖被尊为元老，但他从来反对为自己做寿，风趣地说自己是"偷来人生"，绝对不能做生日，"因为是阎王的逃犯，被阎王得知要捉拿归案的"。1944年国民党中央发起签名活动为他祝寿致敬，并为醵集"敬恒奖学金"，他坚辞未果，特地在报刊登出启事，并致信蒋介石，说"误传所谓生辰，惊动所尊礼之同志，所敬爱之亲友，……惶惑无地"。对醵金一事尤其反对，认为是在战时情况下，"于同志叫化身上，夺取冷饭团"。吴稚晖一生担任的"官职"只有中央监察委员（评议委员），其他如国府教育委员会委员等均视作名誉职位，从不领取薪水。他平时要招待接济的亲友不少，不敷开销便以鬻文卖字为补充。他自己则以贫贱自处，每日"两粥一饭，小荤大素"；平常穿着青竹布长衫，外出时罩一件玄色马褂，还是用清末时一件旧箭袍改制的；市内出行总是安步当车，从不乘车坐轿；家中住房也相当狭小，除必不可少的几件起居器具外，就是满橱满架的书籍报刊和几十大

箱文稿信件。去台湾后生活相当困窘，但他还是省出钱来接济亲友故旧，并惦记着集资在家乡雪堰桥镇兴建一座规模较大的图书馆，以供好学之人自习进修之用。

吴稚晖视权钱为身外之物，以清贫俭朴终其一生，同时代人称他"泥涂轩冕、浮云富贵"。他安身立命、处事待人的宗旨，体现了中国知识分子"忧乐圆融"的人文精神，依附于他与众不同的独特个性，便凝聚成一个特别的类型，这在中国近代巨大的社会转型中尤其显现出鲜明的棱角和锋芒。胡适曾在演讲中这样评价吴稚晖："吴先生一生所以大过人者，正在他真能刻苦律己，而不肯以刻苦责人；他能自己不享用物质上的享受，而希望人人都能享用物质上的享受。"他认为，"实事求是、莫作调人"，是吴稚晖精神品格的核心，"中国思想家就以这样的精神，将思想自由的火炬一代一代传承下来。也是因为这个精神，使中国的思想家在这个新世界新时代里，不感到陌生。"

三、身后百年

吴稚晖生活和活动的近代中国，处于一个新旧更迭而又充满曲折反复的时代。而吴稚晖丰富的人生经历和复杂的社会关系，更使他成为一个混合了多重色彩历史人物，以至于在他谢世差不多一个甲

子之后，人们依然很难对他的面貌作出完整而清晰的描绘。近代中国国共两大党，有合作更有斗争冲突，吴稚晖作为国民党中枢智囊，必然维护其本党利益，并多有反共言论行为，但也在很多方面与中共领袖人物有着千丝万缕的联系。所以当国民党在军事战场上全面溃败，吴稚晖不得不随同蒋家父子退出大陆、困居海岛，目睹共产党建立起人民共和国，其复杂心态，是没有经过那30年跌宕起伏的人们所无法体会的。在他去世后的60年内，海峡两岸的政局发生了巨大变化，吴稚晖在政治方面的影响已完全消退，而他的文化成就也许会在一些方面长久地得到人们的关注。

论我国古代佛教摩崖刻经艺术[1]

尚 荣

摘要：本文选取佛教刻石中的摩崖刻经为研究对象，对摩崖刻经的定义及其代表性遗存分布进行了阐述，通过分析指出摩崖刻经的形成，其内在原因乃在于灭佛运动的催生和灭法思想的影响，并进一步分析典型摩崖刻经所具有的壮观和禅观的宗教功能，最后对摩崖刻经的艺术价值进行了概括和总结。

关键词：摩崖刻经　定义与分布　形成原因　宗教功能　艺术价值

作者：尚荣，哲学博士，南京大学哲学系讲师，主要从事中国哲学及佛教艺术研究。

我国考古发现最早的有文字的石刻约为商代出土，时间在公元前13世纪。[2]秦国和西汉时期，石刻均甚少，存世数量零星，屈指可数。最为著名的书法文献当属战国时秦国的《石鼓文》。及至东汉，达到了我国古代石刻发展的第一个高潮。而东汉产生的诸如墓志、造像、刻经、题名等石刻形式都在魏晋南北朝时期得到了勃兴和定型。其中，北魏由于佛教兴盛，传道译经活动兴起，造像和石窟广泛开凿，大大促进了石刻艺术的发展，石刻的数量、种类、艺术水平等都大大超过了东汉，成为石刻发展史上的第二次高潮。其后的隋唐、宋元明清即是在这些石刻形式的基础上不断的生长发展并逐渐衰落。本文旨在对北魏时期的佛教刻经，尤其是摩崖刻经这一独特的艺术形式做一典型性分析研究，旨在对其成因和功能，以及其艺术价值做一概括和总结。

一、摩崖刻经的定义及其代表性遗存

将经典文字刻于石头之上，历

史可谓久远,在现存的中国的刻经遗存中,石刻佛经是极其重要的组成部分,形式表现丰富多样,包括经板、摩崖、石窟、碑石头等。

摩崖石刻是指在天然的崖石上镌刻文字或形象等内容的一种艺术形式。摩崖在各类刻石形式中出现较早,例如书法史上赫赫有名的东汉时的《石门》、《西狭》等即当时摩崖石刻。摩崖刻经则是产生于北朝末期的北齐时代并在这一时期发展至极盛的一种佛教书法形式,这一形式成为佛教传播的一种重要载体和方式,是研究佛教史的重要资料,在书法史上具有重要地位。

石刻经板是指佛教僧侣和信徒们将佛教经典刊刻在石板之上的一种艺术形式。在某种程度上,佛教石板刻经大大受到儒家刻经活动的影响。儒家石经往往为官方所立,即将儒家经典镌刻于石,一则作为定本,勘正谬误;二则象征权威,匡正天下。西汉王莽曾于平帝元始元年(1年)命甄丰摹《易》、《书》、《诗》、《左传》于石上,此可看做是儒家刻经之始,目前有实物存留的儒家经典就有:东汉灵帝熹平四年(175年)蔡邕主持刊刻的"熹平石经";三国魏齐王曹芳正始间(240—249年)用古文、篆、隶三体书刻的"正始石经";唐文宗开成二年(837年)用楷书书写刻制的"开成石经",后蜀孟昶命母昭裔督刻的"蜀石经";宋仁宗嘉祐六年(1061)用篆、隶二体书刻的"北宋石经";宋高宗御书刻制的"南宋石经";乾隆年间刊刻的"清石经"。儒家刻经的首创以及其一直的延续发展对佛教刻经产生了积极和直接的影响。

我国北朝的摩崖石刻主要分布在北齐统治区内的河南、河北和山东省境内,而尤以山东境内的泰山摩崖刻经最为著名。泰山的北朝摩崖刻经有经石峪与徂徕山两处,还有附近的东平洪顶山以及所谓的邹县"四山摩崖刻经",即葛山、尖山、岗山、铁山四山。具体如经石峪刻《金刚般若波罗蜜经》、徂徕山映佛崖《摩诃般若波罗蜜经》节文、徂徕山光华寺遗址《十八空》与《佛名》。这部分石刻堪称是中国摩崖刻经的代表:

泰山经石峪刻经,为北齐时候所刻,内容为《金刚经》前部分,故而亦称《经石峪金刚经残字》,位于泰山南麓斗母宫东北1公里处山峪的自然坪坡上[3]。

徂徕山刻经,现存山南麓映佛崖山顶[4]与光华寺址[5]的巨石刻经两处。映佛崖顶所刻为《文殊师利所说般若波罗蜜经》,光华寺址所刻经文选自《摩诃般若波罗蜜经》。

尖山大佛岭刻经,位于邹县城东6公里的尖山,分布在尖山东部1公里处,巨石上刻有"大空王佛",所以此处俗称大佛岭。有经文2段,佛名 1 处，经名 1 处，偈语 1 处，题记、题名 10 段，共四百余字，可惜刻经和题记今皆不存，只有拓片传世，结合《山东通志·艺文志·石志》以及山东省博物馆与泰安市博物馆所藏的拓片可知。其内容有：

僧安等题记拓片[6]；

徐法仙题名拓片[7]；

"文殊般若"题名拓片[8]；

《文殊般若经》拓片[9]；

年款题刻拓片[10]；

唐邕妃等题名拓片[11]；

"大空王佛"题名拓片[12]；

僧安道一等题名拓片[13]；

法门等题名拓片[14]；

韦伏儿题名拓片[15]；

《诸行无常偈》拓片[16]；

长达题名[17]；

沙门僧安道壹题名拓片[18]；

葛山刻经，位于邹城 13 公里大束镇葛庄村北 1.2 公里处，长 21 米，宽 8.5 米，隶楷书，10 行，中间另空一行，行 42 字，字径 50 厘米，内容为《维摩诘经·见阿（门内众）品》，鸠摩罗什译。另有题名 6 行，风化严重。

铁山刻经，位于邹城城北铁山之阳摩崖石坪上，刻有经文、石颂、题名。经文为《大集经·海慧菩萨品》。刻面长 53 米，宽 15.6 米，经文 17 行，行 57—62 字，隶楷书。字径 50—70 厘米。石颂：刻于经文下方，刻面长 17 米，宽 3.5 米，上刻"石颂"两个篆字，字径 70—95 厘米，隶楷书，12 行，行 43—52 字，字径 22 厘米。由于文字太长在此不做录入，最有价值的是石颂最后有"缣竹易销，金石难灭，托以高山，永留不绝，寻师宝翰，区（悬）（独）高，精跨羲诞，妙越英繇，如龙蟠雾，似凤腾霄"的语句，这显示了末法观念的影响，可以肯定的是，大字摩崖刻经是佛教徒对佛教的一种保护措施。另有孙洽等题名位于经文、颂文下方，刻面长 3.25 米，宽 3.4 米，隶楷书，6 行，行 3—10 字，字径 19—30 厘米。内容为：宁朔将军大都督任/城郡守经主孙洽/东岭僧安道壹署经/齐搜扬好人平越将军周/任城郡主簿大都维那/闾长嵩。还有李巨敖题名，现已不存，唯有拓片存世，内容为：齐任城郡功曹周/平阳县功曹大都/维那赵郡李巨敖。

冈山刻经，有刻经两种，一为《入楞伽经·请佛品第一》节文，一为《佛说观无量寿佛经》节文。《入楞伽经·请佛品第一》刊刻了两处，一为散刻大字，字径 30—40 厘米，分布在东、西两区 30 余块巨石上，另一块为较为集中的小字，字径 10—20 厘米，分布在东、西两区 5 块巨石上。《佛说观无量寿佛经》在东区"鸡咀石"上，刻东、南两面，内容连贯。东面高 2.3 米，宽 1.4 米，楷书，10 行，行 15 字，字径 11—14 厘米。南刻面：高 1.3 米，宽 0.95 米，

楷书,5 行,行 8 字,字径 10—15 厘米。另外有题名、佛名。佛名中出现了阿弥陀佛、大空王佛、一切佛的字样。[19]

二、摩崖刻经产生的背景与成因

对于摩崖石刻,我们需要对其兴起的背景和产生的成因进行分析和探讨,在此,通过一些时代背景和历史事件的梳理,我们可以看到,摩崖石刻的产生受到当时末法思想的直接影响,与北魏灭佛运动有着直接的关联。

所以说,北朝摩崖刻经的出现基于两个方面的历史背景。一是佛教末法观念的深刻影响,二是北朝灭佛运动的当下催生。

首先是末法观念的影响。《佛光大辞典》解释"末法"这一概念解释说:"正法绝灭之意。指佛法衰颓之时代。与'末世'、'末代'同义。乃正、像、末三时之一。教法住世有正法、像法、末法三期变迁。"[20]末法时代之思想即"末法思想"[21],此种思想散见于经典之中。末法之思想促成教徒们开始反省与奋起,并开始思考和寻求解决、挽救的方法。我国文献中,此种思想最早见于北齐慧思(515～577)之南岳思禅师立誓愿文;其次为隋代信行(540～594)提倡之三阶教,认为当时已进入末法时代。唐代道绰(562～645)、善导(613～

681)等则主张与末法相应之净土教,强调忏悔、念佛等之实践生活为信仰重点。北齐时末法思想的兴盛可以说是导致这一时期石刻佛经的原因之一。

其次,两次灭佛运动是导致北朝时期刻经兴盛的直接原因。北魏第三代皇帝拓跋焘(408～452)灭佛,史称太武法难[22],为我国佛教'三武一宗'之厄中第一武之厄。北周武帝(543～578)灭佛史称周武法难[23],由于北魏太武帝、北周武帝两次灭佛。佛教遭劫甚巨。可以说正是这样的打击导致了刻经运动的反弹。

正如前文所提,铁山刻经之石颂部分,有"缣竹易销,金石难灭,托以高山,永留不绝,寻师宝翰,区(悬)(独)高,精跨羲诞,妙越英繇,如龙蟠雾,似凤腾霄"的语句,这明确的说明了进行这项浩大摩崖石刻工程的出发点和目的,也显示了末法观念的影响,可以肯定的是,大字摩崖刻经是佛教徒对佛教的一种保护措施。

由于末法观念影响和北朝灭佛运动的打击,出于对佛法灭绝的恐惧,为了永久保存佛法的目的,广大信众广造窟像、大刻石经,力图使佛法永恒,从而催生了摩崖刻经这种佛教书法新形式,石刻佛经活动开始盛行。道宣《续高僧传》中曾记载僧慧思言曰:"我佛法不久应灭,当

往何方以避此难?"显示了末法思想带来的深深的忧虑。邹县铁山石颂上所刻的:"金石难灭,托以高山,永留不绝"以及河北响堂山石窟中由北齐重臣唐邕题铭中说:"以为缣缃有坏,简策非久,金牒难求,皮纸易灭。……一音所说,尽勒名山……一托贞坚,未垂昭晰,天神左右,天王护卫。"就是信众们将佛经刻铭于高山贞石,使之传之后世,留存不朽,避免再次有灭佛活动而带来毁灭性打击。刻铭摩崖可为众人观瞻颂拜,起到了强烈的宣传作用。有强烈的弘法作用,可以观瞻、可以称诵、可以礼敬。在北魏太武帝、北周武帝两度灭佛的劫难之后,具有"末法"观念的佛门弟子广泛的刻经于石以求法存。更迫切的是将易毁的佛经抄本转换成永恒的、难于毁坏的摩崖石刻,托以永久。

三、摩崖刻经具有的宗教功能

北朝时期出现的摩崖刻经是北朝时太武、周武的两次灭佛后书法与佛法结合的新形式。摩崖的两点好处:"(一)可以永久保存,不易亡失。虽然难免遇到地震山崩,或人为的破坏,毕竟比碑刻经久。(二)刻文字的面积大小随意,不受限制。"[24]这里就指出了摩崖刻经的两个特点,一是永久保存,二是字体巨大。正是这两点可以满足佛教徒和信众永久保留和彰显佛法庄严的

愿望。

北朝摩崖刻经字体巨大,颇为壮观,使得抄经从屋宇走向了自然,从纸张过渡到石材。佛教作为一种宗教,其在传播中总要突出他的神圣性、永恒性,佛教与书法结合后,这种要求的最好体现就是在摩崖刻经。石刻浑厚肃穆,巨大的体量占据于天地之间,与自然相联系,体现永恒性和震撼力。摩崖刻经宏大而雄伟,象征佛教的威严与神圣,使人产生敬仰和膜拜之情。摩崖刻经的功用实为制造强大的宗教震慑力,以期产生强烈的"宣教作用"。摩崖刻经这种形式形象的显示了佛法的浩大庄严,具有强烈的威慑力量。此时书法的审美意趣并非是第一位的,字体的宏伟、刻石的艰难、工程的浩大其实是突出佛法的庄严和永恒,这才是这一时期佛教摩崖刻石书法的意义所在。"将佛经刻于自然的山石,不仅仅是为了保存佛经,更为重要的是为了烘托宗教环境的氛围,给人以视觉上的刺激。如果仅仅是为了长久保存佛经,不如采取一般石板的形式,如北京房山云居寺石板刻经,把经文用小字书刻于平滑的石板,密封于坚固的洞窟,即能完整地保存经典,又便于存放,无须刻擘窠大字于山野。况且从摩崖刻经的具体情况看,由于字大如斗,一摩崖所刻经文文字有限,最多者不过千余字(经石峪)。没有将佛

经全部书刻下来，说明其目的并不是单纯地保护佛经，而是出于制造宗教环境氛围的需要。"[25]

还有就是可以禅观。有学者认为摩崖刻经对于禅行有一定作用。从环境里来看：依据禅宗初祖达摩语录《二入四行论》的"如是安心者壁观"。泰山的刻经中徂徕山映佛崖《摩诃般若波罗蜜经》节文是这一观点的最好佐证，由于山顶映佛崖刻经所刻凿的位置在一垂直的立面上，而前方正好有平石，可提供修行者坐于石上坐禅修行，一边修行一边禅观对面壁上的摩崖经文，形成绝佳的壁观场所。除了实际环境提供给佐证以外，山东摩崖所刻最多的是般若经，又以《文殊般若》节文最普遍。"《文殊般若经》恰是一个禅宗极为重视的经典。北宗大师神秀曾回答武则天'依何典诰'之问，即云：'依文殊般若经一行三昧'。神秀此言承自弘忍与道信，将《楞伽》与《文殊般若》结合起来的正是有中国禅宗四祖之称的道信。北朝禅宗还处在酝酿期，尚未形成，但是当时确有下层游僧在活动，数量大成分杂的下层僧众及北朝流民是禅宗形成的基础。以泰山刻经为代表的山东摩崖刻经，体现出很多重要的特征。其中既有与天然洞或禅窟相并存，也有适于坐禅观想的环境，更有《文殊般若》、《般若波罗蜜》及《金刚经》的内容。道信将《楞伽》与

《般若》合一'再敞禅门'，将禅法推至新境界，但是现从山东泰山等处刻经的实际遗存中，可知其趋势早已有出现。"[26]

四、摩崖刻经的艺术价值

刻经往往先由书者书丹，再由刻者镌刻。书丹者多为佛教界的书法高手。从山东摩崖刻经看到的大多刻经都打上界格力求齐整，可见书丹者事先对山崖有一个规划设计，并且处于宗教的虔诚，非常慎重的看待刻经活动，充分考虑到整体效果的严整性，并非随意。目前学界认为刻经的书丹者、倡导者为僧安道壹，其书法在铁山《石颂》中被誉为"青跨羲诞，妙越英繇。如龙蟠雾，似凤腾霄"。其书法的结体特征和用笔方法在前文已经略作交代。再看泰山摩崖石刻中的经石峪石刻《金刚经》，其所体现的整体规模以及具体到每一个字的刻写水准，都达到了很高的艺术水平。因为深藏于山中，被人们认识较晚，所以传播并不广泛，一直到了清代中期，碑学大播，经石峪摩崖《金刚经》逐渐受到追捧，也获得了书家的青睐，一度声名鹊起。清代的包世臣、刘墉、俞樾、康有为、李瑞清、曾熙等书法大家，都受到经石峪摩崖《金刚经》或多或少的影响。清书家、书法理论家包世臣在其《艺舟双楫》中曾有评价，将泰山经石峪大字与《瘗鹤铭》

相提并论,推崇备至。清康有为《广艺舟双楫》也对泰山经石峪褒奖有加,认为是"榜书之宗",近人马宗霍认为康有为自己的书法艺术,其结构取法六朝书风,主要又在于《石门铭》并以《经石峪》、《六十人造像》及《云峰石刻》诸种参考融合而成。清初书法家刘墉在嘉庆年间所作的《经石峪跋文》中说自己自从得了数十种北魏碑版之后,潜心学习,倾力为之,才得以像《泰山经石峪》残字,是为欣慰。由此可见,泰山经石峪摩崖刻石书法对清代书法的影响是非常深刻和广泛的。

"从刻经的发展来看,由纸写本经变为摩崖刻石,有两个显著的变化,一是由小字扩展成擘窠大字,一是由书写在纸上变为刻在自然山石上。佛徒信士在接受方式上也随之变化。由端坐在寺内持卷诵经变为游动在山水之间仰视。这样一来,以汉字为表现媒介的书法艺术的视觉功能大大增加,它参与了大的宗教环境艺术的创造。规模宏大的摩崖刻经,构成了宗教环境的一个基本原件,和寺庙建筑、佛教绘画、雕塑一样成为宗教环境的一个组成部分。"[27]北朝摩崖石刻往往随山就势,篇章宏大,字体丰硕,气韵厚重风格独到。被誉为"大字鼻祖、榜书之宗"的《泰山经石峪》摩崖堪称北朝摩崖石刻的代表作,其宛若低眉合掌的大佛,传达出强大的佛教精神,震慑人心。"北朝摩崖刻经不仅字迹巨大,它'通隶楷备方圆'表现出佛教传入汉地,与中国书法结合以来最具有佛教意味的艺术精神和审美追求。其艺术个性及艺术成就在佛教刻经史中都是最为突出的。艺术个性鲜明、形式感强,既有传统,也有创新,兼收并蓄,继往开来。"[28]

结　语

佛教刻石主要包括摩崖刻经、碑板刻经、造像题记、经幢墓志、寺塔碑铭等。佛教刻经早在北魏、北齐时就开始形成规模,至北齐、北周始盛,及至隋唐仍十分勃兴,宋辽明清渐趋衰落。这一发展历程,其间受到了诸如环境、人物、事件、技术等等多方面的影响。有学者对其进行了总结:"佛教刻经在其发展过程中,同其他事物的发生发展一样,有高潮,也有低谷;有始,亦有终。北朝大规模的摩崖刻经,是佛教刻经史上的第一个高潮。主要分布在山东河北等地;隋唐时期,以北京房山刻经为代表的碑版刻经是第二个高潮。这一时期刻经不仅数量繁多,工程浩大,而且分布广泛。从南至北,由西向东,遍及全国。唐以后,碑板刻经比较发达,南方的许多寺庙和杭州孤山寺等,也有镶嵌于墙壁的刻经(现已不存)。宋朝起,木刻佛经开始兴盛,石刻佛经渐少。只有房山刻经仍延续着创始人静琬

的初衷,在辽金少数民族的统治下,不但没有中止,而且蓬勃发展,进入新的高潮。元、明之季,刻经进入尾声。此时僧人信徒的手写佛经,包括舌血写经,金粉、银粉写经等作为对佛教虔信和积德行善的表示,颇为流行。"[29]

本文选取我国摩崖石刻的典型佛教刻经遗存予以关注和研究,对其形成原因和所具备的宗教功能加以探究,对其艺术价值进行概括,旨在通过对摩崖刻经的研究梳理,进一步了解我国佛教刻石的成就和艺术风格,并从中归纳出佛教的发展演变对佛教书法艺术样式的内在影响。

注 释

[1] 本文为 2012 年教育部人文社会科学研究青年基金项目《汉传佛教与书法——类型、成因、价值影响及其美学意蕴》阶段性成果之一,项目批准号为:12YJC730008。

[2] 据现代考古发现,河南安阳殷墟妇好墓中所出土的玉戈、石磬、石牛各一件上均刻有字,另一大墓中所出土的石簋断耳上,刻有 12 个字,此可以归为商代刻石。另外,江西清江吴城遗址还出土了大量石刻文字,时间也是商代。据此,可认为是我国目前发现的最早石刻文字。

[3] 石坪刻面最长处 52 米,短处 26.4 米,宽 32.2 米,面积约 1200 平方米。经石峪所刻经本为姚秦鸠摩罗什所译的《金刚经》前 16 分,自"如是我闻,一时佛在舍卫国祇树给孤独园"起至"当知是经义不可思议果报亦不可思议"止。隶楷书,共 47 行,每行 10—92 字不等,字径 50—60 厘米,按照经文应该是 2998 字,由于风化剥蚀,加之最后一小部分应是未刻出,近年经过清理,共得 1382 字(有笔痕者皆记之)。

[4] 映佛崖顶刻有《文殊师利所说般若波罗蜜经》,刻面高 1.35 米,横 3.40 米,字径 20 厘米,共 14 行,行 7 字。隶真书。刻面向南,分三层,最下层为刻经,上两层在经文的右上角,最高层刻题记两行:"般若波罗蜜经主□冠军将军梁父县令王子椿□"。还有《般若波罗蜜经》主及梁父县令王子椿等题名。第二层刻 4 行:"普僖□武平元年□僧齐大众造□维那慧游□"等 15 字。

[5] 光华寺址石刻分为两面:南面刻面高 1.33 米,横宽 2.02 米,经文 8 行,加题名等共刻 13 行,行 7 字不等,隶真书,经文内容选自《摩诃般若波罗蜜经》。据石刻残迹可辨刻于经文之后的题名为:"令王子椿造/息道升道昂/道昱道拘/道真并造"。原在《大般若经》石之左,刻有佛名:"弥勒佛/阿弥陀佛/观世音佛",近代被毁。在该石东侧面还有:"中正胡宾/武平元年"的题名。

[6] 长 6.12 米,宽 0.95 米,隶楷书,3 行,行 32 字,字径 25 厘米。内容为:大沙

门僧安与汉大丞相京兆韦贤十九世孙州主簿兼治中镇军将军胶州/长史北肆州刺史兴祖弟子深妻徐息钦之伏儿等同刊经佛于昌邑之西绎岭（山彔）山里于时天降车迹四辙地出踊泉一所故记大齐武平六年岁□末六月一日。

[7] 长 2.99 米，宽 0.48 米，隶楷书，1 行，共 9 字，字径 35 厘米。内容为：经主韦子深妻徐法仙。

[8] 长 2.28 米，宽 1.75 米，隶楷书，2 行，行 2 字，字径 75—98 厘米。

[9] 隶楷书，字径 50 厘米，原作 7 行，行 14 字，选自梁曼陀罗仙所译《文殊般若波罗蜜经》。

[10] 长 1.09 米，宽 0.57 米，隶楷书，2 行，行 11 字，右边为"十""儿"两字，左边为"武平六年岁□月□□日"的题款。

[11] 长 2.76，横 1.20 米，隶楷书，3 行，行 11 字不等，字径 32 厘米。内容为：经主□尚书晋昌王唐邕妃赵/经主□□同陈德茂/经主□□□德信妃董。

[12] 长 6 米，宽 1.85 米，隶楷书，1 行，共 4 字，字径 175 厘米。《思益梵天所问经》拓片：隶楷书，字径 50 厘米。原作 6 行，行 13 字，节选自鸠摩罗什所译《思益梵天所问经·问谈品》。

[13] 一条长 3.3 米，宽 0.42 米。内容为：大都经佛主大沙门僧安道壹。一条长 5.82 米、宽 0.42 米，字径 40 厘米，内容为：佛主前大发心经主汉大丞相十八世孙韦伏儿韦钦之。

[14] 长 3.59 米，宽 0.45 米，隶楷书，1 行，15 字，字径 30 厘米，内容为：比丘尼法门法力慧命法（乡易）阇□善住。

[15] 长 1.38 米，宽 0.86 米，隶楷书，2 行，字径 30 厘米，内容为：经主□骑伏儿/经主□韦骑。

[16] 长 1.33 米，宽 0.43 米，隶楷书，1 行 4 字，字径 30 厘米，内容为"诸行无常"，另一张长 1.1 米，宽 0.65 米，隶楷书，3 行，行 2 字，字径 30 厘米，内容为："生灭/寂灭/韦玉"。

[17] 长 0.91 米，宽 0.62 米，隶楷书，2 行，行 2 字，字径 30 厘米，内容为：振息/长达。

[18] 长 0.98 米，宽 0.6 米，隶楷书，3 行，行 2 字，字径 30 厘米。内容为：沙门/僧安/道壹。

[19] 泰山经石峪刻经及四山刻经的田野考察资料和数据乃依据赖非：《山东北朝佛教摩崖刻经调查与研究》（北京：科学出版社，2007.12）一书中相关章节整理而成。

[20] 即佛法分三个时期，即正法时期、像法时期、末法时期。正法时期一千年，像法时期一千年，末法时期一万年。现在正是末法时期，即佛法进入了微末的时期。

[21] 释尊入灭后，教法住世历经正法、像法时代，而修行证悟者渐次减少，终于

97

至末法时代，从此一万年间，则仅残存教法而已，人虽有秉教，而不能修行证果。此一万年间，即称末法。

[22] 北魏第三代皇帝拓跋焘（408～452）。初时崇信佛法，礼敬沙门，时宰相崔浩结托道士寇谦之屡于帝前诽谤佛教，适逢卢水之胡盖吴聚众谋反，帝进兵长安，入一佛寺，发现便室中藏有弓矢兵器甚多，疑沙门为非法事，大为震怒，遂下诏尽诛长安沙门，焚毁经像。七年，帝下诏普灭佛法，所有浮屠形象及一切经，皆击破焚毁，沙门无论长少悉坑杀之。

[23] 北周武帝（543～578）初重佛法，深信谶纬之学，时谶言黑衣当得天下，帝甚忌之。道士张宾指黑衣乃释氏之谓，帝遂重道轻佛；于天和四年（569）召沙门、名儒、道士、文武百僚二千余人于文德殿论三教优劣，议其废立。建德二年定三教先后为儒、道、佛。建德三年，帝因道士张宾而自升高座与法师智炫论难，被屈导致盛怒，于次日下诏并废佛道二教，破毁寺塔，焚烧经像，沙门道士并令还俗，关陇之佛法诛除殆尽，建德六年，灭北齐，复下诏悉毁齐境佛寺经像，僧尼三百余万并令还俗，北地佛教，一时声迹俱绝，史称周武法难。

[24] 施蛰存《金石丛话》，中华书局，1984年7月版，44页。

[25] 李一. 环境艺术的创造——论北朝摩崖刻经. 中国书法家协会山东分会山东石刻艺术博物馆编《北朝摩崖刻经研究》，齐鲁书社，1991.12，第45页。

[26] 张总. 泰山石刻的佛学价值. 泰山学院学报，2003年第5期1—5页。

[27] 李一. 环境艺术的创造——论北朝摩崖刻经. 中国书法家协会山东分会山东石刻艺术博物馆编《北朝摩崖刻经研究》，齐鲁书社，1991.12，第45页。

[28] 耿鉴. 论佛教刻经书法的流变. 摘自《美术史论》，1992年第4期。

[29] 耿鉴. 论佛教刻经书法流变. 美术史论，1992年第4期，转引自上海书画出版社编《20世纪书法研究丛书. 历史文脉篇》，上海书画出版社，2008年，第505页。

小城镇的文化功能

——传统民间音乐在现代社会中的发展

杨曦帆

　　摘要：小城镇是一个区别于纯粹农村和大城市的概念。研究发现，在我国现代化发展过程中，小城镇对于传统民间音乐文化有着不可替代的作用，在发展上是城市和乡村的过渡阶段，在文化上也是传统和现代的中间环节。本文针对民间音乐的发展、传承以及非物质文化保护等问题，结合小城镇社会功能上所起到的作用予以探讨。

　　关键词：小城镇　民间音乐　传承

　　作者：杨曦帆，男，1969年生，文学（民族音乐学）博士，南京艺术学院音乐学院教授。

　　2011年中国城市人口第一次超过乡村人口，城市化水平超过50%。这不是一个简单的一个城镇人口百分比的变化，这意味着人们生活方式、生产行为、职业结构、消费倾向以及价值观念、娱乐类型等等都会随之发生变化。伴随着这些变化，生存于民俗中的民间音乐在传承与发展问题上也可能会发生变化。随着整个社会城市化进程的发展，小城镇不仅在发展上起到城市和乡村的过渡作用，同时在民间音乐文化上也是传统和现代的中间环节。

一、小城镇对于传统文化的功用与意义

　　小城镇在经济、文化、政治上扮演着乡村与大城市过渡的角色。著名社会学家费孝通先生曾指出："如果我们的国家只有大城市、中城市没有小城镇，农村里的政治中心、经济中心、文化中心就没有腿。"[1]也就

是说，一个小城镇就是其周围农村社区经济、政治、文化等社会活动的一个中心。在日常生活中，它既是农村工业和手工业生产基地、农村商业和服务业最集中的场所、农村交通运输和信息传递的枢纽、农民的商品交换和休闲娱乐场所，同时也是人口较为密集的区域、农村政治、行政、社会组织活动的中心，是乡村文化和城市文化碰撞与交融的空间。

在当今社会，对非物质文化遗产的重视，达到了前所未有的高度。早有专家指出，对于传统艺术主要在于"活态"保存，那么什么是"活态"？这种"活态"又是如何可能的？这在理论上需要进行梳理。笔者认为，尽管"活态"存在于民间，这似乎是不争的事实。但是，乡村虽然有"活态"的一面，但在乡村，由于受到社会发展的限制，缺少必要的条件让传统的"活态"文化在现代社会中获得碰撞与展示的机会，或者是获得一种与现代社会文化相交融的机会。从另一个角度讲，大多被我们"后来"认为是"艺术"的东西在乡村原本都是一些"民俗行为"。如何使得这类"行为"在现代社会文化中得以接受，这里面还有一个重要的中转环节。也就是说，从"非遗"保护的角度讲，从原初的属于社会、民俗行为状态的"活态"到被大众接受的"艺术"之间还需要一个环节。"非遗"的重要任务不仅在于要让更多的人认识到民间艺术的动人魅力，同样还在于如何让民间艺术获得自我发展的能力。在这个意义上，小城镇、特别是东部地区的小城镇[2]是民间音乐"活态"化发展的重要环节。

由于有小城镇的依托，农民不仅在生产方式上超越了农村的局限而发展丰富的小手工业，在文化上也不断地由传统的农村向城镇化发展。一个新兴的集市和码头同样也可能是一个民间音乐兴起、流变和传播的起点。对于传统文化而言，其表现方式为音乐符号，但其生存方式则是和民俗、生产乃至整个生活方式分不开的。在这个意义上，小城镇不仅是一个区域的农民生活的重要依靠和经济中心，同时也是文化娱乐的重要空间。比如，庙会一直是传载传统文化的重要场所，在很多小城镇，名目多样的庙会承载着民间信仰，表达着人们在现实中对生活的祈求，也承载着地方风俗和传统文化并以特定的音乐形式为其符号。所以，小城镇既是经济中心，也是文化中心。而小城镇的民间音乐其核心特点就在"民间化"和"民俗性"，处于从乡村向城市，从业余向专业的转渡阶段。故此，本文借用"小城镇"概念希望能够说明民间音乐发展离不开整体环境，对于民间音乐的研究也需要整体的视野。从研究的角度看，对于传统文化的理解也要结合其整体背景，在这个意义上，笔者认同于地方性的传统文化必然的"产生于一定的社会场景中，并且其背景体现在特定的信念和价值中"[3]这一学理概念，这和上文已经提到的"民间音乐生存于民俗之中"是一个道理。

小城镇中的民营经济是传统文化得以自然和自由延续的根本。从半个多世纪发展情况来看，在五六十年代"对私改造"运动中，原本比较活跃的小城镇民营经济让位于国营经济并受到打击，小城镇也逐渐失去了原本充满活力的、作为周边乡村商贸集散地的地位，民营经济的消褪也逐渐改变了原本的社会结构，从而使得民间传统文化、民间仪式、民间音乐等等生活风俗都受到影响并被迫中断。这个时期既是小城镇经济发展最为萧条的时期，也是小城镇民俗、文化、仪式、信仰等活动几近灭绝的阶段，传统文化和民间音乐生活更是荡然无存。这一情况在上个世纪80年代因为改革开放而得到逐步改善，小城镇逐渐成为国民经济中的一个重要环节，经济的复苏和人口的增长，使得很多传统文化习俗重新受到关注，一些地方的民俗活动也重新获得生机。所以，小城镇对于传统文化的传承是有着重要作用和意义的。从功能角度看，小城镇起到了将原本完全乡村化的传统文化给予了一定程度的现代化铺垫。比如，对于传统戏曲，小城镇能够提供相对于乡村更加完善的舞台、舞美以及可能的音响效果。而这些在纯粹的乡村是不容易完成的，乡村不仅缺乏相对固定的演出场所，同样在生活中也缺少相对稳定的消费习惯。

二、小城镇中的民间音乐

在现代社会中，如果缺少小城镇的依托，那么传统民间音乐在现实生活中就不容易找到自己的位置，即缺乏精神意义上的社会认同也缺少物质上的支撑，而小城镇则能完成这两个方面的需要。首先，在精神上与文化趋同上，小城镇和农村接近，很多城镇人口来自农村，熟悉乡村生活方式，自幼接受乡村民俗熏陶。其次，在物质上，由于文化上的认同，小城镇更能容纳来自农村的民间音乐，而民间音乐在这种情况下也更容易得到物质上的补偿。也就是说，小城镇可以为民间音乐提供一个经济的市场。而所谓"文化产业"、"文化品牌"，如果没有作为有效经济单位的小城镇的参与也是难以实现的。因为，在乡村最多只是"文化"而不是产业，而没有"产业"行为，自然也谈不上"品牌"。所以，在"非遗"的时代，我们除了要在大城市对传统民间音乐进行必要展演外，同时也不能够忽略在小城镇中的传承。

下面笔者以江苏常熟市白茆镇

白茆山歌的发展为例，从中探索小城镇在民间音乐传承中的重要作用。根据笔者实地调查，2005 年，白茆山歌成为苏州市第一批非物质文化遗产项目，之后成功申报省级非物质文化遗产，2006 年入选国家级首批非物质文化遗产名录，白茆地方的山歌也因白茆地名被称为"白茆山歌"。近年来，来自白茆的著名企业"波司登公司"的成功为白茆地方经济发展带来巨大推动力。白茆山歌在成功申报了"国家非物质文化遗产"后，地方政府也投资举办了白茆山歌艺术节，这一系列举措对白茆山歌的发展起到了促进作用。形成了本土文化和小城镇平台相结合的"文化搭台、经济唱戏"发展模式。"波司登"公司由于在白茆山歌的大型演出"山歌艺术节"等活动中予以大力赞助而被称为"山歌企业"。白茆山歌原本是在田间劳作时演唱，现在由于生产方式的改变，田地或集中合并，或被城建征用等原因，耕地逐渐减少。故而，现在的白茆山歌已不再局限于田间劳作演唱，而是在各种风俗、仪式以及商业活动中演出。这说明，生产生活方式的改变对于民间音乐改变的影响是必然的，由于外界条件的改变，白茆山歌的生存方式也相继发生变化。在演唱空间上从原本的田间向小城镇——"白茆镇"（现在合并为同里镇）转变，在演唱时间上从过去受耕作限制转变为受小城镇商业活动

限制。[4]但同时需要看到的是，是小城镇为"白茆山歌"在现代社会中提供了新的发展空间。

从现实情况来看，当下对于传统音乐以"非物质文化遗产"名义进行的保护也主要发生在城镇，这既有文化传播的原因也有行政执行的便利。按照我国文化机构的设立，县级以上城市设文化局、文化馆，乡镇设立文化站，"非遗"项目的申报到资金使用基本都是由这样的对口行政单位执行。从文化传播的角度看，小城镇既为传统艺术提供了传播空间的作用，但同时，现代性在这里和传统相融会，而且这种融会后带有现代社会习惯与价值判断的东西也会通过小城镇蔓延到乡村。有学者提到，"经过城镇的文人、艺人加工的戏曲音乐、曲艺音乐和时调、谣曲等由城镇戏班和艺人携入乡村节庆活动，既从艺术的再生文化层面，也从不同的地域将新的音乐艺术因素注入乡村的文化肌体。"[5]这也说明，乡村文化和城市文化之间存在着相互交融影响，而小城镇是这一相互影响的中转站。

这种情况在我国具有普遍性。人们有时候通常会认为传统文化往往会存活于相对贫穷落后地区，但有学者在河北省霸州市胜芳镇调查后发现，"这座古镇 2009 年的产值近 30 亿，上缴国家税收接近 8 亿，是河北省乃至全国都能数得着的富庶

地区"。尽管生活富庶了,物质享受提高了,但人们对于传统文化的热情却相当高涨,民间音乐活动非常丰富,特别是年轻人对于传统文化也表现出很高的兴趣。"几乎所有的花会都有大量年轻人参与,而且是一种自觉的行为。"基于此,这位学者将这种现象归结为"胜芳现象"。[6]这样的表述已经比较清楚地说明,小城镇在功能上对于传统音乐的传承具有不可替代的作用。又如,有学者根据自己的实际调查发现,"在兰州和西宁,1980年之后流入的乡村人口把'花儿'表演带进都市已经是当地尽人皆知的事实。市内广场上,河沿的公园里,早晚都常聚集漫花儿和听花儿的人群。……在传入都市后,为了适应新环境,这种活动在不同程度上改变了内容、形式与社会功能,成为一种以娱乐为主的活动或是以盈利为主的公众表演。这些乡村文化在都市里成了文化变种(hybrid),结合了它的原生态和新近羼杂进来的都市因素甚至全球性因素。"[7]

根据笔者调查,江苏无锡一带的锡剧,其雏形原为扎根于农村的滩簧腔,最早为说唱形式。清以来,随着商品经济发展,小城镇逐渐兴盛,固定的带有营业性质的娱乐场所开始出现,为各种民间音乐的传播和发展提供了可靠的经济和物质保证,锡剧的雏形也在此应运而生,并在唱腔、表演,以及乐队编制方面

一步步走向成熟。到了清末,锡剧已逐渐在小城镇站稳了脚跟,在艺术形式上也逐步踏入戏曲阶段。无锡市西北侧的洛社镇是一个水陆交通便利的江南名镇,锡剧在这里被比喻为"沙漠中的绿洲"。之所以能够形成"沙漠中的绿洲",笔者以为也是和洛社镇的小城镇依托分不开的。洛社镇具有1600余年历史,全镇人口超过15万人。基本上每个村子都有自己自发组织的业余演出队,大多都是在早晨或者是晚上在公园里,人们三五成群学习表演锡剧。相反,在无锡市区,由于经济发达、现代化程度高和娱乐项目多样化等因素,传统民间音乐就很难与现代流行艺术门类相抗衡,其中最重要的原因还在于传统戏曲的艺术形式很难适应现代城市观众的审美需求和消费习惯。洛社镇作为一个"中间环节",一定程度上不断调整着传统农村民间艺术和城镇审美习惯上的差距。今天的锡剧与初始说唱阶段已有很大区别,从内容到形式都已不像过去那样以农村生活趣事为蓝本,而是逐渐摆脱农民小戏形式,在形式上走向更为高级的戏曲结构,剧本内容在民间性的基础上不断调整以满足小城镇人群的审美习惯。但这种改变并不是革命性的变化,而是能够兼顾城镇和农村两方面喜好的调整。其实,这种调整所带来的新的民间艺术形式也不

103

断地培养着新的审美习惯。[8]

小城镇与传统民间音乐的关系从理论上讲有点像费孝通先生所说的"差序格局"理论。如果说乡村是那个"石头"的中心的话，泛起的波纹由中心向外逐渐扩展，小城镇是这个"波纹"的中间环节，然后逐渐减弱，大城市就是这个"波纹"的最后的外围。所以，在社会结构中，小城镇是从乡村基层通向城市社会的中间环节，城乡社会与文化的互动交流都将从这里开始，乡村民间音乐与城市音乐文化千丝万缕的联系也发端于此。

三、小城镇文化发展中的多重关系

"文化搭台，经济唱戏"是大多小城镇地方政府对民间文化表示关心的主要动力，但是"文化搭台，经济唱戏"具有着两面性。一些因某项文化艺术类型已经获得国家非物质文化遗产称号的地方，开始利用这一时机以民俗的名义举办各种艺术节。比如，在西藏昌都地区就有丁青县举办的"热巴艺术节"、芒康县举办的"弦子艺术节"等等。当然，尽管政府举办这样的艺术节的核心目的还主要是围绕"文化搭台，经济唱戏"所展开，但也的确为宣传地方性传统文化，让当地人自己开始重视传统文化以及树立本族文化自信心方面都起到了较好作用。

从文化发展角度看，"非遗"成为地方政府关注传统文化的内在动力。但经济发展与非物质文化遗产保护这两者之间在最终的效果上是否一致？当以"非遗"作为一项文化产业来发展的时候，我们还需要思考，文化产业的文化成本是什么？现在能够成为成功案例的非遗项目大多走着三部曲式。即，从民间状态——政府管理——文化产业。但是，没有人会怀疑，真正走向"文化产业"的非遗项目实际上无论是在功能性还是审美性上都已经脱离了其第一个阶段"民间状态"。在这个层面上，我们要看到行政力量介入"非遗"之后所带来的多重效应。一方面，随着政府的关注以及资金的投入，一些传统文化重新受到重视，一些传统的民俗节气、仪式重新恢复，这是其有利的一面。比如，上文提到的"白帬山歌"自从"小城镇化"后，随着政府的支持，企业的赞助，来自田野的山歌也越走越远。如，2000年以来先后前往马来西亚演出一次，北京演出三次，参加了2008年"隆力奇"杯青年歌手大奖赛原生态组的比赛，同年又参加首届农民文艺汇演等等。但是另一方面，由于地方行政力量的介入，目前几乎所有的原本属于民间自发的民俗活动全部演变为了政府主导的行为，民俗节气变成了一项行政事业。一些地方每有民俗活动，首先感受到的不是民俗本身的活力,而是行政操控的强大。这种不利的因素在于,过多的介入民间民俗活动有可能使得民俗活动本身失去来自民间的"灵气"而充满虚假的文化泡沫,真正的民俗活动应当是自发和自律的,对于民俗行为政府更应当是引导而不是介入。当然,所有的社会、民俗现象都是复杂而不是单一的。有的地方政府在这一问题上已有更加适当的调整,有学者指出在上文已提到的"胜芳现象"中,"政府对当下民间传统文化的态度是注重引导、疏导而不粗暴干预"。[9] 所以,在面对非遗项目争夺硬件建设的同时,我们还需要更多地关注其软件建设。

同样,这还涉及作为国家行政力量的政府行为与代表独立视野学术行为之间的关系问题,即在面对"非遗"问题上政府与学界因不同身份而可能产生的不同视角。针对于此,有学者明确指出:"今后在对不同民族和地区进行战略性思考和策划时,不仅应从整体上带上人类学功能主义生态学的观点,而且在具体的规划过程中,应该多听取人类学和社会学学者的建议,整个决策过程应该有政府、学界和本土群体三者的共同参与。"[10] 这个三角关系在现实中可能具有较好的稳定性。不过,站在对未来的憧憬立场,笔者认为更为合理的模式应当是在此三者基础上增加民营商业机构的经济支持,民营商业机构的经济支持可以使得"非遗"项目在很大程度上淡化政府色彩。另外,个别学者在"非遗"项目研究中,不能以学术独立、学术自觉眼光进行学理判断而倾于政策权力,正如有的学者所指出的:"人类学界出现了过多'应时式的研究',存在不顾学理只顾现实政治经济变化的倾向。"[11] 这样的现象不仅对于"非遗"是有害的,就是对于学术界在社会整体之公共文化中的公信力也是十分不利的。所以,在传统民间音乐在小城镇这一层面上如何发展的问题中,学术界应当保持独立身份,而各方力量的相互平衡是公共文化得以实现的重要前提。作为"公共文化",不仅研究"非遗"的视野应当是整体的,在具体实施保护程序中也应当是社会整体的。

四、小城镇:在传统与现代之间

中国传统文化中,民间音乐由乡村进入城市是一条自古就有的"道路"。但是,随着近代工业化城市的兴起,大城市与乡村在艺术趣味上的"鸿沟"日渐显著,以致两者在文化理念上几乎不能沟通。可以想象,对于在现代工业化大城市中成长起来的人而言,最熟悉的通常被认为是最"先进"的,而对于来自乡村的民间传统音乐自然难以接受。

那么，是什么会在真正意义上促使传统音乐走向"消亡"？笔者以为，并不是人们在审美上的转变，如果是的话，这也只是一个表面的原因。真正的原因是我们的社会结构已经发生了变化，我们实在是不能要求一个已经不是"传统"的社会来滋养着对"传统"音乐热爱的大量人群，"男耕女织"社会的音乐是不可能大量流行于现代化城市的。同时，我们还需要认识到：并不是说完全没有变化的传统生活对于民间音乐就是最好的选择。实际上，所有文化都涉及其民间艺人的创造力问题，过于强大的传统往往只会造成过于呆板的民间音乐形式，艺人的创造力也大多会枯萎。当然，过于强大的外来文化也会对一个传统社区的文化造成冲击，故此，重要的是如何在传统和现代中寻求平衡，也许，小城镇就是这个平衡点。

在历史上，小城镇在民间音乐中的功能作用主要表现为：第一，为都市和乡村的艺术起到了沟通作用，这也是大城市文化与传统乡村文化的缓冲地带，这个"地带"同样也表现为在现代化发展和传统文化之间的"延缓"时段。也正是由于工业化大城市与传统地区之间在现代化发展上的时间差问题，使得传统民间音乐获得一个生存的时空。而这个在发展夹缝中的"时空"之所以重要，就在于真正的传统文化一定

是指与其生存现实密切相关的状态，当然，也必须看到，这种"文化"并不是一个"样板"式的东西，现代化可能的后果就是在全球范围内消灭那些以前被文化人类学家们视为瑰宝的某种"孤绝"的东西。第二，民间音乐扎根小城镇并辐射乡间。比如，在清代被称为"小唱"的扬州清曲，随着当时漕运、盐运的快速发展，使地处长江、淮河、黄河、大运河"三横一纵"航运枢纽的扬州形成商贾云集百业兴旺的局面并逐渐培养了庞大的市民阶层。这个诞生于城镇的市民阶层是扬州清曲的创造者和爱好者，唱清曲成为扬州人的时尚。

在今天，小城镇依然使得乡村民间音乐得到一个较好地保存与发展空间。首先，从"文化自觉"观念讲，农民对民间音乐的爱好并非是将其作为谋生手段，而是纯粹的娱乐身心，陶冶大众情操，丰富文化生活。

在云南大理古城著名的"洋人街"上有一戏台，从 2006 年开始，先后由商家和大理古城管委会出资请来民间艺人在戏台上展演白族传统艺术。戏台位于洋人街中心，几米远的地方密布酒吧、咖啡屋等现代城市生活符号。这是一个很典型的乡村文明和城市文明相碰撞的空间。其次，从审美观念上讲，在小城镇，农民容易有着和在大城市不一

样的"亲切感",往往在小城镇,有着自己的亲戚好友和自己的生活体会等等。这就像费孝通先生指出的那样:"城乡关系不但把分散的自成一个社区的许多农村联系了起来,形成一种有别于农村的市镇社区。它的社会和文化内容可以说是从农村的基础上发展出来的,所以保留着许多基本相同的一面,但是又由于他作为一个社区的功能已不同于农村,因而也自有其不同于农村的一面,它属于农村不同层次的社区。"[12]再次,文化在社会发展中在认同上具有变异性。也就是说,当某种文化在某一时期获得普遍认同,但是,在不同的时期,由于受到不同的社会发展的影响,对其的判断也是不同的。因此,真正的文化都不会仅仅是一种作秀式的表演,它一定是和其生活习俗、生产能力密切相关的。比如,众所周知,过去在云南佤族有猎头习俗,在历史上被认为是很重要的民俗活动,因为在佤族人看来,这关系每年的丰收与否,而丰收则关乎一个族群的生死存亡。但现在不仅为法律所禁止而且显然是没有必要的,现代的农业技术早就解决了耕作问题。生产方式的被改变也会导致民间音乐的变换,实际上,那些民间艺人本身就既是生产者,也是艺人。他们和他们所处的时空是完全一致的,他们的"艺术"本身也是他们所处时空的一个表象。在这个意义上,那些来自社会中的"艺

术家并不与大众相隔离,总体来讲,他们是兼职的艺术家,他们很大程度上与周围的人拥有相同的价值观"[13]。故此,无论是学术研究还是政府的非物质文化遗产保护行为都应注意到小城镇在传统艺术传承中的重要地位。

所以,尽管小城镇起到了为传统艺术提供传播空间的作用,但同时,现代性的东西也在这里和传统的东西相融会,小城镇对于传统艺术和现代而言都是一个重要的枢纽和一个重要的中间环节。

结　语

小城镇为民间音乐提供了一个重要的中间环节,也是文化重新整合、保护和发展区域,同样,也是重要的不同文化的交流地带。随着我国经济结构的改变和城市化进程的发展,小城镇作为民间艺术的交流作用将越来越明显,也正是有着这样重要的"交流",小城镇才成为非物质文化遗产之"活态"保存的重要地带。很多小城镇不仅是较为重要的商贾、物资要地,同时也为民间音乐的传承与发展提供了必要的空间条件。这些都应当受到更加专门的学术关注,在对非遗的研究与保护中,多样化分层研究与全方位的视野应当是一个学术研究中的重要之举。

注 释

[1] 费孝通. 小城镇大问题[J]. 原为 1983 年 9 月 21 日在南京"江苏省小城镇研究讨论会"上的发言. 参见:《江苏省小城镇研究课题组》编写《小城镇大问题》,江苏人民出版社,1984 年。

[2] 由于我国东西部地区发展的差异,西部地区不仅发展相对滞后,人口也相对较少,另外,西部少数民族地区由于其文化结构因素,更多的传统民间音乐多为山歌、乐舞等适合于在农村发展的类型。而在东部地区,民间音乐则以小调、说唱、戏曲以及民族器乐等类型为多,而这些音乐类型需要城镇空间,即相对稳定的人口、相对于乡村较高的经济能力等等。笔者注。

[3] [英]罗伯特·莱顿. 艺术人类学[M]. 李东晔、王红译,王建民审校,广西师范大学出版社,2009。

[4] 杨曦帆. 小城镇在传统文化传承中的作用[J]. 艺术研究. 2010(4)。

[5] 杨民康. 中国民歌与乡土社会[M]. 上海音乐学院出版社,2008:258。

[6] 项阳. 传统音乐文化视野中的"胜芳现象"[J]. 星海音乐学院学报. 2011(1)。

[7] 杨沐. 性爱音乐活动研究[J]. 中央音乐学院学报. 2006(3)。

[8] 杨曦帆. 小城镇在传统文化传承中的作用[J]. 艺术研究. 2010(4)。

[9] 项阳. 传统音乐文化视野中的"胜芳现象"[J]. 星海音乐学院学报. 2011(1)。

[10] 杨民康. 传统音乐非物质文化遗产保护之我见[A]. 田青、秦序. 音乐类非物质文化遗产保护国际学术研讨会论文集[C]. 文化艺术出版社,2009:230—231。

[11] 王铭铭. 经验与心态——历史、世界想象与社会[A]. 广西师范大学出版社,2007:224。

[12] 费孝通. 重读《江村经济·序言》载,费孝通. 江村经济——中国农民的生活[M]. 商务印书馆,2001:328。

[13] [英]罗伯特·莱顿. 艺术人类学[M]. 李东晔、王红译,王建民审校,广西师范大学出版社,2009:47—48。

论对联书法

张恨无

摘要：楹联，作为一种书法形制，是语言文学与书法的结合，予人综合的艺术享受，为各阶层所喜闻乐见。本文拟从概述、书写、材质、形制与建筑环境等几个方面对楹联的书写作一简略阐述。

关键词：对联　书法　书写　形制　材质　建筑

作者：张恨无，博士，苏州职业大学管理系副教授。

严格来讲，对联与楹联的内涵不同，对联之名侧重于形式方面，而楹联则侧重于悬挂的位置与场合。对联的外延较楹联为广，为了叙述方便，姑且从俗，视二者为同一概念。对联是中华民族"诗王国"的一朵奇葩，楹联书法，锦上添花，语言文学与书法浑然交融，给人以综合的艺术美感。本文拟对楹联的书写、载体与应用环境作一简略阐述。

一、楹联书法概述

对联的文本源流是魏晋以下的骈文与诗词，其载体源流则是唐宋以还的桃符。"楹联之兴，肇于五代之桃符，孟蜀'余庆、长春'十字，其最古也。至推而用之楹柱，盖自宋

人始，而见于载籍者寥寥。"[1]历史上看，早在秦汉以前，每逢过年，人们便在大门左右悬挂桃木做的两块板子，上绘神荼郁垒两位降鬼大神。五代时，寻求省事简化，开始在桃板上书写降鬼大神的名字，进一步发展，后蜀主孟昶撰写了我国最早的一副春联。今人常江先生说："以字代画，是意义重大的事情，然而二者还没有本质上的区别。由'书二神字'到写吉祥文字，则是一场大变革。"[2][P13]宋代以后，民间新年悬挂春联已经比较普遍了，文献中也有将对联题于书斋或寺庙等处的记载。对联的盛行主要是在明代，进入文人的居室书斋作为装饰悬挂可能要更迟一些。明太祖朱元璋曾亲自下诏："凡公卿士庶门

第,需加春联一幅。"他本人身体力行,亲自写对联悬挂并微行出观以为笑乐。这样就影响到文人,开始把题联书联当作文雅的事,从而成为时尚,逐渐从宫廷王府普及到千家万户。桃符或春联不以保存为目的,故而传世稀少。从现存对联实物看,明人书写对联在整个创作中不占主要地位,数量相对较少。明末楹联书法,以行草书居多,如徐渭、张瑞图、米万钟、陈洪绶、倪元璐、朱耷、石涛等人都有联语传世。有清一代是楹联书法的鼎盛时期,人们生活的各个场所,不论是公共还是私人空间,都以悬挂对联为雅事。这同样与皇帝亲历躬行的提倡不无关系。"我朝圣学相嬗,念典日新,凡殿廷庙宇之间,各有御联悬挂。"[3] 遂"海内翕然向风,亦莫不缉颂剟诗,和声鸣盛。楹联之制,殆无有美富于此时者。"[4] 顺康间,由于学术文化风气的转变,擅长篆隶的书家逐渐涌现,因之篆隶书楹联也渐次增多,此时期以王时敏、郑簠、朱彝尊等人为代表。同时与稍后,赵董书风盛行,淡墨轻灵的行书占据重要地位,如查士标、恽寿平、笪重光、姜宸英、王文治等人所书楹联便是此类风格。乾嘉间,随着金石考据的深入,出现了王澍、金农、桂馥、邓石如、钱坫、伊秉绶、阮元、包世臣及诗人学者赵翼、洪亮吉、孙星衍等一大批以篆隶名世的书家。同时,师法唐碑的风气也影响到楹联创作,以

颜、柳、欧为基础的楷行书成了楹联书法的主要表现形式,其中以刘墉、梁同书、翁方纲、钱沣、梁巘等人成就最为突出。嘉道后,极力推崇北碑,开始出现碑体特色的楹联书法。到了清末民国,尚碑之风更为盛行,加之简牍、甲骨文新材料的出土,开拓了书家的视野,为创作取法提供了新的养分,楹联的字体书体表现形式更加丰富多彩,此期擅长楹联书法的更多,如杨沂孙、俞樾、张裕钊、赵之谦、杨守敬、沈曾植、吴昌硕、康有为、罗振玉、李瑞清、曾熙、于右任、吴大澂、李叔同、郑孝胥等等,不胜枚举。可以说,何绍基、赵之谦、沈曾植(见图一)、于右任等人,若没有对联书法的创作,便不能支撑起大家的地位,换言之,他们的荣耀很大程度上是通

图一

图二

过对联书法来展现的。晚清一些官僚书家如翁同和、曾国藩（见图二）、左宗棠、李鸿章、张之洞、谭延闿等，方黑、厚重、光劲、雍容大度的庙堂气特色在其对联书法中体现得最为突出。现代书家踵武前人，或重碑或偏帖或碑帖兼容，有沈尹默、陆维钊、林散之、王蘧常、徐生翁、谢无量、沙孟海、高二适等人扬楹联书法之余波。时至今日，由于文化生态的变易，对联自撰已少，所书多为前人成品。题写时有意打破对联的常见书写格式，更加注重造型的对比关系与空间的分割处理，展现了新的追求。但是，这其中有一根本原则必须遵守，那就是不能违背对联书写的对称均衡感。由于展厅展览需要，为了强调视觉效果，今人书联向高大发展，此风有不亚于明人者。为了提高创作水平，促

进书家对此种幅式的重视，中国书协又多次举办了专题楹联展。

二、楹联书写

对联创作，相比日常的书写如日记、书稿之类，是一种更纯粹的艺术活动，要顾及每一处细节，需要很强的掌控能力。不同的字体书体历代有所侧重，字体书体的特性与难度也不相同。"碑版与简札，书文皆有两体"（包世臣跋《张玄墓志》），这是从时代及地域大的方面着眼。从细处说，每种字体书体有其自身性格。孙过庭《书谱》云"篆隶草章，工用多变，济成厥美，各有攸宜。篆尚婉而通，隶欲精而密，草贵流而畅，章务检而便"，[5][P126]道出了篆隶草章作为字体的性格特征。各种字体书体呈现的性格，既是其长，亦为其短。苏轼云："真书难于飘扬，草书难于严重。"故而，书写时真书当以飞扬补严正，草书当以严重补流畅。对联的性质对字体也有特别的要求。梁章钜云："柳诚悬所书《元秘塔铭》，雄伟奇特，最宜于作楹联。"[6][P152]又云："欧阳率更书《醴泉铭》，字最方整，临作楹帖尤宜。"[7][P157]梁氏已经注意到对联的书体问题，但其所论适宜，更多地是从欧柳两家书体特性更能表现载道教化的伦理内容方面，其实从形式构成的角度，"最适宜写对联的字体应当是强调横势的分书与摩崖碑版类楷书"（沃兴华《书法构成研

究》)。笔者以为,宜作楹联书体应与对联竖长方形幅式相反相成方为妥当。相成者,篆书,结构长方;相反者,隶书,结构横展,最不宜的是法度严谨、结体方整的楷书。清代民国许多人的书法,以其书写楹联,最当行出彩,如翁方纲、何绍基、赵之谦、翁同和、于右任、谭延闿等人,他们都对心仪的或颜或欧或北碑书体作了改造,以适应对联幅式的要求,而不是依样照搬,不然,试以颜欧柳书直接集字成联,则气格顿显平庸拘谨,有让人不可卒读之感。从楹联幅式来说,草书最难安排,题联时只有两行,草书强调整体的气势与连贯,在两行之内则很难表现,因而历代草书尤其是狂草联极少,成功的更是微乎其微。草书楹联书法擅作者明有张瑞图、董其昌、朱耷(见图三),清有黄慎、高凤翰,而以民国于右任成就最高。于氏20世纪30年代后作书,皆以标准草书为之,写对联亦如此。题写对联时可借助其他的辅助手段。阮元《北碑南帖论》云:"法书深刻,界格方严。"碑刻墓志往往事先画好格线再书刻。清人尚碑崇古,以写正书居多,题联时也喜欢画上界格再写字。要写几个字,预先以细朱线画上界格,甚至两边题款的长竖条格也打好(见图四)。画格子的方法适用于篆隶楷正体字,行草书便不适宜。打上界格写字,从容不迫,不会出大偏差,也显得整肃美

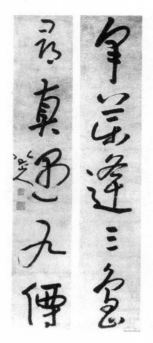

图三

图四

观,增加了形式美感,但也降低了难度,抑制了才情灵性应变力的发挥,有布如算子之嫌。今人又有画得粗率随意的样式,那么书体风格也应是恣肆放纵的才协调搭配。楹联书写,两边字等高平列,呈现很强的对称性。书写对联书体比其他幅式应更为跌宕错落,不然便显拘谨。如传徐渭书"水夕苍蚊残夏扇,河间红树早秋梨"七言联(见图五),风格便与其平时的书写结体颇为不同。较其他幅式来说,书写对联时,结体摆动、笔势运行应更复杂多变一些,除需题款,行距可较少考虑,线条结体尽情夸张伸展,字距往往拉开很大。因字数少,字的书写节奏的生成与过渡不宜突兀。长联竖写时,如果分成数行,则应注意上联要由右而

图五

左书写,下联要由左而右书写。上端要平齐,下端最末行应较短,使全联成为繁体的"門"字形。书法自上而下的书写方式,追求上下连绵的纵势时间节奏,这与对联的形制是一致的。后世也有书家不取对称而以条幅形式书写对联文句,甚至文词也不对称书写,如刘海粟书联:"宠辱不惊,看庭前花开花落;去留无意,望天上云卷云舒。"横批的书写一般是由左至右,今日亦有从右至左的权宜之变。加上横批的方式,多为实用联所采用。一般讲,楹联字数越少,创作的难度越大。撰写时,每个字都要精挑细选;书写时,每个字都要仔细斟酌,务必使文学构思与书写美观两者相得益彰。明清两代,题联的阶层范围非常广泛,社会上具有浓厚的撰联题联氛围。对不同类型的人而言,题联风格也多有不同。学者书,往往较端严含蓄,一丝不苟,书卷气十足,同时也显得拘谨;文学家、画家等艺术家,书法更富于激情,大胆奔放,更多展现书法的抒情功能。

楹联题款强调要错落有致,字径小于正文,以形成对比。原则上题款书体与正文不应相同,所用字体要与正文协调,一般用后出的字体。如篆书联,落款用楷或行楷,隶书联亦如此。草书则用草书,若用楷书则不协调,更不可能用篆隶。楷书联不用草书,也不会用篆隶。

换言之，题款应比正文书体更流畅活泼，集中体现对称与均衡，变化与统一的形式美规律。正文字距一般较大，落款字距应更加疏落。对联与其他幅式不同的是可多处题跋，虽然要本着从上到下、从右至左的顺序，正文两边可以书写四行甚至更多行的文字。这样充分的题款具有很多优势，因为题款越充分越能揭示对联创作的"本事"，如书写时间、地点、缘起及写作过程和其他的逸闻趣事，交待正文没有的故事，与正文意境相生发。这一点对书法作者与欣赏者来说都很重要。龙门对，题款要在"门"字形空间的两侧，也可以题在上联左侧、下联右侧，即正文的内侧处（见图六）。款题又有所谓瑶琴对者（见图七），即把落款题在正文的下面，多用于字数较少的情况，起到延长幅式的作用。题款怎样不与正文冲突，且与正文协调，相辅相成，起到锦上添花的作用，需要谨慎的布局思考，不然会适得其反。从实物看，明代对联注重正文，题款不重视，位置显得不协调。虽然后世的各种题款方式都已具备，但还不够成熟。有的甚至不落款，只以两枚印章代替。清人多有循此例者。清人擅长正体，楹联书法人才辈出，成就极高，而行草较弱，时见对联书写正文厚重雄强，而款跋行书则细劲孱弱，若两人所书，整体很不搭配。今人题款，重心上移，若是简款，由先前的中部偏下，改为

图六

图七

偏上，有的甚至题在下联第一、二字之间。总的看，今人的对联题款更重视与正文的穿插错落、浑然无间，成为艺术整体的不可分割的有机组成部分。

三、楹联材质载体

对联材质载体多样，硬质的有竹木砖石金属，软质的则有绢纸。木竹多用于园林，纸绢多用于建筑内，砖石多用于名胜古迹、庙宇墓地中。对联用纸最为讲究，春联一般用红纸，清代皇宫春联用白纸，庙寺观庵则用黄纸，家有丧事用白或蓝纸。为了使纸更加满足特定场合下的使用要求，人们把纸染成了不同的颜色。传王羲之用过紫色笺纸。唐代四川的笺纸已被染成深红、粉红、杏红、明黄、深青、浅青、深绿、浅绿、蓝绿和浅云等十种不同颜色。宋代又有谢公笺，是一种经过加工的染色纸，为宋初谢景初创制的书信专用纸。文人雅士用纸，多为精制而成的有各种图案的有色加工纸。彩色笺纸，晚明已较广泛使用。清代纸品类繁多，康熙帝热爱书画，对用纸颇讲究，当时造出了一系列高级纸供内府使用。比如蜡笺纸，表面打蜡后经研光而平滑，呈现明显亮光。此种纸不吸墨，往往用来书写楹联。乾隆也是用纸行家，十分喜爱彩色笺纸，当时纸类更趋繁多，曾仿造有斑纹图案的金粟山藏

经纸、图案清雅的冰纹梅花宣纸及澄心堂纸等。由于乾隆性喜奢华，故而又生产三米以上的描有花纹的纸笺。所绘内容有山水、楼台、云龙、凤凰、鸟兽、花卉等，底色五彩斑斓，极为华丽。康乾时是制造和加工纸的鼎盛时期，纸工匠师的精湛技艺使很多纸的品类本身成为艺术品。文人、书家，在对联用纸上同样倾注了很大的心血。明清楹联书法兴起后，它的用纸类型也是极为繁多，康乾时的很多高级纸就是用来写楹联的。不同的纸质与色彩为建筑及陈设增辉不少，构建了浓郁的人文氛围。根据对联书写特点，可以事先印制好类似瓦当的圆形纹，如果要写五字，就印好五个，七字就是七个，圆形纹内及边框添以瓦当四灵或云鹤花草纹。这种圆纹类似于界格，又起到了装饰美观的作用。也可在纸上事先印制好山水风景作为背景底纹，这样写成的效果别有风味，打破了章法布白的拘束，增加了行间灵动气息，整体呈现出富丽华美的风貌，非常适合对联的装饰需要及大众的审美心理（见图八）。

为了保存长久及便于室外张挂，后人把楹联镌刻于竹木砖石等硬质材料上，除了书法美，又增添了工艺性的装饰之美。杨守敬光绪壬寅年跋吴隐摹编《古今楹联汇刻》语云："同治之初，京都厂肆以国朝名人书楹联创为刻木，用朱墨拓之，不

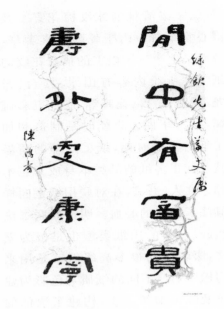

图八

费多金，而聚古人于一室，最便学者。……石潜大兄又创为缩摹上石，搜罗搏而别择精藏弄，取携之便嘉惠寒酸不少，可谓好事君子矣。"[8]把对联载体由纸绢转为刻木并传拓，虽然失真，但有诸多好处，如使用范围更广，便于下层文人学习欣赏等等。镌刻之后，拓片还可用来出售，获得利益。明清园林中对联的工艺化制作已较为普遍，对营造优雅的景观与建筑环境都起到了不可替代的作用。

四、对联形制与建筑环境

书法形制多样，较早有简牍、屏风、手卷，溢而为立轴、对联、斗方、扇面、册页、横批、中堂，其生成有先后，其特征亦有别。对联由桃符发展而来，但作为书法书写与布置形式，也与屏条、立轴的演进有关。对联别称"对幅"，可知和条幅形式的密切联系。条幅、对联、屏条，成单或双，成组对称，其因果脉络，一时不易说清，但从形制论，其间衍生转化不存在大障碍。但是，对联的书写形式尤其是款题与条幅不同。条幅书写一般在两三行以上，落款在左侧或左下角空隙，而对联一般是一行，两行以上即成龙门对，书写顺序也有了差别。对联题款有特殊要求，一般落款在正文的两侧空间，即题款经常并不在一处。书写对联，唐五代即有，文人操觚则延至宋代。宋代对联的使用范围逐渐扩大，但除春联外，尚未作为家居布置广泛张挂，尤其在普通民宅中。对联在当时受到文人的关注，更多侧重在语言文字的品赏。如宋赵令畤《侯鲭录》曾记载苏东坡书白居易联，悬之壁间欣赏。但读后可知，此处苏轼注重的是"属对之工"的语言文学方面，还未将书法美纳入视野。这种情况到了南宋尤其是中晚明有了很大的改变，对联不仅在结撰而且在题写上开始为书家所钟爱，成为书家创作热衷的形式，被人们悬挂、收藏，至于镌刻而传之久远，成为建筑中必不可少的艺术装饰品。对联书法的两次蓬勃发展，都与建筑空间的增高增广密切相关。因技术的进步，宋时建筑梁柱加高，间距增大，因而扩大了整个建筑空间，出现了高桌椅家具,陈设与人们的起居随之变化。空间增大的情况下,便可以悬挂较长的条幅、对联,字开始变大,以适应较远距离观赏的需要。相对于宋代,中晚明建筑更加高敞,其上补壁的书画幅式随之延长加宽,书法幅式包括对联越写越长,甚至一泻八尺丈二,出现了一批鸿篇巨制的作品,蔚为壮观。如张瑞图"除却南邻呼酒伴,判无剥啄到荆扉"联,上下通长二米八;王铎八言"林屋暮烟,樵归路远;荒城落日,宦冷怀高"联,纵达三米零四。纽约大都会博物馆藏有米万钟所书对联竟约有五米。此类对联适应了建筑形制的变化,更强调书写艺术性的表达与展现,最能抒发创作主体汹涌澎湃的情感。条幅、中堂以及楹联等多种书法幅式都在明代达到了高度的成熟,这是各种因素综合作用的结果。

对联在文学小说中的描写也不少。宋代话本小说,最早出现了对联的描写。明清小说中,也有许多关于对联布置的描述。如明末人许仲琳的古典小说《封神演义》第十六回"子牙火烧琵琶精",写了宋异人帮助姜子牙在朝歌南门外开卦馆,把房子收拾齐整后,贴了几副对联,左右里外均有。此处所写当是晚明实况,可见当时居室斋馆所用对联之广泛。自明清以来,对联应用与悬挂的范围,不断扩大。峰、岩、洞、关、泉、庙、祠、亭、台、楼、阁、园、榭、廊、坊、堂、斋、馆、观、衙署,建筑内

外,几乎到处题有楹联,以至于"楹联林立"。[9][P41] 在地域分布如此广泛这一点上,很少有其他书法幅式,能够像对联一样。中堂大幅一般在建筑明间屏风或后壁上,而对联既可配中堂,又可挂于楹柱,又可置于门边,位置灵活多变,因地制宜,加之工艺制作手段丰富,成为环境布置的必备装饰品。对联字体书体适应不同的建筑场合,工整端庄风格多用于厅堂、寺观、祠庙等主要建筑,内容也要对称稳妥,多为德行教化,颂神灵祖德、忠臣烈妇。茶肆、酒楼、药铺题联要切合本行业特点。书斋为文雅处所,书法要体现文人的襟抱素养,风格要灵活多样。皇宫建筑,题联书体则要体现出帝王气象、庙堂风范。

对联的形制,色彩与悬挂的位置及文辞一起,营造出独特的空间气氛。古时建筑采光不佳,空间显得阴暗沉郁,色彩鲜艳的对联悬挂于屏壁楹柱,对提高居室明度、豁畅心神有很大作用。(见图九)宫殿、祠

图九

庙、寺观悬挂对联，则可增加透视、对称、庄严的感觉。后世建筑内对联布置似乎有成组群之势，堂联有两对或三对组合，柱联前后、左右，门边、外堂至内廨，无不可悬挂。"套联"的内容，主题多相关，表达一种兴趣、信仰与观念，其布置形式，更具有环境装饰的效果。对联是家居装饰的重要艺术品，在园林中更是发挥着点景、增加文雅氛围的不可替代的作用。庙宇胜迹，若无文人题咏，山水便会黯然寡色。对联用来悬挂的场合多，最能增添环境的文雅气息，必然引起大批书家重视这种样式的创作，出现一大批楹联书法翘楚也就不足为奇了。

五、结 语

刘勰《文心雕龙·丽辞》云："造化赋形，支体必双，神理为用，事不孤立。夫心生文辞，运载百虑，高下相倾，自然成对。"刘勰对骈文与律诗创作的总结，自然也是后世对联撰题的理论根据和美学原则。对联，左右悬挂，就其形式而言，整齐对称美达到了完满和谐的程度。"对称和谐之美，大约是我们这个宇宙中的诸般至美中的一大关目，而华夏民族最能感受它，表现它，歌颂它，运用它。"[10]对称与均衡是形式美的规律之一，体现了中国传统的文化倾向与民族心理。对称与均衡的运用在各种艺术中都有充分显示，作为文字书写的对联书法更是把这个形式美规律发挥到了极致。

对联除了文学、书法外，往往与建筑、雕刻相结合，成为居室建筑及园林景观必不可少的装饰品。对联在当今社会仍有广泛的实用价值与极高的审美价值，因而书写楹联是书家必须掌握的一项基本功，题联的优劣好坏，无疑是衡量艺术家素质才情与创造力的重要标准。

注 释

[1][4] 梁章钜. 楹联丛话自序。

[2] 常江. 中国对联谈概. 华夏出版社，1989，5。

[3] 梁章钜. 楹联丛话自序。今日故宫中，尚存康熙、乾隆诸帝御书联语。

[5] 历代书法论文选. 上海书画出版社，1979，10。

[6][7] 梁章钜. 楹联丛话·卷十一·集句·上海书店据商务印书馆1935年版影印出版，1981，6。

[8] 清·吴隐摹编. 古今楹联汇刻. 北京出版社，1994，5。

[9] 梁章钜. 楹联丛话·卷四·庙祀下。

[10] 周汝昌. 中国古今实用对联大全序. 梁石编著. 中国文联出版公司，1988，1。

清末民初上海功名士人的社会活动

——以上海县陈行秦氏为例[*]

陈媛媛

摘要：清末民初上海是中国近代社会转型过程中变化最为剧烈的地区。身处其中的上海功名士人也在分化蜕变之中，呈现出纷繁复杂的过渡状态。上海陈行乡功名士人秦荣光和秦锡田父子，一方面对地方社会秩序的重建倾注了巨大的努力与热情，扮演着传统士人的角色；另一方面对新式社会活动采取了批判并积极参与的态度，并获得了良好的社会声望。他们是传统士人与新式知识分子的集合体，其独特的社会秩序设想在清末民初显示出特有的内涵。

关键词：清末民初　上海陈行　功名士人　社会活动

作者：陈媛媛，上海师范大学人文与传播学院。

119

一　引　言

社会活动是角色规范所表现出来的行为模式。清末民初，上海县陈行秦荣光和秦锡田父子在上海地方社会中较为活跃，有一定的影响力。陈行秦氏家族先世源自高邮秦观家族，所谓"朱漆墙门六扇开，昔从吴世港迁来。青衿却比簪缨盛，百八十年廿秀才"。[1] 秦荣光和秦锡田父子拥有的功名是生员和举人，他们的社会活动多在上海县乡镇，对地方社会秩序的重建倾注了巨大的努力与热情。一方面，他们扮演了传统士人的社会角色，另一方面，他们对新式社会活动采取了批判并积极参

＊　本文为上海市普通高校人文社科重点研究基地上海师范大学中国近代社会研究中心（SJ0703）之成果。

与的态度，可以说，秦氏父子的活动是上海功名士人研究的典型，从传承传统士人与新时代的知识分子角色上探讨其社会活动，可以进一步探讨转型时期社会的整合和上海功名士人的社会角色的特征。

关于陈行秦氏的研究，日本学者关注比较多。[2]并且表现出士人研究领域由宏观向微观的趋势。值得一提的是，随着对清末民初地域整合过程及其特质的不断关注，有关地方精英阶层社会活动的实证性研究甚为盛行。中国学者对上海陈行秦氏关注不足，秦荣光编著的《上海县竹枝词》是研究上海地区经济、社会、文化经常引用的一部方志性资料，秦荣光的著述《养真堂文钞》，内容为作者生平论说和书信、寿序、墓志铭以及上书地方官的意见书、起草的议案和公文等等，内容详实，可信度高。因为文献记载零碎，其还没有引起学者们的足够关注，笔者在阅读过程中，发现《养真堂文钞》中一些内容具有研究价值。[3]在字里行间透露了秦氏对地方社会秩序的关注，表现了一位传统功名士人对社会的关怀精神。秦锡田《享帚录》、《享帚续录》等还不够引起国内学者的注意，故而对秦氏父子的重点研究，尚未开始，作为清末民初上海功名士人的社会活动的案例加以研究，国内尚属首例。

二 秦氏父子的主要社会活动

秦荣光一生"困一巾"[4]，却充满着入世的激情与理想，在当时世风日下、处中西文化交汇的上海，这样一个"一巾之微"的士人，要有所作为实在困难，但是秦氏内心从未放弃对于地方社会的忧患意识，相反他的社会责任感十分强烈，常怀用世的激情和理念，希冀地方官能采纳其建议。秦锡田受家庭和父亲的影响颇深[5]，长期的耳濡目染，他从父亲行为举止中感受人生的价值所在，由对父亲个人品行的敬重和崇拜，转化为自身对知识、人生价值观的追求。

（一）关心时局，力举良策

上海为"当关津之所交通，财赋之所汇集，舟车商贾之所辐辏，殊方异域之所骈臻，握金融之枢纽，为全国所观瞻者"，时至清末民初，更是"时局之变，波谲云诡，大势所趋，风驰电闪。以言乎士，则科举废，学校兴；以言乎农，则洋纱旺，土布滞矣；以言乎工，则奇技出，窳器除矣；以言乎商，则外货集，商战危矣"。[6]

秦荣光身怀良策而无用武之地，不得一展其才，虽然无力改变地方现状和社会风气，但一直坚守着自己的人生宗旨："人生百年，苟无裨益于社会，则虚度此生耳。"[7]故于能力之所及，必自任焉。秦荣光"最所究心，厥惟水利"，目睹上海商业的繁荣，人们争抛田经商以趋其利的现实，他目光如炬，深深担忧严重失衡的经济结构，"终年食米仰地方，吾邑贫农乏盖藏。万一米源中断绝，预筹

补救讵宜忘"[8]，认为"此诚地方之大忧"。他说："然则补救之法将奈何？愚尚深思熟计，唯在使田尽可稻焉，尔田尽可稻，则民不仰食于他方，而米贵可勿忧。"他的"图富必以务农为本"[9]的思想对后世乃至今日仍有借鉴的意义。

秦氏重农并非抑商，针对厘卡制度，他认为：其"为藏垢纳污之地"，"厘卡之设，本军兴时权宜救急之计，盖因被匪蹂躏，州县田多抛荒，……故暂收商税，藉佐饷需，非谓可常行也"。且现今选派巡卡员不问人品，唯徇情面，厘捐虽有定例，然"各司员不但针头削铁，牛剥重皮已焉，其法外苛征者面目虽然官府也，心手实更辣于劫盗"。[10]"作弊弥巧，究竟充私囊者多，入公家者少，徒使朝廷敛怨于民，甚非所以培元气也。"[11]厘卡之捐积怨已久，"今民间有'杀关'之谚，谓关卡必须杀尽杀乃至焉，斯亦痛心疾首之甚矣"，故"与其夺商财以养不肖员丁，曷若省官费省事之利溥矣"。"然一家哭，何如一路哭？范文正言之矣。"[12]

上海县城与租界相毗邻，一直为列强的觊觎与垂涎，随着租界的不断扩张，列强野心不断膨胀，并不断扩展其空间。面对这种严峻的形势，秦荣光向莫善徵递交了《论团防书》，认为现在的团防须加严，"唯是此次办团较咸丰间事势特异"，而"今所防者，海外之强敌，恃其船坚炮利，必与我决水战，此非可以陆兵抗也"，"若欲收实效于当今，则必上与下均有实心实力，贯注于此事中，经久行之，庶可期一、二端之有用耳"。[13]

清光绪十四年（1898），世界粮食歉收，外商大量套购江浙粮食出口，上海粮价猛涨，社会骚动，秦荣光建议由他利用关系，去湖北购运粮食（当时其长子锡田掌管湖北丰备仓），以平定社会混乱，秦氏的倡议高人一筹，最后平抑了上海粮价。[14]对于解决荒政他亦有独特的见解："一大减冬漕，恤业佃也；一酌免卡厘，惠农商也；一饬开支港，代发赈也；一赈恤极贫，免生变也；一准借仓谷，充民食也；一督练民团，卫乡土也；一严禁烟馆、茶肆，节靡费也；一重惩积恶光棍，杜乱萌也。"[15]

秦锡田受其父影响，亦有强烈的社会责任感。笔者曾统计过其辑录在《享帚录》中的议案、意见书和公文，共26篇，涉及裁撤缉私盐巡、整顿契税、漕政、修治吴淞江等等，这些上书体现了一位士人对地方社会的责任心。

首先是有关裁撤盐浦营问题。在这方面，秦锡田确是比其父高出一筹，他有意通过行政的手段来解决，认为用盐税摊派到地丁项下，裁撤缉私盐巡，这样才能达到一劳永逸的目的：

夫盐为人生日用必需之品，无人不食盐，即无人不应纳课，故丁税带征盐课最为正当。现在丁与地合暂时按亩摊征，计数甚寡，下不扰民，分忙起解，上不缺课。无累于有田之富民，有裨于无田之穷子，田多丁众之家免食私之累，田少丁稀之户受贱价之益，官不必苛，盐捕不必设，而护私透漏之弊自绝，抢夺拒殴之祸不兴。[16]

其次，针对江苏省的验契过程中的流弊，他说：

（验契积弊）朝令暮改如国体，剜肉补疮如民生，何且浑言旧契，界说不明，规定处分惩罚尤酷，甚至舍得主新立之契，而验弃主无用之废契，名为限期停止，实则永久留存，本会纵不能拔本塞源，亦当小小补苴，除其流弊，……夫人民纳费验契以保障其所有权也，若权已丧失，自无保障之必要，况强迫新得所有权之人，重担弃权者不当尽之义务，于情于法两无可通，应请省长通令各县永远革除。[17]

再者，吴淞江水利疏濬工程，濬浦局租界多次要求协濬，借此觊觎我国主权，以扩张器在中国的权利。秦锡田对此明察秋毫：

吾人所注意者，不仅在修濬之计划，尤在管理之权，濬浦局处心积虑，谋攘吴淞之主权者由来已久，今以升科费为香饵，以包工为罗纲。吾人若用此升科费，是饮鸩止渴，渴止而身死，若允去包工，是开门揖盗，盗入而家亡。吾吴淞江流域之人民，果甘蹈于死且亡也，……议者谓吴淞江主权早已失去，实去名存。……以濬江泽宜严拒濬浦局，不用升科费以濬河，则濬浦局之人才、器械皆可利用，是濬浦局之可否包工，当以吾之能否筹款为先决问题，当否，请公决。[18]

另外，他在管理湖北丰备仓时，亲自收发，杜绝浮收克减，施赈严禁米中羼水。1906年，上书知府戚扬，请弛米禁，取消用护照购米规定，以绝垄断。宣统年间，先后当选为江苏咨议局议员、临时参议会议员，建议裁撤缉私、巡盐各营；整顿契税，禁止浮收，清查荒田；举发沪海道蔡乃煌贩地给外国人，侵蚀学户。民国以后，先后当选为县议事会议员、参事会参事员、江苏省议会议员。1914年，上书巡按使请禁米出口，以免有害民食。1917年，出席省议会建议剔除验契积弊，忙漕征费不加附税。1921年，力争前护军使何丰林归还强行提去的县积谷款本息银14万余元。1932年，在浦东同乡会上执笔呈国民政府行政院反对漕粮加价等等。[19]

秦氏父子的社会活动受到时人的称颂。黄炎培曾经这样评价秦荣光：

> 齿尊于一乡望，高于侪辈，而其眼光不拘拘于陈编，不规规于流俗，尽破新旧之成见，独以其明通正确之理解，判别是非，而揭橥以为的，则群疑释而众嚣息，而无形中之嘉惠地方也亦特厚。……试读其文，凡所为罢科举、兴学校、禁鸦片、戒缠足、筑路、开矿、裁厘金、兴银行、改金币、务农重工，在今日皆为是非已定之问题，读者须知此文为二三十年以前之文，作者为当时高年硕德之乡先生也。[20]

上海士人李维清这样吟咏秦锡田的作为："三膺省政议席参，兴利除弊卷盈楼。两次志书任纂修，梓桑文献勤收录。全县财政总其成，不畏强御逆鳞触。全市慈善握其枢，不避嫌怨苏劳独。"[21]后来的历史证明：秦氏父子在对时局问题上的预知和建议几乎完全合乎历史的发展。另外，他们的社会活动具有连接清末民初自治的意识层面。

（二）从教兴学，究心致用

秦荣光和秦锡田、秦锡圭父子都曾为塾师[22]，上海新旧县志、乡镇志对秦荣光的兴学之举有着详细的记载：他博学能文，留心世务，董地方公益和教育事业40余年，斥空言，期实践。他感怀于人心"沦亡于物欲之外诱"，积极兴学，"南汇百余年之贼窟，先君子虑其风之渐染吾乡也，光绪季年设义塾于中乡，农家藉以识字者十余年矣"。[23]又和士人周希濂、汤学钊等捐建三林书院，请邑令黄承暄设筠溪义塾，又移秦公祠款就祠置义塾，又设六处私塾，后来书院改为中学，又兼任南汇观涛书院院长。可以说，"今三林、陈行、杨思三区，学堂二十余所，乡僻男女，即知向学，学业之盛，冠上海一邑，皆先生经营提倡之力也"[24]毫无过誉之词。

秦锡田也不例外，他早年成为生员后，就辗转三林、周浦、召楼、县城等地处馆，且声誉甚佳。辞官归乡后，更是受其父的影响，致力于教育事业，主张教育救国。教育被看

作挽救中国危局的一个妙方，为清末民初大多数社会精英所接受。正如秦锡田所述的那样"先子遗泽深，第一在兴学。团体结之坚，舆论采之博"，后来，秦锡田继承父亲的事业，就任三林、陈行、杨思三乡区学董，出任三乡教育团体的代表，任三林学校校董会主席至逝世。三林学校校产，除三乡人士捐田外，有上海城隍庙、"小世界"等处房地产，觊觎者甚多，其力排众议，苦心维护。并且在陈行兴办正本女子学堂、本立小学，在三乡分设七所初等小学，筹建五十余间高小校舍，募建三林学校20周年纪念堂，建职业中学校舍等。秦锡田的教育救国思想亦包含新思想，展示了与时俱进的士人形象。他说：

> 盖二十世纪之世界，以工战、以商战，实则无不以学战。人与人战，家与家战，国与国战，种与种战，有学者存，无学者亡，学盛者强，学衰者弱。优胜劣败，固天演之公理，亦自然之趋势欤。语曰：见兔而顾犬未为晚也，亡羊而补牢未为迟也。今学校之基础已立，志士倡导于上，舆论翕徒于下，父诏子勉，努力向学，毋惜小费，毋纽小成，毋慕虚荣，毋执私见，由小学以至中大学，由一校以至

数百校，扩而大之，进而上之，学校如林，人才蔚起，于以保主权、抗外力、崇实业、裕生计。[25]

> 盖天下无不可格之物，亦无不可化之人，人果诘己以进，吾援互乡（隶南汇县）童子之例，以纳之，而与吾乡之子弟授以同等之教材，使之涤旧污，端蒙养，崇人格，重公德，以渐收易俗移风之效。此则先君子之微意，而吾乡父老所乐观厥成乎。[26]

秦锡田把西方的"优胜劣败"、"天演公理"、"格物"等与中国传统文化的"是非之心"、"羞恶之心"、"性本善"以及旧式的庠序学校教育相互证，解释中国之与世界各国的竞争中的劣势，以及为了维持国家主权，必须"以学战"，秦氏的思想反映了清末民初时期的功名士人对社会进化论的理解，以及深为我国弱者地位的忧虑，他用带有儒家"修身、齐家、治国、平天下"论断表达了对教育救国的设想。

秦氏办教育以切实致用为宗旨，他对以兴学之名，实攫一己之利的行为深恶痛绝，"办学于今十八年，学堂成绩不如前。未能进步须防退，此事如撑逆水船。（前清时代吾乡小学，省县视学皆加奖语，近则

日渐退步）"[27]光绪三十一年（1905年）他被选为上海劝学所学董、学务审查长，提出了兴学"根本之计在兴农学，以新法耕植，遣农家子弟留学外国习农科技术，归设农业学堂造就人才"，又认为"吾乡商业衰，商场风气朴；识远度量宏，须有计然略"，于是，拟改三林学校为中华农业学校，开办农业中学预科。1931年，又创设三林初级商科职业学校。更值得关注的是，他把办教育与地方公益事业有机地结合起来，曾在陈行乡乡题桥创办课勤院，这是一个收容流民、改恶从善的机构，当时浦东"流氓"横行，他一改其父惩治、打压"流氓"以维护地方治安的决策，而是把治理地方治安问题放在教育上，让他们在这里学习各种工艺技术，"教以一艺，俾谋生计"，并灌输思想教化之，使之能够掌握生计手段并安于本分，课勤院承办5年，前后收容了500余人；1927年，又创办上海游民习勤所，实为课勤院的继续，至1936年，习勤所先后收容800余人。[28]秦锡田的这种收容扰民，讲授工艺和教其本分的教化思想和实践活动在当时的社会具有重要意义。

清末民初的上海社会，世风日下，女性亦不免流俗，"母仪妇道之日衰颓也"[29]，"以视晚近女子，侈言平等自由，而以家政为诟病者，其相去为何如哉？"[30]针对这种状况，秦锡田大力提倡兴办女学，先后在陈行兴办正本女子学堂，本立小学，秦氏的女学取得了不错的社会影响，从中亦知其强烈意识到妇女教育在维持家庭教育的必要。在婚姻方面，他提倡和实践新式婚礼，"古来嫁娶礼彬彬，俗例偏多六色人。要省繁文与繁费，文明新式合遵循"。不过，在提倡新式与自由的同时，秦锡田对新式的恋爱和结婚行为表现了"解放之说盛行，男女防闲因之大溃，有心世道者多忧"极其复杂的心态。[31]

（三）殚心书史，留心掌故

士人所求之三不朽，一为立德，二为立功，三为立言，此三者得其一，均能功成，实现士人的理想与追求。在立言上，秦氏"于书无所别择，但能得之，必能读之，以是能使学浩博、绌大共贯，而又非徒泛滥也"[32]，秦氏在文化创作与文化整理上亦取得卓越成就，其中以史志为甚。

秦荣光学识渊博，著述甚丰，"殚心书史，重于求实，关心乡土典故"，且"凡实事、实年月、实品物典制，靡不一一经心"[33]，对上海历史的研究造诣很深，有《同治上海县志札记》《光绪南汇县志札记》《陈行竹枝词》《上海竹枝词》《梓乡杂录》《梓乡文献录》《晋书志表》《补晋书艺文志》《补晋书学校志》《补晋书水利志》等。[34]他对地方志的校订拾遗补缺也倾注了巨大的热情，《同治上海县志札记》《光绪南汇县志札记》就是他校补作品，所以的这一切，都成为研究上海史必备的重要资料。虽然秦荣光没有直接参与过县志的编纂，但是他的著述与地方志编纂活动关系密切。他的史志著述亦是对于当时不甚乐观的上海教育现状的回应，"夫向者我中国学人之患，在能知三代，而不能知当今；能知九州，而不能知本地。近二三十年来，则竞谈万国之纪载、五大洲之形势，于中华旧业，转略不顾。方自谓务其大者远者，又何有于乡里哉？在上者亦窃忧之"。[35]

此外，他另有文集、诗集数十卷。秦荣光经常为他人题诗、为他人作寿序、家传、族谱序、传后、墓志铭等，为修复祠堂、寺庙、牌坊、陵墓作记。这大多辑录在其作品《养真堂文钞》中，其他的作品由于诸多原因佚失。秦氏还积极编纂秦氏家谱，修建家族祠堂，纂有《淮海支谱》一卷、《陈行秦氏支谱》、《家传》一卷、《淮海先芬咏》一卷、记录家族优秀成员的生平事迹。[36]

秦锡田深深地受到父亲的影响，"先子性嗜学，晚岁校方志，订伪补脱漏，读志著札记，我少承家学，便便探腹笥"[37]，继承了其父的知识与治学精神，继续热心关注地方志编纂工作。在民国期间他参与了诸多地方志的编纂工作：民国《上海县续志》，编纂水道志、艺文志和修订名宦志；民国《上海县志》，总览全书以及

交通志、政治志、财用志；民国《南汇县续志》，总纂全书以及水利志、艺文志、风俗志；民国《南汇县志》，工程志和人物志；与姚文楠纂修《民国江南水利志》10卷，辑《河工志》5卷等。[38]

秦锡田对修志亦有独到心得，认为地方志的编纂要重视直接前往当地社会进行采访活动，即重视采访的实证性。他说：

> 修志之难，不在于纂辑而在于采访，采访不得人，则舍精华而拾糟粕。冗杂猥琐无所取裁，闻有一事可录，而原委混淆，先后倒置，问之访员，访员置之不答，或答非所问，或答而不详，终至删其成稿，不能记载。譬之饮食采访者，选置物品也，纂辑者调和鼎鼐也，山珍海错，精美鲜洁膳，夫和以五味，自堪适口，若其肉腐鱼败，虽有易牙，无所措手，故体例之不完整，文辞之不雅驯，纂者之咎也。[39]

在"国粹浸淹，怅美雨欧风之相逼"[40]的清末民初社会，功名士人凭借良好的传统文化素养和强烈的社会责任感，担负着地方志的编纂工作。当然，此时的上海地方志，编纂理论、体例门类、编纂方式到方志内

容,发生了巨大的变化。显著的特点是乡土志的兴盛,如:《上海乡土志》作为乡土教科书,其编修的目的是"以培养爱国爱乡土之心,激发志气"[41],更能直接叙述表达个人对于社会现实的看法,士人在乡土志中的作用更为彰显。他们在志书中的叙述与表达,从更深层面反映出士人对社会变迁的看法及其自身心态的变化。[42]

另外,秦锡田对吴地水利学亦有深刻研究。著《松江水利说》,主张"黄浦各支港于港口筑堤建闸,设水门节水量,使浑潮不入支港淤塞"。曾在浦东同乡会会议上提出整理黄浦水道案,据历史资料分析黄浦江两岸坍涨情况,主张应加疏浚,全面整治。曾受聘为吴淞江水利协会太湖流域防灾会议事员、江浙水利协会研究员、江南水利局顾问。又曾助父荣光校勘《晋书》,积研究心得,撰《补〈晋书〉王侯表》、《补〈晋书〉异姓封爵表》、《补〈晋书〉僭国年表》,后均收入开明书店版《二十五史补编》。另有《〈晋书〉补注》24卷,未刊。另著有《享帚录》八卷、《享帚续录》(由《适庵文稿、吟稿》辑成)等,编《梓乡丛录》、《上海掌故录》。唐文治作传谓"先生所著书,志在扶植世道,非苟作也"。[43]

秦氏父子有意识地关心地方志编纂工作,不仅及早保存了梓乡掌故,收集了"粉社遗闻",使地方志

"承先启后,继往开来",而且其对一个社区的价值判断与道德评价体系建构具有积极作用,维护了士人在地方社会的地位,并依旧扮演着教化的传统角色。

(四)尊祖敬宗,继承传统

前文提到秦荣光还组织家谱编纂、修建家族祠堂等活动。并纂有《淮海支谱》一卷、《陈行秦氏支谱》、《家传》一卷、《淮海先芬咏》一卷、记录家族优秀成员的生平事迹。这体现了其尊祖敬宗的良好传统。这种行为在其子锡田身上有更深刻的体现。

秦氏宗祠是秦氏族人祭祀祖先的宗庙。据《陈行志》载:"该祠(秦氏宗祠)座落在陈行镇市东,……于民国十四年(1925年)三月由秦锡田等秉承其先人遗愿筹建。祠屋五楹,翼以两厢,前绕墙垣,杂莳花木。同年七月落成,十月举行初次祭礼。以后每年寒食、下元日举行春、秋两次祭祀。"[44]

在秦锡田《陈行秦氏宗祠记》中,有一段话是关于祠堂祭祀的目的与功能叙述,此语曰:"和气致祥,乖气致戾,治乱兴亡之几,皆伏于家庭骨肉之际。……愿我族人,相亲相爱,相依相辅,毋忝前人,毋隳先业,斯则我祖我父建祠之微旨也。"[45]从中可知,秦氏认为通过祠堂来祭拜祖先可以加强宗族的凝聚力。秦氏宗祠神主入祠规则做了详细的规定:

不得入祠者：（一）异姓为后者；（二）赘婿或外孙、外甥为后者；（三）出嗣于他姓者；（四）出赘而为之后者；（五）出垫人家而为之后者；（六）殇子十九岁以下未有配偶未为立后者；（七）妾之无子者；（八）妇之出蘸者；（九）出蘸之妇携子同去即为他姓之后者；（十）他姓之子随母同来者；（十一）妻妾之非正式者；（十二）兄死而以嫂为妻，弟死而以弟妇为妻及其他乱伦逆纪在五服之内者。暂缓入祠者：（一）妇死而夫尚在者；（二）新丧未葬者。

秦氏将祭祀日期规定在"每年寒食、下元日举行春、秋两次祭祀"，且以阴历为主，时至民国初期1925年，秦氏依然坚持着对传统的儒家经典的继承。

《陈行秦氏支谱》中有对祭祖的仪节详尽的描述，共计350多字，其文如下：

传鼓三通 登堂 序立 就位 跪 叩首 叩首 三叩首 兴 引主祭者诣香案前 焚香 跪 初上香 献帛 降神 读告者诣读告位前 俯伏 读告 兴 引复位 参神 跪 叩首 叩首 三叩首 兴 行初献礼 引主祭者诣神位前 跪 初献爵 叩首 叩首 三叩首 兴 进肴馔 引复位 暂退

传鼓 登堂 序立 就位 引主祭者诣香案前 焚香 跪 再上香 读祝者诣读祝位前俯伏 读祝文 兴 引复位 跪 叩首 叩首 三叩首 兴 行亚献礼 引主祭者诣神位前 跪 亚献爵 叩首 叩首 三叩首 兴 进羹点 引复位 暂退

传鼓 登堂 序立 就位 引主祭者诣香案前 焚香 跪 三上香 兴 引复位 行终献礼 引主祭者诣神位前 跪 终献爵 叩首 叩首 三叩首 兴 进黍馔 引复位 跪 主祭者向外立 读致龈辞 饮福酒 受福胙 叩首 叩首 三叩首 兴 暂退

传鼓 登堂 序立 就位 引主祭者诣神位前 献茶 引复位 辞神 跪 叩首 叩首 三叩首 兴 司爵者捧爵 司帛者捧帛 读祝者捧祝文 引主祭者 执事者与祭者诣焚燎所向

上拱立 焚帛 焚祝文 酹酒 引登堂 就位 跪 叩首 叩首 三叩首 兴 撤馔 礼成 退[46]

秦氏将祭祖仪式如此详细地写入族谱，一定有某种原因。据此分析，《陈行秦氏支谱》所载的祭祖仪式，颇引人注目的是：在仪式中，主祭者出现的频率很高，而其他族人则少有到祖宗神位前的动作，在陈行秦氏的祭祖活动中，秦锡田扮演了领导角色，因为他是秦荣光的长子，又是他秉承先人遗愿，一手筹建的宗祠，可谓是"德高望重"，在社会上有一定的声誉与地位，故掌握着祭祖仪式的主导权。很显然，这种传统的仪式的延续与继承，对增强宗族认同感和宣扬尊祖敬老的观念是很有帮助的，但是我们更应该看到：这种强化形式的仪式，由宗族内部及于外部社会，有利于强调士人的身份和角色意识。

就强化士人角色而言，笔者认为祭祖仪式是一种文化权力的维护形式。在这些仪式的进行中，都有朗读祭文、告文和祝文等，秦氏祭祀仪节的告文、祝文、致嘏辞兹如下：

告文：孝玄孙秦某等，今以季春/孟冬之月，敬率家仪，有事于淮海先祖考妣神祠。展微忱于荐韭/葵献，念切杯圈；联一脉于蕃椒，情深洞属。谨请降临，恭申尊献。敢告。

祝文：缅维得姓之原，肇自岐丰霸国；上溯不祧之祖，尊推淮海词宗。攉制科而宿卫殿廷，文通武达；奉谱牒而远离乡井，兄友弟恭。奕叶簪缨，增光志乘。迫前明之末造，正我族之中衰。遂以杜浦之寓公，猥作淳于之赘婿。谋诒燕翼，乔梓交辉；美济凤毛，芝兰并茂。衍书香于鲁泮，皆宗功祖德之留贻；瞻庙貌于闸溪，有木本水源之感慕。兹者，节逢寒食/下元，礼荐时馐，一瓣清香，三巡浊酒。左昭右穆，雍容长幼之伦；忾见僾闻，恍惚神灵之降。

致嘏辞：祖考命工，祝承致多福，于尔子孙，来尔子孙，使尔子孙，受禄于天，宜稼于田，多福多男，眉寿永年，子子孙孙，勿替引之。[47]

这些祭文首先提到第几代子孙，其用意在祈求祖先庇佑、赐福，让子子孙孙永续不断。除了强化族人的宗族认同和祈福之外，另有强化秦氏家族的社会地位的作用。社会角色是"社会活动的一种必要的

社会形式和个人的行为方式"[48]，总是带有社会评价的痕迹。笔者认为：在这些生命历程中举行的祭祖祭祖仪式，在祭祖中特别注重仪节，就是在树立士人在家族乃至在社会中的社会地位，其从中扮演的社会角色是他们社会地位的表征。而这是士人形成自身"权力的文化网络"[49]的一种形式。

（五）交往名流，士人意识

对关于社会角色的这种理解还应当作这样的补充：社会角色本身不能决定每个角色扮演者的活动和行为的细节，这一切决定于个体掌握和角色分化的过程。角色的行为时由该角色的具体扮演者的个体心理特点决定的。因此，社会关系按其本质来说虽然是角色的非个性关系，而实际上在其具体表现中却具有一定的"个性色彩"。因此，每个社会角色并不是一种绝对遵守的行为模型，而它总是为自己的扮演者留有"可能性的范围"，可以把这一点叫做"扮演角色的风格"。这种领域正是在非个性社会关系系统内部建立第二种关系——人际关系的基础。[50]

秦荣光有强烈的士人角色意识和社会责任感，在他为友人的墓志铭中，阐述了其对"绅士"的理解：

> 一县之治，勿全系于知县一人，而知县一人，虽

甚聪明，见闻有限，更或来自远省，言语不通，风俗亦别，一切县治中利弊益茫然矣。此古今贤令尹端赖有贤绅士焉。单父鸣琴之治，取资父事，武城弦歌之化，收效得人。盖绅士者，上近于官，下与民亲，绅士贤则造福桑梓焉较易；绅士不肖，其害贻父老子弟也亦深。近世官莫求贤，士多贬节，竿牍丛集于宰室，苞苴滥纳于私门，因而吏治日非，民俗日坏，矫其失者，杜门概绝世事，一任土匪肆横，衙蠹舞文，口同寒蝉，嗫不发声，地方亦曷贵，此绅士亦是二者皆过也。[51]

这种特定的角色意识注定了其交往的主体与范围。其言谆谆，其行亦孜孜。"儒者必当为天地立心，为生民立命"，秦荣光还利用其社会交往，激励好友，寄予通过更多士人的努力与社会影响来荡涤社会的污浊之处。他在给好友的信中说：

> 我辈既忝为一方表率，便当致力于义务，自私自利之见不可有，同胞同与之念不可无。开学堂、习武备、课工艺此三者教养

之资，富强之本也。而广设蒙学、劝诫洋烟、收课流氓尤属开办三者当务之急，愿我同志有力者勿吝财，有才者勿辞劳怨，尽一分心，必收一分功效，为地方谋即为我身家谋，昔程明道令学者先读西铭，范文正做秀才便以天下为己任，徒可信大儒理学，名臣经济，不许人为自了汉焉。仆连年多病，老态益增，然一息尚存，壮心未已。学堂已开，现习武备，天假之年，必将手创，一院名曰课勤，收流氓，而习以工艺，愿师移山之愚公，誓不效于陵之仲。子虽以是见笑于时人，蒙谤于匪类，所不悔也。贤昆玉年力并盛，才学兼长，既拥厚资，更负重望，倘能切桑土之绸缪，合梓乡而保卫，是犹驷马驾轻车就熟路，而王艮造父为之先后也。仆虽老，愿缓须臾，无死乐观厥成。[52]

秦锡田《享帚录》中收集了120位与他交往的人，并吟咏联句，集成《怀旧吟》，其"一百二十首，冠以师门，次以父执及戚族之长者，其余交友以论交之先后为次，而及门之弟子"[53]。其中绝大多数为功名士人，据统计：拥有科名有进士（15名）、举人（29名）、生员（52名），其中亦有后生新学之士（10名），其他14名科名不详（多从商、公益事业或塾师），秦锡田为其中的很多人作过寿序、碑传、行状、墓志铭、行述等，且收录在《享帚录》和《享帚续录》中。这种交往成为秦氏家族对外联系，提高地方声望，保持其士人身份的重要纽带。

婚姻是士人之见建立联系的有效手段，所以各个家族都非常重视。陈行秦氏在联婚上选择与其社会地位和文化地位旗鼓相当的家族结成姻亲。笔者就《怀旧吟》中提到的姻戚与族人进行统计考订，（参见表1）我们可以从中窥其一斑。

131

表1：秦锡田的部分姻戚族人情况表

姓名	亲属关系及籍贯	功名或教育背景	主要职业或经历
张秋丞，名维垲	舅氏，南汇人		八品职衔，少习商。
张新笭，名维培	舅氏，南汇人	附贡	塾师。
奚寿甫，名世荣	姑丈，南汇人	附贡	太常寺博士。
赵词甫，名淇	姑丈，上海人	诸生	三林望族，不乐仕进，精诗文。
周景溪，名希濂	姑丈，上海人	武举人	

东吴文化遗产

姓名	亲属关系及籍贯	功名或教育背景	主要职业或经历
顾馥棠,名文伟	表叔,南汇人		从事地方公益事业。
秦啸尹,名始詹	再从叔祖,上海人		精于书法。
秦椒雨,名绣彝	三从叔祖,上海人	附贡	候选训导。
秦冬馀,名绣平	三从叔祖,上海人	附贡	国子监典籍。
秦又词,名乃歌	从父,上海人		从医。
张菊舲,名可铭	表兄,南汇人	诸生	
张守初,名可镲	表兄,南汇人	诸生	
张幹材,名可钜	表弟,南汇人	诸生	
潘方水,名泰增	表姊丈,南汇人	诸生	塾师。
沈肖韵,名毓庆	亲家,川沙人	廪贡生	先幕后商。
胡端臣,名祖谦	亲家,青浦人	举人	任直隶州知县。
章士荃	亲家,娄县人	进士	吏部主要事外务部员外郎,家世儒素。
秦祝升,名锡芷	四弟,上海人		屡试不第,愤懑成疾。
奚味腴,名在兹	妹婿,南汇人		家世富饶,而心地天明,待人接物无不宽厚。

资料来源:秦锡田:《享帚录》卷6,第1—38页。

132

从上表可知,秦氏的族人也多为身份相当的士人。当然,由于资料的有限,我们不能看到秦氏联姻的全貌,但是从上表足可以说明秦氏在联姻上所遵奉的门当户对的原则。这一方面是受他们平时交往范围的影响与局限,另一方面是出于保持家风、家族名望与家族智力水平的需要。这种"门当户对"的婚姻圈,具有保持和巩固其士人社会地位的作用。这在客观上又反映了上海乃至江南地区士人家族的联姻原则与心态。

结 语

清末民初是中国社会急剧变革的时期,在短短几十年的变化比以前几百年、几千年的变化都大。社会的急剧变化使新事物、新问题不断出现,这要求士人能提供更多能胜任和处理这方面问题的知识与能力。秦荣光和秦锡田父子虽然获得较低的科举功名,但他们对维护家族、地方的道德秩序,保存和发扬家族、地方文化精华可谓鞠躬尽瘁,编纂书籍、积极投身地方公益和教育事业,可以说他们为秦氏家族、上海地方的公益、教育文化建设做出了卓越贡献。他们积极的社会活动，从而获得了一定的社会地位与社会声望，得到了社会的认可，在清末民初社会转型时期，改变了自己的命运，也让后人看到他们在追求功名士人"三不朽"的道路上做出的努力。

首先，上海陈行秦氏家族属于典型的地方性科举家族[54]。解析一个地方家族的社会影响，存在着两种判断标准。一种是从科举考试的标准，另一种是从社会认可的标准判断。一般来说，一个家族获取的功名越高，其社会影响就越大；社会认可的标准与功名标准，往往有极大不同。其多是与这个家族的社会活动密不可分。就像前面提到的那样，秦氏以"笔耕"传家，尽管家族内科名不绝，却是"青衿却比簪缨盛，百八十年廿秀才"，到秦锡田这一代仅出 1 名举人和 1 名进士，这就使其家族影响主要集中在原籍贯州县乃至乡里，这种情况即限制了秦氏家族向外扩张势力，又促使秦氏更加关注地方事务，秦氏却凭借有限的地方影响力，以积极入世的态度参与地方社会活动，在地方事务中发挥着积极作用，并得到社会的认可与赞誉。秦氏父子所做的一切，有力地推动了上海地方文化教育事业的发展，起到了维护社会稳定的作用，同时也有效地保护了自身的利益，进一步增强了其在地方社会的影响。

其次，秦氏父子的社会活动，有力地证明了功名士人在地方事务中的主导作用。秦氏父子从事文化教育活动，兴办学校，收集乡梓典故，著书立说以及参与编纂地方志。而所有的这些活动都与 19 世纪中叶之前，在张仲礼的著作中所描述的绅士在地方社会的角色十分的类似。陈行秦氏乃至整个上海地方精英参与地方社会活动，可以解释为：这一群人通过参与各种不同的社会活动，为了争取或维持自己的利益，来达到权力重新分配的目的所进行的种种行动。所以说，费正清得出的"更重要的是，绅士已不再像过去那样作为传统的特殊社会集团而把持着社会"[55]结论，未必真能反映当时的实际情况。

再次，秦氏的社会活动体现了"经世致用"的思想。无论是秦荣光的请求裁厘卡，组建商团、民团自卫活动，还是秦锡田的请求整顿契税，关心漕政，修治吴淞江，兴办新学等活动，都强调着重于"用"，都把有益于社会、追求实功实效作为终极目标。这里，我们可以说，实用主义的思潮实际上一直横亘、兴盛于清末民初社会的始终。在秦氏父子所做的一切活动中，我们都能强烈地感受到实用主义对他们的影响。秦氏父子在实践"经世致用"的思想上，扮演着积极的社会角色，树立了士人的正面形象。

第四，一个家族能够长期立于地方社会中，除了家族成员在地方活动上的努力，更需要与地方社会中的其他地方精英进行联系，以维持家族的社会地位。在联姻上，秦氏选择与其社会地位和身份相当的家族结成姻亲，对其事业一影响力产生了有益的作用。秦氏和其他上海地方精英的社会交往，扩大了自己的交往圈和社会影响，维持了自己的社会地位及声望。

最后，已有的价值判断体系是不成文的社会活动行为的指导。在传统中，它最具有指令性、权威性、干涉性、约束性，形成了社会的基本文化形态，文化发展指向，从而成为社会的文化定势。这个文化定势，以巨大的惯性作用，形成社会的稳定性、秩序和规范。[56]作为传统功名士人的秦氏父子，文化心理和行为模式方面的习惯，未成文地存在于他们心中，使士人社会角色有一种传递性和延续性。故他们的活动，不会在社会转型后立即做出剧烈的转变，仍然具有传统士人的社会责任心，其士人的身份意识引导着他们继续担负着士人的责任和义务。正所谓对于许多具有惰性结构的权力体系来说，较大地改变内部结构几乎是不可能的。

要回答维持功名士人社会地位的因素是什么，就有必要将其社会活动与地方社会的运作加以结合，也就是说，一个家族的社会地位、社会角色与地方社会的繁荣与否有着密不可分的关系。从整体来看，上海县陈行秦氏在地方社会秩序的维护中，是扮演积极的角色，同时他们也因此获得稳定的社会地位和美好的社会声望。

注　释

[1] 据载：秦氏多儒，素先高祖羽卿公，后三世七秀才，先君子（秦荣光）光绪戊子岁贡，锡田与弟锡圭同登光绪癸巳乡榜，锡圭旋于乙未岁入词林，亡儿之望亦游庠，舍侄之衔以学堂毕业，奖给增生，则为科举之尾声矣。见秦锡田：《周浦塘棹歌》，《享帚录》卷5，第34页。

[2] 稻田清一．清末江南地方精英的"地方公事"与镇董．甲南大学纪要，文学编109号 1999年；佐藤仁史．清末民国初期上海县农村部地方精英在地方上的乡土教育：以《陈行乡土志》为背景．史学杂志，108编12号 1999年；佐藤仁史．清末民初江南地方精英的民俗观——以"歌谣"为线索．中国社会历史评论，2005年。

[3] 秦氏的上书包括《致莫善徽大令请惩蚁棍书》、《上邵篆村观察言防务书》、《致莫善徽大令论团防书》、《上谭方伯条陈荒政》、《拟上抚院请摊盐课银稿》、《呈淞沪厘捐总局请免航捐文》、《呈裴大令请免吴淞工役文》、《上水利总局求免协浚周浦

塘文》、《裁卡议》、《致邑城积谷总董书》、《胪陈浙西盐捕营扰害浦东实迹呈陆护抚》。见秦荣光：《养真堂文钞》，秦氏适庵藏版，1919年。

[4] 同上，《外舅张惠苧先生家传》，第42页。

[5] 作者诗云"客游虽云乐，不如家庭好。古人有明训，仁亲以为宝"；又云"余早有少年老成之誉者，皆涵濡大父之教也。大父性直而有容人之量，严取予，而未尚拒人……故人皆奉为典型。大母赵太宜人系出三林望族，勤俭持家，而不为苛细之行，教育子孙尤注重于廉"。见秦锡田：《享帚录》卷8，《七十自述》，第1页。

[6] 李维清.上海县议会议决重修上海县续志案.李右之文稿，第1页。

[7] 胡祖德.沪谚.秦序，上海古籍出版社，1989年，第3页。

[8] 秦荣光.上海县竹枝词.风俗9，第55页。

[9] 秦荣光.上海县竹枝词.风俗9，第55页。

[10] 秦荣光.裁卡议.养真堂文钞，第29页。

[11] 秦荣光.贺陆春江观察由广东惠潮嘉道迁江苏粮道书.养真堂文钞，第37页。

[12] 秦荣光.裁卡议.养真堂文钞，第27—30页。

[13] 秦荣光.致莫善徵大令论团防书.养真堂文钞，第7—8页。

[14] 盛巽昌主编.上海百家姓.上海画报出版社，1996年。第91页。

[15] 秦荣光.上谭方伯条陈荒政.养真堂文钞，第9—16页。

[16] 秦锡田.建议苏属盐课摊派地丁项下裁撤缉私巡盐各营案理由书.享帚录.卷3，第1页。

[17] 同上，《提议刬除验契积弊案》卷3，第4—5页。

[18] 同上，《吴淞江水利协会审查会审查交涉员许君筹浚吴淞江下游计划说明书之报告》卷3，第12页。

[19] 上海县县志编纂委员会编.上海县志，第1172—1173页。

[20] 同上，黄炎培谨序，第1—3页。

[21] 李维清.李右之文稿，第16页。

[22] 其弟锡圭曾为黄炎培之塾师，秦锡田曾为曹汝霖之塾师。见秦荣光：《养真堂文钞》（黄炎培谨序），第1页；曹汝霖：《曹汝霖一生只回忆》，台北传记文学出版社，1980年，第6页。

[23] 秦锡田.新建三林陈行杨思乡立第二国民小学校舍记.享帚录.卷1，第53页。

[24] 秦荣光.养真堂文钞.（黄炎培谨序），第1—3页。

[25] 秦锡田.新建三林陈行杨思乡立第二国民小学校舍记.享帚录.卷1，第52页。

[26] 秦锡田.新建三林陈行杨思乡立第二国民小学校舍记.享帚录.卷1，第

53 页。

［27］同上，《周浦塘桿歌》，卷 5，第 8 页。

［28］上海县县志编纂委员会编.上海县志，第 1172—1173 页。

［29］秦锡田.吴怀疚君哀词.享帚录.卷 2，第 50 页。

［30］李维清.建水李高夫人墓碑铭.李右之文稿，第 6 页。

［31］秦锡田.周浦塘桿歌.享帚录.卷 5，第 13 页。

［32］秦荣光.上海县竹枝词.（于序），第 31 页。

［33］同上。

［34］同上，《秦温毅先生事略》，第 34 页。

［35］秦荣光.上海县竹枝词.（于序），第 31 页。

［36］同上，《秦温毅先生事略》，第 34 页。

［37］秦锡田.七十自述.享帚录.卷 8，第 16 页。

［38］上海县县志编纂委员会编.上海县志，第 1173 页

［39］秦锡田.南汇县续志序.享帚录.卷 1，第 18 页。

［40］李维清.函上海县长潘忠甲文.李右之文稿，第 1 页。

［41］李维清.上海乡土志.（姚序），上海古籍出版社，1989 年，第 57 页。

［42］陈蕴茜、曲兵.论清末民初士绅与江浙地方志的变化.江海学刊.2004 年第 4 期，第 138 页。

［43］上海县县志编纂委员会编.上海县志，第 1173 页。

［44］李秋生等编.陈行志.上海市上海县陈行乡人民政府 1985 年版，第 222 页；建国后，该祠由陈行仁昌花厂使用，1965 年改为陈行公社大礼堂，1974 年由公社拆迁建造新大礼堂。

［45］同上，228 页。

［46］同上。

［47］同上，摘自《上海陈行秦氏支谱》第 228 页。

［48］【苏】安德列耶娃著，蒋春雨等译：《社会心理学》，南开大学出版社，1984 年，第 67 页。

［49］权力的文化网络中的"文化"一词是指各种关系与组织中的象征与规范，这些象征与规范包含着宗教信仰、相互感情、亲戚纽带，以及参加组织的众人所承认并受其约束的是非标准。文化网络由地方社会中，多种组织体系以及塑造各种权力运作的各种规范所构成，它包括在宗族、市场等所形成的等级组织。这些组织既有以地域为基础的、有强制义务的团体，又有自愿组成的联合会。文化网络包括非正式的人际关系网，如血缘关系、庇护人与被庇护人、传教者与信徒关系。这些组织可以使封闭的，也可以使开放的，既可以是单一目的的，也可以使功能复杂的，总之，其包容十分广泛。见杜赞奇著、王福明译：《文化、权力与国家——1900—1942 年的华北农

村》,江苏人民出版社,1995年,第12—20页。

［50］【苏】安德列耶娃著,蒋春雨等译:《社会心理学》,第68页。

［51］同上,《南汇王鼒伯明经墓志铭》,第43页。

［52］秦荣光.致奉贤朱昂若孝廉家驹书.养真堂文钞,第39—40页。

［53］秦锡田.怀旧吟.享帚录.卷6,第1页。

［54］科举家族成员获取功名,以举人为多数的家族,我们将其视为地方性科举家族。地方性科举家族的族人即使出仕,也以担任地方低级官员充当教职为多,由于他们掌握的行政权力有限,就使其家族影响主要集中在原籍贯州县乃至乡里。实际上科举家族中的大多数,都属于地方性科举家族,他们构成清朝统治的基础,在地方政务中发挥着积极作用。见张杰:《清代科举家族》,社会科学文献出版社,2003年,第296页。

［55］费正清.剑桥中国晚清史.下卷,中国社会科学出版社,1985年,第634页。

［56］传统(本体)是已有的文化成果、文化心理和行为模式习惯、价值判断体系、文化定势等所形成的一个对现实社会文化仍具有精神基础和规范作用的惯性综合体。崔文华:《权力的祭坛》,工人出版社,1988年,第478—479页。

【江南文化】

苏州宋代雕塑艺术

张朋川

摘要:本文搜集整理了苏州地区留存至今的宋代雕塑作品,将其归类为佛像、文教图碑、建筑雕刻装饰三部分,并以大量图片为例说明这些雕刻遗珍的历史文物价值。

关键词:苏州 宋代 雕塑 雕刻 艺术

作者:张朋川,苏州大学艺术学院教授、博士生导师,苏州大学博物馆馆长。

苏州是历史文化名城,一座历史文化名城是需要有历史文化含量的地标来支撑的。历史不能靠传说堆砌出来,也不能靠复制的赝品妆扮出来,散落苏州的千年宋代雕刻遗珍,是苏州历史文化的最早的实物地标之一,应得到足够的重视。

一、苏州宋代雕刻艺术发展的文化背景

北宋建国以来,苏州的农业、商业和手工业都得到发展,家居苏州石湖的宋代名臣范成大著的《吴郡志》中记述:"上有天堂,下有苏杭。"苏州的教育和文化取得开拓性的发展,世居苏州的北宋名相范仲淹在景祐二年(1035年)创立苏州府学,后世对此评价说:"天下郡县学莫盛于宋,然其始亦由于中吴,盖范(仲淹)氏以宅建学,延胡安定为师,文教自此兴焉。"教育的普及提高了市民和工匠的文化素质,有助于手工艺技巧的提高。

苏州是运河、长江和海路运输的汇合处,宋代的苏州文化已显示出开放性和兼容性的特点,苏州的佛、儒、道文化共存,三者互相影响,这在苏州宋代雕刻艺术中也有所反映。由于苏州城市的发展,市民阶层得到扩大,苏州的宋代雕刻的题材趋于世俗化。

南宋建炎四年(1130年),金人攻入平江城,纵火焚烧宅寺。据南宋范成大《吴郡志·卷六·官宇》记

载："吴都佳丽，自昔所闻建炎兵烬所存惟觉报小寺及子城角天王祠。"城中雕塑受到严重破坏，城中雕塑仅余下石刻。不久，南宋收复平江府，苏州为交通枢纽，水利兴，地丰饶，成为江南首富之地，因此当时有"上有天堂，下有苏杭"之称。至今苏州留存了较多的南宋雕刻和图碑，成为苏州是南宋人文荟萃之地的见证。

图1　甪直保圣寺罗汉像全景

二、栩栩如生的佛教雕塑

1. 冠绝江南的宋代罗汉像——甪直保圣寺彩塑

保圣寺位于吴中区甪直镇西市。《吴郡甫里志》载，寺院创建于南朝梁天监二年（503），《苏州府志》又载为唐大中年间（847～860）所建，后在北宋熙宁六年（1073）重修，寺院几乎扩到半镇，足见宋代此寺香火甚盛。保圣寺塑像历来相传为唐代塑圣杨惠之所塑。自宋以后，寺院逐渐破落。1918年，苏州著名学者顾颉刚暂住甪直，见保圣寺年代久远，塑像精良，疾呼江苏省政府抢救。1926年，日本美术史教授大村西崖闻讯特地到保圣寺考察，撰写了《吴郡奇迹—塑壁残影》研究著作。顾颉刚、大村西崖、陈清香等学者先后进行研究考证，认为保圣寺塑像不是杨惠之所塑，进一步论证为北宋人所塑。[1]但国民党政府仍无所作为，听任废坏。1928年，大殿半边坍塌，佛像多半被毁。1929年，在蔡元培等人倡议下，募集基金，于大殿废址建古物馆，藏入余下的九尊罗汉像和部分塑壁，保存至今（图1）。现古物馆中的九尊罗汉像置于塑壁山石中。我曾到甪直保圣寺多次考察，注意到大殿的柱础刻着童子戏莲的图案，柱础和图案的样式和苏州市内定慧寺罗汉院柱础相似，罗汉院为北宋太平兴国七年（982年）重修，可证甪直保圣寺大殿的修造年代为北宋，保圣寺现存的大部分的罗汉塑像应作于北宋时期。

现将保圣寺现存罗汉像简介如下：1. 年幼罗汉。端身而坐，头微前倾，貌相恭谨，作低头冥想状（图2）。2. 思维罗汉。盘膝而坐，双手置膝，一手平放，一手握拳，思维在收放之间（图3）。3. 怒目罗汉。双目圆睁，左臂举起，神情威猛（图4）。4. 讲经罗汉和聆听罗汉。二罗汉促膝而坐，年长罗汉作讲经状，年轻罗汉躬身聆听（图5）。5. 闲适罗汉。倚坐在山石

139

间,露胸袒腹,呈闲散适意之态(图6)。6.仰睨罗汉和披巾罗汉。仰睨罗汉和披巾罗汉端坐在山石岩间。披巾罗汉为一头戴披巾的老者(图7)。7.仰睨罗汉。神情凛然,作睨视状(图8)。8.尴尬罗汉。罗汉面有虬髯,似静思忖度(图9)。这九尊罗汉神情各异,塑造手法写实,栩栩如生,塑像的造型未经后人改动,能够反映出北宋罗汉塑像的风格和特点,可以称作江南地区北宋罗汉塑像的代表作品。

图4　保圣寺怒目罗汉像

图2　保圣寺年幼罗汉像

图5　保圣寺讲经罗汉和聆听罗汉像

图3　保圣寺思维罗汉像

图6　保圣寺闲适罗汉像

图7 保圣寺仰睨罗汉和披巾罗汉像

图8 仰睨罗汉像

图9 保圣寺尴尬罗汉像

2. 劫后重光的上方山观音石造像

位于上方山茶磨屿的石佛寺，在宋代名潮音寺，有明代书法家祝允明题写的"古石佛寺"石刻题铭。过石佛寺，有涧水一泓，涧水上有石岩峭壁，即观音岩（或称普陀岩），涧水上架有石梁，岩壁中建石观音殿（图10），为山岩中凿出石室，内置观音石造像。观音岩石造像在明代早期就有记载，吴江人莫震，为正统四年进士，他撰写了《石湖志》，在《梵宫·妙音庵》条目中记载："在茶磨山下，即今观音岩也。淳祐中，尧山主开山，本朝洪武中重建，有清池在峭壁下，跨以飞桥，景物清胜。详载山水条。"《石湖志·山水·石观音岩》条目又载："在茶磨山下，面临石湖，就岩石琢大士像，立于徒〔陡〕厓裂罅

图10 石观音殿外景

之间，庇以危亭，有水一泓，下视沉沉，静深莫测，跨石为桥，长二丈许，护以扶栏，过者股慄眩视。左右绝壁巉岩，寒藤古木蔽亏掩映，清气洒然，殆非人境，俗呼为小补〔普〕陀。"可见石观音像在明代早期之前就已建立。[2]

观音石造像前，有一对石方柱，上刻对联："愿力广施甘露味，闻思远应海潮音。"据传此对联为乾隆皇帝南巡游石佛寺时题写。观音石造像的两侧以石叠山，原有悬塑和石刻纹样，现仅存浅刻的鳌鱼和海水纹的遗痕。皆证明殿中的石观音为南海观音像，与明人莫震谓此处为小普陀是应合的。

殿中的观音像为立像。通高2.65米（图11）。头戴高大宝冠，宝冠下部小而上部大，在宝冠正面中央刻

一尊小型的浮雕弥勒立像。顶戴包头披肩长巾。观音像头型长方，双眉细长而弯曲，有一双丹凤眼，鼻梁挺而鼻头大，嘴唇小而厚。在额头中央饰有圆宝石（此观音头像上饰的宝石已失，留下圆凹孔），双耳的耳垂有铛形装饰（图12）。佛像上的衣纹较低平，并且贴身。右臂略抬，右手垂下，左手搭于右手腕上。此观音像这些方面的特点，都是南宋观音造像具有的特点。重庆大足北山佛湾第136窟的观音菩萨石立像，建于南宋绍兴十六年（1147年），这尊观音像的头部造型和冠饰、体态和数珠手的样式，与上方山观音岩石观音立像的造型、数珠手的形态、冠式和装饰很相像（图13）。上方山观音石造像应是宋代石雕像。

图11　石观音殿石观音立像

图12　石观音像头部

图13　大足北山佛湾 136 窟南宋石观音立像

在"文化大革命"中,此观音石造像被击断,弃于岩前水池中。近年开发上方山景区,清理池中污泥,观音像得以重光,经管理部门修复,重新归于原位,使我们重睹千年的佛颜慈容。

关于现存的上方山石观音像的时代问题,据《苏州日报》报道,有人提出是清代物,[3] 理由是莫震《石湖志》记载:"石观音岩在茶磨屿下,面临石湖,就岩石琢大士像……"并且解释说:"根据'就岩石琢'这四个字,说明这尊观音像是和山体连在一起的,不是刻好了再置于此地,和岩壁分离的"。但令人不解的所引的文字是不全的,后面重要的句子被省略去了,被有意的曲解。这一段的原文是:"就岩石琢大士像,立于徒(陡)崖裂罅之间。"从文意上看观音石像显然是和岩壁分离的。明朝人汤传楹

《游吴山记》中更清楚地叙述了石观音像凿造的情况:"因傍(石)湖而行,游妙音禅院。……从其旁级而上,得一石屋,为古石佛洞,筑坂作池,压岩成梁,都无槛柱垣闼之类,其前仅置朱扉一扇以蔽风雨,其中就壁剞为莲瓣形位大士像,……""剞"是剖开挖空的意思,石观音像无疑是与崖壁分离的立像。[4] 有人认为"这尊观音像是和山体连在一起的",这种说法是没有道理的。有人还进一步推论:"宋代石观音像疑毁于太平天国战火",并认为:"现存石雕观音立像应为(太平天国)战争结束后,本地绅民捐资复建的"。但提不出何人何时捐修或重新造像的根据,乃是凭空的假设。在《苏州日报》对上方山石观音像报道的文中记叙:"'文革'期间,这尊石观音石雕立像被砸成三段,头被丢在崖石洞池中,仅存下半身及莲座"。我仔细观察了这尊石观音像的下半身,风化剥蚀十分严重,乃是经过近千年的磨耗所致,只隔百余年绝不能风化如此。佛像下半身衣服边缘刻的牡丹花卉图案,为宋代全株花牡丹纹的典型样式(图14),这种样式的牡丹纹常见于宋代瓷器的装饰纹样中(图15),进一步证明了此石观音像为宋代遗物,为江南罕见的大型宋代石圆雕像,几经磨难,幸存于世,虽石观音像的中段缺失而加以修复,但造像的主要部分仍存,尚能反映出宋代佛造像的风格面貌,应加强研究和保护。

图 14　石观音像下半部服饰牡丹纹

图 15　宋代耀州窑牡丹纹瓷碗

3. 维妙维肖的捏塑陶孩儿

镇江市市中心宋代遗址出土一批烧制的捏塑孩儿，据同出的元祐通宝铜钱等文物，可知为元祐年间（1086—1094）制作。[5]这批孩儿塑像中有"吴郡包成祖"、"平江包成祖"、"平江孙荣"的戳记，可见是产自苏州的孩儿塑像。宋代苏州以捏塑孩儿像著称，宋人孟元老《东京梦华录》记载："摩睺罗（孩儿泥塑）惟苏州者极巧，为天下第一。"明朝洪武时人卢熊《苏州府志》："袁遇昌，吴之木渎人，

以塑婴孩名扬四方。"镇江出土的捏塑陶孩儿，或恭立，或倾前，或侧爬，或卧坐，造型写实，姿态生动，天真活泼，可见宋代苏州捏塑孩儿像的风采（图 16、17、18）。这些捏塑陶孩的头部造型，有着后脑门大、眉短、眼小、耳大、有双重下巴等特点。服装宽松，裤子肥大。南宋苏州塑造的这些

图 16、17、18　苏州制作的捏塑陶孩

孩童的形象，与李嵩《货郎图》卷中的孩童的形象和服饰很相似（图19），该图卷上有南宋"嘉定辛未"题字，为南宋嘉定四年（1211）所作，[6]苏州捏塑陶孩与李嵩《货郎图》卷都有确切的年代，两者作品中的孩童形象可作为南宋孩童造型的范式。

图19　南宋李嵩《货郎图》中的孩童

三、刻工精湛的文教图碑

图碑是中国古代碑刻中将图翻刻到石碑上进行长久宣示的艺术样式，其中苏州的宋代图碑以数量多、刻制精美而著称。

1. 世界上最早的城市规划图——《平江图碑》

现藏苏州文庙碑刻博物馆的宋代图碑，以《平江图碑》最著名，为实测的宋代平江府全图，据考证此碑刻于南宋绍定三年（1330），[7]为郡守李寿朋主持绘制刻石，上有吕梗、张先成、张允迪三位刻工的姓名，表明刻碑工匠地位的提高。因年代久远，图迹模糊，在民国六年又进行深刻。

《平江图碑》碑高 2.84 米，宽2.40米。碑首为半圆形，正中竖写隶书体"平江图"醒目的三个大字。还饰着左右对称的一对缠结的龙纹。长方形的碑身上刻着平江府的平面图（图20）。图按上北下南标识出四方。全图表现的平江府城市的内容十分繁杂，包括城墙、街道、河流、各类建筑、城外的山脉和湖泊。以垂直相交的河网为纲，准确反映了城内"河、街相邻，水陆并行"的双棋盘式的平面格局。但重要的建筑用具体的立面形象来表现。在城墙和城门还采用了多体面结构的立体表现。主干街道用粗线来表现，宽阔的城墙用短直线表现城砖，表现河流用波状短线，

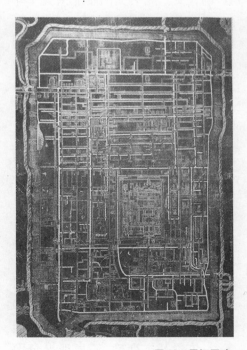

图20　平江图碑

使多种内容复杂组合的城市图像，在统一中有变化，按照图像内容的重要性分层次地进行表现，是现存宋代城市地图中最详细和绘制表现最精致细密的，具有高度的历史和艺术价值。

2. 世界上最早的石刻天文图碑

《天文图碑》刻于南宋宝庆元年（1225年），图为南宋嘉王（后为宋宁宗）的侍从讲授黄裳所绘，又由刻碑名匠王致远将图带回苏州，碑按原图刻成，碑高2.16米、宽1.05米。碑首横列隶书写的"天文图"标题，碑上部为圆形的星象图图像，碑下部为文字说明，文字整齐地排列在长方形块面中，图形寓有碑文中所说的"天圆地方"的含义。此天文图按北宋元丰年间（1078—1085）天文观测结果绘成。星象图以北极星为中心，外有三圈同心圆，星图中小圆圈为北极圈，共记载星座1440颗（图21）。为世界上最古老的经过实测的天文图。

图21　天文图碑

3. 标示全国地形的《地理图碑》

"地理图"也由黄裳绘制。碑高1.80米、宽1.08米。淳祐七年（1190年）制。碑首刻"墬理图"三个大字，"墬"为"地"的古字。该碑上图下文，这是宋代图文并置的常用的格式。图中绘宋代陆疆的山脉、河流、森林、长城和各级行政机构。绘制详尽，绘记了山脉120余座、河流60余条、长城、全国各级行政机构400多个，位置基本准确，还表现出全国

图22　地理图碑

地形西高东低的特点，表明了我国古代制图学的高度水平（图22）。

4. 号称"三绝"的《老子像碑》

苏州玄妙观三清殿内的《老子像碑》，是一块宋代复刻的书画碑，为宋代刻碑名匠张允迪摹刻，刻于南宋宝庆元年（1225），是国内现存的两块老子图像碑之一。碑高1.80米、宽0.91米。碑上图像和记载为吴道子绘、唐玄宗赞、颜真卿书。图中唐玄宗赞老子曰："爰有上德，生而长年。……道非常道，玄之又玄"。共64字。图中的老子像，体态庄重，右手指点，作说教状。用笔顿挫分明，运笔速度较快，显示出吴道子画作的"吴带当风"的特点（图23）。

壁饰有浮雕灰塑图像，保存完好的有30余幅。经考证为五代末年至宋代初年的作品，是国内现存最早的大型浮雕灰塑图像。图像中以牡丹花为主，皆作左右相对对称的全株花的格式（图24）。立轴式全株牡丹浮塑图像是五代末期流行的"铺殿花"样式（图25）。其中太湖石图像是最早的太湖石形象资料（图26）。云岩寺灰塑立轴画，为研究中国早期立轴画的装裱形式增添了新的珍贵的形象资料。关于云岩寺塔浮雕灰塑的详细介绍，已发表于《文物》2009年第7期。

图23　老子像碑

四、雅俗共赏的建筑雕刻装饰

1. 虎丘云岩寺塔花卉湖石图像浮雕灰塑

云岩寺塔内的塔内壁和塔心外

图24　云岩寺塔浮塑全株式牡丹图

图25　云岩寺塔浮塑立轴式牡丹图

图26 云岩寺塔浮塑太湖石图

2. 上方山楞伽寺塔（图27）浮塑图案

楞伽塔为北宋太平兴国三年（978年）重建，塔为七级八面（图28）。在塔的一层的砖檐下，饰灰塑图案花纹，有梅兰山石图（图29），为建筑雕刻装饰中最早出现的梅花和兰草的图像。还有葡萄纹（图30）和

卷叶纹（图31），这类图纹是从西方传入的纹样，并装饰在佛塔上。楞伽寺塔上饰有浮塑图案，表明在宋代初年的建筑装饰常用灰塑来表现，而且以灰塑作建筑装饰的传统一直流传至今。

3. 罗汉院正殿石柱石刻童子像

罗汉院又称双塔寺，位于定慧寺巷。建于北宋太平兴国七年（982）。正殿在清代同治年间毁于战火，现存石柱16根，石柱础30个。石柱柱身满刻缠枝花纹，在缠枝花中有各种童子像，共60余个。童子像姿态各异，有持莲叶、扛荷杆，或俯，或仰，或跪，或匐，或骑干，或攀枝，或持花，或戏莲，或双手合十，或

图28 浮塑梅兰山石图

图29 浮塑葡萄纹

图30 浮塑卷叶纹

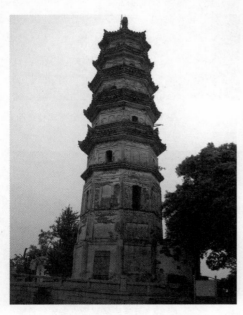

图27 楞伽寺塔

手持玩具，或双童戏莲（图 31、32、33、34、35、36）。罗汉院中还有饰牡丹童子纹的石柱础（图 37、38）和满饰云龙纹的石柱（图 39、40）。

图 31、32、33、34、35、36　石刻童子缠枝莲图像

图 37、38　童子戏莲纹石柱础

图39、40 云龙纹石柱

罗汉院石柱装饰纹样中以童子携莲荷的图案最多,这与佛教中的化生童子有渊源关系,在敦煌莫高窟唐代壁画中的化生童子,在莲花中或合十,或倒立,或戏莲,是佛经中"化生九品"(菩萨)的图像。在宋代"化生"衍为风俗,在七夕用蜡作婴儿像,称作化生,浮于水中为戏,以祝愿妇女生子。范成大《吴郡志》记载:"七夕有乞巧会,令儿女辈悉预,谓之小儿节。"孟元老《东京梦华录》也记载:"七夕前三五日,……又小儿须买新荷叶执之,盖

效颦磨喝乐。"可见罗汉院石柱上雕刻童子戏莲之类的图纹是宋代流行的风尚。

4. 玄妙观三清殿台基石栏华板雕刻

玄妙观三清殿重建于南宋绍兴至淳熙年间(1146—1179)。三清殿为石台基,台基南面和东西两侧皆设石栏杆,栏杆间的华板上雕刻着各种题材的浮雕图纹,惜风化严重,保存较好的有灵怪走兽、狮戏绣球、猴捧仙桃(图41)、海龙戏珠(图42)、走兽飞禽、绶(寿)鸟双鹿(禄)(图43)、

图 41　玄妙观三清殿石栏雕刻《猴捧仙桃图》

图 42　三清殿石雕《海龙戏珠图》

图 43　三清殿石雕《绶鸟双鹿图》

图 44　三清殿石雕《凤鸟亭阁图》

图 45　三清殿石雕《摩羯出海图》

图 46　三清殿石雕《喜上梅梢图》

凤鸟亭阁(图44)、摩羯出海(图45)、湖石双鹿、鹊鸟登梅(图46)、树前高士、人物故事、缠枝图案等浮雕画面。雕刻的图像秀丽工整,风格清新,是南宋道教石刻装饰的代表作品,三清殿石栏上的图案有多种文化的因素,其中吉祥图案较多,可以看出道教文化也是吉祥图案的来源之一。

5. 保圣寺石刻建筑装饰

　　甪直保圣寺天王殿重建于宋代熙宁六年(1073),在天王殿内和殿外有宋代石柱础,上刻莲瓣纹(图47)、缠枝花纹(图48)、童子和缠枝牡丹纹(图49)。殿中宋代残石幢的小龛中,刻有高浮雕坐佛(图50)。在保圣寺后院西侧,立有尊胜陀罗尼经咒石幢,为唐大中甲戌年(854)立,北宋皇祐五年(1053)重立。幢

基座上刻有云纹、龙纹（图 51、52），幢檐的八角处雕刻着各雕衔珠兽面。在保圣寺附近的白莲寺遗址，也有宋代复莲状石柱础（图 53）。

图 50　保圣寺石幢石佛坐像

图 47　保圣寺天王殿石柱础莲瓣纹

图 48　天王殿石柱础缠枝花纹

图 51　保圣寺尊胜陀罗尼经咒石幢

152

图 49　天王殿石柱础童子缠枝花纹

图 52　胜陀罗尼经咒石幢基座上龙纹

图53 白莲寺莲状石柱础

6. 车坊大觉寺桥石雕纹饰

大觉寺桥（图54）位于车坊大姚村大觉寺遗址南小河上，河已干枯。为梁式石桥（图55）。此桥始建于北宋庆历七年（1047），元至正十一年（1351）重建。桥面以武康石建成，

苏州的宋代石桥大部分是以武康石搭建。桥全长5.15米、宽27米、高2.1米。石桥大梁外侧雕有精细纹饰，东侧刻着对称横列的两条龙纹，两龙中间有宝珠纹，为二龙戏珠纹（图56），还有持矛的仙童（图57）。西侧雕着凤鸟、仙人、天马和宝珠等纹样。在梁的两边的梁头刻着浮雕力士纹，桥栏两头的望柱顶端饰复莲纹。桥头有抱鼓石，上刻云气纹。

7. 车坊香花桥石雕纹饰

车坊大姚村大觉寺桥的东面，还有一座以武康石为大梁的单孔梁桥，称作香花桥（图58）。在桥梁外

图54 车坊大觉寺桥

图56 浮雕持矛仙童和龙纹

图55 车坊大觉寺桥石梁浮雕二龙戏珠纹

图57 浮雕凤鸟海马仙童纹

图 58　车坊香花桥

图 60　香花桥浮雕童子像和牡丹纹

图 59　香花桥石梁浮雕牡丹纹

图 61　香花桥石梁牡丹纹和桥洞刻铭

侧刻有繁复精美的缠枝牡丹纹（图59），在牡丹花丛中有半身的童子像，在花丛纹的右侧还刻有一个全身站立童子像（图60）。在桥另一侧的石梁上也刻着牡丹纹。在桥洞中刻着嘉庆戊辰年刻的重建香花桥题记（图61）。

8. 斜塘永安桥石桥梁雕刻

永安桥位于斜塘镇西泾村，用武康石建成，桥梁跨于西泾水上，全长 24.90 米（图62）。石梁外侧正中有楷书"永安桥"三字，书法有宋人笔意（图63）。桥栏外两侧刻有浮雕连续涡卷图案（图64），其图案样式与宋代吉州窑瓷瓶上绘制

的图案相似，是南宋典型的装饰纹样（图65）。

苏州十梓街寿星桥、石湖行春桥、太平镇凤凰桥、横溏东庙桥等宋代石桥上也有雕刻装饰。

图 62　斜塘永安桥远景

图 63　永安桥

图 64　永安桥桥栏浮雕涡卷纹

图 65　宋代吉州窑涡卷纹瓷瓶

五、结语

1. 苏州宋代雕塑的题材丰富、种类繁多、材质多样、工艺精湛，这是宋代苏州经济、文化和城市生活发展的结果，是宋代苏州各阶层人们精神生活的寄托和凝固。

2. 苏州宋代雕塑中，佛、儒、道三类题材共存，其中起宣教作用的儒学图碑尤为崇显，苏州儒学的兴盛是佛、儒、道三教趋于合一的重要条件，苏州宋代雕塑的佛相、道相和文官相的逐渐趋同，是佛、儒、道文化相互浸润而产生的现象。

3. 苏州宋代的宗教雕塑鲜明地反映出世俗化的倾向，雕塑展现了喜怒于形的罗汉，慈爱送子的观音，道非常道的老子，生生不息的童子，表达出对生命的热爱和温厚的人情。

4. 苏州宋代雕刻具有典雅秀美的艺术风格，是与苏州文化教育的发展有密切的关系，使苏州的工匠有良好的文化素质，具有融会贯通的技能，这也成为苏州雕刻艺术的优良传统。

155

注 释

［1］参见王稼句编.古保圣寺.古吴轩出版社,2002年。

［2］明代莫震撰、莫旦增补.石湖志.载于《吴中小志丛刊》中的《风物山水篇》,第345、329页。广陵书社,2004年。

［3］《苏州日报》2011年9月8日,A04综合新闻版,《上方山宋代石观音像疑毁于太平天国战火——现存石观音像应是清代物》。

［4］明·汤传楹.游吴山记.载于《吴中小志丛刊·游记篇》,第440页。广陵书社,2004年。

［5］刘兴.镇江市区出土的宋代苏州陶塑像.文物,1981年第3期。

［6］李嵩《货郎图》卷,现藏北京故宫博物院。周积寅、王凤珠:《中国历代画目大典·战国至宋代卷》,"李嵩"条目。第601页。江苏教育出版社,2002年。

［7］张维明.宋《平江图》碑年代考.东南文化,1987年第3期。

谈"苏作"

王稼句

摘要：本文考察了明代苏州的工艺制作——"苏作"这一时尚概念出现的社会、文化、经济等多方面的因素，从历史和文献的角度对苏州物质文明的发展进行了梳理，特别分析了明代中叶苏州手工艺制作出现繁盛景象的原因。

关键词：苏州　明代中叶　苏作

作者：王稼句（1958——　　），男，历任苏州市作家协会专职副秘书长，《苏州杂志》编辑，古吴轩出版社副总编辑。苏州市作家协会理事，苏州市杂文学会副会长。

苏州向以物产丰饶、经济繁盛、人文荟萃著称于世，就历史大势而言，苏州百姓普遍能得以温饱度日，不仅能满足生存的第一需要，并且不断追求生活质量，进入生活的文化层面。

至明代中叶，苏州经过约百年的沉寂后，出现岁丰人和、经济小康、城市繁荣的局面。成化时人莫旦在《苏州赋》里说："至于治雄三寝，城连万雉，列巷通衢，华区锦肆，坊市棋列，桥梁栉比，梵宫莲宇，高门甲第，货财所居，珍异所聚，歌台舞榭，春船夜市，远土巨商，它方流妓，千金一笑，万钱一箸，所谓海内繁华、江南佳丽者与。"由于经济上的宏观调整，具有相当基础的手工业迅速发展起来，与农业一起构成苏州国民经济的两大支柱。手工业生产和消费成为古城的一道景观，相城人王锜在《寓圃杂记》卷五里说："正统、天顺间，余尝入城，咸谓稍复其旧，然犹未盛也。迨成化间，余恒三四年一入，则见其迥若异境，以至于今，愈益繁盛。闾檐辐辏，万瓦甃鳞，城隅濠股，亭馆布列，略无隙地。舆马从盖，壶觞罍盒，交驰于通衢。水巷中，光彩耀目，游山之舫，载妓之舟，鱼贯于绿波朱阁之间，丝竹讴舞与市声相杂。凡上供锦绮、文具、花果、珍羞奇异之物，岁有所增，若刻丝累漆之属，自浙宋以来，其艺久废，今皆精妙，人性益巧而物产益多。"及至嘉靖、万历年间，苏州手工业，如金银器、铜器、玉雕、木雕、漆器、灯彩、装裱、刺绣、缂丝、织锦、制笺、制扇、乐器、玩具等，全面蓬勃发展，不但由此而形成了以手工业者为主体的新市民阶层，并且手工艺制作更是风尚高雅，巧夺天工，成为全国的楷模，风靡云蒸，号召一时。王士性《广志绎》卷二就说："姑苏人聪慧好古，亦善仿古法为之，书画之临摹，鼎彝之冶淬，能令真赝不辨。又善操海内上下进退之权，苏人以为雅者，则四方随而雅之，俗者，则随而俗之，其赏识品第本精，故物莫能违。又如斋头清玩、几案、床榻，近皆以紫檀、花梨为尚，尚古朴不尚雕镂，亦皆商、周、秦、汉之式，海内僻远皆效尤之，此亦嘉、隆、万三朝为盛。至于寸竹片石摩弄成物，动辄千文百缗，如陆子冈之玉，马小官之扇，赵良璧之锻，得者竞赛，咸不论钱，几成物妖，亦为俗蠹。"入清以后，其势依然炽盛，康熙时人孙嘉淦在《南游记》里说："阊门内外，居货山积，行人水流，列肆招牌，灿若云锦，语其繁华，都门不逮。然俗浮靡，人夸诈，百工士庶，殚智竭力以为奇技淫巧，所谓作无益以害有益者与。"所谓"奇技淫巧"，说

的就是包括工艺品在内的各种手工制作。一个以苏州的观念、意蕴、工艺、标准的物化概念在明末清初开始流行，称之为"苏作"、"苏工"、"苏式"、"苏样"、"苏派"等，它们引领全国时尚潮流，作为雅俗、高下、文野分别的一个新尺度。

这一时尚概念，并不是从明末清初才形成的，而是由来久远，具有颇为悠久的历史。从春秋后期开始，吴人的制作就以精美、实用而名闻遐迩，每以"吴"字冠之。以冶铸言之，因为吴人善冶，吴地的冶铸称为吴冶，《淮南子·修务训》曰："夫宋画吴冶，刻刑镂法，乱修曲出。"高诱注："宋人之画，吴人之冶。"干将铸的剑称吴干，《战国策·赵策三》曰："吴干之剑，肉试则断牛马，金试则截盘匜。"《吕氏春秋·疑似》曰："相剑者之所患，患剑之似吴干者。"高诱注："吴干，吴之干将者也。"吴地铸的剑称吴剑，李峤《奉和杜员外扈从校阅》曰："燕弧带晓月，吴剑动秋霜。"吴地铸的戈称吴戈，《楚辞·九歌·国殇》曰："操吴戈兮被犀甲，车错毂兮短兵接。"吴地铸的刀称吴刀，《吕氏春秋·行论》曰："舜于是殛之于羽山，副之以吴刀。"李白《白纻辞》也有"吴刀剪彩缝舞衣，明妆丽服夺春辉"之咏。吴地铸的带钩称吴钩，左思《吴都赋》曰："军容蓄用，器械兼储；吴钩越棘，纯钩湛卢。"此外，吴地产的铠甲称吴甲，赵

秉文《庐州城下》诗曰："利镞穿吴甲,长戈断楚缨。"吴地产的盾称吴魁,《释名·释兵》曰:"大而平者曰吴魁,本出于吴,为魁帅所持也。"又因吴地丝织业发达,故吴地的良蚕称为吴蚕,李白《寄东鲁二稚子》曰:"吴地桑叶绿,吴蚕已三眠。"吴地产的薄纱或薄绢称吴绡,陆龟蒙《圣姑庙》曰:"蜀彩驳霞碎,吴绡盘雾匀。"吴地产的丝绵称吴绵,白居易《新制布裘》曰:"桂布白似雪,吴绵软于云。"又《醉后狂言酬赠萧、殷二协律》曰:"吴绵细软桂布密,柔如狐腋白似云。"吴地产的织锦称吴锦,刘勰《文心雕龙·情采》曰:"吴锦好渝,舜英徒艳。"吴地产的绫罗称吴罗,张时彻《采葛篇》曰:"吴罗五文采,蜀锦双鸳鸯。"另外,吴地产的琴弦称吴丝,李贺《李凭箜篌引》曰:"吴丝蜀桐张高秋,空山凝云颓不流。"王琦注:"丝之精好者,出自吴地,故曰吴丝。"吴人又讲究饮食,精美的肴馔称吴庖,赵翼《杨桐山招饮肴馔极精赋赠》曰:"笑比江陵张太师,今日吴庖才一饱。"又称吴羹,《楚辞·招魂》曰:"和酸若苦,陈吴羹些。"王逸注:"言吴人工作羹,和调甘酸,味若苦而复甘也。"陆龟蒙《五歌·食鱼》亦曰:"且作吴羹助早餐,饱卧晴檐曝寒背。"吴地出的榆酱称吴酸,陆游《送子虡吴门之行》曰:"樽酒汝宁嫌鲁薄,釜羹翁自絮吴酸。"吴地产的酒名吴醴,吴均《酬别江主簿屯骑》曰:"赵瑟凤凰柱,吴醴金罍樽。"

从冶铸、丝织、乐器、饮食几方面来看,就是既有悠久传统,又不断创新,在当时也是引领全国的时尚物质文明。

而吴人好古之风,赏物之雅,也由来已久。晋人陆云贻兄陆机书一通,有曰:"一日案行,并视曹公器物、床荐席具、寒夏被七枚,介帻如吴帻,平天冠、远游冠具在。严器方七八寸,高四寸馀,中无隔,如吴小人严具状,刷腻处尚可识,梳枇、剔齿、纤綖皆在。拭目黄絮二在,有垢黑,目泪所沾污。手衣、卧笼、挽蒲、棋局、书箱亦在,奏案大小五枚。书车又作欹枕,以卧视书。扇如吴扇、要扇亦在。书箱五枚,想兄识彦高书箱,甚似之。笔亦如吴笔,砚亦尔。书刀五枚,琉璃笔一枚,所希闻,景初三年七月七日刘婕妤折之,见此期复使人怅然有感处。"(《与兄平原书》)由此可以见得吴人的好尚,而对吴帻、吴扇、吴笔等本地产品,更表现出格外的关注。

唐宋以后,苏州手工艺品,除传统名物依然保留外,又新增许多,其中彩笺、灯彩、泥孩儿等,均号称天下第一。

彩笺被称为吴笺、苏笺。范成大《吴郡志》卷二十九说:"彩笺,吴中所造,名闻四方。以诸色粉和胶刷纸,隐以罗纹,然后砑花。"当时吴笺名品有春膏、水玉两种,诗人颇多

吟咏，张镃《寄春膏笺与何同叔监簿因成古体》有"苏州粉笺美如花，萍文霜粒古所夸"，许棐《宗之惠梅窠水玉笺》有"百幅吴冰千蕊雪，对吟终日不成诗"。南宋太平老人《袖中锦》定"吴纸"为天下第一。迟在南宋，苏州制笺技术传入蜀中，蜀中仿制，称为"假苏笺"。费著《笺纸谱》记道："仿姑苏作杂色粉纸曰假苏笺，皆印金银花于上。"有的并不是苏州所产，时人拈之入诗，也称吴笺，作为上好笺纸的代称，如谢逸《醉中排闷》有"剩觅吴笺呼阿买，醉中准拟写新诗"；周南《读唐诗》有"一般生态几人描，砑尽吴笺秃尽毫"；陆游《无题》有"箧有吴笺三万个，拟将细字写春愁"，不胜枚举。吴笺在很大程度上扩大了苏州的文化影响。

灯彩是与岁时风俗有关的工艺品，范成大《腊月村田乐府十首序》说："风俗尤竞上元，一月前已买灯，谓之灯市，价贵者，数人聚博，胜则得之，喧盛不减灯市。"《吴郡志》卷二也说："上元彩灯巧丽，他郡莫及，有万眼罗及琉璃球者，尤妙天下。"苏州制灯称苏灯，时以万眼罗、琉璃球为代表，精工异常，为世所珍。周密《武林旧事》卷二说："灯品至多，苏、福为冠，新安晚出，精妙绝伦。"又说："每以苏灯为最，圈片大者，径三四尺皆，五色琉璃所成，山水人物，花竹翎毛，种种奇妙，俨然着色便面也。"元明时，苏灯品类愈多，制

作愈精。杨仪《垄起杂事》记道："元夕张灯，城中灯球巧丽，他处莫及，有玉栅灯、琉璃灯、万眼罗、百花栏、流星红、万点金。街衢杂踏，人物喧哗。士诚登观风楼，开宴赏灯，令从者赋诗，号望太平。"正德《姑苏志》卷十四记苏灯说："他如荷花、栀子、葡萄、鹿犬、走马之状，及掷空有小球灯，滚地有大球灯，又有鱼鱿铁丝，及麦秆为之者。一种名栅子灯，在鱼行桥盛氏造，今不传，即云南所谓缭丝灯也。"苏灯不但是工艺品中的佳制，也反映了苏州社会风气的华靡奢侈。

泥孩儿是与祈子俗信有关的工艺品，七夕"乞巧"的摩睺罗，就在风俗活动中起很重要的作用。周密《武林旧事》卷三说："七夕节物，多尚果实、茜鸡及泥孩儿号摩睺罗，有极精巧，饰以金珠者，其直不资。"金盈之《醉翁谈录》卷四也说："京师是日多博泥孩儿，端正细腻，京语谓之摩睺罗，小大甚不一，价亦不廉，或加饰以男女衣服，有及于华侈者，南人目为巧儿。"北宋时，苏州摩睺罗就享有盛名，不但造型生动，衣服装饰更是精致讲究，因此远销京师，甚至入贡内廷。祝穆《方舆胜览》卷二"平江府"条下有"七夕摩睺罗"，称"土人工于泥塑，所造摩睺罗尤为精巧"；陈元靓《岁时广记》卷二十六谈到摩睺罗时说："惟苏州极巧，为天下第一。"南宋时苏州木渎袁遇昌，

善塑泥孩儿，"以像塑婴孩儿名播四方，每用泥抟埴一对，高六七寸者，价值三四十缗，非预为钱以定，则经年不可得。盖其齿唇毛发与衣褥襞褶，势如活动，至于脑髓按之胁胁，遇昌死，此艺遂绝"（《木渎小志》卷四），真是出神入化的妙品。

明代中叶以后，苏州手工业在传统基础上有更大发展，在阊门内外，逐渐形成工艺品的专业产销市场，城外主要集中在山塘街、南濠街，城内则以今西中市、东中市为轴心，南北巷陌，分布几遍，匠作麋集，工巧百出。纳兰常安《受宜室宦游随笔》卷十八就介绍了专诸巷的情形："苏州专诸巷，琢玉雕金，镂木刻竹，与夫髹漆、装潢、像生、针绣，咸类聚而列肆焉。其曰鬼工者，以显微镜烛之，方施刀错；其曰水盘者，以砂水涤潒，泯其痕纹。凡金银琉璃绮铭绣之属，无不极其精巧，概之曰苏作。广东匠役亦以巧驰名，是以有'广东匠，苏州样'之谚。"

凡苏州工艺制作，"概之曰苏作"。如刺绣，正德《姑苏志》卷十四称绣作"精细雅洁，称苏州绣"。如冶铸，张士昌《宣炉歌》有"近来苏铸巧益精"之咏，孙承泽《砚山堂杂记》卷四也说："苏铸，蔡家；南铸，甘家。甘不如蔡，惟鱼耳一种，可方学道。"如家具，高濂《遵生八笺·起居安乐笺下》说："靠几，以水磨为之，高六寸，长二尺，阔一尺，有多置之榻上，

侧坐靠肘，或置熏炉、香合、书卷，最便三物。吴中之式雅甚，又且适中。"如织锦，陈继儒《妮古录》卷一说："吴中宣德间，尝织《画锦堂记》如画轴，或织词曲联为帷障。又布紫白落花流水，充装潢卷册之用。"如缂丝，沈初《西清笔记》卷二说："宋刻丝画，有绝佳者，全不失笔意。余尝得萱花一轴以进，花光石色，黯而愈鲜，位置之雅，定出名手。后见有明季人画而刻丝者，其原画亦在，取以相较，树石层次，笔意相同，而傅色鲜妍，刻丝反胜。近来吴中工匠亦有能者。"如茶注，谢肇淛《五杂组》卷十二说："岭南锡至佳，而制多不典。吴中造者，紫檀为柄，圆玉为纽，置几案间，足称大雅。"如折扇，沈德符《万历野获编》卷二十六说："今吴中折扇，凡紫檀、象牙、乌木者，俱目为俗制，惟以棕竹、毛竹为之者，称怀袖雅物。"或以扇片保存，文震亨《长物志》卷七说："纸敝墨渝，不堪怀袖，别装卷册以供玩，相沿既久，习以成风，至称为姑苏人事。"以上只是举例而已，万历间袁宏道在《时尚》里说："近日小技著名者尤多，然皆吴人。瓦瓶如龚春、时大彬，价至二三千钱；龚春尤称难得，黄质而腻，光华若玉。铜炉称胡四，苏、松人有效铸者，皆不能及。扇面称何得之。锡器称赵良璧，一瓶可值千钱，敲之作金石声，一时好事家争购之，如恐不及。其事皆始

于吴中，猾子转相售受，以欺富人公子，动得重贷，浸淫至士大夫间，遂以成风。然其器实精良，他工不及，其得名不虚也。"有的产品一直延续到晚近，如清代苏州出品的插屏钟，称为苏钟，曹禺在《北京人》第一幕里还写道："屋内悄无一人，只听见靠右墙长条案上一座古老的苏钟迟缓地迈着'滴滴答答'的步子。"

"苏作"等作为一个时尚概念，它的存在和流行，与以往有着不同的时代背景。那就是商品经济的繁盛，消费生活的发展，客观上突破了传统礼制对于衣食住行的森严规范，价值观念和人生理想发生异化，挣脱了传统伦理宗法的桎梏。更重要的是，社会经济发展，社会风尚和社会观念的变迁，有力地推动了哲学意识对社会与人展开新的思考，一种自我意识或主体意识，开始涌动于传统意识形态的隙缝之间，于是人的价值、人的欲望得到从未有过的重视。在王守仁创立心学的同时，祝允明、唐寅、桑悦、徐威、张灵等就张扬个性，或"狂简"，或"放荡不羁"，他们追求独立人格的言行，正反映了人的主体意识的觉醒已初显端倪。这表明一股反叛传统文化模式、冲撞僵化文化结构的早期启蒙思潮正在涌动，它在明代中期文化的各个领域中有面貌各异的反映，这是中国早期的文化启蒙运动。然而庞大的封建官僚集团，以高度

162

的涵容力将政治权力与意识形态统一起来，形成超稳定的社会结构，它具有强大的自我调节机制，任何可能危害它的新思想和新事物都被无情吞噬；再说，人的主体意识虽然觉醒，但人文主义者本身具有时代性的缺陷。因此他们内心充满了矛盾，这种矛盾不是新和旧的矛盾，而是理想和现实的矛盾，结果只好仍然去走传统文化的故道，同时，他们并不放弃对世俗物质生活的享受，而对这种物质生活的要求，又有了新的标尺。

且以服饰为例，当时有"苏样"之说，它的极致就是标新立异。屠隆《沈嘉则先生传》记沈明臣，"晚好衣绯衣，与二三曹偶踞坐长林之下，或白日行游市中，市中哗谓绯衣公，且至观者如堵，先生自若也"。沈德符《万历野获编》卷二十三记张献翼，"至衣冠亦改易，身披采绘荷菊之衣，首戴绯巾，每出则儿童聚观以为乐"。又记刘凤，"衣大红深衣，遍绣群鹤及獬豸，服之以谒守土者"。李乐《见闻杂记》续卷十说："二十年来，东南郡邑，凡生员读书人家有力者，尽为妇人红紫之服，外披内衣，姑不论也。"李乐便改诗一首曰："昨日到城郭，归来泪满襟。遍身女衣者，尽是读书人。"这样的奇装异服，时人就称为"服妖"。当时由苏州士大夫率先提倡，虽然经过社会化后，衣饰的奇异程度减弱，但仍然保留

着时尚的新潮。《古今小说》卷一《蒋兴哥重会珍珠衫》写道："那典铺正在蒋家对门，因此经过。你道怎生打扮？头上戴一顶苏样的百柱骔帽，身上穿一件鱼肚白的湖纱道袍，又恰好与蒋兴哥平昔穿着相像。""苏样"不但在苏州流行，还影响南北的时装风气，甚至宫中也被感染了。史玄《旧京遗事》说："小儿悉绾发如姑姑帽，嬉戏如吴儿，近服妖矣。然帝京妇人往悉高髻居顶，自一二年中，鸣蝉坠马，雅以南装自好。宫中尖鞋平底，行无履声，虽圣母亦概有吴风，以袁娘娘之骑马善射，皇上罢看之后，袅袅行步惟工矣。"公鼐《都城元宵曲》也咏道："白袷裁衫玉满头，短檐鬘髻学苏州。侬家新样江南曲，纵是愁人不解愁。"可见"苏样"服饰在晚明的时髦。这一时装潮流一直延续到清初，《清稗类钞·服饰类》说："顺、康时，妇女妆饰以苏州为最时，犹欧洲各国之巴黎也。朱竹垞尝于席上为词，赠妓张伴月，有句云：'吴歌白纻，吴衫白纻，只爱吴中梳裹。'"服饰的"苏样"，不但是生活时尚，也是生活方式，其他工艺器物的"苏样"，也是如此。张瀚《松窗梦语》卷四说："至于民间风俗，大都江南侈于江北，而江南之侈尤莫过于三吴。自昔吴俗习奢华、乐奇异，人情皆观赴焉。吴制服而华，以为非是弗文也；吴制器而美，以为非是弗珍也。四方重吴服，而吴益工于服；四方贵吴器，而吴益工于器。是吴俗之侈者愈侈，而四方之观赴于吴者，又安能挽而之俭也。盖人情自俭而趋于奢也易，自奢而返之俭也难。今以浮靡之后，而欲回朴茂之初，胡可得也？矧工于器者，终日雕镂，器不盈握，而岁月积劳，取利倍蓰。工于织者，终岁纂组，币不盈寸，而锱铢之缣，胜于寻丈。是盈握之器，足以当终岁之耕；累寸之华，足以当终岁之织也。兹欲使其去厚而就薄，岂不难哉。"时尚既成为一种趋势，自然是很难改变的。

"苏作"等概念的出现，也说明工艺思想在发生深刻变化。黄省曾《吴风录》说："自吴民刘永晖氏精造文具，自此吴人争奇斗巧以治文具。"张岱称明代苏州工艺的鼎盛为"吴中绝技"，《陶庵梦忆》卷一说："吴中绝技，陆子冈之治玉，鲍天成之治犀，周柱之治嵌镶，赵良璧之治梳，朱碧山之治金银，马勋、荷叶李之治扇，张寄修之治琴，范昆白之治三弦，俱可上下百年，保无敌手。其良工苦心，亦技艺之能事。至其厚薄深浅，浓淡疏密，适与后世赏鉴家之心力、目力针芥相投，是岂工匠之所能办乎？盖技也而进乎道矣。"明代苏州又是人物鼎盛之时，陆师道《袁永之文集序》说："吴自季札、言游而降，代多文士。至于我明受命，郡重扶冯，王化所先。英奇瑰杰之才，应运而出，尤特盛于天下。洪武初，高、杨四隽领袖艺苑；永宣间，

王、陈诸公矩矱词林；至于英孝之际，徐武功、吴文定、王文恪三公者出，任当钧冶，主握文柄，天下操觚之士响风景服，靡然而从之。时则有若李太仆贞伯、沈处士启南、祝通判希哲、杨仪制君谦、都少卿玄敬、文待诏徵仲、唐解元伯虎、徐博士昌国、蔡孔目九逵，先后继起，声景比附，名实彰流，金玉相宜，黼黻并丽。吴下文献，于斯为盛，彬彬乎不可尚已。"诸多才华横溢、成就卓绝的人物聚集苏州，不但腹心相照、声气相求，而且各擅所长，风采迥异，呈现一道丰富多彩的文化景观，在中国文化史上是罕见的，工艺史上自然也不例外，张岱所举，仅是名工巧匠的部分代表。值得一说的是，明代苏州文化人对工艺思想的推进、工艺技术的提升、民间工匠与士大夫的交流，起着十分重要的作用，特别是形成以精雅为主要特点的"苏作"工艺风格，在美学上作了全面观照。

明清时期，苏州引领全国时尚，"苏作"等概念就是一个标识。这一时尚在苏州萌发形成，继而天下风成化习，与苏州在当时的城市地位分不开的。

时尚是以高质量的物质和精神生活为条件的。苏州社会向以奢侈著称，陆楫《蒹葭堂杂著摘钞》就分析了奢侈风气与经济发展的关系："予每博观天下之势，大抵其地奢则其民必易为生，其地俭则其民必不

易为生者也。何者，势使然也。今天下之财赋在吴越，吴俗之奢，莫盛于苏杭之民，有不耕寸土而口食膏粱，不操一杼而身衣文绣者，不知其几何也，盖俗奢而逐末者众也。只以苏杭之湖山言之，其居人按时出游，游必画舫、肩舆、珍羞、良酝、歌舞而行，可谓奢矣，而不知与夫舟子、歌童舞妓仰湖山而待爨者，不知其几。故曰彼有所损，则此有所益。若使倾财而委之沟壑，则奢可禁，不知所谓奢者，不过富商大贾、豪家巨族自侈其宫室车马、饮食衣服之奉而已，彼以粱肉奢，则耕者庖者分其利；彼以纨绮奢，则鬻者织者分其利。正《孟子》所谓通功易市，羡补不足者也。"张瀚《松窗梦语》卷七也说，苏州地方"人情以放荡为快，世风以侈靡相高，虽逾制犯禁，不知忌也"。苏州奢侈之风，体现在包括衣饰、饮食、陈设、游赏、观览、百工乃至言行举止诸多方面，影响波及各地，作为最新时代风尚，而被好事者便纷纷仿效。苏州人有意识倡导和引领这种风尚，也就需要标新立异，在工艺品制作上追求和创造新样奇致，形成自己的特点和风格。

时尚是以便捷的交通为传播和接受途径的。苏州独特的地理形胜，构成四通八达的水上交通网络。苏州工艺品就凭藉这样的交通优势，由郡城而深入周边乡村，直接或辗转贩运至江苏各府县，以及全国

各地,甚至传入东南亚、日本等国家和地区。就苏州的内河交通来说,春秋时就有便捷的航道。隋唐以后,苏州可以通过江河湖海到达全国各地。长江流经北隅,奔流入海,溯江而上,可达安徽、江西、湖南、湖北、四川;太湖近在西郊,不但可至无锡、宜兴、常州,而且可至浙江湖州等地;吴淞江则逶迤而东,直达上海;京杭运河自西北而来,绕城半边,南下杭州,上溯则经山东、河北、天津,直抵北京,且又贯通钱塘江、长江、淮河、黄河、海河五大水系。苏州的海外交通,主要是与日本列岛和朝鲜半岛的国际航道。相传史前时期,已有吴人向日本移民,稻作和丝织技术也因此传入日本。但苏州与日本海上直达航线的开辟,当在日本大量派出遣唐使的时代,一般认为,唐长安二年(702),粟田真人第七次遣唐使开始,日本人终于找到一条自值嘉岛直接横渡中国海到长江口的新航线。据日本学者木宫泰彦在《日中文化交流史》中的统计,圣武朝、孝谦朝的两次遣唐使回国启程地点在苏州,光仁朝的第一舶和第二舶启程地点在常熟。天宝十二年(753),鉴真第六次东渡,也是从苏州黄泗浦启程的。据日本僧人圆仁《入唐求法巡礼行记》记载,会昌六年(846)已有专门开行苏州至新罗、苏州至日本的航线。元初开放海禁,海外交通发展迅速,至元十四年(1277),海舟巨舰取道吴淞江、青龙江,直抵平江城东,停泊于葑门外。

自元初起,太仓刘家港成为长江三角洲最大海港,称为"六国码头"。吴伟业《开浚刘家河记》记道:"维时艅舫番舶,樯帆辐辏,奇珍玮宝,绎络候馆,鲛人海贾之利,几被天下。"明初开国,设市舶司于太仓黄渡,乃全国唯一通商口岸,虽两年后罢而分置宁波、泉州、广州,但也可见其重要的地理位置。至于海上的国内航线,分南北两条,南下航线是沿东海至福建、台湾、广东、广西、海南岛等地。北上航线是沿东海、黄海至山东半岛及辽东半岛等地。至明清时期,苏州的交通地位显得更为突出,天启六年(1626)坊刻新安程春宇编《士商览要》,列举全国水陆交通线路一百条,其中七条以苏州为起点或中转站。乾隆二十七年(1762)的《陕西会馆碑记》便说:"苏州为东南一大都会,商贾辐辏,百货骈阗。上自帝京,远连交广,以及海外诸洋,梯航毕至。"又光绪十五年(1889)的《武安会馆记》也说:"苏州东南一大都会也,南达浙闽,北接齐豫,渡江而西,走皖鄂,逾彭蠡,引楚蜀岭南。"苏州作为东南重要交通枢纽,工艺品不但能远销各地,题材广泛,体裁多样,具有较强的适应性,并且接受来自海内外的工艺精华,取长补短,使"苏作"工艺精益求精。

时尚是以市民文化、市民构成为生存基础的。明代中叶以后,手

工业工人成为新的市民阶层，代表着当时的先进生产力，他们与小商品生产者、小铺户商人、小商贩等组合成城市经济活动的主体，又有数量众多的士人、僧道、妓女、游民等，为"苏作"工艺品提供了欣赏和消费的广泛群体。至万历年间，苏州有织工、染匠各数千人。曹时聘在奏折中称苏州"浮食奇民，朝不谋夕，得业则生，失业则死。臣所睹见，染坊罢而染工散者数千人，机房罢而织工散者又数千人，此皆自食其力之良民也"。与此同时，棉纺织、造纸加工、刺绣、缂丝、整染、灯彩、金银器、竹木牙雕、家具等行业也繁荣发达，生产规模日益扩大，生产过程中的分工也日渐细密。入清以后，丝织业更为繁荣，康熙五十九年（1720）《长洲吴县踹匠条约碑》记"苏城内外踹匠，不下万馀"。至雍正八年（1730），苏州有踹匠一万九百多人，染匠之数与踹匠大致相等。另外，明清时期，苏州工商业移民众多，雍正时苏州织造胡凤翚奏折说："奏查苏州系五方杂处之地，阊门南濠一带，客商辐辏，大半福建人氏，几及万有馀。"乾隆《吴县志》卷八也记道："吴为东南一大都会，当四达之冲，闽商洋贾、燕齐楚秦晋百货所聚，则杂处阛阓者，半行旅也。"工商业移民，对"苏作"工艺品的传播，起了重要作用。

时尚也是以名工巧匠为品牌效应的。历史上，干将铸剑，颜方叔制笺，袁遇昌抟泥孩儿等，都名垂青史。明清时期，人物更多，王世贞《觚不觚录》说："今吾吴中，陆子刚之治玉，鲍天成之治犀，朱碧山之治银，赵良璧之治锡，马勋治扇，周治商嵌及歙，吕爱山治金，王小溪治玛瑙，蒋抱云治铜，皆比常价再倍。而其人至有与缙绅坐者。近闻此好流入宫掖，其势尚未已也。"阮葵生《茶馀客话》卷十记明清时期"一艺成名"的人物，就有"陆子刚治玉，鲍天成治犀，朱碧山治银，濮谦治竹，又嘉兴王二漆竹，苏州姜华雨莓箓竹，赵良璧、黄元占、归懋德治锡，荷叶李、马勋治扇，周桂治镶嵌，吕爱山治金，王小溪治玛瑙，蒋抱云、王吉治铜，雷文、张越治琴，范昌白治三弦子，杨茂、张成治漆器，江千里治嵌漆，胡四治铜炉，谈氏笺，顾氏绣，张氏炉，洪氏漆，生春阳烛，又文衡山非方扇不书。及近时吴兴薛晋侯铜镜，歙曹素功制墨，吴穆大展刻字，顾青娘、王幼君治砚，张玉贤火笔竹器，皆名闻朝野，信今传后无疑也"。有的行业分工更细，以折扇为例，扇头、扇骨、扇面就各有名工，沈德符《万历野获编》卷二十六说："其面重金亦不足贵，惟骨为时所尚。往时名手，有马勋、马福、刘永晖之属，其值数铢。近年则有沈少楼、柳玉台，价遂至一金，而蒋苏台同时，尤称绝技，一柄至直三四金，冶儿争购，如大骨董，然亦扇妖也。"文震亨

《长物志》卷七说:"姑苏最重书画扇,其骨以白竹、棕竹、乌木、紫白檀、湘妃、眉绿等为之,间有用牙及玳瑁者,有员头、直根、绦环、结子板、板花诸式,素白金面,购求名笔图写,佳者价绝高。其匠作,则有李昭、李赞、马勋、蒋三、柳玉台、沈少楼诸人,皆高手也。"如马勋善制圆头,张大复《梅花草堂笔谈》卷十四说:"马勋者,见仇十洲为周氏写《六观堂图》,如丝如发,宫室竹树器皿畜牧毕具。堂外广庭不盈咫,庭中母鸡哺数子,嘴距宛然,不碍庭广,其致圆根疏骨,阖辟信手。"汪砢玉《珊瑚网》卷四十六也说:"马勋善圆头,棕竹尤精。"而刘玉台(玉台柳)擅雕边,陈贞慧《秋园杂佩》说:"后又有蒋三苏台、荷叶李、玉台柳、邵明,若李文甫燿、濮仲谦雕边之最精者也。"且善制方头,人称"柳方头"。凡此"苏作"名家,工价昂贵,传世之作,更是悬重价而不可得。《今古奇观》卷九《转运汉巧遇洞庭红》写道:"有妆晃子弟,要买把苏做的扇子,袖中笼着摇摆。"如果正是一把名家的制作,可真是撑足了门面。

与"苏作"等同时流行的,还有一个词"苏意"。"苏意"本来并无褒贬,然而时人却用来嘲讽以苏州为代表的这一时尚风气。薛冈《天爵堂文集笔馀》卷一说:"苏意,非美谈,前无此语。丙申岁,有甫官于杭者,笞窄袜浅鞋人,枷号示众,难于书封,即书'苏意犯人',人以为笑柄。转相传播,今遂一概希奇鲜见动称苏意,而极力效法,北人尤甚。"着"窄袜浅鞋",便是"苏意",因为是时髦的缘故,究竟与苏州倡导的时尚有无关系,已经并不重要了。这让文震孟十分感慨,他说:"当世语苏人则薄之,至用相排调一切轻薄浮靡之习,咸笑指为苏意。"故震孟就写了一本《姑苏名贤小记》,"欲使四方之士,知吾苏之为苏意者如此也"(《姑苏名贤小记小序》)。

一个"苏"字,真有着特殊的含义,四川方言有所谓"苏气",指的就是一种姿态和装扮,至今还在流传。如李劼人小说《死水微澜》写道:"与一般乡下新娘子,只要见了生人,便死死把头埋着,一万个不开口的,比并起来,自然她就苏气多了。"沙汀小说《淘金记》也写道:"直到寡妇那么苏气地收拾好了,老板娘这才小声而热情地完成了她的任务。"明清苏州时尚遗留下来的口语痕迹,还有很多,"苏气"就是一个例子。

试论浙派印风对清代中后期
吴门篆刻的影响

陈道义

摘要：吴门篆刻艺术源远流长。明代中期以后，文彭首创文人篆刻艺术流派，树帜坛坛；其后，顾苓、林皋等传承而又创新，影响深远。然而，清代中后期，"浙派"、"皖派"印风标领印坛，吴门篆刻的地域性完全被打破，尤以"浙派"影响为大，其代表性的篆刻家及成果亦最多，如郭麐、杨澥、王应绶、黄增康等。由于苏杭地域毗邻，吴江等地径与浙江接壤，而且浙人客居吴门或吴人游历浙江也较为常见，尤其是文人彼此的交游及相互影响更加频繁与深刻。加上吴门篆刻守旧已成为一大弊端，因此吴门印人受浙派影响势在必然，从而也促进了吴门篆刻艺术的发展，并使其具有开放的包容性。

关键词：浙派影响　吴门篆刻

作者：陈道义，美术学（书法）硕士，文学（书法史）博士。现为苏州科技学院美术系教授，中国书法家协会会员，西泠印社社员，苏州市书法家协会副主席、学术委员会主任，东吴印社社长。2008 年 6 月，被认定为苏州市非物质文化遗产·篆刻代表性传承人。

吴门篆刻艺术源远流长，大致可以追溯到元代晚期。当时吴门文人群体性印学活动十分活跃，如陆友、钱良佑、钱逵、吴叡、卢熊和顾阿瑛等，对印学产生了一定的兴趣。昆山朱珪于印章努力自篆自刻，博得时人羡叹不已，被杨维桢誉为"方寸铁"；倪瓒还为其撰像称许。至明代中期以后，在经济发展、书画兴盛等因素的影响下，吴门篆刻更有长足进步。尤其是长洲文彭登高一呼，树帜坛坛，开创了印学史上第一个文人篆刻艺术流派"三桥派"（后亦称为"吴门派"），影响深远。稍后，以徽人何震、苏宣、汪关分别领衔的"雪渔派"、"泗水派"、"娄东派"都与文彭教泽或吴门地域有关。明末清初，印坛几乎言必文、何，由此守旧成为一大弊端，而吴门又涌现了顾苓、林皋两位重量级篆刻领军人物。如果说顾苓是在守成"吴门派"印风的基础上有完善发展的话，那么林皋则是在继承"吴门派"以及汪关"娄东派"印风的基础上而大有创新。林皋（字鹤田）还创立了"鹤田派"（亦称"虞山派"），影响在江南一带"历康、雍、乾、嘉数朝"而不衰，以致汪启淑在《续印人传》中描述道：

> 两 浙 久 沿 林 鹤 田
> 派 ……。[1]

然而，清代乾嘉年间，钱塘丁敬开启的神韵奇古的"浙派"与邓石如创建的刚健婀娜的"皖派"标领印坛。而且，丁敬之后，钱塘、仁和两地（今均属杭州）先后又出现了蒋仁、黄易、奚冈、陈豫钟、陈鸿寿、赵之琛、钱松七位有代表性的篆刻家，与丁敬合称"西泠八家"。这八家的印风有师承延续和共同的追求，形成了寓圆于方、切刀涩进、结构简朴、挺拔苍劲等艺术特点，而且追随者众，这对清代中后期的篆刻艺术发展有着深远的影响。

丁敬（1695—1765）青少年时期，浙江印坛久为吴门林皋的"虞山派"印风所笼罩，那工细秀媚的篆刻风格由于因袭而每况日下，流弊益深。丁敬则借助当时的朴学研究成果，常研出土古物，悟出时弊之害，于是大胆地提出了他自己的见解：

> 古人篆刻思离群，舒
> 卷浑同岭上云。看到六朝
> 唐宋妙，何曾墨守汉家
> 文。[2]

并且针锋相对地说：

> 近来作印，工细如林
> 鹤田，秀媚如顾少臣，皆不
> 免明人习气，余不为也。[3]

可见，丁敬对秦汉玺印的重新认识可以说是把握了时代的脉搏，那种"思离群"的遐想，也正是他创新篆刻艺术的宏伟抱负。于是就广取商周彝器、碑版石刻之法，又借鉴六朝唐宋印的妙谛，上下求索，创立"浙派"新风！其后，蒋、黄、奚、二陈、赵及钱等印人积极传承并发扬光大。

新兴的"浙派"印风也像此前的"吴门派"和"虞山派"印风一样，对当时的印坛有席卷之势，其势力和影响不断扩大，使得一些吴门印人如郭麔、杨澥、王应绶、吴树萱、黄增康、张熊、陆泰等纷纷易帜学浙，加之释达受、杨大受、陈埙、管云升、孙均、赵大晋、江尊等浙派印人先后客居吴门，以至吴门刮起"浙派"风。从此，吴门篆刻的地域性完全被打破，形成了几种印风并存的包容性局面，尤以"浙派"影响最大，其代表性的篆刻家及成果亦最多。直到吴昌硕侨寓苏州 30 年，在印坛引领"吴派"新风，吴门篆刻才另具风貌。

古代艺术流派跨地域的传播主要有地理、人文等多种因素，如文人交游、客居他乡、为官异地等。由于苏州与杭州地域毗邻，并称"苏杭"，吴江等地径与浙江接壤，而且浙人客居吴门或吴人游历浙江也较为常见，尤其是文人之间的交游更加频繁。况且，吴门篆刻守旧已成为一大弊端，因此，吴门印人受浙派影响势在必然，从而也促进了吴门篆刻艺术的发展。

首先，与浙派印人交游最广的吴门代表性文人篆刻家是郭麐。

郭麐（1767—1831），字祥伯，号频伽，别号复庵、白眉生（因右眉全白）、蘧庵居士，苎萝长者。诸生。其先人于明中叶自浙江秀水移家吴江之芦墟村，遂为吴江人。郭麐晚年又迁居浙江嘉善。郭麐少游姚鼐之门，尤为阮元所赏识。工诗、古文，与黄仲则、吴穀人齐名。书法黄庭坚，又好金石，兼擅篆刻，所作多仿汉铸印，受浙派印风影响大，他在陈鸿寿《种榆仙馆印谱引》中说：

> 篆刻虽小，亦笔墨之别子也，余于并世，最服膺黄小松司马、蒋山堂处士。[4]

另有《题张老姜（镠）印谱》，颇能见其对丁敬、黄易及陈鸿寿的见解。文曰：

> 吾赵久不作，文何亦云亡。老程强驳骍（穆倩），钝丁穷微茫（敬身）。眼中所及见，无过双井黄（小松）。蟠胸蝌蚪活，奋臂龙文扛。时得向外意，亦复棱中藏。……余友有曼生，余伎千夫降。偶然雕虫鱼，腐肉齿铦铓。丰容入坚瘦，姿媚仍老苍。[5]

郭麐工诗擅词，存诗有初集、二集、三集，又有《蘅萝词》、《浮眉楼词》等集，著名文人、浙派篆刻家屠倬、孙均，以及吴锡麒、阮元、查初揆等为之序，并给予高度评价。阮元序曰：

> 吴江郭君频伽，臞而清，如鹤如玉，白一眉。与余相识于定香亭上。其为诗也，自抒其情与事，而灵气入骨，奇香悦魂，不屑屑求肖于流派，殆深于骚者

乎！或惜其试，久未第，惟以文得名。……郭君广涉历、喜交游，山川芳草所助者实多，所为古文词雅洁奥丽，有古人法律。所填《蘅萝词》《浮眉楼词》，清婉颖异，具宋人正音，卓然名家。[6]

由郭麐诗集可知，其与西泠印家如蒋仁、黄易、陈豫钟、陈鸿寿等交游频繁，曾为蒋仁作诗多首，其中《蒋山堂(仁)挽诗》曰：

西湖众峰还，孤山乃孤起。夷然意不屑，有似世外士。所以百年来，地多隐君子。得气山水中，孤冷入骨髓。丁(敬)金(农)蹈高踪，西林(吴颖芳)接其轨。呜呼眼中人，蒋生庶可比。……曾摹缪篆文，刻印方有旭。诗成钤红泥，或尚能识此。惓惓有孤怀，恻恻不能已。耆旧谁为传，写此持送似。[7]

又有《钱春日兰雪曼生何梦华(元锡)同集西泠舟中遇雨留宿葛林园得诗二首》《题梦华葛林园吟社图并寄小松》，还有为曼生、奚冈绘画题诗以及《曼生嘱题三家画卷(王学浩、方薰、奚冈)各得一首》等。

诗词之余，郭麐亦擅篆刻，与西泠名家交游，服膺浙派，复有己意。道光元年(1821)辑有《灵芬馆印存》。张鸣珂跋语曰：

夫治印一道，自雍、乾以来，吾浙则推丁、蒋、奚、黄。频伽辈行稍后，……中有频伽自制两印，亦复远于流俗，可见文人艺事，无所不能。[8](图1)

图1　郭麐刻印(附边款)

其次，在"浙派"影响吴门篆刻的进程中，既能从"浙派"入手，又能在一定程度上继承"吴门派"且能融两派之长而独创新意的代表人物便是杨澥。他以切刀法刻印，但并非像浙派印风那样一味求阳刚之气，而能寓柔于刚，刀法较含蓄，转折亦婉转，另具面目。

杨澥（1781—1850），初名海，四十岁后改澥，字龙石，号竹唐，别号聋石、聋子、聋道人、野航逸民、石公山人等。吴江人。早岁篆刻宗浙派，后着重临习秦汉印，对宋、元朱文印更有心得。故其所作印章基本上是"两条腿走路"，一是浙派印风面目为主体，二是宋元朱文印式。笔者曾见其印稿三册，皆未附边款，首尾亦无序跋，只是部分印蜕之下标有印材如铜、象牙、银、香檀等，有的印蜕旁还以毛笔画有"△"符号，不知何意。窃以为这可能是杨氏刻印所留的底稿。从该稿可见，史载其善刻牙印，又刻竹，所证不诬。此外，杨澥作正书、隶书边款，得汉魏六朝碑刻遗意，辑有《聋石道人甲申年之作》，近人吴隐辑其刻印成《杨龙石印存》。

杨龙石登上印坛的道光年间，正是浙派篆刻盛行之时，尤其是当时以陈鸿寿、赵之琛为代表的西泠印风影响深远，效法者众多。但由于浙派自丁敬开山以后，历经百年，已逐步出现程序化的趋势，至赵之琛时，此风更为明显，章法走向定式与雷同，刀法则形如锯齿，习气日深，为印坛带来了一定的负面影响。杨龙石对此有着清醒的意识，他不仅受西泠印风影响，而且从古玺、秦汉印中吸纳养料，并于印外取法，从汉魏六朝碑刻中借鉴变通，拓宽了

自己的印学取向，自辟蹊径，从而成为学浙派而自出新腔的印坛奇才。这与偶事篆刻的王芑孙、郭麟等文人学浙派有所不同，也比屠倬、孙均、王应绶、程庭鹭等学浙派的艺术成就高出数筹，具有承前启后的意义。晚清篆刻大家赵之谦在自刻"坦甫"印款中曰："篆不易配，但求其稳，杨龙石法也。"[9]杨龙石一生刻印逾万，在"砚池笔架小江山"印款中言其童年即好操刀，忽忽五十余年矣！（图2）可谓职业篆刻家。吴江钱太初（寓苏州）在《聋石先生印存摹本》中说杨氏：

> 平生治印甚伙，曩在云间处见其印稿八厚册，页数十章，凡万余印，率多中年之作，犹非全豹。呜呼！先生用力之专且勤可谓至矣。[10]

杨龙石也是位学者型的印人，其书法以楷、隶传世，亦善刻竹，形神俱佳，并且精于考证之学，如其《汉四皓石刻题跋集录》，乃双钩汉碑，摘录古今诸跋有赵氏《金石录》、黄氏《东观余论》等，间有龙石按语，末有自跋而论此碑字之源流。（图3）龙石对入印文字亦讲究源流，如其"此道茫然"印款："茫字篆隶皆从芒，古无点水，茫、芒悉通一字。"（图4）正是这些综合优势，使他的篆刻

图2 杨龙石刻印1（附顶款、边款）

江南文化

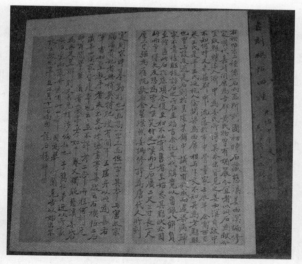

图3 杨龙石书法及考证　　图4 杨龙石刻印2
（附边款）

在骨子里有股高古儒雅的书卷之气，显示了独特的功力和深厚的造诣，这是很难达到的一种境界。故西泠印社创始人之一叶铭称赞杨龙石为"江南第一名手"。

杨龙石早期篆刻的刀笔胎息于

图 5　杨龙石刻印 3　　　　图 6　杨龙石刻印 4　　　　图 7　杨龙石刻印 5
　　　（附边款）　　　　　　　　（附边款）　　　　　　　　（附边款）

174

西泠，亦习吴门印派顾苓等名家。如"兆燕私印"，全仿浙派，运刀劲健、线条淳厚，但在篆法上已露变化之端倪，章法上也较生动；（图5）而"血肠云气铁骨冰心"边款则直指"仿塔影园主人（顾苓）法"。（图6）杨龙石晚年的印风趋于秦汉而能自出己意，刀法苍逸遒劲，章法稳健灵动，风格淳厚浑朴，在整体审美上追求一种简静冲淡，以内在的气韵意境取胜。（图7）因此，吴隐在印谱序中称其"篆刻为江南第一"。其边款亦精致典雅，金石气十分浓郁，有汉魏六朝碑刻遗韵。特别是后期篆刻的小印，章法严谨而不板滞，刀法精致而不纤巧，为印林所重。

杨龙石生性淡泊，甘于平静，疏于名利。"孙懋勋印"边款跋文有其平凡一生的简要说明。（图8）再加上他长期居于江南小城，印稿外传不多，故当时声名并不显赫，但这并

不影响他在晚清印坛的地位。杭州西泠印社的仰贤亭，就为杨龙石立了一块刻有他晚年肖像的石碑，王馥生在像下题诗曰："烟月垂虹处士家，蕊书芝检艳龟趺。乡邦顾（云美）沈（乘时）传灯在，玉卷凭教览十花。"与西泠八家、邓石如、赵之谦等27位篆刻名家一起受到供奉至今。（图9）

图 8　杨龙石刻印 6（附边款）

图9 杨龙石肖像印
"野航逸民"肖像印（摹写）"聋石真
形"肖像印

与杨龙石同时代的吴江，还有几位受浙派印风影响较深的篆刻家，如黄增康等。

黄增康（1820—?），又名黄云，字叔子，一字玉农、玉笙，号瀛叔，别署黄十九、瀛道人，活动于道光、咸丰、同治年间，吴江松陵人。工篆刻，善古琴，亦能画。印学张锡珪、杨龙石，与龙石交谊密切，情在师友之间，咸丰六年（1856）曾集拓杨龙石刻印成《先辈野航子镌印》。自刻印谱有《停琴馆杂印存》（图10）、《瀛叔印存》等。

黄增康习印注重摹古，对元明、清代初中期及同时代的印人也十分

关注，现有摹写印稿存世（图11），其中"闺阁丹青"摹本之下有跋文曰：

> 己酉秋日，辟疆主人邀同人通金石者□论印雅集，出收藏秦汉迄今诸印千余方，相示各皆赞叹并属治此印，呈之大雅，真小巫见大巫矣。秋士黄鞠识于湘花馆中（方块内"秋"、"鞠"二字为笔者推断）。（图12）

这则描述当时文人篆刻相互交流的场景栩栩如生。其左侧有"咸

175

图11 黄增康摹写印稿

图10 《停琴馆杂印存》书影

图12 黄增康摹写"闺阁丹青"

丰癸丑（1853）七月摹此"字样，并钤"黄十九"朱文印（亦是浙派风格）。其中"辟疆主人"为顾沄（1799—1851），字澧兰，号湘舟，又号沧浪渔父，苏州人。禀性好学，读书过目成诵，但"不求仕进，不以科举之学为好学"。家中收藏宋版元刻、稀见古籍不少，又喜欢金石文字，积累既多，蔚为大观。据《吴县志》载：顾沄"收藏旧籍及金石文字甲于三吴"，"图书之富，甲于东南"。清道光二十年（1840），顾沄兴建了"辟疆小筑"花园。据说他的远祖就是晋代文学家顾恺之（字辟疆），建造了苏州最早的私家园林"辟疆园"，曾是当时文人经常觞咏流连的地方，可惜后来荒废了。顾沄把自己新建园林题名"辟疆小筑"，以示数典不忘祖。另外，"秋士黄鞠"（1796—1860），名黄鞠、字秋士，号菊痴。松江人，侨寓吴门，有斋号曰"湘华馆"。黄鞠善山水及花卉，迥出时畦，独标胜韵。亦工人物、仕女，尤精制图。陶澍抚吴，修沧浪亭成，诸画家绘图，俱不当意，独鞠图为陶称赏，延之幕中。兼长篆刻，并善诗书，笔姿秀逸。著《湘华馆集》。

黄增康印风在浙派及明季清初人之间，旁及宋元，偶作肖形印也颇耐人寻味。（图13）正如时人赵云衢序其印谱曰：

> 黄君叔子十九兄大人……，每一印成，古趣盎然，迥非凡品，而酬应日繁。今出其所作印谱示余，批阅之余，剪玉筯璀璨杂陈，乃知叔子兄抗心希古，其所以精益求精者，不第以煮石见长也。……而于叔子所刻无不并蓄兼收，蕉窗展阅，令人心醉。盖技之入神者，洵足以引人入胜也。今读其全集，无美不臻，直使人爱不忍释，因为之引其端。它日叔子肆力于古，当必有雅制以传之久远者，余尤以先睹为快焉。[11]（图14）

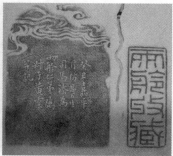

图13 黄增康刻肖形印

图14 黄增康刻印

图15　求刻印便札

图16　《停琴馆杂印存》之一页

另外，在《停琴馆杂印存》谱中夹有索求刻印便札一纸（图15），可视为黄增康篆刻影响的一个缩影。文曰：

> 奉上图章两方，敬求铁笔，得暇祈即一镌（旁注：因扇头要用故也）。种种渎神，容候面谢。顺藏，玉笙世讲大兄词安！弟莘农拜顿首（并附求刻印文内容及阴、阳文："莘农，阳；宝森，阴。"）。

而且，在黄氏印谱中钤有这两方印，可互为补证。（图16）

再次，"浙派"印风对吴门篆刻的影响还突出表现在文人、书画家、印人等多个领域，可见其影响的广泛性。如：

代表性文人王芑孙（1755—1818），字念丰，一字沤波，号铁夫，更号惕甫，又号楞枷山人，晚号老铁等，长洲人。乾隆五十三年（1788）召试举人，曾任华亭（今上海松江）教谕。精诗文、善书法，兼擅篆刻，有"浙派"风。（图17）与桂馥、徐年、沈复等友善。汪启淑晚年居泖上，二人往来友好。著有《楞枷山房集》、《渊雅堂集》等。

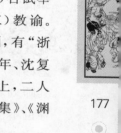

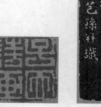

图17　王芑孙刻印（附边款）

芭孙为明代大学士王鏊十世孙，幼颖异。既冠，补诸生，继而肄业于苏州紫阳书院，深为当时院长彭启丰所激赏。壮岁入京，先后馆于富阳董浩、诸城刘墉、睿亲王淳颖等公卿显宦之府，颇受倚重。又与在京名流如蒙古法式善、阳湖洪亮吉、灵石何道生、钱塘吴锡麒等诗酒唱和，声气日盛。中年南归，任华亭县教谕之后，应两淮盐运使南城曾燠所邀，主讲真州乐仪书院凡七年。晚年归里，杜门著述而终。

芭孙生当乾嘉之际，当时学界尊汉学、尚考据之风甚炽，但芭孙不趋于时，对汉学利弊，观之甚晰。其诗文有成，出语雄壮，格调高古。钦仰桐城古文之学，然其为文取经却又异趣，论文又与阳湖文派相较，可见其标新立异之才。诗文而外，书艺亦其所长，喜临古碑名帖，更追摹其师刘墉。篆刻应为其余事，印作存世不多，但具"浙派"风范。这与其诗文风格一致，亦当与其从浙人交游有关。在其《渊雅堂编年诗稿》卷一有《吴锡康（晋元）属题印谱》一篇，涉及对清代初中期吴门文人流派篆刻之勾画：

> 吾乡文、沈有代绪，小顾（顾苓云美）突出亦似骅骝行地，一洗凡马空。阳山（陈炳虎文）、凌雪（徐夔龙友）后起竟苍秀，袁（籥尊）、蒋（桂功）僵汗思争雄。眼中惜无镂冰手，与论流别明初终。[12]

代表性书画家之一是王应绶（1788—1841），一名申，字子若，一作子卿。太仓人，王原祁玄孙，诸生，一生清贫，鬻画于吴门。山水苍劲浑厚，得王氏家传，与王学浩齐名。绘画之余，亦精铁笔，摹秦汉铜印，古茂浑成，能得神韵，篆刻创作受浙派影响较大。又兼工书法擅篆隶，曾为郡守万承纪缩摹汉碑整本百种刻于砚背，墨拓成谱，名《百汉碑砚》，又为宿迁相摹刻高凤翰《砚史》，未竟而卒。著有《耳画室诗稿》。（图18）

图18　王应绶刻印

代表性书画家之二是张熊（1803—1886），字寿甫，号子祥，晚号鸳湖外史。家世吴江，入籍秀水，流寓上海。"工画，山水、人物、花果、虫鸟，无一不精，至篆刻隶书，乃其余技耳。"[13]张熊习画幼投石渠学传神，不乐；改从夏茞谷授写生。三年学成，出即行道。与秀水书画家郭容光交谊很久，咸丰辛酉曾同居凤溪，越年又同住上海，二寓只隔一巷，故日日聚首，常以杯酒书画为乐。之后，吴昌硕游历上海时，还受到张熊的生活接济和艺术影响。张熊刻印全仿"浙派"。（图19）

图20 陆泰刻印（附边款）

图21 吴树萱刻印

图19 张熊刻两面印

代表性印人陆泰（1835—？）字岱生，长洲人。尤喜医术。篆刻继杨澥而起为吴中名手，所作以秦汉为归，更兼掺浙派，面目多样，皆工整稳健，有洁净秀丽之趣。（图20）此外，受"浙派"印风影响的吴门印人还有吴县吴树萱（图21）、顾祖诒、常熟毛琛（寿君）、张溥东（雨生）、张云锦（嗣初）、长洲黄寿凤（黄丕烈之子）等

另外，甚至有些不会刻印的吴门文人和书画家，他们自用印也偏好"浙派"风格，可见浙派印风对吴门篆刻的影响之深远。有关这一点，我们可以从吴门的文人信札用印、书画作品钤印、藏书印、鉴赏印等方面窥其端倪，此处不作详细罗列。

如前所述，浙派印风对吴门篆刻的影响，与部分浙派印人代表客居吴门是分不开的。因为他们的艺术创作与活动最直接而又最迅速地濡染着周围。下面列举几位作简述。

孙均（1777—1826），字诒孙，号古云，浙江仁和临平镇人。于嘉庆元年袭爵，官散秩大夫。去官后中年奉母南归，侨寓吴门。所交皆一时名流，与陈鸿寿、屠倬、郭麐等人往来尤密。篆刻宗法陈曼生，一以

切刀为之，刀法雄健，布局谨严，印风静穆，有苍劲浑朴之趣。作品传世不多，却为后人推重。（图22）

图22 孙均刻印

释达受（1791—1858），字六舟、秋楫，号南屏退叟等，浙江海昌（今海宁）人。俗姓姚，九岁舍俗为佛弟子，曾主湖州荻塘镇演教寺、南屏净慈寺，后住持苏州沧浪亭大云庵有年，丙申年（1836）其刻"一日清闲一日仙"印款曰："余作沧浪已二岁，光阴过客，又到春回，作此以志鸿爪。丙申，六舟。"二十八九岁时，往吴门遍访名胜，若寒山寺、虎丘山、天平山、范文正公墓等。六舟十五岁始学篆刻，嘉庆十五年（20岁），邑人朱舟之（瀚），喜收藏，过访六舟，嘱刻印章并赠《六书通》，如获枕中鸿宝，受益良多（图23）。六舟又长于鉴别碑帖，尤精摹拓古器全形，阴阳虚实无不逼真，堪称绝技。阮元以"金石僧"呼之。工篆隶、擅山水、花卉，得青藤老人纵逸之风。曾筑磨砖作镜室及墨王楼以储古物，所藏唐代怀素《小字千文》真迹及米海岳老人《星赋》，为稀世珍宝。因追慕怀素以蕉叶代纸练字而名所居曰"小绿天庵"，乃自号"小绿天庵僧"。与何绍基、戴熙交往甚密。著有《六书广通》六卷，《两浙金石志补遗》四册不分卷，皆毁于寇火；存著有《小绿天庵吟草》、《宝素室金石书画编年

图23 释达受刻印（附边款）

录》、《山野纪事诗》等。笔者曾见《小绿天庵遗诗序》曰：

> 小绿天庵诗二卷，海宁释六舟著。六舟名达受，生嘉庆、道光间，尝主南屏净慈寺。博学能诗，工书画、篆刻，尤嗜金石文字，一时贤士大夫咸从之游。……己未冬十月，钱塘丁君辅之以所藏六舟诗稿见示，余观其诗自抒怀抱，不事雕饰，韵清越以长，情绵邈以深。而生平所得金石碑版咸着于诗，附以自注，旁行斜上，考订精确读之若与欧阳永叔、赵明诚辈。……而六舟所与游，若阮文达、吴荷屋、刘燕庭、钱警石、陈寿卿诸君子，又皆弘达好古，搜讨不厌。[14]

江尊（1818—1908）字尊生，号西谷，又号冰心，别号意延居士。钱

塘（今杭州）人，晚寓吴中。工篆刻，赵之琛入室弟子，所作极似乃师。人云浙中能刻印者多，惟尊传之琛衣钵。戴熙、黄均为作西谷图，名流题咏殆遍。（图24）

图24　江尊刻印（附边款）

陈埙（？—1860），字叶簜。钱塘人，寓居苏州。刻印宗浙派，似赵之琛而能变。与周闲友善，周曾为撰传，刊入《范湖草堂集》。辑有《陈氏所藏古印谱》。（图25）

图25　陈埙刻印

赵大晋（活动于嘉庆、道光年间），号梦庵，又号梦道人，钱塘（今杭州）人，寓居吴门。·年甫弱冠，即工篆隶及铁笔，治印全然浙派风貌。（图26）

管云升（活动于道光年间）浙江归安人，寄寓吴县。管兰之次子，其

图26　赵大晋刻印（附边款）

父与叶廷琯交好，得以常向父执请教。工篆隶书，兼善摹印。课徒以自给，自署书室为铁耕斋。咸丰十年（1860）避战病逝于南通舟次，年尚中岁，廷琯作二诗哭之。

杨大受（活动于道光年间）字子君，号复庵，又号啸村。浙江嘉兴人，客寓太仓。工隶书。篆刻宗汉印及浙派，浑厚古拙，边款亦苍劲生辣，辑有《杨啸村印集》。（图27）

181

图27　杨大受刻印（附边款）

另外，西泠名家陈鸿寿也常游吴门，并与吴县著名文人潘奕隽结为儿女姻亲。嘉庆十四年（1809）春，陈鸿寿游吴门并客居六十余日；

深秋复来吴苑,稽留兼旬。[15]苏州友人沈廷焰还记录了陈鸿寿于辛巳年(1821)夏54岁时来吴门就医。

总之,浙派印风对吴门篆刻的影响是积极向上的,她为清中期以后逐渐式微的吴门篆刻带来了生机和活力。尤其是浙派印风的那种阳刚之气对传统的吴门篆刻之秀雅阴柔的一面形成了一次重大的冲击和碰撞,这为吴门的一些有识之士带来了新的发展契机,于是产生了像杨龙石那样既能继承吴门文人篆刻的优良传统,又能汲取浙派之长而寓柔于刚的新面貌,也产生了一批以追随浙派印风为主要表现对象的吴门篆刻生力军。当然,在浙派印风渐入吴门的进程中,也遭受到部分吴门文人的抨击。如乾隆五十五年(1790)庚戌状元石韫玉,晚年总结自己的篆刻历程时云:

> 近日浙中一派卤莽灭裂,自以为汉法,皆谬种也。[16]

这表明吴门篆刻的传统雅韵不会消失殆尽。然而,新兴的"浙派"印风势不可挡!

注 释

[1] (清)汪启淑.续印人传·丁敬传.见《篆学丛书》下册,中国书店,1984年。

[2] (清)丁敬,"金农"印款,见韩天衡 编订《历代印学论文选》,西泠印社出版社,1999年第二版,第711页。

[3] (清)丁敬,"江山风月"印款,见韩天衡 编订《历代印学论文选》,西泠印社出版社,1999年第二版,第718页。

[4] (清)郭麐.种榆仙馆印谱引.见韩天衡 编订《历代印学论文选》,西泠印社出版社,1999年第二版,第572页。

[5] (清)郭麐.题张老姜(镠)印谱.见《灵芬馆集·灵芬馆诗三集》,嘉庆刻本。

[6] (清)阮元.灵芬馆诗二集序.见《灵芬馆集》,嘉庆刻本。

[7] (清)郭麐.蒋山堂(仁)挽诗.见《灵芬馆集·灵芬馆诗二集》,嘉庆刻本。

[8] (清)张鸣珂.灵芬馆印存跋.见韩天衡 编订《历代印学论文选》,西泠印社出版社,1999年第二版,第573页。

[9] 见《赵之谦印谱》,上海书画出版社,1979年,第31页。

[10] 钱太初,《聋石先生印存》摹本前言,苏州市图书馆藏。

[11] (清)赵云衢.印谱序.见《瀔叔印存》,咸丰三年钤本。

[12] (清)王芑孙.吴锡康(晋元)属题印谱.见《续修四库全书》第1480册,上海古籍出版社,2002年,第394页;叶铭《广印人传》卷四:"吴晋元,号锡康,又号一峰山

人。长洲诸生,善山水,工刻印,兼精医。

[13] (清)郭容光.艺林悼友录.凤凰出版社,2010年,第39页。

[14] (清)姚煜.小绿天庵遗诗序.见《小绿天庵遗诗》,海宁姚氏古朴山房校印。

[15] (清)陈鸿寿,《岁朝清供图》:"余于四、五月间客吴阊袁氏者六十余日,极一时文醼之盛。兹巳深秋,复来吴苑,不禁有日月易驰之叹。稽留兼旬,又见岭上梅花与瓮头酒熟,别是一番景象矣,掷笔为之怅然。时在嘉庆己巳小春下澣。钱唐陈鸿寿。"转引自孙慰祖《陈鸿寿:在仕途与艺术之间》,见《孤山证印:西泠印社国际印学峰会论文集》,西泠印社出版社,2005年,第188页。

[16] (清)石韫玉.《历朝史印》序.见黄学坅《历朝史印》卷一,道光九年(1829)刻本,第5页。

从《西青散记》看江南农妇词人
贺双卿的精神世界

郭进萍

摘要：贺双卿是清代康、雍、乾年间的著名农家女词人，她以传统社会中最底层劳动妇女的身份把自己穷愁困苦的生活状况和人生体验溶入词的创作，真切地反映了下层妇女的悲惨命运。具有农妇和才女双重身份的贺双卿深受中国传统社会伦理道德和神权、夫权的压迫，她在展示自我才华和恪守传统妇德中矛盾挣扎，形成了独特复杂的精神世界。贺双卿的精神世界是 18 世纪江南地域社会环境塑造的产物，折射出江南社会文化及人事人际关系多彩画卷。

关键词：贺双卿　农妇词人　《西青散记》　精神世界

作者：郭进萍，苏州大学社会学院研究生。

贺双卿，江苏金坛市人（一说江苏丹阳人），生于康熙末年[1]，卒年不详，是清代康、雍、乾年间的著名农家女词人，有"清朝第一女词人"之美誉[2]。1988 年，康正果在《风骚与艳情》一书中指出："在整个中国诗歌史上，也许只有清代女诗人贺双卿一人在她的作品中反映了下层妇女的悲惨世界。"[3]贺双卿作为一种文化现象，可以说比较全面地反映了 18 世纪江南农村妇女的生活情状与精神世界，对再现 18 世纪江南社会政治、思想文化和风俗都有十分重要的意义。

一、贺双卿悲惨的人生境遇

最早记载贺双卿生平与著作的文献是史震林的《西青散记》。史震林，江苏金坛人，雍正十年至十一年底曾几度到丹阳的绡山游学，发现了贺双卿，从而成为了贺双卿一段生活的耳闻目击者，与贺双卿也有着密切的文字交往。他将贺双卿的一部分作品和事迹记入他的笔记小说《西青散记》。需要指出的是，《西青散记》中的双卿是没有姓氏的，道光年间黄燮清辑《国朝词综续编》始称双卿为"贺双卿"。卷二十二云："贺双卿，字秋碧，丹阳人，金沙绡山农家周某室，有《雪压轩》诗词集。"[4]其后光绪年间重修《丹阳县志》，也继承了这种说法。其影响很大，后世学者在谈到《西青散记》中的双卿时大都沿用了这种说法，所以本文在叙说时也统称为"贺双卿"。史震林在《西青散记》中这样记述贺双卿的身世、天赋和婚姻遭遇：

> 双卿者，绡山女子也，世农家。双卿生有夙慧，闻书声即喜笑。十余岁，习女红，亦巧。其舅为塾师，邻其室，听之悉暗记。以女红易诗词诵习之。学小楷，点画端妍，能于一桂叶写《心经》。有邻女嫁书生者，笑其生农家，不能识书生面也。雍正十年，双卿年十八，山中人无有知其才者，第啧啧艳其容。以是秋嫁周姓农家子，其姑乳媪也。赁梦觇舍，佃其田，见田主，称"官人"。其夫长双卿十余岁，看时宪书，强记"月"、"大"、"小"字耳。[5]

这段简短的文字大体可以传达这些信息：贺双卿出生在贫寒农家，没受过正统的教育，但自幼天资聪颖，靠偷听私塾教育而暗习之，是个自学成才的农妇。故黄韵甫曰："岂非天籁，岂非奇才。"[6]由于生在山中，无人知道她的才华。贺双卿于18岁那年，嫁给了一个比她大十多岁且不大识字的周姓佃农，这也注定了她贫苦的物质生活和苦闷的精神生活。在贺双卿短暂的一生中，生存的艰辛和肉体的磨难是她的大敌，她以"饥蝉"，"病蝶"自比，"饥蝉冷抱枯桑叶，病蝶低寻老韭花"[7]。她在《浣溪纱》中这样描绘自己在家庭中的生存状态：

"暖雨无情漏几丝，牧童斜插嫩花枝，小田新麦上场时。汲水种瓜偏怒早，忍烟吹黍又嗔迟，日长酸透软腰肢。"[8]

贺双卿以朴实无华的语言真切地描写了田间劳动的辛苦以及自己的悲凉处境。遇到天灾，农业歉收时，她甚至连"荆钗布裙"的生活也难以为继，不得不靠典卖为生，"今年膏雨断秋云，为补新租又典裙。"[9]同时疾病常缠，又无钱医治，只好卖掉自己的妆奁首饰买药医病，"镜钗已卖酬方药，自削杨枝照水簪。"[10]可以说，贺双卿的生存际遇是传统社会中最底层劳动妇女的真实写照。透过她的人生历程，我们可以看到清代广大农妇的不幸遭际：她们受着包办婚姻之苦、贫穷之苦和劳役之苦。

二、复杂的精神世界

贺双卿默默承受着如牛重负的劳动生活和疾病的折磨，没有愤怒，没有抗争。从她的诗词文集以及日常言行举止中大略可以看出她的精神世界是很矛盾的，具体体现在以下几个方面：

其一，怨而不怒，委曲求全

在传统社会，儿女的婚事都是由"父母之命，媒妁之言"决定的，贺双卿就是传统包办婚姻制度下的牺牲品，她对这个世道不满，恨"世情太冷"，怨婚姻不幸，"算一生凄楚也拼忍，便化粉化灰，嫁时先忖"。[11]她有诉不完的新愁旧怨，贫病的折磨、婚姻的不幸、精神的苦闷使她自称是"人间怨女"，但她并不怨天尤人，只怪自己"薄命"，对一切人事"怨而不怒"，"甘为俗士之妇"。她遇事随缘自适，自宽自解，如她受劳役之苦，认为是理所当然："况薄命人，敢效富贵女，畏风日，避尘沙耶！"[12]她遭逢不幸，却委曲求全，以忍让、孝道、曲己悦人、以德报怨而闻名乡里。书中对此有大量记载：

"嫁村夫，贫陋颇极，舅姑又劳苦之，不相恤。双卿事之善，意虽弗欢，见夫未尝无愉色，饥倦忧瘁，言笑犹晏晏也。"[13]

"双卿体弱性柔，能忍事，即甚闷，色尝怡然。"[14]

"邻里称其孝，夫性益暴，善承其喜怒，弗敢稍忤。"[15]

非但如此，她还"曲尽妇道"，一味地替丈夫辩护。"有笑其夫不识字者，含怒曰：'识字人但可守藿翁，管村童耳！'"[16]事后还煞费苦心地教文盲丈夫识字，在给赵阎叔的一封信中写道："仙郎一字，胜怀不夜之珠"。明明婚姻不幸，她却自欺欺人地说："家鸡双宿笑棲鸾，比翼齐肩并紫冠。"[17]可以说她的愚贞是以她的青春和幸福的葬送为代价的。这些都鲜明地体现了贺双卿精神世界的矛盾之处：既有对现实生活不满的一面，又有自欺欺人、安于现状的一面。

其二，渴慕才子而又慎重交际

在旧人文主义土壤下，贺双卿作为才女，潜意识中有着强烈的才子渴慕情结，她曾说"妾生长山家，自分此生无福见书生，幸于散记中识才子，每夜持香线忘空稽首，若笼鸟之企翔凤也。"[18]然而才子对贺双卿来说却是可望而不可及的，她在《湿罗衣》中这样表达自己对异性的态度："世间难吐只幽情，泪珠咽尽还生。手捻残花，无言倚屏。"[19]为此，她选择了恪守传统女教，"田舍郎虽俗，乃能宛转相怜，何忍厌之，此生不愿识书生面矣。"[20]她极力压抑自己的情感，对外来文士采取了敬而远之的态度，《西青散记》中有大量记载贺双卿和史震林等一批边缘文人的诗词酬答活动，但很明显的一点是，贺双卿几乎很少正面与那些文士进行诗词唱和,即使如赵阗叔之类的文人亲自上门拜访,朗吟其诗,她也多是拒而不见,"浣毕,俯首安行,阖扉而入,未尝一回眸也"[21]。他们的文字交流活动多通过田主梦觇的贴身婢女来传递。他们的交情始终保持在一种发乎情止乎礼的层面上,具有浓郁的风土人情气息。然而仍有好事的邻妇质疑她的行为,问:"士人妇,容或有私。汝奈何为牧竖守清白乎?"双卿答曰:"贫者日茹糟糠,而耻窃粱肉,夫粱肉之去糟糠味迥殊矣,而犹弗屑,况同味相窃,以身蒙大玷,犯大戮乎? 一身污而两姓辱,片时误而百年羞,一事失而万事败,双卿虽愚,不忍为也。"[22]这种语言是贺双卿对世俗偏见的一种反击,一方面体现了她的忠贞,另一方面我们不难看出儒家的"纲常女教"在她思想里已经生根。

其三,矛盾的创作心理

贺双卿作为一介才女,与外来男性诗词酬答,本无可厚非,但依传统伦理道德的标准而言,显然与传统妇德有违,所以有必要探讨一下贺双卿与边缘文人诗词酬答的动机。书中载,有邻妇问双卿"何为泄诗词于外人也",双卿乃泫然曰:"是则所谓莲性虽胎,荷丝难杀,藻思绮语,触绪纷来。妾亦欲天下薄命佳人,以双卿自宽,明诗习礼,自全白璧,为父母夫婿及子孙存面目也。"[23]很明显,贺双卿的回答包含了两层意思,一是她创作是天性使然,是为了满足内心自我价值实现的需求;二是她想为天下薄命的女性做表率,通过自己的事迹来教育他人。

贺双卿的回答是她的自我辩解之词还是她内心真实所想,这是一个值得商榷的问题。联系贺双卿前后的思想行为,或许对她的创作心理会有一个认知。据《西青散记》记载,双卿诗词或用粉书写于芦叶等各种叶子上,或以胭脂写于手帕上。而她这样做的目的在她的《与舅书》中有明确的说法:"双卿写诗词以叶不以纸,以粉不以墨。叶易败,粉无胶易脱,不欲存手迹也。"[24]这里,我们可以看出贺双卿写作只是一种自发的行为,并不带有功利的动机,也没有留名文学史的意识。但联系《西青散记》其后记载,就会发现贺双卿思想转变的戏剧性。当史震林和段玉函听到别人的闲言碎语,要用烧掉《西青散记》的方式保存贺双卿的名誉时,受到她严厉的批评。她说:"二南多香奁体,郑卫皆情艳诗,孔子不删","如畏首畏尾,言清行浊,语皆饤饾,身似辘轳,双卿所弗取也。此书可烧,则口亦可以不言? 蝶不言而贪花,蛆不言而嗜粪,世之不言以欺人者,香则为蝶,臭则为蛆"[25]。这一段话正好表明贺双卿不愿将自己的才华和作品付诸东流的心情,认为是非香臭自有后人评说,世俗的舆论和别人的讥诮是不必理睬的。

前后相互矛盾的说辞或许可以

得出这样一个结论：贺双卿的创作既是她天性的自然流露，但也不乏留名文学史和为他人树立榜样的愿望。从贺双卿前后心路的转变中，既可以看出她心灵被压抑，被扭曲的一面，也可以窥见在文人的催化作用下，她的女性意识渐渐觉醒的一面。

其四，浓厚的薄命意识和宗教情绪

哀怨凄凉的生存感受使贺双卿的思想中渗透着浓厚的薄命意识，她在三寸芦叶上写信给舅父说："人皆以儿为薄命，儿命原非薄也，红楼淑女，绿窗丽人，沦没深闺者，世间不少，忆夜无欢，向春难哭……儿则愿来世为男子身，参断肠禅，说消魂偈足矣！"[26]可知，贺双卿已经朦胧地意识到了社会的不公和浓重的薄命氛围，但她也只能发出"愿来世为男子身"的呼声，表达她对女性所处弱势地位的朦胧认识。

对于自己的身世经历，贺双卿更执拗地相信宿命，她认为命薄

（"名儒蝉翼愧轻绡"）是宿业，因而她一味地消极忍让，寄希望于来世。这种人生哲学和薄命意识在传统社会的才女群中是很有代表性的，从段继红对沈善宝《名媛诗话》四卷中所载170多位女诗人的粗略统计知，其中约有30人早寡，10人早逝，10人所适非人。[27]她们或为夫殉节守寡，或遭遇婚姻不偶，或深受贫病的侵蚀。清代才女薄命如此，正如严迪昌先生所言："才女才妇在封建社会所备受的'薄命'之苦尤其惨重"。[28]在这样大的悲剧氛围中，贺双卿深刻地意识到了自己生命的苍凉和无奈以及挣不脱的悲剧宿命，于是思想作品中都浸染着浓重的薄命色彩，这是一个特定群体受特定时代文化环境影响下的产物。

三、江南社会文化关系的塑造

贺双卿复杂扭曲的精神世界是一定时代和地域社会文化关系塑造的产物，以下表为例：

才女双卿与社会文化关系表[29]

所受压抑	类别			受到鼓励
姑恶　夫暴	夫家	人事人际	母家	父母爱恋　舅父教习
讥讽	邻里（妇）		邻里（妇、女）	同情　友谊
受佃主支配	家庭以外的男性		家庭以外的男性	佃主庇护与鼓励
"求爱者"的骚扰				漫游文人才子崇拜、同情及文字交往
世俗文化：要求孝贞忍苦、宿命论	文化：宗教、道德伦理、风习等			文士才子文化：佳人"四德"、社交公开与鼓励忍苦孝贞

从这张表中,可以很清楚地看到塑造贺双卿精神世界的两股力量:人事人际和文化因素,有意思的是这两股力量同时起着鼓励与压抑她的双重作用,值得反思。而人事人际关系又是一定社会地域文化的产物,对贺双卿精神世界的塑造起了直接作用。以下着重从文化因素和人事人际关系这两个角度进行探析。

(一) 社会文化因素的影响

传统伦理道德观念千余年来代代相因,已经演变为中华民族的一种传统和习俗。社会学的观点认为,习俗具有稳定的传承性,一旦某种习俗为社会成员所普遍接受,便开始形成一种标准化、模式化的存在状态,每一阶层的人们,无论贫富,都必须遵循这种道德观念。在中国宗法制度的不断强化下,传统道德礼教在清代达到了登峰造极的地步。清初思想家唐甄在《潜书》中说:"夫天高地下,夫尊妻卑;若反高下,易尊卑,岂非大乱之道! ……盖地之下于天,妻之下于夫者,位也;天之下于地,夫之下于妻者,德也。"[30]在夫为妻纲观念的支配下,贞节观念也畸形发展,成为钳制妇女身心的有力武器,正如吕坤在《闺范》中所言:"女子名节在一身,稍有微瑕,万善不能相掩"[31],确立了清代女性"为夫守贞"的生存法则。

与此同时,清代加强了对孝道的提倡。传统的孝道认为"古者,子妇供事舅姑,旦夕在侧,儿女无异"[32],而清朝则有骇人见闻的子孙割股挖肝为父母或祖父母治病的举止,被誉为孝子贤孙的典范,载入史册。诸如《散记》卷一中记载孝女胡芳葵割股作糜为祖母治病、以口接痰涎,因伤痛过度而亡的故事。

社会对一个人的期望总是能动地塑造着这个人的自我期望。作为一个抽象的道德概念,守节和孝道一旦被规定为女人应有的美德,并通过对它的表扬使被表扬者陷入被利用的境遇,这样的表扬就起到了意识形态的作用。正如康正果所指出的,"让被规定的美德决定一个人存在的价值,就等于把他(她)变成了一件物。可悲的是,社会一旦鼓励妇女接受她的'模范角色',她自己就会主动而积极地扮演这样的角色,并以此为荣。"[33]贺双卿生活在这样一个极力提倡贞节和孝道的时代,也就易于铸造贞孝的性格。她的精神世界典型地体现了"三从四德"的礼教所造就的女性,而她的模范行为在当时确实也见到了社会效果:文士们在交口赞誉受苦受难的忠贞的才女美人,目不识丁的农民也在用双卿的模范事迹来教育女儿,听到荆振翔诵双卿词时,"辄呼其女屏后听之,令知双卿苦能孝敬,效之也。"[34]社会就是这样塑造着一代代"模范"妇女的角色。贺双卿就是这样一个"模范"下的牺牲品。

需要指出的是,清初的社会观念,虽仍然依循宋明理学的道德礼教,但俨然已发生了某些变化。其中很重要的一个方面即表现在对女性才华的态度上。在传统社会中,妇女的才智一直是遭压抑的。"夫云女德,不必才明绝异也……女功,不必工巧过人也。"[35]但随着明末反理学思潮的兴起,在张扬男性"性灵"的同时,女性的才智也被重新定义并受到重视。如明末才女叶小鸾的父亲叶绍袁在《午梦堂集·序》中说:"丈夫有三不朽:立德、立功、立言;而妇人亦有三焉:德也,才与色也,几昭昭乎鼎千古矣。"[36]清代推崇女子文才的社会风气日趋强盛。从当时大批男性文人的行为来看,他们在著作中所表现的,也多是对女性文才的欣赏与显扬。清代对女性文才发表意见的人颇多,大约可以分为两类,一是文苑之士,对女性文才多持赞赏态度,如袁枚和陈文述抗颜为师,广招女弟子等;一是儒林之士,他们对女性创作有持支持态度的,如姚鼐、阮元、俞樾等;也有反对的,如焦循、章学诚等,但不管怎样,可以看出的是当时妇女的文学创作,已大大超出传统社会对女性的角色规定,因而引起了正统文人的注意和评论。[37]

在这样比较宽容的社会风气中,女子有了文才,又希望把自己的文才表现出来,那就要选择知音,介入文坛,因而也就有了与文士交往

和求名的意识。贺双卿可以说是这一风气的直接受益者,她的创作从自发到自觉,应该说那些边缘文人起了相当大的推动作用。他们的怜才与扬才迎合了时代的需求,在不知不觉中激发了贺双卿留名文学史的意识。贺双卿虽然没有同时代的许多女诗人那么强烈的求名意识和获得不朽的渴望,但在潜意识中希望通过这群有着才女情结的乡村文人传播文名,使自己的才华不致湮没。另一方面,她也希求自己的创作能发挥表率作用,影响到天下受苦受难的女子。从这个角度可以说,她自觉的创作与交际生活从一个侧面反映了当时的社会风气。

贺双卿的精神世界中明显夹杂着儒释道三教以及民间信仰的成分,这与清代江南农村宗教信仰气氛浓厚是分不开的。在清代江南,农村宗教(包括民间的各种信仰与迷信等)控制着许多人的行为与思想。像佛教、道教、民间信仰关于宿命论和轮回报应的说教在民间广泛流传,这对愚化下层民众很有用。《西青散记》中大量记录了民间传说和巫术形式流行的神仙故事。在贺双卿的家乡金坛西境,就是道教圣地茅山,当地"民尚巫祭"[38],道教思想非常盛行。茅山道人善于扶乩,扶乩是一种迷信活动,是"求乩者先将要问的问题或用口说出,或写在纸上,乩手根据求者的问题,再请示神

灵，记录下来，予以解答。"[39]贺双卿的家乡有许多人都热衷于此，如"上元之夜，茅山道人请仙，洮湖仙至"。[40]"蒋鸣宇为见疾，设乩叩仙。"[41]可见当时宗教信仰气氛的浓厚。

贺双卿作为一名才貌不凡的受苦女子，"性潇洒，意温密，飘飘有凌云气，无女郎琐窄纤昵态"，[42]绡山里村民竟有人把她视为"神女"下凡，处于这样的地理环境与社会风气中，贺双卿难免受道家思想的影响。此外，贫病交加的苦痛生活和精神的极度压抑也助长了她对佛教的信仰。贺双卿受佛教"人世轮回"、"罪福报应"等唯心思想影响很深，终以佛家"修来世"的思想排解人生之苦痛。《西青散记》中记载双卿礼佛事，"乞张石邻画白衣大士，供清水，夜静礼之。"[43]宗教情绪彻底麻木了她的反抗意识，从她初始的"求异方，自治疟，不能已，更益他疾。意无聊，祈死"[44]到后来的对婆婆和丈夫愈加温顺和体贴，在很大程度上就与她对宗教的虔诚有关。

（二）人事人际关系的作用

社会文化因素对贺双卿精神世界的塑造发挥了决定性的影响，而她所处的人事人际关系则起了直接作用。贺双卿的委曲求全显然与她所处的夫暴姑恶的家庭处境是直接相关的。据载，双卿的丈夫不识字，性暴戾，好赌。这样一个"负绝世

才，秉绝代姿"[45]的女子，却嫁给了一个长其十余岁，脾气乖戾的农夫，内心的苦闷是可想而知的。更为不幸的是，她还经常遭受来自丈夫和婆婆的非人虐待。双卿好洁，"虽拮据烟尘而鬟环不染"，但她的丈夫却"狐臊逆鼻，垢腻积颐项，揉可成丸，劝之浴，则大怒，双卿不敢言。"[46]"一日，双卿舂谷喘，抱杵而立。夫疑其惰，推之仆臼旁，杵压于腰，有声，忍痛起，复舂。"[47]又有一次，双卿谏其夫赌，夫怒，屏之爨室，倚薪而坐，对残灯泣焉，为《残灯词》"[48]。

而来自其婆婆的虐待更甚。一次，双卿"炊粥半而疟作，火烈粥溢，双卿急，沃之以水，姑大诟，掣其耳环曰：'出！'耳裂环脱，血流及肩，掩之而泣。姑举杓拟之曰：'哭！'乃拭血毕炊。夫以其溢也，禁不与午餐。"[49]

从这两段描写中，我们可以鲜明地看到贺双卿在家庭中所处的地位。传统社会的夫妇、婆媳关系俨然主子与奴仆关系，贺双卿没有独立的人格，她不过是被驱使，被蹂躏的牲口而已，正如康正果所说："在宗法制家庭中，媳妇的功能与奴仆没有多大差别，婆媳关系中的固有矛盾使得不管她多么卖力干活，作为监工的婆婆总不会十分满意。督促者的地位决定了她的挑剔态度。"[50]贺双卿的《一剪梅》就反映了她即使在病中劳作也动辄得咎的非

191

人处境：

"寒热如潮势未平，病起无言，自扫前庭。琼花魂断碧天愁，推下凄凉，一个双卿。夜冷荒鸡懒不鸣，拟雪猜霜，怕雨贪晴。最闲时候妾偏忙，才喜双卿，又怒双卿。"[51]

清代陈廷焯撰《白雨斋词话》评曰："西青散记，载绡山女子双卿词十二阕。双卿负绝世才，秉绝代姿，为农家妇。姑恶夫暴，劳瘁以死。……其旨幽深窈曲，怨而不怒，古今逸品也。"[52] 在这样的家庭环境中，贺双卿除了一死或者遁入空门之外，她只能消极地采用一种怨而不怒、曲己悦人的态度，即使不能感动丈夫婆婆，至少也希望可以减少一些虐待的借口。

在夫暴姑恶的家庭处境之外，能给贺双卿苦痛的生活提供一些精神支持的就是那些所谓的边缘文人了，然而他们对贺双卿精神世界的塑造却起了双重作用。一方面，他们对贺双卿的才华表现出了极大的推崇，并对她的遭遇深表同情，他们哀叹双卿"绝世独立之姿，而生于穷山荒陋无人之地，不幸配一微文薄艺"[53]的悲剧命运，对双卿"贫悴强忍，如枯鱼衔索，过河而不能泣"的生活深感痛心，尽力地传播她的事迹并在精神上支持她。友人恽宁溪曾嘱托梦觇好好庇护双卿："天不置双卿于他所而托君宇下，以能善全之也，倘非君是依，不且如好棉投棘刺

乎。"[54] 一友人柯山甚至想要北上游说才子募金刻散记，以双卿的事迹来劝薄命人。他日南下的话给双卿丈夫金为双卿"筑饷黍亭，买种瓜田，凿浣衣池耳。"[55] 这些事例生动地表明了边缘文人对贺双卿的赏识和知遇。他们的关照和褒扬激发了贺双卿留名文学史的潜在意识，为她的创作提供了精神动力和支持。这种旧人文主义土壤滋生了贺双卿对才子的渴慕，但在另一方面也增加了对贺双卿恪守妇德的挑战，有可能使贺双卿脱离原有的生活轨道。这些都造就了"欲为天下女性做表率"的贺双卿对才子的矛盾心态：既渴慕才子，而又对其采取慎重交际、敬而远之的态度。

作为才女的贺双卿，她有着非常自觉的书写意识，然而除了得到一些落魄的边缘文人以及个别邻女[56]的鼓励和支持外，更多的是遭到了来自家庭和世俗的强烈反对。终年劳累磨灭了她的创作才情，"锦思花情敢被爨烟薰尽"[57]。即使偶尔偷偷地在夜间持《楞严经》诵读之，被婆婆发现还夺而骂曰："半本烂纸簿，秀才覆面上且穷死，蠢奴乃考女童生耶？"[58] 偶尔洗涤砚台，其夫见之则大怒："偷闲则弄泥块耳，釜煤尚可肥田。"[59] 可见双卿丈夫对她的艺术才华是嗤之以鼻的，他所关注的只是摆在面前的头等问题，即生存的艰难。世俗的偏见对她同男性唱和百般讽刺，有邻妇公然对她同男性唱和提出

质问"何为泄诗词于外人也",怀疑她的创作动机。文化层次的巨大差异注定了贺双卿在精神上要陷入孤立无援的悲惨境地。在这样的背景下,作为才女的贺双卿不得不掩饰自己强烈的创作动机,"以才情自晦",使得"往来双卿家者,不见其笔墨痕也"。[60]这也是造就她扭曲心态的一个重要原因。

传统社会为女性文化的发展创造了一定的条件,却不可能改变女性的从属、依附地位,不可能改变对妇德的基本要求。贺双卿一方面渴求创作但又不得不极力抑制,另一方面,她也自觉地适应社会的需要,希求自己的创作能发挥表率作用,影响到天下受苦受难的女子。可以说,这无异于让女性在自我之"才"和妇人之"德"之间走钢丝,为女性文人留名文学史带来困惑与痛苦。贺双卿对于留名文学史的立场显示出一种焦灼的矛盾心态,其不欲存手迹与规劝史震林不要焚《西青散记》即是一例证。她在展示才华和恪守传统妇德中矛盾挣扎,而她的生平也展示了女性作家在传统道德规范的约束和自我个性觉醒之间徘徊的心路历程。

被压迫的社会角色、被奴役的家庭处境、被压抑的创作心理,共同铸就了贺双卿复杂的精神世界。她的不幸际遇是时代的使然,是当时社会环境塑造的产物,而她也自觉地把自己塑造成社会所需要的模范角色,社会与个人的互动关系就这样被揭示出来。作为一种社会文化现象,我们从一个侧面透视出了特定时代江南社会文化概况及人事人际关系。

四、结　语

贺双卿是中国文学史上独一无二的农妇词人,是清代女性词坛的一朵奇葩。深受传统社会伦理道德和神权、夫权合力压迫的贺双卿是中国文学史上第一个以自己切身体验全面而真切地反映了贫苦农民生存状态的女词人,她的词表现了来自家庭的暴虐和世俗的偏见,真实地反映了传统伦理纲常对女性人格尊严的践踏乃至对其生命的漠视,展示了清代江南农妇生存际遇的广阔图景。她的不幸遭遇所折射的是一种沉重的下层劳动妇女的命运伤感,是一种痛苦的被环境征服的精神伤感,是一种深刻的怀才不遇的人生伤感。

贺双卿的精神世界中混合了她作为农妇兼才女独特的生活体验,同时也浸淫了父权文化性别关系权力上的不平等。正如康正果所说,《西青散记》中的双卿,与其说是集中体现了封建社会女性的勤劳、智慧、忍让、孝敬和贞节的种种美德,不如说是"显示了文人在欲望、文化、情感、道德上对女性的全面要

求"[61]。贺双卿的不幸是男权社会压迫的产物,是传统礼教制度和婚姻制度造成的,但贺双卿自身的主体意识有没有产生影响呢? 显然她还没有萌生出一种自觉的反抗意识。这里套用一下陈志红女士在《反抗与困境》中的话,贺双卿要想获得解放,其希望或许就在于她的不间歇的突围之中,而不是寄希望于所谓的才子,他们认同贺双卿很重要的一个方面就在于她的妇德,他们终究不可能解救她苦难的命运。贺双卿一方面要突围的是女性自身的弱点和局限,另一方面也是更重要的,就是要突围根深蒂固的父权制的男性中心主义的文化体制[62],而这个过程的确又是漫长的。

注 释

[1]《西青散记》关于贺双卿的出生年有两处记载:一说"雍正十年,双卿年十八",据此推断出双卿生于 1715 年;一说雍正十一年癸丑,"双卿年二十一",推出双卿生于 1713 年,故在此处笼统称作"康熙末年"。

[2] 胡适. 贺双卿考. 引自《胡适文存》卷八,黄山书社,1996 年,第 537 页。

[3] 康正果. 风骚与艳情. 河南人民出版社,1988 年,第 336 页。

[4] [清]黄燮清. 国朝词综续编. 卷二十二,清同治 12 年[1873]刻本,第 2 页。

[5] [清]史震林. 西青散记. 卷二,中国书店 1987 年据上海广智书局 1907 年版影印本,第 33—34 页。以下简称《散记》。

[6] [清]黄燮清. 国朝词综续编. 卷二十二,清同治 12 年[1873]刻本,第 2 页。

[7]《散记》卷四第 43 页。

[8]《散记》卷二第 34 页。

[9]《散记》卷三第 7 页。

[10]《散记》卷三第 7 页。

[11]《散记》卷二第 80 页。

[12]《散记》卷二第 77 页。

[13]《散记》卷二第 35—36 页。

[14]《散记》卷三第 6 页。

[15]《散记》卷四第 46 页。

[16]《散记》卷二第 74 页。

[17]《散记》卷三第 8 页。

[18]《散记》卷二第 35 页。

[19]《散记》卷二第 35 页。

［20］《散记》卷二第 35 页。

［21］《散记》卷二第 73 页。

［22］《散记》卷三第 8 页。

［23］《散记》卷三第 8—9 页。

［24］《散记》卷三第 9 页。

［25］《散记》卷三第 53 页。

［26］《散记》卷三第 9 页。

［27］段继红.清代女诗人研究.苏州大学 2005 年度博士论文,转自中国期刊网博士学位论文全文数据库。

［28］严迪昌.清词史.江苏古籍出版社,1999 年,第 600 页。

［29］杜芳琴辑.贺双卿集.中州古籍出版社,1993 年。

［30］唐甄.潜书.中华书局,1963 年,第 77 页。

［31］引自《中国历代家训大观》,大连出版社 1997 年版,第 342 页。

［32］[北齐]颜之推著.颜氏家训・书证.(程小铭译注),贵州人民出版社,1993 年。

［33］康正果.风骚与艳情.河南人民出版社,1988 年,第 103 页。

［34］《散记》卷四第 32 页。

［35］班昭.女诫.转引自(宋)范晔:《后汉书・列女传第七十四》,大众文艺出版社,1998 年,第 606 页。

［36］叶绍袁.午梦堂集・序.中华书局,1998 年,第 1 页。

［37］参见张宏生.才名焦虑与性别意识——从沈善宝看明清女诗人的文学活动.阜阳师范学院学报.(社会科学版),2001 年第 6 期。

［38］《散记》卷一第 55 页。

［39］铂净.扶乩是什么.世界宗教文化宗教知识,2003 年第 2 期。

［40］《散记》卷一第 1 页。

［41］《散记》卷一第 2—3 页。

［42］《散记》卷二第 35 页。

［43］《散记》卷四第 47—48 页。

［44］《散记》卷三第 13 页。

［45］[清]陈廷焯著.白雨斋词话.(杜维沫校点)卷五,人民文学出版社,1959 年,第 134 页。

［46］《散记》卷四第 47 页。

［47］《散记》卷三第 6 页。

［48］《散记》卷三第 12 页。

［49］《散记》卷三第 6 页。

[50] 康正果.风骚与艳情.河南人民出版社,1988年,第105页。

[51]《散记》卷三第49页。

[52] [清]陈廷焯著.白雨斋词话.(杜维沫校点)卷五,人民文学出版社,1959年,第134页。

[53]《散记》卷二第40页。

[54]《散记》卷三第31页。

[55]《散记》卷四第40页。

[56] 比如邻女韩西,《散记》卷三第51页载:每当看到双卿独自舂米、汲水时,韩西"恒助之",双卿疟疾发作时,她坐在床边为双卿哭泣,虽然不识字,却喜欢双卿的书,"乞双卿写心经且教之诵。"

[57]《散记》卷二第80—81页。

[58]《散记》卷四第46页。

[59]《散记》卷四第46页。

[60]《散记》卷二第35页。

[61] 康正果.边缘文人的才女情结及其所传达的诗意(上)——《西青散记》初探.明清小说研究,1995年第2期。

[62] 陈志红.反抗与困境——女性主义文学批评在中国,中国美术学院出版社,2002年。

传统手工技艺的流变

——浙南地区婚俗中的文化符号糖金杏

孙茂华

摘要：随着社会经济的发展，生活内容发生了巨大的改变，但是崇古之风依然如故，大多数年轻人结婚时还是遵循生活中约定俗成的民俗风情。在浙江南部温州地区的婚俗中，糖金杏（图1）是不可缺少的礼品之一。婚俗礼仪的背后，有着文化符号的内在意义。所以这些实践活动和物品的表现都是人们不断完善自我，积极改变世界，追求幸福美满生活的动力所带来的文化符号的物化形式。

关键词：婚俗　糖金杏

图1

作者：孙茂华，女，1974年生，浙江温州人，浙江农林大艺术设计学院讲师，硕士。

浙江省瑞安市地处浙江省东南沿海，北与温州接壤，飞云江横穿其城东流入海。瑞安是一座底蕴深厚又极具兼容现代精神的文化名城，自古文风鼎盛，人才辈出，享有"东南小邹鲁"之美称。该县已有1760年历史，于1987撤县建市。瑞安风景秀丽同时有着十分丰富的人文景观，是国内著名的民间艺术之乡，糖金杏就是当地民间婚俗中不可缺的礼品之一。随着社会经济的发展，生活内容发生了巨大的改变，但是崇古之风依然如故，大多数年轻人结婚还是遵循生活中约定俗成的民俗风情。

一、糖金杏的美丽传说

石榴，为何叫"金杏"？此源于

温州五代时期属吴越国管辖之地。武肃王钱镠为王，治理吴越国范围。"镠"字和"镠"字同音，这在古代，犯了忌，为避讳改"石榴"为"金杏"。[1] "石榴"在温州方言中读作"金哀"，在瑞安也被读作"金乃（na）"。于是在温州民间"笑起糖金杏打裂了一色（一样）"、"牙儿塌开糖金杏倒裂恁"、"当心糖金杏角捣（碰）着"、"囡儿大起换糖金杏"等人人皆知的谚语。此方言一直沿用至今。据《北史·魏收传》记载，北齐安德王高延宗娶李祖收之女为妃，高延宗到李家赴宴，妃母宋氏便于席间献上两个石榴，预祝他们和睦、相爱，子孙满堂，富贵吉祥。这个习俗在民间一直流传着，特别是男女结婚时，石榴便是一种吉祥的礼物，洞房里一般都要悬挂两个大石榴。[2]

温州地区虽然是经济强市，但婚俗却有着媒妁、合婚、议聘、小定、大定等古老程序。当地的糖金杏的来历有着美丽的传说。传说古时候有个人叫郑德有，家境富裕，膝下有两女。大女儿订婚时，其母亲费尽心思想把女儿的婚事办得体面。一天，忽闻有人叫卖金杏，她想到金杏是个吉祥之物，于是将金杏全买下。在男方送礼定婚之日，将金杏作为回礼赠给男方，送给亲朋好友，以讨个多子多孙的好口彩。等到第二年小女儿定婚之时，金杏树连花都没开，哪里来得果实。郑翁正愁无计

可施，看到对门一老者八十大寿，用米粉制作寿桃，他受到启发，想用糖制作金杏，好看又好吃。他自己亲自选好木材并画好金杏图样，写上"子孙满堂"，请雕刻师傅刻制模具，并找到一位糕饼师傅制作糖金杏，赶制了数百只糖金杏。[3] 最终喜事办得风光体面。后来周边的百姓都效仿郑家的做法，订婚用糖制作的金杏图个好口彩。等到来年，生下女儿就称作生了个金杏角，可见女儿的金贵之身。以上是温州地区对糖金杏的比较认可的一种传说。

目前浙南地区制作糖金杏的有温州、乐清、文成、平阳、泰顺等地，但最出名的要数瑞安市打绳巷的百年老店"林家铺子"，现如今的技艺掌门人叫林锦基。林锦基出身"糖金杏世家"，他的外公看到别人制作糖金杏卖，赚取铜钱可贴补家用。于是，他也学会这门手艺，而且这手工技艺代代相传。林锦基的母亲陈红蛮在瑞安当地行业中很有名气，老人介绍制作"糖金杏"时，模具首先要泡水，这样在糖金杏成型之后容易拆模，其次还要起早摸黑制作，因为要结合黄道吉日的时辰当天制作当天拿去，好日子一般会非常忙。如今到林锦基已是第四代人制作糖金杏，已有一百多年的历史了。以下是林锦基介绍制作糖金杏的工艺流程。

二、糖金杏的制作工艺和模具造型

笔者在对林锦基师傅的采访过程中记录下糖金杏的制作流程,步骤如下。

第一,白糖数十斤,放入锅中加少许水,文火煎煮中加入食用红色素,均匀搅拌熬至冒泡。熬制糖液的关键控制火候,熬的时间长了,做出的糖金杏不细腻;熬的时间短了,做出的糖金杏凝固不住。这糖液的老嫩与否全靠制作人多年的经验来判断。(图2-1)(图2-2)

第二,把煮沸的糖液倒入模具(模具之前要放在水中泡数小时),抱着模具水平状翻转数圈,使模具内壁边角均匀着糖,边角很快就冷却凝固成型,然后倒出多余的糖液,还可以继续制作小型号的糖金杏。糖金杏分为大、中、小三种型号。大的重5—6斤,高60公分,宽30公分,小的一个仅几两而已。(图3-1)(图3-2)

第三,等到糖液冷却后,拆开模具,取出糖金杏。取糖金杏的关键

图2-1

图3-1

图2-2

图3-2

点也是时间的掌握问题。拆得早了没成型，迟了糖和模掰不开了，不能取出完整的糖金杏了。所以每个过程都有只可意会不能言传的关键点，只能凭多年的制作经验来控制。（图4）

图4

当然除了以上几个步骤来制作糖金杏，还有一些其他的因素。如，天气的晴与雨、气温、湿度等方面的要求。如果是雾气很重，湿度很高的天气，林师傅一般会在顾客取货前几个小时内制作好。

下面，我们来了解一下模具的造型。糖金杏的模具是由樟木刻制，分四块。四瓣内凹外弯造型独特的模具，四瓣模具合拢外侧上下需要两个竹箍，固定四瓣模具中间形成糖金杏造型。据林师傅介绍，刻制模具需要雕花师傅，仅木工还不行。模具上端三分之二的高度是四个角的形状了，下端三分之一的地方刻的是福禄寿喜四个字，或是四个喜字；四块模具合并在一起就是一个腹部稍大点的圆桶，外加两个桶箍。（图5）（图6）

图5

图6

需要准备必用的材料和辅助工具，首先就是白糖，其次食用红色素、麦秆、装饰花、糖金杏铲子、手套、泡模具专用的木桶、四瓣模具、竹箍、火炉、烧糖锅。

以上是对制作工艺和模具的认识和了解，那么我们试问造型是如何的诞生？

三、浙南地区民间婚俗中糖金杏造型的诞生

石榴名称由来很早在我国就有文字记载。北魏贾思勰在《齐民要术》中记载："凡植榴者须安僵石枯骨于根下，即花实繁茂，则安石榴名义或取于此。"[4]在民间有着许多与石榴有关的民俗民风，石榴花果并丽甘甜可口又火红可爱，被人们视为和睦、团结、多福、多寿等的佳兆。当笔者回到家乡对糖金杏进行实地考查时，现在婚庆时也还都喜欢制作糖金杏馈赠亲友。回忆起孩提时候非常喜欢吃糖金杏，特别是糖金杏的角，

爱不释手而不知其意。现如今究其原因,可能是先民对植物崇拜的原因吧!在民间被视为多子和丰产,所谓"榴开百子",以象征多子多孙。人们在食物的采集和种植的过程中自然的选择。

从远处看去喜庆粉红色的糖金杏造型独特堪称浙南一绝,顶端有五个尖角,中间一个角高于周边的四个角;近距离观看,腹部造型最为明显,刻有福禄寿喜或全部是喜字的纹样;其底部厚实支撑整个造型。顶部呈尖角状,腹部呈球体状,实为阴阳关系。在我们的潜意识中隐含着男女两性的功能。在一个物体中存在着两极,而两个物体又会努力融为一体。两种力量如太极图所象征的那样不断相互交替,并对我们的生活产生深刻的影响。[5]当我们吃下糖金杏时不仅是单纯的吃,而是吃下喜庆的寓意和美好的祝愿。既将石榴旺盛的繁衍能力摄入体内,并将文字的力量一同融入体内,沉醉在无以名状的幸福感之中……

在先民们的心目中,世界万物都是有生命的。自然给了人生命,人就属于自然。人依赖于自然,离开自然就无法生存,于是形成原始人的自然崇拜观念。物种的生根发芽开花结果,便形成万物有灵观念,逐渐产生以植物树木做图腾崇拜。"千房同膜,千子如一。"石榴籽粒丰满,切开一角便露出累累果实。石榴便自然而然地转变为生命的繁衍符号,生存和繁衍,直到今天仍然是人们生活的基本主题,对石榴的崇拜仍然广泛存在于民族的社会意识、社会生活中,特别是民间艺术、民间民俗文化之中。

注 释

[1] 陈思义.糖金杏:婚俗文化中的甜蜜创意[D].瑞安日报,2011-6-1(11)。

[2] 张宪昌.石榴崇拜考析[J].聊城大学学报(社会科学版),2005。

[3] 李武.糖金杏:甜蜜喜庆 转载祝愿[D].瑞安日报,2008-1-26(4)。

[4] 张建国.中国石榴文化概览[J].中国果业信息,2007.11。

[5] 杉蒲康平.造型的诞生[M].中国青年出版社,1999。

屠隆《考槃馀事》初考

陈　剑

摘　要：《考槃馀事》是晚明时期文人屠隆撰著的一部杂家、博物类著作，是屠隆笔记文学中重要的代表作之一，对这一时期江南文人士大夫的造物艺术进行了较好的介绍和总结。本文结合作者校勘《考槃馀事》的经历，从原书作者、意义及其版本源流等方面，对该书进行了初步归纳和考证。

关键词：屠隆　考槃馀事　版本

作者：陈剑（1982—　　），男，湖南师范大学工学院装潢设计系讲师，苏州大学艺术学院在读博士。

一、屠隆其人

屠隆，原名屠儵，字长卿、纬真，号赤水，又号溟涬子、冥寥子、一衲道人、蓬莱仙客、鸿苞居士、豰光居士、娑罗居士、娑罗道人、娑罗主人、纬金居士等（图1）。其祖籍大梁（今河南开封），赵宋时因金兵之祸迁居明州（今浙江宁波）。嘉靖二十二年（1543）生于鄞县，万历五年（1577）进士及第，选庶吉士不得，出任颍上知县，七年（1579）调任青浦县令。据《明史·卷二八八·文苑列传四》

图1　屠隆像

载，屠隆为政期间"时招名士饮酒赋诗，游九峰、三泖，以仙令自许，然于吏事不废，士民皆爱戴之"。万历十年（1582），升任礼部仪制司主事，一时以诗文闻达于王公权贵，"西宁侯宋世恩兄事隆，宴游甚欢"，初显仕途。然而，两年后由于刑部主事俞显卿挟仇诬陷其淫纵，因此罢官。其后，尽管万历二十五年（1597）奉恩"诏复冠带"，然亦无果，屠隆自此放废生涯，以诗书自娱，潜心著述，卒于万历三十三年（1605），享年六十有三。

清代史学家钱大昕在《考槃馀事·序》中提到："屠长卿先生以诗文雄隆、万间，在'弇州四十子'之列。"同时期文人江盈科在《祭屠孺人》文中给予屠隆在诗文创作上极高的评价和称颂："先生神流机动，若非有想，若非无想，似乎不假于我，而纯任乎天。此之境界，故惟太白，今惟先生，两而一焉，夫宁独先生能哉！"又据《明史》记载，屠隆"生有异才，尝学诗于明臣，落笔数千言立就……诗文率不经意，一挥数纸。尝戏命两人对案拈二题，各赋百韵，咄嗟之间，二章并就。又与人对弈，口诵诗文，命人书之，书不逮诵"。可见屠隆文思敏捷。更难得的是其举凡诗文、戏曲、博物等，无不擅长。加之勤奋异常，著述颇丰，多有代表作品传世，如《白榆集》二十卷、《由拳集》二十三卷、《栖真馆集》三十一卷、《鸿苞集》四十八卷、《屠纬真先生集》四十二卷、《清言》一卷、《续清言》一卷、《娑罗馆清言》二卷、《续娑罗馆清言》一卷、《娑罗馆逸稿》二卷、《彩毫记》一卷、《昙花记》二卷、《修文记》二卷、《游具雅编》一卷、《文具雅编》一卷等诗文、戏曲、博物类著作，《考槃馀事》四卷便是其中博物类的代表作之一。

二、《考槃馀事》其书

"考槃"一词，原是《诗经·卫风》篇名，诗中分别有"考槃在涧"、"考槃在阿"、"考槃在陆"之句。《毛诗序》谓此诗系刺卫庄公"不能继先公之业，使贤者退而穷处"。严粲《诗缉》言道："穷处山涧之中而成其槃乐者，乃是硕大之贤人，其心甚宽裕，虽在寂寞之滨，而无枯瘁之色。"另有一说，"考"字作"探究"解，"槃"是指"水平、表面盘旋"，"考槃"即是指称"人的有意识的、自主的思维和思想活动"。联合来看，屠隆此书题名"考槃"，当兼有这两个方面的意思，即通过隐逸山间世外的生活，以及与此密切相关的诸般物事，对文人士大夫的出世生活范式所进行的一种追溯、反思和解读。

据《四库全书总目提要》，《考槃馀事》列"子部·杂家类存目七"，与其他如董其昌撰《筠轩清秘录》、谷泰撰《博物要览》等同属记录文房清玩之属的杂家、博物类著作。通行本《考槃馀事》凡四卷，首卷介绍书版、碑帖，次卷品评纸、墨、笔、砚、画、琴等，末两卷则分别记载和收录

香、茶、盆玩、山斋及起居、文房、游具等一切器用服饰之类。与《考槃馀事》相类似的书，明季以远可追溯至宋人赵希鹄《洞天清录》和林洪《山家清供》，近则以曹昭《格古要论》、高濂《遵生八笺》、文震亨《长物志》为代表，均有较大篇幅收录当时山人墨客清谈供养之物。其中，与《考槃馀事》在成书时间上最近的是《遵生八笺》、《长物志》二书，从三者渊源来看，《考槃馀事》受到《遵生八笺》的极大启发，尔后又对《长物志》的成书产生影响，是所谓承上启下之作。

中国传统文人阶层兴起之后，逐渐形成了崇尚山游清谈的风气，宋室江山南渡之后，此风愈演愈烈，对后世影响深远。晚明时期，由于奸佞当道，朝廷政治黑暗，一批有真才实学的文人士大夫自恃饱读诗书而耻于与之为朋，纷纷加入山游清谈的队伍，成为晚明时期一道独特的风景。正如屠隆于万历十九年（1591）在《遵生八笺序》中提到"至人知滔淫之荡精，故绝嗜寡欲以处清静；知沉思之耗气，故戒思少虑以宅恬愉；知疲劳之损形，故节慎起居以宁四大；知贪求之败德，故抑远外物以甘萧寥"，即是对这一风气的另一种写照。从这个意义上来说，诸如《考槃馀事》一类撰著的出现与流行，与当时的社会风气是密切相关的。

从全书内容上来看，除所论书

版、碑帖外，《考槃馀事》一书共收入文房、山游器物的词条二百四十例，其所列名目较为琐碎，论述也颇为详尽。正如钱大昕评价说《考槃馀事》一书"评书论画、涤砚修琴、相鹤观鱼、焚香试茗、几案之珍、巾舄之列，靡不曲尽其妙"。加之屠隆文辞章句，往往于"率不经意"间流露出其天纵之才情，读来令人口含余香，使得《考槃馀事》不仅成为屠隆笔记文学作品之代表，从其内容而言，也是今天研究晚明文人生活起居、文房用具之类器物的重要参考资料，对传统造物艺术尤其是文人士大夫造物艺术及其审美研究，也有极为重要的资鉴价值。屠隆嗣孙屠继序认为"《考槃馀事》四卷，依类分笺，辨析精审，笔墨所至，独具潇洒出尘之想。俾览者于明窗净几、好香苦茗时，得以赏心而悦目。洵足与赵、曹二书，并垂不朽已"。若论屠隆《考槃馀事》在对晚明文人士大夫艺术研究上的意义与地位，当真诚如斯言！

三、《考槃馀事》版本

从目前所掌握的情况来看，《考槃馀事》的版本不下十余种，其中明版三种，其余大部分均为清代和民国时期印行，另有一种为日本刊印。兹依时间先后，择要具体列举几种如下：

1. 《尚白斋》本（图 2）。全称

《尚白斋镌陈眉公订正秘笈》，半页八行十八字，小字双行同，白口，四周单边。明万历三十四年（1606）沈氏尚白斋刻，每卷首均题"东海屠隆著，绣州沈孚先阅"（卷三、卷四"阅"作"校"）。该本题为《陈眉公考槃馀事》，托名当代名儒陈继儒主持编修，"尚白斋"实则为当时书商沈孚先的斋名。该本面世时，作者屠隆已然去世，是目前所见《考槃馀事》的最早版本。

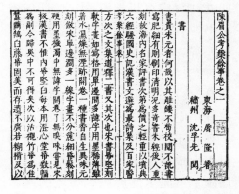

图 2 《尚白斋》本书影

2.《宝颜堂秘笈》（六集）本。明万历、泰昌年间（1620）刻，陈继儒重修。版心、卷首均与"沈氏尚白斋刻本"同，仅"绣州沈孚先"作"德州沈孚先"。

3.《广百川学海》（庚集）本。半页九行二十字，小字双行不等，白口，左右双边，单鱼尾。具体刊印时间不详，该本题为《考槃馀事十七种十七卷》，包括书笺一卷、帖笺一卷、辨帖笺一卷、画笺一卷、纸笺一卷、笔笺一卷、墨笺一卷、砚笺一卷、琴笺一卷、香笺一卷、文房器具笺一卷、起居器服笺一卷、游具笺一卷、山斋志一卷、茶笺一卷、盆玩品一卷、金鱼品一卷，有异于前述二明版。主持编修《广百川学海》丛书的冯可宾，天启二年（1622）进士及第，官至湖州司理、给事中，入清后隐居不仕。据此，该本刊印时间大约在1644年前后。

4.《龙威秘书》（戊集）本（图3）。半页八行十九字，黑口，左右双边。清乾隆五十九年至嘉庆元年（1794—1796）石门马氏大酉山房刻，马俊良辑。另有一种世德堂刻本，半页九行二十字，小字双行同，黑口，左右四周双边不一。均收录乾隆五十年（1785）钱大昕序、屠继序跋，附图四帧。

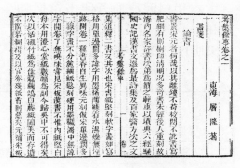

图 3 《龙威秘书》本书影

5. 和刻本。半页八行十九字，黑口，四周双边。享和三年（1803）日本东京刻。

6.《忏华庵丛书》本（图4）。半页十行二十一字，小字双行同，白口，左右双边，单鱼尾。清光绪十

图4 《忏华庵丛书》本书影

图5 《丛书集成》本书影

一年（1885）山阴宋泽元忏花庵刻本，录宋泽元序、钱大昕序，附图四帧。题为《考槃馀事十七卷》，目录与《广百川学海》本大致相同，仅"帖笺"作"洞天帖笺"、"金鱼品"作"鱼鹤品"。

7.《说库》本，民国四年（1915）上海文明书局石印本，收录钱大昕序、屠继序跋，附图四帧。

8.《丛书集成》本（图5），民国二十六年（1937）商务印书馆据《龙威秘书》本铅印，王云五主编。收录钱大昕序、屠继序跋，附图四帧。

通观以上各不同版本，最引人注意的是全书分卷数目，大多数作四卷，唯《广百川学海》本与《忏华庵丛书》本作十七卷，且分卷名也有两处差异，即"帖笺"（《广百川学海》）作"洞天帖笺"（《忏华庵丛书》），"金鱼品"（《广百川学海》）作"鱼鹤品"（《忏华庵丛书》）（表1）。同时，按照上列各不同版本之间的异同，我们可以大致梳理出《考槃馀事》一书自屠隆笔下诞生之后版刻源流的基本面貌（表2）。

表1 "十七卷本"与"四卷本"对照表

《广百川学海》本	《忏华庵丛书》本	《龙威秘书》本
书笺一卷	书笺一卷	书笺（卷一）
帖笺一卷	洞天帖笺一卷	帖笺（卷一）
辨帖笺一卷	辨帖笺一卷	
画笺一卷	画笺一卷	画笺（卷二）
纸笺一卷	纸笺一卷	纸笺（卷二）
笔笺一卷	笔笺一卷	笔笺（卷二）
墨笺一卷	墨笺一卷	墨笺（卷二）
砚笺一卷	砚笺一卷	砚笺（卷二）

《广百川学海》本	《忏华庵丛书》本	《龙威秘书》本
琴笺一卷	琴笺一卷	琴笺（卷二）
香笺一卷	香笺一卷	香笺（卷三）
文房器具笺一卷	文房器具笺一卷	文房器具笺（卷四）
起居器服笺一卷	起居器服笺一卷	起居器服笺（卷四）
游具笺一卷	游具笺一卷	游具笺（卷四）
山斋志一卷	山斋志一卷	山斋笺（卷三）
茶笺一卷	茶笺一卷	茶笺（卷三）
盆玩品一卷	盆玩品一卷	盆玩笺（卷三）
金鱼品一卷	鱼鹤品一卷	鱼鹤笺（卷三）

表 2　《考槃馀事》版本源流

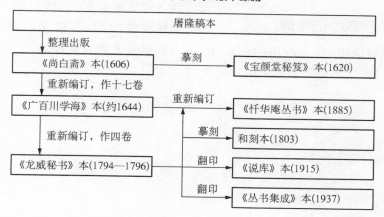

207

　　首先，从明刻《尚白斋》本和《宝颜堂秘笈》本之间的些小差异来看，这两种目前可见最早的刻本应该出自同一个母本，抑或出自屠氏稿本。

　　其次，《广百川学海》本作十七卷，是为编修者冯可宾在《尚白斋》本和《宝颜堂秘笈》本的基础之上将屠隆原著的词条进行归纳，并按不同分类进行整理、分卷的结果。

　　再次，乾隆五十年屠隆嗣孙屠继序感念先祖风度，延请钱大昕重校此书，在冯可宾整理的基础上，对其进行了更为合理的分卷，即将冯氏整理的不同名目的"卷"命名为"笺"，将全书重新合为体量大致相同的四卷，同时，对部分词条进行了增补，使得全书收录词条数量从 274 条增至 297 条，并增加了《序》、《跋》和附图。《龙威秘书》本是目前可见最早的钱氏整理本，其后传入日本，对和刻本以及民国时期的石印本和铅印本均产生了重要影响。

最后，根据《忏华庵丛书》本宋泽元《序》可以得知，宋氏是在其咸丰癸丑（1853年）购得的十七卷钞本、冯可宾辑《广百川学海》本，以及屠继序重订刻本的基础上，认为前述诸本"散漫错杂、未列卷数"，"未恰详考诸本，或此载而彼挂漏，或此详而彼阙略，或一语而各门重复屡见"，于是"悉心参订漏者补之，阙者增之，重复屡见者芟剃而节存之"，做了部分增补工作重新编订而成的，并附《宋序》《钱序》和图片四帧。

四、结　语

《考槃馀事》作为晚明时期记录文人士大夫造物和品鉴艺术的重要著作，在以往的研究中并未得到应有的重视，亦鲜见关于此书的专门研究。近几年来，随着传统文化的复苏，有部分论著开始注意到这部书的意义。浙江人民美术出版社近期推出了本书由笔者负责的整理本（"中国艺术文献丛刊"之一种），以明刻《尚白斋》本为底本，同时以明刻《宝颜堂秘笈》本、清刻《龙威秘书》本、民国《说库》石印本和《丛书集成》铅印本为校本，对全书进行了较为细致的校勘，并辅以新式标点、繁体竖排的形式，以期对学界在本书的研究上能有所裨益。

西湖断桥与传说的聚焦

——论白蛇传说与断桥的关联

肖　波　尚永亮

摘要：断桥是西湖中名字最耐人寻味、最古老、离城最近、景致最佳、人气最旺、名气最大的桥梁，最受市民喜爱，有众多离奇传说——断桥是西湖的焦点。白蛇传说的重要情节发生在断桥。通过聚焦，白蛇传说得到更多的认可，流传更加久远；断桥有了更好的名声，人文底蕴更加丰厚。

关键词：白蛇传说　断桥　聚焦

作者：肖波、尚永亮，武汉大学文学院。

西湖断桥天下知名，很大程度上与白蛇传说紧密相关。在白蛇传说中，西湖断桥是许仙与白娘子一见钟情之地，也是水漫金山后二人重逢之地。清代白蛇戏曲中专设《断桥》一折，是故事的高潮部分。

西湖之中桥梁甚多，除断桥外，还有锦带桥、西泠桥、跨虹桥、东浦桥、压堤桥、望山桥、锁澜桥、映波桥、景行桥、隐秀桥、卧龙桥、流金桥、环碧桥、双投桥、学士桥、涌金桥、俶影桥等数十座桥梁，为何白蛇传说独与断桥结缘？

一、断桥其名

西湖断桥得名于唐代。中唐诗人张祜《题杭州孤山寺》云："楼台耸碧岑，一径入湖心。不雨山常润，无云水自阴。断桥荒藓合，空院落花深。犹忆西窗月，钟声出北林。"此断桥在孤山寺旁，今日之断桥亦在孤山近旁。"断桥"是指毁坏了的桥梁，还是一座桥的名称？考"断"字，《说文》段注："截也。戈部，截下曰断。今人断物读上声，物已断读去声。引申之义为决断。"[1]既然"断"

是截断的意思，与"合"便相矛盾。断了的桥，荒藓不可以合，故《全唐诗》将张祜诗中"断桥荒藓合"一句改为"断桥荒藓涩"。

可是，西湖断桥明明是不断的，是可供游人通行的。宋人周密《武林旧事》："既而小泊断桥，千舫骈集，歌管喧奏，粉黛罗列，最为繁盛。桥上少年郎，竞纵纸鸢以相勾引，相牵剪截，以线绝者为负。"[2]断桥上有许多少年在放风筝，桥下停泊小船无数，说明这是一座没有断的实体连桥。"断桥不断"是西湖的一个谜。不断的桥为什么要叫断桥呢？大致有如下几种解释。

其一，此桥又名段家桥，"段"、"断"同音，故称断桥。周密持此说："断桥，又名段家桥。"[3]这种说法受到质疑："闻者哂之，以为杜撰。"[4]但段家桥之存在，有几则材料可以作证：元代钱惟善竹枝词有"阿姨近住段家桥，山如蛾眉柳发腰"之句；张翥诗有"段桥春水绿初柔"句；杨维桢诗有"下马题诗岳王寺，解貂沽酒段家桥"、"段家桥头猩色酒"句[5]。《成化杭州府志》亦有记载："成化十年，知府李端修段家桥，甓孤山路。"至于段家桥、段桥是否就是断桥，为何谐音成断桥，何时发生改变，尚不得而知。

其二，孤山之路至此而断，故名断桥。明人田汝成推测："岂以孤山之路至此而断，故名之欤？"[6]田氏不敢肯定，也没有可靠的证据。这种说法容易受到质疑：孤山路另一端也有一座桥，叫西泠桥，为何不叫断桥？苏堤两端皆有桥，亦是路断之处，为何独白堤北端之桥名断桥？

其三，断桥原名"短桥"，与西湖斜对岸之"长桥"相对。南宋吴礼之《霜天晓角》："意切人路绝，共沉烟水阔。荡漾香魂何处？长桥月，短桥月。"西湖确实有一座长桥。"长桥颇短，而以长名者。先时，水口甚阔，桥乃分三门，有亭临之，壮丽特甚。其后浸淫填塞，两傍皆民居矣。"[7]长桥原为三座相连的闸口。但西湖中短桥多矣，词中的短桥是否即断桥，亦未可知。

其四，雪后桥顶积雪先融，远望似断，即西湖十景之"断桥残雪"。"雪后初晴，桥顶上的积雪先融，露出黑黝黝的一段。桥堍两边，地势低下，依旧白雪皑皑。由湖上望去，好像桥断了一截，故名断桥。"[8]这是一种诗意的命名，也是比较通行的说法。不过，这仍然不能解释断桥与西湖中其他桥的区别。关于"断桥残雪"，另有两说。一是张岱"月影说"："岁月既多，树皆合抱。行其下者，枝叶扶苏，漏下月光，碎如残雪。意向言断桥残雪，或言月影也。"[9]二是李卫"春雪说"："断桥之胜，在春水初生，画桥倒映，带以残雪，则恍朗生姿，故以'残雪'称。"[10]两说为"残雪"提供了更丰富的内涵，然并未涉及"断桥"桥名之来历。

其五,断桥即"簖桥",乃江南捕鱼蟹之桥。"蟹始窟于沮洳中,秋冬交必大出……渔者纬萧承其流而障之,曰蟹簖。簖,断其江之道焉尔。"[11]"濒湖而居者以蟹为田,编竹以为簖。簖者断也,所以截其路而诱取之也。"[12]设簖之桥曰簖桥,诗文之中可见其踪迹:"簖桥下一船泊苇间。"[13]"望见簖桥心便喜,急收帆角到侬家。"[14]"簖"与"断"音同义近,故"簖桥"称作断桥。具体到西湖孤山,可否作如此推论?"流经孤山的两股水流在宝石山东南端合流而出,'白堤'也便成为一道天然'渔梁',渔人们在'白堤'东端设簖以捕鱼蟹,且依簖设桥,以为取鱼蟹及通孤山路两得之便,谓之'簖桥'(张祜诗作'断桥',盖彼时'簖'字或未产生,或少人用),自在情理之中。"[15]此说颇有新意,然明清小说戏文中已多次言明"断桥",而明以前"簖桥"几未出现,二者的传承关系无从证实。

此外,还有唐时桥本中断、桥隔水段诸说。桥下通航,当不致断水;而未断之桥名断桥者,并不鲜见。"闻道桥名断,从来金勒过。"[16]断桥之名,亦非西湖独有。如"断桥寻胜践,脱屦欣小揭。"[17]"断桥归郭路,细雨过溪人。"[18]罗浮山下、清溪道中,断桥处处可见。

跳出西湖看"断桥",可以发现,古人写"断桥"的诗词不少,散布各地的断桥都有一些共性:断桥之地,不在通衢大道、繁华热闹之处,而在荒郊野外、寂寞冷清之处;断桥之色,并非明朗鲜亮,而是清淡空濛;断桥之品,不是富贵豪奢,也不是俚俗寒酸,而是怡然自得、落落大方。

断桥有隐者闲情。断桥常常隔开生活而进入隐逸世界。断桥下是流水,可泊小舟,桥旁常有梅花、竹篱,山野之处,适宜隐士风雅。柳永词:"遥认断桥幽径,隐隐渔村,向晚孤烟起。"[19]陆游诗:"数间茅屋谁知处?烟雨蒙蒙隔断桥。"[20]"断桥烟雨梅花瘦,绝涧风霜槲叶深。"[21]杨万里诗:"屋后有竹前有花,断桥才整已半斜。"[22]徐玑诗:"断桥横落浅沙边,沙岸疏梅卧晓烟。新雨涨溪三尺水,渔翁来觅渡船钱。"[23]断桥诗常有疏淡清静的意趣,一如隐者、处士的风格。林逋隐居西湖孤山,自称梅妻鹤子,旁边有一座断桥,倒是相得益彰。

断桥有行者别情。古人送别常在城外桥边,宦游在外,桥是常见的地理标志,断桥更容易勾起离愁别绪。张先词:"衰柳断桥西,共携手、攀条无语。"[24]陆游词:"驿外断桥边,寂寞开无主。已是黄昏独自愁,更著风和雨。"[25]刘辰翁诗:"平生高李经行处,寂寞断桥漂落絮。"[26]史鉴诗:"断桥无数垂杨柳,总被行人折渐稀。"[27]王褒诗:"断桥与落叶,总是行者愁。"[28]断桥乃折柳惜别之地,也是宦游愁思之处,与断桥有关的诗歌总会沾濡一些伤感的气息。但也不乏

洒脱者："共策灞水之驴，且向断桥踏雪；遥瞻漆园之蝶，群来林墓寻梅。"[29]断桥踏雪的雅趣或许正催生了断桥残雪这一独特景致。

即就"断桥"这个桥名而言，容易让人联想到"断绝"、"隔断"之意，特别是对恋人而言，会格外引发伤感不快。"女郎送别断桥西，不忍轻分掩袖啼。归家只恨桥名恶，愿得成双似两堤。"[30]断桥之名不吉利，让有情人心生厌恶。可是，这并不妨碍人们对断桥之名的垂顾，天下依然有那么多的断桥。

断桥之名让人好奇，引发种种猜测与争议；断桥之名又惹人喜爱，形成闲雅惆怅的情调氛围。议论既多，又常入诗词，断桥的知名度就日渐高涨，成为众所周知的名桥。在数不清的断桥中，西湖断桥有独特之处。

二、断桥其地

西湖断桥连接白堤与湖岸，是白堤的起点，其外形不算出众。1921年按原貌重建的断桥，长八点八米，宽八点六米，单孔净跨六点一米，看上去有古朴淡雅，并无特别突出的外观形制。然而在西湖诸桥与众多景点中，断桥处于比较特殊的地位。

其一，断桥是西湖旅游开发的起点。杭州之繁华、西湖之喧嚣，时代并不算特别久远。江浙一带最初

的政治经济文化中心，当属苏州和绍兴，杭州则长期默默无闻。"就是到了唐朝，杭州一带地方，还是沮洳斥卤之所，居民稀稀疏疏，不能生聚，何况山水？"[31]公元770年左右，李泌任杭州刺史，开凿六口井，将西湖淡水引入杭州城内，居民免受饮水咸苦之害，日渐富足。又过了五十余年，白居易任杭州刺史，"重修六井，甃函、笕以蓄泄湖水，溉沿河之田。"[32]使得周边百姓安居乐业。白居易还着手开发西湖风景："从那断桥起，筑了一条长堤，直接着孤山，竟将一个湖分作里外两湖。长堤上种了无数的桃李垂杨，到春来开放之时，红红绿绿，绵延数里，竟像一条锦带，引得那些城里城外之人，或携樽契盒，或品竹弹丝，都到堤上来游赏……过不多时，竟天下闻西湖之名矣。"[33]从那时起，西湖才逐渐具有审美价值，成为居民游赏之地。而游赏的中心，是孤山白堤一带。无数游人跨过断桥，赏白堤烟柳，品孤山春色。白居易对营造的此处风景颇为得意："望海楼明照曙霞，护江堤白蹋晴沙。涛声夜入伍胥庙，柳色春藏苏小家。红袖织绫夸柿蒂，青旗沽酒趁梨花。谁开湖寺西南路？草绿裙腰一道斜。"（《杭州春望》）经过白居易的治理，西湖由水患频发的荒野之地，变成波澜不兴、水色山光的游览胜地，断桥、孤山成为西湖最早的景点。此后一百多年，雷峰塔开始修建；又百

余年，林逋隐居孤山，种梅养鹤；而苏堤的修建，比白堤晚了 270 年。可以说，白堤是西湖成为旅游胜地的最初契机，而连接白堤与湖岸的断桥，有幸成为西湖旅游开发的起点，占据了西湖景致的历史高地。所以，在诸多版本的"西湖十景"中，断桥残雪常常排在首位。

其二，断桥是距离杭州城最近的标志性景点。根据《咸淳临安志》中的京城、皇城和西湖地图，[34] 南宋时，京城临安沿西湖共有四座城门，自南向北依次为钱湖门、清波门、丰豫门和钱塘门。其最南的钱湖门正面临湖，南侧紧邻凤凰山，乃大内皇城所在。临安居民出游西湖，要么出钱湖、清波、丰豫三门，乘船走水路；要么出钱塘门，沿湖走陆路。无论水路、陆路，断桥都是最近的景点。若走陆路，去孤山、保俶塔、岳王坟、灵隐寺等精华景点，断桥是必经之地。这一优越的地理位置，为断桥带来极旺的人气。"夫夷且近，则游者众；险以远，则至者寡。"（王安石《游褒禅山记》）方便易至，是游客云集的重要原因。"西湖之胜在近，湖之易穷亦在近。朝车暮舫，徒行缓步，人人可游，时时可游。"[35] 因地利之便，较之齐名而路程稍远的苏堤，白堤游客更多，断桥因之游人熙熙攘攘。"苏堤离城远，为清波孔道，行旅甚稀。孙堤（即白堤）直达西泠，车马游人，往来如织，兼以西湖光艳，十里荷香，如入山

阴道上，使人应接不暇。"[36] 作为常规游览路线的入口和必经之地，断桥是一个让人无法忽视的地方，因之备受关注。

其三，断桥是视野开阔、景致绝佳之处。在断桥上，可以零距离打量白堤，品十里荷香；近可细看保俶塔、葛岭一线全貌；远可眺望湖心亭、苏堤、雷峰塔，西湖之精华尽收眼底。"从断桥一望，魂销欲死。还谓所知，湖之潋滟熹微，大约如晨光之着树，明月之入庐。盖山水映发，他处即有澄波巨浸，不及也。壬子正月，以访旧重至湖上，裴回终日，翌日为杨讱西题扇云：'十里西湖意，都来到断桥。寒生梅萼小，春入柳丝娇。乍见应疑梦，重来不待招。故人知我否，吟望正萧条。'"[37] 断桥之景令人痴迷如斯。断桥附近修葺甚佳，可观赏者颇多。"望湖亭即断桥一带，堤甚工整，比苏堤犹美。夹道种绯桃、垂柳、芙蓉、山茶之属二十余种。堤边白石砌如玉，布地皆软沙如茵。"[38] 在很多人眼里，断桥景致冠绝西湖。"孤山一带白沙堤，岁岁春风柳色齐。行过断桥看不尽，西湖好景是湖西。"[39] 像张岱这样饱览各地风情、眼界颇高的雅士，虽觉"西湖七月半，一无可看"，也会在游人散尽之时，坐到断桥的台阶上，享受西湖月色。"吾辈始舣舟近岸，断桥石磴始凉，席其上，呼客纵饮。此时月如镜新磨，山复整妆，湖复颒面，向之浅斟

低唱者出，匿影树下者亦出，吾辈往通声气，拉与同坐。韵友来，名妓至，杯箸安，竹肉发。月色苍凉，东方将白，客方散去。吾辈纵舟，酣睡于十里荷花之中，香气拍人，清梦甚惬。"[40]断桥确是一处让人流连的好地方。如果西湖诸景评选最佳，如果众景点只能到其中一个，很多人会选择断桥，上述美文正因此而诞生。

其四，断桥是一处市民气息浓厚的所在。自南宋以后，杭州人游西湖之风盛行。"西湖天下景，朝昏晴雨，四序总宜；杭人亦无时而不游……都人凡缔姻、赛社、会亲、送葬、经会、献神，仕宦恩赏之经营，禁省台府之嘱托，贵珰要地，在贾豪民，买笑千金，呼卢百万，以至痴儿骏子，密约幽期，无不在焉。"[41]杭州人把各种礼仪和社交活动都尽可能放在西湖举行，故而四季出游、时时出游。断桥处于景区与生活服务区的结合部，是游客集散之地，也是酒肆歌楼林立之地，上至帝王将相、达官贵人，下至凡夫俗子、三教九流，皆在此出入、汇聚，熙熙攘攘，热闹异常。断桥区域除了"千舫骈集、歌管喧奏"、"竞纵纸鸢"之外，"爆仗、纱笼烛，车马争门，日以为常"。[42]在断桥，不仅可看风景，还有声色犬马之娱，更可观世俗百态，正所谓："湖边多少游观者，半在断桥烟雨间。尽逐春风看歌舞，几人着眼看青山。"[43]当富贵人家拥楼船听箫鼓、儒雅之士荡轻舟

品佳茗之时，断桥成了接纳下层市民的好去处。"不舟不车，不衫不帻，酒醉饭饱，呼三群五，跻入人丛，昭庆、断桥，嚣呼嘈杂，装假醉，唱无腔曲。"[44]这里可以没有威仪，可以不讲斯文，任何人都能在这儿释放自己，没有任何精神负担地寻欢作乐。"一入舟，速舟子急放断桥，赶入胜会。以故二鼓以前，人声鼓吹，如沸如撼，如魇如呓，如聋如哑，大船小船，一齐凑岸。"[45]这种庶民狂欢的场面，在西湖是司空见惯，而断桥是最热闹的地方。连皇帝也受到感染，常到断桥一带游玩。"一日，御舟经断桥，桥旁有小酒肆，颇雅洁，中饰素屏，书《风入松》一词于上……上笑曰：'此词甚好，但末句未免儒酸。'"皇帝遂将"明日重携残酒"改为"明日重扶残醉"，并提拔词作者、太学生俞国宝为官。[46]断桥边的小酒馆成全了这位才子，也见证了西湖景区的平民属性。西湖不是皇家苑囿，也不是豪绅园林，而是属于所有市民和游客的开放场所。"时承平日久，乐与民同，凡游观买卖，皆无所禁。"[47]出入自由的公共属性、与民同乐的世俗气息，是断桥，也是西湖的文化特性。"暖风熏得游人醉，直把杭州作汴州。"[48]这句诗在外人看来是对杭州人或南宋朝廷的批判，对杭州人而言，却是自得、享乐生活的一部分，是杭州独有的文化气质。"这是一种渗透着生活与精神灵性、肯定世俗生活的意义、强调

享受生活的价值的都市文化和商业文化，其核心价值就是对生命、生活的现实意义和世俗价值的强调追求，是一种由享乐主义和唯美主义合奏出来的现实生活乐章。"[49]

其五，断桥是青年男女幽会定情的鹊桥。"双飞燕子几时回？夹岸桃花蘸水开。春雨断桥人不度，小舟撑出绿荫来。"[50]断桥是怀春的佳处，是爱情的胜地。《西湖竹枝词》中收录了不少断桥情歌。如："湖口行云湖日阴，湖中断桥湖水深。楼船无柁似郎意，断桥有柱是侬心。"（元·杨维桢）"里湖外湖春水深，断桥不断入湖心。郎在外湖唱吴曲，妾在里湖调素琴。"（明·刑云路）"与郎暗约断桥西，早起妆楼欲下梯。宿雨丰收晴不稳，恼人最是鹁鸠啼。"（明·吴本泰）"十里荷花锦作堤，郎舟旧在断桥西。妾家住熟孤山径，梦里寻郎路不迷。"（明·胡潜）[51]一首首清新灵动的绝句，描绘出断桥在情人眼中的分量，它是青年男女约会的地点，是即时起兴容易想起的场所，是比喻爱情的参照物，是情人口中的暗语、心中的甜蜜回忆。

杭州人爱西湖，断桥是西湖首屈一指的景点，是重要的地标；是历史久远、声名远扬之地，也是城郊接合、往来便利之处；是修葺整齐、外形古雅的建筑，也是一览无余、美不胜收的观景台；是熙熙攘攘、人声鼎沸的热闹地，也是月上柳梢、人约黄昏的幽静处；是帝王贵胄与民同乐之地，是才子题诗、逸人隐居之地，也是三教九流施展才艺之地。对杭州人来说，断桥是当地知名度最高的桥，是一处常常挂在嘴边、行在脚下、印在心底的地标。

三、断桥传奇

江南多鬼怪传说。关于西湖、关于断桥，流传着许多稀奇古怪的故事，其中不乏神仙下凡、异物化而为人的传说，仅明代田汝成所撰的《西湖游览志余》就收录数则。比如水仙变美女、与青年男子合好成仙，老牛通人情说人话，鳖化人形通人语，前世女会今生男，阴魂变美女引诱青年男子，等等。[52]这些故事虽为奇闻怪谈，却透露出几点信息：一、动物可以通人性、讲人话、懂人情世故，还能预测人的吉凶，更能化为人形；二、阴魂可以化作美女，与人间的男子合欢；三、姻缘有前世今生，前世之缘今生可续；四、欢爱故事、物化为人的发生地，多在水边；五、化作美女与男子欢爱的，结局多半不祥，对男子不利，男子被人点醒和点破，才免于厄运。

西湖一带流传着许多鬼怪传说，往往会涉及动物、魂魄化作人形并与人交往的情节，其中妖女与青年男子欢爱交合的故事，最为人津津乐道。这些传说包含了白蛇传说的诸多要素，比如水中灵物成精变

成美女，诱惑男子并与之合欢等，白娘子与许仙的结合便属此种类型；而点醒梦中人的高人，似是法海的原型。可以说，杭州人相信或互相流传着：断桥一带发生过各种各样古怪异常的故事。在这些异事反复叙说和添枝加叶的背景下，出现白蛇传说就毫不突兀，甚至是相当自然、顺理成章的。

断桥是白蛇传说的重要背景地，故事的两个关键情节就发生在断桥：一是许仙（宣）与白娘子的初相遇，二是他们经历几番曲折、水漫金山之后的再相遇。

先看初相遇。白蛇传说最初的雏形为《西湖三塔记》，奚宣赞在断桥四圣观遇到迷路的白卯奴，卯奴引出了与奚宣赞两次做夫妻的白衣美女。稍晚的《白娘子永镇雷峰塔》，人物、情节进一步明确，细雨纷纷的清明时节，许宣扫墓之后，到孤山断桥一带游玩，忽逢骤雨，乘船回城，白娘子和小青要求搭船，于是许宣与白娘子在船上浪漫邂逅、一见钟情。[53]《西湖拾遗》《白蛇全传》的记载与此相似。解放后搜集的西湖民间故事中，引入了吕洞宾卖汤圆、白蛇与乌龟争食而乌龟落败的情节，白蛇就是后来的白娘子，乌龟就是后来的法海，二人因争抢一颗仙丹而结下梁子。[54]吕洞宾的出场，为白蛇、法海的恩怨埋下了伏笔。而吕洞宾卖汤圆的地方，以及后来白蛇化作人形

的地点，都在西湖断桥。

再看重相逢。两人经历了数次磨难，许仙一度被发配到苏州、镇江，白娘子屡次帮他度过难关，二人结为夫妻，却受到金山寺法海和尚的阻挠和破坏。水漫金山一节之后，夫妻失散，却意外地在西湖断桥相遇。清人戏曲都特别强调了断桥再相遇情节，辟以专折，且为全剧之高潮，影响深远。方成培《雷峰塔》传奇第二十六出为《断桥》。白娘娘和小青在金山寺劝许宣下山回家，许宣听了法海的话，竟然坚持不下山；二蛇与法海苦斗，险被擒拿，借水遁来到临安。因腹中疼痛，小青扶着白娘娘到断桥上的亭子内歇息。这时，许仙被法海带到了西湖，约好待白娘娘分娩后在净慈寺见面，许仙独自进城往姐夫家，在断桥上与白娘娘相遇。许仙心中战战兢兢，白娘娘伤心欲绝。[55]这一出戏，唱得婉转悲切，突出了白娘娘善良美好、追求幸福生活和人间爱情的品格。而许仙，受了法海蛊惑，执迷不悟，绝情薄幸，毫无主见。当白娘娘的坚定追求不仅受到法海的蛮横干涉，她的一腔热情更得不到许仙的理解与支持，其伤心、愤怒都在断桥对着不期而遇的许仙发泄和倾诉。这种贤妻的表白非常能打动观众。梦花馆主《白蛇全传》是白话小说体，其第三十五回题目也是《断桥》，不过是以许仙为主线来描述，水漫金山、白

娘娘和小青败走之后,法海指引许仙从金山寺后的紫露洞走到西湖,在断桥与白娘子不期而遇。在这儿,他们推心置腹地交流,最终许仙把责任推到法海身上,白娘子原谅了他,许仙"唤得小轿一顶,请娘娘坐了,便同小青相送进城,径到姑夫陈家而去"。[56]

总之,断桥见证了白娘子和许仙的爱情:一见钟情在此,和好如初亦在此。西湖边的一座石桥,把两个人的悲欢离合紧密地联系在一起。游人至此,无不津津乐道这一传奇。

将白娘子与许仙相遇、重逢的地点安排在断桥,将白蛇与法海前世宿怨的发生地也安排在断桥,断桥承载着白蛇传说的诸多重要情节,这体现了民间传说的"聚焦"效应。

所谓"聚焦",本指光或电子束等聚集于一点,可引申为光环、荣誉、注意力等集中于某事、某人、某物或某地。焦点受到的关注度最高,亮度最大,故容易吸引更多、更广泛的关注,从而形成连锁反应和良性循环,可称之为聚焦效应。

断桥本就是西湖中最古老、离城最近、景致最佳、人气最旺、名气最大的桥梁,本就最受市民的喜爱和欢迎,本就流传着众多离奇的神怪传说——断桥本就是西湖的焦点。

白蛇传说的重要情节发生在断桥,是将另一束色彩斑斓的光柱投射到断桥这个焦点上,使之愈加炫目耀眼;同时,借助断桥的影响力和关注度,白蛇传的可信度、知名度、传播广度和深度进一步增强。简言之,通过聚焦,白蛇传说得到更多的认可,流传更加久远;断桥有了更好的名声,人文底蕴更加丰厚。这是一个双赢的结果,今天的游客到断桥,多会想起白娘子与许仙的相会,断桥成为一座象征美好爱情、见证传奇姻缘的灵桥。

注 释

[1] 许慎撰、段玉裁注. 说文解字注. 上海古籍出版社,1998 年,第 717 页。

[2] (宋)周密著,李小龙、赵锐评注. 武林旧事:插图本. 中华书局,2007 年,第 72 页。

[3] 同上,第 140 页。

[4] (明)田汝成. 西湖游览志. 上海古籍出版社,1980 年,第 9 页。

[5] 洪亮. 杭州的一泓碧影:《西湖游览志》的人文阐释. 上海音乐学院出版社,2008 年,第 21 页。

[6] (明)田汝成. 西湖游览志. 上海古籍出版社,1980 年,第 9 页。

[7] 同上,第 28 页。

[8] 陈相强. 西湖之谜. 杭州出版社,2006 年,第 7 页。

[9] (明)张岱撰、孙家遂校注. 西湖梦寻. 浙江文艺出版社,1984 年,第 117 页。

[10] (清)李卫. 西湖志. 见洪亮《杭州的一泓碧影:〈西湖游览志〉的人文阐释》,上海音乐学院出版社,2008 年,第 22 页。

[11] (唐)陆龟蒙. 蟹志. 见《全唐文》卷 801。

[12] (清)焦循. 续蟹志. 见《雕菰集》卷 7。

[13] (清)方浚颐. 梦园书画录. 卷 4。

[14] (清)李壬. 由武原至梅里. 见潘衍桐《两浙辅轩续录》卷 54。

[15] 关长龙."断桥"考. 浙江社会科学. 2009 年第 2 期。

[16] (明)邵经邦. 断桥. 弘艺录. 卷 8。

[17] (宋)苏轼. 正月二十四日与儿子过同游罗浮道院及栖禅精舍,过作诗,和其韵寄迈、迨。

[18] (元)曹文晦. 九月一日清溪道中。

[19] (宋)柳永. 诉衷情近。

[20] (宋)陆游. 书怀. 剑南诗稿. 卷 39。

[21] (宋)陆游. 长木晚兴. 剑南诗稿. 卷 3。

[22] (宋)杨万里. 族叔祖彦通所居宛在水中央,名之曰小蓬莱,为作长句. 诚斋集. 卷 2。

[23] (宋)徐玑. 春雨. 二薇亭诗集。

[24] (宋)张先. 山亭宴。

[25] (宋)陆游. 卜算子·咏梅。

[26] (宋)刘辰翁. 送李鹤田游古杭. 须溪集. 卷 7。

[27] (明)史鉴. 断桥分手次刘邦彦韵. 西村集. 卷 4。

[28] (明)王褒. 题小山水图. 王养静先生集. 卷 7。

[29] (明)张岱. 补孤山种梅叙. 见《西湖梦寻》,浙江文艺出版社,1984 年,第 137 页。

[30] (清)余一淳. 竹枝词。

[31] (清)陈树基辑. 西湖拾遗. 浙江古籍出版社,1985 年,第 22 页。

[32] (明)田汝成辑撰. 西湖游览志. 上海古籍出版社,1980 年,第 2 页。

[33] (清)陈树基辑. 西湖拾遗. 浙江古籍出版社,1985 年,第 26—27 页。

[34] 见傅新民《细说南宋京城与西湖》,浙江大学出版社,2005 年。

[35] 张京元. 断桥小记. 见(明)张岱《西湖梦寻》,浙江文艺出版社,1984 年,第 120 页。

[36] (明)张岱. 西湖梦寻. 浙江文艺出版社,1984 年,第 117 页。

[37] 李流芳. 断桥春望图题词. 见张岱《陶庵梦忆》,浙江文艺出版社,1984 年,第

121 页。

　　[38] 袁宏道.断桥望湖亭小记.见张岱《陶庵梦忆》,浙江文艺出版社,1984 年,第 119 页。

　　[39] (清)陈树基辑.西湖拾遗.浙江古籍出版社,1985 年,第 35 页。

　　[40] (明)张岱.陶庵梦忆.中华书局,2008 年,第 131 页。

　　[41] (宋)周密著,李小龙、赵锐评注.武林旧事.中华书局,2007 年,第 71 页。

　　[42] 同上,第 72 页。

　　[43] 范景文.西湖.见张岱《西湖梦寻》,浙江文艺出版社,1984 年,第 11 页。

　　[44] 张岱.陶庵梦忆.浙江文艺出版社,1984 年,第 120 页。

　　[45] 同上,第 131 页。

　　[46] (宋)周密著,李小龙、赵锐评注.武林旧事.中华书局,2007 年,第 71 页。

　　[47] 同上,第 69 页。

　　[48] (宋)林升.题临安邸。

　　[49] 段情清.中国四大爱情传奇.东方出版中心,2008 年,第 11 页。

　　[50] (宋)徐俯.春游湖。

　　[51] 以上皆见《西湖竹枝词》。

　　[52] (明)田汝成撰.西湖游览志余.卷二十六,浙江人民出版社,1980 年,第 415—425 页。

　　[53] (明)冯梦龙编.警世通言.陕西人民出版社,1985 年,第 417 页。

　　[54] 陈玮君、徐飞搜集整理.白娘子.杭州市文化局编《西湖民间故事》,浙江文艺出版社,2000 年,第 13 页。

　　[55] (清)方成培著、李玫注释.雷峰塔.华夏出版社,2000 年,第 136—140 页。

　　[56] (清)梦花馆主.白蛇全传.岳麓书社,2009 年,第 162—165 页。

年年和月醉花枝

——唐寅花月诗之意蕴及其成因探赜

李金坤

摘要：唐寅是明中叶时期吴中诗派的代表人物之一，名列江南四大才子之首。在阳明心学追求精神自由、个性解放思潮的影响下，加上诗人科举遭遇、家庭不幸的种种打击，遂以边缘文人的身份，鬻书卖画而自食其力。他在自己经营的桃花庵这座精神家园里过着书画自乐、诗酒自娱、任情自适、陶醉自然的潇洒送日月的自在生活。他所倾情创作的《花月吟效连珠体十一首》及有关花月诗，便是这种生活情景的真实记录。其"花月吟"组诗，使连珠体诗的样式得以焕发青春，迸发活力；将花月对举描写、互相映衬的美妙意境，提升到了登峰造极的审美高度。其诗体形式与花月意象，虽采自于前人，但却具有极其显著的突破与发展。其思想之恬淡自由，结构之严密完整，语言之清新流转，修辞之活泼灵动，意境之澄明幽雅，等等，无不体现出诗人天才创造的魅力，代表了边缘江南文人的生活情趣、文学水准、诗意人生与自然意识。唐寅如此成功的创作实践，无疑给中国文学园地增添了一道别具异彩与神韵的风景线，具有重要的创新意义、审美价值与文学地位。

关键词：唐寅　花月吟　酒　任情适性　审美境界　创新意义

作者：李金坤，江苏大学人文学院教授，文学博士，主要从事中国古代文学与美学研究。

一

唐寅（1470～1523），字伯虎，又字子畏，自号六如居士、桃花庵主、鲁国唐生、逃禅仙吏、江南第一风流才子等。吴县（今苏州市）人。其父广德为商人，颇有家资。唐寅少时即颖脱拔萃，才气奔放，大为时辈所仰佩。性格如天马行空，纵放不羁，独与天地精神相往来。他喜交友善，善论艺文，是明代著名书画家、文学家。绘画与沈石田、文征明、仇英齐名，史称"明四家"。诗词曲赋与文征明、祝允明、徐祯卿并称"江南四大才子"（亦称"吴门四才子"），为江南四大才子之首，是吴中派主要成员之一。弘治十一年（1498）乡试第一。次年，与江阴徐经入京会试，因牵涉科场舞弊案而下狱。后罢黜为吏，寅耻不就。江西宁王朱宸濠曾重金相聘，半年后，唐寅察其有异志，遂佯狂以免。此时的唐寅对仕途已完全绝望，所谓"此身甘分老吴阊，宠辱都无剩得狂"（《漫兴十首》其二），正是其落寞心境的最好写照。归里后，好佛氏，筑室桃花坞，以"桃花庵主"的身份，祈求在"桃花坞里桃花庵"里真正过上那种"但愿老死花酒间，不愿鞠躬车马前"（《桃花庵歌》）的自由自在的"桃花仙"般的生活。因此，他就效法司马迁那样经历名山大川，远游闽、浙诸山，湘、赣诸水，以鬻文卖画而维持生计，直至终身。在唐寅50岁左右

的晚年，由于体衰多病，书画少作却又价贱难售，面对如此拮据困顿之窘境，诗人深深叹息道："荒村风雨杂鸡鸣，辘釜朝厨愧老妻。谋写一枝新竹买，市中笋价贱如泥。"尽管如此，唐寅依然坚守自己"不为五斗米折腰"的陶渊明式的傲然气节，"莫损心头一寸天"（《言怀二首》其二），依然在他的桃花庵里过着"春花秋月两相宜"（《花月吟效连珠体十一首》其十一）的虽苦犹乐的清苦而自在的生活。唐寅之乐，委实是"一箪食，一瓢饮，在陋巷，人不堪其忧，回也不改其乐"（《论语·雍也》）的颜回式的自得之乐。这是因为，在唐寅所建构的"桃花坞里桃花庵"中，自有一方"桃花流水窅然去，别有天地非人间"（李白《山中问答》）的聊以自慰的精神家园。这就是唐寅所独创的"花"、"月"与"酒"三大元素所酝酿而成的审美境界。这一境界使中国文学园地里平添了一道别具魅力的风景，具有不同寻常的思想世界、审美价值与文学地位。然而，对这一境界的研究，迄今为止，却不甚全面深入。本文拟就此做初步探讨，以就教于方家。

二

古往今来，描写鲜花与明月的诗篇可谓汗牛充栋，不胜枚举。中国第一部诗歌总集《诗经》中就有"桃之夭夭，灼灼其华"（《周南·桃夭》）、"月出皎兮，佼人僚兮"（《陈

221

风·月出》）的诗句。后来，又有如汉乐府民歌《伤歌行》"昭昭素明月，辉光烛我床"，《冉冉孤生竹》"伤彼蕙兰花，含英扬光辉"；《古诗十九首》"涉江采芙蓉，兰泽多芳草"；曹操《短歌行》"明明如月，何时可掇"；阮籍《咏怀诗八十二首》（其一）"薄帷鉴明月，清风吹我襟"，潘岳《悼亡诗》"皎皎窗中月，照我室南端"，陶渊明《归园田居五首》（其一）"晨兴理荒秽，戴月荷锄归"，朱超《舟中望月》"唯余故楼月，远近必随人"；张正见《关山月》"岩间度月华，流彩映山斜"，江总《杂曲三首》（其一）"关山陇月春雪水，谁见人啼花照户"，《吴声歌曲·秋歌》"仰头看明月，寄情千里光"等等。到了隋唐时的杨广与张若虚，则以《春江花月夜》为题而开始较为集中地描写花月之美，尤其是后者，更是达到了花月并美的空前佳境。随着唐代中秋节的兴起，唐代诗人赏月玩月之风盛行，诗题中径标"玩月"者俯拾皆是。如杜甫的《玩月呈汉中王》，王建《十五夜玩月》，刘禹锡《八月十五夜桃源玩月》，元稹《八月十四日夜玩月》、白居易《华阳观中八月十五日夜招友玩月》等。而李白则是中国文学史上极其罕见的钟情明月者。据杨义先生初步统计，《全唐诗》50836首中"月"字出现11055次；李白1166首中"月"字出现523次，频率是相当高的。"这些统计表明，明月意象是李白诗中出现较多的意象，而且切切

实实地是李白诗中最富诗情的超级意象，一种具有开风气价值的意象。自从李白以旷世的天才开发了明月意象的丰富、奇幻而精妙的功能，中国古典诗词就长期笼罩着一层或浓或淡的'人月相得，心月互通'的趣味了"。[1]至宋与元，描写花与月者也甚为普遍。如王安石《泊船瓜洲》、《杏花》、《梅花》，徐积《花下饮》。苏轼对花月之描写尤为突出，如《东栏梨花》、《待月台》、《月夜与客饮酒杏花下》、《海棠》、《中秋月》等，其花月深厚之情结堪与李白媲美矣。还有周莘《野泊对月有感》、陆游《海棠歌》、《月下醉题》、《舟中对月》、《赏小园牡丹有感》等，皆是歌吟花月之佳什。至于元代郝经《落花》、刘因《秋莲》、尹廷高《芦沟晓月》、杨载《宗阳宫望月》、王冕《墨梅》、萨都剌《南台月》、梅花尼《咏梅花》等，也都不失为吟诵花月的名篇。

上列由《诗经》至元代这漫长的时间隧道中的花月诗歌，绝大多数是将花与月分开描写的，而只有到了明中叶时期的唐寅，才开始倾情尽兴、浓墨重彩地将花与月以及酒对举铺写，开创了花好月圆、花月谐和的自然幽雅之美好境界，从而将花月营造的澄明世界推上了登峰造极的人间仙境。如《咏春江花月夜》、《春江花月夜二首》、《花下酌酒歌》、《桃花庵歌》、《一世歌》、《把酒对月歌》、《风花雪月四阕选一》

（月）、《花酒》、《惜花春起早》、《爱月夜眠迟》、《掬水月在手》、《弄花香满衣》、《老少年》等。[2]

在这些诗中，诗人最为用力专情描写花、月及酒的诗篇是一组七律诗《花月吟效连珠体十一首》。诗中句句有花有月，花月相伴，祥瑞氤氲，美意满纸。它既是诗人"诗意地栖居大地"的桃源理想之生动体现，也是诗人对"风景这边独好"的桃花庵生活之真实写照，更是对宋明以来禁锢人们的"存天理，灭人欲"思想的抗击与反拨。这是思想的解放，文化的自觉，人性的回归。由此可"见出唐寅对自然美的热爱，对生之价值的珍重，对感官享乐的追求，对感性生活的放纵。总之，他在花前、月下、杯中，感受到了最大的人生乐趣，以至忘怀了自我，消融了一切。"[3]

下面就以唐寅《花月吟效连珠体十一首》为主兼及有关"花"、"月"、"酒"描写的诗篇，对其丰富而优美之意蕴进行一番较为全面深入的阐析，以窥探唐寅诗意人生的"别是一家"之世界。

为便于论析，兹将唐寅《花月吟效连珠体十一首》胪列并标序如下：

（一）有花无月恨茫茫，有月无花恨转长；花美似人临月镜，月明如水照花香。扶筇月下寻花步，携

酒花前带月尝；如此好花如此月，莫将花月作寻常？

（二）花香月色两相宜，惜月怜花卧转迟；月落漫凭花送酒，花残还有月催诗。隔花窥月无多影，带月看花别样姿；多少花前月下客，年年和月醉花枝。

（三）月临花径影交加，花自芳菲月自华；爱月眠迟花尚吐，看花起早月方斜。长空影动花迎月，深院人归月伴花；羡却人间花月意，撚花玩月醉流霞。

（四）春宵花月值千金，爱此花香与月阴；月下花开春寂寞，花梢月转夜沉沉。杯邀月影临花醉，手弄花枝对月吟；明月易亏花易老，月中莫负赏花心。

（五）花开烂漫月光华，月思花情共一家；月为照花来院落，花因随月上窗纱。十分皓色花输月，一径幽香月让花；花月世界成二美，傍花赏月酒须赊。

（六）一庭花月正春宵，花气芬芳月正饶；风动花枝探月影，天开月镜照花妖。月中漫击催花鼓，花下轻传弄月萧；只恐月沉花落后，月台花榭两萧条。

（七）高台明月照花

枝,对月看花有所思;今夜月圆花好处,去年花病月亏时。饮杯酬月浇花酒,做首评花问月诗;沉醉欲眠花月下,只愁花月笑人痴。

(八)花发千枝月一轮,天将花月付闲身;或为月主为花主,才作花宾又月宾。月下花曾留我酌,花前月不厌人贫;好花好月知多少?弄月吟花有几人?

(九)月转东墙花影重,花迎月魄若为容;多情月照花间路,解语花摇月下风。云破月窥花好处,夜深花睡月明中;人生几度花和月?月色花香处处同。

(十)花正开时月正明,花如罗绮月如银;溶溶月里花千朵,灿灿花前月一轮。月下几般花意思?花间多少月精神?待看月落花残夜,愁煞寻花问月人!

(十一)春花秋月两相宜,月竞光华花竞姿;花发月中香满树,月笼花外影交枝。梅花月落江南梦,桂月花传郢北词;花却何情月何意?我随花月泛金卮。

先看诗题中所及"连珠体"是怎样的一种诗歌样式。傅玄《叙连珠》云:"所谓'连珠'者,兴于汉章之世,班固、贾逵、傅毅三子受诏作之。其文体辞丽而言约,不指说事情,必假喻以达其旨,而览者微悟,合于古诗讽兴之义。欲使历历如贯珠,易看而可悦,故谓之连珠。"[4]晋陆机又加以扩充,所作称演连珠。庾信作"演连珠"喻梁一代兴废,与赋体想相近。刘勰《文心雕龙·杂文》篇对"连珠体"的论述更为明晰。他说:"扬雄覃思文阁,业深综述,碎文琐语,肇为连珠,其辞虽小而明润矣。……自《连珠》以下,拟者间出。杜笃贾逵之曹,刘珍潘勖之辈,欲穿明珠,多贯鱼目。……唯士衡运思,理新文敏,而裁章置句,广于旧篇,岂慕朱仲四寸之珰乎!夫文小易周,思闲可赡。足使义明而词净,事圆而音泽,垒垒自转,可称珠耳。"[5]要之,连珠体创制于扬雄,后陆机在此基础上又发展为"演连珠"。这种文体篇幅短小,思虑周密,铺叙精要,象喻贴切,言简意赅,从容自足,事圆音谐,圆转如珠,别具"嘈嘈切切错杂弹,大珠小珠落玉盘"(白居易《琵琶行》)的阅读美感与艺术感染力。如《昭明文选》于"连珠"类选录陆机《演连珠五十首》,其二十首云:"臣闻春风朝煦,萧艾蒙其温;秋霜宵坠,芝蕙被其凉。是以威以齐物为肃,德以普济为弘。"整个组诗皆以"臣闻"与"是以"语词形式嵌入每首诗中,从而使每诗的前后两部分自然构成了一种因果关系,由自然人事与社会现象抽绎出为人处世的深刻哲理。又因为每诗均以"臣闻"与"是以"语词形式从头至尾鱼贯而下，所以自然就形成了连珠贯通的"悦读"审美效应。

到了唐寅的《花月吟效连珠体十一首》，他虽说是仿效，但在诗体、语言等形式上已经有了很大的突破与创新。首先是将陆机的杂言体变成了七律体；其次，将陆机于诗两部分开头的"臣闻"与"是以"，直接发展为在诗的每一句都出现的"花"与"月"两个鲜明意象。全组十一首诗，"花"与"月"成双成对携手并肩共出现了八十八次。一气诵读下来，诗人所精心营构的花好月圆的桃源世界，使人如行山阴道上，风光无限，应接不暇，陶醉其间，自得其乐。再次，陆机诗的语言博雅凝重，华艳典奥；而唐寅的效连珠体之语言，则如芙蓉出水，自然质朴，似行云流水，朗朗上口。毋庸置疑，唐寅的效连珠体是既具时代精神又见个人性灵的成功之作。

下面就唐寅《花月吟效连珠体十一首》丰厚的意蕴之美逐首简析之。

其一，总述花月共赏、以酒助兴的美妙人生境界。开头以"有花无月恨茫茫，有月无花恨转长"的鲜明对比，强调了花月共赏的重要性，接着以"人临月镜"与"水照花香"两个优雅的比喻来突出"花美"、"月明"

的审美本质特征。这两个审美意象是诗人心中的"魂"，也是组上诗的"魄"，在全诗中具有笼罩与统帅的重要作用。最后，诗人以"携酒花前带月尝"的"花"、"月"、"酒"三大元素联姻并美的潇洒极乐之情境，告诫世人"莫将花月作寻常"，如此温馨而友善的提示，正体现出诗人钟情自然、热爱生活的敏锐而细腻的审美眼光。费孝通先生曾就世界多元文化取长补短相互交融的问题，发表过很好的意见。他说："各美其美，美人之美；美美与共，天下大同。"倘若唐寅活在当下的话，猜想他也许会稍作改动而用来颂赞花月共美之胜境，即：各美其美，美外有美；美美与共，人生甚美！唐寅真有一双发现美的眼睛，一种享受美的心情。他十分善于将事物联系在一起进行优美境界的新创造，从而达到最为理想的审美愉悦。如《元宵》云："有灯无月不娱人，有月无灯不算春；春到人间人似玉，灯烧月下月如银。"有灯有月还有如花似月之美人，如此良辰美景，焉能不心旷神怡？《花酒》云："多因酒侵花心动，大抵花迷酒性斜。酒后看花情不见，花前酌酒兴无涯"；《风花雪月四阕选一》（月）云："月娟娟，月娟娟。乍缺钩横野，方圆镜挂天。斜移花影乱，低映水纹连。诗人举盏搜佳句，美女推窗迟夜眠。月娟娟，清光千古照无边。"这些都真真切切地道

出了诗人品酒赏花连带产生的最佳审美享乐之情趣。

其二，具体叙写诗人陶醉于"花香月色两相宜"和谐之境的美好感受。诗人以"卧转迟"来表达"惜月怜花"的痴迷深情，极为真挚而感人。即使"月落"了，"花残"了，让诗人感到尽兴与满足的是，还有"花送酒"与"月催诗"的赏心乐事。正是诗人的"隔花窥月"与"带月看花"的双向视角的巧妙改变，才产生了"月无多影"与"花别样姿"的妙不可言的欣赏效果。这种双向视角的立体品赏形式较之上述花月连带平面共赏的情形来，则更有意味，更为美妙。在本组诗及其他相关"花"、"月"与"酒"的共赏过程中，诗人每每因景而宜地灵活采用平面与立体交错赏玩的形式，以臻尽情尽兴的畅神境界。这就难怪诗人最后要由衷发出"多少花前月下客，年年和月醉花枝"的感叹了。

其三，直接表达要抓紧时间欣赏"月临花径影交加，花自芳菲月自华"的人间仙境之怜惜心情。如果说一、二首诗是从空间角度来赏月品花的话，那么，此首便是从时间角度来品花赏月的，反映了诗人欣赏角度的善变与表现艺术的多用，呈现出灵动活泼的诗情画意之美。诗人以"爱月眠迟"与"看花起早"两个行为动作来突出他对花月之美的挚爱深情，可谓"别有一番滋味在心

头"。由"爱月眠迟"与"看花起早"的怜惜花月之浓情密意，诗人还另作了两首同样心情的诗。如《惜花春起早》云："海棠庭院又春深，一寸光阴万两金；拂暑起来人不解，只缘难放惜花心。"《爱月眠夜迟》云："卸鬟佳人对月迟，梨花风静鸟栖枝；难将心事和人说，只有青天明月知。"此外如《掬水月在手》、《弄花香满衣》等诗，诗人借助女子对花月的痴爱之举，以体现自己怜花惜月的非凡心情，读之格外动人。既然诗人有如此怜惜之心，那么，自然也就能轻松愉快地享受到"羡却人间花月意，撚花玩月醉流霞"的诗意境界了。

其四，承接前诗怜花惜月之意，由"春宵花月值千金"之事实，进一步明了"明月易亏花易老，月中莫负赏花心"的深刻道理。"月下花开春寂寞，花梢月转夜沉沉"二句，通过花开寂寞与月转沉沉的花月孤寂之描写，以显示人之积极而及时欣赏花月的重要性，故而"杯邀月影临花醉，手弄花枝对月吟"二句便是切实品赏花月的人文关怀之生动体现了。"月中莫负赏花心"的劝勉与自警，委实是醍醐灌顶的当头棒喝，发人深省！

其五，直言花月有情献美与花月共创美丽的可爱之处。"月为照花来院落，花因随月上窗纱"二句，诗人以拟人化手法，将花月甘愿为

人们奉献美丽的行为，描摹得温情脉脉，感人肺腑！"来院落"、"上窗纱"，这一"来"一"上"，就把花月的无私奉献精神刻画得生动逼真而淋漓尽致。花月的亲切可敬之处，就在默默无闻、不动声色的"来"、"上"行为中得到了升华。"十分皓色花输月，一径幽香月让花"二句，实事求是地写出了花月各有所长与各有所短的客观现象，所以，欣赏花月必须连带并举，这样才能完完全全真真切切地享受到"花月世界成二美"的圆满意境。再有"花间一壶酒"（李白《月下独酌四首》其一），那就更是"傍花赏月"情趣浓、"月思花情共一家"了。此与"有花无月恨茫茫，有月无花恨转长"的寻求花月双美之愿望，具有异曲同工之妙。

其六，学会采用欣赏花月的方式与方法，尽情享用那"风动花枝探月影，天开月镜照花妖"的原生态的天然之美。加之"月中漫击催花鼓，花下轻传弄月箫"的花月伴乐的热闹非凡、鼓舞人心之动听悦耳音乐，如此动静结合的花月欣赏之情形，既饱了眼福，又饱了耳福。正是由于眼前花月之景是如此精彩诱人，因此，也就自然增添了"花无百日红，人无一世荣"的忧患意识。结尾"只恐月沉花落后，月台花榭两萧条"两句，直写诗人对花月美景的无限向往与万般珍爱之情，同时也激发人们要注重对当下个人精神家园

的营构及欣赏。此联着一"恐"字，则将诗人挚爱花月之情淋漓尽致地表现了出来，具有激励与鼓舞作用。

其七，诗人面对明月照花的良辰美景，勾起对"去年花病月亏时"诗人黯然神伤之心情的回忆，通过今昔不同情景的鲜明比较，诗人亦就更加珍惜今天花好月圆的难得美景了，以至于要"沉醉欲眠花月下"，而不顾"花月笑人痴"了，大有"老夫聊发少年狂"（苏轼《江城子》）的豪情壮心况味。《花下独酌歌》中"人生不向花前醉，花笑人生也是呆"的诗句，其意与之一脉相同。此一首主要以今昔对比手法，写诗人对花月万般喜爱而几至狂热的深情厚意。爱美之心，感天动地！

其八，极写诗人与花月互为主宾、相亲相爱其乐融融的欢愉之情。首联"花发千枝月一轮，天将花月付闲身"，写天公开恩、将一轮明月满地鲜花的人间美景赐予之乐；颔联"或为月主为花主，才作花宾又月宾"，写诗人与花月互敬互爱、礼仪平等之乐；颈联"月下花曾留我酌，花前月不厌人贫"，写感恩花月善待诗人、怜悯仁慈之乐；尾联"好花好月知多少？弄月吟花有几人？"写好花好月眷顾诗人的悠然自得之乐。连用两个反问句，直写出诗人那种花月情深、知音相遇的欣喜自豪之情，使得读者也自然与其产生了强烈的共鸣。我们虽然与诗人一道感

227

受了欣赏"好花好月"的欢乐,但我们也不难感受到此诗的言外之意、象外之味,那就是诗人对当时社会惟利是图、人情淡薄之世态炎凉的嘲讽与讥刺。这与李白《独坐敬亭山》"众鸟高飞尽,孤云独去闲;相看两不厌,只有敬亭山"之情怀,如出一辙。"人生得一知己足矣",唐寅视"好花好月"为知己,李白视"敬亭山"为知己,都暂时从审美对象身上得到了心灵的慰藉与精神的满足。而实际上,他们愈是把审美对象写得如此有情而热烈,就愈是反衬出人世的无情冷酷。诗面背后,依然是两代诗人各自怀才不遇、遭人白眼的凄楚与酸辛。就唐寅此诗而言,他所表达的对花月的一片衷情与挚怀,在全诗中可谓登峰造极矣。

其九,叙写花月亲密相间、美美与共的和谐之境以及诗人陶醉其中的惬意心态。一个是"月转东墙花影重",一个是"花迎月魄若为容";一个是"多情月照花间露",一个是"解语花摇月下风";一个是"云破月窥花好处",一个是"夜深花睡月明中",真可谓是情投意合,心心相印,关怀有加,体贴入微。此诗拟人手法之用,较之其他诗来,人情更浓挚,表现更细腻,审美更用心。处于这般和谐友好的氛围中的诗人,焉能不抒发"人生几度花和月?月色花香处处同"的欣喜之情呢。所以诗人自然便情动于中而声发于外,

情不自禁屡屡要为"好花好月"们"花前酌酒唱高歌"(《花下独酌歌》)、"花前酌酒得高歌"(《一世歌》)了。

其十,进一步赞叹"溶溶月"中"灿灿花"的那中"花如罗绮月如银"的澄明虚静、禅意氤氲之美妙世界。"月下几般花意思?花间多少月精神?"两句连连反问,实属充满哲理意味的警策之句。它要言说的是,鲜花的优美需要月光的沐浴,此时的鲜花才能韵味十足、雅意深厚,令人陶醉;而明月的精神也需要鲜花的抚慰,此时的明月才能青春不老、容光焕发,令人痴迷。只有花月的相辅相成、相得益彰,才能营造出"花香月色两相宜"的"美美与共"的得天独厚之绝妙意境来。这是回荡在组诗中的情感主旋律,也是诗人花月情深的根由所在,更是诗人"年年和月醉花枝"的情性所在。"溶溶月里花千朵,灿灿花前月一轮"二句,由组诗其八首句"花发千枝月一轮"化解而来,意虽有重,然分别增加了修饰"月"的"溶溶"与修饰"花"的"灿灿"的叠词形容词后,便进一步写出了月光如水的柔和之美与花色明艳的亮丽之美,这真体现出诗人妙笔生花的非凡之处。

其十一,再次描写"春花秋月两相宜"的花月和谐之美的独特境界,而"花发月中香满树,月笼花外影交枝"二句实写,便是这种花月独特境

界的最佳展示。如此诗情画意的优美境界，怎不令诗人为之而频做"江南梦"、欣赋"郢北词"呢？全诗在"我随花月泛金卮"的热情而欢快的表述中划上圆满的句号。然而，诗虽完，情未了。诗人怜花惜月的满腔赤诚与挚忱，已伴随着明月香花永驻人间。品读末句，回味无穷；余音绕梁，三日不绝。这首压轴之诗，在结构与情感上，都与开篇之作有着诗脉相连的呼应关系。此之谓：首尾一气情思通，花月神韵美如虹；诗人尽情又尽兴，仙境魅力自无穷。

唐寅的"花月吟"组诗，全方位、立体化、多角度、深层次地铺染了"花"、"月"并美的意境，反复描写，纡徐委婉，不厌其烦，一唱三叹。意象虽重，而意脉相连。十一首诗，分开可独立成章；合并即为一首完整的组诗。它最大限度地集中表现了"花"、"月"的映衬复合之美，从最深处向人们展示了诗人所热衷与痴迷的"花"、"月"之精神家园。体现了诗人勇于独抒性灵、乐于坦露襟怀的真人君子的个性特征与精神风貌，代表了江南吴中士子疏傲世俗、才情风流的人格魅力。

三

统观唐寅《花月吟效连珠体十一首》的文学意义与诗学价值，值得注意的主要有以下六个方面：

其一，诗人善于发现美、擅于欣赏美并乐于享受美，给我们创造了一前所未有的以"花"、"月"、"酒"三大意象元素交融的"年年和月醉花枝"的人生美境。罗丹说得好："美是到处都有的。对于我们的眼睛，不是缺少美，而是缺少发现。"[6]诗人以"桃花坞里桃花庵"为生活中心，以"桃花庵里桃花仙"那双分外敏锐的审美眼睛，将花月映衬之美与以酒助兴的陶醉之美交融渲染，生动而形象地营造出一幅诗情画意、别有洞天的"桃花源"世界。这是空前绝后的唐氏桃源世界，也是情韵别致的唐氏精神家园！感谢唐寅为我们率先开辟了一方令人神往的风清月朗、花美人闲的福地净土！

其二，诗人独自钟情"花"、"月"意象，为中国古典文学中常见的"花"、"月"意象注入了新的精神元素与审美内涵，使"花"、"月"物象因其绾合着人事而具有双重的文化意义。人们爱花的馨香与优美，爱月的温和与澄明。同时，花与月在特定的时间与场合之中，它们又都含有思念家乡与亲人的文化内涵。"在李白诗的酒、月、山、水四大意象系统中，酒最狂肆，山水最雄奇，而明月最灵妙。他以'人月相得'的诗学意兴，借那轮高悬苍空的明镜，洞彻肺腑地进行天地对读、自然与人情互释、人心与外界沟通的幻想创造，从而为后世诗词开发了一个韵味清逸而美妙绝伦的灵感源泉。"[7]

而唐寅除了具有李白那样的"'人月相得'的诗学意兴"之外，在花月的对写模式中又赋予了新的喻旨与象征意义。在诗人的笔下，花月意象自然的本质属性特征，又有大好时光与美好青春的象征，还有亲朋好友与红颜知己的美喻。如此这般的"好花好月"，正是安顿诗人孤寂心灵与消解精神痛苦的天然良方。如"或为月主为花主，才作花宾又月宾。月下花曾留我酌，花前月不厌人贫"，在这里，是月是花，又非月非花。花、月与人之间的宾主角色转换，一方面体现了诗人"与天地并生，与万物为一"的物我相融的精神境界，另一方面还暗寓着时间的变化。花留我酌与月不厌贫，分明又是亲朋或红颜的暗喻，关怀体贴，温情脉脉。金学智先生认为："'花'在唐寅那里，又是年轻美貌女性乃至妓女名优的代称，如文徵明《简子畏》所说，'高楼大叫秋觞月，深幄微酣夜拥花'。总之，诗人对'花'的理解，有着丰饶的内涵，故而注入的感情也特深"。[8]要之，诗人笔下花月意象的复合性特征，无疑是诗人丰盈自惬的精神世界之真实呈现。

其三，凸显出诗人崇尚自然、热爱自然、欣赏自然的高度自觉的自然生态意识。诗人反复渲染"花"之幽香与"月"之澄明，将"花"、"月"之美与"花""月"映衬之双美描写至极，颂赞至极，喜爱至极。写"花"之美者，如："花美似人"、"花开烂漫"、"一径幽香"、"花气芬芳"、"花发千枝"、"解语花"、"夜深花睡"、"花正开时"、"花如罗绮"、"灿灿花"、"花意思"、"花发月中香满树"等；写"月"之美者，如："月明如水"、"月思花情"、"十分皓色"、"天开月镜"、"月转东墙"、"多情月"、"云破月窥"、"月如银"、"溶溶月"、"月精神"、"月笼花外影交枝"等。将"花"、"月"描写得如此有声有色、有动有静、有形有神、有情有义，已臻妙到毫巅、无以复加而令人拍案叫绝的审美地步！写"花""月"映衬之双美者，如："如此好花如此月"、"花香月色两相宜"、"春宵花月值千金"、"月色花香处处同"、"春花秋月两相宜"等，诗人以自己切身之欣赏体验，充分肯定了"花"、"月"互映双美的最高艺术审美境界。这恰好表明了诗人具有浓挚而热烈的钟爱自然美的一颗慈善之心，是诗人自然生态意识的自然流露。这委实是难能可贵、值得钦敬的！

其四，唐寅的花月诗，代表了其诗歌一以贯之的清新婉丽、俗畅圆融的艺术特征，而这正适合充分表达其自由心灵的需要，做到挥洒自如而又从容不迫，给人以阅读的畅爽愉悦之美感。正如《中国文学史新著》所指出的那样，"唐寅的诗本以清新婉丽见长。后来却力求以浅近的语言更自由地抒发心灵，'晚年作诗，专用俚语，而竟愈新'（顾庆元

《夷白斋诗话》）；这是明代最早出现的、有意识地在诗歌上进行创新的人。他的某些作品，在我国白话文学史上具有重要意义。至其创作态度，则是勇敢地抒写他所认为的人性。……此类诗歌的存在，证明了唐寅的探索取得了令人鼓舞的成就。"[9]唐寅的这种努力探索，的确为明代文学增添了一道怡人眼目的审美新景观。

其五，《花月吟效连珠体十一首》组诗，运笔看似自然闲散，其实却颇有章法。在结构、修辞等方面多独具匠心、美味迭出。十一首中，每一首都是前四句直叙花月互映之美，后四句抒发诗人怜花惜月的心情。特别是每诗的末尾两句，都清一色地表达了诗人与"如此好花如此月，莫将花月作寻常"类似的抓住时机、不负美景的良好心愿，自勉的同时亦在勉人。而每一首诗的前四句与后四句，在情感逻辑上，又呈现出明显的因果关系。因为是花好月圆，所以要及时欣赏；而及时欣赏的敦促，又进一步衬托出花月的美丽。因果相应，前后互衬，环环相扣，情思绵密。在全诗中，又是首尾呼应，具有体大虑周、严整圆融的结构之美。此外，还多用比兴、象征、拟人、对比、反问等修辞手法，加之每句中反复出现的"花"、"月"勾连的意象，使得组诗全无雷同呆板之弊，却给人以满篇清新流动之美。真可谓

"兴寄烂漫，时复斐然"[10]者也。陈长荣先生认为，"以苏州人的灵气，其于形象思维胜过逻辑玄思，更适宜于艺文之创造，并且留下了令人眩目的辉煌诗篇。"[11]唐寅的"花"、"月"类诗的创作，正是作为苏州人才气与灵气并茂的杰出代表之一。"难能可贵的是，组诗中既句句不离'花'、'月'二字，每句每联又并无似曾相识之意，全首全组也无饾饤杂砌之感。它清新、流转、自由、欢快、优美、轻盈，一气呵成，才情焕发，层出不穷，圆润如珠，可看作是'江南第一风流才子'的天才创造之一。"[12]

其六，善于继承与光大前人的诗学成果，丰富并完善诗歌的艺术形象。"花月吟"组诗的连珠诗体，是对扬雄、陆机以来连珠体的继承与发展，表现为将原来的杂言体变为七律体；将"花"、"月"意象置于每句之中，自然形成了珠珠贯连的循环往复之美，增添了阅读的审美快感。这是诗人对连珠体诗的新贡献。在"花"、"月"互映之美的辩证句式运用上，诗人也有意向前人学习。如《花月吟效连珠体十一首》第一首"有花无月恨茫茫，有月无花恨转长；花美似人临月镜，月明如水照花香"、第五首"十分皓色花输月，一径幽香月让花；花月世界成二美，傍花赏月酒须赊"、第十首"月下几般花意思？花间多少月精神"等句式，明显采纳了宋人卢梅坡《雪梅二

首》的表现形式，其云："梅雪争春未肯降，骚人搁笔费评章；梅须逊雪三分白，雪却输梅一段香。""有梅无雪不精神，有雪无梅俗了人；日暮诗成天有雪，与梅并作十分春。"唐寅与卢梅坡相比较，其接受之迹甚明。唐寅尤其善于吸收《诗经》以来歌吟"花"、"月"、"酒"等意象元素，特别是对张若虚《春江花月夜》、李白《月下独酌》、《山中与幽人独酌》、白居易《同李十一醉忆元九》、《惜牡丹花》、苏轼《海棠》等诗中"花"、"月"意象的吸收与熔铸，从而形成了唐寅式的"花"、"月"集群意象，天才地创造了"年年和月醉花枝"的人文圣境。唐寅《把酒对月歌》云："李白前时原有月，唯有李白诗能说；李白如今已仙去，月在青天几圆缺。今人犹歌李白诗，明月还如李白时；我学李白对明月，月与李白安能知？李白能诗复能酒，我今百杯复千首；我愧虽无李白才，料应月不嫌我丑？我也不登天子船，我也不上长安眠；姑苏城外一茅屋，万树桃花月满天。"由诗人的"夫子之道"中，我们正可见出他善于取融前圣、"自铸伟辞"的化用之魅力。

总之，唐寅《花月吟效连珠体十一首》及有关花月诗的文学意义与诗学价值，皆自有其不可取代的独特性与创新性审美内核。它是明代诗苑中跃然出墙的一枝含露绽放的"红杏"，几百年来一直深受人们的艳羡与青睐。

四

唐寅《花月吟效连珠体十一首》及有关花月诗中所表现出来的对注重人性、独抒性灵、追求自由、钟情自然审美思想与人生境界的表达，大致可见端倪。那么，诗人这种审美思想与人生境界又是如何产生的呢？简论之，其原因有三：

首先，与明中叶阳明心学思潮有直接的关系。王阳明生于明成化八年（1472），卒于嘉靖七年（1528），而唐寅则生于明成化六年（1470），卒于嘉靖二年（1523）。唐寅比王阳明早生两年，早去世五年，完全生活在同一个时期。阳明心学主张以心为体，心又以知为体，知即良知。"王阳明提倡'良知'，认为：'知是心之本体。心自然会知，见父自然知孝，见兄自然知弟，见孺子入井自然知恻隐，此便是良知，不假外求。'（《传习录》上）这本是要证明封建的伦理道德是符合人的自然本性的，但同时也就高度肯定了人的自然本性，把基于自然本性的'知'（即所谓'心自然会知'）当作了应该发扬的'良知'。在确定了这样的前提之后，如果一旦发现了人的自然本性不是孝悌或不单是孝悌，而历来被封建伦理道德所否定的种种欲望——诸如'好货'、'好色'等等——倒是符合人的自然本性的，那么，这种欲望也就成了应该发扬的'良知'了。"[13]像这种对人的自然本性的充分肯定，完全是对宋元以来程朱理学所谓"存天理，灭人欲"禁锢思想的猛力冲击，是对平民意识、主体意识、情欲意识的空前高扬，具有划时代的思想解放的伟大意义。在这种新思潮的影响下，自然促使唐寅任情适性、崇尚自由思想的产生。这就是在《花月吟效连珠体十一首》及有关花月诗中所真切表达的诗人那种独抒性灵、陶醉自然的诗意人生之境界。李泽厚先生曾经指出："唐寅以其风流解元的文艺全才，更明显地体现那个浪漫时代的心意，那种要求自由地表达意愿、抒发情感、描写和肯定日常世俗生活的近代呼声。其中也包括文体的革新、题材的解放。甚至编造出三笑姻缘之类唐伯虎的故事和形象，也非偶然。并且，这不是一两个人，而是一批人。……确乎够得上是一种具有近代解放气息的浪漫主义的时代思潮。"[14]如此之"唐寅现象"，的确具有"导夫先路"的社会典型之意义。

其次，科场失意、仕途无门的悲惨遭遇与家眷亲人纷纷谢世的孤凄伤怀，连番不辛的苦难现实，使诗人深感人生无常的空幻与虚无，故而便索性自寻欢愉、自造美境、及时行乐而"潇洒地走一回"了。他给自己取号"六如居士"，则出自佛家四句偈语："一切有为法，如梦幻泡影，如露亦如电，应作如是观。"（《金刚经》）这种人生"六如"的观念与思想，在他不少诗篇中都有所体现，如《和沈石田落花诗三十首》、《漫兴十首》、《叹世六首》等诗中都清一色地弥漫着人生无常、看破红尘、醉月眠花、及时行乐的思想，这似乎已成唐寅诗歌的一种基调。所谓"万事唯堪六如观，一杯莫信四并难"（范成大《戏调阊门行客诗》），正可代表唐寅这种思想特征。万历年间曹元亮所撰《〈唐伯虎全集〉序》云："先生幼奇颖，豪宕不羁，……而鹿鸣首荐之后，益为入宫所妒，青蝇构谗，便挂吏议。先生叹曰：'寒山一片，空老莺花，宁特功名足千秋哉？'遂筑室金阊门外，日与祝希哲（允明）、文徵仲（征明）诗酒相狎。踏雪野寺，联句高山，纵游平康妓家；或坐临街小楼，写画易酒。醉则岸帻浩歌，三江烟树，百二山河，尽拾桃花坞中矣。"[15]唐寅本来是满怀才气与豪气兼胜的侠骨壮心的，如《短歌行》："来日苦少，去日苦多。民生安乐，焉知其他。"又如《侠客》云："侠客重功名，西北请专征。惯战弓刀捷，酬知身名轻。"谁知在其屡遭仕途险恶之风波与家门伤亲之悲辛后，原有的"兼济天下"之志则颓然一变为"独善其身"之行。正如苏轼《醉睡者》所云："有道难行不如醉，有口难言不如睡。"苏轼是在壮志难酬的情况下寄托于醉睡，而唐寅则在遭遇不幸的困境中另辟一方桃花坞中的"花"、"月"及"酒"

的"年年醉月和花枝"的自娱自乐之世界。这是落魄文人不得已而为之的一种颇为智慧的生存方式,也是诗人"但愿老死花酒间,不愿鞠躬车马前"(《桃花庵歌》)的那种傲视王侯、浮云富贵而不与统治者合作的峻洁品行与气节操守的铿锵表现。可以说,唐寅所精心营造的"花""月"世界,是那样的澄明洁静,那样的幽香温雅,与弘一法师李叔同圆寂前所作偈语"华枝春满,天心月圆"[16]颇有相同之审美境界,真不愧是一方不受世俗污染的唐氏精神家园。

第三,吴中诗派所表现出来的那种疏狂孤傲、追求自由、重情尚才、喜谐乐趣的士风与文风,直接影响了唐寅的诗歌创作。作为一介靠鬻书卖画来维持生计的在野边缘文人,唐寅在政治上则表现为主动"疏离朱明王朝及其庙堂文化,转向山林乃至市井文化,显示出吴中地区在野文人卓然自立的文化心态和审美心态,迥然有异于当时正宗文坛上的主流派——以台阁重臣为主的茶陵派崇儒复雅的文学思潮,和以任职郎署的新科进士为主的前七子,宗法崇唐、祖格本法的文学思潮。"[17]因此,表现在诗歌创作上,就出现了践行"吴中四才子"之一的徐祯卿所倡导的"因情立格"创作思想,从感情自由抒发的需要去选择适合的诗体,而不是为"格"(诗体等外部要求)所束。因此,唐寅诗歌的最鲜

明处便是缘情尚趣,追求自适与狂放。"大多不讲诗律的严整,有时一首诗中,几个词语颠来倒去,然而在他的娴熟驾驭下,却令人读起来如行云流水,朗朗上口,妙趣横生,毫无重叠拖沓之弊。"[18]《花月吟效连珠体十一首》等有关花月诗便是这方面的代表作。它们是诗人竭诚奉献于社会的具有时代特色与吴地风味的含露奇葩,是一种含有民歌精神与审美特质的文学新生态,具有诗歌里程碑的重要地位。

综上所述,唐寅不愧是明中叶时期吴中诗派的代表人物之一,名列江南四大才子之首。在阳明心学追求精神自由、个性解放思潮的影响下,由于科举遭遇、家庭不幸的种种打击,诗人不得不以边缘文人的身份,以鬻书卖画而自食其力的生存方式,在他精心营构的桃花庵这座精神家园里过着书画自乐、诗酒自娱、陶醉自然、任情适性的超然洒脱的自在生活。他所倾情创作的《花月吟效连珠体十一首》及有关花月诗,便是这种生活情景的真实记录。其"花月吟"组诗,使连珠体诗的样式得焕发青春、迸发活力。诗人将花月对举描写、花月互相映衬的美妙意境,提升到了登峰造极的审美高度。其诗体形式与花月意象,虽采自于前人,但却有了极其显著的突破与发展。其思想之恬淡自由,结构之严密完整,语言之清新流

转，修辞之活泼灵动，意境之澄明幽雅，等等特征，无不体现出诗人天才的创造力，代表了边缘江南文人的生活情趣、文学水准、诗意人生与自然意识。唐寅如此成功的创作实践，无疑给中国文学园地增添了一道别具异彩与神韵的风景线，具有重要的创新意义、审美价值与文学地位。

注　释

［1］杨义.李杜诗学.北京出版社,2001年,第346页。

［2］本书所引唐寅诗,皆出自中国书店1985年版《唐伯虎全集》,以下所引不另出注。

［3］范培松、金学智.插图本苏州文学史.江苏教育出版社,2004年,第795页。

［4］李善注.文选(下).岳麓书社,1995年,第1949页。

［5］周振甫.文心雕龙今译.中华书局,1986年,第123—127页。

［6］［法］罗丹.罗丹艺术论.人民美术出版社,1978年,第62页。

［7］杨义.李杜诗学.北京出版社,2001年,第337页。

［8］范培松、金学智.插图本苏州文学史.江苏教育出版社,2004年,第797页。

［9］章培恒、骆玉明主编.中国文学史新著.(增订本)下卷,复旦大学出版社、上海文艺出版总社,2007年,第85—87页。

［10］钱谦益.列朝诗集小传(上).上海古籍出版社,1959年,第298页。

［11］陈长荣.苏州人:人文风貌与文化底蕴.苏州大学学报.1999年第1期。

［12］范培松、金学智.插图本苏州文学史.江苏教育出版社,2004年,第794页。

［13］安平秋、章培恒主编.中国禁书大观.上海文艺出版社,1990年,第79—80页。

［14］李泽厚.美的历程.文物出版社,1981年,第197—199页。

［15］唐寅.唐伯虎全集·序(其六).中国书店出版社,1985年,第6—7页。

［16］李叔同.悲欣交集.北京大学出版社,2010年,第234页。

［17］陈书录.明代诗文的演变.江苏教育出版社,1996年,第170页。

［18］刘化兵.士风与诗风的演进.社会科学文献出版社,2007年,第233页。

苏州胜浦婚俗及其演变

马觐伯

摘要：苏州胜浦地区的婚礼是江南水乡婚俗典型代表之一。随着时代渐进，千年传承的水乡婚姻习俗随着时代发展逐渐变迁，忠实地记录下它的变迁轨迹，以其能从中看到经济文化发展对人们生活的影响。

关键词：胜浦　婚俗　水乡　变化

作者：马觐伯（1941—），男，历任《吴县文艺》编辑、《胜浦镇志》副主编和乡镇文化站长等职，中国摄影家协会会员、中国文艺家协会会员、中国艺术摄影协会会员，苏州作家协会会员。

男大当婚、女大当嫁。婚嫁，无论在古今中外必有一套礼仪，并都被认为是人生仪礼中的大礼。人们认为，交合男女阴阳、产生子嗣的婚姻是关系到家族种姓繁衍和血统的延续，所以把结婚之礼放在一个很重要的地位。婚礼和婚姻制度有密切联系，从一个侧面反映了人们的文明教化程度。以汉族为主体的中华民族祖先和世界各民族一样，在原始时期经历过乱婚、群婚的阶段，进入文明社会之后则基本采取一夫一妻的婚姻形式。在这个过程中，人类的繁衍、历史的演变、社会的发展，人生的礼仪也不断地在嬗变。婚礼基本承袭周代的婚俗礼仪（谓"六礼"之称）。六礼始于奴隶社会。封建社会的婚姻程序，虽几经变迁，但基本上没有脱离六礼的范围，在唐律、明律中都有类似的规定。这种婚姻程序是包办强迫与买卖婚姻相结合的体现，充满浓厚的传统婚姻文化重人伦的色彩。但具体操办起来，由于各地民俗习惯的不同，有较大的差异。即使同一个地方，也由于时代的进步，观念的改变，不同时期亦有不同的礼仪。就在苏州东部的一个乡镇——胜浦来说，从乡野——乡镇——都市这一个过程的变迁，不论是生活环境还是生活习惯，都或多或少有些改变，自然在婚礼上也为了适应时代的变化而变化，不断地在演变。但万变不离其宗，一些基本"六礼"之框架没变。即使建国之后，提倡男女平等、婚姻自由，但婚礼仪式的每一个程序也都必须有一套繁文缛节的礼仪来规范，操办起来同样十分郑重和讲究。

笔者在这里谈谈胜浦婚礼一些习俗及其演变，以寻求随着时代渐进的水乡婚姻习俗的变迁轨迹，特别是苏州地区作为飞速现代化、城市化对乡村文化冲击下的变化，反映出的历史进程对人们生活的影响。概略而言，胜浦婚礼大约分为婚前礼、正婚礼、婚后礼三个阶段。

婚前礼：是婚姻的基础

其实，周代的纳采、问名、纳吉、纳征、请期五种再加上正婚礼时的亲迎，即所谓的"六礼"，仅是一些婚前礼，并非婚礼的全部。这些只是在婚姻的联姻、筹划和准备阶段所举行的一些仪节。我们先从胜浦水乡的"六礼"说起：

央媒 央媒说合，提亲出帖，是古时婚俗六礼之首，称"纳采"。旧时婚姻讲究门当户对，男女双方听从父母之命、媒妁之言。一旦生了子女，不论男女双方，都会主动寻找门当户

对的门庭求亲。求亲由男方出面央媒到女方说合。媒人大多是一些热心又伶嘴利舌的人担任，多为女性，故有媒婆之称。媒人为了促成其好事，会在男女双方之间不断奔走，两面说好话，所以又叫作"花嘴媒人"。女方父母如果同意，就出帖，即请人将女儿的出生年月日时辰八字写在红帖上，因时辰八字又称年庚八字，故谓之"庚帖"，俗称"帖头"。

写帖有一定讲究，男子称"乾造"，女子称"坤造"（《幼学》上说：男秉乾体之刚，女配坤德之顺）。帖头字数必须是成双（偶数），如"坤造年庚××岁××月×日寅时生"，若是逢单（奇数），"生"字之前冠"建"字，如"坤造年庚××岁××月××日寅时建生"（女的也可把"建生"写作"瑞生"）。如全柬帖，"庚帖"开面，背面要有"全福"两字，外用封袋，袋面书写"鸿喜"字样。单帖，不用开面，封袋上直接写"吉庚"两字。写好庚帖后，媒人将"帖头"揣在怀里，径往男方家去。到家时遇人缄口不言，直奔灶间，将"帖头"放在灶山上的灶君前，用香炉压住，之后，方可启口说话。接着，男方女主人在灶公神龛前虔诚地点上三炷香，祈求平安吉庆。至此，男方表示正式接帖。接帖三天内如有打碎碗钵家什或死脱鸡鸭众牲，说明这是不吉利的兆头，这门亲是"断落亲"。男方就要退婚——"还帖头"。

建国后，虽《婚姻法》提倡婚姻自由，但在农村传统的风俗习惯对这一新法的执行还有些滞后，但已取消了童养媳等封建礼教，也不至于像旧时男女双方到结婚时还不知道对方"面长面短"。虽还缺少不了媒人（后也称介绍人）的牵线搭桥，却有了双方相亲的习惯，能让男女双方自主的权利了。到了20世纪90年代后，更为新潮。真正做到自由恋爱，很少让媒人跑腿。有的甚至自己相好了，按照礼仪请个媒人做个"摆式"，谑称"现成媒人"。

卜吉 算命卜吉、星家合婚，是古时婚俗六礼之二，称"问名"。男方接帖几天后，家中平安无事，就需要选初三日或廿七日（相传这两天是吉日），把庚帖送到星相者（算命先生）家中合婚，称排八字（即生辰）。民间把人出生的年月日时用天干地支来表示的，俗称"时辰八字"，又称"命宫"。看男女双方命宫里有没有相冲相克。中国自古有阴阳五行相生相克之说，又有属相相合相冲之说，还有五行与属相是否相冲相合。通过男女双方的时辰八字和属相按照天干地支、五行相生相克的道理，推算出男女是什么命宫，双方命宫里是否相冲还是相合或是相生还是相克。五行相克为：木克土、土克水、水克火、火克金、金克木。五行相生者是：木生火、火生土、土生金、金生水、水生木。还有属相是否相克，如民间有

生肖不宜配对歌诀：老鼠兔子不成婚，虎猴一见两地分。金鸡不到马群跑，江猪不敢跳龙门。戌狗不到巳上去，牛羊相逢泪淋淋。五行与属相是否相冲相合，相合的有土鼠相合、金龙相合、水鸡相合、火兔相合等，相冲的有火蛇相冲、金羊相冲等。比如1960年庚子属土与鼠相合，1962年壬寅属金与龙相合。经过算命卜吉，合者称为"占应"，男女可合婚。若不合者则"占不应"，双方不能攀亲。如有不合者，男方将年庚退还女方，叫"还帖头"。女方主动向男方要回帖头，叫"讨帖头"。不论"讨"或"还"，都由媒人代劳。这种算命卜吉虽是并不科学，害得有多少有情人不能成为眷属，把一对对相爱的男女青年活活拆散，甚至造成婚姻悲剧，但在几千年来这种观念已是根深底固。建国后，只要男女双方相互中意，不再算命卜吉了。

定亲 传红订婚，缔结婚约，是古时婚俗六礼之三，称"纳吉"。经过算命卜吉，双方都无异议后，这门亲事才算正式定下来。男方要把同意缔结姻缘的信传给女方，这不是请媒人去女方告知一声便是，而要有一个经过礼仪传达。告知女方同意婚事的信，是用红纸制作的礼帖，同星家的合婚书（也是用红纸上写就的）一起装进特制的"和书盒"里，外面用红毡单裹着，由媒人传到女方，这就叫传红订婚。媒人去时还带有两匹

靛青色土布，中系红绒绳，加上茶叶、钱钞等作为随礼，表示红线联姻。女家如果接受男方的"传红"，同样也要用红纸制成礼帖，作答和相谢。这样，两家婚约正式确定，但不是正式定亲。定亲还需要选期在家设宴招待亲朋好友，极为隆重。定婚之前还要下聘礼。现在传红的礼帖免去了，仅设宴招待一下祝贺的亲朋好友外，别无礼仪，简称定亲。建国以后，定亲礼仪开始删繁就简。直接由媒人买几斤绒线送到女方，女方再将帖交给媒人带回男家，称作"拿帖头"。到了20世纪80年代后，彩礼由几斤绒线改为一副金耳环，一条金项链等。

定亲之后，下来就是要请星家"合婚选日"，胜浦人称"作日脚"。这是男宅之事，无需惊动女宅。男宅要把新贵夫妇（婚配男女）和父母的年庚八字抄在红纸上，让星家掐算成亲吉日。星家根据男宅提供的时辰八字，排出启话（下道日帖子）、砌灶、行聘、成衣（请裁缝做新贵夫妇的衣服）、安床和婚姻吉期。还详细到成婚那天的具体程序安排，如喜乐奏响、开宴、发轿、铺床（不同安床，安床是排定床位，铺床是整理床铺和祭祀床神）以及拜堂等。这是合婚书，俗称"日脚书"。这合婚选日延续至今。不过，没有这样事事项项都安排了。就是算出哪天是黄道吉日外，至多

还安排一下在那天何时铺床、何时结亲举行婚礼。

行聘　择吉行聘，金求玉允，是古时婚俗六礼之四，称"纳徵"或"纳礼"。经过传红订婚双方缔结婚约后，男宅要向女宅担盘送礼，就是民间常说的"下聘礼"，胜浦农村俗称"担小盘"。聘礼多少，要看男女双方身价而定，媒人不偏不倚，从中周旋，商谈聘金。其中颇费一番周折。商定聘礼后，在下聘前，男宅事先又要让媒人送上帖子告知女宅下聘的日子，称作"启话"（胜浦人说成"去话"），这帖子称"道日帖子"。聘礼一般为银镯、银簪、银钗、布匹、钱钞等，还有在礼仪中必备的万年青、发禄袋、茶叶等。这些聘礼分别安放在六只长方形木盘（俗称"帑盘"）内，排列整齐。上面还放一个"求"字金帖。每盘四角安放着四只有红绿彩色纸糊成、四边镶贴金纸的小果盒，叫"对果"。盘里满铺桂圆、桃、枣和米、麦、绿豆之类。这些盘排放在客堂当中的双拼八仙桌上，男宅的族长和媒人并列站着朝里对盘"唱喏"，礼毕，把帑盘、彩礼搬到船上。媒人手夹着红毡包裹的"和书盒"，由本家主人相送，在铜锣和炮仗声中解缆开船（这种船称"盘船"，也称"礼船"）。

盘船将近女宅必以敲锣、放炮仗敬告，女家媒人（这里女宅的代言人，一般东家自己不会抛头露面同对方商谈，委托一人代言，这就是女

家媒人，她不像男家媒人两头奔跑，是不跑腿的媒人，俗称"坐媒"）闻声出门到河边相迎，招呼把礼盘请上岸，安放整齐在女宅客堂中的台上。女宅主婚者急忙点燃香烛，对盘作揖唱喏。礼毕，男宅媒人一一交待聘金，女主婚者逐件过目（称"相盘"），一边过目相盘一边口中不断说道："野好野好"（很好很好的意思）表示大吉大利。

女宅受礼后也要回礼，俗称"回盘"。女宅在盘中将男宅的"求"字金帖换上一个描金"允"字红帖，回放一只"发禄袋"。发禄袋是种吉祥物，呈花篮形，描金绣凤，做工精致，表示千年发禄，生活美满，合家和睦。男宅将发禄袋挂在客堂中的梁柱上，外人一见发禄袋，便知这家男孩已定亲，结婚后，要将发禄袋带在床架柱中央。定亲这天，男女双方都要告亲邀友，设宴招待前来贺喜的亲朋。这叫做吃定亲饭。

定亲后，娶亲前还需一次"行聘"，俗称"送大盘"。所谓"送大盘"，较之"担小盘"彩礼要加重，如金丝圈、银耳环、银镯头、绒线衣、百索（有铜钿穿成的钱索）、绸绢礼盘、钱币礼盘、糕肉礼盘、香烛礼盘、有条件的还送珍珠宝贝，总之，男家花了血本送礼了。女家也会根据男家送礼价值大小置办嫁妆。这些礼盘送进门后，同样像担小盘一样安放在女宅客堂中。女主婚者点燃香

烛，对盘作揖唱喏。礼毕，男宅媒人也一一交待聘礼，女主婚者进行"相盘"。随送大盘的还要备有道日帖、到门帖、媒人帖、节敬帖、代庚帖及太礼帖、舅礼帖、寄礼帖等 10 余种帖子。如《道日帖》（为竖式）：

谨詹××年××月×
×日为××迎鸾之吉肃，
此奉闻
　　右呈
台览
　　　　值日吉曜
　　　×郡××喜具

又如《媒人帖》（为竖式）：

眷教弟××肃顿首拜
　柯仪　申
敬

这是指女家媒人。若媒人不与女家关亲的，帖上自称眷教弟，作朋友相称；如媒人是女家某亲戚者，理当照亲称呼。古代媒人亦称执柯，故帖上有柯仪之说。

又如《舅礼帖》：

谨　　具
微礼成副　　代仪全函
舅礼之敬
忝眷×郡××庄恭顿首拜

女宅收纳礼盘后，同样要写《回大盘帖》。如（为竖式）：

谨　　具

金珠玉粒　　龙烻凤炬
钱龙凤索　　红绿彩布
金圈全副　　千金如意
宫花喜糕　　绒线吉衫
代仪全函　　对果满串
迨其吉祥　　松柏同春
　奉申
报币之敬
忝眷×郡××庄敬顿首拜

就是将收到的礼盘一一注明，里面不能出现"一"字，如金圈一副要写作金圈全副。尽可能用喜、吉、同、全、满等字来表示。

建国以后，送聘礼的形式彻底改变了。现根据家庭条件和男女相处的关系决定聘礼（后改称为彩礼）送与否及多少。有的根本不送聘礼，但家庭条件好的男家，有时送上几万也不稀奇。就是送也没有任何形式了，由媒人做个中间人就可以了。

择期　良辰吉日，择定婚期，这是古时婚俗六礼之五，称"请期"。选良辰吉日是由星家排出娶亲日期后，将之具体日期告知女宅，俗称"拿日脚"。星家卜吉不仅选定的是婚期，并具体到何时排床铺床，何时发轿、何时娶亲、何时拜堂，甚至细到男宅

在这一天的活动都由星家排定，按部就班地进行。为了让女方配合，男方都要将这详细的计划告知女方，这称作"送大道日"。如有差错，责任全在媒人身上。媒人把大道日送达女宅后，就向女宅呈上《讨客目帖》，索要新娘的舅父母、姑父母、伯和叔父母及寄父母名单，此称"讨客目"。如旧时《讨客目帖》（为竖式）：

谨请
　诸尊亲长过舍叙谊，
未知姓讳，伏祈开示，以便
　具柬相邀！
忝眷×郡×××端肃顿首拜

女方接到客目单，立即回《客目帖》（竖式）。如：

辱承
　台慈，顾示雅爱，敢不
趋陈华下，并赐抬举，得沾
先扰，故将舍亲寒族贱讳
开列于左：
尊谕
母舅　×门×氏　单
姑父　×××　双
家伯　×××　双
家叔　×××　双
（下名单略）
　右启
台鉴
　　×郡　肃具

如果尊长父母双全，在客目单名字下注明"双"字，如有丧偶的，在名字下注明"单"字。男家在结婚那天，要让喜房先生（收受和记录贺礼账目的人）根据《客目单》写请帖，称《客目礼帖》，如写给舅母的《客目礼帖》（竖式）：

> 谨礼成福　代仪全缄
> 柬请母舅×门×氏过
> 舍少叙，则寒门蓬荜生光，
> 不胜幸甚！
> 启字之敬
> 忝眷×××端恭顿首

《客目礼帖》写好后，去邀客赴宴，称作"邀老客"。这里要注意两个问题，一是如娶亲在"邀老客"之前，《客目礼帖》的署名前要写忝眷，如在"邀老客"之后，《客目礼帖》的署名前要写姻眷，旧时多为在娶亲前"邀老客"的，建国后改为娶亲后"邀老客"了；二是注意客目单上的"双"与"单"。双者发双帖，单者发单帖，双帖是在自称下加上"顿首拜"（叩首至地之意），单帖用了顿首不再用"拜"这字，若用了拜别再用"顿首"两字，上例的母舅是单帖，可以顿首之后不再用"拜"字了，稍有错差，对方就要扳散丝（找岔）。这不仅男宅主人倒霉，还株连媒人、喜房先生，要一同去女宅唱喏赔罪。在民国期间，胜浦就有蒋家同王家

为了讨客目中出了一点差，结冤了几十年。蒋家是明代进士蒋廷贵的后裔，算得上书香门第人家。王家是当时民国期间也有财有势的人家。当时蒋家女儿嫁到王家，两家联姻，也算得上门当户对。结果在《客目礼单》上将一个蒋家的新娘伯父家错发了单帖，忘记了一个"拜"字，蒋家就感到受了莫大的耻辱，为此两家闹得不可收拾。后在保长的调解下，让新郎及其父母带着媒人、喜房先生到女家跪拜蒋家祖宗才算息事，却结下了宿冤。

这一套繁文缛节到20世纪60年代后彻底淘汰。一旦确定结婚日子，由媒人通知一下对方就是了，没有什么帖子，也根本不需"讨客目"和"邀老客"等繁琐一套了。

一俟婚期定下，待嫁姑娘由至亲叫去吃饭，俗称"吃待嫁"。留饭者必须准备"荷包煎蛋"给待嫁姑娘吃，意示蛋蛋（代代）相传。准新郎在结婚的两天前到各个寄父家中"拔香袋"。那天由一个小弟兄陪着，准新郎手托一个香盘，在寄爷家中灶君前点燃香烛，然后，寄爷或寄娘从墙上取下香袋（要当年送去的那只，不要错拿别人的），交还给寄儿子。寄儿子在临走前，按照礼节，一定要对寄爷寄娘说一声："明天（落作那天）来吃饭。"因为结婚前一天的"落作"日，亲友基本都要来吃饭了。此俗尚存。

娶亲 堂船彩轿，迎娶新娘，是古时婚俗六礼之尾，称"迎亲"。这一天是重头戏。以上的一切准备工作都是为这一天的到来作铺垫。

正婚礼：是婚姻的重彩

迎亲虽是古代"六礼"之尾，却是婚礼中的重量中之重。迎亲也叫娶亲，俗称结婚。结婚期间一般为3天，分别为落作、正日、浪荡日。结婚当天称"正日"，迎娶（送）新娘完婚。此日，男女家亲朋盈门，热闹非凡。一切都按部就班进行，程式繁杂。

落作 落作有人写成"落桌"，何谓落作？就是在结婚那天的前一天。这一天是为明天的婚礼正常进行而落实一些作业而已，被称为"落作"，就是现在说的筹备工作。兰陵笑笑生的《金瓶梅》中也写有落作。落作那天都由乡邻帮忙，亲戚是不参与的（堂房亲戚例外）。俗话说的"金乡邻银亲戚"就是这里体现。乡邻们（称"相帮"）在落作那天，早早到场，忙着在全村逐家逐户借台借凳，然后搭建遮风挡日的喜棚，还要杀猪宰羊，洗碗备菜。为了供厨师烧整鸡整鸭、大鱼大肉，在场角头要新砌几只临时大行灶。这一天不仅相帮的忙，厨师也忙着选货配料、开灶烧菜，忙得不亦乐乎。厨师不但要把明天的鸡鸭鱼肉等主菜预先烧好或制作成半成品，还要准备这天亲友的饭菜——落作日，一般的亲友都要提前来赴宴了，

这称作吃"落作夜饭"。

厨师所用一切均有茶担提供。这里，我抄录了周家一张在1955年办喜事留下的茶担用具租用清单：

炉子1只、酒壶30把、花钎15对、酒盅120只、匙160把、象牙筷50双、竹筷30桌、铜吊2只、彭壶2把、铜面盆3只、毛巾15块、热酒用串洞2只、铜杓1把、火夹1把、桌帏8个、椅披16个、堂彩2条、梅花灯笼2盏、担盘6只、轿子1顶、轿衣2套（红花、紫花各一套）。

从这张清单中我们可以看出当时结婚的排场和规模大小。这些东西，不仅落作日要到场，还已经在那天开始使用了。

总之，落作这一天，把明天凡是要做的事都一一落实，提前作了准备。

出礼 "正日"这天，男家场上早在隔天搭起挡风蔽日的喜棚，筵席桌凳从里到外排列整齐，掌礼、鼓手、堂名、喜娘、茶担、扎彩等专门从事操办喜事的六个职业的人（称作"六局"）一一到场。他们各司其职，掌礼的要根据"日脚书"上的时辰安排一天议程；鼓手要按时动乐发符；喜娘忙着备轿出轿事宜；茶担专事敬客，把炉

火烧旺,忙着烧水沏茶;扎彩的挂灯结彩,布置喜堂。这时,屋内屋外一片喜气洋洋,贺喜(俗称吃喜酒)诸亲好友端着糕盘,挤进喜房进行出礼,俗称"出人情",也就是现在说的送贺礼。贺礼有专人负责收取和记账人,叫"喜房先生"。喜房先生一边忙着收钱,一边将收到的钱款一一记在由红纸装订的喜簿上。喜簿一般自己装订,为竖式。喜簿封面右首写着公元和农历的喜期吉日,左边写着四个字的祝福贺词,像百年好合、永结鸳盟、螽斯衍庆、琴瑟和鸣等,中间底下写着某府某某人结具字样。内页号着人情账,上面标有贺礼者姓名,下面详细记着钱物礼单。舅父姑父要置首页,舅父首行,姑父跟后(如礼未到,位置要空着)。其他贺礼者不论名次先后,先来先上。

那天出礼最重的是舅舅家。舅舅家不但出贺礼,还要为新郎和新房添置一些用品,如新郎穿的鞋子、新房里的被褥等。接下来出重礼是姑父家,但不能超过舅家的数。若是姑父的礼比舅家重,舅家会生气,认为你在同我"别苗头"。长辈不但要出贺礼,还要出一份觇仪,俗称"小礼"。也就是给新娘的见面礼。长辈在出礼时要交代清楚,喜房先生也会在喜簿上一一标明。男宅到婚后要到这笔觇仪一一理出后交给新娘。

喜房先生还要负责娶亲时的各个红包——门上开销钿,开门钿是一只大红包,拿现在来说少则几千元,多则数万元。另外还有各种小红包,如汰尿布钿、血发钿、油盏钿、跟兄钿、喂饭钿、洗脸钿,如果还包括请舅钿(三包)、请媒钿(三包)、请亲家姆钿(三包)等共要30包。红包数额有多有少,皆由主婚人定夺。这些红包在不同礼仪中分别使用。

铺床 给新人(指新郎新娘)铺床,几百年来相沿成习,早在宋代时,在亲迎前一日,女家派人至新房铺设帐幔、被褥及其他房内器皿,并且备礼前来暖房。现改为当日铺床了。铺床是胜浦农村婚俗中的一件大事。这就是在结婚前要先在新房里为新人准备的就寝喜床。铺床要由一对福寿双全的花烛夫妻的尊长执行,将闲人请出房内,不得干扰,以显示庄重。

铺床首先在床板上铺一层糯稻草,喻为"和和糯糯"。还在床板上撒些谷子、麦子、豆子、瓜子和粟子等五谷之物,表示"五子登科"。再用两条新草席对合地(一正一反)铺在上面,称"和合席"。将两条被子夹里对夹里地合在一起铺在席上,称"和合被"。被子上供放着两盘糯米糕、两盆糯米团子、两根甘蔗、两根木秤、两条树木扁担、两把捶蒲草用的榔槌和两把一颠一倒放的有柄铁镕,分别象征高高兴兴、团团圆圆、甜甜蜜蜜、称称心心和夫妻同心搞好农、副业生产的寓意。有的村里还在上面放有一条猪腿和一条青鱼。

铺设好床后，铺床的夫妇在床前点燃香烛，作揖行礼，以保平安。此俗一直相沿至今。

行嫁 女宅行到男宅的嫁妆称之谓"行嫁"。那天的同时，女宅忙着准备嫁妆，并在每件嫁妆上都要贴上一个红纸剪成的双"喜"。嫁妆的多少显示女家的身价，同时也能让自己的女儿到了婆家后不至于因家寒惭恶而抬不起头。所以女宅在这方面会尽力而为。嫁妆在建国前有抽屉台、箱橱、大、小衣箱、方杌、铜脚炉、铜面盆、铜茶壶、铜蜡扦、锡茶壶、马桶、大小脚桶、浴桶、套桶、倒档桶、祭桶、提桶、饭桶、鞋桶和被子（被子都是两条对合折交错叠在一起的，称"被囊"，少的几条，多则十多条）等等。其中有两条被子对合折交错叠在一起后，上面还放着两个枕头，两个门帘，称"和合被"，这个被囊里还放着两个红蛋和一些糕点，是被囊中的重中之重。马桶称"子孙桶"，桶内安放红纸包的五只红蛋和一些红枣，喻为"五子登科"、"早生贵子"。"子孙桶"和"和合被"是嫁妆之中最讲究和庄重的两件，关系着新婚夫妇日后能否生活和睦和子孙兴旺的大事。所以要由指定人搬行（其他嫁妆不讲究）并由主婚人亲自候接。这两样嫁妆搬行走后，其他嫁妆才可搬行。

建国后，嫁妆变化很大。70年代讲究写字台、三门大橱、五斗橱等"几十只脚"。80年代追求缝纫机、收录机、电视机、洗衣机等"几只机"。90年代以彩电、录放机、VCD、电冰箱、空调和高档家具为时髦，惟"子孙桶"和"和合被"随嫁未变。

运载嫁妆的人称"行倌"（必须是新娘的平辈），运嫁妆的船称"行嫁船"。要在新娘之前先进男宅，行嫁船不到，男宅不能发桌开宴。待行嫁船一到男家，"行倌"首先将"子孙桶"搬上岸，接着是"和合被"。在河埠头男宅预先点燃"三灯火旺"（即用一把麦柴扎成三脚支架，套上红纸圈，放在必经之道，点火燃烧。）行倌在上跨越而过，直奔男宅大门。男宅父母早在大门槛口里面等候，并隔着门槛亲手从行倌手里一一接过"子孙桶"和"和合被"，送到房中。这时，房中早已人声鼎沸，守候在旁，争抢"子孙桶"和"和合被"里的红蛋和糕点。"子孙桶"和"和合被"顺利进入新房后，其他嫁妆方可由众人相帮一一搬进屋内。嫁妆一到，铺床的东西可撤去，家人开始敨被囊，即把一个个被囊打开，折成长条，叠在床的北侧。

娶亲 要说婚礼的演变，从娶亲程序上可看出旧时同现在有很大的差异。在建国之前，娶亲一般安排在晚上的。吃罢了夜饭，才开始娶亲。男方用堂船、花轿、乐工（旧时是道士

作吹鼓手、建国后用丝弦音乐班替代了）迎娶新娘。花轿内座位上铺棉被，放上脚炉，名"焐脚"，意为"暖烘烘"。由四个和新郎同辈的青年抬花轿，用篾片火把引路，梅花灯笼紧照轿前篾片火，接下来是轿前盘（两盘喜糕、一盘猪腿和青鱼）跟上，下来就是花轿。乐工、鼓手在后面吹奏喜乐，喜乐声中迎亲队伍徐徐登上堂船。旧时堂船八吨大小，有头棚、舱棚、中棚和艄棚，棚上都是雕花窗棂和镂空窗扇，装扮得富丽堂皇。

堂船一到女宅村中，必须在河中来回摇几次，俗称"打圈势"，也叫"认河滩"，以防停错河滩。娶亲队伍抬着花轿到女家堂屋门口，而女家故意紧闭大门。乐工鼓手在门外进行"三吹三打"奏喜乐（奏乐三通），俗称"吹开门"。屋内喜娘开始为新娘更换新衣，梳妆打扮。新娘上轿穿的是花衣花裙、凤冠霞帔。（20世纪90年代后，新娘改为身穿红色外套，头盖一条红绸被面）。三吹三打过后，女家方打开大门，一小青年手提系着红绿布条的公母两鸡，碰得呱呱直叫，抢先奔进客堂，将鸡在礼仪台脚上绕一圈，然后转身提鸡返回堂船，以驱瞽神。接着一人提两盏梅花灯笼向堂内一转，以震慑花粉煞邪神。媒婆到里面和女方主婚人交待礼帖，打发"开门钱"。此时，身穿花衣花裙的新娘要到邻居家或平时常串门的熟悉人家

去走一趟。称作"走熟门"。意思是通过这次身穿上轿衣裙一串门，以后新娘在新婚禁忌间内，这走动的几家再无什么顾忌了。走熟门结束回家，乐工开始奏乐，掌礼（也称司仪）朗声高吟颂词，三请新娘登堂。此刻，出嫁之女必须放声大哭，谓之"哭嫁"（20世纪70年代后，没有人再哭了）。新娘头盖方巾，由喜娘挽扶慢慢走到堂前，与新郎并肩而立，拜天地、拜高堂。拜堂结束临时上轿前，新娘不能沾娘家的泥土带到男家，把财气带走。所以要进行换鞋的礼仪，俗称"踏蒸"。就是让新娘在堂中面向和合两仙坐到方杌上，方杌下事先放好从男宅带来的一盘糕和糕上的一双新鞋，踏蒸时，女宅拿来一个蒸笼，倒扣在糕上，新娘的母亲替新娘在倒扣着蒸的糕上换上男宅带来的新鞋，意为到了男家后会"步步高升、蒸蒸日上"，换鞋后新娘不能脚踏娘家地了，两脚踏在糕上，由兄长抱上花轿。新娘上轿一阵间，要嘤嘤啼哭，兄长将新娘抱到花轿前的红毡毯上放下，新娘由喜娘挽扶着，边哭边后退坐进花轿中。在新娘从方杌上被兄长抱走一瞬间，方杌由其嫂或母略为一坐，随即把方杌做一个向外倾倒的姿势，以示倒凳而出，从此，"姑娘成为堂前客"。

新娘上轿后，掌礼一段颂词后，高喝"起——轿"，男宅相帮们各自

246

端着装有"花笄花幡"的帑盘和礼盘，跟着梅花灯笼在中堂转一圈后，引轿下船。喜娘捧起"千年饭"紧跟在轿后。喜乐声中迎着新舅舅一起下船。花轿上船后，新娘在喜娘搀扶下出轿坐进中棚，女宅宾客（新舅舅等）安置舱棚，抬轿者、端盘者及随从都进头棚。艄棚里是摇船手约有20来人，4位撑篙人伫立船头。

一切安排停当，在炮仗声中解缆开船，撑篙者撑船离岸时，不能将篙子在水中拖着，船离岸即收。

堂船两橹紧摇，船内喜乐阵阵。河埠两岸路人纷纷驻足观看，小孩却追逐着堂船在岸上奔跑，煞是热闹。娶亲回到男宅村落，放爆仗告知。男家在河滩点起三灯火旺，放置在河滩边。

主婚人手提两只插着秤的提桶，奔到河滩头，在堂船靠岸前的一瞬间，汲水提走，俗称"抢水"。主婚人提水进入厨房，把水倒在水缸内。接着厨师高呼"饭镬潽哉！饭镬潽哉！"讨个吉祥口彩，意为今后生活像饭镬潽一样"满得快"、"发得快"。花轿在喜乐声中抬上岸，停歇在已铺好柴草的中堂门下。新娘在喜娘的搀扶下出轿，等候在旁的男家兄长随即将新娘抱进婆房，俗称"宿老房"，等待良辰"结亲"。

建国后，婚礼进行了很大的改进，为了时间紧凑一点，开始下午娶亲，晚上拜堂（现在改为娶亲回来即刻拜堂了）。同时也取消了新娘坐花轿，改为由新娘的同辈（兄或弟）直接把新娘抱上船，到男家后，由新郎的同辈直接把新娘从船上抱进男宅。接新娘的堂船也改为用一般的农船了。后在农船上搭了一个低矮的仓棚，棚外画上一些龙凤图案。新娘和新郎坐在舱棚的艄后，其他迎亲队伍人员也拥挤棚内，乐工有时没法演奏，只得到船头上来。在"文化大革命"的10年中，结婚更是简单，直接新娘在伴娘的陪伴下，走进男家。男家客堂正中贴着毛主席的像，两旁有"听毛主席的话，跟共产党走"的一副对联，一对新人面对毛主席的像进行了三鞠躬，就算完成了婚礼，谓之"革命化的婚礼"。到20世纪80年代改革开放后，新娘重新由同辈抱上抱下，婚礼渐恢复至建国初的50年代这套礼仪。

2000年代后，颠覆了大红大喜的传统习惯，新娘开始穿婚纱，用汽车娶亲了，婚礼虽是简便多了，但拜堂之习俗犹存。身穿婚纱行旧俗拜堂之礼，虽有些不伦不类，但已约定俗成。

邀老客 旧时，新娘还未娶进门，下午就要根据女宅的客目单上发出帖子（新娘未到男家之前，帖子上在自称前称忝眷；新娘娶进门后，帖子上在自称前要改姻眷了），邀新娘家的舅父、姑父、伯父、叔父等长辈（称老客）去男宅赴宴，称"邀老客"。

女宅老客一接到帖子，由堂船将他们接到男家，设宴款待。老客赴宴时，每人要带一盘喜糕和一条猪肋并带上礼帖。老客不能同桌聚餐，需一人一桌，每个老客都分别有男宅相应辈分的人陪同。同时，行嫁船也到了，主婚人开始接子孙桶和被囊。

新娘的亲兄弟和堂、表兄弟们被称作新舅舅（也称新亲），要在晚上娶新娘时随新娘的轿子一起送亲到男宅，设宴时由两只八仙桌合在一起，菜肴两份，同桌共饮，称作"和合桌"。新娘的母亲（称亲家姆）另有行嫁船（不与老客、新亲一起同行的）接到男宅。母亲身边可带一个家中最小的孩子（孙子、侄子均可）一起赴宴，称作"跟兄"，同时还带来一盘喜糕，一条猪腿、一条青鱼，直接送到新房，故称作"房里盘"。也另开一桌筵席招待，由男宅相应长辈的女眷陪同。不论老客、新亲和亲家母，在设宴款待中用的碗不能有细小豁口的，筷也要一样齐，表示郑重。上述租用的器具中有象牙筷，可能就是老客和新亲专用的。席罢，茶担师父就会给每人送上的把热水毛巾，洗一把脸，并给每人泡上一杯茶。辞别时，新亲都要到新房里跟新娘告别一声，新娘只能含笑代答，不能出声回音，老客没有向新娘辞别的这一规矩。老客、新亲回去不再由男宅用船送了，是由行嫁船带回家的，但老客、新亲离开男宅时，男宅要放爆仗表示欢送。

在"文化大革命"中，取消了邀老客，直至现在。但新舅舅送亲到男家这一习俗至今还延续。

拜堂 旧时拜堂在夜里进行，建国后随着娶新娘时间的提前，拜堂也改为下午三点以后了（个别还有在黄昏举行婚礼的）。

在男家客堂正北，由两只八仙桌拼成礼仪台，上铺红绸，正北墙上，挂着和合轴和喜联。礼仪台（称星官台）上供着天君、地司等纸马，两对龙凤花烛已插在蜡钎（称方宫）上，在每根蜡钎的上面、花烛的下面夹插上一只橘子（意为结子）。另在星官台东北角放上一斗米，米中竖有一面镜子（照妖镜）、插上一根秤，点燃一盏火，作压邪之用。良辰一到，掌礼者（后称为司仪）喝道"沐手发旺"，就专有新郎的同辈洗手后，点燃花烛。掌礼者又开始喝礼颂赞词，举行拜堂仪式开始，在喜乐声中要三请新郎（称新学士）入席。这里，我在20年之前采访一位80高龄的老掌礼周根荣的记录，他说这是在老法里（指民国时期）结婚用的一套。在新郎（俗称新官人，尊称新学士）入席时：

掌礼一颂赞词：

喜堂满彩良时到，
喜娘传言贵人召。
喜乐齐奏同心曲，
喜步蟾宫学士高。

掌礼高呼:"恭请新学士整容圆面,有劳执事奏乐初请。"这时,乐工喜乐响起。曲毕。

掌礼二颂赞词:

> 乐乐陶陶良缘缔,
> 乐山乐水乐天地。
> 乐善好施常修身,
> 乐在其中家和气。

掌礼再呼:"恭请新学士整容圆面,有劳执事奏乐双请。"再喜乐奏响。乐止。

掌礼三颂赞词:

> 和气生财扬四海,
> 和璧隋珠九域开。
> 和衷共济行天下,
> 和气致祥紫光来。

掌礼又呼:"恭请新学士整容圆面,有劳执事奏乐三请,喜乐和来!"喜乐又一次奏响。在喜乐声中,照花烛者手执花烛迎新郎登堂入席。掌礼又呼:"恭请新学士整容圆面,泰坐。"新郎面北坐在堂前的椅子上,准备"圆面"。掌礼的事先准备好一条红绿宝带、一把剃刀、两个红蛋和两只橘子——递在新郎面前出示并虽赞词,如:

掌礼在新郎眼前双手托起红绿宝带,颂道:

> 洪缎瑞绢赛花仙,
> 南北东西礼是先。
> 今日放在香烛下,
> 将来披在贵人肩。

掌礼在新郎眼前手执剃刀,作修面状,颂道:

> 一把金刀游四方,
> 拨开乌云见红光。
> 昨日还是新学士,
> 今日便是状元郎。

掌礼在新郎眼前手拿牙刷,作刷牙状。颂道:

> 明刷延上出身高,
> 先周汤来禹舜尧。
> 今日学士来开面,
> 月里惊艳献蟠桃。

249

掌礼在新郎眼前手拿红蛋,扬一扬,颂道:

> 学士圆面真乐意,
> 轻轻掠起乌云片。
> 淡淡风光人圆面,
> 福面整容喜乐和。

掌礼在新郎眼前手拿桔子,呈上前,颂道:

> 一对金橘献学士,

学士面孔更新意。
左执金桔千年红，
右执金桔万年米。

掌礼高呼："新学士整容完毕，撤椅恭候。"这时，撤下椅子，新郎起身站立一旁静候。接下来掌礼三请新娘（称新贵人）入席。如：

掌礼一颂：

福星高照华堂前，
福纳家声拥金眠。
福德无疆同地居，
福缘有份与天连。

掌礼高声一呼："恭请新贵人登堂，有劳执事奏乐初请"。奏乐，曲终。掌礼二颂：

禄重如山彩凤鸣，
禄受四海永长春。
禄添万斛堆金玉，
禄享千钟与子孙。

掌礼高声二呼："恭请新贵人登堂，有劳执事奏乐二请"。又奏乐，乐毕。掌礼三颂：

寿花娇艳吐祥光，
寿酒香浓画满堂。
寿遇喜期三星照，
寿增夫妇永成双。

掌礼高声三呼："恭请新贵人登堂，有劳执事奏乐三请，福禄寿来!"。这时，喜乐齐奏。喜乐声中照花烛者擎着花烛到老房（未拜堂前，新娘要宿在老房等候）门口接新娘登堂入席。新郎和新娘背向南、面向北，并肩站在堂中，与和合、红烛、天君、地司相对而立，举行结亲（拜堂）仪式。

这节礼仪到建国后就废除了。周根荣说："解放了，就不用这套了"。

接下来拜堂仪式基本延续旧时的一套做法，但这里的赞词内容多样，每个掌礼都不一样，有现成句的，也有即兴吟作的，多为吉祥或富贵之含意，妙句连珠、风趣幽默。一对新人在掌礼者的喝礼（颂赞词）中，分别对天地神君三拜、和合两仙三拜、宗族祖先三拜。拜毕，掌礼者一一地喝礼（颂赞词），先后请主婚人（男宅父母）、媒人入席，面向新郎新娘。新郎新娘在掌礼的喝礼（颂赞词）声中，又分别对父母、媒人也行礼三拜后，父母和媒人分别致词并答谢。接下来是请新舅舅入席，同新郎新娘相互见面行礼，称作在红毡毯上会亲。会亲结束，新舅舅们由媒人引领下进入宴席上吃"茶水"（并非真的茶水，而是糖汤和各种糕点、糖果）。行礼至此，新郎新娘相对行礼，然后手执中间绾着同心结的红绿牵巾（男执红、女执绿），在前后花烛照引下,对面相立、男退女进,徐徐进入洞房。入洞房后,按男左女右的位置同时并坐在床沿。

挑方巾 此时,已由茶担师傅手托放着两只酒杯的木盘上前,让新郎新娘吃交杯酒。茶担师傅将木盘中的铜钿、米、麦、豆、枣、果等食物向蚊帐上面撒去,俗称"撒帐"。孟元老的《东京梦华录·娶妇》中记载有古代婚礼上抛撒帐钱的风俗。"拜毕就床,女向右,男向左坐,妇女以金钱采撒掷,谓之撒帐。"然后,由男宅女主婚人手执两根秤和甘蔗来到新娘面前,背对新娘,在喜娘协助下,将秤、甘蔗挑在肩上,秤梢和甘蔗梢把方巾挑起,喜娘随口说出"方巾挑得高,养个伲子做阁老,方巾挑得远,养个伲子做状元"等颂词。挑去方巾后,女主婚人径直出去,婆媳不能照面,以免"逆面冲"。旧时不要说婆媳没见过面,就是新郎新娘也不认识。直到进了洞房,双方始见庐山真面目,虽相貌都看不入眼,但早就木已成舟,苦果自尝。现在不同了,都是自由恋爱,不要说新郎新娘早已熟悉,就是同家人也已融入一起了,新娘常叫男友的妈为"阿姨"。所以,挑方巾后不再讲究逆面冲,而是要开金口,新娘对着婆阿妈要开叫第一声"姆妈",从此对其不能再叫"阿姨"。

闹新房 挑去方巾后,男女老少,开始闹新房,闹新房时,笑谑之事层出不穷。在先秦时代,新郎新娘酒筵的结束,标志着婚礼之夜仪式的基本结束,接下来,新郎新娘就安寝了。大约在汉代时,参加婚礼的宾朋不甘就此罢休,于是就有了"听房"的做法:新婚之夜,爱看热闹的人悄悄来到新房窗外,偷听新郎新娘的言语及举动,以此为笑乐。传衍至晋代,民间已有戏弄新娘的习俗:于大庭广众之前,以各种怪问题来难新娘,甚至对新娘施以种种恶作剧。现在还出现变相的闹新房,就是在新郎新娘男退女进进入洞房时,一些小兄弟们挤在门槛旁,挡着新郎新娘进入门之路,提出种种要求为难他们,最后,还索要每人一包"中华香烟"。这种闹法称作"轧门槛",实是提前闹新房了。

古有"闹喜闹喜,越闹越喜"和"三朝呒老少"之说,"闹新房"有不同的方式、方法,闹的程度也有文雅和粗俗之分,有时闹过了头,往往给主宾双方带来尴尬和不快,但因为它给婚礼增加了热烈的气氛,所以后来的婚礼中往往少不了这一节目。这算作为对新婚夫妇在婚礼之夜在新房接受亲友祝贺、嬉闹的仪节。

婚后礼:是婚姻的磨合

望三朝 第二天新娘回门,称"望三朝"。由娘家嫂嫂或姐妹带两根甘蔗到男家,接新娘回女家吃中饭。下午由男家的嫂嫂或姐妹来女

家,再接新娘回男家吃晚饭。双方接新娘的人互不在对方的家里吃饭。旧时,新娘婚后不满月,除了进娘家大门外,不能串亲走戚。偶一不慎踏进他门,必须在他家堂前装香点烛拜谢赎罪。

做满月 名为做满月,其实结婚三天后,亲家姆就来到男家,看望新娘,在男家吃一顿中饭,饭后带新娘回到娘家。傍晚,新官人挑了一盘糕和一条猪腿,一人来到女家接新娘回家吃晚饭,并请老客和新亲一起到男家赴席。

吃蹄子 婚后的第一个新年里,新郎的一些亲戚要邀新郎去吃饭,因吃饭时必备一只蹄子,以示隆重,所以称作吃蹄子。在男方的亲戚家吃完蹄子后,就要回女家拜年。同样,女家的亲戚(特别是被邀老亲的一些人)也要请去吃蹄子,要接连数日,这时,新婚夫妇可在女家过夜,并能同眠一床。不同的是,在女家亲戚家吃蹄子时,新郎要向吃蹄子家的主人唱诺答谢并送上百岁钱。

送拜节 新婚夫妇在女家吃完蹄子后,由女家将他们要送回男家。称为送拜节。这时,女家要做数盘大如菜碟的米饼(称拜节团),陪同新婚夫妇送到男家。陪同的亲戚是舅父母、姑父母、伯父母和叔叔婶婶等,男家摆酒筵盛情招待。

三月廿八汛 这一天,新婚夫妇又一次回门。胜浦在农历三月廿八

还有"摇新官人"之俗。新婚夫妇被邀回娘家看戏,娘家在农船上买好酒菜,备置糕团点心,带着新女婿和亲戚摇着两橹或扯篷行船去斜塘的龙墩山或甪直的张陵山去看庙会。这天,像龙墩山脚下的河港内,船似蚁,樯如林,山上山下人如潮。戏场两旁搭起遮阳棚,架起木椽堂,商贾蜂拥而至,摊贩林立。小吃有绿豆汤、豆腐花、小米糖、梨膏糖、粢饭团、海棠糕,还有卖玩具和百货的,更有玩蛇的、耍猴的、卖膏药的、表演杂技的,应有尽有,不一而足,场面煞是热闹,新婚夫妇快乐无比。

婚后诸多礼俗,就是为新婚夫妇尽快融入双方亲戚的环境中,是双方的一次磨合过程。也是为后来新婚夫妇的独立生活打基础。

至此,婚姻才算圆满结合,婚俗也就一一履行完毕。建国后,婚礼仪式也开始革新,废除花轿。婚礼虽还循守旧礼,但已在不断嬗变中,一些繁复的和带有迷信色彩的东西逐渐淘汰,力求从简。

1949 年——到 21 世纪胜浦婚俗的变化

胜浦婚俗从民国旧时到现在经过了不断的变迁,有的被改进,有的直接淘汰,有的增加了新的元素。所以说,如今当代的婚俗不能说成是传统的了,仅是保留了传统的精华部分,有时为了出于某种目的演

绎的传统婚礼（水乡婚礼），其实是一种伪民俗，同真正的传统婚礼相去甚远。胜浦婚俗的演化明显的是经过了四个阶段：

在民国时期的胜浦婚俗，繁文缛礼太多，基本遵循古代"六礼"之俗，交往使用帖子，娶亲采用花轿堂船，乐工掌礼均邀道士参与，仪式繁杂古老，赞词深奥难懂。第二个时期是建国初期的8年中，是新旧交替糅合时期，条件好一点的人家娶亲还用轿子，但大多数用平辈抱新娘替代花轿了，堂船照用。男女两宅之间交往的帖子大大减少，特别是婚姻法颁布后，男女婚姻自由，即使还有父母之命，媒妁之言的，最后还是要得到男女双方两人的同意方可领结婚证。建国初，在"提倡科学，反对迷信"的号召中，求亲通过星家占卜算命的现象基本绝迹。但使用"帖头"作为应允对方婚约的一直延续到20世纪80年代中，即使在"文化大革命"中，婚帖作为婚约的凭证大行其道。最简约的婚礼是在1959——1963期间，这段时间正是国家因自然灾害而大饥馑时期，很少有人家结婚，即使结婚也是"一只兔子结一个婚"。就是说，婚事人家仅宰一只兔子来招待亲朋，完成婚事。当时亲朋都是手提小竹桶的自备餐，来到婚事人家共享一只兔子算是贺喜。这并非笔者在说笑话，这是事实。结亲礼仪也是简单得不

能再简单，仅向"天地神君"、"和合两仙"行礼三鞠躬就入洞房。到了1964年，生活有了好转，接着就是"文化大革命"，"破四旧、立四新"的口号将婚礼保持了三年大饥馑年代的模式，不同的是宴请来宾不再是一只兔子了，有了简单的四大菜八炒菜了。"文革"初期，娶亲时不许抱新娘，说啥抱新娘是一种资产阶级的思想和生活方式。新娘改为自己走上堂船，到男家后再自己走进门去。这样的做法群众不能接受，后到了70年代改为"抱新娘"的方式娶亲，这个形式一直延续至今。不过，在1975年后，堂船改为挂艄机（机帆船）了，到了80年代后，由人将农船改为的堂船，进行出租，这时，胜浦有四只这样的堂船。在堂船上搭建了一个舱棚，设置了两橹，虽比不上原来的堂船富丽堂皇，但比光秃秃的机帆船气派多了。从上世纪60年代到90年代这段时间，我把他纳入第三个时期。第四个时期是从2001年开始，转入一个新的婚俗阶段。最大的改变是胜浦进行了农村动迁，农民向市民过渡阶段。这时，胜浦不再是出门赖于舟楫，而公路宽畅，私家车迅速发展，结婚最终取消了堂船，取而代之的是汽车了。新娘穿着也一改常态，颠覆了传统，用洁白的婚纱替代了几十年不变的花衣花裙。胜浦的传统习惯喜事忌白色，认为白色是带孝的标

志，只有在丧事人家能用。而现代青年跟着时尚走，认为白色是代表纯洁、端庄。一向听从父母之命年青人，一下有了自主权，身穿婚纱、坐上轿车从女宅来到男宅，老年人纵然有不少想不通的地方，但只能随行入市，接受这个事实。但是，这个拜堂仪式是不能改变，尽管新娘身穿婚纱行拜堂之礼，略显尴尬，但也不得不听从长辈，走过这一形式。一些虽在农村出身，但经济、地位不同寻常的人家，在举行婚礼中往往两者兼顾——在外虽聘用婚庆礼公司，举办全新的时尚婚礼，但回到血地（出身的胜浦），不得不按旧俗重新举行一次礼式，以随乡俗。看来不久以后，这种全新的时尚婚礼将会在胜浦流行，传统婚俗也将被替代。

胜浦婚俗的变迁和时代的发展密切相关，具有自己独特的文化风俗特征，现总结如下：

一、胜浦婚俗的乡土性和传承性特色鲜明，寓意美好，具有吴地水乡文化特征。

人们在长期的社会实践中，创造出丰富多彩的婚礼文化。不同的地域有着不同的婚礼习俗，每个地方的婚礼习俗都展现自己的独特的文化。胜浦的传统婚俗同样有着它的地方色彩，展示着胜浦丰富生动的民俗风情画卷，反映出胜浦人的生活审美和价值取向、民俗心理，蕴含着深刻的吴地文化内涵，表现出它的乡土性和传承性：

其一，胜浦婚俗中有着丰富的吉祥文化。趋吉避邪是人们生活中的一种企求，婚礼主色调讲究红色，不论是环境布置，新娘的装束、婚嫁用具等都以红色为主。红色代表着吉祥、喜气、平安。还有铺床、圆面、踏蒸、抢水等程式都是一种追求血缘延续、富贵吉祥的礼仪。

其二，特别是在婚俗中最讲究用吉祥含意的用语。说话中多有"多子多孙"、"五子登科"、"福寿双全"、"龙凤呈祥"等，张贴和装饰的都有祥云、双喜、鸳鸯等如意和祝福内容的图案，书写词语中常用"百年好合"、"天成佳偶"、"凤鸾和鸣"、"螽斯衍庆"等贺词祝文。这些心愿期望，都用百姓耳熟能详的语言和集体审美的表现形式展示出来。达到图比有意，意必吉祥的效果，幸福感在此油然而生。

其三，有了吉祥还不够，要防邪恶的侵入。所以，除了求吉还须驱邪，两者一定要兼用之。就在胜浦婚俗中看到了不少地方运用驱邪的巫术。像迎亲用公母两鸡驱睿神、花轿前用两盏梅花灯震慑花粉煞邪神、用三灯火旺防恶煞、星官台上的斗米和照妖镜等，都是驱邪祈吉的巫术。在胜浦这种带有浓厚的吉祥文化意蕴的传统婚礼，充分反映出人们趋利避害、求吉远祸的心理和愿望，以及对婚姻美满、爱情甜蜜的虔诚祝祷。

二、胜浦婚俗中教育性的特色具有其独特的现代传承价值，值得发扬光大。

胜浦婚俗中不少地方是在给下一代传授传统道德观念，教给他们生产的本领和生活的知识；要求他们学会待人接物的方法，和尊老爱幼的品性；同时要让他们懂得邻里团结互助的道理。婚俗给年轻人的一个做人的示范。就是在一对新贵夫妇缔结姻缘的同时，要传承这一些优良品质。例如在铺床中放有铁铛、榔槌、扁担，示意新郎新娘不要忘了农业本分，婚俗中诸多的帖子，告诫新郎新娘待人接物的道理，邀老客和待新亲是一种尊老爱幼的示范，邻里间相互帮忙让年轻人懂得邻里团结的力量。这种教育融入了婚俗文化之间，取得了潜移默化的作用。

三、胜浦婚俗以女为尊的特色，传延了中华民族古老的氏族社会孑遗，女性为主的传统。

胜浦的婚俗以女为尊，这种观念在男尊女卑的封建制度社会里是绝无仅有的。它体现的胜浦婚俗的特殊性。纵观整个婚俗，无不都是围着女性转，像先前的求帖求婚，以女为尊，男宅派人向女宅求亲，女宅"允"了，立即小盘大盘两次行聘，男宅向女宅问询、通信都以请帖交往，仅正日这天所用帖子要有 50 多种，娶亲男宅用花轿把新娘抬进男宅门，更是众所周知了，这种礼节是很隆重的。这一天男宅对待女宅的来

客招待着更是格外周到，可用如履薄冰来形容，一有差错或失误的地方，不仅向当事人陪礼道歉，还得向女宅祖宗祖先（祖宗三代以上的）跪拜。凡此种种，都是以女为尊。

那天凡是长辈出人情（贺礼）时，另要出一份觊仪（即小礼），这是专门给新娘的一份见面礼。出礼最重的是舅舅家，舅舅家不但出贺礼和觊仪，还要为新郎和新房添置一些用品。新娘娶进门后，邀新娘家的舅父、姑父、伯父、叔父等长辈（称老客）去男宅赴宴，称"邀老客"。新娘的亲兄弟和堂、表兄弟们被称作新舅舅（也称新亲），要在晚上娶新娘时随新娘的轿子一起送亲到男宅。设宴招待新亲时应由两只八仙桌合在一起，置菜肴两份，同桌共饮，称作"和合桌"；碗要全新、筷要一崭齐；饭后送一热毛巾揩嘴擦手，凡此种种重待新亲的习俗，都是对女性的尊重。可见，生动地反映出胜浦的婚俗的古老和传承的意味是十分深厚的。

不管婚俗如何演变，那种一个家族有事，往往全村人都来相帮，或共同参与的这种习惯终始没改变。现在胜浦农村已经成了一个都市化的新城，过去的农民已经转型成为一个城市居民，居住在一幢幢的高楼，这环境的改变，使以前一些朝夜相处的老邻居各自分开，不再成为邻居了，但一旦得知那家老邻居在

那天办喜事时，都会自觉赶来帮忙，邻居情愫依然。这现象恰是原始村社崇拜典礼公共性质的孑遗。所以说，胜浦婚俗所蕴含着的深层的民俗文化的内涵，有许多是中华民族传统文化的精华，是值得继承和发扬的。这不但能调节人们的社会关系和家庭关系，对维护社会稳定和家庭安宁都起着积极的作用。社会有序、民族和谐，是我们先人千百年来始终不渝的追求目标。

这些都是胜浦婚姻礼俗文化的重要组成部分，展示了它的乡土性和传承性，它是水乡民众社会生活方式，直接影响人际之间的交流与沟通，它是辖区群众的集体创造，它在胜浦丰厚的文化土壤上孕育，是胜浦历史文化生活的重要见证。

昆剧表演中的"然境"阐发

——论王芳在《长生殿》中的表演艺术

金 红

摘要：自 2004 年担纲昆剧三本版《长生殿》里的杨贵妃后，王芳的表演艺术越来越受到关注。"然境"说起于昆剧界"传"字辈艺人沈传芷先生的教学口授，是沈先生数十年教学生涯中总结出的昆剧表演艺术真谛。由苏州昆剧院与台湾文化界人士联手打造的上、中、下三本版昆剧《长生殿》，给中华戏曲舞台以极大震动，一度掀起昆剧《长生殿》热潮。精编本《长生殿》是由昆剧表演艺术家汪世瑜任总导演，将原来的三本整理后的改编本，只保留《定情》、《絮阁》、《制谱》、《密誓》、《惊变》、《埋玉》等六折，由王芳和王振义担纲主演。在这一版本《长生殿》中，王芳的表演又上层楼，她完好地阐发了对昆剧前辈"然境"艺术的理解，沈先生传授的"然"，也正在她的艺术阐释中展现了迷人的魅力。

关键词：王芳 《长生殿》 "然境" 表演艺术

作者：金红，女，博士，苏州科技学院人文学院教授。

257

"'惟愿取恩情美满，地久天长，情似坚金，钗不单分盒永完。'观看了《长生殿》，我们不禁沉醉在这美丽的邂逅中。我们为杨玉环的死深深地悲戚，为唐明皇的痛长久地喟叹。我们记住了王芳，记住了她所演绎的世界上最真最美的爱情。"这是 2009 年 3 月 28 日晚，苏州科技学院学生在观看了苏州昆剧院的《长生殿》后，写下的心里话。

中国戏剧舞台上，昆剧《长生殿》一直是数百年来红氍毹上的亮点。它虽经诸代艺术家的不同演绎，但对李杨爱情的咏唱，对杨贵妃形象的塑造，始终是艺术家们艺术创造的重心。人们忘不了唐明皇的深情，更忘不了杨贵妃的痴爱，那"在天愿做比翼鸟，在地愿为连理枝"的生死恋，堪称帝妃之情的千古绝唱。2004年，苏州昆剧院与台湾文化界人士联手打造了上、中、下三本版《长生殿》，给中华戏曲舞台以极大的震动，一度掀起《长生殿》热潮。此剧由赵文林、王芳担纲唐玄宗和杨贵妃，他们演技高超，深受好评。尤其是王芳，因此剧的表演于次年再度荣获中国戏剧梅花奖，成为又一位"二度梅"获得者。第四届中国昆剧艺术节前夕，苏州昆剧院聘请昆剧表演艺术家汪世瑜任总导演，将三本版的《长生殿》整理为精编本，保留《定情》、《絮阁》、《制谱》、《密誓》、《惊变》、《埋玉》等六折，由王芳和王振义担纲主演。两位梅花奖获得者再次诠释《长生殿》，王芳那出神入化的演技也将再次让杨贵妃的形象熠熠生辉。3月28日在苏州经贸职业技术学院融合堂为苏州四所高校部分师生的演出是苏昆剧院此精编本《长生殿》的首演，也是苏州昆剧院献礼第四届中国昆剧节的大型彩排。

此版《长生殿》，王芳又一次成为全剧的灵魂。她的表演较前几年更为细腻、传神。笔者不由自主地想起她多次提到的"然境"说。联系此次表演，笔者认为，这是王芳艺术探寻脚步朝着"然境"迈进的又一台阶。

《定情》：千娇百媚的天然国色

"然境"之说，起于苏州昆剧界"传"字辈艺人沈传芷先生的教学口授，是沈先生在数十年的昆剧教学生涯中，经多次揣摩，传授给学生的昆剧表演艺术真谛。

沈传芷1906年生于苏州，1994年去世，是"传"字辈艺人的代表。他的祖父沈寿林、父亲沈月泉、伯父沈海珊（一作海山）、大叔沈斌泉、小叔沈润福、胞兄沈传锐，皆为清末苏州昆班名角。沈传芷1918年在苏州文丞相小学初小毕业后，1922年春入苏州昆剧传习所，师承父亲沈月泉学习昆曲，初习小生，后专工正旦。他嗓音温润，吐字清晰，唱念劲足，乃戏工正旦的嫡传唱法，擅演赵五娘、李三娘、崔氏等正旦戏。1951年，他在华东戏曲研究院工作时，曾为后来成为表演艺术家的袁雪芬、范瑞娟、傅全香、徐玉兰等传授身段舞蹈动作。1954年任上海市戏曲学校昆剧班教师，主教小生，兼授正旦。1972年退休返回苏州后，长期在苏昆剧团任教。"继"字辈的张继青、姚继琨等人都曾得他真传，"弘"字辈的王芳，也是他嫡传的弟子。

"然境"，简言之，即角色"最自然"的展现，意指演员在表演过程中要注意将所塑造人物的"情"与"美"结合起来，注意从"最自然"的"情"中塑造人物，并挖掘人物内在的

"情",再从内在的"情"中自然而然地升华出"美",使"自然的情"与"自然的美"合二为一,从而达到表演艺术"最自然"的融合。

情、美融合,情、境合一,说说容易,做起来却难。作为中国戏剧中最古老、最规范,也是最细腻、最复杂与程式最多、要求最多的昆曲艺术,想要达到戏中的"雅"与戏外"雅俗"的"然"境融合,真是难而又难。可以说,它对演员最起码的要求是:入戏,同时又能随时超脱于戏;在舞台上表演,同时又要将最美的舞台语言、舞台动作融入最本真、然而又恰好是最符合舞台艺术"生活"的语言和动作。这是一对舞台艺术实践的矛盾统一体。

精编本《长生殿》选取洪昇《长生殿》中最能体现李杨爱情的六折戏。第一折《定情》,为全剧的情感基础。

金碧辉煌的宫殿上,彩灯高照,仙乐飞扬。一群宫女粉黛娇柔,婀娜多姿,她们簇拥着皇帝,已使万人之上的唐明皇飘然若仙。

浓墨重彩中,杨贵妃出场。她身着红色锦衣,头戴凤冠,在侍女的拥扶下,一步一鬟、一鬟一媚、一媚一娇、一娇一韵,众宫女的红裳在她红色锦裳映照下一下子褪色,她们的粉黛多姿,也一下子在贵妃娘娘的衬托中顿失风采。"浴罢妆成趋彩仗",刚于华清池浴后的杨贵妃,娇嫩欲滴,熠熠生辉,不仅使六宫粉黛"齐立金阶偷眼望",更使得唐明皇心旌荡漾。他直呼"寰区万里,遍征求窈窕,谁堪领袖嫔墙",深感"佳丽今朝、天付与,端的绝世无双";而"擅宠瑶宫,褒封玉册,三千粉黛总甘让",自是唐明皇的必然之举。

王芳扮演的杨贵妃,刚一出场,便以夺人的魅力,将所有观众的注意力集中在她一人身上。谢柏梁曾在2004年观看三本版《长生殿》后评价王芳的表演说:"那一群青春美宫女的时时陪伴,既可以衬托出贵妃的美艳,也可以耗散贵妃的光芒。但王芳的从容不迫与高贵大气,就体现在一个个眼神、动作和身段的悠然展示当中,因而在群芳争艳的锦绣丛中,更突显出国色天香的娇艳美感。"[1] 当年如此,而今的王芳则更呈婀娜神采。

《定情》一折,重在表现李杨二人的相互吸引,并且更多展示杨贵妃的魅力和对唐明皇的吸引。王芳将此时的情感定位在欣喜、幸运、欢娱、幸福等层面上,展示她的美丽、高贵和国色天香。"臣妾寒门陋质,充选掖庭,忽闻宠命之加,不胜陨越之惧",贵妃的谦诚,道出她的欣欣与荣幸,她低眉颔首,却更惹得君王的怜爱:"妃子世胄名家,德容兼备。取供内职,深惬朕心。"随后,王芳小步趋上,将娇好的美貌、含情的双眸、由衷的神态、适度的动作尽显于

皇帝面前。她轻扶圣上，身体微倾，缓慢拉起君王双臂，神情似娇似柔、似妩似媚，动作似倒似倾、似欢似娱，委婉地传达"怕庸姿下体，不堪陪从椒房"、"受宠承恩，一霎里身判人间天上"的娇羞和不安，而又"幸从今得侍君王"，更渴望"永持彤管侍君傍"、"惟愿取恩情美满，地久天长"的由衷愿望。此刻，开心的唐明皇面对美丽娇柔的杨贵妃，更感"庭花不及娇模样"、"鬓影衣光，掩映出丰姿千状"的眷恋；他不由地"把良夜欢情细讲"，更期待长久的"红遮翠障，锦云中一对鸾凰"。于是，"偕老之盟，今夕伊始"，顺情而出；浓浓情意中，帝妃二人的钗盒定情，也自然水到渠成。

《定情》是全篇的开场戏，如何在宏大场面里表现出拥有三宫六院的君王"三千宠爱在一身"，要求演员必须表现出贵妃的与众不同。王芳将"欣"作为整折戏的把握重点，将其阐释为欢欣、由衷的开心，以及幸运和发自内心的幸福感受。舞台上，她含情脉脉、仪态大方；美丽而娇羞、得意而不高傲；气质高贵而略含青涩、举止文雅而不做作；活脱脱一个大家闺秀，一位大唐宫廷里势压群芳、响当当的贵妃娘娘。

大戏开场，观众也在欣然地领悟：杨贵妃是美的，美在君王眼里的万种风情；杨贵妃是雅的，雅在所有人视野中的高贵脱俗；杨贵妃是真诚而由衷的，真诚由衷得令在场所有人对其怜爱有加，共送祈福。自然，也正因为此，才有了后来的"絮阁"、"密誓"、"雨梦"，也才有了传颂千古的爱情篇章。

《絮阁》：千嗔百怨的婉然意绪

《絮阁》是展现杨贵妃思想情感最丰富、最复杂，也是最富有层次的一折戏。

当杨贵妃忍受了唐明皇夜宿梅妃的气愤，黎明时分实在忍无可忍而迫不及待地直闯翠华西阁时，她带着两副面孔：对高力士是怒、傲、斥，对唐明皇是怨、嗔、情。前者带有主子对下人的骄横和收买，后者则含有女人对男人移花别恋的责怪和妃子对皇上的天生敬畏与不安。这又是一对复杂的矛盾统一体。

帝妃之情与普通的男女之情不同。帝妃之情中，帝拥有绝对的主动权，妃永远处于弱势地位。其实，别说是妃子，皇后也不过如此。杨贵妃爱唐明皇，希望拥有对唐明皇绝对而唯一的爱，但作为封建帝王的唐明皇做到这一点又不大可能，或者根本不可能。此时的杨贵妃，既恨皇帝不专一，又担心惹恼了他而使自己失宠，甚至坏了大事而失去眼前的一切，因为她何尝不清楚"伴君如伴虎"的道理。唐明皇夜不归宿，杨贵妃对梅妃是既妒又醋，对皇帝是既爱又怨，既想念又恼怒。虽然唐明皇已然对自己疼爱有加，极少顾及其他嫔妃，但她仍然不希望自己即使是偶尔的被冷落。她要皇帝只爱自己一人，把自己当成唯一。可以说，杨贵妃是将对常人的要求赋予君王身上，她追求的是最普通也是最恒长的男女感情。于是，矛盾中的杨贵妃要处理面对君王的种种矛盾，既要想办法让唐明皇"知错就改"，以自己为唯一，又要不惹恼皇帝，发泄心中的怨气与委屈。也就是说，既要保住贵妃的身份和地位，又要像普通女人一样任凭喜怒哀乐倾囊而出。这就是杨贵妃，一个平凡而又不平凡、与众不同的杨贵妃。

如何表现"这一个"杨贵妃？如何阐释贵妃娘娘的"贵"与"平"？《絮阁》中，王芳将其情感定位于"婉然表现"层面，她亦步亦趋地将贵妃娘娘的"小心思"一层一层、一点一滴地呈现出来。

王芳先是设计了一个似乎不经意的、一边呼唤"陛下"，一边水袖自然地飘舞，随即下蹲并顺势掀开桌帘查看的细节，检查梅妃是不是藏在桌子下面。这一细节，自然流畅，足可展现杨贵妃的聪明灵巧，博得了观众一片会心的笑声。随后，她一面假装问候圣上的身体，一面又似乎漫不经心地环顾四周，而实际上是在搜寻梅妃的藏身之处。搜寻中，王芳又面带略显夸张的笑，一边旁敲侧击地让唐明皇召来梅妃安慰身体的不适，一边又故意点破事情：

"只怕悄东君偷泄小梅梢，单只待望着梅来把渴消。"她边说边查看，边问候边打诨，待突然发现梅妃遗落的一只凤鞋、一朵翠钿时，顿时大惊失色，但又旋即收敛异常气愤的情绪，一边疑问，一边又故意以国家大事为由，巧妙地训斥皇上为何不上朝理政："昨夜谁侍陛下寝来？可怎生般凤友鸾交，到日三竿犹不临朝？外人不知呵，都只说煞君王是我这庸姿劣貌。那知道恋欢娱，别有个雨窟云巢！请陛下早出视朝，妾在此候驾回宫者。"真乃巧舌如簧。

待唐明皇得知梅妃已在高力士的安排下顺利脱身，并就势顺着贵妃的意思提出要出早朝离开时，杨贵妃更是气不打一处来，却又只能将高力士当成出气筒。她厉声呵斥："高力士，你瞒着我做得好事！"主子般的怒傲之气一下子喷发出来。而当高力士说到"如今满朝臣宰，谁没有个大妻小妾，何况九重，容不得这宵"、"莫说是梅亭旧日恩情好，就是六宫中新窈窕，娘娘呵，也只合佯装不晓"之时，杨贵妃似乎恍然大悟，但她又感到多么的不甘！

于是，当唐明皇再次回来时，她开始佯装烦恼，换了个面孔，向唐明皇撒起娇来。此环节，王芳设计出三个层次：1. 察言观色，适度出击。当唐明皇觉得冷落了杨贵妃而略有内疚之感时，她便嗔怨不止，大诉委屈，极尽发嗲之能事，甚至欲将定情

钗盒退还;而当杨贵妃用眼睛的余光发现唐明皇的反应稍有变化时,便马上敛起放肆之态,装作更加委屈。2.通过小动作,传达娇嗔之态。在展示杨贵妃复杂的内心活动时,王芳设计了兰花指的连串变化、水袖的不同程度缠绞与掩面和翻转等动态变化、身体的俯仰倾斜、双脚的随势跃动,以及小碎步、小斜拉步等舞台动作,与她不同状况下的表情、言辞一起,演绎着用心良苦的"贵妃心理"。3.三次有节度的拒扶与三次撒娇式的扭身。唐明皇、杨贵妃,一对帝妃情人,而这里又恰如一双青春年少的小儿女。他们一个哄、一个娇;一个劝、一个怨。唐明皇曾三次意欲扶杨贵妃离开,杨贵妃却故意不情愿地三次扭身,单等自己眼里流出含笑的、委屈的眼泪。她恰到好处地把握唐明皇的情绪,不温不火、不急不躁,于最合适的时候结束自己的娇怨。当她带着哭腔唱出"问、问、问、问华萼娇,怕、怕、怕、怕不似楼东花更好。有、有、有梅枝儿曾占先春,又、又、又何用绿杨牵绕"这一又怨又喜、有情有意、饱真含诚的唱词时,一个娇怜可爱、重情懂意、美丽温柔的女性便活脱脱地跃然而出。

"然境",乃自然之境,天然之境,纯然之境。王芳曾不只一次地听沈传芷先生说起"然境",也期待着自己的表演能够达到先生所说的"然境"。

她曾说:"昆曲表演的最高境界是'然',以前我不理解,现在我理解了,就是演员的表演要发乎情,当你用内心来带动外在动作时,就算身段动作展示得不一定很美,但却是合乎情理的,就能打动人心。"[2]可以说,《絮阁》里的"然",是情之然,意之然,心之然,神之然,是那幽幽怨怨又悠悠婷婷的婉然,是王芳所演绎的由"内心带动外在动作"、"合乎情理"、从而"打动人心"的自然。

《制谱》:千慧百灵的翩然乐舞

《制谱》一折,是杨贵妃艺术才能的展示,也是扮演者王芳艺术才情的特别描画。

一个普通人家出身的杨玉环为什么会被唐明皇专宠十六年?她具何德何能,硬是把一个风流皇帝变成了痴情三郎?有人说因为她美,但美貌是有个性认可和时间限期的,况且皇帝身边的美人数不胜数,厌腻现象会时有发生;有人说因为她聪明,《旧唐书》中曾记载:"太真姿质丰艳,智算过人,每倩盼承迎,动如上意。"可见,杨贵妃确实聪明,但她更重要的是将自己的灵慧和与唐明皇的心灵交融,所谓"心有灵犀一点通"。不止如此,李杨二人心心相印,还有一个不可或缺的因素,那就是他们颇为一致的情趣追求。

据史书记载,唐玄宗熟悉音律,对曲乐、舞蹈颇有研究,不少贵族子弟在梨园都曾受过他的训练。他还曾组建宫廷乐队，选拔 300 人参加，更有宫女数百人参与舞蹈，他则兼任指导。据说有一次，玄宗倡议用内地的乐器配合西域传来的 5 种乐器开一场演奏会，杨贵妃积极应和。当时的贵妃娘娘怀抱琵琶，玄宗皇帝手持羯鼓，两人轻歌曼舞，昼夜不息。对此，白居易诗中曰："缓歌曼舞凝丝竹，尽日君王看不足。"杨贵妃还是个击磬高手，她演奏时"拊搏之音泠泠然，多新声，虽梨园弟子，莫能及之"。玄宗为讨得美人欢心，特意令人以蓝田绿玉精琢为磬，并饰以金钿珠翠，珍贵无比。

对有如此音乐天赋、年轻貌美，又善解人意、聪明灵慧的女子，唐玄宗自然疼爱有加。而杨贵妃，也将自己高超的艺术修养和才情风韵融化在对君王的万千爱恋中。因此，杨贵妃的歌舞演技是为君王而做，她在才艺中融入的是对君王的深深情意。于是，《制谱》表现的虽是寒簧送谱的神仙之乐，但在杨贵妃的谱写中，却是饱含情与爱的天籁至曲。而飘然若仙的霓裳羽衣舞更是贵妃娘娘送给心上人的心灵乐章。

有了这样的理解，王芳对《制谱》的阐释，便立足于对杨贵妃的聪明智慧和才情爱意情感的艺术升华上。

"幽梦清宵度月华，听'霓裳羽衣'歌罢。醒来音节记无差，拟翻新谱消长夏。"王芳用悠悠的慢腔曲调处理贵妃记载仙乐时的情景。只见她安静地立在桌旁，一手扶案，一手持长毫，时而低头数笔，时而凝神遐想。她状若幽叶，气如兰芳，闲静中不失灵动，悠悠唱腔里满含着如梦般的怡和与恬淡。

"斗画长眉翠淡浓，远山移入镜当中。晓窗日射胭脂颊，一朵红酥旋欲融。"她将情与爱汇进如诗如裊的唱词里，并按自己的精神需求，绘心灵之曲、唱爱情之歌："荷气满窗纱，鸾笺慢伸，犀管轻拿，待谱他月里清音，细吐我心上灵芽。这声调虽出月宫，其间转移过度，细微曲折之处，须索自加细审。安插，一字字要调停如法，一段段须融和入化。"

随后，王芳伴着美妙的乐曲翩翩起舞，这便是演绎那曲享誉乐坛的霓裳羽衣舞。

盛唐以来，有关霓裳羽衣舞的阐释有多种版本，也流传许多优美动听的故事。同样，杨贵妃的形象、杨贵妃的舞姿也经过一代代人的理解，呈多种样式。

此版本《制谱》中的霓裳羽衣舞，王芳赋予歌舞以"轻"、"灵"、"巧"、"娇"、"慧"之特性，而在这一特性中，"爱"乃其魂灵。

这段舞蹈，王芳不采用大幅度的伸展动作，而是将水袖与伸展结合，借水袖的翻飞飘舞带动手臂的前后伸展，彩带般的水袖既是服装

又是道具。宫廷舞的一大特点是旋转，包括不同角度的转身。王芳却并没有完全采用宫廷舞的旋转动作，而是代之以灵巧的侧身盘旋，同时盘旋中又加入踮步和小腿的左右屈伸与前展。整段舞蹈，动作幅度小，细节却颇多，没有宫廷舞中大起大落的程式，却有着结合民间歌舞，尤其是结合杨贵妃的欣然、娇美、灵慧、幸福种种感觉的设计和动作。可以说，这是一段出自心灵、献给君王，也是献给自己的舞蹈，一段与众不同、王芳心中的贵妃娘娘的赞歌。

王芳 13 岁入苏昆剧团学员班学习昆剧，开蒙戏是武戏《扈家庄》。当时前上海京剧院院长、苏昆负责人吴石坚，请施雍容老师教她学武戏，并称"武戏开蒙，终生受用"，王芳深得其益。后来，王芳改唱文戏，并且以文戏为发展方向。但是武戏的底子，从小严谨的基本功训练，使王芳打下坚实的基础，包括与武戏有密切联系的舞蹈基础。在后来的文戏演出中，如果有舞蹈动作，王芳都能较好地处理好动作要领，力争做到恰到好处。《制谱》中的舞蹈，是王芳理解剧中人物以及将文戏与武戏的要旨结合，融入情感与动作要领的展示。整折戏中，王芳的舞姿，简约而不失华美，精巧而不失雍容，她始终把握"灵"、"巧"、"轻"、"慧"等特点，注意从人物的心里把握外在动作，从而传递丰富的情感

信息，传递着翩然升腾的万千灵性。曾有个叫慧慧的网友在看过王芳的舞姿后评价说："王芳的舞姿甚至比她的唱腔出色。"这一评价固然未必十分恰当，但足可透视王芳的舞蹈艺术表演才能。

《密誓》：千恩百爱的帝妃深情

"（生上香揖同旦福介）双星在上，我李隆基与杨玉环，（旦合）情重恩深，愿世世生生，共为夫妇，永不相离。有渝此盟，双星鉴之。"

"（生又揖介）在天愿为比翼鸟，（旦拜介）在地愿为连理枝。"

"（合）天长地久有时尽，此誓绵绵无绝期。"

……

大幕拉启，当唐明皇与杨贵妃面朝牛郎织女星双双跪下，对天盟誓，愿生生死死在一起；当两人肩并肩，手牵手，相互凝视，愿此生此世不离不弃时，全场响起热烈的掌声。

这是由衷的掌声，是观众对所期待与心向往之的人世间最高贵又最平凡、对李杨爱情的由衷赞美和祝福。

唐明皇杨贵妃，一对帝妃情，人们对这个故事早已了然于胸，但为什么当它一次一次地演绎时，仍会受到热烈欢迎？而今，面对广泛吸收中西方文化、追求快节奏与现代品味的大学生们，如此陈旧的爱情话题为什么仍会引起共鸣？

答案就在于"情"，在于李杨二人虽居显赫地位，却仍以平常之心对待爱情的态度。

王振义扮演的李隆基与王芳扮演的杨玉环通过艺术表演，完美地诠释了这一帝妃恋、人间情。

在杨玉环心里，无论李隆基的位置多么显赫，他都是自己的丈夫，而自己就是这个男人的妻子。对李隆基而言，无论杨玉环多么娇小任性，她都是自己喜欢的女人，自己愿意与她长久厮守，他把杨玉环当成自己的妻子。

抛开帝王相、贵妃体，以本真的面貌看待对方，这就是李杨爱情不同于一般帝王婚姻的地方，也是数百年来人们歌咏最多、最为看好的地方。

因此，王振义与王芳对李隆基与杨玉环的解读不是从帝妃出发，而是首先立足于普通男女的人间情。尤其是王芳，《密誓》一折中，把杨玉环的见物生情、低眉怜香、伤感幽怨，以及随后的海誓山盟、感恩心动，展示得极富层次。

"妾身杨玉环，虔爇心香，拜告双星，伏祈鉴佑。愿钗盒情缘长久订"，王芳用安静虔诚的念白道出心中的祈愿。

当唐明皇看到杨贵妃双眼含泪，问道："妃子为何掉下泪来"时，王芳设计出牵手望星空的动作，她幽幽地对唐明皇说："妾想牛郎织女，虽则一年一见，却是地久天长。只恐陛下与妾的恩情，不能够似他长远。"又满腹忧伤地慨叹："妾蒙陛下宠眷，六宫无比。只怕日久恩疏，不免白头之叹！"接着，她双手带袖翻转，以袖掩面，双眸朝前方凝望，似喃喃自语地唱道："提起便心疼，念寒微待掖庭，更衣傍辇多荣幸。瞬息间，怕花老春无剩，宠难凭。（牵生衣泣介）论恩情，若得一个久长时，死也应；若得一个到头时，死也瞑。抵多少平阳歌舞，恩移爱更；长门孤寂，魂销泪零：断肠枉泣红颜命！"直唱得君王心痛，观众心痛。

当两人共祷"天长地久有时尽，此誓绵绵无绝期"时，全戏的情感积淀达到高潮。王芳不由自主地双手合十、两眼垂泪，观众也不由自主地流下感动的泪水。

而待盟誓礼罢，王芳幽怨地叹息"深感陛下情重，今夕之盟，妾死生守之矣"之时，全戏那为情而痛的绵绵深情，已然深深地镂刻在所有人的心中。

史上的杨玉环，以追求人间之爱的情怀对待自己与帝王的爱。她祈祷上苍赐予幸福，希望自己像普通人一样，与心上人一起白头偕老，地久天长。舞台上的王芳以同样的情感演绎着心中的杨玉环。她用心体会贵妃娘娘的平常心，用心表达贵妃娘娘的妻子情。忧伤时落泪，欢娱时欣然，感动时心动。她让观

众用心灵倾听到了心灵之声。

《惊变》：千姿百态的嫣然醉意

《惊变》从情节上看是全本《长生殿》的转折。它分两部分内容，前半出是"小宴"，写帝妃二人的甜蜜爱情和他们的纵情享乐；后半出是"哗变"，写安史之乱暴发，动乱打碎了两人的爱情美梦。此两部分中，"小宴"是重点，也是历来演出经典，它在情节上为后文埋下伏笔，如洪昇在《长生殿》自序中所言："乐极哀来，垂戒来世，意即寓也"，也是人物形象塑造上的亮点——戏中人物正是在这里达到欢娱情感的高峰，而后急剧下降，并跌至最低谷，人物的命运也由此逆转。

此折戏中，杨贵妃的形象在"小宴"部分展开。

这是一出文辞华丽，曲调优雅，整个情节洋溢着欢乐氛围的艺术篇章。

唐明皇与杨贵妃自相爱以来，几乎每天陶醉在爱河里。他们卿卿我我，甜甜蜜蜜，花前月下，极尽恩爱。这一天，他们避开群臣，只与宫女太监们来到御花园，尽享欢情。"天淡云闲，列长空数行新雁。御园中秋色斑斓：柳添黄，蘋减绿，红莲脱瓣。一抹雕阑，喷清香桂花初绽。"浓墨重彩的优美秋色里，杨贵妃心情如大雁般舒展。她与唐明皇"携手向花间，暂把幽怀同散"。凉生亭下，幸福地体味着"风荷映水翻翻，爱桐阴静悄，碧沉沉并绕回廊看。恋香巢秋燕依人，睡银塘鸳鸯蘸眼"的浓浓恋情。

此段中，王芳把握着"沉醉"这一爱情基调，用酽酽的笑意、如花的表情、幅度较小的水袖飘舞、小碎慢步、转身等动作，通过充满柔情蜜意的音调唱出杨贵妃对唐明皇的爱恋之情。这里，每一字都体现着王芳理解的"醉"，这个"醉"是对爱情的沉醉，是有相亲相爱之人陪伴身边的陶醉。

随后，两人清游小饮中，唐明皇想起当年在沉香亭上赏牡丹，召李白题《清平调》三章，令李龟年谱曲的情景，问杨贵妃可否记得？杨贵妃柔柔地答道："妾还记得。"唐明皇于是更兴致勃勃，"妃子可为朕歌之，朕当亲倚玉笛以和"，开始为贵妃吹笛伴奏。一时间，那脍炙人口的"花繁，秾艳想容颜。云想衣裳光璨，新妆谁似，可怜飞燕娇懒。名花国色，笑微微常得君王看。向春风解释春愁，沉香亭同倚阑干"的千古佳音袅袅升起，台上台下陶醉在两人幸福的情境中。

此段表演，王芳使自己进入情绪"微醉"中。此时，杨贵妃虽然已与唐明皇对饮，但只是"小饮"，并没醉酒，她更多的是"情醉"、"意醉"，是为君王的爱意而醉，为自己的爱情而醉。所以王芳力争表现出美的姿态、陶醉的情绪。譬如眼神，不仅有含情脉脉、风情万种，还有满足、开心、沉迷；不仅有得到君王之心的得意，亦有在君王面前显示自己才情的畅快。

唐明皇更加兴起，开始向杨贵妃频频劝酒，直到她醉意阑珊。朱栋霖教授曾评价此刻的杨贵妃说："杨玉环之美，最美在醉。醉态朦胧，妖娆十足，更显风骚，令唐明皇情致勃发，调笑引逗不已。唐明皇愈发高兴：'我这里无语持觞仔细看，早只见花一朵上腮间。'一曲【南扑灯蛾】由杨玉环唱出：'态恹恹轻云软四肢，影蒙蒙空花乱双眼，娇怯怯柳腰扶难起，困沉沉强抬娇腕，软设设金莲倒褪，乱松松香肩軃云鬟，美甘甘思寻凤枕，步迟迟倩宫娥搀入绣帏间。'一连用八个'ABB'叠词——'态恹恹'、'影蒙蒙'、'娇怯怯'、'困沉沉'、'软设设'、'乱松松'、'美甘甘'、'步迟迟'，铺叙美人醉态，也可说是写尽帝妃间娇奢淫欲之能事，'逞侈心而穷人欲'。"[3]而唐明皇也不禁于"喜孜孜驻拍停歌，笑吟吟传杯送盏"中，看到醉美人"软哈哈柳軃花欹，困腾腾莺娇燕懒"，这"软哈哈"、"困腾腾"，又强化了杨贵妃的美态、醉态。

醉美人，一直是人们所认为的娇羞、妖娆、美丽、风骚，同时不失雅致、韵味的美人形态。杨贵妃之醉，可谓醉美人的代表。所以，如何表现出这一家喻户晓的美人的醉态，

可谓一大难题。

然而，我们可以说：王芳很好地解决了这一难题。

早在1994年前，王芳就曾以与"醉美人"有关的苏剧《醉归》和昆剧折子戏《寻梦》、《思凡》等，荣获第十二届中国戏曲梅花奖。而初演《醉归》并获好评更是早在1987年。当时的首都人民剧场里，王芳"醉眼"朦胧地迈着"醉步"亮相，伴着一曲水灵灵的苏腔，顿时"醉倒"了在场的北京人，赢得满堂掌声。在随后的艺术研讨会上，京昆大师俞振飞动情地说："昨晚看了演出，激动得一夜未能入睡……"著名戏剧理论家刘厚生说："不能说王芳现在就是大演员了，但她确是具备了一个大演员应有的气质……"[4]

二十几年过去了，已然是"二度梅"获得者的王芳，是否成为了一名大演员了呢？

当年，为了演好花魁女，为了能精确地表达角色由里而外的"醉"意，从不沾酒的她瞒着家人自斟自酌，以至大醉一场，为此还引起严重的酒精过敏，至今谈酒色变。2004年，王芳排演三本版昆剧《长生殿》。有过"醉"感的她，却并未生搬硬套花魁女，而是悉心揣摩贵妃娘娘的"美"和"醉"。"小宴"中，杨贵妃确实是酒醉，但更是心醉，是爱情之醉、生活之醉、幸福之醉。王芳用心体会着这些"醉"，将唱腔、动作、表

情都融汇在这浓浓的"醉感"中。譬如,她设计了许多水袖飘舞的动作。在从"微醉"到"身醉"到"心醉",直到"身醉＋心醉"的种种层次中,她不断变幻地舞动水袖,并配以扭身、身体微倾、颔首和媚眼、醉眼等眼神表现技巧,加上柔美的唱腔、相应的步法,传神地演绎了那不同程度的"醉"。从2004年到现在,几年又过去了。看罢她的表演,我们又可以说,如今的王芳,又多了几分成熟、几分诚挚、几分岁月累积起来的雅静和不失妩媚的端庄。

一位名叫木间雁的网友曾在西祠胡同网站发布《苏昆全本〈长生殿〉观后乱语》一文,文中说:"当年她(王芳)'摘梅'的时候还有些人不以为然,但这几年,可以说每看一次她的演出都会惊讶和欣喜于她的进步,来看看这个杨贵妃,套用一句上次海月清辉同志的话——谁敢说王芳不好我就跟谁急。拿最经典的《小宴·惊变》来说,王芳这一场的处理与以往版本相比,最大的突破是在端庄之外添了几分妩媚与灵巧。两支【泣颜回】加了很多细微的表情和小动作,比如娇憨地滑倒,比如回眸的俏笑。只需一点点,哪怕只是甩水袖的力度,抑或是气息的轻重,效果就大不一样了。杨贵妃本该如此的,青春年华,又是正当得宠,活泼快乐是《小宴》的基调。再加上几分传神的醉态,台下连我这样的女人也不能不被迷住

了。杨贵妃在王芳手里终于被演绎成一个甜蜜的妻子,深宫中一抹亮丽的朝霞。"[5]网友的评论或许没有太多的理论性,但其质真、坦白皆溢于言表。

《埋玉》：千转百回的凄然境界

渔阳鼙鼓动地来,惊破霓裳羽衣曲。

平地起雷。安史之乱起,李杨的爱情美梦被骤然打破。《埋玉》一折,写杨贵妃生命的终止,更表现出她那万般无奈的情感与遗憾。

此时的杨贵妃,一改前几折戏中欢乐、幸福的情感基调,而代之以逃难时的茫然、悚然,被讨伐时的惶然、凄然,求赐死时的淡然、安然,临死之际的幽然与坦然的状态。这里使用几组"然"字词,并非刻意提取"然境"的具体所指,而是力求形象地描摹王芳的演绎。

王芳在此折戏里表演最突出,也是最具特色的是那两声动人心魄的高叫。两处"啊呀",声腔发音为昆剧表演中的正旦发音技巧,王芳根据剧情角色需要,将此处改为正旦应行。

当众军士追杀杨国忠时,王芳饰演的贵妃,听到兄长被杀后大叫一声"啊呀",同时急速从椅上弹起,俄顷又缓缓坐下。这一叫喊和动作,反映了她内心如翻江倒海般激烈的情形。江山破碎,她和君王一起逃难,当兄长被斥祸乱朝纲而遭

杀戮时，她虽身为贵妃，却无能为力。她为亲人的突然离去感到震惊，又只能任凭局势发展。而当她听到军士们高呼"不杀贵妃，誓不护驾"、陈元礼逼迫皇帝"望陛下割恩正法"时，她不由自主地又一声大叫："啊呀！"这一叫，音调更高，情感更剧烈，听起来撕心裂肺，极具爆发力和穿透力。这是激情之极致的高叫，是变态一样的惊叫。杨贵妃没有想到臣子作乱竟能殃及自己，更没有想到她这贵妃的身份而且如此紧跟皇帝，却仍然要把性命丢掉。这声高叫，是震惊，是震颤，更是发自内心的惨叫。

随后，贵妃娘娘还有两声"啊呀陛下"的呼喊，王芳将其发音方式处理为正旦与闺门旦之间的腔调。

其时，陈元礼催唐明皇杀杨贵妃，坚执"军心已变，如之奈何"、"听军中怎地喧哗，教微臣怎生弹压"，杨贵妃哭着叫喊一声"啊呀陛下"。这一声喊，是痛，是哀，是"事出非常堪惊诧。已痛兄遭戮，奈臣妾又受波查。是前生，事已定薄命应折罚，望吾皇急切抛奴罢，只一句伤心话"的楚楚痛道。此时的王芳将"凄然"作为情感阐发点，通过哀婉的唱腔，传达出内心的痛楚和哀伤。她抱着唐明皇痛哭，哀哀情肠无以表达。当她感到大势已去，自己已经难逃死运时，禁不住抱紧皇帝又大喊一声"啊呀陛下"，然后喃喃地说道："臣妾受皇上深恩，杀身难报。今事

势危急，望赐自尽，以定军心。陛下才得安稳至蜀，妾虽死犹生矣。算将来无计解军哗，残生愿甘罢，残生愿甘罢！"这一声喊，以及紧接着的哭诉，是杨贵妃做出必死决定后的呼喊，是忧伤中的无奈，无奈中的淡然，淡然中又含无尽的委屈与哀怨。"陛下虽则恩深，但事已至此，无路求生。若再留恋，恐玉石俱焚，益增妾罪。望陛下舍妾之身，以保宗社。"她望断天涯，恨此残生，哭誓："百年离别在须臾，一代红颜为君尽！"从容坦然之态，又是那么撼人心魄。在被逼自缢的最后关头，王芳将贵妃仍然念及皇上的台词，更念得格外动情："高力士，圣上春秋已高，我死之后，只有你是旧人，能体圣意，须索小心奉侍……"这段念白加上绝命前委屈而深情的哭诉："臣妾杨玉环，叩谢圣恩。从今再不得相见了。"令人肝肠寸断，具有强烈的艺术效果。

精彩的舞台艺术很大程度上取决于舞台表演的有规律变化，如节奏的快慢、表演的张弛、声音的大小、呼吸的轻重等等。只有根据剧情需要，才能用得贴切，观众也才能感受到人物的性格和心理，感受剧情的发展变化。王芳在近三十年的舞台艺术生涯里，细心体味，反复揣摩，逐渐形成了自己对自然化表演的理解。她曾与笔者聊起当年沈先

生的教诲："他（沈传芷）说，昆曲演到最好的境界是'然'，即最自然的表现，达到一个最自然的表演状态。昆曲是诗化的，它不在乎每一个动作是否到位，但要做到属于这个人物的境界。一个自然的过程是粘连在一起，不能像照相一样定型。我小时候不理解，长大了才懂。直到现在我演《思凡》时，还想起他的那双眼睛，真好。"[6]

"然"，是一种境界，也是一种个性，对王芳来讲，就是那种经由内心、融化着情节与人物，而后又升腾出"新的"情节与人物的艺术表演个性。因此，无论是"定情"中的欣喜，还是"絮阁"里的娇怨，无论是"小宴"中的妩媚，还是"埋玉"时的哀伤，王芳都把握着那发自内心的"然"化意境。那是来自心灵深处的艺术创造。

陆文夫先生曾这样评价王芳："王芳一登台就带有一种诗人的气质，举手投足不是风尘中人，而是温良秀美的古代诗人。她没有把妖冶当作妩媚，没有把轻浮当作轻盈，没有把内心的苦闷当作无病呻吟，她是那么的含蓄、深沉、娴静。对一个演员来说，最可贵的不是什么高难度的动作，而是一种难以描绘的气质，即通常所说的天生丽质。天生丽质不是天生的，也不仅仅是外貌的美丽，而是一种内心美的流露，是精神状况的物化。最高明的演员是用心灵演戏的，唱念做打是心灵的通道，即所谓的得手应心。得手而不应心者，那戏就少点灵气；应心而心不高雅者就没有那种高雅的气质。应该说，这一点是很难做到的，王芳似乎是个天才，一下子便进入了角色。"[7]

陆文夫这里主要是针对王芳在苏剧《醉归》中塑造的花魁女形象而言的，但他的描述说明一个道理：用心体会，才能走进戏剧，也才能走进观众。王芳在昆剧《长生殿》里的表演，正是用心体会、用心演绎的结果。沈传芷先生传授的"然"，也正在她的艺术表演中逐步展示着魅力。

注 释

[1] 谢柏梁.江南有幽兰——昆剧梅花奖得主王芳的艺术探求.中国戏剧.2004年第12期。

[2] 柔刚.春兰冬梅皆芬芳.姑苏晚报.2003年11月13日。

[3] 朱栋霖.戏剧鉴赏，第314页，江苏教育出版社，2008年。

[4] 柔刚.春兰冬梅皆芬芳.姑苏晚报.2003年11月13日。

［5］http://www.xici.net/d20669876.htm

［6］金红．昆苑幽兰自芬芳——国家级非物质文化遗产昆曲传承人王芳访谈（下）．文化遗产．2011年第3期。

［7］陆文夫．后有来者——记青年演员王芳．人民日报．1995年3月29日。

附：王芳简介

王芳，女，1963年生，江苏省苏州市人。昆剧表演艺术家，国家一级演员。应工五旦、刀马旦。扮相俊美秀丽、表演细腻精致、唱腔委婉动听。师从沈传芷、姚传芗、倪传钺、张传芳、张继青、庄再春、蒋玉芳等老师。

第十届、十一届全国人大代表，享受国务院政府特殊津贴。全国先进工作者、全国"三八"红旗手，国家级非物质文化遗产项目（昆剧）代表性传承人。中国戏剧家协会理事，江苏省戏剧家协会副主席，第十二届、十四届苏州市人大常务委员会委员，苏州市文联副主席，苏州市戏剧家协会主席，江苏省苏州昆剧院副院长，苏州市未成年人昆曲教育传播中心主任。

第十二届、二十二届中国戏剧梅花奖"二度梅"获得者，第十二届"文华表演奖"得主，联合国教科文组织"促进昆曲艺术奖"得主。全国"天下第一团"优秀表演奖榜首、首届全国昆剧青年演员交流演出"兰花最佳表演奖"、首届中国昆剧艺术节优秀表演奖、第四届中国昆剧艺术节优秀表演奖、苏州市人民政府颁发的首届"杰出人才奖"、苏州市第二届、第三届文学艺术奖个人大奖及第四届文学艺术奖"突出贡献奖"、省市"德艺双馨"荣誉称号获得者。主演昆剧《西施》获中宣部"五个一工程"奖，主演昆剧《长生殿》分别获江苏省"五个一工程"奖、台湾"金钟奖"、香港国际艺术节"最佳传统剧目奖"，主演苏剧《红豆祭》获第六届江苏省戏剧节优秀表演奖。

代表作有昆剧《长生殿》、《牡丹亭》、《白兔记》、《西施》、《满床笏》、《紫钗记》等和苏剧《花魁记》、《五姑娘》、《红豆祭》等。主演的昆剧电影《折柳阳关》入选第60届威尼斯国际电影节及第28届香港国际电影节展映。

曾出访日本、比利时、德国、法国、芬兰、奥地利、韩国、新加坡及台湾、香港等国家和地区。

论苏州昆剧服装的艺术特色
及其文化内涵

束霞平

　　摘要：苏州昆剧服装同昆剧一样，在中国戏剧服饰史上有着承前启后的重要作用。在苏州昆剧服装产生与发展过程中，由于处在苏州这样的文化背景下，苏州昆剧服装在走向成熟的同时，也逐步显现出了它的艺术特色，并表现出它特有的文化内涵。

　　关键词：苏州　昆剧服装　艺术特色　文化内涵

　　作者：束霞平，苏州大学艺术学院副教授，博士，主要研究方向为艺术设计历史与理论、艺术教育及文化创意产业。

　　昆剧作为"百戏之祖"，有着承前启后的历史地位。其服装艺术也一样，它来自生活，但同历史上的生活服装设计又有区别，基本上以明代服装为主体，在宋元南戏服装与元杂剧服装的继承基础上，结合隋、唐、宋、元、明、清的历史服装，并逐步加以艺术化，形成一套不分朝代、不分季节，各剧通用的"服装"。因此在中国戏剧服饰史上昆剧服装艺术有着极其重要的地位，所以当我们对中国古代戏剧服饰形成与发展的历史进行分析时，不难发现到昆剧产生之时就是中国古代服装走向成熟之时，同时逐步显示出了它的独特的艺术特色，即表现性、程式性、象征性和装饰性等，以及其文化内涵。"从表演学角度看，这些特征是中国古代戏剧角色扮演实践的必然要求；从审美角度看，这些特征是中国古代戏剧审美特征的集中体现；从文化学角度看，这些特征又是中国传统文化的艺术结晶。"[1]

一、苏州昆剧服装的艺术特色

（一）"美如冠玉"——装饰性

所谓装饰，是一种审美形式，也就是对自然事物进行修饰以使之美观。而装饰物具有这种能够被美化的装饰性的特点。装饰性是昆剧服装的一个重要艺术特色。昆剧服装的装饰性主要通过装饰工艺、纹样、色彩、样式等手段来体现。

首先，精湛卓越的苏州刺绣工艺赋予了苏州昆剧服装"精致雅洁"的装饰艺术特色。特别是苏州刺绣受当时文人的影响，带有诗情画意的韵味。其中绘画艺术对当时苏州刺绣的影响最为直接。"吴门画派"影响深远，近代画家潘天寿曾赞誉："直使清代三百年之山水画，全属此派范围之下，其情况直有不可一世之概。"这使苏州刺绣达到了更高的艺术水平和文化内涵。再加上绣花苏针"坚而不脆"，针身匀圆，针尖锐利的特点以及苏州花线可染一百多种色彩，一种色彩又可分许多色阶，而且纤维细致透明，抱合好，拉力强，能劈丝分缕，直至一丝一线，都具"光、滑、细、柔"的特点，使绣出的绣品平薄匀，和色无痕，精美细致。长期的经验积累，使苏州地区的工艺水平大大超越于其他地区。苏州刺绣工艺一直经久不衰，尤其在明清时期，被苏州昆剧服装运用后，昆剧艺术与苏州刺绣艺术相互促进，

相互发展，从而推进了苏州昆剧服装艺术的发展，使苏州昆剧服装具有纹饰秀丽、色彩文雅、针刺细密、绣而整洁的艺术特色。

其二，由于中国传统服饰的设计在很大程度上受到服制化、程式化等制约，故而服饰造型相对单调，缺少变化。于是，人们对服饰图案的装饰审美功能非常重视。如唐代白居易《缭绫》诗曰："织为云外秋雁行，染作江南春水色。广裁衫袖长制裙，金斗慰波刀剪纹。"[2] 昆剧服装也是如此，对图纹装饰极为重视。昆剧服装装饰性又一特点就是通过装饰图纹来规范角色行当的身份、地位和性格。昆剧产生以后，形成了较为完善的图纹装饰规制。在图纹的布局装饰上，有满、团、边、角、折枝等多种。满地纹绣以"蟒"为典型（还有宫装、靠等），以龙为主体，辅以其他装饰，标志着帝王将相的高贵身份；褶子、帔等都在团、边、角上发展，其中以文小生花褶运用"角"花布局装饰为典型，即在下身的一角，饰以栀子花，与花托领取得上与下、左与右的均衡；还有根据年龄或用团花、边花、或用折枝花不等，如中年以上多用团花，青年则多用边花、角花、折枝花。以上装饰纹样可以赋予服装以一定功能或某种含义，并增添其美感。

其三，昆剧服装的颜色，除了前面所说的程式性、象征性外，还具有装饰性的特征。前面已提到过昆剧

服装所用的颜色，大体有"上五色"、"下五色"和"杂色"，而实际用色要远远超出这些。如在同一场合上，尽量避免服装颜色的雷同，当然，在有些场合也会来个"满堂红"，但那是为衬托喜庆气氛而有意设计的，同样是出于装饰性考虑。昆剧服装历来善于运用色彩效果来美化服饰，塑造人物。如"富贵衣"，是在黑褶子上缀以若干块杂色绸子，为发迹前的穷书生或其他贫困之人所穿，其实杂色绸子不是随意添补上的，而是经过精心的选色、选样、选位之后才将它们点缀上。这些杂色绸子一方面是作为褶子破旧的一种符号，而另一方面与黑褶子配衬起来仍有一种特殊的美感。

其四，尽管生活服饰样式相对单调，缺少变化，但昆剧服装的样式还是十分丰富，通过其样式来装饰人物。如"蟒"是装饰性极强的服装，它继承了中国历代服饰追求意境美，体现精神意蕴美的传统，即以服装装饰人体，其长袍阔袖的服装造型，具有很强的装饰性；"帔"的服装造型，虽然仍属于中国古代传统服装的主流（宽袍大袖式），但区别"蟒"来，它突破了"全封式"的服装造型，以"对襟"造成自由开合的宽松感，以向下的两条垂直直线给人以流畅修长的美感。其服装造型的装饰性，最典型的例子莫不过昆剧对胖袄的使用上了。清康熙年间，吴郡"村优净色"陈明智，其人"形眇

小"，然扮演《千金记》项王时，为改变体型，"出一帛抱肚，中实以絮，束于腹，已大数围矣；出自靴，下厚二寸余，履之，躯渐高；援笔揽镜，蘸粉墨为黑面，面转大。"[3]陈明智在舞台上发明的胖袄与高底靴广为流传。陈明智这一改动，不但不违背昆剧穿戴规制的基本内容，相反使它更具有装饰性。

（二）"长袖善舞"——表现性

昆剧服装的表现性，即主要是可舞性，就是其服装有助于演员舞蹈。李渔在《闲情偶寄图说》（上）之《演习部》讲道："填词之设，专为登场。"[4]昆剧服装也是如此。这里包括了两层含义：一是就演员而言，舞台上演员的舞蹈表演需要服装来配合，才能使表演更加完美；二是就服装而言，服装的物质形态包括样式、质地要与演员的舞蹈动作相适应，不但不能约束演员做动作，而且还能够为演员表情达意、伸展动作创造条件，从而创造出美的舞台角色形象。我们发现，中国古代戏曲与舞蹈是密不可分的。王国维曾说过："戏曲者，谓以歌舞演故事也。"[5]同时两者之间又有着很深的亲缘关系，正如《辞海》"戏曲"条所说：（戏曲）渊源于秦汉的乐舞、俳优和百戏。唐有参军戏，北宋时形成宋杂剧（金称"院本"）。南宋时温州一带产生的戏文，一般认为是中国戏曲最早的成熟形式。至宋元时期，其时戏曲服装已开

始受到舞蹈服装的影响。到了明清，集戏曲服装大成的昆剧服装，已深受舞蹈服装的影响，成为中国服饰的一个亮点。大家知道，昆剧是被公认为"歌舞合一，唱做并重"的剧种。梅兰芳说，昆曲是把"所有各种细致繁重的身段，都安排在唱词里面。嘴里唱的那句词儿是什么意思，就要用动作来告诉观众。所以讲到'歌舞合一，唱做并重'。昆曲是可以当之无愧的。"[6]昆剧演出，特别是生旦戏的演出，是在器乐伴奏声载歌载舞。

可见，昆剧对舞蹈表演的要求是昆剧服装表现性形成的主要原因之一。而中国古代戏曲的舞蹈表演，特别是昆剧的舞蹈表演，实质上是演员通过舞蹈来创造一种角色意象的过程。在这个意象创造过程中，演员塑造人物角色的品格、性格、气质等体现，一是主要靠自身的语言、唱腔、形体动作，二就是要依赖于服装、化妆等外部因素的辅助和衬托。所以昆剧表演就要求其服装，可以让演员充分借助，以帮助演员表情达意、创造角色意象。这样昆剧艺术一旦走向成熟和定型，被赋予了表情达意功能的服装服装，自然也随之成熟并定型，就此密不可分。演员表演人物时，喜、怒、哀、乐在他的面部、语言、唱腔和形体动作上，同时，喜、怒、哀、乐也表现在服装上，服装犹如一张放大了的脸，可以被演员舞出喜、怒、哀、乐——

这就是其服装深刻的内涵！[7]

其二，适应演员及观众的需要是昆剧服装表现性形成的又一原因。昆剧的表演是歌舞化的表演，为了能够帮助演员载歌载舞，也必须对生活服装加以改造，体现其表现性。如从生活中的铠甲改造成舞台上的靠，就是一个明显的例子。大家知道，昆剧中的"靠"是出于戏剧扮演武将的需要而产生的，是综合历代生活中铠甲的形制而创造出来的。在质地上，它吸收了画甲和战袍的特点，采用了比较轻柔的缎制品代替皮革或金属制成；在形制上，它采用了皮甲和铁甲的构造方式。它的设计与明代宫廷杂剧用曳撒和贴里等软料宽袍代替铠甲作为武将服饰的思想是一致的，但"靠"比曳撒和贴里更适合用作戏剧的武将戏服。因曳撒和贴里在质料和样式上虽然能够满足舞台上演员武打等舞蹈表演，但其式样与真实铠甲差别较大，很难表现出武将披铠著甲时的威武气概；而"靠"不仅在样式上与铠甲相像，能够表现出武将的英勇气概，而且又如曳撒和贴里般柔软宽松，适合于演员演武将的武打表演，具有较强的表现性。同时"靠"的各扇片及靠旗都可以舞动，开打起来四下飘荡，从而加强演员舞姿的美，同样也具有表现性。

同时，昆剧演员在遵循"宁穿破、不穿错"的严格穿戴规制下，也

会根据演员个人及昆剧艺术的特点，便于自己的表演对自备服装加以变化、发展，而且在扎扮时还注意对演员形体的塑造，通过服装可以改变演员的先天体形，创造出美的新形象。梅兰芳在《谈戏剧舞台美术》中谈道："对于规律的理解，不可以简单地划分这样形式的颜色好，那样不好。要知道这里面是各种不同条件配合起来的，产生的效果也各有不同。例如虞姬穿的鱼鳞甲，1995年我做了一套，两腋下用深紫色。原因是身体渐胖，不易穿细腰的服装，但虞姬这套衣服还有办法可想，就是把两袖作肥一点，披肩大点，使在比例上与身体相适应，观众视觉上只认为平金鱼鳞部分是胸部腰部的轮廓，而不注意两腋下深色部分，所以就不会有腰部宽大的感觉了。"又说："《游园惊梦》的情景，是很幽静的，一出场就穿着一件很热闹的大花篷未免有些减色。我觉得《游园》的斗篷如果太素净了，也不合乎闺中少女的打扮，我打算做一件玫瑰色的素斗篷，领子和四周做一道适当的绣花边，我想会比现在这一件好得多。"[8]梅兰芳老师这番话说明了服装的样式、色彩、纹样等因素，可以改变演员的体形，产生不同的装饰效果。另外，昆剧服装的表现性同样也需满足观众的需要。观众在欣赏昆剧演技的同时，也很注重舞台造型艺术的美，体现其服装的表现性，从而满足了观众的美感要求。

其三，舞台的变换及情景的变化也是使昆剧服装具有表现性的不可忽视的原因。昆剧舞台上往往很少出现同一角色穿同样颜色的服装，这一方面是为了增强舞台的整体效果，同时也是为了能够区分人物角色。如舞台上常见元帅升帐时，一群大将穿着不同色彩的靠，使舞台色彩丰富，观众看得"亮眼"，也能为元帅的军帐壮大声威。同时同一演员应所处地地位、情景场合等不同，其服装也随之变化，使其服装融入情景之中，更易表现人物角色。如《昆剧穿戴》（第一集）之《牡丹亭》中记载杜丽娘的不同场合的服装：在"闹学"里着"湖色绣花帔、衬茄花褶子"；在"吊场"里着"绣茄花帔、红斗篷"；在"惊梦"里着"皎月绣花帔、衬茄花褶子"；在"寻梦"中着"粉红绣花帔、衬皎月花褶子"；在"离魂"里着"青莲素褶子"；在"花判"里着"黑素褶子"等等。从中不难发觉，杜丽娘因场合因情景着不同样式不同颜色的服装，恰如其分地表现她不同的心情。[9]

还有，昆剧的"当场变"（因服装在演出中能当场变化而得名）也同样能使昆剧服装具有较强的表现性。其服装上衣为双层，在演出中，演员将上衣翻下即成裙，故又称作"翻衣"。清人平步青认为其为唐圣乐舞衣"遗制"，只是"易抽为翻"。[10]昆剧《浣纱记·采莲》中，四宫女皆着此服。《扬州画舫录》"江湖行头"中有此服。后来在昆剧全福班、传习所演此剧，已改穿帔，内衬彩莲衣裤，外罩官衣，演出中先卸官衣，再卸帔。昆剧服装的表现性是昆剧对其表演的舞蹈性要求的结果，也是昆剧服装在适应昆剧舞蹈表演中不断发展的产物，由此而产生了许多体现了表现性的昆剧服装，如水袖、靠等等。水袖是昆剧服装表现性特征最重要的载体之一。龚和德指出："水袖之名来自'水衣'。水衣就是一种衬衣，演员穿宽袖的行头时，里面要衬一件水衣。水衣的袖子比较长点，露在行头外面。……后来演员们发现这种衬衣的袖子，不但可以保护行头，而且利于歌舞表演，就逐渐把它放长了，并且索性让它脱离水衣，而直接缝缀在几乎所有的宽袖行头上，这就成了'水袖'。"[11]可见，水袖的出现，是戏剧演出歌舞化走向成熟的表现。宋俊华指出："明代以前的舞衣在长袖的运用上，一种是单袖，一种是双袖。汉代以的舞衣已经在双袖颜色上有所区别，但内袖多是套在大袖口内，属于两件服饰的袖口。明代在舞衣上可以合二衣为一衣，在袖口上自然也可能合二袖为一袖，如果这个推理正确的话，那么水袖应该是在明代昆剧《浣纱记》传奇的舞衣中已经出现了"。[12]何絜在《回忆·西园歌舞》中记载反映了明末西园歌舞之乐，记主人家歌姬小蛮表演情景是"莲步蹁跹

羡长袖，花枝婀娜舞轻鬟"，[13]所描述歌姬所穿的舞衣很可能就已是水袖服了。水袖的产生与发展都与适合歌舞性表演有极大的关系。

在昆剧服装中的蟒、褶子、帔、官衣等都在袖口上缝有一段（约一尺二寸）白绸，我们把它称之为"昆剧服装水袖"。昆剧演员从"服装可以舞出情感"角度出发，在表演中通过运用水袖甩出各种各样的动作，以表现戏剧人物角色的仪态、气势和思想感情，不但富有美感，而且能使人物形象更加鲜明，性格更加突出。数百年来经过历代演员不断的创造和积累，昆剧水袖动作的表演程式已经十分丰富，为后来各戏剧表演程式之典范。如昆剧《渔家乐·刺梁》中万家春运用这一耍袖，表现出在高低不平的崎岖道路上急速奔逃，"似乱蝶儿飞绕"的情景。所以通过水袖舞动，能够表现出昆剧人物神态、性格和品质，体现了其服装极强的表现性。另外，"靠"也是昆剧服装表现性特征重要的载体之一，是昆剧的大件服饰。由于其圆领紧袖口，上衣下裳相连，与古代"深衣"相似，具有长宽袍庄重大方的特点，且分两片，似衣非衣，似甲非甲，衣片虽有铠甲纹样，却不紧贴身体，因此它本身极度的夸张与变形，使它在静时表现了人物威武气概，在表演时则便于夸张舞蹈动作，产生形式美。所以靠同样具有表现

性。同时"蟒"也是一个表现性极强的载体，它摆脱了自然生活形态，不束腰，服装可任意摆动以表示人物情绪（玉带挂在衣上，仅起装饰作用）；它同样借用夸张后形成的水袖，丰富了表演动作，传达人物感情。

（三）"别开生面"——程式性

程式性是中国昆剧服装的一个重要艺术特色。所谓程式，"程"，本来是我国古代度量名称，后被引申为动作行为的准则。《荀子·致士》中云："程者，物之准也。"式，即样式、形式。因此程式就是指标准的法式。程式作为一种规范化的表现形式，用于古曲诗词，称之为"格律"；用于古曲绘画，称之为"笔墨程式"；用于古典戏曲，则直呼为"戏曲程式"；而程式在戏曲表演领域运用较多，如"起霸"、"走边"、"趟马"等，当然并不局限于表演动作。唱、念、做、打固然处处离不开程式，其服饰穿戴也不例外。总之"程式是和人的动作行为相关联的概念，是人们动作行为的规范准则"[14]。故昆剧服装的程式性，就是演员运用昆剧服装以装扮剧中人物的基本规则或定例，是昆剧艺术的程式性在服装穿戴上的具体表现，即演员或脚色扮演舞台角色时所遵循的穿戴规则。其服装穿戴程式的形成是演员在长期的艺术实践中积淀、升华而成的，是艺术家进行综合性艺术创造的重要手段。

1. "宁穿破、不穿错"——严格的穿戴规制

昆剧有句行话："宁穿破、不穿错。"这不仅表现了演员对穿戴规制的严肃态度，同时也体现了昆剧服装的程式性。具体体现了几大特点：

第一，同一类型服装通用于不同朝代、不同地域、不同季节，即不论剧情发生在什么朝代、什么地区、什么季节，其服装样式都不变。这种不考虑每一部戏的具体朝代、地区和季节等特征的通用化特征，体现了程式对于生活对象的高度概括。第二，同一种规格的穿戴在同类型的人物之中是通用的，即不论其人是谁、出现在什么戏里，只要属于该种类型，就都穿该种服装。如昆剧《牡丹亭》中柳梦梅的着"粉红色花褶子"、"青素褶子"、"湖色绣花褶子"、"红素褶子"、"银灰绣花褶子"等服装可与《玉簪记》中潘必正以及《西厢记》中张君瑞通用。第三，不同类型人物之间的服装却不能混淆穿错，即不同类型的人物角色在穿戴上有种种明确的区别，这种在穿戴规制的区别通常涉及性别、年龄、身份地位、生活境遇、性格品质等因素，可以通过服装（在这里主要讲服装）的样式、色彩、纹样、质料和穿法来体现。服装样式是表现剧中人物的社会地位的重要手段。如帝王和高官在正式场合都穿"蟒"，中下级官员在正式场合是官

278

衣;同时在这样的大类之中,还可细分。再比如文官穿官衣,武将穿靠或箭衣等等。从而样式使各种服装互相区别开来。在服装用色规律方面也体现了极强的程式性,不能混淆是非。如表现等级方面,黄色最贵,则由帝王专用;其二,反映在民间习俗方面,红色一般作为吉祥的颜色,多在喜庆场面出现;其三,表现在情境方面,如《林冲夜奔》中的林冲,按传统昆剧的扮法,穿青素箭衣,一身黑,这与一般穷生穿青褶子、奴仆穿海青等的黑色含义不同,它不是要表现贫困和卑微,而是要突出一个"夜"字;其四,表现精神、气质方面,舞台上一般年轻的角色用色多取鲜亮,但有时同样年轻人,可以通过色彩来表现不同的精神气质,所以梅兰芳曾说,《游园惊梦》里的杜丽娘,是宦门少女,衣服应该漂亮,但她又是一个才女,"在漂亮之中,颜色还要淡雅"(《梅兰芳文集》)。其五,昆剧服装有同台不同色的规定,即同台演员,特别是同着一种服装的演员,如"蟒"者,不能穿同一颜色的"蟒"。

总之,昆剧服装的样式、色彩、纹样,是紧密联系在一起的,只要严格按照其穿戴规制,对他们处理恰当,就能有助于演员成功地塑造出昆剧各种各样的人物舞台形象。第四,昆剧中还有极少数人物有专用的服装样式。如三国戏里的诸葛亮一定要穿八卦衣;关羽穿绿袍;《双官诰·诰

圆》中冯仁穿红布官衣等等。

2."定中求变"——穿戴规制的发展

昆剧服装的程式性,即穿戴规制,既有其稳定的一面,又有其变化的一面;而稳定是相对的,发展变化则是绝对的。其稳定性主要体现在其服装与演员之间的关系的恒定上,以及表现在不同历史时期同类型人物穿戴服饰的相对稳定上。其程式性在稳定中也会有一定的发展,原因是多方面的,政治、经济、文化诸因素都会对它产生影响,尤以审美观念的影响最为显著。其变化性主要表现在纵向和横向两个方面:从纵向来看,历史上就是随着戏曲服装的不断丰富而逐步细密化的,后代的戏曲服饰总是在前代的基础上进行革新与发展的。如前面所提到的,宋元时期,戏曲衣箱正在初创阶段,其穿戴规制比较简略;到了明代,其穿戴规制就有了较大的发展,现在的衣箱大体上是当时奠定的。入清以后,虽清政府并不禁止戏曲演员沿用明代的服装,但清代的演员在这个基础上进行了丰富和加工,出现了少量清式服装。如清孔尚任《桃花扇·余韵》注明:"副净时服扮皂隶"。到清中叶,其穿戴规制的基本内容相对稳定,但它的具体表现形式及手法一直在变化。可见,形成现在相对稳定的昆剧穿戴是古代戏曲服饰不断发展的结

果。从横向上来看,其程式化的变化主要体现在程式性服饰与个性化服饰的关系上,具体表现在同一类型的不同人物在穿戴上既遵循类型穿戴的规制,又根据舞台环境及演员本身的条件有所变化,追求昆剧舞台整体效果的美。如陈明智因"形渺小",自己设计了胖袄,这一改动并未影响表达剧中的内容,反而促进了人物的塑造。

(四)"衣冠寓意"——象征性

"在长期的封建社会中,服装的象征性主要体现在两个方面。一是以衣冠服饰来分等级、辨贵贱,各种不同的服装和饰物成为一定身份、地位的标志物,这种象征性在不同的国家都有所体现;二是在服装的装饰物或装饰形式上,以不同的内容表达一定的象征意义,体现出特定的内涵。无论服饰贵贱,都有象征性的内在意义。"[15]而作为来源于生活的昆剧服装,其象征性也无外乎以上所提的两个方面。

首先,纹样在昆剧服装中,不仅仅是一种装饰,它往往也具有一定的象征意义。从纹样形状来看,有适合纹样和自由纹样。其中圆形的适合纹样被大量应用于昆剧服装,一方面是出于圆形在我国古代具有"天圆地方"的哲学涵义,另一方面基于圆形纹样具有丰满、端庄的特色,并被寓以为美满、吉祥的含义。自由式纹样具有生动、活泼的特点,同时其纹样在服装的突出、醒目的位置,其象征性更加直观,相对圆形适合纹样来说,它更具有强烈、鲜明的平民化色彩,以折技花纹为多。以花喻人,是中华民族艺术的传统,昆剧服装承袭了这种寓意、象征手法,夸张强调折技花对于表现人物身份、年龄、性格、品格、气质、外形外貌等综合特征的重要作用,因而,造成了人物外部形象的鲜明、生动。例如《牡丹亭》中柳梦梅着自由纹样中的栀子花,既与书生秀才的平民身份、年龄、英俊面容相称,又鲜明体现了性格的文静、品格的高洁、气质的风流潇洒,其象征性十分鲜明。从纹样本身来看,龙纹图案象征封建权威和尊严,多用于皇家及大臣的服装;武将的开氅、褶子多用虎、豹等走兽,象征其勇猛;文生的褶子用的"四君子"即梅、兰、竹、菊,也常同他们的性格、气质有一定联系;谋士则用太极图、八卦来象征智慧和道术;还有其他如蝙蝠纹、寿字纹等用来象征吉祥。

其次,色彩在昆剧服装中也有着很强的象征性,其显著的特点是标志人物身份。如权力象征:明黄色象征至尊至贵的皇权,大红色主要象征身份高贵;人格象征:老绿色象征品格忠义、气质神勇(如关羽着绿袍);性格象征:黑色象征为性格粗犷(张飞着黑蟒);年龄象征:白色由"纯洁"而转义象征年轻(吕布着白蟒);情境象征:红色用作男、女对岐,象征喜庆吉祥。昆剧服装的象征性不仅体现在服装丰富的表现形式上,还表现在其服装多元化的文化意义上。

二、江南文人的参与赋予了苏州昆剧服装"高雅"的文化内涵

在苏州昆剧兴盛的明清时期,苏州商品经济高度发达,城市繁荣。以苏州为中心的江南地区不仅是全国的经济中心,而且也是全国的文化艺术中心。尤其江南地区的中心城市苏州,真可谓是文化昌盛,人才辈出。苏州既是状元之乡,又是园林之城,苏州昆剧服装在这样的环境中无疑也深深地打上了苏州文化的烙印,集中体现了苏州"高雅、精致"的文化内涵。晋代陆机在《吴趋行》中曾经说苏州"山泽多藏育,土风清且嘉"。自古以来,苏州即是人文荟萃地,富贵繁华之乡。明清时期,一大批江南文人参与推动了当地文化艺术的发展,从而对当时苏州昆剧艺术创作及其服装发展也起到了积极地推动作用。同时江南水乡的自然环境及当地风俗对江南文人的思维方式、美学尺度和生产情趣中的种种观念形成,亦起到了十分重要的作用。

(一)他们追求"有意味"的形式美,体现诗情画意

苏州昆剧服装创作中充满着诗情画意,注重意境的表现。所谓"有意味"的形式美,说明是昆剧在表现剧情和人物时,其蕴含的内容是概括又是具体的,是具有个性的,当舞蹈化的程式服装与唱曲完美地结合在一起,就创造了无与伦比的"有意味"的美的境界。苏州昆剧服装"有意味"的形式美对于昆剧表演中的舞蹈艺术有着积极意义。这是由于苏州昆剧及昆剧服装创作者多为文人画家,能诗能文又能画。在他们的设计或参与下,苏州昆剧及其服装得到了诗画般的高度提炼。如明末清初时期的现实主义剧作家李玉创作的昆剧剧本及服装能够结合昆剧舞台实际,便于戏班的演出,"案头场上,交称便利",同时能够继承苏州文人的优良传统,重视昆剧的内容意境,运用优美词藻进行创作。还有明代文学家、书法家、戏曲家祝允明著书百卷,性喜戏曲,通昆剧,曾著散曲集《新机锦》,供人演唱。又经常与青楼歌姬往还,己亦粉墨登场,无论身段唱腔,都为当时梨园中人倾倒。[16]还有朱素臣《十五贯》、朱佐朝《渔家乐》等一大批江南文人投身于昆剧创作,同时有的文人还亲自设计舞台美术,使昆剧具有很高的文学性,透着"高雅"的气韵,增添了深厚的文化内涵。如《牡丹亭·寻梦》里,杜丽娘因剧情和人物感情的表演需要着"粉红绣花帔、衬皎月花褶子",一人载歌载舞,要表现出其梦

281

中和梦醒后的情感过程。还有《疗妒羹·题曲》中乔小青着"天蓝绣花帔，衬皎月花褶子"，手持卷书《牡丹亭》，表现了她哀情婉转，难以成眠。可见当时许多苏州文人运用中国画原理，通过昆剧服装这一外在形式来达到"以形传神"，重在"传神"，为更好地表现昆剧人物的角色服务。

（二）他们讲究淡雅含蓄的和谐美，表现文人气质

苏州昆剧大多为当时文人士大夫所追求，他们精通中国书画的原理，追求野趣，隐逸情调，讲求淡雅，情景交融。在对其服装要求上，讲求艺术哲学中的"内外结合"，最终达到服装与剧情的完美结合。昆剧词曲格调高雅，流丽悠远。这就要求其服装与之呼应，融入情景中，体现出高雅的艺术风格，才能传达其人物的情感。如《牡丹亭·写真》里，着"粉红对襟如意绣花帔"的杜丽娘，自知不起，在中秋前夕，手持画笔，目视镜面，待提笔留下春容。杜丽娘着装不仅与《写真》这一折剧

情吻合，与场景吻合，也与其人物性格相配，达到了"内外结合，天人合一"的境界。同时在其如意绣花帔上，以梅、兰、竹、菊等为装饰物，这都体现了当时文人雅士的审美趣味。

总之，从分析昆剧服装的艺术特色来看，其表现性、象征性、程式性及装饰性之间是不可密分的。其程式性体现了表现性、象征性和装饰性的要求，又包含着体现了表现性、象征性和装饰性。如蟒袍上的蟒纹，从程式性角度来看它是帝王将相等高贵身份的人物的穿戴程式，从象征性角度来看它是尊贵的象征，从装饰性角度来看它是美的图纹，从表现性角度来看它又是表现性极强的样式。与此同时，由于处在苏州这样的文化背景下，苏州昆剧服装在走向成熟之时，也逐步显现出了它的艺术特色，即装饰性、表现性、程式性、象征性，并表现出它特有的文化内涵。

注 释

[1] 宋俊华.中国古代戏剧服饰研究.广东高等教育出版社，2003 年，第 161 页。

[2] 白居易.缭绫.转引田自秉《中国工艺美术史》，东方出版中心，1984 年，第 203 页。

[3] 清史承谦.菊庄新话.转引张庚主编《中国戏曲志·江苏卷》，中国 ISBN 中心出版，1992 年，第 588 页。

[4] 李渔著、王连海注释.闲情偶寄图说.山东画报出版社，2003 年，第 95 页。

［5］王国维.王国维戏曲论文集.中国戏剧出版社,1984年,第163页。

［6］梅兰芳述、许姬传记.舞台生活四十年.第二集,中国戏剧出版社,1982年,第129页。

［7］谭元杰著.戏曲服装设计.文化艺术出版社,2000年,第128—129页。

［8］梅兰芳.舞台美术文集.转引自《中国古代戏剧服饰研究》第251页,广东高等教育出版社,2003年,第5—7页。

［9］曾长生口述,徐凌云、贝晋眉校订《昆剧穿戴》一、二集《苏州市戏曲研究室》编1963年,第116—121页。

［10］转引自张庚主编《中国戏曲志·江苏卷》,中国ISBN中心出版,1992年,第600页。

［11］龚和德著.舞台美术研究.中国戏剧出版社,1987年,第4—5页。

［12］宋俊华著.中国古代戏剧服饰研究.广东高等教育出版社,2003年,第221页。

［13］转引自胡忌、刘致中著《昆剧发展史》,中国戏剧出版社,1989年,第223页。

［14］宋俊华著.中国古代戏剧服饰研究.广东高等教育出版社,2003年,第162页。

［15］许星著.中外女性服饰文化.中国纺织出版社,2001年,第12页。

［16］钱璎主编.苏州戏曲志.古吴轩出版社,1998年,第446页。

论苏州评弹的长篇演出及其
生存方式和艺术特色

周 良

摘要：苏州评弹艺术的丰富积累，保存在流传下来的传统书目中，常年在书场说长篇的演出方式，创造了长篇的生存方式、艺术特色和艺术规律。但建国后，重政治、轻艺术的思想，妨害了对传统书目的继承和保护，忽视艺术形式的相对稳定性，导致评弹长篇的艺术水平不断降低。保护评弹艺术，要认识评弹艺术的特色，遵循评弹艺术发展的规律，才有保护评弹艺术的自由，才有保护的实效。

关键词：苏州评弹 长篇 生存方式 艺术特色

作者：周良，1926年生，20世纪中叶以来苏州评话和苏州弹词研究的著名专家，曾任苏州市文化局局长、苏州市文学艺术界联合会主席、江苏省曲艺家协会主席、文化部江浙沪评弹工作领导小组副组长、中国说唱文艺学会副会长、《中国曲艺志》副编辑等职。他在苏州评弹艺术特征、苏州评弹的叙事方言、评弹史实和人物的考证等领域，研究深入，见解独到。几十年来，辛勤耕耘，著作等身，成就斐然。2006年，因对中国曲艺事业的重大贡献，被中国文联和中国曲艺家协会授予"中国曲艺牡丹奖终身成就奖"。

284

一、用苏州话说书的苏州评话（大书）和苏州弹词（小书）是其前身，流行在别的地方的评话和弹词，流传到吴语地区，和吴方言及当地的民间音乐、人文风习和当地的群众生活、群众的思想感情相结合而逐渐形成发展的。

苏州评话、弹词形成前的评话、弹词，已经是以演出长篇书目为主的曲种。所以，苏州评话和弹词，从形成时起，一直是演出长篇的。即使是短时间的演出，如演出短期的堂会，或年终会书，演出的是从长篇中选取的片段，故称"选回"。[1]

苏州评弹几百年来的历史中，创编演出过大量的长篇书目，流传、演出的时间，有长有短。有的演过几次、几年就淘汰了，连名字也没有留下来。传统书目现在知道名字的，计有152部，其中评话67部，弹词85部。[2]但这些书目流传的时间，也有长有短。有的几年，有的几十年，有的上百年、几百年。不断筛选、淘汰，经过不断的丰富、加工，积累艺术，提高了艺术水平。评弹艺术的丰富积累，保存在这些流传下来的传统书目中。

流传时间长，至今仍有演出的，如有评话《三国》、《岳传》、《隋唐》、《七侠五义》、《包公》等。弹词有《白蛇传》、《玉蜻蜓》、《三笑》、《珍珠塔》、《描金凤》、《大红袍》等。

二、苏州评弹常年在书场里演出长篇。作为篇幅，长篇是有了中、短篇以后才有的称谓。长篇又是一种演出形式，以档为单位，在书场连续演出，而且这是评弹赖以生存的存在形式。

评弹常年在书场演出，只要一个人（单档）就可以演出。后来弹词演出逐渐以双档为多，是两个人的自愿联合。说长篇逐日连续演出，每一个演出的档期，现在一般是半个月。过去有两三个月或更长的。响档、稳档的档期比较长，收入稳定，而且在当时，在自由职业者中，收入是较高的。过去，有一种说法，"好唱戏的不如怵说书。"吸引许多人涌进这个行业，最多时，曾达到一两千人。其中，能常年演出的，只是一部分人，不断有人淘汰。因竞争激烈，促进艺术发展提高。

建国后，评弹仍然以演出长篇为主要存在方式，但是，在组织成团体以后，分配方式起了变化，"左"的思想，造成了经济上的平均主义，影响演出积极性，阻碍了艺术上的竞争，削弱了合理淘汰的机制，影响了艺术提高的推动力。上世纪八十年代以来，评弹的体制改革，就是为了改变这种状况。[3]评弹需要国家和集体的扶持和保护，但评弹艺术的生存发展，仍以个人的创造性劳动为生存的基础，为艺术生命的原动力。劳动组合和分配原则应该以调度、发挥演员的个人的创造性和积极性为出发点。应该实现按劳分配、奖勤罚懒的原则，应该鼓励努力创造，出书、出人才。应该减少政治干预，为艺术创造拓宽道路。

三、苏州评弹常年在书场说书，说长篇的演出方式，创造了自己的艺术特色和艺术规律，并造就了深厚的艺术积累。它的艺术吸引力，能吸引听众，日复一日地到书场连续听书。而且会听同一部书的不同

演员的演出，以至同一个演员的再一次演出。因各家各说、常说常新的努力，长篇书目有人重听，这就是评弹的特有的艺术魅力。证明评弹有深厚的艺术积累。

很多人说，评弹的艺术魅力在于它描写的细腻。评弹注重细节描写和刻画人物，尤其是人物内心的描摹，非常细致。小说《三国演义》为70多万字，而苏州评话《三国》的张玉书演出脚本，约为300万字。小说《岳传》为50万字，而苏州评话《岳传》的曹汉昌演出本，前、后传共120万字。其增添的部分，有对原有情节的生发，而主要是增加了细节描写，对人物的刻画，尤其是人物内心的刻画。

《闹柬》是杨振雄的弹词《西厢记》中的一回书，在王实甫的原著中，《西厢记》（上海古籍出版社，1978）第三本第二折，从103页到104页，占一页半篇幅，约近千字。而弹词《闹柬》发展成了一回书。说书人叙述红娘从西厢给小姐送信给张生回来，袖藏张生的柬帖，回到小姐房中，把柬帖放到小姐的梳妆台的抽屉内。而后坐在外房，注意观察小姐的动静，一面在估猜、分析小姐见柬帖后的反应。小姐信赖红娘，所以让她送信。后来又懊悔了，怕红娘笑话她。所以也在细致观察红娘回房后的动静，一举一动，怀疑红娘会不会对她无礼。这回书的大

部分时间，是说书人交替运用第三人称的客观叙述和人物的第一人称的内心描写的手法，交替描写红娘和小姐的内心活动。很少对话。这回书充分运用评弹叙事的方法和语言，充分发挥了细致描写的特长。

对人物内心的细致描写，再以吴君玉的《水浒·浔阳楼题反诗》为例。这回书描写宋江一个人在浔阳楼上喝酒。在他喝完酒，题了反诗下楼时，才有一个人上楼，和他擦肩而过。这个人就是揭发宋江题反诗的。两个人没有讲话。在楼上喝酒时，宋江只有和酒保讲过话。这回书的大部分篇幅，是写宋江一个人喝酒，观望楼窗外景色。见江上有老人拉纤的木船，感叹世道不平，为自己胸怀天下而遭遇不公，引发满腔悲愤的爆发，题写了反诗。一回书的大半内容，在写宋江的心路历程，淋漓尽致地描写了他的内心活动，展现了说书细致描写的艺术特色。

说书的细致，人们还经常以弹词《珍珠塔》的《下扶梯》为例。陈翠娥小姐奉父亲之命，下楼去见方卿，下十八级扶梯。有人说可以说唱十八天，这是讹传。实际是一回书。在魏含英演出本中，下扶梯分在两回书中说完这段情节。充分描写了陈翠娥小姐欲见方卿，又怕人非议的矛盾心态，思想反复，欲行又止的心情。在描写小姐忐忑心态的同

时，又复述了故事的来由。

说书不细就不好听。1959年陈云在杭州听陆耀良说评话《林海雪原》后，和他交谈。陈云同志说，我第一次听你说书，是听《三国·甘露寺招亲》。据陆耀良老人回忆，那次不是在书场说书，是一次招待演出，所以在一个小时内，把故事说完。这次交谈，陈云问他，如果在书场说，这段故事，要说多少时间？在书场说，是三回书，要说近五个小时。陈云听完就笑了。他说，把五六个小时的书，缩成一小时，实在不好听。

"刘备甘露寺招亲"的故事，小说《三国演义》第54回，只有三四千字。未见陆耀良演出本，现有张国良演出本。在《三气周瑜》（上海文艺出版社，1986）中，从第五回到第七回，近三回书，可说三个多小时。比较一下小说和评话的不同，可以发现评话叙事的特色。（1）说书增加了细节。如小说写刘备成亲后，周瑜写信给孙权，说既已"弄假成真"，可用"软困"的方法，"以丧其心志"。在张国良的演出本中，就增添了不少细节，写如何"软困"刘备。而且描写赵云如何识穿并防范东吴对刘备的"软困"，丰富了赵云的形象。（2）丰富、展开了对人物思想和心理的描写。如在评话中，丰富了乔国老的形象。刘备到了东吴，按孔明预定的安排，即去拜访乔国老。

乔国老觉得很有面子，对刘备的谦恭，很有好感。当他得知刘备为招亲来到东吴后，产生了对吴国太和孙权的不满，如此大事也不告诉他。他去当面责问吴国太，连吴国太也不知，被蒙在鼓里，于是找来孙权责问，招亲一事才有可能转机而弄假成真。（3）增添了说书人对事件和人物的分析和解读。说书讲究说理，说书人用现代的认识，去分析评介，有助于说书的透彻说理，书就好听。细，而且合情合理的细，才好听。细而不合理，"勒"，是不会好听的。

评弹讲究"关子"。"关子毒如砒"，是形容"关子"的魅力，"关子"也是评弹具有吸引力的特色之一。"关子"首先来源于结构。情节的安排，展开矛盾，当矛盾发展到冲突，走向故事的结局，将要决定主人公命运的时刻，都伴随着悬念，对听众具有很强的吸引力。从结构意义上看，"关子"就是对这种悬念的期待。不只是对故事结局和人物命运的了解，因为了解只是对不熟悉的故事。评弹的传统书目，其故事包括结局和人物的命运，听众都了解，有的可以说已经家喻户晓。评弹老听客，对熟悉的故事，也怀有悬念，更多是对说书人艺术创造的期待。欣赏说书人的描述，并以之对照、验证自己的欣赏体会和创造能力。也是期待。如果听书人的期待，能达到和

说书人的一致的艺术境界,将是期待的很好满足。所以,说书人要熟悉听众,了解听众,才能满足听众。感同身受,也是艺术的感染力。

"关子"也是一种"落回"的技巧。制造悬念,吸引听众明天再来。很具体,所以又是多种多样,丰富多彩的。演员得心应手的创造,也是听众很大的满足。

有人说"噱"也是苏州评弹的强大吸引力。"噱乃书中之宝",是讲"噱"对说书的重要性,"无噱不成书",就要对噱展开一点分析。来自情节的、人物性格的"噱",应该是情节性艺术所共有的。但对情节和人物的描绘,因为有说书人的客观描述和主观评点,说书就更容易彰显这种"噱"的效果。因为说书在客观叙述中,有说书人第一人称的评点和穿插,使语言增加了生动性和趣味性。说书人风趣的语言,更有擅长"小卖"的演员,巧嘴的即兴调笑,可以使书场里笑声不断。

评弹艺术的特色和艺术发展规律的形成,主要的、起决定性影响的是长篇说书。篇幅是形式,给内容以一定的容量。长篇为鸿篇巨制,能反映广阔的社会生活,复杂的历史变迁,众多的人物形象及其人生命运。所以,评弹反映的社会生活,反映的人文历史,丰富、复杂,有深邃的认识价值。传统评话中的演义故事,是一部通俗的古代历史,反映了古代人的社会生活及他们的历史、道德观念。在弹词的传统书目中,反映了古代家庭、婚姻的风貌,下层社会的人文风习,堪称古代风习的百科全书。描写细致、细节丰富、人物生动,都因为有大量充裕的篇幅。

把曲折的故事、众多的人物,按情节线组织起来,评弹的结构比较复杂,常有多条线,交叉并行。如弹词《三笑》有"龙亭书"和"杭州书",弹词《玉蜻蜓》有"金家书"和"沈家书"。又有块条串线的结构,如评话《水浒》。几条线交叉的,每条线都有起承转合,显得波澜重叠,此起彼伏,而绚丽多彩。评弹的叙事,每条线都顺时序叙事。随情节的发展,矛盾的展开,在引向冲突的过程中,安排若干大小"关子"。故事的结局、人物的命运,由"关子"造成的悬念,对听众产生很大的吸引力。评弹因为篇幅长、容量大,可以细致描摹,故事得以缓缓说来,矛盾可以从容展开。叙述既重果,又重因。既告诉你故事的结局、人物的命运,又要告诉听众,为什么会如此结局,人物为什么是如此命运。听众在了解故事和人物的结局以后,会更注意为什么有如此的结局和命运,关注说书人说得是否合理,是否合乎发展的逻辑。如上所述,说书说理。听众的判断、关心和期待,能够和说书人相互认同,也是很强的艺术吸引力和欣赏的满足。

叙述的顺时序展开，说书人要顾及听众的记忆，和中道来的听众，经常采取过去重谈和未来先说的补叙和预叙等手法，使时空灵活变化。说书中的重要情节和某些重要细节，经常反复提及，反复的描述和渲染。如弹词《珍珠塔》中的"前见姑"，即方卿从开封到襄阳来向姑母求助，一进门就受到姑母羞辱。方卿傲骨嶙峋，愤而出走。立誓不得功名，不再到襄阳。这段情节，在很早，说书就不说了。《珍珠塔》的演出本，后来都从方卿受辱后，由陈家后花园出走，遇到采萍开始的。把"前见姑"的情节，在书中，通过各个人之口，数十次地重复描述，因不同人的身份和地位，各个人对事件的了解和认识、态度不同，复述的场合不同，或简或繁，或抑或扬的叙述、描绘和渲染。这种重复的描写方法，如在小说中是犯忌的。而这种过去重谈的复述手法，在说书中却给听众印象深刻，启发思考，推动欣赏。事重复，但描写不重复，创造了"意叠语不叠，事复句不复"的描述手段。这是苏州评弹的叙事特色，也只有长篇才有条件。因为容量大，评弹长篇故事题材多样，而且有多线、多主题，故事中人物众多，既有只写片段的人物，转眼过去的，但主角都写成人物传记。

评弹长篇说书，以演员为叙述者，以演员的第三人称客观叙述和第一人称的主观叙述语言为主。以代脚色的第一人称语言（白）为辅。为主的叙述语言，用全知视角，把故事的过去、现在和未来，把故事的现场和想象中的所有场合，都组织起来，交叉灵活叙述并加以描述。这种生动、方便、灵活的叙事方法和语言，也是评弹长篇所特有的。是评弹的特色。人们常说，评弹以说表为主，就是指的上述叙事方法和叙事语言。

陈云在讲评弹艺术的特色时，认为说表就是评弹艺术的特点。他说，"评弹的语言，是说书中比较精练、细腻的一种。特别是具备了说表的特点。"（《陈云同志关于评弹的谈话和通信》增订本，中央文献出版社，1997，第4页）"说表是评弹的重要手段。说表主要用于人物的心理描写。说表好，塑造的人物才给人深刻的印象。"（同上，第12页）"评弹应以说表为主"（同上，第16页），"没有适当的说表，光唱，一定缺乏艺术感染力，而且唱也会逊色的。"（同上，第20页）"评弹的主要特点是说表，不论评话和弹词，都要说得入情，表得合理。"（同上，第29页）说表是评弹艺术的特点，而这种特点，只有在长篇说书中有条件，可以充分展开。只有在评弹的叙事方式中，得以充分发挥。陈云在讲述评弹说表的重要性时，还曾强调指出，

289

唱和"起角色"是辅助手段。唱的艺术感染力,借助于说表,服从说表,服务于说表。"起角色"也是配合说表的。离开了说表的"戏剧化倾向就不好。""起角色"可以使说书添加生动性,但不是要像戏曲。

四、评弹长篇在建国后的变化。

苏州评弹长篇说书,已经是历史存在。在建国以后,评弹的演出,一直到现在,仍然以演出长篇为主要的存在形式。以演出场次计,演出长篇仍占绝对多数。[4]

但是,逐渐发生了变化。

(1)在上世纪50年代组建评弹团以后,创编和演出,由领导统一安排,艺术生产受到政治干预。分配制度改变了,平均主义的分配,挫伤了演出的积极性,束缚了演员的创造性。

(2)为政治服务的创新要求,重视新题材的新编书目,提倡新,但忽视作品的艺术性。新书目演出不多,很少保留,创作快,丢得快。急功近利的思想,新创书目重短轻长。近几年来,重视中篇的创编,不是为听众演出,而是为得奖,为少数人演出。也是这种急功近利的表现。而且把艺术形式政治化。出现过极端的认识和主张,如说"评弹要以中短篇为主","长篇是为遗老、遗少服务的"。这种"左"的认识、主张,虽然存在年数不多,也不是多数人的认识,但影响很大。建国以来,不同程度上的轻长重短(包括中)的认识和主张,长期存在。忽视长篇书目的建设,对评弹长篇演出和评弹的生存能力的密不可分的关系,缺乏认识。重政治、轻艺术的思想,又妨害了对传统书目的继承和保护,忽视艺术形式的相对稳定性,传统艺术经常受到冲击,使评弹长篇的艺术水平不断降低。

(3)评弹遭遇困难以后,听众减少,开不出夜场。中、青年听众大量减少。评话的演出更加衰落。评弹书场不断减少。因政策扶持,才稳定了一批。

五、对中篇的认识。

中篇是建国后出现的新的演出形式。最早的几次中篇演出,是临时组合,在重大节庆日,演员突击排练演出。不影响演员在书场的演出,不计收入。上海评弹团成立后,经常演出中篇。各地评弹团成立后,或多或少,都创编、演出过中篇。但因经济上要自收自支,他们演得少。

一再讲过,中篇形式的评话或弹词,可以较快地反映新社会、新生活、新人物,反映社会现实,所以受到肯定。演出时间短,容易受到过去不听书,没有时间或没有习惯经常到书场听书的听众欢迎。中篇培养了不少评弹的新听众。

但同时,要重视认识到评弹的中篇和长篇有若干不同的方面:

（1）中篇是评弹组成评弹团以后才得以生存发展的。是集体经济的产物，艺术的生存依靠集体，成为集体性艺术。

演出中篇要有编创人员，参加演出的演员多、成本大、收入少。经济上要有政府和集体的支持。[5] 过去，中篇演出，个别国家团体演出比较多，自给经济的评弹团演出不多。在总的演出场次中，中篇占的比重很小。在粉碎"四人帮"以后，一个短时间内，中篇演出较多。在评弹遭遇困难以后，演出要政府拨款或社会支持，所以中篇演出很少。现在仍然如此。

所以，评弹的中篇是集体经济的产物，赖集体经济以生存，尚未形成自己独立的生存方式。过去赖集体经济存在（所以不能演出很多），现在仍然如此。

（2）中篇艺术更多集体性。长篇演出，一个人的演出，演员是独立自由创造。两个人合作，以上手为主自由创造，两个人容易达成默契。中篇有创编的写作人员、导演，按照排练要求演出，个人的自主创造受到限制。创作的权益，也发生了变化。而且是在艺术领导的计划安排、组织下进行的。打乱了经常的创作组合，包括档次。中篇的艺术生产经常受到政治干预，为某些特定的要求服务。

（3）中篇在艺术上也和长篇有不同。中篇不可能吸纳长篇说书的很多艺术特色，传承评弹的艺术积累。如中篇的容量小，要求情节比较集中，结构重矛盾冲突，以写冲突为主。演员多，演员的客观叙述和主观评点少，难以做到以说表为主，细致描写。对白多、起脚色多，演员起脚色又比较固定。由于上述客观条件的制约和某些艺术主张的推动，中篇的演出，存在着戏剧化倾向。

如果认同以上的几点认识，那么，我们对评弹工作上的下列做法，提出质疑是应该的。近十几年来，[6] 重点提倡、奖励中篇而忽视传统长篇书目的传承，忽视长篇书目的建设，忽视书场演出艺术的提高，这种做法符合不符合保护评弹的要求？

按非物质文化遗产保护方针的要求，评弹的保护，主要应该是保护评弹的传统长篇书目、传统艺术。如果奖励是为了推动评弹艺术的保护工作，不应该首先重点奖励中篇，还应包括一些小节目。

而且，如有不少人已经指出的那样，这些作品，很多（不是所有的）为会演创编，为会演演出，得奖后会有汇报演出、招待演出，但很少公演。有少数公演或多次演出的，但总的演出很少，不为书场听众演出。作品得奖，奖状挂在墙上，作品已经入库。因为人多，支出大。而且有些中篇，演出时打乱了原来的档次，强强联合，团际合作、跨地区合作，

不可能经常演出。说是"精品"（确有比较好的作品），但很难，很少为听众演出。

对这种现象提出批评，有人说，这种评奖是制造"空花"和"泡沫"。我认为这是批评"导向"，而不是某一种形式，即作为评弹的一种样式的中篇。对中篇作为演出样式，应有实事求是的分析。评弹的中篇，已经有几十年的历史了，应该对之进行艺术总结。对中篇能否克服戏剧化倾向，有所改进，如减少演出人员、注意发挥说书的特色，注重说表，更好传承评弹长篇的艺术特色，多到书场去演出，多为听众服务呢？应该是可以的。这对整个评弹艺术事业，也是有好处的。

不研究中篇的特点和艺术上的不足，盲目提倡和奖励中篇形式，而忽视长篇书目的继承和提高，忽视书场艺术，当然是对保护评弹不利

的。对这种导向，要从艺术领导的角度来解决。

对听众而言，喜欢听长篇、中篇，可以自由选择。但是这种选择的自由也有限，因为中篇演出很少，很难有机会听到，所以，自由也不多。对编创、演员而言，选择演中篇的自由也不多。因为中篇的创编、参加演出，是艺术生产的领导安排的，甚至，得奖的自由也有限，不仅仅是靠编得好、演得好决定，还有不少艺术外因素。选择扶持、奖励中篇的原因，有认识上的原因，已如上述，还有急功近利的思想，还有"政绩"观念的驱使，有政治干预的力量。能有多少自由呢？

自由是对必然性的认识。保护评弹艺术，要认识评弹艺术的特色，遵循评弹艺术发展的规律，才有保护评弹艺术的自由，才有保护的实效。

注　释

[1] 过去评弹的演出脚本，少有文本，口传心授。早期的长篇书目，有多少长？现少资料。但现有的资料，可以肯定已经是长篇。如现存清乾隆刊本《新编重辑曲调三笑姻缘》计 14 回；清嘉庆癸酉（1813）刊本《绣像三笑新编》为 12 集，48 回；清道光癸卯（1843）刊《绣像九美图》为 12 卷 74 回；清云龙阁刊乾隆序本《雷峰古本新编白蛇传》50 卷；清道光丙申（1836）重刊本陈遇乾原稿《玉蜻蜓》10 卷 40 回。（请参阅《苏州评弹旧闻钞》）

[2] 参阅《苏州评话弹词史》。

[3] 在《苏州评弹六十年》一文中，我已谈及要总结过去的经验教训，以明确改革的要求，这里不重复。评弹演员在个体活动的条件下，培养了自强奋发的精神和竞

争意识。而在上世纪成立评弹团，改变了管理体制和分配方式后，削弱了竞争意识。应该恢复竞争意识，以培养、提高评弹演员的创造精神和事业心。

[4] 弹词现在还有只唱不说的演出，逐渐形成市场。但这个市场上的演出看，现在并不以专业弹词演员为主，所以未列入计算。

[5] 长篇演出一两个人，中篇演出少者五六人，多者七八人。即使排练期间的支出不计算在内，平均每个中篇用演员六个人的话，设想其中有单档或评话演员一人，那么演出长篇和中篇的人员成本为 1：3.5。而收入，上世纪 60 年代，苏州书场演出门票每张以 0.15 元计，中篇为 0.2 元，收入比为 1：1.25。

[6] 据几位同志回忆，从上世纪 90 年代起，先是江苏省曲艺节几次重点奖励中篇，后来，中国评弹艺术节，又几次重点奖励中篇作品，而中国曲艺牡丹奖也只奖短小节目。形成导向。

论 20 世纪中叶的苏州弹词女声流派

潘 讯

摘要：20 世纪中叶以来，苏州弹词女声唱腔获得长足发展，并络绎出现了丽调、侯调、琴调、王月香调等四大流派。这一现象既是评弹艺术自身流变丰富的产物，又具有深层次的历史文化背景。诸多弹词女声流派呈现出追求阳刚健进之美的"花木兰情结"、在演唱中深入心灵体验、重视音乐形象的塑造等相近的美学特征和艺术风格。

关键词：苏州弹词　女声流派　美学特征　艺术风格

作者：潘讯，男，苏州市委研究室。

294

一、引 言

苏州弹词唱腔流派的生成出现在评弹艺术走向成熟，并逐步形成自身独特美学风格的历史阶段。从清代乾嘉间弹词艺人陈遇乾首创陈调算起，200 多年来苏州弹词产生过 20 多种流派唱腔。各种流派既有鲜明的艺术个性，又有亲密的血脉联系。概言之，自清代中后期苏州弹词形成了三大流派体系，即陈调体系、俞调体系和马调体系。后世众多流派都是从这三大体系中嬗变衍化而出，如俞调系统衍生出周调、蒋调、徐调、祁调等流派，马调系统孳

乳了魏调、沈调、张调、严调等唱腔。

但是，直到 1940 年代评弹流派仍以男声唱腔一统天下，书中旦角演唱则多以男声俞调表现。至 20 世纪中叶，特别是 1950、60 年代以来，弹词女声唱腔获得很大发展，并络绎出现了徐丽仙（1928—1984）的丽调、侯莉君（1925—2004）的侯调、朱雪琴（1923—1994）的琴调、王月香（1933—　）的香香调（通称王月香调）等四大女声流派。其中丽调、琴调为听众认可较早，侯调次之，王月香调最为晚出，约形成于 1960 年代初，也是苏州弹词唱腔体系中最后诞生的一个流派。

二、女声流派诞生的背景及原因

苏州弹词四大女声流派在20世纪中叶密集出现并非偶然现象，它既是评弹艺术自身流变丰富的产物，又具有深层次的历史文化背景。

首先，20世纪中叶评弹艺术的繁兴为女声流派的诞生提供了丰厚的土壤。苏州评弹在19、20世纪之交进入大都市上海，并逐步在江浙沪一带走向鼎盛。1920、1930年代评弹迎来了第一个黄金期，今天评弹界最有影响的一些流派如蒋调、周调、薛调、沈调、徐调等接踵诞生，《玉蜻蜓》、《珍珠塔》、《三笑》、《白蛇传》等传承已久的经典书目培养出许多名家响档。到了1950、1960年代长期的战争动乱局面已经结束，经济建设全面开展，社会生活渐趋稳定，评弹又迎来了历史上第二个黄金期。这一时期，各类书场遍布江南城乡，据有关资料统计，上海市1963年有书场262家，座位近6万个；1965年苏州城区有书场23家，全市范围内有书场近百家；同期，无锡城区有书场近30家。[1]217 评弹从业队伍也有大幅度增加。据记载，1960年代初，江浙沪地区参加团体的评弹演员有800多人，未参加团体的艺人尚不在此列；即便如此，评弹演员的业务仍十分繁忙，有不少演员一年演出达600场。[1]218 在苏州城区，广播空中书场开始普及，评弹通过电波传入千家万户。新编书目不断涌现，超越历史上任何时期。据不完全统计，这一时期新编传统题材书目（二类书）有近百部，其中流传较广、影响较大的有《孟丽君》、《梁祝》等十余部；新编现代题材书目（三类书）70余部，其中较有影响的有《红色的种子》、《青春之歌》等；此外，评弹界还编排了为数众多的中篇书目，如《罗汉钱》、《芦苇青青》、《三斩杨虎》、《厅堂夺子》等，大大充实了评弹文库，积累了丰富的艺术经验。[2]177 评弹的繁荣、听众的期待激励着艺术家的探索与创新，20世纪中叶弹词女声流派的诞生适逢其时。

其次，评弹演出形式的变化为女声流派的兴起提供了重要契机。数百年来，苏州评弹的演出形式都是以男单档为主，清末民初上海虽然零星出现了女性弹词的身影，但不久就蜕化为"妓女弹词"。至上世纪30、40年代，社会风气逐步开化，评弹女艺人渐多，在苏州出现了男女双档的行会组织——普余社，但女性弹词仍被视为非主流的"外道"，整个20世纪上半叶比较知名的评弹女艺人屈指可数。以男性为中心的演出形式束缚了评弹演唱艺术的发展，男声的性别错位更制约了流派唱腔的丰富与拓展。1949年之后这种面貌发生了重要变化，男女双档渐成评弹演出主流。特别是

随着演艺界的社会主义改造，评弹艺人纷纷加入集体组织，评弹演员在团体范围内进行重新拼档，出现了许多珠联璧合、至今还为人所称道的艺术组合。如朱雪琴与郭彬卿、王月香与徐碧英、侯莉君与钟月樵、徐丽仙与周云瑞等，他们改变了传统弹词演出中上下手关系，在艺术上互相切磋、相得益彰，这种组合为女声流派唱腔的形成和发展提供了重要契机。像郭彬卿的琵琶弹奏铿锵遒劲，又吸收民乐技法，为传统弹词琵琶增加了和弦、长抡及绞弦等手法，发展了枝声复调的伴奏音乐，堪称一绝，对于朱雪琴琴调的形成与发展起到了重要的引领与烘托作用。周云瑞在音乐伴奏创新方面就给予徐丽仙很大帮助，对于丽调的形成产生了直接影响。1950年代开始与王月香合作的徐碧英，在三弦弹奏上着意创新，对于王月香调的衬托、发展起到了不可或缺的作用。钟月樵是擅唱俞调的著名老艺人，他对于俞调的演唱技巧有着独特的体会，而侯莉君所创侯调显然吸取了俞调的滋养。

再次，新书的大量编演成为培育女声流派的主要载体。从评弹艺术史来看，书目与流派之间有相对稳固的对应关系，新的流派唱腔只有在创编新书的过程中才有发展起来的可能。有"评弹皇帝"之称的严雪亭早年拜师徐云志学《三笑》，《三笑》是徐调的看家书，作为一位有抱负的艺术家，严雪亭自然有开创流派的雄心，但是，说唱《三笑》显然无法逾越乃师。严雪亭便转而学习新编书目《杨乃武》，严调便以《杨乃武》为载体发展起来。在20世纪中叶，不少新文艺工作者进入评弹界，为配合社会改造等宣传需要，开始大量创编新书。评弹艺人也积极投入到排演、谱唱中，如侯莉君先后参演了《孟丽君》、《梁祝》、《江姐》等新编书目；王月香先后参演过长篇《孟丽君》、《红色的种子》及中篇《梁祝》、《三斩杨虎》等新书；徐丽仙演出了新编长篇《杜十娘》、《王魁负桂英》，新编中篇《罗汉钱》、《情探》、《刘胡兰》等；朱雪琴参演了新编长篇《琵琶记》以及中篇《芦苇青青》、《厅堂夺子》、《冲山之围》、《红梅赞》、《白毛女》等。新书目着意塑造了一系列崭新的女性形象，既有孟丽君、祝英台、赵五娘、敫桂英、花木兰等古代妇女，又有钟老太、刘胡兰、江姐、林道静等现代女性，这些形象不仅在传统评弹中前所未有，而且人物内在的反封建、反礼教、反抗斗争等精神内涵更为传统评弹表现艺术所难以容纳。如果还是以男声俞调来演唱这些女性人物，显然已经格格不入，富有时代精神的弹词女声流派呼之欲出。因此，在不长的时间里，评弹书坛上相继出现了清丽阳刚的丽调、激昂高亢的王月香调、跳跃飒爽的琴调等女声流派，这些新颖流派与敫桂英、祝英台、钟老太等崭新女性形象紧密融合在一起。

最后,艺术家的杰出才华和刻意求工的努力。梳理徐丽仙、朱雪琴、侯莉君、王月香四位女艺术家的艺术人生轨迹,发现颇多相似之处。其一,她们都出生在 1920、1930 年代,很小就登台演出,在码头上磨砥历练,备尝艰辛。朱雪琴初次登台只有 9 岁,艺名"九岁红";王月香幼年从父学艺,8 岁起就与姐姐王再香、王兰香拼档说书;而徐丽仙与侯莉君都是无锡"钱家班"出身,从小学艺,徐丽仙 11 岁就在茶馆、酒楼演唱。幼年"滚码头"刻骨铭心的经历陶铸了她们在艺术探求上坚忍不拔的毅力。其二,她们都是从说唱长篇书目起步,有深厚的艺术功底。王月香的出窠书是家传的"王派"《双珠凤》,在评弹界独树一帜;徐丽仙自小登台演出的也是传统、新编长篇弹词《倭袍》、《啼笑因缘》等;朱雪琴学习过很多长篇经典书目,如《玉蜻蜓》、《珍珠塔》、《双金锭》、《白蛇传》,并与名家拼档演出;侯莉君早年与徐琴芳拼档演出传统长篇弹词《落金扇》。长篇书目培养、锻炼了她们说、噱、弹、唱的基本功,为她们日后的流派创造奠定了深厚的基石。其三,她们在艺术成长中都善于博采众长。徐丽仙从小喜爱京戏,她在评弹表演中的一些手面动作就借鉴了京剧的程式;侯莉君创造的侯调吸收了京剧花旦演唱的俏丽流畅的音乐、表演元素;王月香则是越剧的爱好者,她以哭行腔、以情胜腔的演唱,颇具戚雅仙、傅全香的神韵。20 世纪 30、40 年代兴起的流行歌曲、电影插曲对于这些追逐潮流的女艺人的影响更是不言而喻。与前辈艺人相比,20 世纪中叶的弹词女艺术家具备了更加宽阔的艺术视野,他们的流派创造不再闭锁在弹词音乐自身局促的框范内,而是向周围广泛采撷,将那些可资借鉴的艺术资源化合在她们正在唱腔流派创造中。

三、女声流派的美学特征与艺术风格

"文变染乎世情,兴废系乎时序",时代的审美标准和艺术风气始终处于流动中,评弹的流派唱腔也是如此。马调展示了清代后期的评弹美学标准,魏调展示了民国初年的评弹美学标准,蒋调则展示了上世纪 30、40 年代的评弹美学标准。评弹流派唱腔正是在与时代美学的吐纳、因应中实现了自身的嬗变。诞生于 20 世纪中叶的弹词女声流派具有哪些共通的美学特征?哪些相近的艺术风格?

第一,追求阳刚健进之美的"花木兰情结"。1949 年后,新文艺工作者进入评弹界,他们的任务是改造评弹,让这种旧的市民文艺脱胎换

骨,为工农兵服务。在当时的时代气氛下,柔媚、哀婉的演唱风格已为评弹艺人所不取,评弹女艺人更力戒自己的演唱流于"靡靡之音",而使演唱风格转向悲愤、激越、刚健、明丽。周恩来向来与文艺界有着亲密的关系,1958 年,他在听了徐丽仙谱唱的《新木兰辞》后,指出对于花木兰战斗生活描写不够,作者夏史随即加上了"鼙鼓隆隆山岳震,朔风猎猎旌旗张。风驰电扫制强虏,跃马横枪战大荒"等唱词,以突出花木兰英勇豪迈的巾帼英雄形象。弹词开篇《新木兰辞》也因此成为徐丽仙前后演唱风格的转折点。[3]243此后,《罗汉钱》、《阳告》、《情探》中那种凄楚哀婉的情调不见了,丽调开始向豪放、刚健发展。鉴于谱唱《新木兰辞》在 20 世纪中叶评弹界的经典意义,我将这种艺术取向称之为"花木兰情结"。"花木兰情结"对于同时期弹词女声流派美学特征的形成具有深远影响,无论是琴调还是王月香调都是明朗、跳跃的,都呈现出一种阳刚健进之美。在 20 世纪中叶四大女声流派中,唯一显露出婉转流丽之美的是侯调,侯调的成熟不在苏州、上海等评弹中心城市,而是在评弹艺术边缘化、较少政治干预的南京(江苏省曲艺团)。但是,在"花木兰情结"的笼罩下,"侯调"问世不久就遭受非议,侯莉君也自认为侯调缺乏"鲜明的时代感"。[4]459

　　第二,在演唱中深入心灵体验。

我曾经提出,20 世纪中叶以来评弹艺术发展受到斯坦尼斯拉夫斯基演剧体系的影响。[5]当然,这是一条间接的路径,斯坦尼体系首先影响了 20 世纪中叶以来的中国戏剧、电影,再由戏剧、电影波及评弹。换言之,评弹是在戏剧化的过程中接近了斯坦尼体系。斯坦尼体系的精要之点在于重视演员的情感体验,其理论印痕在 20 世纪中叶的评弹女艺术家身上最为显豁。王月香曾在谈艺录中自述:"大道理讲讲便当,一句话:'要说好书就要跳进角色里'去,究竟用什么办法跳,做起来会有困难。我的笨办法就是把角色所到的地方、碰到的人、做的事⋯⋯根据她全部的性格完完整整想一遍,跟了这个角色走、看、听、想、做⋯⋯这样就能较快较好地变进去,跳进了。——我有时还会忘记自己的,《英台哭灵》抱梁山伯遗体推和搡,哭得呼天抢地⋯⋯等这档篇子唱完,我却跳不出来,还是眼泪簌落落,吭叠,吭叠叠地吭个不停——这是大毛病,要能把眼泪含在眼眶里不掉下来,才是真本事。"[4]575—576徐丽仙亦有近似说法:"我认为唱好一则开篇和说书起角色一样重要,只有自己跳进开篇的角色中去,才能自然而然地使唱腔和伴奏融为一体,把词中人喜怒哀乐的不同感情淋漓尽致地表现出来。即使唱完最后一句,余音回绕,这时要使听众仍身临其境,全神贯注,流连忘返。⋯⋯只有自己首先做到尚未跳出角色时，才能达到具有这种感染力的艺术效果。"[4]508 "忘记自己"不正是斯坦尼体系黾勉求之的最高表演境界吗？王月香深知这种"忘记自己"的深入体验并不符合传统评弹艺术的科律，故而她一方面津津乐道自己的表演经验，另一方面又说"这是大毛病，要能把眼泪含在眼眶里不掉下来，才是真本事"。但是，王月香内心仍然尊重自己的情感体验和表演尺度，直到晚年执教苏州评弹学校，每次为学生示范王月香调代表作《英台哭灵》时，她仍禁不住潸然泪落；她并没有克制自己的感情——"把眼泪含在眼眶里不掉下来"。王月香、徐丽仙等一辈艺术家的努力，使她们所创造的流派更重视情感的投入，更重视抒情，她们的演唱呈现出以声传情，声情并茂的鲜明特点。

第三，重视音乐形象的塑造。"音乐形象"一词是20世纪中叶评弹理论界在接触到西方音乐美学之后，频频引用的一个概念；是对于传统弹词说书体、叙事体演唱功能的一种救正。重视音乐形象的塑造就要求弹词演员在心灵体验的基础上，以人物为中心增强演唱的抒情性，充实音乐的情感内涵。男性评弹艺人因为嗓音条件的先天制约，在塑造女性人物时，只能采取"遗形取神"的方式，他无法逼真模拟女性的声色（形），只有从高一层的"神"（情感、性格、思想）去把握和表现人

物，这无疑富有难度。以祁调选曲《霍金定私吊》为例，祁莲芳演绎出一种被人们称为"迷魂调"的细若游丝、恍惚迷离的唱腔，并试图以这种音乐情调来接近女主人公霍金定在未婚夫灵前悲痛逾恒的内心世界，但是，男性演唱的角色哀诉毕竟很难在听众内心呈现出一个清晰的人物形象，从直觉上仍不免有隔膜之感。而到了1950、1960年代的女性评弹艺术家手中，这种努力就较容易达致成功。比如，侯莉君与王月香都曾演唱过《梁祝》选曲《英台哭灵》，虽然她们有着不同的演唱风格，但是在音乐形象塑造上却殊途同归。王月香的演绎体现出她的以哭行腔特点，她以一种壁立千仞、排山倒海的快节奏叠句来表达祝英台悲愤的心情，重在突显祝英台的反抗精神。而侯莉君的演唱则发挥了侯调婉转多姿的特点，听侯调《英台哭灵》仿佛是在听剧中人缠绵凄凄、娓娓不尽的哀诉，时而哽咽，时而沉抑，塑造出一个深受封建礼教压迫的古代妇女形象，这种角色定位在侯莉君的演绎下同样是完整、丰满的。

第四，对"一曲百唱"的突破和发展。20世纪中叶出现的弹词女声流派具有鲜明的创新精神，对于评弹谱曲中某些承袭已久的观念也有所突破。比如，传统评弹中"弹唱"从属于"说表"，是说表的延伸和丰

富，正所谓"言之不足，故嗟叹之。嗟叹之不足，故咏歌之。咏歌之不足，不知手之舞之足之蹈之也"。评弹以说表为主，因此，评弹中的"唱"是一种说书体或叙事体的"唱"（音乐也是如此），而不同于一般以抒情言志为主的歌唱。弹词流派唱腔最重要的特征就是所谓"一曲百唱"，以同一种唱腔曲调施之于各种唱词，只是在演唱的轻重徐疾上略作变化。而且，在一部书中基本上只运用一种流派，翻调头则被称为"什锦调"而遭同行的诟病嘲讽。对于这些清规戒律，20 世纪中叶以来的弹词艺术家们都有所突破，创造出了不同的弹词音乐板式，其中以徐丽仙的成就最大。徐丽仙的努力使得评弹唱段在一定程度上摆脱了对于书情和说表的附庸，而具有了相对独立的审美价值。尤其是徐丽仙晚年所谱唱的丽调开篇《黛玉葬花》、《年青妈妈的烦恼》、《八十抒怀》、《望金门》、《青年朋友休烦恼》等，都是从唱词的具体内容情境出发，创造出新的音乐结构、伴奏技巧和演唱方式，使丽调唱腔显示出千姿百态的艺术魅力；她还在伴奏中大胆引入二胡、阮、筝、铙等乐器，使得伴奏音乐更加饱满、深沉，增加了弹词音乐的抒情性，拓展了评弹弹唱艺术的意境空间。

四、结　语

20 世纪中叶苏州弹词女声流派的勃然兴盛是评弹艺术史上的一个重要事件，将苏州评弹的演唱、表演艺术推进到一个新的阶段。在对女声流派源流及发生背景的探寻中，我们还应注意听众审美心理变迁对艺术发展的影响。据记载，20 世纪初叶，在京剧观众的欣赏习惯中老生流派独占鳌头，而到了 1930 年代以后青衣、花旦演唱逐渐盖过老生的风头，成为观众的新宠，并捧红了影响至今的梅尚程荀四大旦行流派。[6]623 以此参照苏州弹词唱腔艺术的发展，似乎可以寻觅出一些富有规律的线索，20 世纪中叶至今，弹词女声唱腔发展大有超越男声流派之势，也不为偶然。

苏州弹词女声流派所呈现的艺术风格体现了与时代美学之间相互渗透、彼此制约的深刻联系，其中政治因素亦不可小视，如女声唱腔悲愤、激越的风格适合于表现对旧社会的控诉，而刚健、明丽的情调则多被用来歌颂新人新事。综览四大女声流派所呈现出的美学风貌，可谓得失参半，阳刚有余，阴柔不足，多少限制了艺术的表现力。这有待于后辈艺术家的再度经营，1980 年代以来，弹词艺术家邢晏芝在俞调的基础上，兼收祁调、侯调、王月香调之长，创造出一种被业界称为"晏芝调"女声唱腔，"晏芝调"深情婉约，细腻缠绵。依托这一最具女声独有魅力的新型流派，邢晏芝在长篇弹词《杨乃武》中塑造的小白菜形象一改传统定型模式，别具人性的魅力，为 21 世纪的评弹艺术提供了一种新的美学标准。

参考文献：

［1］周良.苏州评弹史稿［M］.古吴轩出版社,2002 年。

［2］周良.苏州评话弹词史［M］.中国戏剧出版社,2008 年。

［3］左弦.评弹散论［M］.上海文艺出版社,1982 年。

［4］周良.艺海聚珍［M］.古吴轩出版社,2003 年。

［5］潘讯.评弹美学的新超越［J］.曲艺,2003 年,9：43。

［6］吴小如.吴小如戏曲文录［M］.北京大学出版社,1995 年。

东吴文化遗产

苏州财神信仰调查研究

沈建东　郭子叶

摘要：中国财神信仰反映的是民众对于财富的渴望与追求。我们对苏州地区历史上的财神庙宇及其遗存状况进行了比较详细的梳理，并重点对苏州地区财神信仰进行了田野调查，除了有名有姓的财神比干、赵公明、五路、关公、范蠡等外。比较普遍的是其他的民间信仰神灵也被信众当财神拜，特别是乡村佛教和道教的神灵供在同一个供桌上，同享人间香火的现象也比比皆是。反映了民间信仰的随意性和功利性。

关键词：财神　信仰　财神庙宇　田野调查　信众　崇拜　功利性

作者：沈建东，女，苏州博物馆（苏州民俗博物馆）研究馆员；郭子叶，男，苏州博物馆（苏州民俗博物馆）馆员。

在中国传统民俗文化中，财神是掌管天下财富的神祇，如果能得到财神的眷顾或者保佑，便能生意兴隆、财源广进、财运亨通。因此，人们虔心供奉财神，希冀财神保佑，大吉大利，财源滚滚。

财神信仰反映了民众对于财富的渴望与追求。唐宋之际，中国经济重心转移，吴越地区开始逐渐代替中原地区，成为朝廷经济命脉所在。明朝中后期，吴越地区还出现了资本主义性质经济的萌芽，所以苏州等江南地区很早就有重商重利的传统和风俗，财神崇拜也成为最普遍的民间神灵崇拜之一。新中国成立后，由于众所周知的原因，包括财神、观音等民间信仰一时间沉寂下来。改革开放后，由于国家政策的调整、宗教界的努力，特别是随着市场经济的发展，苏州城乡到处可以看到各种招财、求财的习俗，"逢庙就烧香，见神就磕头"的现象随处可见。

这种"民间信仰热"引起了有关单位、部门的重视，相关的研究也随之逐步开展起来,并取得了一定的成果。但是总的说来,由于历史文献记载的自相矛盾以及这方面问题的敏感性,财神信仰的田野调查研究和资料搜集整理都做得相当有限。有鉴于此,我们认为有必要对苏州财神信仰进行较为系统的考辨和调查研究,弄清楚苏州地区财神信仰的形成、源流、演变、仪式、特点等。

财神信仰是民间信仰的一部分,有着广泛的群众基础和厚重的历史积淀,是民间文化的重要组成部分,透过这些信仰,我们可以看到它是如何广泛影响或支配信众的日常生活,"几乎民间信仰的每一位财神都是一种道德理想的化身",反映了信众在财神身上寄托了某种愿望或要求。财神信仰有其存在和发展的理由,我们应以宽容的态度去看待它,不能简单地认为其是迷信鬼神糟粕,是"沉渣"。我们今天调查研究财神信仰,不是去宣传财神、宣扬神性,而是探讨已经存在和仍有广泛影响的文化现象,把它作为吴地民间文化的一部分去研究。

一、苏州地区历史上的财神庙宇及其遗存状况

在孙吴赤乌年间,苏州城内就有了财神庙,据有关古籍记载,庙址大概在教场西,后历代修缮不断,至清中期仍存在。现在不详。据《吴门表隐》卷十一记载,在芝草营桥亦有五路财神庙,明初建,庙甚小。

《沧浪区志》卷三《平江区志》卷四、《苏州市志》卷二十一相关记载如下:

财神堂,在马济良巷。创建无考,重建于清道光年间。民国二十年有庙屋四间,占地 130 平方米。上世纪 90 年代为公园旅社所在。

关帝庙,在饮马桥南堍,坐西朝东,始建于明洪武十二年(1379)1952 年散为民居,1982 年拆除,改建为科技大楼。

五路财神庙戏楼,人民路范庄前 5 号,苏州市控制保护古建筑,原五路财神庙在戏楼北面。明初建,原在桥上甚小。清乾隆三十八年(1733)扩建。道光十九年(1839)郡绅顾森等重建。1972 年、1987 年先后拆除头山门、大殿、二殿、斗姆阁,拓建苏州口腔医院。1992 年前江西龙虎山第 63 代天师门生周秋涛,现为道士后裔。

玄妙观内:关帝殿(已无)原在东脚门机房殿北,元元贞年间(1295—1297)建五路财神殿,1999年移建至西脚门。殿内供奉三位财神:文财神比干、武财神赵公明及关羽,专司招财进宝、迎祥纳福。

大关帝庙:位于察院场。民国《吴县志》载:"即府庙,为苏州府视事之所。始建于宋淳熙年间(1174—1189)。历元、明、清,屡有修建。"祀奉关帝。民国十六年(1927)拓宽街路时照壁被拆除,1985 年时为人民旅社,原址为第一食品商店及市贸易局所在。

关帝庙。位于白寺塔,关帝庙弄4号。1983年列为苏州控制保护古建筑,据传庙是清初建的。木结构,是主祭关云长的典祀庙。原属报恩寺分庙,庙内大殿中供奉关帝铜制立像,像前有一块长一米五、宽零点五米的大青石跪垫。民国九年(1920)报恩寺收回铜制立像。现为民居。

另外曾有的宫巷28号小关帝庙1999年拆除。大郎桥西堍,小太平巷8号—10号关帝殿,大殿、戏楼民国26年前后俱废。在齐门洋泾塘岸有关帝庙。

娄门伽蓝寺,于2005年6月移地重建落成开放,前身为城东关帝庙。在环古城风貌带改造中,经政府批准移地重建并更名为伽蓝寺,并由明学大和尚题写匾额。伽蓝寺建有山门(天王殿)、大雄宝殿、藏经楼、伽蓝殿等建筑。

二、田野调查苏州地区财神信仰

我们共深入民间采风30次,重点采访人物45人,完成田野调查表21张,拍摄采风照片400余张,走访宗教场所10余座。

首先,我们选择了具有代表性的人物进行采访,采访对象中既有宗教场所的负责人,又有专门研究宗教信仰的高层次研究人员。重点人物当然是民间信众,每次我们都进行详细的记录和拍摄工作,拍摄时,特别注意相关的供品、神像、场所的布置等。玄妙观的财神殿、城隍庙财政司、伽蓝寺、五通神庙等都是信众拜神集中的地方,采访和观察可以仔细从容进行。同时注意被采访者的感受和宗教场所的气氛。

其次,在调查地点和范围的选择上,除了实地调研苏州城区的城隍庙、玄妙观、伽蓝寺、西园寺等重要寺庙外,我们还选择了苏州附近的一些乡镇如吴江芦墟泗洲寺、常熟兴福寺、宝岩禅寺进行田野调查,力求较为全面地了解苏州地区财神信仰情况,掌握丰富的第一手资料,以保证调查研究的质量。在芦墟我们采访了云东村,这个村庄和浙江嘉善比邻,他们都共同有个庙宇,过去叫西庵,上世纪60年代初拆毁,2009年复建,现称刘王庙,里面除了供奉猛将神刘王外,还有财神、观音等,同享人间香火。对于重要的寺庙,我们还再次或者多次深入调查了解。

(一)专门宗教场所的采风与调查情况

我们走访了苏州的城隍庙、玄妙观、伽蓝寺、西园寺、寒山寺、上方山五通神寺等专门宗教场所进行了调查采风,在苏州的城隍庙、玄妙观、伽蓝寺里我们发现都有专门的殿堂供奉财神。详细如下:

1. 苏州城隍庙:

明太祖朱元璋于洪武三年诏封

天下城隍，并规定城隍庙殿的高广铺设均参照阳间四级官衙设置，明清两代官员上任，头一件事便是拜祭当地城隍。苏州景德路上的城隍庙便是在明代建造的，作为地方保护建筑。城隍一般都是生前有功于民的人，死后加封的。苏州的城隍，前为春申君黄歇，以后有汤斌、陈宏谋、吴坛继、陈鹤等。

苏州的城隍庙供奉的一位是财神爷，神为坐像，浓眉短髯，明式官员打扮，手扶着财印。（如下图）

还设有专门的财神殿，供奉的是武财神赵公明。陪祭的是文财神比干、范蠡，武财神关公等。（如下图）

2. 苏州的玄妙观（见下图）

玄妙观创建于西晋咸宁二年（276），初名真庆道院。东晋太宁二年（324），敕改上真道院。唐开元二年（714），更名开元宫，赐内帑重修。大顺元年（890）遭受兵火，仅存山门，正殿，北宋至道年间（995—997），改为玉清道院。大中祥符二年（1009），诏改天庆观额，赐帑建东西南北四庑，新修东西墙垣，由专业画师画成"三天天宫胜景"巨幅壁画。宣和七年（1125），宋徽宗赵佶敕赐香火田五十顷。南宋建炎四年（1130），毁于兵火。绍兴十六年（1146）至淳熙六年（1179），苏州地方官王唤、陈岘、赵伯肃先后主持修复重建。元成宗元贞元年（1295），始称玄妙观。至正二十六年至二十七年，玄妙观又一次受到战乱的破坏，幸未全毁。明洪武年间（1368—1398）朱元璋整顿宗教，赐封苏州玄妙观为正一丛林，设管理道教事务的机构道纪司于观内。千年古观不仅是苏州道教的主要活动中心，而

且也成为地方政府司仪、祝厘的场所，充分显示了玄妙观在苏州政治和社会生活中的重要作用。明宣德年间（1426—1435），道士张宗继倡建弥罗宝阁。明正统三年（1438），巡抚周忱、知府况钟首捐俸资，于正统五年建成弥罗宝阁，为玄妙观增添了一座气势宏伟、绚丽多姿的副殿。可惜在明万历三十年（1602），宝阁已毁。清代，为避康熙皇帝名讳，改玄妙观为圆妙观，又名元妙观，直到民国后，才恢复玄妙观的旧称。康熙十四年（1675），布政司慕天颜首倡重建弥罗宝阁，咸丰十年（1860）毁于战火。同光年间，红顶商人胡雪岩独立捐资重建宝阁。玄妙观有专门的财神殿，原殿位于东脚门，现移建于此。

殿内供奉三位财神：文财神比干、武财神赵公明及关羽。中间的是文财神比干，因其无心从而专司买卖公平，旁边是赵公明和关公。（如下图）

殿内设置有"打金钱"的项目，牌子上是这样写的："谁若能打中金钱内铜铃，谁定能财运亨通，吉祥如意，有道是：财运亨通，一打即中。财运不佳，百打不中。"

财神殿四周绘制有巨幅的财神像故事图画，有：赵公明助商抗周、关公斩颜良文丑、五路财神送宝图。（俗以赵公元帅、招宝、纳珍、招财、利市五神为五路财神。此说出自《封神榜》。）

还有专门介绍比干、赵公明、范蠡、关公、刘海蟾等历史人物事迹的展板。还有专门的"玄妙观灵符"。（如下图）

殿东面墙上还供奉有比干、关公立像，供有香炉蜡扦。

财神殿还专门有一殿设有财神道场，专门给信众求神做道场之用。据道士讲中间供奉的是文财神范蠡，其他的财神陪祭。最热闹的是年初四夜，观里有专门的财神道场，信众如云，求财纳福。

3. 娄门伽蓝寺（见下图）

据考，伽蓝寺前身为关帝庙，清顺治六年（1651）始建，后毁于战乱。光绪八年（1882）由修觉住持募捐重建，并亲题"不二法门"门碑。同年，清苏州末代状元陆润庠题"关帝庙"庙名。这两块碑，现镶嵌在弥勒殿南墙上。该庙原已破败不堪，占地仅百多平方米。现因环古城风貌建设需要，而拆除旧庙，移地重建，名为"伽蓝寺"。寺里有大雄宝殿、弥勒殿、伽蓝殿、藏经阁及寮房等，建筑面积1100平方米。

关羽因"放下屠刀，立地成佛"得成正果被追封为伽蓝护法神，故取名"伽蓝寺"。

进得庙来抬头见是弥勒佛塑金像，弥勒佛说是未来佛。第二进右边的殿中供养的就是伽蓝护法神关公，坐像，右手拈花状，塑金身，在他的右边是蛇王、左边是当地的土地，都塑金身。据寺里的居士告诉我们每年新年初五会有许多信众到寺里来拜关公，求财求富。还有阴历五月十三日传为关公生日，来此烧香的人很多。但城市里的居民少，附近的乡民多。经过了解我们知道仍有许多退休人员在此做居士和志愿人员，无偿为寺庙服务。

4. 西园寺和寒山寺（见下图）

西园寺，全国有名的佛教胜地。终年香火旺盛。但没有看见专门的供奉佛教财神的大殿。虽然在佛教里有四大天王中北方多闻天王毗沙门，又名施财天，在印度古神话中他是北方的守护神，又是财富之神。在敦煌壁画中毗沙门画像，在他渡海布道之际。常常散下金钱财宝，但中国老百姓赋予了四大天王风调雨顺的美好理想。北方多闻天王毗沙门的信仰在元明时候已经衰微，由中国化的托塔李天王取而代之了。但信众到佛寺烧香也不乏求财求富的。（如下图西园寺的香火）

寒山寺里拜和合二仙（如下图）

和合二仙，苏州寒山寺相传是此两仙修行之所，二人皆为贫僧，以智慧、德行闻名，清雍正十一年，封唐天台僧寒山为"和圣"，拾得为"合圣"，旧俗又称和合二圣，掌管婚姻之喜神，是古时民间传说象征吉祥和睦之神，爱情之神。画面二僧蓬头笑面，其中一人持荷花，一人捧有

盖圆盒。"荷"与"和"、"盒"与"合"同音谐意，荷花又有莲生贵子之意，为苏南一带婚娶的崇尚物。现存寒山拾得画像碑有两块，一在苏州玄妙观大殿后壁，为清画家罗聘所画，一在虎丘半塘"五人墓"院中，明代吴中画家薛明益所作。

5. 常熟兴福寺（见下图）

兴福寺位于江苏省常熟市虞山北麓，是国务院确定的汉族地区佛教全国重点寺院。南齐延兴中兴年间（494—502），倪德光（曾任郴州刺使）舍宅为寺，初名"大悲寺"。梁木同五年（539）大修并扩建，改名"福寿寺"，因寺在破龙山旁，故又称"破山寺"。唐咸通九年懿宗御赐"兴福禅寺"额，兴福寺成为江南名刹之一。乾隆三十七年（1772）建亭勒石，立碑在兴福寺内，至今仍完整无缺。

2008 年在寺西北新造了财神殿。内供文财神，两边各有童子一个。左边童子手执集宝盆，右边童子手执"一本万利"卷书皆镏金像。

店里四周小神龛，供奉财神，信众可以选择供奉，龛内写上信众姓名，一般都是"某某一家人供奉"的字眼。抱柱对：民和年丰咸拜神赐；家给人足共乐清时。殿内对联：有斯德招财纳珍自来驻；不义岂昌抬宝利市求也无。劝人多积德自来财。年初五庙里的主持到场为信众念经。常熟西郊，虞山宝岩湾林木繁茂幽深之处，从前曾经有过一座相当规模的佛寺——宝岩寺，它最初名叫延福禅院，建于南朝梁天监年间（503—519），距今已有近 1500 年历史。据兴福寺的工作人员介绍，2009 年也仿照兴福寺的财神殿建了财神殿。

6. 白洋湾地区长泾庙（见下图）

据 2003 年版《苏州虎丘志》和 2003 年版的《苏州郊区志》记载，长泾庙在虎丘山西，清时重建，清顾禄《桐桥倚棹录》云："长泾庙，在虎丘山西，祀晋司徒王珣、司空王珉。此处居民有合奉为土神。"农历初一、十五香火极盛。1958 年拆毁。2004年开始重建，现在的长泾庙，占地 6

庙。东面靠河，坐北朝南，黄墙黛瓦，建有山门、长泾殿、东西偏殿、玉皇殿、财神殿、文昌殿、太岁殿等。财神殿，供奉赵公明。农历初一、十五香火很盛。我们去调查的时候正好是农历十五，香火很旺，而且庙前有很多集市庙会。问了一些香客。也采访了庙里的主持周道长都说只有初一、十五和正月初五、正月十九、六月十九才有庙会集市，平时是没有的。

7. 泗洲寺（见下图）

据《芦墟镇志》（2004 年上海社科院出版社出版），泗洲寺创建于唐景龙二年（708）。近 1300 年来，该寺多次重建、扩建、修缮。不少僧俗名

人在此留下历史踪迹。

南宋开禧（1205—1207）僧人法行重建后，引来"名僧迭居"（潘耒语）。南宋绍定年间（1228—1233）僧清呆又修建。

元朝至正年间（1341—1368）僧文玖亦募资修造。至正九年三月（1349年4月），杨桢诸名士游分湖时，曾在"泗洲寺里看题竹"（壁画）。

明初洪武年间（1368—1398），吴江东部地区的钱圲、德庆、流庆、南询、善聚、法华、圆通等七所庵庙归属泗洲寺门下。清朝康熙己卯（1699），里人徐绶等人发起集资大修建，"大殿更而新之"，利用旧料"改作山门，高、广倍昔。禅堂、两廊、斋厨诸屋，次第整修。兴作于己卯之冬，落成庚辰之春。"翰林院检讨潘耒撰写《重修泗洲寺记》碑文。清咸丰（1851—1861）末年，太平军占领芦墟时，大殿被拆，其余皆存。民国七年（1918）春，住持悟明与里人陆拥书、刘荣华、王国光等人发起募资重建大雄宝殿。民国九年11月30日柳亚子等人游分湖时，为前殿拍了照片。

泗洲寺占地0.9公顷。1950年以来，该寺一直为粮管所使用。60年代拆掉大殿。1982年时尚有建筑970平方米，至90年代初东部僧房亦拆除，原先殿堂仅剩四处建筑：前殿（13.6×8.7米）和后殿（14.9×11.9米）均为五开间歇山顶式，四角

飞檐，尚见原先的轮廓，而墙体改为库房墙；藏经楼三间，面东，上层门窗不全，相当破落；1997年时神仙堂仅剩破漏屋顶和北墙、西墙，1998年神仙堂亦拆除，原地建四层水泥新楼。西部僧房已改建，格局尚在。

1986年11月，吴江县人民政府将泗洲寺列为文物保护控制单位，芦墟镇政府挂牌告示。

1997年在三白荡东草里村按原样开始复建，财神殿建在刘王殿的西面，里面供奉有五路财神即赵公明，他下辖有招宝天尊、纳珍天尊、招财使者、利市仙官。左右还分别供奉有文财神和武财神各一尊。神像都塑金身。每年年初五香火最旺，四乡都会来此烧香。

在芦墟云东村，我们发现由于它和浙江嘉善紧邻，在河紧靠浙江嘉善的港南复建有一座刘王庙，里面供奉的是观音、财神和刘王猛将。（见下图）诸神在一起共享人间香火的现象在乡间比较普遍，我们在田野采风的时候也时有发现。

（二）代表人物采访

1. 城隍庙贠道长

城隍庙：城隍庙道观里供奉的是赵公明、关公、比干、范蠡。据观察对于财神也是各人各信。贠道长和相关人员告诉我们，所谓"接财神"，接的是个感觉。万事万物有气，接的正气多对自己就有利，财气也是如此，可以增强自己的自信心，"我相信我接到了，或者我努力做到了。则更有理由相信，信心更足了"。城隍庙里以前是初五夜半接财神，初六上午接财神，正月十六是道教的财果日，观里要点红烛烧香，上五供：香花、灯、水果、茶、酒。许多信众来烧香后把这些供果请回去，他们相信吃了会治病。初六接财神有专门的科仪接财神。三跪九叩，送上贡品（水果、灯油、酒、香）。道士帮你上表财神，书上家人的姓名、所求之事，送到哪里，焚烧上达天庭。祭祀财神时候也要许愿。没有时间规定，选择黄道吉日还愿。还愿的方式是捐钱，烧香点红烛，没有规定的仪式。

城隍庙里有财神像，信众可以请财神，举行开光仪式，请灵符，点睛等。但多数人求财神都到专门的宗教场所来，是因为人们相信庙里或者观里气场强，求神拜神灵验些。2008年开始城隍庙和苏州电视台合作"赐福送财神"活动，时间是一个月，选择一些社区随意送福。很受

欢迎。（见下图）

2. 老苏州惠桦（73岁）

接财神老法叫接路头菩萨，后来叫财神菩萨。过去苏州人不做生意一般不接路头的，做生意的人家在初四夜半11点开始举行，在这家店铺里做活的伙计都要请得来吃路头酒，如果被请来接路头、吃路头酒，这一年的工作算是保住了，吃完路头酒就是年初五开工了。接路头最讲究的是要有条活鲤鱼，以活鲤鱼跳出来为上上吉。此外供桌上有猪头、全雄鸡、鲭鱼等。鲤鱼放勒铜盆里，水要少放，如果跳出来就大叫鲤鱼跳龙门哉。接好路头，这条鲤鱼要放到西园放生的。一般接路头不放爆仗，好婆（吴语，即奶奶）告诉说是放爆仗要把路头菩萨吓跑的。只有年初五早上开市放爆仗。路头的纸马，通常是用黄表纸印的五个路头，两尺长，蜡烛店里有的请（格），印刷的质量不好，图案常常模糊不清，老苏州有句俗语——印不清的纸马。送路头要买一种叫"断"（音）的贡品，用黄表纸卷成筒状，一

捆，上面用红纸裹好，钱粮黄色一打上面有图章，也是印不清。现在看路头菩萨也受贿的。全雄鸡尾巴上的毛不能拔掉，两头一拗，翘起来如元宝状，一把葱插在鸡的嘴里，老人们说是让路头菩萨聪明地帮伲（吴语：我们的意思）发财。后来又有了刀上撒盐，谐音"现到手"（吴方言读音谐音）。

苏州人接的财神是什么神？老苏州惠桦老人是这样说的：路头菩萨就是五路财神，关公、范蠡才（吴语：全之意思）不相信格，信关公是因为伊讲义气，过去开茶馆、戏馆、面馆的是供奉关公的。他们大都和黑帮有些关系。关公是保护神不是财神。比干心也没格哉，生意人敬奉伊是因为做生意没有良心就会发财（格）。

年初五早晨是接财神的好时光，这个时候街上有乞丐，一个金面，穿黑衣，一个白面，穿白衣，手里拿着大元宝，奔进奔出，大叫"钱来哉！钱来哉！"然后假装衣服里兜着钱奔向店铺里的钱柜处，做着抖钱入柜的样子。店铺的老板为图个吉利就会给几个赏钱，打发他们离开。

还有一种是乞丐用麻袋一套，两角扎成牛角状，一跳一跳来到店铺门口："黄牛到，生意好。撑黄伞，坐八轿。黄牛哪哼叫，哞哞哞。"

还有一种是乞丐用稻草做个乌龟状的套在头上，手里拿把小扇子跳进跳出："乌龟长杆头，生意闹稠稠（读音记录），大小眼睛骨碌碌，大乌龟哪哼叫，呀呀呀。小乌龟哪哼叫，叽叽叽。大小乌龟一道叫，呀呀呀叽叽叽……"拿着"招财进宝"贴在钱柜上。赖皮的乞丐就直接到你店铺门口，把自己的头用石头打开见红，说是生意兴隆的，老板赶忙给他喜钱打发他走。

3. 薛仁元（83岁）：

薛仁元，沧浪区非物质文化遗产传承人，今年83岁，五代都从事神像彩绘。家中现存有三册彩绘的各样神像图册。薛仁元老人说，这是他几年前眼睛好的时候凭着记忆绘制出来的。里面有几张是财神的画像。（如下图）

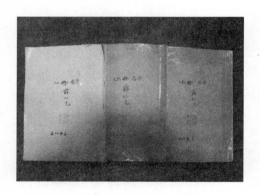

据薛仁元老人所说，苏州人相信路头神，就是五路财神，苏州人习惯称为接路头，我们一般不画五个神像，只画最主要的一个就是了，这个最主要的是五财神赵公明。薛家过去在葑门开专门的铺子，有徒弟四人，定制财神像的并不多，主要生

意是做庙观里的神像彩绘,现在的东山紫金庵里有他爷爷做的彩绘。2004年老人凭着自己的记忆手绘了三册。约40张各式的彩绘神像,但我们询问了老人的儿女,没有一个人继承他的手艺。现在老人83岁了,眼睛不好,也不能再画了。

据我们初步考证,自宋朝始,有"画影"(又称画神像)即为死者画遗像之俗。此俗在明代仍十分盛行,也对明朝的宫廷礼俗产生了较大影响。《南薰殿图像考》载,崇祯帝即位后,下令为其生母绘制遗像,此即反映了宫廷中的这一礼俗。该书卷下记:"孝纯皇后刘氏,光宗妃,庄烈帝生母……万历三十八年十二月生庄烈愍皇帝。已,失光宗意,被谴,薨。庄烈帝封信王,进贤妃。及即位,上尊谥,迁葬庆陵。帝五岁失太后,问左右遗像,莫能得。傅懿妃者,旧与太后同为淑女,比宫居,自称习太后。言宫人中状貌有相类者,命后母瀛国太夫人徐氏指示画工,可意得也。图成,由正阳门具法驾迎入。帝跪迎于午门,悬之宫中,呼老宫婢视之,或曰似,或曰否,帝雨泣,六宫皆泣。"

唐时著名皇家画工吴道子,以擅长佛道人物画,尤其擅长于壁画,素有画圣、画神之称,对后代宗教性神灵绘画的影响深远。明清以来民间对佛教和道教神灵和民间俗神的膜拜而产生了神像彩绘的行业,以满足人们随时随地对神灵的祈求和祷告，而不用赶到庙观里。苏州民间新年有展先像的习俗，也需要画工绘制祖先的影像用于新年里的祭祀。1949年后此行业逐渐消亡。

4. 对老苏州郑凤鸣的采访

旧时正月初五，各商店开市，一大早就金锣爆竹迎接财神。主人手持香烛，分别到神仙庙、长泾庙和花神庙等道观迎接财神爷，接齐东、西、南、北、中五位财神爷后，挂起财神爷纸马，点燃香烛，众人顶礼膜拜，拜毕，将财神爷纸马焚化。有的主人带上香烛分别到东、西、南、北、中五个方向的财神堂去请接财神，每接来一路财神，就在门前燃放一串百子炮。全部接齐后，主人和伙计依次向财神礼拜，拜后将原供桌上的马幛火化，表示恭送财神。

腊月三十到正月初五以前，一般不搞卫生，也不扫地。意为聚财；即使扫地也只能在屋里扫，垃圾只能先放在屋里的拐角处。正月初五这天忌走亲访友，也不串门。

旧时接财神要做一定的准备：先要打扫场地，打开屋内所有的灯；厨房内的米瓮装满五谷；接着把家里所供奉的神明或祖先，全部点烛上香，预先禀告将迎接财神进屋，以祈合家平安、财源广进、步步高升等。同时根据当天财神降临方位，在大门外空地摆设神桌（离开大门三尺的地方最为理想）；业主香汤沐浴，穿上整洁并且颜色亮丽的新衣服（尽可能避免身穿黑色衣服）。

准备好接财神用的香炉、烛架、香、烛、财神衣、盆金、贡金、大金、小金、大天金、小天金等，可随意任选其中数样，数量多少各随心意；供品茶、酒各三杯。年糕、红枣、干桂圆、冰糖或糖果，香蕉（招）、橙（甘）、柑（吉）、黄梨（旺）、梨子（来）等五果，代表（招、甘、吉、旺、来）。素菜、佐料：发菜、金针、木耳、香菇、紫菜、腐竹等。

旧时接财神有一定的程序：首先将迎接财神之供品摆在神桌上；然后点烛焚香，跪拜时双手拿着三支清香，面向神桌，眼神注视财神的方向，口中默念本身姓名、岁数、出生日期及时辰，接着行三跪九拜礼，即拜三下跪一下叩头三下，念请财神爷降临，然后把香插在香炉内；请得财神爷降临后，先敬第一次茶及酒，并且祈愿，双手合十，再行三跪九拜礼，并默念祈求的愿望，如：合家平安、事业顺利、财源广进等；接着，再敬酌、祈愿；再敬第二次茶及酒。然后敬元宝、纸料。等到香烧到将近一半时，双手捧寿金等元宝、纸料，供拜神明三次，然后焚化。焚化时口念化宝咒，"天上钱星，地下钱纸，南极化火，化纸成金"；此后，又三敬酌，焚化元宝、纸料，再敬第三次茶及酒，再行三跪九拜礼，并边念："财神爷进我家、庇佑合家平安，事业顺利,财源广进或横财就手等"。即表示已完成接财神仪式。

国泰民安,祈福求财,是老百姓的一大乐事。苏州人素有接财神的风俗,至今依然。正月初五这天,照例举行一年一度的山塘街迎财神活动。上午,热闹的锣鼓声响起来后,山塘桥的小广场请财神活动开始了。不多一会儿,一队人马,配着鼓乐,主持、童子、香担、财神和仙子,红红绿绿的,沿着山塘街直往古戏台来。迎神的人马一到台下,乐声齐作,戏台下小小的一方天地顿时闹腾起来,亮财神和迎财神的表演拉开了序幕。主持人上香、拜五方。随后是一班人马登台,上香,恭请东、西、中、南、北五路财神。财神一到,来自四面八方的人潮蜂拥而至,大家都希望取个好兆头,盼日后顺风顺水,旺财多福。财神亮出"金元宝"及招财进宝、"财源滚滚"等小卷轴以示祝贺,同时五名商家代表上台迎接财神,接喝一口"路头酒"。此时的人们,笑声也更欢了。当财神爷跑着圆场,将金灿灿的"金砖"和"元宝"撒向观众时,台下的气氛顿时热得发烫。哗,台上一把撒下,台下刹那间伸出了无数双手。有人居然一手"金砖"一手"元宝",乐得满脸笑开了花。

5. 对吴江汾湖镇芦墟芦东村徐凤星的采访

芦墟乡镇店铺"接路头"活动从农历初四下午起一直延续至初五。旧时"接路头"仪式极为隆重,从年初四下午起,商店里张灯结彩,迎接"五路财神",摆五路财神酒。五路者:东路招财,西路进宝,南路利市,北路财神,中路玄坛。傍晚,在店门口左右挂两盏写有本店招牌的灯笼,堂前挂条活鲤鱼,供三牲、糕团之类,红烛高照。祭财神时焚化用金纸做成的大元宝、小元宝,磕头跪拜,祈祷生意兴隆,财源茂盛。年初五,店主请店员喝路头酒,初六正式开张营业。

现今"接路头"习俗活动已经简化,市镇、乡村都有该项习俗,年初四至年初五的晚上 12 点钟放鞭炮、烟火。也有的家庭到寺庙磕头祭拜,"财神菩萨",以求生意兴隆,财源广进。

(三)典型仪式的采风与调查

1. 上方山五通神信仰

通过多年的田野调查与研究,我们发现明显带有民间信仰的痕迹。清康熙年间,江苏巡抚汤斌曾亲率兵到上方山,将五通神投之于湖,此后江苏地方政府多次推寺毁神,但上方山的香火,屡禁不绝,1949 年后沉寂了一段时间,1978 年后直到现在依然香火甚旺。"借阴债"又变成了所谓的"借富"的俗信活动。

借了阴债之后,如果真发了迹,每逢朔望都要在家烧香拜神,每年

农历八月十八前后还须到上方山去烧香"解钱粮"，向神偿本付息。如果本人死了，子孙仍需继续"清偿"。所以，苏州又有一句歇后语，叫"上方山的阴债——还不清"。此后，借阴债不只限于农历八月十八夜，几乎一年四季都有这种活动。这种活动一直延续到新中国建立。

1988年和1989年我曾到上方山做过几次田野调查。来到山下，但见各地的乞丐一字排开向上山的香客乞钱，庙里的空地上，香火烧成了一堆堆小山，殿里供桌上供着苏绣太姥夫人的插屏像。供品不是很多，有全鸡、猪肋条肉和鱼。在神龛座下还拴着许多寄名袋，一位老香客告诉我，里面放着七粒米还有七片茶叶，再加上万年青（苏州人称千年蒕）和孩子的生辰八字，寄名神灵可确保孩子能顺利成长，特别是男孩。苏州民间传说太姥夫人生了五个儿子，就是五通神，所以人丁单薄的人家把男孩子寄给太姥夫人是最稳妥的了。

我后来又到上方山去过几次，调查的情况变化不大。上山烧香的人群中，农村老年妇女占了七成。上世纪八九十年代的香客都是自带香烛供品，供品大多是自己做的糕团点心和水果、鱼肉等家常菜。烧香活动多为个人，远点的乡镇过来的往往结伴而行。

山上和庙里挤满了香客，点香的，上供的，有五体投地拜的，有三五成群唱的，庙前空地上有几个大的铁桶，专供香客烧香纸和锡箔用。在一个叫五圣堂的大殿里，几位女香客围坐在桌旁敲木鱼，念《太姥宝卷》和《五圣传说经》。我凑上去看见一本线装书，写的是五通神的传说，悄悄记了几句："一炷青香拈起来，灵公五圣降临来。商朝祀典同赴会，城隍土地共莅台，诸佛菩萨当台坐，家堂灶界两边排。"另一边在供桌旁还有几位在奏乐，有唢呐、笛子、小汤锣等唱宣卷的乐队（看来五通神还邀请了许多民间的所谓俗神一起来享用礼赞和供品。有的信徒把观音像供奉在五圣堂中，顶礼膜拜）。

两边的厢房里说是太姥的房间，里面床上用品都是香客捐献的红绸被，尼龙蚊帐、绣花枕头，床围红底金字——金玉满堂，正中挂有发禄袋，床的左边挂有一面锦旗，上绣"温暖人间，佛光普照"。太姥神（又称太姆）被人由殿内移到了楞枷

塔的塔洞内,身披红红绿绿的衣饰,戴着一副墨镜,有的香客称之塔母。

供品:

【一】宗教用品:寿字香、方供、蜡扦、红烛、钱粮、黄纸、元宝、木鱼、磬、经书

【二】祭祀用品

(荤):红烧鳊鱼、肉圆、白肉、蹄髈,还有螃蟹、甲鱼、黄鳝。猪头下四只猪脚,后面还放着根猪尾(代表全猪)。

(素):香菇青菜、素什锦、绿豆芽、韭菜、油面筋、腐竹等

水果:苹果、梨子、甘蔗、橘子、西瓜、香蕉、柿子等

点心:包子、蛋糕、馒头、奶油蛋糕、糯米糕、团子等

中华牌香烟(点燃着)、五粮液及其他白酒、黄酒等

有的用各种塑料袋装着,有的用泡沫饭盒装着,讲究点的带了盘子装起来,有的甚至就直接堆在地上,靠在塔脚周围。

楞枷塔周围十分热闹,有成群的信女在塔附近跳红绸舞、打莲湘、挑花篮等民间舞蹈,还有唱春调、紫竹调、无锡景等吴歌小调的,甚至有自娱自乐自跳自唱的农村妇女。但我走上前去问她唱的是什么歌谣的时候,她很警惕地说没唱什么,唱的是谢神的曲子,在塔的周围我发现还有一位五六十岁的妇女在独自唱着,无锡景的调子很婉转,声音不大,她说是为了表达自己对五通神的感谢。她对我笑笑,悄悄地说,五通神蛮灵验的,于是仍然自己唱着跳着,旁边观看的几位老年妇女也随调哼唱。

庙里的工作人员告诉我们,前一天夜里还有"焐佛脚"活动,香客在庙里住宿,一边折元宝、莲花,一边念经。在我们下山的时候,还有成群的香客赶上山去。有的拿着红绸、旗子等道具。

2. 苏州城隍庙道教迎财神科仪

时间:非节日时间

人员：接财神的信众，一般都是经商的市民。

非节日的接神（包括财神）科仪：

信众穿新衣，请上香烛等贡品，道士为他们在红纸上写上姓名、家庭地址，祝愿祈福的吉祥词，称为疏文。开坛洒净——洒法水，涤尘埃，三上香，准备奉请诸神降赴坛庭。高功法师身穿红色满绣盘金法衣，手拿如意和小香炉向财神请求，其他六名道士身穿红色或者黄色的法衣，奏响乐曲如《一封书》、《仙人过桥》等道教音乐。表文拿在信众手里，信众跪在神前的拜毯上，高功法师念唱《玉皇经》、《财神经》，此时钟磬齐鸣，木鱼声声，丝竹悠扬，诵经之声四起，形成一派深沉的宗教气氛。在铺有太极八卦的毯子上，法师步罡踏斗，元神飞升天庭，上表通真，递表文于神前，请天上诸神光临。两位身穿红色法衣的经师手拿经文，高声念唱财神的圣号，请他下凡。法师脸朝殿外告财神请他下凡赐福。这个时候还可以为财神祝寿，表明请财神更加虔诚用心。然后是"十献"，即：香烛灯花果茶酒衣宝藏，一个一个献上去，这个时候经师鼓乐大作。唱《十献》，声达天庭让财神知道所供物品。以示虔诚之心。乐停，经师执表文高声禀告财神，高功法师开始念《表官经》。封表，交给敲木鱼的经师，直接恭送到殿外，祈财的信众一同随后，表文一起焚化上达财神处。仪式就算结束。

时间：新年初四夜半初五清晨。

人员：接财神的信众，一般都是经商的市民。

迎财神科仪：

信众穿新衣，请上香烛等贡品，道士为他们在红纸上写上姓名、家庭地址，祝愿祈福的吉祥词，称为疏文。开坛洒净——洒法水，涤尘埃，三上香，准备奉请诸神降赴坛庭。法师身穿红色满绣盘金法衣，手拿毛笔一枝，蘸上红色在空中书写起来。然后道士呈上铜杯子、铜勺，法师舀杯中水洒净，粉色毛巾一块做搽拭状。口中念念有词，再用小镜子上下左右照几圈，让后小道士呈上白绸包的笏版双手握好，向财神鞠躬。口中高唱：请各位善士跟着大法师一起祈福迎财。（鞭炮声）法师手拿笏版，点燃三根香，高诵道：

"向财神爷行三鞠躬礼。

一鞠躬。财神爷护佑众善心想事成，事业发达；

二鞠躬。财神爷护佑众善生意兴隆，财源广进；

三鞠躬。财神爷护佑众善招财进宝，金玉满堂。

礼成。"

信众站立，手里拿着三枝香，随着法师三鞠躬。

其他六名道士身穿红色或者黄色的法衣,奏响乐曲如《一封书》、《仙人过桥》等道教音乐。法师念唱《玉皇经》、《财神经》,此时钟磬齐鸣,木鱼声声,丝竹悠扬,诵经之声四起,形成一派深沉的宗教气氛。

在铺有太极八卦的毯子上,法师步罡踏斗,元神飞升天庭,上表通真,递表文于神前,请天上诸神光临。两位身穿红色法衣的经师手拿经文,高声念唱财神的圣号,请他下凡。高功法师脸朝殿外告财神请他下凡赐福。这个时候还可以为财神祝寿,表明请财神更加虔诚用心。然后是"十献",即:香烛灯花果茶酒衣宝藏,一个一个献上去,这个时候经师鼓乐大作。唱《十献》,声达天庭让财神知道所供物品。以示虔诚之心。乐停,经师执表文高声禀告财神,法师开始念《表官经》。封表,交给敲木鱼的经师,直接恭送到殿外,祈财的信众一同随后,表文一起焚化上达财神处。仪式就算结束。

初五清晨,城隍庙里香火很旺,在城隍殿的门口。大香炉上挂有:一层平安钟响;二层黄金万两;三层青云直上。香客有市区的有附近郊区的乡民都背着香袋,或者挎着香篮。有的胸前还挂有"香客进香"字样的牌子,年龄大都市50—60几岁的中老年妇女。采访她们一问的都说是家里做生意的,希望生意兴隆。

上午九时,财神出巡,法师祷告:"财神一身多能,变化无穷,能够呼风唤雨,保命救灾。凡买卖求财,只要对赵公明祈祷,便有感义通,无求不应,每年农历正月初五财神爷赵公明都将奉玉帝之命,降临城隍庙赐财,吉时已到,财神出巡。"

出巡队伍排列:

司仪,穿着红色团花纹唐装

抗大锣两位

红黄狮子一对

抬鼓女子两位

小锣一对

12女子腰鼓队

四个捐牌,上写:"苏州府""正堂""肃静""回避"

道士乐队六人

扇子舞、花枝舞队

道士唐装。

受托一盘、上放有8只金兔子元宝。

财神,手托大元宝

信众无数随后

出巡队伍沿景德路向西,来到一

家名字叫新开源的酒楼。鞭炮燃起。狮子舞蹈。财神手托元宝来到大门口，财神送上金兔子，并颂曰：新年财源滚滚。然后经理送给财神红包。这样依次是服装店、婚纱店……把8只金兔子都送完结束。然后队伍再回到城隍庙。财神送财仪式算结束。

（四）收集到的民间谚语俗语、歌谣和民间故事

1. 民间谚语俗语：

路头菩萨——得罪不起。
财神菩萨——印不清格纸马。
马无夜草不肥，人无横财不富。
人为财死。鸟为食亡。
上方山的阴债——还不清。
富贵不过三代。

2. 歌谣：《贴财神歌》

财神贴得高，
主家蒸馒头来又蒸糕。
财神贴得低，
主家开年好福气。
财神贴得勿高又勿低，
主家屋里钱铺地。

演唱者：吴江芦墟云东村　陆海荣（83岁，已故）

旧社会春节前夕，有一部分贫苦农民，用一种低级黄纸刻上带人

像的图案，去每家门上张贴，贴时说好话，主人家在每句好话后，都回答"靠福"，并给几个钱，或年糕、馒头、团子之类，词句由贴的人随机应变，如财神贴得高，下句亦可接"主家屋里财气到"之类。

3. 民间故事：《人为财死　鸟为食亡》（流传在吴江一带）

从前，有个家资富足的老板，倒是个平心人，借东西必还，从不占小便宜，方圆几十里颇有些好名声。那年年底，伙计们聚在一起吃年夜饭，老板问，"一年过去了，大家仔细想想，有没有借人东西，或者拖欠了人家钱银未归还的？"伙计们齐声回答："老板早有过吩咐，笔笔清爽！"老板说："不一定吧？"众人疑惑不解，他立即补充道："我想了好久，一年三百六十天，我们天天到河里挑水吃水，可曾付过一分钱银？"

过去认为，河水来自大海，大海由海龙王掌管。吃水付钱，就该付还海龙王。所以老板说："我准备挑选两个人，带上四百两银子，即日登程，送到海边，全部扔入大海，不知有谁愿意辛苦一趟？"伙计们七嘴八舌，都表示自己乐意接受这一差使。最后，老板选定张三李四，把装满银子的布包交给他俩，年初一清早就出去，并关照两人速去速回，切不可贻误。

张三李四各自都有嗜好：一个贪杯，只要有酒可吃，死人不管，一

个迷点心，无论是饼是馒，来者不拒。他俩接下这桩差使，同时盘算："老板真是呆大，三四百两银子，有钱不花，都往海水里扔，实在可惜……"两个人都偷偷动起了坏心思。

一个月以后，他们走到了海边。张三说："嗬，总算看到大海啦，准备扔银子吧。"李四讲："慢，我们还是第一次见到大海，应该先喝杯酒，高兴高兴。"张三说："唉，我怎么没有想到，不带一瓶酒来！"李四讲："不用叹气，我俩是多年弟兄，一只台子上吃饭，我怎能不为你着想呢！喏，酒我带来啦，你尽管开怀畅饮。"说完，取出一瓶晶莹透亮的白酒，送到了张三手里。

"嗬，好酒！好酒！"张三见酒心欢，立即打开瓶盖，忙不迭深深吸了一大口。然后说道："好兄弟，我不能不酬谢你呀，我也早为你准备好了点心，特地留至今日，让你快快活活吃一顿。"话音未落地，已从褡裢里掏出两只雪白雪白的肉馅大包子，递了过去。

这时候，两人坐在海滩上，一个饮酒，一个咬包子，一个喝得笑眯眯，一个吃得眯眯笑，喝呀、吃呀，不多时，两人都倒在了海滩上，动弹不得了，原来：李四早就在酒瓶里兑入砒霜，张三也事先在肉馅里下了毒药，互相算计，结果一起丧身，害人又害己！

老板在家里等候多日，不见音信，就派出两名伙计，去海边寻访。

两个伙计不敢怠慢，日夜兼程，不到一个月，就来到海边。他们找呀、喊呀，找，不见人影，喊，没有回音。后来，他们在海滩上发现两具枯骨和几只死去的海鸟，旁边有个布包，经风吹雨打，已经斑斑驳驳。把布包解开一看，白花花、亮闪闪，全都是银子，数一数，不多也不少，正好四百两，而且都打有老板的印记。他们断定，这两具枯骨就是送银子的张三、李四，于是用泥沙草草埋葬起来，然后回去复命了。

老板听了两个伙计的禀报，接过银子验看以后，长长地叹了一口气，自言自语道："唉，是我害了他们。"两个伙计大惑不解，问："怎么能怪你害人呢？"老板说："我不叫他们送银子，也许他们是不会送命的。噢，你们想过没有，张三、李四是怎么死去的？""那还用说，一定是被人害死的！"两个伙计同声回答。老板摇摇头，说："不对。如果有人见财起意，杀害他们，那为什么银子一两也不少呢？我看呀，一定是张三、李四肚里都装着坏水，见了银子红了眼，想独自吞进，于是你害我，我害你，结果白白送掉两条命，真是'人为财死'啊！"两个伙计点头称是，不过，他们不明白枯骨边为什么有死鸟，呆呆地瞪着两眼。老板看出了他们的心思，接着解释起来："至于这几只死鸟么，也不难推断。你们

想一想，时至寒冬，百草枯萎虫入洞，海鸟寻食困难啦。无食进肚，饿得发慌，见到海滩有两具尸体，争相啄食，最后当然要中毒丢命了。这也有说法，可以叫作'鸟为食亡'！"

两个伙计听得心悦诚服，连声说："讲得有理，正是：'人为财死，鸟为食亡'！"从那时起，这句俗语就被人传讲，并一直流传到现在。

（讲述者：夏才宝　男　吴江八坼职工　小学。记录者：徐文初）

三、苏州地区财神信仰的相关分析研究

在中国传统民俗文化中，财神是掌管天下财富的神祇，如果能得到财神的眷顾或者保佑，便能生意兴隆、财源广进、财运亨通。因此，人们虔心供奉财神，希冀财神保佑，大吉大利，财源滚滚。如今，社会生活中到处可以看到各种招财、求财的习俗，可以说，财神信仰在人们的日常生活中随处可见。

明清时期，苏州已是"江南首郡，财富奥区"。明代唐寅有"五更市贾何曾绝，四远方言总不同"的诗句，描绘苏州明时商品经济的发达、城市的日益繁华。苏州的观前街、山塘街、枫桥米市都是全国闻名的商贸街市。随着商品经济的发展，市民阶层追求财富的欲望越来越大，同时由于商业活动的不稳定性和冒险性，商人们渴望每一次的商业行为都能获得成功，基于这种心理，祭拜各路财神成为当时普遍的商贾习俗。

过去，苏州经商人士都要祭祀财神，我们前文提到的老苏州惠桦老人他的祖辈就是开米行的，所以他们家过去都是非常虔诚地祭拜财神。而普通人家是不会专门祭祀财神的，但灶神是一定要祭祀的。民间祭拜灶神的主要目的是祈求合家平安、衣食有余，也会顺便求灶神多多保佑全家富裕，因为合家平安、衣食有余是需要一定的财力的。所以在这层意义上灶神又兼有财神的部分功能。

（一）财神信仰的形成、发展

古代中国是个泛神信仰的国家，先民认为，日月星辰、山川河流等，冥冥之中都有某种神秘的超自然力量在掌控着、支配着它。人们认为，这些神灵是"不死"的，具有强大的神力，神灵不仅影响控制着周围的物质世界和今生来世的生活，而且"神灵和人是相通的，人的一举一动都可以引起神灵的高兴或不悦"（泰勒《原始文化》p.349，广西师大出版社，2005），由此产生了各种信仰、崇拜。正是在"万物有灵"观念的影响下，人们创造了能给自己带来财富的神，希望冥冥之中的掌管财富的神灵保佑自己，给自己带来好运。

财神是民间信仰出现最晚的神灵之一。据考证，财神的起源可以

追溯到北宋，时人孟元老《东京梦华录》云："近岁节市井皆印卖门神、钟馗、桃板、桃符，及财门钝驴、回头鹿马……"可见财门作为年画主题的习俗在北宋十分流行。

南宋时出现了专门的财神纸马，南宋人吴自牧《梦粱录》卷六"十二月"条云："岁旦在迩，席铺百货，画门神、桃符、春牌儿，纸马铺印钟馗、财马、回头马等，馈与主顾。"文中提到的"财马"就是民间在春节期间用纸张印刷的财神画像，财神纸马是财神出现的确切标志。

元代出现"财神"的称呼，并且有了祭财神的习俗。明代中后期，随着商品经济的发展，市民追求财富的欲望强烈，加上生意场上的风险性，人们渴望生意上的成功，平时祭拜各路神灵特别是能够带来财富的财神已成为商贾普遍的习俗。《庚巳编》、"三言两拍"等不少章节均多处提到了祭祀财神的习俗。冯梦龙在《金令史美婢酬秀童》写到，苏州正月初五，家家户户要祭献五路大神，谓之"烧利市"。其中的"五路大神"即"五路神"。清代、民国时，财神供奉成为普遍的社会习俗，胡朴安说"贸易之家，必有赵公"，以范蠡为例，国内特别是南方各地对财神范蠡的供奉相当普遍，同时不同地区的人们根据自己的需要创造了合乎自己需要的财神，形成了财神群体。

除了商家供奉财神，农、工、仕宦之家也不例外，财神像前及具有财神功能的神灵像前，士农工商、三教九流都有。改革开放三十年来，随着国家政策的调整和我国社会主义市场经济的发展，沉寂多年的财神、观音等民间信仰得到恢复和迅猛发展：道教宫观都设有财神殿，一些佛教寺庙内也设有财神殿，苏州城乡各地还出现了不少独立的财神殿。商家店铺摆放或悬挂财神像已经成为苏州、无锡等地流行的做法。财神信仰自宋代肇始以来，都没有像今天这样普遍、深入和多样。

（二）关于年初五接财神

宋朝蔡京富有，民间传说他是富神降生，他恰生于正月初五，所以民间把他当作财神来祭拜。后蔡京被贬，民间另换财神，当时宋朝的国姓为赵，玄字为带着"胤"字的一个部分，便给财神起了一个赵玄坛的名字加以敬拜。又民间传说财神是回回，有"回回进宝"之俗语为证，所以祭祀赵玄坛的时候又"又谓神回族，不食猪肉，每祀以牛肉。俗谓之斋玄坛。"（《清嘉录》卷四）

初五接财神，赵玄坛最受尊拜。许多商店、住宅都供奉他的木板印刷神像：玄坛面黑，手执钢鞭，身骑黑虎，极其威武。除了赵玄坛被尊为"正财神"外，民间还有"偏财神"五显财神、"文财神"比干、范蠡和"武财神"关圣帝君的说法。

苏州习俗，年初五开市，必先祭路头神，"金锣爆竹，牲醴毕陈"以争先为利市，必早起迎之，所谓抢路头。民间初四夜半即开始设供于堂中，爆竹于门外，称"接路头"。供桌上除香烛、供品外，还要放一把刀，刀上撮点盐，吴语谐音"现到手"。蔡云《吴歈》云："五日财源五日求，一年心愿一时酬。提防别处迎神早，隔夜匆匆抢路头。"过去还有抢财神习俗，好事者抬财神巡街，鸣金燃鞭，经过某家门口，主人需"正衣冠，执香以迎，并陈物酬劳"。或说是古代五祀之行神，谓东西南北中五路出门皆得财；或说是元末御倭寇而死的何五路等等。说法纷纷，各执一词。五路的来历亦有多种说法，清代中期人已讲不清楚。其实在晚明的传承中，民间是将其与五通互相混淆重叠的，至少是将五通的财神属性附加于五路的。（陈江《明代中后期江南社会与社会生活》，上海社会科学院出版社，2006 年 4 月版）被雇佣的店员在新年初五吃路头酒的时候定来年的工作继续与否，意味着财神路头是可以定夺你工作的神灵。

在新年初五接路头的吉祥日子里乞丐可以趁此机会赚点外快，老板也会准备红包给上门来送财神的人。

（三）关于五通神的信仰变化和研究

考之民间五通神的信仰，起源庞杂，或从五路神或从五显神、五通

侯，莫衷一是。五通神目前所见有关记载较早为唐代文宗至僖宗时人郑愚所撰《潭州大为山同庆寺大圆禅师碑铭》。文中称："心作恶，口说空，欺木石，吓盲聋，牛阿房。鬼五通，专觑捕，见西东。"（《唐文粹》卷63）然其见于典籍则宋代始多，从中可以看见有关五通神的形象描述渐趋具象，从中可以看到，其明显带有原始宗教、原始信仰的痕迹。宋以后关于五通神的记载多起来了，如南宋文学家洪迈记载："大江以南地多山，而俗讯鬼，其神怪甚诡异，多依岩石树木为丛祠。村村有之。浙江东曰五通。江西闽中曰木下三郎，又曰木客，一足者曰独脚五通，名虽不同，其实则一，考之传记，所谓木石之怪夔罔两及山㺩是也。"而且宋时五通神与梓潼君、紫姑神被奉为陆地行神，南宋洪迈《夷坚三志》记载了这样一件事："乐平故老吴曾，字孝先，法处重义，里社称为长者，尝有异乡客泊旅邸，置伞于房外，遂失之，来见吴曰：'微物不足惜，但储五通神像，奉五通神像，奉事多年，一旦属人，道途无所依倚。知公长者，能为我访索乎？'"宋朝苏轼也有诗说："聊为不死五通仙。"可见当时已有此种迷信。又据古代史志笔记，五显神信仰流行于江西德兴、婺源一带，乃兄弟五人为神，宋代封为王，其封号第一字都有显字，故称五显神。南宋时其影响已不止

一地，都城临安（今杭州）也有他的行祠，明代莫震、莫旦在他们的《石湖志》里写道了上方山五显神祠，并认为五显就是五通："（五显神祠）在上方山顶，隋朝大业四年，吴郡太守李显建。五显即五通，又号'五圣'，婺源土神也。祭赛者远近毕至，四时不绝，虽风雪盛寒时亦然。有因疾病危急而祈祷者，有岁例须还者，有发心自求者。故携壶挈，累累而至，牲醴必丰腆，香纸必洁净，惟春秋二时最盛。虽全体猪羊，日不下数十事。庙宇不能容，则陈于天井，天井不能容，则陈于山门外。亦有就□上望山遥祭者，若冬至夜则城门不闭，男女老稚填街塞巷，接踵而来如聚蚁然。亦有以活羊奠毕就付与住持者，以故住持僧享用无尽，谓上方山为酒池肉林。先儒有云，庙宇得地之胜者其神灵，人心归附者其神灵，上方兼此二美，所以香火不绝欤？"

清赵翼《陔余丛考》卷三记载："明太祖既定天下，大封功臣，梦兵卒千万罗拜乞恩。递曰：'汝固多人，无从稽考，但五人为伍，处处血食可耳。'命江南人各立尺五小庙祀之，俗谓五圣庙。后遂树头花间鸡埘豚圈小有灾殃，辄曰五圣为祟。"可见最初五通、五显（五圣是五显的尊称）不是一回事，南宋的胡升当时就在他的《题五显事实后》对此有考证，然自南宋以来三者混同相沿成习，明以后就不加区分了，所以清时

赵翼认为："然则五圣、五显、五通，名虽异而实则同。"其实在明代陆粲的《庚己编》和田汝成《西湖游览志》卷17《南山分脉城胜迹》也早已经提出了同样的观点。田汝成的记载："华光庙，在普济桥上。本名宝山院，宋嘉泰间建。绍兴初，丞相郑清之重修，以奉五显之神，亦曰五通，五圣。江以南，无不奉之，而杭州尤盛，莫祥本始。"其实五通神是混合有原始信仰佛道附会的民间俗信，在南宋后五通、五显神等都混合而称了。江南地区对五通神崇拜的兴盛不衰主要是明清以来商品经济发展有密切的关系，人们求财心切，不惜采取所谓"借阴债"的手段求取富贵和钱财而不顾后代的富贵，宁愿担承还不清的阴债，也要急于得到现世的富裕。

清代康熙时汤斌在他的上奏疏中说："有五通、五显及刘猛将、五方贤圣诸名号，皆荒诞不经，而民间家祀户祝，饮食必祭，妖邪巫觋创为怪诞之说，愚夫愚妇为其所惑，牢不可破。苏州府城西十里有楞伽山，俗名上方山，为五通所锯几数百年，远近之人奔走如鹜。牲牢酒醴之飨，歌舞笙簧之声，昼夜喧阗，男女杂沓，经年无时间歇，岁费金钱何止数十百万。商贾市肆之人称贷于神可以致富，重直还债，神报必丰。"（汤斌《汤子遗书》卷2《毁淫祠以正人心》）

（四）关公成为"武财神"的调查与研究

武财神关圣帝君即关羽、关云长。关云长讲信用、重义气，故为商家所崇祀，一般商家以关公为他们的守护神，明代万历年间，关羽得到了道教的最高封号"三界伏魔大帝神威远镇天尊关圣帝君"。到了清代，"凡通衢大道以至穷乡僻壤，无地无之"，建关王庙之风，有增无减，关公成为各行各业的保护神。关公的角色之所以在清朝发生了改变，与康熙、乾隆时期民间的商业活动十分繁荣有着很大关系。晋商对关公的推崇也对关公掌管功能的进一步扩大起了推波助澜的作用。当时，各行各业都借"三国"之事奉关公为其行业神。如相传关羽年轻时曾卖过豆腐，豆腐业也就借此供奉关羽为豆腐业的神了；烛业则因关公秉烛达旦，恪守叔嫂之礼，而奉其为神；更有趣的是理发业、屠宰业、刀剪铺业，因为他们的工具都是刀，而关羽的兵器就是青龙大刀，也把关公奉为了行业神。如此关公同时被视为招财进宝的财神爷也就不奇怪了。所以苏州过去戏馆、面店、茶馆供奉他是视他为保护神，后来也向他求起财来了。这是民间宗教信仰的一个特色，神灵的功能可以无限地夸大，兼的工作也可以无限地多样化起来。苏州饮马桥的关帝庙，供奉的神像与众不同。据志书记载是用一棵大树雕成的，十分雄壮威武。庙内藏有"灵佑大帝"四字玉印一颗，曾经遗失，后用重金赎回。在苏州民间，还流传着关公显神拒清兵、救百姓的故事。清顺治二年（1645）六月十三日，清兵攻入苏城，总兵土国宝带兵自盘门杀进城来，见一个杀害一个，见两个杀一双，杀至饮马桥处，忽见桥上立着一员武将，满面红光，身穿青袍，胯下赤兔马，手执青龙偃月刀，威风凛凛挡住去路。土国宝定睛一看，原来是关公，不禁吓出一身冷汗。他知道关公显灵，慌忙下马跪拜，急令退兵封刀，再不准杀人。这虽然是个神话，但苏城百姓从自身的安全出发，希望神灵保佑，还是信有其事，因此，关帝庙的香火极盛。

（五）文财神范蠡在苏州地区的信仰并不兴盛的调查和分析

在春秋时助越破吴的范蠡，虽然功成名就后隐于陶，经营致富，但吴地民间在感情上并不太能接受这位由历史名人成为财神的人物，所以对范蠡当财神崇拜的很少。玄妙观的财神殿专门供奉的是赵公明、比干、关公。在专门的祈财神的殿堂里据道士们说供奉的是文财神范蠡。他们给出的原因是因为大殿里供奉了三位财神了，这里就只好供范蠡了。问起正在拜神的信众却只是回答财神，并不知道是哪一位。可知大多数的信众只是见庙烧香求神而已。至于这位神灵是谁就不去考究了。民间信仰功利性和实用性的特点在此表露无遗。

（六）苏州民间的财神信仰的历史分期

苏州民间的财神信仰大约可以分成这样几个阶段：

第一个阶段：起始流行时期（明代中后期—1911年）

这是苏州财神习俗从初步形成到普遍流行的时期。明末清初叶梦珠《阅世编》卷3《建设》："五方贤圣神，不知始于何代，亦不悉其氏族爵里。……惟大江以南，庙貌最盛，自通都大邑以及三家村落，在在有之，不下数千百万，名亦种种不一。在田者曰田头五圣，在大树者曰树头五圣，在民居屋上者曰檐头五圣，在路间者曰路头五圣，在水滨者曰水仙五圣，民间婚嫁或在新妇冠上者曰花冠五圣，在桥者曰桥前五圣。"此明言五通在民间亦被称为"路头五圣"。江南的商家乃至普通人家于正月初五祀路头、迎财神的习俗，沿袭至今。盛行不衰。

第二阶段：逐渐衰落乃至基本消亡期（1911—1978年）

从民国元年到"文化大革命"结束，这六十多年是接财神习俗不断受到文化批判和政治干预的时期。先是倡导西方的科学文明思想，给接财神习俗贴上迷信、愚昧的标签而加以批判；接着又以文化革命、政治革命话语为主，把接财神当作宣扬封建迷信、追求资产阶级腐朽生活方式的表征，给予批判和抑制。但民国时期苏州城乡商家仍然在年初五接路头财神，职工被请去喝路头酒。1949年到"文化大革命"时期，接路头财神的习俗由于国家行政力量的干预和打压，最终造成了苏州地区接财神的习俗基本消失的局面。

第三阶段　恢复兴盛时期（1978—　）

大略说来，这个时期苏州接财神习俗变化可以分为两个阶段：1978到20世纪80年代末为恢复期，20世纪90年代初到现在为兴盛期。改革开放三十多年来，苏州的市场场经济得到快速发展，社会财富分配方式急剧转变，人们面临多种获取财富的机遇和挑战，通过崇拜财神、接财神表达对财富的渴望和追求，是接财神习俗复兴的内在推动力。

现在苏州市民不仅正月初五接财神，平时到庙里烧香也可以"请"一尊开过光的财神，供奉在自己的商店里，很多商店都有财神龛或财神台，摆放着镀金的赵公明、关公。上方山五通神信仰也十分兴盛，借阴债演变成为借富的习俗。

（七）财神形象多样化

财神是民间最普遍的信仰对象之一，但是由于时间、地域的不同，

人们对于财神主体的认识不是完全一致的。其实，财神并不是一个人，而是一个财神群体。对于民间供奉的财神群体，有着不同的分类：有正财神、偏财神之分，有文财神、武财神之分，也有正财神、偏财神和准财神之分等。下面根据苏州城乡各地的财神信仰及供奉情况，对民众信仰的财神作一梳理。

1. 赵公明

中国财神有文武之分，主要是因为有的生前是文臣、有的生前是武将。赵公明生前是武将，故称他为武财神。庙宇中供奉最多的财神是赵公明。他黑面长须，头戴铁冠，手持钢鞭，骑黑虎，威风凛凛。民间认为，他神通广大：能呼风唤雨，驱雷役电，除瘟去疟；聚讼冤狱，能公平决断；买卖求财，"能使之宜利和合。"可谓是无所不能，"民间祈之，无不如意"。财神赵公明封号颇多，有"高上神雷玉府大都督"、"五方之巡察使"、"直殿大将军"、"三界大都督"、"二十八宿督总管"、"上清正一玄坛飞虎金轮执法赵元帅"等。

在宋朝以前，赵公明是瘟神，既可"行恶气以夺人命"，也能令人"子孙昌炽"。金元时期，他有可能被推上财神宝座。但是，赵公明真正登上财神神龛、接受民间香火，是在明代许仲琳的神魔小说《封神演义》之后。小说写到，姜子牙协助周打败商纣后，来到昆仑山玉虚宫，祭封神

台，敕封阵亡忠魂，赵公明被封为"金龙如意正一龙虎玄坛真君"，统率招宝天尊萧升、纳珍天尊曹宝、招财使者乔有明、利市仙官姚迩益四神，迎祥纳福，追捕逃亡。因为赵公明手下有招宝、纳珍、招财、利市四名司财小神，此后，民间便认为姜子牙封了赵公明为财神。明代，正式的玄坛庙普遍出现在江南中下游商业中心城市，明人王鏊《姑苏志》记载："（苏州）玄坛庙在玄妙观前。玄坛，或曰神姓赵，名朗，字公明，赵子龙从兄弟。"除了将他附会为三国时蜀国名将赵云赵子龙的兄弟，还给他起了一个新的名字——赵朗，或赵玄朗。到了清代，赵公明又有了回族的族籍。顾禄的《清嘉录》载："俗以三月十五日为神诞，谓神司财，能致人富，故居人多塑像供奉。又谓神回族，不食猪肉，每祀以烧酒牛肉，俗谓斋玄坛"。赵公明成为苏州地区供奉最为普遍的财神之一。

2. 关公

关公即关帝，又称关圣帝君，在民间信众的心目中，他也是位武财神。历史上确有关羽其人，《三国演义》记载，关羽，字云长，生于山西运城常平村，仪表威猛，武艺超群，与刘备、张飞结拜为兄弟。在曹营时，不为金钱、美女和高官所动，得知刘备在袁绍处，他立即封金挂印，过五关斩六将去寻找刘备。《三国演义》将关羽的故事发挥得淋漓尽致，使

其成为家喻户晓妇孺皆知的人物。

千百年来，集忠孝节义于一身的关羽不断受到加封。隋代，佛教封其为护法神——伽蓝神。宋代，关羽被朝廷封为"显烈王"、"忠惠王"、"崇宁真君"、"壮缪义勇王"、"英济王"。为扩大影响，道家也把关羽拉入自己阵营，宣和五年，道教封关羽为"勇武安王崇宁得道真君"。明代时，关羽被朝廷加封为"三界伏魔大帝神威远镇天尊关圣帝君"。到清代末期，其封号长达26字："忠勇神武灵佑仁勇显威护国保民精诚绥靖翊赞宣德关圣大帝"，用尽溢美之词。关羽成为儒释道共同的偶像，这在中国民间神祇中是绝无仅有的。在民间，关羽也拥有崇高的地位，人们把他作为保护神、行业神和财神。如今，随着市场经济的发展，海内外越来越多的人信仰供奉关帝。在道观、商场乃至家中都可以看到各式关公神像。

3. 比干

民间供奉的另一类财神，为文官打扮，头戴宰相纱帽，五绺长须，手捧如意，身着蟒袍，足登元宝，这就是文财神。文财神多为比干和范蠡。

《史记·殷本纪》记载：比干是殷纣王朝的忠臣，为人忠厚耿直，见纣王荒淫无度，朝政荒废，常常直言相谏。纣王不但不听，还听信妲己的谗言，把比干的心挖了出来。比干死后，人们慕其忠良，纷纷立庙祀

之。当然，比干被奉为财神，与《封神演义》有密切的关系。姜子牙助周灭商后，奉元始天尊的法旨封神，比干因为没了心，既没有良心，也没有贪心，也不会偏心，所以就封他为掌管人间禄马财源的财神。《儒林外史》称中举的士人为"天上的文曲星"。由于在科举时代，士人学子以考取功名为重，一切财禄又都是从科举中求，所以尊奉比干为财神，俗称文财神。苏州地区供奉的文财神大都是比干。

4. 范蠡

另外一位文财神叫范蠡。他是越王勾践手下的一位很有智谋的大臣，帮助越王，"十年生聚，十年教训"，终于打败吴王，成就了越王霸业，被尊为上将军。范蠡深知越王"可与共患难，不可与共安乐"，于是乘船从海上逃走。他还给好友文种写了一封信，说："高鸟尽，良弓藏，狡兔死，走狗烹。"劝说文种离开越王。文种没有听范蠡的劝告，后来果然被越王赐死。范蠡离开越国后"三聚三散"其财，在取舍之间游刃有余，执与不执随心所欲，表现出入世又超脱于世俗的气度与智慧，范蠡成为中国传统信仰中最富财神气质的财神。

范蠡死后，民间广为立祠，其中，吴越地区尤其越地对范蠡的奉祀，最为广泛：绍兴为越国首都，明清时期，绍兴府城内有范蠡祠庙，嘉

兴府建有范少伯祠，诸暨建有范相庙和兴越二大夫（范蠡、文种）祠。清代绍兴的商会也奉范蠡为商祖，每年挂像祭祀。民间农历五月十一日，举行庙会，祭祀范蠡。苏州吴江垂虹桥附近建有"三高祠"，供奉范蠡等人。但是总的说来，范蠡助越灭吴，所以吴地民间一般不供奉文财神范蠡。

除赵公明、关羽、比干、范蠡这四大财神外，像五路神、五显神、五通神、灶神、金元七总管等都曾被人们奉为财神。只是在财神信仰的传承变异过程中，人们不断摈弃那些仅局限于部分地域、部分人群的小财神、偏财神，逐渐形成了以关羽、赵公明、比干等为主的财神信仰系统。

（八）当代苏州财神信仰的特点

改革开放以来，特别是 20 世纪 90 年代以来，由于政府宗教政策的调整、宗教界的努力，特别是由于市场经济的发展，包括财神在内的民间信仰在苏州城乡得到恢复和迅猛发展。每逢春节、每月初一十五或神诞日等重大节庆活动，城乡各地寺庙香火旺盛，香烟缭绕，人头攒动，到处是信众热情高涨的场面。可以说，苏州各地的财神信仰、观音信仰等民间信仰在经历了四十年的沉寂后，其蔓延发展势头甚至超过历史上任何时期，并呈现以下特点：

1. 信仰人群的广泛性

通过对苏州城乡庙宇的实地采访、观察了解，我们发现，到庙宇中进

香叩拜的人纷繁复杂，他们中有老人、儿童、妇女，有工人、农民、学生、大商人、小商小贩等，可以说信众涉及社会各个阶层。而信众中以妇女居多，有的是妇女带着孩子，有的是老人带着孙子孙女。信众中绝大多数是操着吴侬软语的苏州本地人，也有一些外地人，其中不少是做生意的，他们定期或者不定期来到寺庙，烧烧香、许许愿，希望得到神灵的眷顾，求得心灵的慰藉和满足。若是许的愿实现了，还要再来还愿，兑现自己以前在神灵面前许下的诺言。

20 世纪 90 年代以来，随着国家宗教政策的调整、寺庙的恢复、增建，特别是市场经济的发展，人们的思想观念发生了很大变化，来寺庙烧香祭拜的人越来越多，尤其是年初五的接财神活动，前来城隍庙接财神的信众是人头攒动、摩肩擦踵。他们中有年过七旬的老太，有十几二十几岁的小伙，有从外地赶来的商人，也有利用长假前来参观的游客，且信众遍及社会各阶层，三教九流都有。为了防止意外，庙宇的工作人员和警察、城管齐心协力，共同维持秩序。

2. 信仰对象的多元性

如前所述，财神是民众最普遍的信仰对象之一，但由于时间地域的不同，人们对于财神是谁，或者说财神是哪些群体，是有不同认识的。比如，五路神究竟是谁，就相当复杂，说

法不一。有人认为是指赵公明和他手下的招宝、纳珍、招财、利市；有人认为是元人何五路，有的认为是陈人顾野王顾希冯的五个儿子等等，由于传说的变异性和历史文献的矛盾记载，现在的确很难考证清楚这个问题了。

对于财神包括哪些神灵，苏州民间比较普遍的认识是：财神有文财神比干、范蠡，武财神赵公明、关羽，这一点是和全国一致的，但是苏州城乡一般不信奉范蠡，主要是历史上范蠡帮助越王勾践灭了吴国，他是吴地的敌人。现在，苏州城乡祠庙供奉的各路财神及财神形象也是纷杂不一：比如，苏州城隍庙供奉的财神是赵公明，玄妙观供奉的财神有比干、赵公明、关羽、五路财神、刘海蟾等，常熟兴福寺的财神殿供奉文财神比干，苏州上方山供奉五通神，娄门伽蓝寺供奉关羽，白洋湾长泾庙供奉赵公明，吴江芦墟泗洲禅寺内财神殿供奉文财神比干、武财神关羽和以赵公明、招宝、纳珍、招财、利市在内的五路财神等。而且即使同一个财神，其形象也没有统一的标准。

3. 财神信仰的功利性

"天下熙熙，皆为利来；天下攘攘，皆为利往"，对财富和富足生活的追求是人类永恒的主题。人们创造了财神并虔诚供奉财神，目的就是希冀财神在冥冥之中保佑自己、关照自己。商场就是战场，商场充满着诸多的风险和不确定性，有时，商人的确感觉到孤立无助，没有安全感，他们特别需要财神给自己信心和力量，去战胜困难和挫折，从而不断获得事业的成功。所以，在各阶层信众中，商人对于财神的信奉热情最高，也最为虔诚。大多数的信众抱着宁信其有、不信其无的心态，"见庙就烧香，见神就磕头"，他们既拜财神，也拜观音、玉皇、佛祖等，唯恐得罪了哪一路神灵。

在调查采访中，我们也常常听到，人们谈论某某神庙灵验得很。凡是人们认为灵验的庙宇，前去进香祭拜的人就特别的多，香火自然就旺。在苏州、在中国，神始终是手段，而不是目的，"中国民间神灵信仰完全以人为目的，以神为手段"。对神灵的祭献就能显示出这种功利务实的态度。人们祭献神灵从来就不是无缘无故的，总是怀着一定的愿望或者说是目的的。愿望越大越多，祭献的供品就越丰富，敬献的香烛就越越多。这种祭献就像是在"买通神、贿赂神"。"鬼神在我们是权力，不是理想；是财源，不是公道。"我们对财神等神灵的信奉祭拜没有西方基督徒的那种精神理想寄托，也没有对宗教的终极关怀，有的更多的是对物质利益的追逐。这种信仰的世俗性或者说功利性在苏州乃至全国都是相当明显的。

结论：财神信仰愈演愈烈是社会对财富渴望程度的成正比的，也是社

会比较安定,经济发展较快,商业贸易活跃的时期。在崇拜财神的同时民间信仰也呈现多元化发展的状况,民间拜神往往是见庙烧香,见神便拜,求神保佑赐福的事情当然也不外乎求取富贵钱财,除了有名有姓的财神比干、赵公明、五路、关公、范蠡等外,其他的民间信仰神灵也被信众当财神拜是比较普遍的,特别是乡村佛教和道教的神灵供在同一个供桌上,同享人间香火的现象比比皆是。反映了民间信仰的随意性和功利性。由于我国是个有着悠久历史的国家,历史人物在民间宗教里上升为神灵也是民间信仰带有传承性的特征。随着时间的发展和社会的变迁又不可避免地有着变异性的特征。

(此为苏州博物馆馆级科研项目。参加调查成员:宁方勇、沈建东、郭自叶、张炜等)

参考资料

[1] 吕微.财神信仰.学苑出版社,1994年。

[2] 乌丙安.中国民间信仰.上海人民出版社,1995年。

[3] 马书田.中国民间诸神.团结出版社,1997年。

[4] 赵宏.财神传.中国旅游出版社,2005年。

[5] 马书田.中国俗神.团结出版社,2006年。

[6] 郑建斌.中国财神.中国工人出版社,2007年。

[7] [日]滨岛敦俊著,朱海滨译.明清江南农村社会与民间信仰.厦门大学出版社,2008年。

[8] 李跃忠.财神.中国社会出版社,2010年。

[9] 顾禄.清嘉录桐桥倚棹录.中华书局,2008年。

[10] 庄鲁生、沈昌华、沈春荣.吴江风情.天津科学技术出版社,1993年。

[11] 主编:蔡利民、高福民.苏州传统礼仪节令.古吴轩出版社,2006年9月。

[12] 沈建东著.苏南民俗研究.江西人民出版社,2007年12月。

[13]《江苏省非物质文化遗产普查·吴江资料汇编》,吴江文化广播电视管理局2009年。

[14] 宗力、刘群.中国民间诸神.河北人民出版社,1987年3月。

[15]《中国三套集成江苏卷·苏州卷》,中国民间文艺出版社,1989年5月。

[16] 马书田著.中国人的神灵世界.九州出版社,2006年7月。

[17] 陈江著.《明代中后期的江南社会与社会生活》,上海社会科学院出版社,2006年4月。

2011年江苏省赣榆县小口村渔民春节习俗调查报告

高　伟

　　摘要：调查组以连云港市赣榆县海头镇小口村村民周树河家为线索，跟踪调查了此地渔民贯穿整个春节的各种仪式活动，从腊月二十四辞灶开始进入忙年到正月十五庙会，小口村渔民春节有着悠远的渊源和丰富的内涵，但其传统的祭祀形式也在经历越来越简单的演变过程，诸如赶海、祭海的一些习俗正在消失。

　　关键词：江苏　赣榆　小口村　渔民　春节习俗　调查
　　作者：高伟，连云港市重点文物保护研究所所长，研究员。

　　江苏省连云港市拥有一百多公里的海岸线，沿线生活着大量以捕捞为生的渔民。他们渔民风俗习惯的区域性特点很明显，受到了民俗专家、学者的密切关注。2011年1月27日（农历腊月二十四），以连云港市重点文物保护研究所成员为主的调查组来到连云港市海头镇小口村，对此地的渔民过春节的整个过程展开了调查。在此将调查资料整理成文，为民俗专家、学者等研究连云港渔民俗提供第一手资料。

　　以渔业经济为主的小口村，其春节是从农历腊月二十四开始到正月十五结束。调查组于腊月二十四（2011年1月27）进入小口村调查，调查小组人员名单如下：

　　连云港市重点文物保护研究所
高　伟（所长、研究员）

　　连云港市重点文物保护研究所
骆　琳（副所长、馆员）

　　连云港市重点文物保护研究所
石　峰（馆员）

　　连云港市艺术研究所（非遗保护中心）　苗云杰（所长助理、馆员）

连云港市艺术研究所（非遗保护中心）方广堃（助理馆员）

在此，调查组衷心感谢小口村党支部书记孙传钊、村委会主任孙运兵等人的大力支持，特别感谢小口村渔民周树河一家在调查过程中的积极配合。本次调查以小口村渔民周树河一家为主线，全程跟踪调查了渔民春节风俗仪式的全部过程。

一、小口村概况

地理位置：小口村是一个渔业资源丰富的村庄，位于赣榆县海头镇东部，北与镇政府接壤，东靠黄海，西靠 204 国道，隶属于海州湾北部，是龙王河的入海口。

自然资源：气候上属北温带半湿润大陆海洋过渡区，光照充足，温差较大，四季分明。因受季风影响，降水较充沛，年均降水量为 921.7 mm。年平均气温 13.1℃，≥10℃的活动积温 4874℃，≤10℃活动积温 4345℃。年太阳总辐射 26.5 千卡/平方厘米，每年平均无霜期 236 天，占全年总天数的 65%。平均日照时数 2633.4 小时，日照率为 60%。年平均蒸发量 1185.1 mm。

人文环境：

1. 小口村发展史

相传在 220 年前，一户乔姓人家流浪至此，依靠打鱼为生并在此安家，后孙姓等相继搬迁在此居住。因村庄东靠黄海，是龙王河的入海口，且村子较小，而得名小口村。

2. 姓氏比例

小口村姓氏较多，共 27 姓。其中以孙姓最多，占总人口约 50%；宋姓次之，占总人口约 20%；其后董姓占总人口约 15%；其他姓氏约占总人口约 15%。全村共有 7 个村民小组，651 户，2543 口人。

3. 经济结构

小口村村民以海洋捕捞和海水养殖为主要产业，全村拥有远洋捕捞渔船 150 艘，渔船总马力 45000 马力。海水养殖面积 2600 余亩，有工厂化养殖场 30 家。2010 年村主要产业实现农业总产值 15000 万元。村办、户办及村户联办企业 8 家，从业人员 300 余人，2010 年全村实现工业总产值 12000 万元。

二、渔民周树河

此次渔民春节习俗调查，是以小口村村民周树河家为线索，贯穿了整个春节渔民各种仪式的跟踪调查。

周树河家：居住在小口村村委会东面，是靠村大路，坐北面南的三层楼房。其厨房和仓库在楼后，是本村比较好的楼房，其家也是本村比较富裕的家庭之一。

家庭人口结构：主人：周树河，年龄 56；夫人：王芳，年龄 59；

四个孩子：三个女儿、一个儿子。

其中大女儿周蕾（已婚）有一女儿，在常州一个大学工作，教师职业；二女儿周欢欢，在连云港市区某医院，医生职业；三女儿周莎莎，在连云港市区某小学工作，教师职业；儿子，最小，目前为在校大学生。

据他本人介绍，周树河家族世代捕鱼为生。他太爷爷以前，主要在南通一带内河捕鱼；从他太爷爷开始由内河转入沿海捕捞，迁到海头镇小口村定居并以捕捞海鱼为主。到周树河这一代已经是周家第四代捕海鱼为生。

周树河有姊妹五个，除了大姐不在小口村、不是渔民外，其余的姊妹四个都是在小口村以捕捞为主的渔民。

周树河家渔船是他与其小妹两家拥有，自己占有渔船三分之二的股份。渔船为铁皮船，船长34米，渔船动力为400马力，载重量100余吨，是目前小口村比较大的渔船之一。渔船以放流网方式捕捞为主，年捕捞各类海产品约100万吨左右，年毛收入约100万元。

所谓的放流网，就是渔船到捕捞区域一边行驶，一边放网。一条渔网33米长，整个流网有700多条网连接在一起放在海中，要放十多海里之远。每次放网要用两个多小时，一般是下午天黑时间放网，早上起来收网，收一次网要用10个小时左右。放网到收网时间，间隔约10个小时左右，而出海一次，一般在20天左右。

三、小口村渔民春节习俗过程

腊月二十四（2011年1月27日）祭灶，小口村渔民俗称辞灶。腊月二十四早上7点正，我们调查组一行5人从连云港市区新浦出发前往赣榆县海头镇小口村村民周树河家（周树河以下简称老周），行程六十多公里，调查渔民春节风俗情况。小口村渔民春节从腊月二十四辞灶开始进入忙年，一系列的祭祀仪式也是从辞灶开始。

1. 辞灶

腊月二十四（2011年1月27日）早上，我们8点多钟赶到老周家时，他正在厨房忙碌辞灶的事前准备工作。首先把在集市上买来的灶老爷画像（一种印刷品）贴在灶台的墙上（这种灶老爷画像，俗称"灶马"）。灶老爷画像的中间分为上、中、下三部分，上部分为2011年的农历表；中间部分为灶老爷画像，灶老爷画像两边的人物手拿"利市仙官"、"招财童子"等；下部分为财神画像，财神头上方有方孔钱图案"周元通宝"、"聚宝盆"，两侧分别有"人财"、"两旺"字样。整体画面两边对联，称为灶对子，内容为"上天言好事，下界保平安"，横批为"一家之主"。

贴好灶老爷画像，老周开始忙做祭灶老爷的菜肴，包括杀鸡、杀鱼、烧肉、油炸豆腐和粉皮五样。其中鸡、鱼、肉这三样为荤菜，豆腐和粉皮为素菜。小口村渔民祭祀不用海鱼，而是全用河里鲤鱼（红鱼）。把菜装在碗里放在灶台上，依次摆列顺序为肉、鸡、鱼、豆腐、粉皮，菜肴后面摆放五碗装好的米饭，菜肴前面摆放五个装满白酒的酒杯，五双筷子放在五个酒杯的右边。

老周做菜的同时，他儿子周力打纸钱。所谓打纸钱，就是在买的烧纸上，用一种木头刻好方孔钱模具敲打在烧纸上，打印出有方孔钱的印痕，就是辞灶仪式上要用的纸钱。一切做好后辞灶仪式开始：周力在门外燃放一万头鞭炮、焰火和一大把高升。同时，老周厨房开始烧纸辞灶。烧纸结束后把五杯酒逐一浇在烧纸上，分别用五双筷子夹菜放在燃烧后的烧纸上，最后全家人逐个对准灶老爷磕头。磕头数目为三个，一边磕头一边祷告"祈求灶老爷上天在玉皇大帝面前多说好话，保佑全家平安幸福"，正如灶老爷两边的对联所说"上天言好事，下界保平安"。

老周家辞灶结束后，我们调查组一行前往码头。此时，小口村很多渔民在马路边忙碌整理网具，补网、织网。经询问得知，出海渔船有两种，一种是放拖网船，一种是放流网船。而他们正在整理的网具便是拖网。此时很多渔民还没有开始忙年，由于年初三要准备出海，出海前的渔网都没有准备好，所以抓紧整理网具做好出海准备，一切忙好再忙年。走到码头看到三五一群的妇女围在一起忙碌，我们凑上去一看，一个渔船刚回来，正从船上卸海产品。见一群妇女在用刀子割着很大的不知名的贝类，一问得知其名叫鹿角，个头很大。看来这些渔民也没有回家忙年，都在忙着节前最后一次的收获。

2. 购年货

腊月二十六（2011 年 1 月 29日）早上，天气很好。我们跟随老周夫妻前往海头镇集市购买年货。海头镇集市距离小口村四公里，老周夫妻骑上摩托车，来到集市。集市很热闹，应有尽有，琳琅满目，都是附近的渔民在忙购的年货。首先老周来到猪肉摊位上，买猪肉、猪头和猪尾巴（猪头和猪尾巴是敬老爷用）。然后来到一个生意很红火的香掉牙馒头店，这家馒头店规模很大，清一色的年轻女工，询问得知全是在外地上大学回家过年的本地学生。正因为这样，馒头店生意很好，附近渔民都在这里排队买馒头。现在的渔民生活提高，都不自己做馒头，而是直接去馒头店购买。馒头店中的馒头分两种，一种就是过年要食用的白面馒头，上面盖有多个红花；另一种是专用于各种祭祀的花样馒头，上面镶嵌有大红枣。老周两样馒头都买了许多，装进袋子。而后来到其他摊位买一定量的水果、蔬菜、豆腐、酒杯、对联、鞭炮等，最后来到卖鱼、活鸡的摊位，买活的鲤鱼和大公鸡（敬老爷用）。年货基本购置得差不多，满载而归。

3. 上坟

购年货回到家已经中午 11 点多，老周一回来就开始为上坟做前期准备。一家人开始忙碌：杀鸡、宰鱼、做菜。菜共五道，分别是鸡、鱼、肉、膘、粉皮，还是三荤两素，盛入五个碗内分别用五个塑料袋逐一把菜罩起来，然后装入一个木制的三层方形提盒。同时拿五个馒头、五个酒杯、五双筷子放入提盒内（此供品带两份）。老周介绍，这个木制提盒是祖上传下来的，有一百多年的历史了，专门用于上坟、敬老爷（祭海）装供品。此时，老周儿子周力把纸钱打好了。一切准备就绪，已经是下午 1 点多。拿上酒、茶杯（泡茶叶水）、鞭炮、燃火、纸钱，老周和儿子周力用扁担抬着贡品走向墓地。

小口村墓地，是经过村委会整体规划、集中的墓地。此时，墓地里鞭炮声一直不停，到处弥漫着硝烟和火药味。前来上坟的村民（全是男丁），都忙碌在自家的祖坟前烧纸磕头。老周来到自家的祖坟前，把带来的两份供品，分别在祖父、父亲的墓前依次摆放：五道菜摆放在墓前的平台上，解开塑料袋，把五个馒头摆放在菜后面，一一对应五道菜，然后把装满酒的五个酒杯摆放在菜前面，同时五双筷子放在酒杯边上，最后把带来泡好茶叶的茶杯放在平台的左上角。一切准备就绪后开始燃放鞭炮、放烟火、烧纸、磕头、用筷子夹每道菜放在纸钱上、每个馒头上掰一块放在纸钱上，最后把酒洒在上面。结束后，老周父子手拿纸钱，分别在本姓家族不出五服的坟前放上纸钱燃烧磕头，到此为止，上坟仪式结束。

老周介绍，上坟时作为供品的菜不能事先品尝淡咸，因为是给先辈的供品。如果品尝淡咸就是等于自己先吃，是对先辈的不尊重。上坟结束后回家重新品尝口味，一家人再吃。上坟菜用的塑料袋是防止在上坟路上把供品弄脏，而带回家的供品，吃了可以保佑家人平安健康。上坟前的打纸钱，一定要男丁打，打纸人一定要面向东。上坟也一定是男丁去，女人不进墓地。如果男丁不在家（渔民男丁都上船），也要请附近亲戚或邻居家的男丁帮忙打纸钱、上坟烧纸钱。

4. 准备春节食品

在腊月二十八、二十九，村民都在准备过年的各类食品。以前家家户户的豆腐、馒头都是自己亲手做的，现在基本都是在集市买，所以现

在购置年货中都必须买豆腐、馒头，其中豆腐寓意"兜福"。现在一般的准备食品有炒花生、煎饼、炒米、碓米粉、糯米粉、花生粉、豆粉等。

炒米：根据食用的需要，取出适量的糯米，用清水淘洗若干遍，洗干净为主。然后用温水浸泡几分钟，取出控水。此时，烧草把大锅烧热后，把处理好的糯米倒入大铁锅内，火焰不能过大，要慢火，用铲子不停地翻动，直到把糯米炒到发黄。此时，香喷喷的米香味散发出来，用饭帚扫出来，放入盆中，炒米就做好了。

据说，腊月初八、十八、二十八这三天炒出来的炒米放一年不会变质。这三天的炒米专治夏天小孩子拉肚子、发烧并有去火的功效。而年初二接待贵客上门最高档的礼节，就是炒米水打荷包蛋。

煎饼：烙煎饼用的材料很多，一般有白面、玉米面、麦子面、山芋面等。这里就以白面为例：取出适量的面粉，用水和成面糊状，醒一会（就是等一会，让面糊发一下）。用草烧鏊子（鏊子是烙煎饼专用的一种平板铁锅），把鏊子烧热，用慢火，用勺子装上面糊放在鏊子上，用木制做成的一种专用工具……，在上面左右翻动。把面糊摊开、摊匀，摊到鏊子四边，等面糊干，揭下来，翻过来慢火烤一下，一张煎饼就好了。等把一盆面糊全部烙成煎饼后，叠压在一起，等一会，一张一张地对折、再对折，成品的煎饼就完成了。

糯米粉：就是用传统的碓臼把糯米舂成米粉，做汤圆。碓臼，是一种传统的、最原始的手工粉碎机。通过一根碓杆和圆形石槽，利用力学的杠杆原理，碓杆一头有一个木柱，对准圆形石槽，人在碓杆一头用脚踏上去，一松一踏，形成惯性把石槽的米舂碎。小口村的村民一直沿用碓臼，碓杆有石质的和木质的。糯米粉的制作过程包括取米（适量）、淘洗、浸泡（为了使糯米变酥，便于舂碎）、晾干。把处理好的糯米放入臼内，经过碓臼反复的舂碓，把米舂成米粉，经过筛子的筛选，把没有舂碎的筛出来，再次舂，直到完全舂成面粉状，取出晾晒干后装袋保存就可。另外，碓米粉、碓花生粉、碓豆粉方法是相似的。

5. 祭海前准备

腊月二十九（2011年2月1日）晚上，老周一家在积极准备第二天早上祭海（俗称敬老爷）的有关事项。首先，老周在清理猪头，把猪头清理干净后，放在锅内煮，把猪头煮成半熟就算完毕。然后，老周取出几张红纸和绿纸，分别裁成三十厘米见方小纸块，一红一绿为一组（一面为红，一面为绿），相互对折呈长三角形，用一根绳子在长角上扣起来，叫做"彩"；同样，老周用裁好的一红一绿方纸，相互对折，然后用剪刀剪成条状，一个红绿搭配的花朵产生了,叫"彩花"。最后,老周打纸钱,为第二天早上祭海用。一切准备结束后已经夜里 10 点多,因为祭海时间要赶在天亮以前,大家都早点休息了。

6. 沤狼烟

腊月三十(2011 年 2 月 2 日),根据老周介绍,在祭海前要在家门口举行沤狼烟仪式。所谓的沤狼烟是一个古老的习俗,就是前一天扫陈的垃圾,堆放在家门前,在腊月三十早上点燃后,放上潮湿的草让它冒烟。年三十的清晨四点半,手机铃声四起,唤我们起床。带着些睡意和凌晨海边的寒气,我们再次来到老周家。老周告诉我们,先要在家门口进行的仪式是沤狼烟。

沤狼烟的过程其实挺简单,不过是将一些我们眼中的垃圾堆积到家门外头,点上火,再在上面覆上些潮湿的草,沤出浓浓的烟雾来。

关于沤狼烟的来历,说法不一。我们采访了老周、孙成瑶等几个老年人,有三种传说。

传说一: 据说很久以前,天上有只十个头的恶鸟,非常厉害,经常扰民。地上的人类虽然对它深恶痛绝,但却又拿它没办法。后来,还是天庭派出二郎神前来诛杀它。一番大战,二郎神的孝天犬一口咬掉那只恶鸟的一个头,十头鸟变成了九头鸟,大败而去。但每年的年三十,恶鸟会再回来,落到谁家,就会给那家人带来霉运。据说恶鸟畏惧烟气,沤狼烟便是为了惊吓那只恶鸟。

传说二: 两宋时期,人们把经常侵扰中原的北方少数民族统称为"鞑子"。蒙古人灭了南宋建立大元统一全国,在一些地方曾强硬地规定十家人只许使用一把菜刀,这刀便被老百姓称为"十刀"。外族入侵者的统治,激起老百姓的仇恨。就是这十家才有的一把菜刀,有的也被勇敢地举起砍向统治者的头颅!可是大多数积贫积弱的国民,在强者面前,只能忍气吞声,逆来顺受。表面上顺从,心里头却蕴蓄着复仇的怒火。怎么办呢?于是有人想起古代在山头建烽火台点燃"狼烟"传递信息的做法。为了表达对统治者的不满与怨恨,他们就采取大年三十点燃火堆制造烟雾,也称之为"狼烟",幻想着大家看见"狼烟",挥起菜刀,一齐砍杀向统治者!久而久之,这便形成了一种习俗,一种习惯,每逢除夕,早晨便点起"狼烟"来。

传说三: 就是每年的年三十一大早,将家里的尘土扫到门边,辅以草枝焚烧,可以将霉运送走,迎来一年的好运。

火已经点着,湿草沤出阵阵浓烟。夜色里,那些烟雾竟像是有形的物体,一路蜿蜒腾升融入黑暗中。老周说,因为天色尚早,如果再晚些时候,家家狼烟腾飞,那景象会颇为壮观。

待狼烟散尽，老周与家人，已经将要在船上种摇钱树（竹子）、祭海的三牲及其他的物品准备好，要去码头了。

7. 种摇钱树

夜色中的码头，不知眠了多少条渔船。

凌晨的海边，冷，特别冷，手伸出来，一会儿就得冻僵。估计温度至少在零下十度以下。老周等三人扛着摇钱树，带上供品来到码头。人马很快分成两队，一队翻越几个渔船来到自己的渔船上，另一队在岸边，将绳索传递到船上。原来，船在码头依次摆开，上船可以从别家船上走过，但祭品却不行。船若停在里面，必须将祭品通过一定的办法直接传递到船上，不能从别家船上过。如果带上供品走人家船上过，那这贡品就等于是给别人家船上送的。

来到船上，老周拿出红绿两种颜色的彩旗分别捆绑在摇钱树上，分别捆绑在船的桅杆最高处以及船头两侧。至于摇钱树种多少没有一定的要求，船上种摇钱树的寓意是祈求来年风调雨顺、丰产丰收。

同样，渔民家里也种摇钱树。在腊月二十四之后，家家赶集，在集市上买来青竹子，插在家堂屋门前，竖得高高，这就是家里种的摇钱树。

堂屋前插的青竹子一定要枝叶齐全，叶子越多，竹子越大越青越

吉利。

8. 渔船祭海（渔民俗称敬老爷）

摇钱树种植完毕，开始准备祭海。先把猪头放进船上的锅里继续煮，一会儿便热气腾腾。老周说，要的就是这个热火劲，寓意热气腾腾，蒸蒸日上，红红火火。在蒸煮猪头同时，老周的合伙人，手拿昨天晚上准备好折叠好的三角形的彩头，分别挂在船的四周以及船舱的发动机和驾驶舱的方向盘上，寓意一年彩头四起，鸿运当头。

猪头出锅，老周拿来三双筷子插到猪头上，远看好像三炷高香。昨晚准备的彩花，也插到了猪鼻子和鱼嘴里，那猪鱼立刻便变得不寻常起来。盛放猪头的盆里，猪头后面还有条猪尾巴，猪头猪尾，便意味着这是条全猪了。一切准备就绪。

拿来红纸铺在船头甲板上，把祭品摆到船头，还有两根烛、三杯酒，一炷香。猪头上的三双筷子和三杯酒，一杯茶水，鸡、猪头、鱼祭品中间各放大葱一棵。据说是敬三位海神，但除了龙王，老周也说不清楚另两位是哪路神仙。

其实，什么神并不重要，只要这几位神老爷能够保佑来年的平安与丰产，便足够了。

三牲祭品中的活鸡需要宰杀。老周手持菜刀立在船头，利落地一刀下去，将血落在船头，驱邪避恶，这就叫"挂红"。老周之前跟我们介

绍过,现在的船都是机械船,船头凸一块,若是以前的木船,鸡血须顺着船头呈一条线滑落到水中,这叫"挂满红"是吉兆,这表示来年生意兴隆,出海可以满载而归,全年诸事顺心顺意,人船安全。

老周拎着刚宰杀的鸡,绕船一周,还将沾血的鸡毛沾到船四周。这样做的寓意就是四方全都红红火火。祭海的公鸡很有讲究,一定要通体全是红毛不得有杂毛,特别忌讳不能有白毛,鸡尾巴一定要求要有几根鸡毛翘起来均匀的分叉,要漂亮好看。

然后,老周清水净手,将烛和香都点将起来。他的家人,也在船头甲板上点着了鞭炮。一时间硝烟弥漫,这预示着祭海仪式进入到了高潮阶段。

接下来,该给龙王送钱了。昨晚用木质器具击打出钱印的纸钱,在三牲祭品前将它们点燃,再将三杯酒逐一倒在着火的草纸上,在猪头上割下一块肉放在烧纸上。这龙王收了钱喝了小酒,吃了肉,就会保佑老周一家来年的平安和丰产了。

整个敬老爷过程,大家一般不多说话。不管好话、坏话都尽可能不说,主要是要老爷、天后安心享受香火和供品,同时这也叫做"闷声大发财"。

这个仪式用渔民的话说叫"敬老爷","老爷"在这里就是龙王的意思。敬完了老爷,老周来到船尾的厨房敬天后。敬天后的过程相对简单,在厨房灶台前的地上,烧些纸送些钱给她老人家便算完成。

祭海仪式一切完毕,天也开始发亮,东面的太阳跳出海岸线,已经是早上 6 点多。老周召集大家回家,等 9 点多钟再来船上贴对子。此时整个码头已经是红旗猎猎,形成一道美丽的风景线。

祭海仪式,小口村渔民每个渔船都做,只是很多渔船已经不在码头的渔船上举行。很多的渔民,把祭海的供品,带上船,到达捕鱼地,开始举行祭海仪式。一切仪式举行完毕,就地下网捕鱼。

现在的祭海仪式都是个体船,有船老大自己带领本船的渔民祭海,各自为政,没有统一的时间和地点。

询问老人得知,以前本地在年初一早上,由村领导组织祭海仪式。初一早上,村领导带领全村渔民,来到海滩,烧香放鞭,面向大海跪拜,祈求龙王、天后保佑本村渔民平安,丰产丰收。后来,在 1966 年社教队时间,这项祭海仪式作为被破除的迷信而取消。

小口村渔民保留着祭海的习俗,有些复杂隆重,有些则相对简单。祭海和其他祭祀习俗一样,都是希望能够得到神的庇佑。渔民家家希望,敬过老爷,能迎来一个丰收

年，出入平安。

9. 贴对子（渔船和渔民家里）

腊月三十（2011 年 2 月 2 日）早上九点半，我们来到老周家，老周已经把船上贴对联的用品准备完毕。我们一起来到码头，登上老周的渔船。在贴对子之前，首先要燃放鞭炮。此时整个码头上的渔船，鞭炮四起，硝烟弥漫，人来人往很多，都在忙碌着在各家船上贴对子，很热闹。

渔船上贴对子很讲究。不同的地方贴不同内容的对子。在驾驶舱前面的，中间一个大大的变体吉祥字"招财进宝"，两面对联为"生意兴隆通四海平安，财源茂盛达三江吉祥"；在船头部位中间是变体吉祥字"聚宝盆"，两边对联为"虎口长银牙，龙头生金角"；在船甲板的吊架上贴"力吊万吨"；在船两侧船帮外面分别贴上"右利市、左招财"；在船尾处贴上"通达逍遥远近游（又走），江河湖海清波浪（有水）"；在厨房门前贴"饭菜飘飘香、鱼虾满满仓"；在厨房的烟囱上贴"青云直上"；在船的驾驶室的方向盘贴"一家之主"；在船舱上贴"满载而归"；在船舱内贴上变体吉祥字"招财进宝"，两面对联为"机器一响，黄金万两"。

现在都是机器船，没有桅杆，以前的木船一般都贴竖条单句：大桅杆"大将军八面威风"；二桅杆"二将军起步先行"（行船一般先起二桅

篷）；三桅杆"三将军日行千里"；四桅杆"四将军一路福星"；五桅杆"五将军五路财神"。

春节渔船的船头、船尾、桅杆上贴上词语不一的对联，也是祖辈传布下来的，反映了渔民们渴望丰产的期盼。

总之，渔民过年无论贫富都要把船上打扮得五彩缤纷，让渔船焕然一新。

船上对联贴好后，已经是中午11 点多，老周赶回家忙年夜饭和家里贴对子。老周回家后，忙年夜饭的一系列事情，而贴对子的任务就交给老周的儿子周力。周力把去年旧的对联和福字，清理下来，贴上新的对联和福字，挂上大红灯笼，家门焕然一新。有的家庭在门前贴门对和挂浪。挂浪由一种彩色、镂空的五彩纸做成，上面一般是写上"财源滚滚来"、"家居黄金地"、"出入保平安"、"家和万事兴"等，在门对面的墙壁上或树上贴上"福"和"抬头见喜"等吉祥内容，是一种祈求平安，寄托自家美好心愿。

老周家门对贴好后，已经是下午 3 点左右。我们调查组趁机到村庄的小巷转了转。在一条小巷子内发现很多家门上没有贴对子，门前很冷清，没有一点过年的气氛。感觉很奇怪，于是走进一个村民家，询问得知，此地有一个风俗，本家族里去世了一个长辈，所以本家族（不出

五服）三年内不能贴对子，没有贴门对的都是没有出五服的本家族。

10. 忙年夜饭

腊月三十（2011年2月2日）下午，老周的儿子周力贴对联，厨房里面老周一家在忙年夜饭的准备。老周的夫人，在剁肉馅（做肉丸子用），肉馅做好后帮老周忙碌炸肉丸子；老周的大女儿在忙碌切香肠、剥笨鸡蛋等年夜饭的冷菜；老周的二女儿在清理祭海用的大公鸡；老周夫人继续剁包饺子用的肉馅。一家人忙碌做年夜饭，各自分工明确。下午两点左右老周家丰盛的年夜饭做好了，分别为鸡、鱼、肉、对虾、海蜇等八道菜。小口村的渔民，年夜饭没有固定时间，什么时间做好，什么时间吃。早一点下午两点多，晚一点下午五点多，一般是两顿饭。一切收拾就绪，周力开始在门外燃放鞭炮，一家人便坐在一起吃上了一年一次的年夜饭。年夜饭开始老周祝愿子女们在新的一年里工作顺利、事业有成，学习进步；子女们频频端杯敬老周夫妻俩身体健康，生意兴隆。一家人围坐在热气腾腾的饭桌旁，就是透着那么一股喜庆热闹劲儿，这可以算是中国民间过年的最大特点了。（年夜饭白天吃？）

11. 春节插桃树枝

腊月三十（2011年2月2日）下午，年夜饭后插桃树枝，这是一个古老的习俗，现在部分年轻人家已经不插了。年老人家还是户户插桃树枝，遵守着这个传统的习俗。所谓插桃树枝，就是在桃树上折下树枝，插在家里的院子大门门框上面，在院内的各个门上也插。而不常用的门的门鼻上、院子的走廊的柱子上、睡觉的床上、衣服口袋里，都插上桃树枝。就连小孩的身上，都要把缝衣服的顶针缝在衣服上，在里面插上桃树枝。最后，在外面大门前横撒上一道麦麸。现在农村麦麸也很少见到，就用白面粉代替撒在门前。麦麸（白面）撒在门前，小孩子就不准出家门，在家守岁。周边邻居看到你家门前撒上麦麸也就不串门。

桃树本身避邪、避恶。相传三十晚上天上群神下凡，而神也分好神坏神，天上的星星也有坏星星。插上桃树枝和撒上麦麸，恶神、坏星星也就不进家门，一家人平安守岁。

12. 新年期间不打水

腊月三十（2011年2月2日），本地渔民有一风俗，就是从年初一到初七，只有初二、初七两天可以打井水，其余几天不允许打井水。

年三十下午，吃完年夜饭后，家家户户都要把水缸、水桶装满，要足够几天食用，然后在水缸、水桶上放上桃树枝。初七开始就可以正常使用水井，初七那天用水前要放鞭炮、烧纸。询问老人为什么这个期间不能打井水，有两说法：

说法一：井神为老百姓服务一

343

年，过年几天让井神休息几天，所以三十晚上打满用水，封井。

说法二：年三十晚上，有一种叫"年"的怪兽出来，人们放鞭炮赶年，蛇、虫、蚂蚁等毒虫也怕"年"怪兽，三十晚上都就躲到井里避难，到年初七才出来。所以，这几天井水里面有蛇、虫等，井水不能食用。

13. 守岁

年夜饭后，老周一家人分工明确地和面、拌饺子馅（饺子馅是猪肉白菜和芹菜）、擀饺子皮，围坐在厨房的圆桌边，开始包饺子。在包的饺子里面放上硬币，有一元、有五角，等明天看那个能有福气吃到带硬币的饺子，说明那个人明年一年有财气，有福气，这也是过年的一种彩头表现形式。

在年三十的晚上一边看电视一边在家守岁，准备大年初一的饺子和元宝（汤圆）。天黑透后，开始放鞭、放焰火等。同时等待中央电视台春节晚会的开始。

家里人在弄完所有吃的东西后，老周的夫人把锅洗得干干净净，将大葱和发糕放入锅中（有的放大葱、豆腐、发糕），这叫"压锅"。预示在一年到头锅里不空，有饭吃。新年第一次揭开锅看到豆腐，意同"兜福"、"都福"；发糕和大葱表示"富贵发达"、"葱茏旺盛"，全年生活从从容容，不结结巴巴，把"晦气"冲走，来年步步高升。

接下来就是"守岁"了，守岁的习俗，既有对如水逝去的岁月含惜别留恋之情，又有对来临的新年寄以美好希望之意。凌晨十二点的时候各家开始放鞭炮。

14. 发五更纸

正月初一（2011 年 2 月 3 日），小口村家家举行发五更纸仪式。所谓发五更纸，就是在五更天祭拜的仪式。凌晨 5 点多，我们赶到老周家时，老周家的邻居已经开始放鞭炮，五更纸已经发完。老周发五更纸的用品也都已经准备好，包括两份供品，因为家里和船上两个地点都需要发五更纸。家里人把屋内的小圆桌抬到院子里，直冲大门，铺上大红纸，把准备好的供品一一端上。供品的摆放第一排，五个酒杯和五双筷子一字排开，在右边的两双筷子中间摆放六枚一元硬币；第二排中间一个香炉一炷香，一边一个烛台插两只红烛；第三排三个盘子分别装活鱼，（中间）活鱼的嘴里插上剪好的彩花，一边是水果（香蕉、橘子、苹果），一边是花生糖果；第四排两个盘子放两边分别装的大糕和豆腐，在两个盘子中间放两个菠萝，在菠萝中间放人民币六百元排列成扇状；最后一排是摆放五个镶嵌红枣的馒头。一切摆放完毕，老周召集大家先去码头船上发五更纸，回来再发家里的。

码头上天刚蒙蒙亮，老周一行

三人（老周、合伙人、周力），一起来到自家船上，把待发的五更纸和供品带到船上，发五更纸的供品可以从别人家船上过。老周的儿子周力把准备好的红纸铺在甲板上，船上供品和家里的一样，一一摆上，唯一就是摆放的位置不一样。这里分为三排，第一排在中间五个酒杯和五双筷子一字排开，两面各放一盏烛台，香炉放在第三个酒杯后面；第二排摆放五种祭品，活鱼嘴里插上彩花放在中间（在香炉后面），两边分别为花生糖果、大糕，一边为豆腐和水果，在鱼尾处摆放人民币六百元，摆成扇状；最后一排五个馒头一字排开在中间，一边一个菠萝。一杯茶水摆放在供品的左上角。一切摆放完毕，老周取来一盆清水，洗手，点香上香，烧纸钱，同时，周力开始燃放鞭炮和焰火，然后三人逐一在供品前磕头跪拜，最后，老周把五个酒杯的白酒浇在烧纸上，每样供品都拿一点放在燃烧的纸钱上，发五更纸仪式也随之结束。

此时，在老周家渔船右边的渔船，也有一家父子两个在自家的渔船上忙碌着发五更纸，大人在摆设供品，孩子在燃放鞭炮和焰火，他摆设的供品简单一些，分为三排：第一排三个酒杯三双筷子一字排列；第二排中间五个苹果堆在一起，一边是三个橘子和三个柿饼，中间散落糖果、花生、桂圆、大枣；第三排五个印上红花的馒头一字排列，一边摆

放豆腐和大糕，另一侧放矿泉水一瓶。

老周左边渔船，发五更纸已经结束，发五更纸的人已经不在船上，供品摆放在甲板上。这家渔船的供品排列分为六排，第一排有两条鱼分别摆放在两边，中间摆放豆腐和大糕，一边一棵大葱；第二排五个苹果一字排列；第三排五个橘子一字排列；第四排五个香蕉一字排列；第五排五个印上红花的馒头；第六排五个酒杯一字排列，最前面有一香炉，里面有燃烧的香。

因老周要赶回家发五更纸，所以我们下船回家。在翻越其他渔船的同时，看到在其他渔船上发五更纸的贡品，人已不在，供品一般大同小异，有的复杂，有的简单，按理渔船的供品要摆放三天，但现在风俗简化了，一般一上午或一天就将供品拿回家了。

7点回到家，老周端上一杯茶水，在烛台一边，清水洗手，然后点上蜡烛，烧一炷香插在香炉里。同时，周力在门外点燃鞭炮，老周点燃烧纸，同样，把酒和供品拿一点放在烧纸上，然后全家出来一一背冲大门，面对供品磕头，发五更纸的仪式也就全部完毕。

随后，我们又调查了几家村民。在每家院子内都摆放着发五更纸的供品，但是都已经祭拜结束，有的已经打扫干净。其中一家，是开酒店

的,家里没有院子,就把供品摆放在酒店大厅,他家供品很简单,五个酒杯、一炷香、两个红蜡烛、五堆馒头(一堆五个)、水果、豆腐和大糕。很多村民供品更为简单,五个酒杯、五双筷子、五个馒头、一点糖果、豆腐和大糕。

由此看来,发五更纸是一种民间习俗。由于当地渔民称"一家一个天"的缘故,供品没有特别的讲究,多少都可以。但是两样供品不能少,就是豆腐和大糕。我想可能是取两样供品的谐音吧,豆腐——"兜福"、发糕——"高升"。

为什么每家在祭品中都放五个酒杯和五双筷子呢?

就这个问题,我们采访孙成瑶老人得知,五个酒杯和五双筷子,是祭拜五个神仙,分别为:天、地、路、河、井五神。祭拜这五路神仙,祈祷五路神仙在新的一年里,保佑全家人口平安。现在很多人不知道,只是家家发五更纸,照样做而已,是集体无意识的继承和沿用。

此时,我们的调查组人员兵分两路,一路由我和小苗去调查本村孙姓人家祭拜家谱,一路由骆琳、石峰和小方继续跟踪调查老周一家。

15. 年初一祭祖(祭家谱)

正月初一(2011 年 2 月 3 日)7点半左右,我和小苗前往孙姓人家调查祭拜家谱仪式。为了表示对人家的尊重,我们特意买了一万头的

鞭炮带过去。当我们赶到时,那里已经有很多人在等待祭拜仪式的开始了。

孙姓是小口村第一大姓,据了解是大约 150 年前从山东莒南迁到小口村定居的,现在的家谱是 1992 年从莒南铁牛庙转续过来的。家谱这样记载:为明代抗倭英雄孙镫的后代,堂号为乐安堂。明初江南因沿海慌乱,迁到日照张洛村。后因孙氏家族繁荣,张洛村改为孙家村。十世迁入小口村,到现在已经二十一世。

每年三十晚上需要做的有:洗手、上香点烛、请出家谱(家谱存放在孙承洛家)、摆好供品,为年初一早上祭拜家谱做好准备。

年初一所有孙姓都要到孙承洛家祭拜家谱,此地叫"拜家谱"。

孙姓家族分为五支,每支有一个牵头人负责召集本支男丁(女丁不祭拜家谱),集中一起去祭拜。

我们跟踪的这一支,在另外一个巷子里集合。等我们赶到时,已经准备开始往孙承洛家去了。他们拖着燃放鞭炮(一共三挂一万头)走过两条街道,来到孙承洛家。

他家门框上贴着红红碌碌的挂浪,内容为"恭喜发大财"。来到院内,重新点燃一串鞭炮,院内在门前放八仙桌,桌上铺上红纸,在红纸上面放一个大香炉,两边放两个烛台,香炉前面摆放三个酒杯和三双筷

子。桌前有一大堆烧过的烧纸，有一人在跪拜磕头。

此时，祭拜家谱的人陆续来到院内，进入堂屋。在堂屋中间摆放了一张八仙桌，后面一个长案几，案几中间放一个龛，龛内存放祖先的画像和家谱。祭拜家谱期间任何人不能碰家谱，在龛前面的八仙桌上摆满祭拜家谱的供品：最前面是三个酒杯，三双筷子，每边一盏点燃大红蜡烛的烛台，中间摆放一个插满香的香炉，后面摆放三牲祭品，猪头居中，猪头用盆存放，猪鼻孔分别插上一朵红纸折叠剪成的彩花，在猪脸的面部有一个青菜做成的绿叶，中间放一朵大红色的绢花，在两个猪耳朵上分别扎上粉红色的绢花。右侧一只大红公鸡放在青花瓷盘内，鸡嘴里插上一朵红纸折叠剪成的彩花，在鸡背上，放三朵大红的绢花。左侧一条鱼，放在青花瓷盘内，嘴里插上一朵红纸折叠剪成的彩花，鱼头和鱼尾都有装饰用的青菜，在鱼的脊背上，放大红、粉红绢花各一朵。这些祭品后面放很多馒头、水果、蛋糕、米饭、点心等。

此时，院内的鞭炮声一直没有停，前来祭拜家谱的人员逐个进入堂屋，从年龄大的80岁左右老人，到年龄轻的几岁小孩，无一例外在家谱和供品前跪拜磕头。跪拜结束，祭家谱仪式也就完毕。

正当我们调查的这支祭拜家谱的队伍结束离开时，另一支祭拜家谱人恰恰赶到，正在门前放鞭炮，于是我们又继续跟进去拍摄采访，程序和前面一致。

我们走到另外小巷内，看到一家大门开着，进去一看，也是一家在祭拜家谱。和前家不同的是他家把供桌放在院子里面，供桌后面用一把椅子上面放一个红箱子，红、黄绸子布铺垫，上面放一本家谱"安东孙氏宗谱赣榆支谱"。供桌上摆放供品：前面是五个酒杯、五双筷子一字排列，一边一盏插着红烛的烛台；后面五个馒头一字排列；中间是燃烧着一炷香的香炉，香炉后面猪头放在盆内，猪头上装饰用红纸折叠剪成的彩花；在猪头右侧用青花瓷盘装着鱼，鱼嘴里插上用红纸折叠剪成的彩花；左侧用青花瓷盘装着鸡，鸡身上有红纸折叠剪成的彩花，一边一个泡有茶叶茶杯，最后面放有水果，发糕，大葱等供品，祭拜方式和前面一样。

祭拜家谱结束后，我们准备去孙承瑶老人家调查拍摄年初一的拜年仪式。在途中，碰到董姓家祭拜家谱，由于事先没有与之联系好，没有贸然前往调查拍摄。

16. 年初一拜年

正月初一（2011年2月3日）上午9点左右，我们碰到三个年龄估计在8岁左右的小朋友。看样子他们是结伴给长辈拜年的，手里拿一

347

把钱。我问道："小朋友手里的钱是拜年磕头挣来的吗？已经挣多少钱？这些钱准备做什么用？"孩子告诉我们说，手里的钱是给长辈磕头得的压岁钱，已经是 230 元，准备存起来以后上学用。

来到孙承瑶老人家门前，首先看到的是：门框、走廊的柱子上、门前、水桶上都插上了桃树枝，院子内、房内的水缸、水桶、盆都装满了清水。问其原因，老人向我们分别介绍有关桃树枝和存水的风俗（此内容下节介绍）。老人边说，边为我们张罗要烧炒米水喝。前面我们介绍过炒炒米是准备过年的食品之一，其主要用途就是烧炒米水作为过年时家里迎接客人的食品，是过年期间最高档的迎宾食品。

在房内我们看到老人桌上，放了很多 5 元、10 元、20 元的人民币。老人介绍说，这些都为晚辈（小孩子）来拜年准备的压岁钱。正说着，进来一群小孩，一进来嘴里说着什么就跪下磕头，老人就逐个给小孩发压岁钱。这里的村民过年，年初一长辈和年龄大的都在家等人来给他们拜年。不管年龄大小，只要辈分低都要去长辈家磕头拜年。正说着，进来一位 40 多岁的中年妇女，进门就叫："大爷大娘新年好，我给你们拜年。"说完就跪下磕头。老人忙着拿糖果给她吃。这里的风俗就是这样，给人一种很淳朴的感觉。

回过头来，我们再看看老周家初一上午活动情况。

早上，老周在家发完五更纸，老周夫人已经把炒米水烧好。这里的村民过年早上起来吃的第一样食品，就是喝炒米水。一家人喝完炒米水后，老周夫妻并排坐好，前面放一块硬纸板，子女开始磕头拜年。子女逐个排队磕头拜年，老周逐个发放压岁钱，磕头拜年后发压岁钱，仪式结束。开始烧水，准备下水饺。

8 点 20 分左右，水饺煮好，一家人围在一起吃新年的第一顿饭——新年饺子。一家人在开心地吃饺子，因为饺子里面有几个是包有硬币的。突然，老周说："我吃到一个硬币。"紧接老周夫人和一个女儿都吃到了硬币，大家都很开心。按风俗习惯，吃到硬币饺子的人在新的一年里会发大财。人们把各种吉祥的东西包到馅里，以寄托人们对新的一年的祈望。

饺子这一节日佳肴在给人们带来年节欢乐的同时，已成为中国饮食文化的一个重要组成部分。

吃完饺子，9 点半左右，老周带领一家三代浩浩荡荡地去给唯一健在的长辈五叔及五婶拜年。来到老周叔婶家，两位老人已经在堂屋门前的院子内并排坐好。在他们面前的地上已经铺好一块棉毯，等待前来拜年的晚辈。老周走向前说道："叔婶我们来给你们拜年，祝你们老人家身体健康，万事如意。"说罢，带领全家三代，逐一给两位老人家磕头。此时，老周兄弟也带领全家前来到给老人拜年，相互说着"喜欢，新年好，新年发财"之类的祝福语。磕头结束后，回到堂屋内，老人们开心地给孩子们拿糖果、大糕吃，四代人拥挤在堂屋内，相互问候，是那么融洽和谐，烘托出节日欢乐的气氛。

17. 年初一娱乐活动

拜年结束，老周带领全家回家。

我们来到村委会，村党支部书记孙传钊、村委会主任孙运兵等村领导，带领村里几个老年人，已经锣鼓齐鸣，村委会院内摆满鞭炮和高升。10 点整，由村党支部书记孙传钊准时燃放鞭炮、高升，顿时，鞭炮声、锣鼓声交织在一起，演奏出一曲渔民春节欢乐的和谐交响乐。

鞭炮结束，由一些爱好演唱的村民自发组织的一个表演团体来表演。他们平均年龄在 65 岁左右。乐器有二胡、京胡等。乐器弹奏者有孙承尧、殷世传、张大福、贾修德、李家运、王济善、尹德勤，演唱者有张自花（女）、张自香（女）、禹守志等。在村委会的院子，他们自拉自唱，有山东快书、京剧以及民间小调。演奏的剧目有《贵妃醉酒》、民间小调《破花名》、《梳妆台》、《大五更》等。围观很多的村民，又增添一份和谐、热闹的节日气氛。

《破花名》：

正月里什么花萌芽出土啊，有什么人在高山同伴下山来？

正月里迎春花萌芽出土啊，梁山伯祝英台结伴下山来。

二月里什么花白头他先老啊，有什么人背书箱游满乾坤？

二月里荠菜花白头先老啊，孔圣人背书箱游满乾坤。

三月里什么花满园所红啊，有什么人在桃园结拜弟兄？

三月里是桃花满园所红啊，有刘备和关张结拜弟兄。

四月里什么花盘龙上架啊，有什么人去进瓜死里逃生？

四月里黄瓜花盘龙上架啊，有刘泉去进瓜死里逃生。

五月里什么花星星落地啊，有什么人在磨房哭到五更？

五月里小麦花星星落地啊，李三娘胎在磨房哭到五更。

六月里什么花轩轩洋洋啊，有什么人造好酒酒醉刘玲？

六月里黍稷花轩轩洋洋啊，有杜康造好酒酒醉刘玲。

七月里什么花单根独站啊，有什么人使钢鞭鞭打什么人？

七月里芝麻花单根独站啊，胡敬德使钢鞭鞭打奸臣。

八月里什么花遍地雪白啊，有什么人骑白马跨海征东？

八月里荞麦花遍地雪白啊，有薛礼骑白马跨海征东。

九月里什么花满园所黄啊，有什么人舍金钗一转皇宫？

九月里老菊花满园所黄啊，李翠莲舍金钗一转皇宫。

十月里什么花严霜打死啊，有什么人送寒衣哭倒长城？

十月里百草花严霜打死啊，孟姜女送寒衣哭倒长城。

十一月里什么花飘飘摇摇啊，有什么人去焐鱼孝顺他娘？

十一月里小雪花飘飘摇摇啊，有王小去焐鱼孝顺他娘。

十二月什么花家家明亮啊，有什么人上天堂本奏玉皇？

十二月灯烛花家家明亮啊，有灶君上天堂本奏玉皇。

《梳妆台》：

一呀么一更里，梳呀梳妆台，玉呀手弯弯，戒指脱下来，金钗凤钗放在那个梳妆台干哥哥，忽听的门外边走进豺狼来。叫声小丫环，快把酒来摆，有小妹手提银壶忙把酒来筛，情郎哥饮小妹三杯真情酒，干哥哥，有外边风月场中少贪女裙钗。

二呀么二更里，叫声干妹妹，我劝你空头心事万万要丢开，干哥哥的身体自己会注意。干妹妹，再劝你小标脸子切莫挂胸怀。公婆要孝敬，夫妻要恩爱，流言蜚语你莫放心怀，朋友往来平常事啦干妹妹，千万万别让你丈夫犯疑猜。

三呀么三更里，叫声干妹妹，干哥哥有事要到上海去，小生到上海去把买卖做，干妹妹，挣得了银钱钞票再到你家来。干哥哥到上海，三五日转回来，你莫把儿女私情时时挂心怀，亲戚朋友莫说真情话啦干妹妹，你丈夫问到你实情不要说出来。

四呀么四更里，干哥哥斜披怀，面黄肌瘦你为何来，干哥哥的毛病倒有十分重，干哥哥，请一个明白先生才把药方开。千说千不该万说万不该，你不该到上海毛病搞下来，大疮洋梅不因小妹害干哥哥，有小妹煎汤熬药应该不应该。

五呀么五更里，实情说出来，手挽手儿一同跪下来，二人跪下来对天哀告哎，干妹妹，保佑得你我二人露水夫妻永不分开。阳世三间，同床共枕睡，干哥哥死在了阴曹地府不能并棺材。

《大五更》：

一呀更里呀，点上银灯，三国吕布哎动刀兵，赵云大战长坂坡，怀揣着阿斗哎是条真龙，志川小罗成呀，薛礼去征东，柴仙个桥上啊遇了秦英，小秦英倒劈了展阁老，多亏了他是皇家哎御或外甥。

二呀更里呀，才把门关，昭君娘娘啊和北番，哭倒了长城是孟姜女，穆桂英大破哎天呀门关，好一个洪月娥呀，把守对松关，替父从军的是花木兰，跨海哎寻夫是高才女，留下了美名哎万古传。

三呀更里呀，锣鼓一声敲，张飞

站在哎当阳桥，一声呀喝退了曹兵百万，呼敬德单鞭哎保过唐朝，黑虎是玄潭呀，丑鬼是杨凡，杨七郎被捆哎玉旗吊杆，却过了黄岗是程咬金，孟良那个盗骨哎染黄泉。

四呀更里呀，上了牙床，梁浩得中哎状元郎，赵彦呀求寿九十九，彭祖八百哎延寿长，柴王结宾朋呀，匡任众弟兄，斩将封神哎姜太公，关公才把蔡阳斩，三国那个老将哎数黄忠。

五呀更里呀，天大明，鸡宝山上哎高宝同，秦甘罗十二为宰相，刘秀九岁哎诈农耕，好一个小周郎呀，七岁称神童，哪吒三岁哎下海能擒龙，就数同治年纪小，三岁那个登基哎掌乾坤。

民间小调，以世代口头相传的传统方式流传至今。以上小调歌词由禹守志、孙承尧整理并演唱。

孙书记向我们介绍说，他们每年初一上午10点都在村委会、渔场、度假区三处燃放鞭炮，村民自发在一起演唱，寓意新的一年全村人民红红火火、丰产丰收，讲究一个好彩头。

而后孙书记陪同我们调查组，来到码头。码头上渔船云集，渔船上贴着春联，纷纷挂红旗，红旗飞扬，一片欣欣向荣的景象。

我们在码头上采访孙书记，他向我们详细地介绍全村的生产、人口等情况。

18. 年初二贵客回门

正月初二（2011年2月4日），今天是女儿带女婿（女婿俗称"贵客"）回娘家的日子。

早上我们调查组兵分两路：一路继续跟踪老周一家调查贵客（女婿）上门，一路去调查村委会主任孙运兵的情况。孙家今天正好是新贵客第一次上门，同时也是这个大家族三代贵客回门聚集一堂的日子，过会儿家里的亲戚老贵客都将陆续到来。

中午11点多，从南京赶来的新贵客车到。孙运兵把新贵客一家人迎进堂屋，家里把煮好炒米水打上荷包蛋，端上来给客人送上。小口村有一个习俗：第一次上门的贵客，进门要喝里面打上两个荷包蛋的炒米水，加上白糖，表示同意这门亲事；若要是不同意这门亲事，就不给炒米水喝。

十二点一过，一家老少三代的贵客和亲戚一行60多个人，来到已经订好的饭店，共同祝贺这门亲事，欢聚一堂。

我们再来看看老周家年初二贵客上门的情况。

十一点多一点，老周的二女婿坐车到车站了，大女婿骑摩托车去接回来。大女婿（女儿）在常州工作，一家三口年前回家。二女婿是新贵客，第一次过年回门，所以家里忙着煮炒米水，让第一次回门新贵

客喝上迎接贵客的炒米水。

老周一家人一边拉家常一边忙着做饭、炒菜,准备中午迎接新贵客的酒宴。初二这天一家人在热闹、快乐、幸福的气氛中度过。

19. 初二续家谱

正月初二(2011 年 2 月 4 日),上午 12 点前孙承洛续家谱。上午 10 点左右,我们来到孙承洛家。来到院内时,院内的供桌已经摆好。供桌用大红纸铺好,中间一个大香炉,香炉后面放要烧的香,香炉一边一盏烛台,插上红蜡烛,边上放一瓶白酒,左上角放一杯茶水。

孙姓家谱是一年续一次,也就是前一年出生的孩子,只有等到第二年的年初二的上午(12 点前)续家谱。

孙承洛老人洗手取出家谱,家谱封面上写道:《孙氏宗谱》乐安堂。他向我们介绍说,以前家谱只续男丁,但现在实行计划生育,人丁少,所以女丁也续在家谱上。

续家谱的程序为:首先,由孩子的父亲带着孩子、糖果、香烟、鞭炮、香等物品,来到孙承洛家里,进门先散烟和糖果,再把取好的名字拿出来,告诉续写家谱的人(专人续写),续写人要查阅家谱,看取的名字辈分对不对,是否重名。若一切无误,把名字写在家谱上。然后,孩子的父亲到院子里摆好的供桌前,点烛、上香、放鞭炮、烧纸、磕头(一定要磕

三个头)。然后带孩子来到家谱前磕三个头(孩子要磕头),抱在怀里的孩子,由孩子母亲抱着孩子一起磕头。磕头完毕,续家谱仪式也就结束。

20. 初三渔船上货出海

正月初三(2011 年 2 月 5 日),今天是渔民新年的第一次出海日子。按照惯例,这里的渔民出海一般是选正月初三、六、九三天,寓意三六九顺,顺风、顺雨,一切都顺。

老周介绍说,出海要等潮水上满潮,渔船漂浮起来,才可以出海。新年第一次出海,码头非常热闹。所有的渔船当行驶出码头到达河道和出海口交汇处时,都要放鞭炮、高升。潮水是一天两潮,间隔 12 小时。年初三的潮水满潮,是早上 6 点左右和晚上 6 点左右。也就是说,今天有两批渔船出海。年初三出海的渔船都是拖网船,而流网船出海时间一般比较晚。老周还告诉我们,拍摄渔船出海的最佳位置就是出海口。老周的渔船今天不出海,但是今天准备出海前的上货。所谓上货,就是出海捕鱼所带的食品和生活用品,而渔网一般在年前回来后就准备好搬到船上。

早上 5 点多钟,我们被闹铃闹醒,赶早拍摄渔船出海。外面很冷,气温在零下 10 度左右,我们按照老周的指点,开车直接到河道和海口的交汇处。天还没有亮,此时的海

边一片漆黑，海风吹在脸上像刀割一样，潮水尚未满潮。不远处隐约看到海边一个平板船搁浅在沙滩上，船上有三个人。我们走前询问得之，他们在等潮水满潮后出海去剪紫菜，而这种平板船是专门剪紫菜的船。紫菜的养殖都在近海的海滩上，是赶早潮出海，晚潮回码头。

天色已经渐渐发亮，潮水已经满潮，海水静止不动。远处的河道隐约能听到鞭炮声，刚才搁浅的平板船，已经离开海边，驶入海口，一边行驶一边点燃鞭炮。此时，河道内的鞭炮声越来越近，远远看到有渔船向海口驶来，船越来越大，伴随着鞭炮声，整个海口散发着淡淡的火药味，弥漫的硝烟混合着早上的晨雾，给我们一种雾里看船的朦胧感觉。那个场面是那么的壮观，给人一种心灵的震撼。渔船一艘接一艘，从我们的面前驶过，驶入大海。渔船越来越小，迎着刚刚跳出海岸线的太阳，消失在茫茫的海洋中。

我们就这样站在海边，迎接着一艘艘的渔船经过面前，而后又目送一艘艘渔船驶入大海。整个早上渔船出海船队，持续到上午8点左右。估算一下，出海的渔船在80艘左右。

为了拍摄渔船发动、驶入河道的场面，我们来到码头上。此时的码头，还是停泊了那么多的渔船，根本感觉不到已经出海了近百条渔船。还有为数不多的渔船在发动，缓缓进入河道。不久后，开始退潮，河道随着潮水减退，也慢慢平静下来。

码头附近，渔民忙碌在码头和渔船之间，整理网具、上水、上货等工作。他们都是在准备等晚上潮水满潮时出海。

下午三点多，老周家开始做渔船上货准备。老周和他妹婿（合伙人）及儿子、女婿，一起把备好的货物装上门前的三轮车，准备的货物有：大白菜、花生油、猪肉、鸡、酒、水果、馒头、大米、豆腐、大糕、煎饼等生活用品和必需品。装货完毕，来到码头。老周一行也开始往船上搬运，一会儿就结束了。

此时，码头上往船上装货的渔民很多。老周家隔壁的一个渔船也在上货，品种很多：莴苣、大米、白面、鸡蛋、活鸡、大葱、蒜苗、煤球等等。

为了拍摄晚上渔船出海，我们一行就在码头四周察看渔民上货的情形。我们发现了一艘木制渔船的船头上雕刻有一个龙头，俗称龙头船。这艘木制的渔船，船头是平头，在平头正面中间雕刻有一个中间有红五星的圆圈（漆呈红色），在圆圈外面偏下部位一边刻一个像龙眉毛形状的图案（上面黑色，下面红色），下面有一个圆圆的眼睛（白色的眼睛中间黑色的眼球），再下面一点的

部位钉有红、绿、黄三种颜色的彩带，象征龙须，而整个船头象征龙头。图案下面中间贴有大大的斗方写着变体吉祥字"招财进宝"，两边对联为"虎口喷金牙，龙头生金角"。

天色渐渐地黑下来，潮水也在慢慢地涨起来。渔民在准备出海的渔船上忙碌着，等待潮水长满、渔船漂浮起来就可以出发了。

晚上6点多，潮水长满，码头上隆隆的发动机声响成一片。靠在外面的渔船，最先进入河道。大量的渔船驶出泊位，进入河道，驶向海口。此时，码头渔船的发动机声、鞭炮声交织在一起，这种热闹的场面持续到晚上7点钟左右。天已经黑透，海水也开始退潮了，码头上渐渐平静下来，我们今天的调查任务也到此结束。我们估算了一下，晚上出海的渔船有70多艘。

21. 年初七接灶

正月初七（2011年2月9日），今天是小口村渔民接灶日。所谓接灶，就是腊月二十四那天，把灶老爷送上天汇报这家的生活情况；而正月初七，把灶老爷接回家，即为接灶。

我们调查组9点来到老周家，老周家已经包好水饺，等待水开下水饺，接灶仪式便开始。在厨房，老周夫人煮水饺，老周打纸钱（前面已说过打纸钱的过程）。纸钱打好，老周装三碗水饺，放在灶台上，每碗水饺前面放一酒杯和一副筷子，倒上白酒。老周把腊月二十四贴在灶台墙上的灶老爷像，从2011年农历表下面裁下来，和打好的纸钱放在一起，点燃起来，放在摆好供品（三碗水饺）灶台前面的地上，待纸钱燃烧完毕后，老周父子来到门前开始燃放鞭炮、高升。鞭炮响起，老周来到厨房，把三杯白酒逐一浇在燃烧过的纸灰上面，用每个碗前的筷子夹碗里的水饺一个，放在烧纸上。一切完毕后，剩下就是全家人员逐个对准供品和被裁掉灶老爷像的2011年农历表磕头，连磕三个。接灶仪式也就结束。

正月初七是接灶日，因此要吃素饺子（神仙吃素）。中午要吃"仙人脑子"。所谓的"仙人脑子"，就是清浆子，是由蔬菜组成，蔬菜种类有：萝卜、荠菜、黄豆芽、胡萝卜、地瓜叶、苦米豆、大白菜七种。传说，正月初七中午吃清浆子，一年不会头疼。

22. 正月初七活网

正月初七（2011年2月9日），今天是小口村渔民"活网日"。所谓活网，就是把存放在家过年的渔网在今天活动一下。

此项活网习俗，现在仍有部分渔民继续在举行这种仪式。

具体做法：把堆放在家的网具，从上面搬下来，活动一下，再放上去，在顶上用红、绿、彩搭配纸折叠成三角形,用织网的尼龙绳,扣在网具上面。

寓意:渔网经过今天活网,渔网就活(火)起来,出海可以多捕鱼。

23. 上网

正月十二、十三(2011 年 2 月 14日、15 日),部分渔民根据自己出海的时间选择上网日期。所谓上网,也就是渔船出海捕鱼的一个前期准备。

具体做法:把家里存放的网具抬出来,在出门前要点上一堆火(火焰不能太大,否则容易把网具烧坏),网具要从火焰上过一下。家里有车的就把网具装上车,运到码头;没有车就人工抬到码头。把网具放在码头上,点燃用玉米秸扎成的长火把,在渔船上四周照一圈。照完后把火把扔到河道内,最后把网具抬到船上。现在一般都不用玉米秸扎火把,而是用烧纸代替火把在船上烧一圈。

寓意:渔船驱邪避恶,生意红红火火。

24. 正月十五庙会

正月十五(2011 年 2 月 17 日)是龙庙的庙会。庙会地点在海头镇盐仓城村。村边有一条河流,村民称为龙王河。河水东流入海,入海口处就是小口村码头,老百姓俗称"龙庙"。

据方志记载,盐仓城是春秋时莒国盐官驻地。西汉时在此筑城。

《史记》载"为南莒属地,东海郡立盐仓也"。1959 年考古调查发现其城内西北隅有庙台子遗址,时代为龙山文化至汉,其中龙山文化层为 1.9米,可见新石器时代此地就有人类活动。1962 年考古调查,从方位、城墙夯土、遗物与文献记载证明,盐仓城是西汉赣榆县城,属琅琊郡。

清《嘉庆海州直隶州志》载:"〈江南通志〉:'赣榆故城有二,一在赣榆(今赣马镇城里村)东北三十里者,汉县也',〈元和志〉:'亦名盐仓城;'……"又载:"盐仓城,今按:盐仓城见《元和郡县图志》,李吉甫谓即汉赣榆故城。"又《魏书·地理志》:"归义有盐仓,当即此。"

清《光绪赣榆续志》载:"县治北二十余里,土垒巍然,城形圆而稍椭,周长六七里。"然据清《嘉庆海州直隶州志》载明代正德进士刘守良的《过盐仓城》诗:"劳人车马易黄昏,晚渡墟城逸思存。河自西南流入海,路从高下乱通村。钟鼓日落初闻寺,荆棘秋荒半没门。为惜梳妆楼上草,年年留绿怨王孙"和"梳妆台,《王(城赣榆县)志》:'去治三十里,在盐仓城玉皇阁前,莫考所自'"推断,盐仓城在明代业已成为废墟了。清人所见到的也只是年久失修的废城墙罢了。

清代此地属龙王庙镇,民国以后此地一直作为龙河乡盐仓城村居民劳作栖息之所。2000 年原龙河乡

并入海头镇,盐仓城遗址上的西城村和盐城村也合并为一个行政村——盐仓城村。1987年12月盐仓城遗址(含庙台子遗址)被赣榆县政府公布为县第一批文物保护单位。2006年9月被省政府公布为第六批文物保护单位。

通过庙台子遗址的考察,早在春秋时间,就有龙王庙的存在。由此看来,龙庙正月十五庙会历史悠久。

早上,考察组开车从市区出发,到庙会的地方,已经是快10点了。此时,从四里八乡的村民赶庙会人已经很多了。现在的庙会已经不是传统的那种形式,而是形成了一个小商品交易市场。

庙会整个分布在盐仓村南北和东西的十字路上及向四面延伸的路两边。我们从南面大路上一进入庙会,就感受到了庙会的热闹气氛。没走多远,我们看到一个老人坐在路边,面前放一堆1.5米左右的小圆形木棍。上前询问,老人让我们等一下,等他组装起来我们就知道是什么了。说着老人从纸箱内拿出一个木制的小推车,上面有两个小翅膀,把小棍插到小推车后面,在地上一推,两个小翅膀碰在一起,吧嗒、吧嗒的响——一个孩子玩耍的小推车就形成了,每个卖三元。

我们进入庙会的东西街,里面卖的全是农副产品。在不远处,看到一群人围在地上挑拣着什么,走近一看,原来是在买梭子——织网、补网的专用工具,是竹子做成的。周边都是卖一些竹子编织品和生产用品、生活工具,有竹篮子、筐、烙煎饼的抹子和各种小吃等等。

在路边发现一位老人站在自行车边上,自行车后面的行李架上放一脸盆,盆装满了红褐色糖稀,用一个木棍在盆里搅动。老人介绍说,卖一元钱一份。这种传统玩拔糖稀游戏,一般的小孩都不会玩,可能是现在的孩子玩具太多的关系。今天是正月十五龙庙会,在家做一点带来看看,是否还有人会玩。拔糖稀是一种很传统的、一个人玩的游戏。游戏的具体玩法是:用两个小木棍挑上一块糖稀,两个小棍把糖稀拉长,然后交缠打结在一起,再拉开,经过这样反复打结,糖稀的颜色由红褐色变成白色,最后把糖稀吃掉。这种传统游戏已经逐渐地退出历史舞台,被人们渐渐淡忘,可能不久也就消失了。

我们在转着,一阵二胡伴奏民间小调声传来。我们顺声找去,来到一个卖二胡的摊位前,三轮车上堆放一些要卖的二胡,边上围观一群老年人。中间一位老人,手拿麦克风在演唱,四周有五个老人在拉二胡,自娱自乐。

经调查得知,演唱的是海头镇马庄村王姓老人,他演唱的是本地小调《十大漂》。但是他只会唱一小部分。于是，我们走访老人，终于找到了一个能完整唱出来的人，他就是小口村老渔民禹守志老人，歌词大意：

《十大漂》：

1. 正月漂，是新年，我劝我郎哎哟哎嗨哟不要赌钱（那）奴的干哥，十人赌钱九个输，叫声我的郎干小妹，到底赌钱依哟哎嗨哟不是玩（那）奴的干哥。

2. 二月漂，龙抬头，姜太公钓鱼哎哟哎嗨哟愿者上钩（那）奴的干哥，愿上钩的尽管上，叫声奴的郎，干小妹不愿上钩依哟哎嗨哟随水流（那）奴的干哥。

3. 三月漂，三月三，我和干哥哎哟哎嗨哟大广上玩（那）奴的干哥，十人见了九人爱（那）叫声奴的郎干小妹。

4. 四月漂，四月八，子孙庙上哎哟哎嗨哟把香插（那）奴的干哥，人家烧香求儿女，叫声奴的郎干小妹。小奴家烧香哎哟哎嗨哟图的个啥呀（那）奴的干哥。

5. 五月漂，午麦忙，大麦上场哎哟哎嗨哟小麦黄（那）奴的干哥，人家打场有郎扬，叫声奴的郎干小妹，小奴打场依哟哎嗨哟无人帮（那）奴干哥。

6. 六月漂，热塌塌，干哥爱我哎哟哎嗨哟我也爱他（那）奴的干哥，我爱干哥一十单八步，叫声奴的郎

干小妹，干哥爱奴依哟哎嗨哟一支花呀（那）奴的干哥。

7. 七月漂，七月七，天上牛郎哎哟哎嗨哟会织女，奴的干哥，他二人犯的什么罪，叫声奴的郎干小妹，隔在天河依哟哎嗨哟两岸上（那）奴的干哥。

8. 八月漂，月正圆，西瓜月饼依哟哎嗨哟敬老天（那）奴的干哥，人家有郎团圆会叫声奴的郎干小妹，小奴家无郎依哟哎嗨哟月难圆（那）奴的干哥。

9. 九月漂，九重阳，糯米造酒哎哟哎嗨哟桂花香（那）奴的干哥，人家有郎尝新酒，叫声奴的郎干小妹，小奴家一人依哟哎嗨哟懒开缸（那）奴的干哥。

10. 十月漂，刮冷风，屋沿滴水哎哟哎嗨哟结成冰（那）奴的干哥，蜷脚热来伸腿空，叫声奴的郎干小妹，红绫被子依哟哎嗨哟不挡风（那）奴的干哥。

这种小调，流行于赣榆县北部的海头、柘汪、石桥几个乡镇，很具有地方特色，是很古朴、原生态的民间小调。

在盐仓城边上的龙王河处，有一个像砚台一样的地方，老百姓称为砚池。砚池很大，水很深，渔船可以在里面捕捞。池水从来没有干过，里面有很多大鱼（有的渔民看过有很多一米多长的大鱼）。但有一年，生产队组织两个渔船在里面捕

捞,结果什么鱼都没有捕到;有人把很大的木材放进去,木材从大海里漂出来。

相传,每年正月十五庙会这天,不管有多少卖肉的,带来多少猪肉,到中午 12 点前会全部卖光,一点儿都不会剩下。但是,卖肉的回家一算账,钱和肉总是对不上,年年如此,但平时逢集却不是这样。时间一长,人们就有所怀疑。某年的正月十五庙会快到前,人们请一个风水先生前来看风水。风水先生看后说,每年十五庙会,附近的龙王河的砚池水出来,鱼虾精在作怪。风水先生告诉他们,今年十五庙会,卖肉的人把收钱的箱子,改用脸盆,里面装上水,每个前来买肉人先交钱放在水盆里,然后再拿肉(过去钱都是铜板,放水里就沉底)。

正月十五庙会这天,前来赶会的人很多。和往年一样,快到中午 12 点,从龙王河边来一群行动很怪、不说话的人,来到卖猪肉摊位前,他们要买很多肉。猪肉称好后,要他把钱放在水盆里,钱没有沉底,反而漂浮在水面,慢慢变成了纸灰(他们用的钱都是人们在烧纸打上钱印的纸钱)。买猪肉的人看到,什么都没有说,猪肉也不拿,掉头就向河边走去。从此以后,每年庙会再也没有这种现象出现。

25. 春节的口彩与禁忌

小口村渔民口彩与禁忌很多,

主要是渔民在海上作业时间使用。但是春节期间的口彩与禁忌不是很多。

口彩:

新年拜年见面大家相互恭喜新年发财、生意兴隆、身体健康等,喜话和全国基本一致。下面我们就具有地方特色的口彩介绍一下。

花生:春节期间渔民把花生称为元宝。一般去拜年进门第一件事情,就是主人拿花生给前来拜年吃,一边拿花生一边说,来吃元宝,让你一年发大财。

水饺:年初一早上第一顿饭是吃水饺,水饺中有几个是包有硬币。因为水饺内包有硬币,又称"元宝",吃到硬币饺子的人,大家恭喜他,在新的一年里会发大财。水饺从形状讲,又称"弯弯顺"吃了"弯弯顺"一年做事都顺利,所以本地人出门一定要吃水饺,代表一切都顺,以寄托人们对新的一年的祈望。

禁忌:

渔民的禁忌比较多一些,但是都和渔民在船上漂泊不定生活有关。

筷子:渔民之间不称筷子,称为"槁子",吃饭时间,筷子不能担在碗上或平放在碗上。

吃鱼:渔民吃鱼,当鱼的一面吃完要吃下面的那一面时间很忌讳说"翻过来",要说"调一向",不论干什么,忌讳说"翻"。寓意,渔民渔船不翻。

食盐：渔民不称盐，称为"扫子"，"扫"赣榆方言，寓意就是快的意思，表示渔船行走快。在炒菜用盐时间，两个人手对手不能接盐，一定要找一个东西转接一下。寓意，手对手接盐，容易遭人家说闲话，闲言碎语的。

水饺：年初一早上吃水饺，如果水饺在锅里煮破，不能说"破"，一定要说"笑"或"挣了"，寓意就是开心笑，"挣"就是挣钱，生意发财。"下水饺"、"下面条"不能说"下"，一定要说"煮"。寓意渔船只能漂浮不能下沉，保佑人船平安。

四、结束语

正月十五过后，这里的习俗也就是出年。村里的渔民生活从过年的热闹气氛中慢慢地平静下来，留守在家或从事近海养殖的渔民，也渐渐地步入日常生活。实际小口村从事远洋捕捞的渔民正月初三就开始出海作业，而我们的渔民年俗调查工作也进入尾声。然而，我们对于渔民年俗的研究工作刚刚开始。因为我们调查的是小口村渔民春节节点的关系，时间比较紧，内容比较多，在报告中尚有许多不明之处。同时，还有许多要深一步探讨研究的问题。

小口村渔民，年初一发五更纸和其他地方的渔民、山民、农民等，发五更纸供品是否一样，时间是否一致，接受的神祇是否相同等等。

祭老爷、祭天后在形式上、流程上、时间上和连云港其他沿海渔村有没有差别？这种祭祀形式的演变越来越简单和现在新的生活环境有没有关系以及影响力多大？

苏北民间小调的流行范围多广、现存小调歌曲多少、传承人数量、欣赏民间小调人群年龄和层次是那些？采取什么手段保护等等？

关于一些现在已经消失或正在逐渐消失的渔民年俗，如：年初一早上集体到海边赶海、祭海习俗，在什么情况下消失，消失的原因是什么？年三十早上沤狼烟习俗，现在已经很少有人家在举行这一仪式，估计时间不久，这种仪式就逐渐消失。消失的原因是什么？这些习俗怎么抢救、保存、传承？

龙王庙是渔民出海作业敬老爷的重要场所，可是，龙王庙多年前荡然无存，现在渔民敬老爷在码头上或在自己渔船上，各自为政，说明渔民对祭祀的具体地点在什么地方并不重要，关键位置在心里，只要心诚，是祈祷龙王爷保佑渔民的平安，风调雨顺的一种心愿。

传统的渔民节日民俗是一种载体和复合型的文化表现形式，居于非物质文化遗产的框架的核心地位，很多非物质文化遗产的精髓都附属在、展现在完整的节日活动

之中。

　　小口村渔民春节习俗不仅具有我们上述调查这些极为重要的社会功能和文化功能，而应该说，小口村渔民春节具有悠远的渊源和丰富的内涵，深入人心，长盛不衰，这是渔民的历史记忆，是渔民情感的寄托，是渔民们无尽的欢乐和永恒的向往。

春天后面不是秋

——借郭小川诗续之

黄春娅

春天的后面不是秋
何必为年龄发愁？
只要在秋霜里结好你的果子，
又何必在春华面前害羞？

有时候我也着急，
那是因为阳光已经向西漫游；
有时候我也发愁，
那是因为枝叶正在慢慢枯瘦。

但是，当我遍寻艺术的领土，
前人的足迹印在了我的心头——
规范、秩序是事业稳态发展的
唯一选择，
传承、创新才能使艺术更上
层楼。

非遗传承春风拂柳，
相语以事；相示以巧；相陈
以功。

精诚合作如阳光照耀，
刺绣的事业天长地久。

我不再有什么别的希望，
唯一的希望是——
工作安排不再滞后；
前行的脚步没有片刻停留。

我不再有什么别的要求，
唯一的要求与大家相牵心手：
团结、唯实、向上，
为艺术谱写新的春秋！

啊，朋友，
春天后面不是秋。
烂熳的秋色胜过春日，
何必为年龄发愁？

注：相语以事：对从事工作的专
心和责任。

相示以巧；技艺间的交流和竞争。

相陈以功；作品作为业绩考核的依据，个人能力的凭证，在公开场合得到展示。

黄春娅：（1955—　）研究员级高级工艺美术师，江苏省工艺美术大师，省、市非物质文化遗产项目（苏绣）代表性传承人，中共苏州市第九次党代会代表，江苏省第十届人大代表，南京艺术学院设计学院客座教授。

1973年起师从任嘒闲老师，1977年就读南京艺术学院美术系，毕业回苏后继续随师学习乱针绣。1982年进刺绣研究所乱针绣针法室，1994年出任乱针绣针法室主任。几十年来，黄春娅在老一辈艺术家的指导下，潜心于刺绣针法研究，在努力继承传统刺绣的基础上，积极探索苏绣艺术与西洋美术相结合，开拓创新，锐意进取，不断促进传统苏绣更贴近时代观念，形成自己特有风格。近年来，先后绣制了一批高质量的苏绣艺术精品，受到各方好评。主要有人像作品：《卖鲱鱼的小女孩》、《凡高》、虚实针《男孩肖像》、《吴作栋像》等；风景作品：《野地红叶》、《森林》、《冒气的池塘》、《睡莲》、《蓝雾雪松》、《蓝树杆》、《古涧寒烟图》、《莫奈的风景》、《双白杨》、《冰雪风景》、《溪山清远图》等。2007年5月，双面绣地屏《冒气的池塘》参加第三届《中国（深圳）国际文化产业博览交易会》，获《中国工艺美术文化创意特别金奖》。现任苏州刺绣研究所有限公司教学研究组组长，负责培训新学员工作。

362

莫奈　2004年

哈叭狗　2005年

柴可夫斯基像　2007 年

冰雪风景　2009 年

黄春娅在为学生点评作品

同里宣卷漫记

张舫澜

摘要：本文考察了苏州吴江同里的古老民间说唱艺术和地方曲艺——同里宣卷，从区域环境、历史渊源、演唱形式、流派特色、传承谱系等多方面对这一活态文化遗产进行了剖析，揭示了采录宣卷口头演唱本和征集、保护宣卷手抄本、印本的重要意义。

关键词：同里　宣卷　文化遗产

作者：张舫澜，中国民间文艺家协会会员、中国民俗学会会员、江苏省吴歌学会副秘书长、苏州市民间音乐研究会副会长。

同里宣卷，又名吴江宣卷，是一种颇具民族传统特色的古老民间说唱艺术和地方曲艺。宣卷即宝卷，吴江同里一带历来习惯把宝卷称之为宣卷，就是宣讲、宣唱宝卷的意思。这是历史性的独特称呼。同里宣卷源远流长，是吴方言区宣卷的一个重要支脉，同时与苏州宣卷有着密切的关系。这一支脉，深深地植根在吴江的土地上，以同里为中心区域，以屯村、芦墟、北厍、莘塔、金家坝、黎里、松陵、八坼、南厍、平望等地为主要流传区，并辐射周围的乡镇和江浙沪毗邻地带，如浙江嘉善的陶庄、汾玉、大舜、丁栅、下甸庙、西塘、姚庄、干窑，嘉兴的田乐、莲泗荡、王江泾，上海青浦的金泽、西岑、商榻、朱家角、练塘，昆山的周庄、锦溪、千灯，苏州的郭巷、尹山、车坊、斜塘、甪直、胜浦、木渎、光福、东山、横泾、渭泾塘等地。同里宣卷以其悠久的历史、独特的风貌、坚强的阵营、丰富的卷目、优秀的才艺，被公认为"宣卷之乡"，遐迩闻名。

区域环境

同里宣卷的中心区域吴江市同里镇，是一座江南古镇，位于太湖之滨、古运河之东，四面临水、五湖环抱。全镇总占地面积131.54平方公里,距苏州18公里,距上海80公里,离杭州130公里,南接318国道,西连苏嘉杭高速公路和227省道。地理位置优越,水陆交通便捷。全镇共有12个行政村和6个社区。古镇镇区范围东至东溪桥,南至入镇口,西至陆家埭,北到红塔埭,面积为0.87平方公里。

自宋代建镇以来,同里到今已有近千年的历史,曾名"富土",唐初因其名太侈,改为"铜里",宋代拆字为"同里",是目前江苏省保存最完整的水乡古镇,也是太湖十三景区之一。1982年被列为省级文物保护镇,整个镇被列为省级文保单位,这在江苏省是绝无仅有的。1995年被列为省级首批历史文化古镇,后又列为中国历史文化古镇。2005年又被评为中国十大魅力名镇之一。镇上的退思园被列为世界文化遗产。水乡风光被誉为"东方威尼斯"。

同里特有的江南水乡风貌,大量的明清古建筑,浓厚的人文景观,蕴含了深厚的文化底蕴。宣卷是最具典型性、代表性、群众最喜闻乐见的一种民间说唱艺术形式。此外,同样在同里代代相传的民间文艺还有堂名、评弹、山歌、赞神歌、小调、江南丝竹、打莲湘、跳马灯、舞龙、舞狮、挑花篮、荡湖船、放河灯等等。其中宣卷是最为杰出,引起了中外学者的注意。2001年同里镇获得了"江苏省民间艺术——宣卷之乡"称

号。2006年同里宣卷被列入苏州市非物质文化遗产代表作名录。2009年同里宣卷又被列入江苏省非物质文化遗产代表作名录。目前正在认真做好向国家级"申遗"的准备工作。

历史渊源

宣卷的历史十分悠久,起源于唐代的"俗讲"和宋代的"谈经"。我国著名文学史家郑振铎先生对此作过一番考证和研究,在他所著的《中国俗文学史》中说宝卷是"讲唱变文的变相"、"变文的嫡派子孙"。这一重要论断为国内外绝大多数的专家和学者所接受。宣卷经历了为佛教、道教、民间宗教所用的漫长历程,然后逐步演变为民间宣卷。那么同里宣卷到底发源于何时呢?上世纪80年代初,笔者曾采访过同里宣卷的两位著名艺人许维钧、闵培传,这两位前辈的回答是大致时间在明末清初,这是他们依据"文革"前所藏的宣卷手抄本上记载年代和师门口传而言的。最近又听宣卷老艺人袁宝庭(89岁)、吴卯生(84岁)师弟兄讲,清代同(治)光(绪)年间吴江同里早有木鱼宣卷传唱,到了清末民初已十分盛行。而上世纪30年代直至解放前后却是丝弦宣卷的全盛时期。现今,吴卯生老先生家中还珍藏着十多本宣卷手抄本,可见他的说法是有依据的。我们认为有一定的道理。

365

车锡伦教授是当代研究宣卷和宝卷的著名专家,有《中国宝卷总目》、《信仰、教化、娱乐(中国宝卷研究及其它)》等专著。2006年7月12日,他曾前往同里考察宣卷,并撰文阐述。他在文中提及现能看到的有明万历二年(1574)初刊,题"古吴净业弟子金文编"的佛教宝卷《念佛三昧径路修行西资宝卷》。又,明末陆人龙编话本小说《型世言》第十回:"烈妇忍死殉夫,贤媪割爱成女",述万历十八年(1590)苏州昆山县陈鼎彝与妻子周氏去杭州上天竺还香愿,两家香船联在一起,"一路说说笑笑,打鼓筛锣,宣卷念佛,早已过了北新关……"还有清嘉庆、道光年间程寅锡《吴江新乐府·听卷》及吴江人沈云的《盛湖竹枝词》中均有宣卷的演唱纪实。依据以上的有关资料,上面所提到的许、闵、袁、吴四位宣卷前辈关于同里宣卷的发源及传唱的年代大致能符合。

时代在前进,并在发生不断变化,听众的要求也在不断改变,社会上的竞争也开始激烈起来,20世纪30年代同里宣卷艺人已开创"丝弦宣卷",增加了伴奏乐器,丰富了卷目,充实了演出人员。据《吴江文化五十年》等书记载,20世纪40年代在吴江境内演唱同里宣卷的班子约有20个,艺人50多人。据许维钧介绍,当时同里宣卷为了扩大影响,他还跟随师父和师兄们占领场子,曾在苏州一个道观里与苏滩唱"对台戏",公开竞争甚至双方发生摩擦。故而同里宣卷在上世纪30年代直至解放前后,出现了明显好局面,成为丝弦宣卷的鼎盛时期。

但到了20世纪60年代前夕,宣卷艺人大多参加中心工作,参与各种宣传演出,宣卷活动渐少,部分艺人到外地乡镇演唱,挂牌改名为"什锦吴书",可视为同里宣卷的延续。但在"文革"中彻底"绝迹",不少宣卷老艺人,作为"封、资、修"的对象,受到批判和迫害。好不容易扫除了"四害",到了80年代,宣卷艺术又迎来了新的春天,得到了恢复和发展,演出人员逐步增加,并纷纷组班。他们不但深入农村演出,还参加了政府和有关部门举办的艺术节、会演和节日等各种文化活动,不少宣卷艺人还宣唱到了苏州、嘉兴、杭州、上海等城市,老艺人顾计人还于1984年春到北京唱宣卷,上海《新民晚报》为此事专门发了一则简讯。接着的二十多年,形势越来越好,同里宣卷得到了蓬勃发展。

宣卷的形势大好,但听众的要求也越来越高,单靠一位上手单调的说、唱、表已经难以满足听众的需求。宣卷随着时代的发展,要适应和演变。于是,在同里宣卷的每一个书台上,开始增添了一位得力助手——女下手,上下手配合默契,相得益彰。同时,演唱时还吸收了越剧、沪剧、锡剧、评弹等地方戏曲调和小曲小调，丰富了宣卷曲调。宣唱的内容也涵盖古今，丰富多彩。被广大农村听众尊称为"宣卷先生"的同里宣卷艺人们，就这样一步又一步地在宣卷艺术道路上执着地行走着。

根据 2009 年吴江市文广局组织的非物质文化遗产普查小组人员初步统计，目前吴江市宣卷班子共有 28 班，从业人员（包括临时机动人员和不常参加演出的老年艺人）共有 142 人。演出场数，2007 年统计一年最多达 328 场，一般均在 200 场左右。2009 年统计，一年最多的竟高达 335 场，较好的在 300 场左右，一般都在 200 场以上。同里宣卷保持着旺盛的艺术生命力。

演唱形式

不论从表演形式、组合形式以至唱腔形式来分类，同里宣卷分成两类，也就是木鱼宣卷和丝弦宣卷两大类。

一、木鱼宣卷：

木鱼宣卷，亦称平卷、文卷。乐器只有大小两个木鱼、磬子（引磬）和碰铃。一人主宣，称为"上手"，并相应敲打大小木鱼，木鱼下有垫子，一般用大米或黄沙装袋而成，二到三人和卷，并手执磬子、碰铃和卷（有时也会根据实际情况加上一面小锣）。上手每唱一句，和卷者均一起诵唱"南无阿弥陀佛"。宣唱者还将卷本摊在桌上，随时翻阅。卷本上盖有一方用绸缎或布做成的带有花纹的"经盖"（类似手帕），演出开始时掀开"经盖"开宣。开卷时，用鸣尺（即"醒木"）在台面上一拍开场。艺人们冬穿棉布（绸缎）长衫或长袄，夏穿纺绸料制成的对襟褂子。宣唱的内容以传统剧目为主，大都是劝人为善、因果报应、扬善惩恶的故事，多与佛教、道教、民间宗教内容相关，如《香山宝卷》、《目莲宝卷》、《观音宝卷》、《猛将宝卷》、《关公宝卷》等，后来也宣唱一些神话故事和"私订终身在花园，落难公子中状元，奉旨完婚大团圆，朝廷奸人全杀完"的悲欢离合故事。

木鱼宣卷演唱的主要曲调有弥陀调、韦陀调、海花调、采字调、十字调、叹五更等。

自从上世纪 30 年代宣卷改革创新，就出现了新兴的丝弦宣卷，木鱼宣卷逐渐减少，到解放后基本绝迹。在少数赆佛人家或有特殊要求的专场演出，还能见到木鱼宣卷。目前只有袁宝庭、吴卯生、沈祥元、胡畹峰等 80 岁以上的老艺人会唱木鱼宣卷。

二、丝弦宣卷：

丝弦宣卷，亦称花卷、武卷。所用乐器有角鱼、磬子、碰铃、二胡、扬琴、三弦、竹笛等，也有琵琶、笙、箫、锣等乐器备用，有上下手及乐队共 4～8 人（至少 4 人）。丝弦宣卷的曲调也比较丰富，在木鱼宣卷"弥陀调"、"韦陀调"、"海花调"等基础上，

吸收了"苏滩"和锡剧"簧调"中的韵律，创造了一种新的曲调——"丝弦调"，简称"宣调"。同时还根据书情采用了各种小调、锡剧、越剧、沪剧、黄梅戏、京剧、评弹中的一些喜闻乐见的曲调加以适当改编后宣唱。丝弦宣卷开场时，先合奏梅花三弄、快六、苏武牧羊、龙虎斗等乐曲闹场。小落回（即间歇）时还要加唱小调。

正卷宣唱的内容十分丰富，涵盖古今。再有在开场前要举行"请佛"仪式，结束后还有做"送佛"仪式。唱仪式歌用的是木鱼宣卷中的弥陀调，仪式极虔诚。

丝弦宣卷各种不同类型的卷目简述如下：

1. 民间信仰类：有《妙英宝卷》、《目莲救母》、《猛将宝卷》、《关公宝卷》、《城隍卷》、《玉皇卷》、《八仙卷》等等。

2. 神话类：有《张四姐闹东京》、《洛阳桥》、《唐僧出世》、《八宝山》、《苳永孝子卷》、《鲤鱼精》等等。

3. 民间故事类：有《梅花戒》、《杀狗劝夫》、《玉珮记》、《双富贵》、《叔嫂风波》、《珍珠塔》、《金锁缘》、《雪里产子》等等。

4. 移植改编类（此类即指从戏曲、传奇、古代小说中移植改编再创作的卷目）：《冒婚记》、《白兔记》、《三拜花堂》、《情义冤仇》、《黄金印》、《龙凤锁》、《三线姻缘》、《春江月》等等。

另，丝弦宣卷中还有短篇小卷如《螳螂做亲》等，再有改编的现代中长篇卷目，如《白毛女》、《九件衣》、《红灯记》、《红岩》、《智取威虎山》、《小二黑结婚》等等，也曾风行一时。

不论木鱼宣卷和丝弦宣卷，其作品的思想大都是劝人为善，扬善惩恶，对村民、渔民和城镇市民等广大听众起到了潜移默化的教化作用和娱乐作用。这对于当前现实社会提倡精神文明，构建和谐社会、和谐生活是有着一定的积极意义的。

流派特色

同里宣卷艺术在近现代有四大流派，分别是许派、徐派、吴派、褚派。且各派均有其艺术风格特色。

一、许派：又称"书派"、"雅韵派"、"韦陀派"。许派的创始人为许维钧（1909—1991），早年主持过宣卷同业民间团体"宣扬社"，后又创立"许家班"。许维钧自小喜爱文艺，放学后常赶到附近的怡鸿馆书书场听戤壁书（即不买票，站在后面墙角立听）。他先后拜陈良彬、王顺泉、查桂生三位宣卷老艺人为师，刻苦钻研学艺，他吸收了苏州评弹的表演艺术特色，仿评弹形式起"生、旦、净、丑"角色，官白用"中州韵"，说白用"苏白"，唱片典雅，词句严守韵脚、平仄，使他的宣卷别树一帜，被誉称为"书派宣卷"。他创造了一种新调叫"韦陀调"，又称"许调"，故人们称他的流派又叫"韦陀派"。他能宣唱100多部，代表作有《杀狗劝夫》、《林子文》、《村姑救夫》、《红楼镜》、《败子回头金不换》、《茶壶记》等。他十分勤奋，富有创作天才，不少本子都经过了他的改编和充实加工。他还自做了好多部手抄本，分赠给弟子。当时他红极一时，江浙沪一带颇有名望，引来众多的江浙沪宣卷爱好者欲拜他为师。他一生共收了20多名徒弟，如顾茂丰、袁宝庭、吴卯生、孙奇宾和他的三个胞妹许素贞、许雪瑛、许松宝等。在上世纪40年代，他与徐银桥两人被并称为"宣卷王"。值得提一下的是，他的门生袁宝庭于1958年10月14日随南通越剧团在北京中国文联大礼堂汇报演出，其中他一人单独演唱了一个短篇同里宣卷，受到了中央领导周恩来、朱德、陈毅的接见。周总理与他亲切地握手，并合了影。还有门生吴卯生于2008年9月被评为第一批吴江市非物质文化遗产项目（宣卷）代表性传承人。许素贞的徒弟芮时龙于2008年6月被评为第一批苏州市非物质文化遗产项目（宣卷）代表性传承人。目前"许派"传人群体实力很强。如赵华、肖燕、石念春、李明华、金兰芳、俞梅芳等，在艺术上各有千秋。

二、徐派：又称"本土派"、"弥陀派"。徐派的创始人为徐银桥（1890—1968），他创立"凤仪阁"。与许维钧齐名，两人并称为"宣卷王"。徐银桥少年时拜宣卷老艺人高尚南（二男）为师，学唱木鱼宣卷。通过了多年的艺术实践，他改编创新了"弥陀调"，又称"徐调"，所以人们称他的流派又叫"弥陀派"。他演唱时用"现身说法"，眼神、面部表情别有风趣，吐字清楚，嗓音特响，声如洪钟，连宣百余天，经久不哑。他宣卷用的是吴江同里官方言，起角色有时也稍带"中州韵"。说表口语化，常用俗语、顺口溜、歇后语，形象生动。有时来一点插科、调侃、打诨、嚎头，打情骂俏，引得哄堂大笑。说他"土"，他有时也能来一点"雅"。他在演唱《张四姐大闹东京》中塑造男主人公崔文才落难讨饭时，妙用《千字文》中的四言韵语，在唱句中恰到好处地嵌入"女慕贞吉"、"笃初诚美"、"川流不息"、"适口充肠"等词，向街上不同身份的人求乞，俗中有雅，雅俗相宜。他在抗战时期，宣卷中还即兴编唱"呜啊嗨嗨"响山歌，表达了抗日爱国思想，深受广大农村男女老小欢迎。他能唱宣卷一百余部，代表作为《包公》、《八宝山》、《张四姐大闹东京》、《药茶记》、《山阳县》、《蜜蜂记》等。他宣唱宣卷经历了五十多年，一生共收了30多个徒弟，其中闵培传得其真传，有"赛银桥"之称。他自创"艺民社"，在继承其师"通俗易懂"艺术风格的同时，又吸收了"许派"的"典雅细腻"的艺术特色，博采众长，创造了

"雅俗共赏"的新流派——"闵派"。闵培传的学生张宝龙是当今宣卷的响档,2008年9月被评为第一批吴江市非物质文化遗产项目(宣卷)代表性传承人。徐银桥众多徒弟中还有戴留金、胡畹峰、徐坤祥、徐筱龙等在艺术上各有成就。目前"徐派"与"许派"传人旗鼓相当,如高黄骥、柳玉兴、江仙丽、计秋萍等都是后起之秀。

三、吴派:又称"佛曲派"。吴派的创始人为吴仲和(1902—1963),他创立了"棣萼社"。他为啥起此社名呢?因他胞弟吴小和与他一起创建这个宣卷班子的,他希望同胞弟兄俩能"棣萼联辉",在宣卷上搞点名堂出来。吴仲和是道士出身,他对民间佛曲比较精通,如赞神歌、念佛偈、礼忏调、道情等都能唱。他唱的宣卷曲调,有着浓重的民间佛曲味,故被称为"佛曲派",农村的一批老太太都要听他的宣卷,做他忠实的听众,同时向他学唱佛曲。他的唱腔和做功都很独特,与众不同。他能唱宣卷八十多部,且佛道和神话的题材宣唱得颇精彩,代表作有《妙英宝卷》、《城隍卷》、《八仙卷》、《刘天王卷》、《目莲救母》等。吴仲和之徒孙奇宾是吴江宣卷界收藏宣卷手抄本最多的一位,共有一百余部。吴仲和的得意门生沈祥元今年89岁高龄,还不时外出宣唱。"吴派"的第四代传人陈凤英亦很受听众欢迎。

四、褚派:又称"乡庄派"。褚派的创始人为褚凤梅(1909—1989),他创立"咏梅社"。褚凤梅小时读过几年私塾,加上好学,故能讲能写,是典型的农村小知识分子。他宣卷的特点是通俗风趣,他熟悉当地的风土人情,宣唱中乡土味浓郁,在艺术上走的是喜闻乐见的通俗之路,吸引了不少农村听众,同里、屯村一带有他的市场,故被称之为"乡庄派",也有人索性称他"乡派"。其风格与"本土派"有一点相近,但他的"乡味"、"乡情"更浓重些。他能宣唱宣卷八十部左右,代表作为《刘王出世》、《孟姜女》、《珍珠塔》、《林子文》、《游地府》等。他的学生金志祥创立了"凤和阁",继承了他的艺术风格。而金志祥的弟子江伟龙现常活跃在江浙沪交界地区的农村,近年又收了女徒弟盛玲英并做他的下手,成为"褚派"艺术的第四代传人。

传承谱系

非物质文化遗产是人类通过口传心授、世代相传的。同里宣卷艺术近现代四大流派的形成和发展正是依靠他们的传承。由于传承,得以代代延续。当前在申报"非物质文化遗产代表作"和"非物质文化遗产项目代表性传承人"的两个项目中,都把"传承谱系"作为一个必不可少的重要内容和依据。由此可知,抢救和保护非物质文化遗产本身就是一个十分浩大的、极其复杂的文化传承工程。

笔者在童年就跟随家父听宣卷，接触宣卷艺人。上世纪60年代初开始搜集宣卷资料。"文革"后着手对同里宣卷近现代四大流派和班社传承进行了长时期的调查。80年代初撰成《同里宣卷艺术四大流派和班社传承谱系表》初稿。先后进行田野调查100余次，不断充实内容，前后修订过六次，历时三十余载。今正式公开刊登，以供研究者和广大读者参考：

同里宣卷艺术四大流派和班社传承谱系表

（一）许派（又称"书派"、"雅韵派"、"韦陀派"）

许维钧
（1909—1991）
（宣扬社、许家班）

- 顾茂丰（鸣凤社）
  - 顾益厘
  - 高仲盈
    - 张志和
    - 袁云甫
    - 高长虹（女）
  - 周仁根
  - 顾益文
- 陈敬修（锦绣社）
- 顾计人（锦绣社）
  - 芮时龙（时运社）
    - 赵　华（女，紫霞社）
    - 顾剑平（步步高社）
    - 吴根华（女，华英社）
    - 芮玉娥（女，时运社）
  - 顾建明（锦绣社）
- 汪昌贤（贤霖社）
- 袁菊庭（洪升社）
- 袁宝庭（义乐社）
  - 赵　华（女，紫霞社）
  - 石念春（春华社）
    - 俞梅芳（女，梅兰社）
    - 左桂芳（女）
  - 金兰芳（女，梅兰社）
- 孙奇宾（鸿运社）
- 叶虎根（雅吟社）
- 吴卯生（改良社）
  - 肖　燕（女，天燕社）——唐美英（女，天燕社）
  - 李明华（女，春华社）
  - 金春凤（女，秋凤社）
  - 张蓉蓉（女）
  - 王凤珍（女）
  - 杨洪关
  - 张丽芬（女）
  - 姚玉华（女）
- 许松宝（许家班）
- 许雪英（许家班）
- 许素贞（遐岭社、许家班）
  - 芮时龙（时运社）
  - 严其林（麒麟社）
- 姚炳森（新声社）
  - 汪静莲（女）
  - 陆美英（女）
- 翁润身（合义社）——仲云飞
- 沈荣生（新天社）

371

（二）徐派（又称"本土派"、"改良派"、"弥陀派"）

```
                        戴留金(慕凤阁)
                        徐坤祥(坤祥阁)
                                        沈煌荣
                                        缪志泉(新兴社)
                                        蒋福根(新兴社)
                                        芮时龙(时运社)
                                                        陆美英(女,寅吟社)
                                                                        周建英(女,龙凤社)
                        闵培传(艺民社)   张宝龙(寅吟社)   高黄骥(龙凤社)    周文光(龙凤社)
                                                                        庞土英(女)
                                                                        姚剑芳(女)
                                                        吴国新
                                        吕祖荣(国光社)
                                                        计秋萍(女,秋凤社)
                                        徐荣球(秋凤社)   金春凤(女,秋凤社)
                                        高长虹(女)
                                        周剑英(女)
                        吕祖荣(国光社)
                                        杨桂福(鸣笑社)
徐银桥                                  蒋福根(新兴社)
(1890—1968)                                             朱爱金(女)
(凤仪阁)               胡畹峰(咏音社)   江仙丽(女,姐妹班)  邹雅英(女,华英社)
                                        柳玉兴(新源社)——朱海英(女,新源社)
                        陆才元(国风社)
                        黄炳根(春晖社)
                        查金生(艺新社)
                        宋宝荣(咏乐社)
                                        蒋福根(新兴社)
                        徐筱龙(万扬社)   高仲盈
                        肖根生(乡梓社)
                        沈福生(百花社)
                        杨振林(华艺社)
                        凌小生(金塘社)
                        费毓顺(珊瑚社)
                        夏林芳(丽春社)
                        江金来(光明社)
                        陆宝毓(同乐社)
                        高启明(龙泾社)
```

（三）吴派（又称"佛曲派"）

```
                        吴小和(亚棣社)
                        孙奇宾(鸿运社)
                                        张宝龙(寅吟社)
吴仲和                  沈祥元(鸿兴社)   朱火生——陆凤英(女,华英社)
(1902—1963)                            姚惠娟(女,鸿兴社)
(棣萼社)               宋福生(秋枫社)
                        顾声扬(玉洲社)——庞昌荣(紫霞社)
```

（四）褚派（又称"乡庄派"）

褚凤梅
(1909—1989)——金志祥（凤和阁）
（咏梅社）
　　　　　　　　　　　　　江伟龙（隆仁社）——盛玲英（女，隆仁社）
　　　　　　　　　　　　　　　　　　　　　　朱凤珍（女，姐妹班）
　　　　　　　　　　　　　金建祥（和合班）

活态遗产

　　文化部部长孙家正在《人类口头与非物质文化遗产丛书·总序》中说："传统文化的保护，既包括物质形态的传统文化，也包括非物质形态的传统文化。"非物质文化遗产是人类通过口传心授、世代相传的无形的、活态流变的文化遗产。抢救、保护非物质文化遗产是一项十分浩大的、艰巨而又复杂的文化工程。

　　作为非物质文化遗产的同里宣卷，目前的宣唱活动相当活跃。一年四季，庙会赕佛、新屋落成、老人做寿、青年配亲、小孩满月、企业开业、节日喜庆、社区活动等要请宣卷演唱助兴，现有 28 个宣卷班子和 140 多位宣卷艺人终年忙个不停。民间文艺学家、复旦大学教授郑土有认为："为什么在经济相当发达的地区，仍然能够保存这一古老的民间文艺形式，并且受到民众的喜爱，这是一个非常值得研究的文化现象。"这个"文化现象"确实需要深入探讨和研究。宣卷演出市场的呈现繁荣之势，对于宣卷遗产的抢救、保护、宣传、研究、弘扬、传承、振兴是极为有利的。

　　为了编辑、出版《中国·同里宣卷集》，我们花了一年多的时间，组成了宣卷采录小组，对宣卷艺人口头演唱的长篇宣卷采录了 25 部，这是活态的文化遗产，弥足珍贵。为了保持原汁原味，尊重原来面目，我们坚持把录音翻成文字时不作任何改动。这 25 部大都是没有手抄本和印本留下来的，是人类口头遗产。但从抢救、保护出发，我们所做的工作是远远不够的。根据不全面的统计，目前 28 个宣卷班子演唱的不同卷目合计要有 200 多部，屈指算来，我们最多是做了八分之一的工作，这使我们充分意识到非物质文化遗产抢救、保护的迫切性和重要性。

　　宣卷手抄本和印本，是前人给我们留下的搜集、整理成果，我们也应该重视这方面的发掘抢救工作。在上世纪 80 年代，苏州文化部门的有关人员曾前往同里一带调查，共采集到卷目 68 种，其中木鱼宣卷 8 种、丝弦宣卷 60 种。具体目录刊载在 1987 年 3 月印行的《中国曲艺音乐集成》的《苏州分卷》上。

　　上世纪 50 年代末至 60 年代初，苏州市曲艺家协会顾栋生通过当地有关部门分别到同里、屯村、金家坝、北库、八坼等地向宣卷艺人孙奇

宾、胡畹峰、金志祥、徐银桥、闵培传、徐筱龙、宋福生、翁润身等借去宣卷(宝卷)手抄本、印本二百余种,当时还都留了借条,后经"文革",此事就不了而了之。近年才知道,这批文本基本上都收藏在苏州戏曲博物馆内,安然无恙。

我们在采录 25 部长篇宣卷口头演唱本的同时,又校点了宣卷手抄本、印本 25 部。在校点中,我们以慎重的态度和保持原貌的原则,做到不轻意改动一个字,做好这件工作。25 部文本的来源,其中 12 部是由当地宣卷艺人和收藏者提供,

还有 13 部即由苏州戏曲博物馆提供。

根据我们多次调查和有关人士提供的信息,目前吴江由宣卷艺人和已故宣卷艺人家属及社会人士收藏的宣卷手抄本和印本约有 150 多本,这还是一个粗略的统计数,录以备考,以便及时做好征集和抢救、保护工作。

要动员全社会的广泛参与,努力在全社会形成共识,营造保护非物质文化遗产的良好氛围。活态遗产,务必抓紧抢救、保护,否则随时有可能消亡,刻不容缓!

观摩辽宁博物馆馆藏缂丝精品所感

李 冰

摘要:本文从观摩辽博馆藏缂丝精品谈起,展示缂丝技艺的发展历程,分析不同时期缂丝名作的技艺特点,指出这门古老技艺面临的危机及今后的发展方向。

关键词:缂丝 技艺 观摩 苏州

作者:李冰(1980—),湖南宁乡人,毕业于苏州工艺美术职业技术学院,2008年开始在陈文工作室学习缂丝,2011年6月被苏州刺绣研究所有限公司引进,师从李荣根老师学习缂丝。

375

应辽宁博物馆邀请,我有幸参加了该馆于今年8月20日至8月24日举行的缂丝研讨学术活动。期间,我与几位缂丝同行前辈一起,近距离观摩辽博馆藏宋代至解放初各个时期的缂丝精品。直接接触名家真迹,听取研究人员和同行前辈们的讨论,使我对中国缂丝各个时期的原理、技法有了进一步认知,对于人的思想情感和主观创造意识在缂丝这门古老的工艺中所形成的强大魅力更有一个全新的认识。

缂丝艺术从产生至今,经过各个时期艺人们的不断探索,技艺日趋完善,表达技巧、技法日益丰富,制品也由最初的实用装饰品转变为欣赏艺术品。

《紫鸾鹊屏》系北宋时期缂丝作品。缂织较为随意,织造者在进行缂织时并不刻意追求织面平整,而是依照图案的弯曲和转折,顺势制作,使纬线在排列过程中呈现出细小的波浪纹肌理。这件作品主要采用搭梭和套色平梭之技法,由于当时搭梭技法运用还不纯熟,故作品中相邻两种色彩交界处破口比较大。另一件缂丝《牡丹纹包首》作品,缂织技法相对丰富,其叶片及花瓣采用了结的戗色技法,标志着当时制作的缂丝艺人已经注意到了色

《金底月季花》 何兆元设计

彩的层次变化，并且开始探索和尝试性地利用一些新技法来加以表达。戗色技法的灵活运用极大地丰富了缂丝的表现力，推动着缂丝由实用装饰品朝着欣赏艺术品的方向发展，为南宋缂丝艺术巅峰的到来奠定了基础。

如果说缂丝《紫鸾鹊屏》和《牡丹纹包首》作为实用装饰品尚未完全摆脱最初的缂毛织物的痕迹，那么南宋时期缂丝名家朱克柔的经典之作《山茶蛱蝶图册页》则足以表明缂丝已然由实用品进入到欣赏艺术领域。该作品以宋代花鸟画为蓝本进行再创作，朱克柔运用娴熟的绞花线和长短戗戗色技法，以高超的缂织技巧完美再现了原画的精神。磁青色熟丝地上彩色纬线缂织迎风盛开的山茶花，一蛱蝶从左上角的远处翩翩飞舞而来，山茶迎风露笑，蛱蝶舞向花枝，一幅生机盎然的景象。左下角印章垂直部分的搭梭技法运用相当成熟，裂缝非常小，很少

有锯齿纹。缂织不足之处添加补笔，以增强表达效果。同样的缂织技法风格在朱克柔的另一件《牡丹图册页》上也得到精彩体现。

缂丝从实用领域脱窠而出后，艺人们一般以山水花鸟为蓝本进行再创作。为最大限度表现原画的精神，一些新的缂织技法特别是戗色技法，如长短戗、木梳戗、凤尾戗等在人们的探索过程中逐步完善，创作越来越得心应手，作品表现力也愈加丰富，不再局限于单一的工笔人物、山水花鸟题材，以写意山水、花鸟、西洋绘画、摄影作品为蓝本进行再创作的缂丝品不断涌现，尤其是现当代，这类佳作层出不穷。

以苏州为例：20 世纪 60 年代，刺绣研究所王金山、李荣根等名手曾应北京故宫博物院之邀，复制一批宋人缂丝品，通过学习古代名家的高超技巧，提高现代缂丝水平。在这之后，先后试制全缂丝人物，创造"金地斜坡接梭法"等新技法。由中国工艺美术大师徐绍青设计的《金底牡丹通景屏风》、《金底十六扇屏风》、《金底十二扇屏风》等系列缂

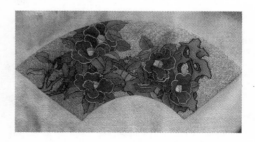

《金底十六金山之山茶假山》 徐绍青设计

丝作品，富丽堂皇，颇受欢迎，其中的《缂丝牡丹屏风》作为国礼赠送给美国总统尼克松。

迨及80年代初，受双面三异刺绣启发，现中国工艺美术大师王金山试制出双面异色异样缂丝全新作品。江苏省工艺美术大师俞家荣也相继完成"牡丹蝶团扇"、"蝶恋花"、"红莲翡翠"等双面三异新作的试制任务。80年代苏州在缂丝方面的重大成就是从1980年开始，刺绣研究所缂丝专家应北京定陵博物馆委托，在故宫织绣专家和沈从文教授的指导下，耗时五年，以特制的孔雀羽线、金线、经线、花线，成功复制出明代万历皇帝缂丝龙袍。

90年代，研究所的缂丝艺人和美国室内设计师韦斯强合作，创作出一大批具有西方设计理念的缂丝作品。如：《大卫像》、《静物西瓜》、《黑人女孩》、《衣服之昆虫系列》、《衣服之人体系列》、《抽象山水》、《装饰游鱼》等等。创作这批充满西方绘画风格的作品时，为了完美地表达设计师的创作意图，艺人们在制作过程中加入很多新材料，在利用不同材质表现不同肌理质感方面做出新的探索。

现藏于苏州刺绣研究所的南宋经典缂丝名作《莲塘乳鸭图》复制品，著名缂丝艺人李荣根的收山之作。他倾注自己近五十年的缂丝创作心得，妙合天机，尽在造化之中。

综上所述，缂丝从产生之初到现今，由最初的保留着缂毛痕迹的实用装饰品发展到现今的表现不同题材和效果的艺术品，一千多年来，工艺技法在发展中衍化，不断完善和创新。

笔者在观摩辽博馆藏缂丝作品后得到如下体会：

就该馆所藏最初的实用性缂丝品而言，多采用单股纬线缂织，一部分作品纬线粗细不匀，缂织随意。南宋欣赏性缂丝品，内容纹饰比较简练，但越是这种简单，往往意涵越难表达。制作方式上，一般采用捻度很强的经线和较弱的纬线进行缂织，纬线排列紧密，这种以粗经细纬方式缂织的作品有着明显的瓦楞肌理，在高倍放大镜下完全看不到经线的裸露。明清时期缂丝品则采用细经细纬或细经粗纬方式缂织，作品细腻平整。值得注意的是：明中期以后的作品，纬线排列明显没有之前紧密，在一般放大镜下就能看到经线裸露的痕迹。现今，一些缂丝作品则采用不同挑经打翻头的方式用来表现更多的肌理和效果。

如果说缂织技法和缂织原理是推动缂丝发展衍化的直接原因，那么缂丝作为一种纯手工艺，它的精髓应该就是人的主观创造意识和思想情感。每个人内心对美的感受和认识都不一样，不同的制作者在缂织时采用的方式和想要表达的思想

377

情感都会不一样，创作出的作品风貌也必定不一样。所以，纯手工方式创作的作品，每一件都是唯一的和不可代替的。

作为一种纯手工艺，缂丝的最大特点之一在于需最大限度地发挥作者的主观创作意识，表达内心思想情感。从《紫鸾鹊屏》中就可以看出，正是由于艺人缂织时的顺势而为，才使得作品有着独特细小波浪纹样的机理，看起来动感十足，很有生气。当然，由于每个时代审美意识的不同，这件作品放到现在也许会被人们称之为不良品，但这样的缂织方式却为表达独特肌理效果提供了先例。南宋《山茶蛱蝶图册页》，丝线以植物染色，色彩远没有现今的丰富，但是为了表达原画的精神，在有限的可供选择的色彩情况下，作者极大地发挥主观创造力，拿相近的色线分成若干股，根据画面需要进行拼色混合，从而达到理想的表达效果。作品中山茶花颜色从深到浅跨度非常大，而色彩却只

有三到四种，但最后的色彩效果却是浓淡变化柔和，看不出色彩交接的痕迹。朱克柔缂织这幅作品时，采用了不拘一格的长短戗晕色技法，把深浅不同的色线相互只交叉一到两根经，有时甚至只是在相邻的经线上互相绕一下，用这种方式缂织，基本上看不到色阶浓淡交接的痕迹。

现今的缂丝越来越朝着精细化方向发展，要求作品平整细腻，技巧表达写实入微。在一味追求细腻写实的风气中，缂丝的发展空间受到了局限，这门古老的技艺也面临着濒临消亡的危险。我作为一个刚刚入门的初学者，如何保护继承好缂丝本来的精髓，并且把这种古老缂织工艺的精髓通过其他手段和媒介进行结合和转化，从而使缂丝能产生更多的可能性，更重要的是把这些可能性真正转化到公共领域，让其他的人能够参与进来互动，这将是我今后的努力方向。唯此，缂丝艺术才会有更加强大的生命力。

南京市高淳县东坝镇叔村祠山庙会

——"出菩萨"田野调查报告

杨天齐　　杜　臻

　　摘　要：本文简述了祠山大帝信仰的由来和发展，采用人类学参与观察的方法，如实记录了高淳叔村祠山庙会——"出菩萨"的仪式过程。祠山大帝张渤为前汉治水功臣，祠山信仰始于西汉，盛于明清，遍及苏浙皖三省。南京高淳县地理位置特殊，易旱易涝，人们信奉治水神灵，又因曾于明朝时承办祠山"官场"祭祀，故祠山庙会活动延续至今。"出菩萨"即迎神赛会，是一项历史悠久的民间宗教活动，在高淳是由壮年男子顶着"魁头"神偶绕境巡游。出巡队伍前有五彩旌旗引路，后有锣鼓锁呐助威，其间还穿插着跳五猖、挑花篮、出抬阁等传统文娱节目，一路载歌载舞，是一场盛大的民俗文化展演。这次叔村"出菩萨"遵循传统分为上香祭拜、请神和巡游三部分，规模虽不及明清时盛大，亦是内容生动，极具地方特色。

　　关键词：祠山大帝　出菩萨　庙会　仪式　祭祀

　　作者：杨天齐，女，1987 年生，江苏南京人，南京大学社会学院人类学研究所硕士研究生，研究方向为文化与社会人类学；杜臻，男，1984 年生，江苏南京人，南京博物院民族民俗研究所馆员，研究方向为民俗学。

　　2011 年 11 月 21 日至 23 日，笔者一行来到南京市高淳县东坝镇叔村，用人类学参与观察的独特视角，对民间宗教活动祠山庙会（"出菩萨"）进行了为期 3 天的田野调查。

一、调查背景

　　"出菩萨"是高淳当地土话，即庙会、迎神赛会，是一种民间敬神求福的祭祀仪式，也是一项带有浓厚宗教色彩的文化娱乐活动。因为活动中要把菩萨抬出庙来巡游,故而俗称"出菩萨"。出菩萨所祭祀的神灵,有的是生前对国家百姓作过贡献死后封神的功臣,有的则是传说中救苦救难的菩萨,有的只是百姓设想的某个好人化身。人们相信他们生前关爱百姓,死后成神一定能保一方平安。

高淳县隶属南京市,位于江苏省西南端,东部是丘陵山区,西部是河网圩区。地势东低西高,易旱易涝。老百姓苦于频繁的水旱灾害,时刻记挂着防汛抗旱、兴修水利。因此在庙会中,纪念治水功臣张渤的祠山庙会特别多,几乎遍及全县各乡镇。其他如纪念水神妈祖、杨泗、晏公的庙会,分布也很广。这次叔村出菩萨的主神就是祠山大帝。

二、祠山信仰

祠山大帝是长江中下游地区最具代表性的治水神,祠山信仰主要流传在皖东南、苏南、浙北一带,遍及三省十几个县。据史料记载,祠山祭祀活动起源于西汉,鼎盛于明代,南京市高淳县的祠山庙会兴盛于明清,一直延续至今。

相传祠山大帝姓张名渤,西汉神爵三年(前59)农历二月初八生,吴兴郡乌程县(今浙江湖州)人。其父张秉,效法大禹治水有功,天帝感其事迹,降神女与之婚配,生下张渤。那时,江南一带因岗阜阻隔,水系不畅,常遭洪涝灾害,百姓苦不堪言。张渤自幼目睹百姓苦难,十分同情,长大后他子承父业,开河筑坝、疏导水患,被老百姓视为治水英雄。张渤死后安葬在安徽广德横山,百姓们为了纪念他在其墓旁建庙祭祀,庙门上挂有"禹后一人"横额,赞扬他一生治水有功,功同夏禹,并将横山改名为祠山。

传说元朝末年,朱元璋率起义军南征至安徽。有一回吃了败仗,他被陈友谅的追兵一路追到广德祠山殿中。眼看追兵将至,朱元璋张惶无计之下拨开蛛网一头藏进了神龛里,并在心中暗自祷告:"求菩萨保佑,若能保我逃过此难,日后我给你老人家重修庙宇重塑金身,天天朝拜。"刚念祷完,神龛上就又结起了蛛网。待追兵赶到庙中,遍寻不见朱元璋的踪影,正要上前查看神龛,却见到处结满蛛网,没有动过的痕迹。追兵以为蛛网既没动过,人自然不可能藏于神龛之内,朱元璋由此逃过了一劫。还有传说朱元璋南征时攻克广德,就驻扎在祠山殿附近。当时徐达、常遇春攻打宁国久攻不克,战局焦灼。朱元璋寝食难安、忧心忡忡,遂循谋士之言向祠山大帝进香许愿,以求神灵庇佑。当夜就梦到祠山大帝托梦称他"贵为天子,必得天下"。翌日,捷报传来,宁国已克,之后征战更是节节胜利,如有神助。从此,朱元璋笃信祠山灵验,敕封祠山为"天下第一灵山",并不断修葺扩建广德祠山殿。称帝后,朱元璋在南京钦天山新建十庙,其中一座就是"祠山广惠王庙",钦命按时春、秋官祭。还在南京到广德的沿途设立了 360 个祠山祭祀"官场",每天一祭,轮流派班,由当地派代表到广德交旨,以示对祠山神的"天天朝拜"。祭祀之日,出菩萨唱社戏,热闹非凡。高淳的东坝、沧溪、固城等地就曾摊到过上广德朝拜祠山大帝的差事,为钦命特设的"官场"。当地祠山庙会也由此兴盛。

三、魁头

我们的田野地点东坝镇叔村位于高淳县中部偏东,游子山东南,双望公路青山线旁。叔村与附近的叔村东村、青山村、茅山脚村、周泗涧村、大仁凹村六个自然村都是王姓村,有九百余口人。

村庙广惠宫就在村口,分为前后两殿。前殿祠山殿供奉着祠山大帝和冥王的魁头,"魁头"也叫盔头菩萨,是一种形象特别的神偶。它是在一个高大的木框上拉上铁丝,铁丝上固定一个个形态各异的小菩萨,中间再配上一层层数千片形如剑头的"云片"(一种涂彩敷金的竹片)而成,色彩艳丽,金光闪闪。木框下端安装着铁质头盔,有的头盔前还会装上面具,由一名壮汉顶着,

在祭祀活动中扮成菩萨。殿中新制的祠山魁头重四五十斤,头盔前没有面具,云片间饰有三十六个小菩萨,为三十六天罡;冥王魁头重六十几斤,配有眉目威严祥和的冥王面具,云片间饰有七十二地煞。两个魁头的主色调都是皇家象征的黄色,祠山魁头的木框上还画着金龙,煞是炫目。魁头前的香案上除了香烛茶果还供奉着"皇帝万岁万万岁"的木牌,相传明朝祠山"官场"祭祀时,就要捧着这样的木牌赶到广德祠山庙朝拜祠山大帝,带去的牌子经广德祠山祖庙检验后才可消差。祠山殿本来只供奉祠山大帝,冥王是为了这次出菩萨活动特地从东坝降福殿请来的,因为叔村广惠宫只是隶属降福殿的小庙。村庙的后殿是天妃殿,供奉着天妃妈祖。妈祖是庚申年生人,又叫"庚申娘娘",被高淳当地人称作保佑妇女生育、儿童成长的"看生娘娘"。

四、出菩萨

1. 上香祭拜

这次祠山大帝出菩萨的正日为 11 月 23 日,正日前几天开始,几个王姓村的村民就陆续来庙中祭拜了。村民们认为来得越早越显得有诚心,所以早上五六点钟来祭拜的人最多。来的多为中老年村妇,有时会有老伴陪着一起来。我们在田野中常常会看到这样的上香画面:

一对老夫妇,男的捧着筒炮仗,女的左手提着一只竹篮,右手拎着两个大红塑料袋,不急不慢地向村庙走来。走近了只见竹篮上盖着块毛巾,塑料袋里鼓鼓囊囊装着银纸元宝、黄纸钱和一束香。

女的径直走进庙里,把塑料袋搁地上,腾出手掀开盖竹篮的毛巾,只见篮子里头齐整整摆着三个大碗,每个碗里上一下四摞着五个糯米团子。那团子有小孩拳头这么大,最上头那个还在中央点了个红点。碗边上横放着一个玻璃杯,里头是碧绿的茶水。女的将团子一盘盘拿出来,排在魁头前面的香案上,又端起茶杯,旋开盖子,恭恭敬敬地供在碗边。然后点上案桌边的红烛,就着烛火点了香,再把香分一半给了同来的老伴。

男的进庙前把炮仗放在了庙门外的空地上,那里散着一地炸过的炮仗灰,空气中也是一股硝石的味道。现在他从老伴儿手中接过香,两人对着魁头拜了三拜,又跪下叩了首,才站起来把香插在案桌的香炉上。随后女的到后殿拜一拜看生娘娘,再回来提起先前那两个塑料袋,跟男的一起走出庙门。男的来到空地上点燃了炮仗,看着炮仗"嘭——啪,嘭——啪"地炸着。女的则走到庙门右边烧纸钱的地方,把银元宝、黄纸钱都丢在了火炉中。待炮仗放完纸钱烧光后,两人又一同回到庙中。女的端起供在魁头前的茶杯,往香案前地上的盆里倒了三口茶,表示给神灵敬茶,然后旋上盖子,把茶杯收到竹篮里,案桌上的三盘糯米团子也一一收了进来,最后用毛巾盖上。看向男的,见他已经给了香火钱。两个负责管账的老人记下了他的姓名、金额后,递给他一个装着香烟和苹果的大红塑料袋——按捐钱金额的不同给的东西也略有差别。随后夫妇两人再一起出了庙,上香的过程也就结束了。

2. 请神

11月22日晚,村庙前举行了"引神"仪式。引神就是把神灵引到魁头上,这是出菩萨的前提,如果不能把神引下来,又哪来的菩萨出巡呢?晚上五点左右庙里就集聚了一些人,开始准备"引神"。其中最重要的要数"顶菩萨"——顶着祠山和冥王魁头巡游的人了。这次从6个王姓村中选了30个壮年男子来顶菩萨。据说顶菩萨时会被神"上身",所以这些人不但要身体健壮能承担魁头五六十斤的重量,他们作为神灵的载体还要是品行优良、家庭和睦的已婚男子。在村民们眼中被选去顶菩萨是一件极荣幸的事。

晚上6点,引神仪式正式开始了。执行仪式的是魁头制作人刘师傅。他先在庙前宰杀一只活鸡来祭祀神灵,再取鸡血,用毛笔在魁头上开光,这时开过光的魁头已经具备

"来神"的能力了。随后村民们照着仪式专家的指示，在庙前的空地上放烟花和鞭炮来招引神灵，然后锣鼓声起，吹吹打打的好不热闹。两座魁头也在鼓乐声中被抬到庙前。

首先出场的是"祠山大帝"。先由仪式引导者做示范，他顶着盔头菩萨，踩踏着一定的舞步，向前走而后又转圈往回走……接着从30个顶菩萨的人中选出6个来——他们分别代表6个王姓村，前三个顶"祠山大帝"的头魁，后三个顶"冥王"的。顶菩萨的人坐着背上铁架，待魁头顶稳后再站起来，绕着村口跑一圈。"上身"后顶菩萨的人会表现出神的喜怒哀乐，这时就需要仪式引导者在旁边与他对话，诱哄，以平息他的怒气，以便把神引下来。经过不断"努力"，神终于降临了。村民们把"冥王"和"祠山大帝"的魁头挂上红绸布，移入庙中供奉起来，请神的仪式也就结束了。

3. 绕境巡游

11月23日，出菩萨正日。早上6点左右，在108响冲天炮声后巡游队伍出发了。队伍中全是男性，村里的女人不能跟着巡游，只能在菩萨"打马"（休息）时祭拜。走在最前面的是十几个举彩旗的小伙子，他们是负责引路的五彩旌旗兵，身穿特制的金色衣服——相传是模仿太平天国士兵的服装，挥舞的五彩旌旗上印有龙的图案。接着是身着红、黄、蓝、绿、紫五色袍服头戴面具的五猖神，他们分别代表东西南北中五个方位。紧接着是一位捧着"皇帝万岁万万岁"牌位的老者，老者身后就是"冥王"。顶冥王魁头的人身穿大红袍，袍子底下是金色水纹，看上去威武庄严。身后有村民举着明黄色龙纹华盖，还有专门背着板凳的侍从，板凳上系着红绸，是供菩萨打马时坐的。再往后又是一队五彩旌旗兵，接着是身穿黑色金纹袍服的"祠山大帝"，身后是华盖、板凳，队伍最后是敲锣打鼓吹奏乐器的老人。出菩萨主要是巡游六个王姓自然村，上午出巡青山村、茅山脚村、周泗涧村、大仁凹村，这四个村子离叔村较远，下午出巡叔村和与叔村只隔一条马路的叔村东村。据说跟着队伍巡游是一件添福气的事儿，故而队伍中还有很多跟着巡游的普通村民，前前后后地跟着菩萨，沿途经过的地方也是鞭炮阵阵、锣鼓助威，很是热闹。

由于魁头很重，出巡时菩萨两旁有人用红绸布拉住，后面还有人帮扶撑着。尽管这样，走起来还很艰难，只能一步一冲地向前。时间一长，顶菩萨的人力气再大，也免不了跌跌冲冲，走走停停。这时看热闹的人群中会发出一阵骚动，都惊呼："菩萨发圣了！菩萨发圣了！"菩萨冲到谁家门前"打马"，谁家就会诚惶诚恐地出来迎接，赶紧烧香磕

头，问菩萨有什么"旨意"，求菩萨免灾免难。这些"打马"地点其实都是事先定好的，位置据说与风水有关，在各处都早早设好了香案，有村民等在那儿准备祭拜。等村民祭拜完之后，就会更换了顶魁头的人，队伍继续前行。

上午10:30左右，巡游完了附近四村。人们回到叔村，安置好魁头、彩旗、面具和袍服后各自回家吃饭。下午巡游叔村东村和叔村。因为叔村是王姓家族的"大本营"，也是村庙所在，村子虽小，打马的次数却很多。按村民们的说法，绕叔村的次数要多些，因为有时候神仙还不想回到庙里，这就要不断地巡游，直到神仙们愿意回庙为止——其实也就是让事先选出的顶魁头的人都来过一回。当把魁头送回庙中以后，整个出菩萨活动也就结束了。

【书评】

从"哑铃图式"看"衣冠王国"

——评专著《文明的轮回——中国服饰文化的历程》

张蓓蓓

摘要：专著《文明的轮回——中国服饰文化的历程》以思想文化为主线来探讨中国服饰的创新与祖制之争、华夏与洋夷之别、固守与开放之变，以独特的视角、叙议相间的手法来看中国服装艺术史，力图理清中国服饰演变文化背景。专著以独具匠心的写作手法、真知灼见的写作观点以及耳目一新的写作风格区别于其他服饰专著，是一本难得的服饰文化专著。

关键词：服饰文化　写作手法　写作观点　写作风格

作者：张蓓蓓，女，博士，苏州大学应用技术学院副教授，苏州大学艺术学院博士后，研究方向为服饰文化及服饰艺术史。

385

初夏的午后，浅金色的阳光里飞舞着淡蓝色的尘埃，一切都显得那样地不经意，一切都显得那么地慵懒与平静。然当翻开这本由诸葛铠先生统筹，许星、李超德、李立新、皇甫菊含等学者协力打造，列入江苏省教育厅人文社科研究项目和苏州大学"211 工程"标志性成果的《文明的轮回——中国服饰文化的历程》一书时，心中不惊激起阵阵涟漪，久久难以平静；脑中不禁浮现出我们读研二时，在服饰文化课上热烈讨论的情景，诸葛先生当时就用此书的印刷稿作为我们研读的教参，当时的我们每人都想珍藏一本。如今，这本早已翘首企盼许久的著作终于在众人的欢呼雀跃中新鲜出炉了！该专著一写就是中国上下五千年，从远古的衣皮带茭到皇帝的"垂衣而治"，从胡服夷装到红卫兵剪裤脚管，从原始社会的衣冠祭、先秦诸子的服饰观，到封建社会的服饰制度,直至近代文化转型对现代服饰"西化"的影响,中间穿插了民俗服饰和舞服戏衣。这是一本图文并茂、有史有论、有评有析、观点新颖,有独到见解的服饰文化专著。该专著对中国服饰文化的阐述之深刻、资料的引用之广泛、提出的观点之新颖,运用的方法之独特,是过去出版的有关服饰文化专著所无法比拟的。这也正是该著作难能可贵之处。

独具匠心的写作手法

该专著在写作方法上,以思想文化为主线,采用了对照手法,按思想文化的"块"来谈中国服饰文化的历程。当我们翻开以前很多"服饰史"或"服饰文化"的著作时,几乎可以看到清一色的习惯以通史分段,即按照朝代更迭的时间顺序来安排写作的章节。根据历史的发展,有的是将几个朝代服饰文化合为一章,如夏商周时期、辽金西夏元代时期、魏晋南北朝时期等,有的则以一个朝代服饰文化独作一章,如宋代时期、明代时期、清代时期等。同时在每一章节中接踵排衙而来的,是所谓的中国服饰的"大传统",即占统治地位的、决定上层社会服饰走向的思想观念。[1]其笔墨几乎占据了整个章节,而中国服饰的"小传统",即民间服饰则被有形或无形地忽略了,这也许与考古学发现有关。当然这种基于惯例的通史分段方法有其

一定的写作便利性,也可使人们在阅读的过程中省却了繁复梳理与考证比较的功夫。不过,这种写法也存在一定的疑惑。第一个疑惑是,由于中国服饰的发展与演变、服饰文化的影响范畴并不完全与朝代更迭的时间顺序保持步调一致。服饰文化观具有其独特的阶段性或持续性,即其或会如流星一般稍纵即逝,或会延续性地影响几段历史时期,如儒家服饰观对整个中国封建社会的服饰制度和服饰样式都产生了深刻且久远的影响,是其他任何思想都无法比及的。第二个疑惑是,中国服饰的"大传统"对服饰文化的影响一贯被提升为具有举足轻重的作用,而在一整套严密的服饰制度下,由于心理和礼法上的禁忌使得生机盎然的民间服饰文化却往往被轻描淡写地忽略了。追根溯源,上层服饰与民间服饰都是同出一源,两者之间在区别和千丝万缕地联系中形成不同的艺术形式和服饰风格。"从服装发展的历史过程中可以看到,服装形式从下层向上层传播的原因大致有这样几个方面:一是方便使用,使上层能够接受;二是在社会上地位虽低但经济上较富有的商人妇,服饰新潮美观,吸引了上层妇女;三是上层社会为了服饰的变化而从优伶艺伎的服饰中寻求灵感。"[2]由此可见,民间服饰时常会以其奇特、别致、便利的特点引起上层人士的关注。正如葛兆光在《中国思想

史》(导论)中讲道:"思想与学术,有时是一种少数精英知识分子操练的场地,它常常是悬浮在社会与生活的上面的,真正的思想,也许要说是真正在生活与社会支配人们对宇宙的解释的那些知识与思想,它并不全在精英和经典中。"[3]因此,民间服饰所呈现出的质朴形制,所体现出纯真的民风、淳厚的民众性格和纯洁自然的审美观,所形成的区别于上层社会的另一番风格和形式,使中国服饰艺术更为鲜活明亮、丰富多样,使中国服饰文化成为一个多层次、重内涵的思想综合体。

该专著改变了传统以朝代更迭时间顺序为章节模式,而以思想文化为主线,引用了丰富的古代文献。如先秦哲学观,参考了大量的民间文献及考古成果,叙述了从原始社会的服饰现象以来到中国服饰的现代化整个服饰发展的文化背景。该著作不仅关注了中国古代封建社会的上层社会服饰,而且分析了这些服饰制度及文化得以形成与确立的依据;不仅描述了中国古代封建社会的下层社会服饰,如民间民俗服饰及舞服戏衣等,而且分析了这些服饰产生的历史文化背景;不仅触及了中西服饰的冲突与融合,而且分析了促使这些服饰形制发生变化的根本原因。正如诸葛先生在该著作的前言中所谈到的:"中国服饰的发展历程漫长且起伏迭宕,谁在操

持其中的玄机?那就是民族文化。中国古今服饰都在中华文化的轨道上运行,当然也有少数特例,但终究难以干扰大局。因此,我们以思想文化为主线来谈中国服饰的创新与祖制之争、华夏与洋夷之别、固守与开放之变,以期从一个新的角度去看服装史,也就不按编年的'条',而按思想文化的'块'来写,而且叙议相间,力图理清中国服饰演变的文化背景。"[4]

真知灼见的写作观点

该著作最为引人入胜的原因有二,之一是其所诠释的诸多鲜明观点。"天人合一"的观点在大力弘扬本土传统文化优越性的现代化进程中似乎被提升到了一个极高的境地,乃至各行各业都如获珍宝似的将此奉为发展的硬道理,让人颇感中国传统文化具有无出其右之势。认为"天人合一"的精髓就是"人与自然的和谐共处",然这只仅从字面意思简单地对此作了想当然的肤浅解读罢了。而该著作对"天人合一"则作了另一番深层次的解读,有如在沙漠中见绿洲之感。"天人合一"是个庞杂而多变的哲学命题。文中以服饰作为载体对"天人合一"造物思想进行了辨析。第一个层面是以可见的服饰作为标识和外壳,来说明其是基于原始宗教思想相贯通的"自然崇拜"而形成与天象、卦象、自

然物象相应的服色、样式等。如与天象相关的"十二章纹",上衣下裳的基本形制以及"玄衣纁裳"的服色等;与卦象相关的九、五、七等数;与自然物象相关的深衣中的袂等。可见,"古代中国,能将上下衣装与天地相对应,建立起规范的服饰制度,这正是'立象尽意'思想的体现。"[5]第二个层面是以深藏于服饰这个物化载体背后的本质和内核,来反映儒家提倡的"天人合一"思想,主要关注人性和道德与天的相类与相通。如将服装中的深衣上下连属的形制作为道德标准的载体;在"衣冠言志——无声的宣言"中认为,"衣冠的功能不但是'章身之具',更是哲学家表达思想的工具,也是一种无声的宣言。"[6]在"衣冠寓道——有形的哲学"中谈到,"衣冠又超出了它原有的功能,被注入修身良药、喻世警钟、治国方略等抽象而博大的内涵,成为弘扬道的工具。"[7]由此可见,以"天人合一"为前提的造物活动与以"天人合一"为命题的中国哲学应是既有关联又有差别,既是相分又是相合的。

之二是其所表达的深层意蕴。纵览全书,字里行间都强烈地透射出一股浓浓的师古而不"泥古"的氛围。该著作整个思想的构建和论证的方式始终强调的是,既要基于传统历史原貌,又要超越传统理念的束缚,独创出一种新的视角、新的风貌。这也许就是"改革不忘传统"的

真谛吧。中国传统文化自古是一脉相承的,但古今之间又截然有别。然而在中国从近代向现代化进程过渡和发展过程中,无论是物质文化还是精神内涵都出现了严重的西化现象,"厚洋薄中"、"厚今薄古"逐渐成为中国近现代文化发展、变革的新趋势。在"与世界同步"理念的笼罩下,西化现象不可避免,那么如何能在现实生活中积累和传承优秀的传统文化,做到西化而不忘"师古",则成为当前的一大焦点问题。该著作的诞生正是为我们搭建起了一座积累传统服饰文化知识的桥梁,提供了一条便捷的贯通古今的学习途径。通过阅读,使我们不再盲目地只顾埋头"看图识史",被动接受生硬的理论知识;通过跟随作者的思路及其所指引的方向,主动领悟到中国古今服饰文化其中的奥妙和精彩;通过启发性的思考,能够"知其然,并知其所以然"。这也许正是该著作所期待达到的最终效果吧。

耳目一新的写作风格

该著作最为值得一提的是其独特的写作风格。中国有句俗话为"文如其人",西方也曾有"人格即风格"之说。全书的统筹者诸葛铠先生是一位于公于私无不肺腑相见、一秉至诚之人,在多年潜心于工艺美术历史与理论的研究中,蕴育出了一种独特的个人魅力和写作风

格。其文章皆如一盏盏清茶,品之余,口中留有一股清香,心中蓄有持久回味之感。其一,先生善以诙谐幽默的笔调,将看似乏味的历史描写生动,饶有趣味;就以该书为例,其中他将中国服饰的发展阶段生动地喻为"哑铃图式";将在全民大换装中的服饰偏于保守的中老年人类比为西方的"常春藤派"等。其二,善以独特的价值尺度和内涵的哲学思辨,通过面的渲染与点的凸显,融汇在其文章中。如文中以"中山装"这一服饰样式作为点,来思辨中国从近代向现代转型过程中所出现的一些特殊社会现象及其背后的功与过。其三,善以白描写意手法勾勒以点染大环境,即文中较多引用名家之言或古语来增强论点的说服力和感化力,使文章充斥着一种特有的理趣;其四,善用精工而本色的语言,朴素、直率、毫无斧凿之痕,这在文章的大小标题中可见一般。

许星教授是我的博硕士导师,她给我感觉之一,如风似水。传业授道时,导师的知识涵养如大海般渊博;与学生交流时,娓娓而谈,毫无保留,如雨滴般滋润心田;与人相处时,能大度包容,推己及人、心清如水;她的笔风正如她的为人一样,谦虚矜持、温文尔雅,如涓涓之溪水,润物细无声。感觉之二是其刻苦自励、勤奋不懈的作派;她经常以笔为犁,以理念为花籽,以文字修养

为肥料,不断地犁田、播种、施肥,在服饰文化这个大园圃中精心抚育出姹紫嫣红的各色花卉,怡目、怡心又怡神。作为服饰文化领域风潮浪尖的弄潮儿,导师看似传统但不守旧,个性但不事张扬,谦逊中坚定有为,求真中刻苦钻研,务实中孜孜不倦。这种心境令我为之敬佩,这种态度让我为之尊重,这种作为让我为之感动。

而李超德教授则是一位"百变"的时尚人士,说其百变是因为,曾经的他是沙漠中的一艘小帆,昔日又戏称自己为风中摇曳的"罂粟花",而今日则将自己游离于"江湖"之外,陶醉于回归传统的意境之中。正如他曾经在服装评论课中这么来评价自己:"文字风格洋洋洒洒,颇为流畅,但话题过于沉重"。选择沉重的评论话题则说明老师能真正以固有的理性,将时尚中所有的虚无与矫饰几乎涤荡殆尽,以犀利的笔锋和尖锐的披陈毫不留情面予以揭露和点评。作为一位睿智且勤思的学者,既善于在学术细题中披沙拣金,更能于思想理念上骋思高远,走在时尚的最前沿。

担负了该著作部分编务工作的李立新教授,曾经师从于我国著名的工艺美术史论家、民艺学家张道一先生。在其终日不倦的研究和探索的学术征程中,通过潜移默化的熏陶和积蓄,丰满其思想、坚毅其身

心，洗熨其灵气，清逸其禀质，将自身修炼成一位传统文化底蕴较深的内秀学者。多年来，他始终坚持投身于设计艺术理论的前沿领域，建树颇多。从教授平凡朴实的文风中，可以感受出其敏锐的观察力，读出其精准的创见性，悟出其深邃的理性思辨，品出其所蕴涵的强烈价值取向。

皇甫菊含老师善攻舞蹈理论、张露老师熟知近现代服饰格局，这几位风格迥异，但却博学多识的学者汇聚到了一起，历时四年，共同打造了《文明的轮回——中国服饰文化的历程》这一硕果。从时间本身而言，上下五千年世纪年轮的滚碾间并不存在截然的分水岭，然在该著作中，当古今服饰驰骋在"衣冠王国"这片阔土中，时间的车轮却勾勒出了一个"哑铃图式"，这在人类文明史上的含义显然是大有深意的。作者们采用点点滴滴世纪里的笔墨，从时间的写意背景中将传统与现代服饰的绵延之流工笔了出来；采用疏密有致的发梳，在思辨的幽幽独径中将一幅幅真实具象的历史画卷篦梳了出来；采用别具一格的苏式技艺，在集体的通力协作中将一道视觉盛宴烹饪了出来，实乃值得让人细细地嗅之味、闻之鲜、尝之韵、品之魂。

该著作犹如一座巍峨挺拔的高山，由于本人才疏学浅，只能粗窥其中的一丘一壑，蜻蜓点水般评述。如有偏颇之处，尚祈诸位老师和读者不吝教正。

注　释

［1］诸葛铠等著.文明的轮回——中国服饰文化的历程.中国纺织出版社,2007年,第131页。

［2］诸葛铠等著.文明的轮回——中国服饰文化的历程.中国纺织出版社,2007年,第143页。

［3］葛兆光著.中国思想史（导论）.复旦大学出版社,2004年,第11—12页。

［4］诸葛铠等著.文明的轮回——中国服饰文化的历程.中国纺织出版社,2007年,第5页。

［5］诸葛铠等著.文明的轮回——中国服饰文化的历程.中国纺织出版社,2007年,第53页。

［6］诸葛铠等著.文明的轮回——中国服饰文化的历程.中国纺织出版社,2007年,第75页。

［7］诸葛铠等著.文明的轮回——中国服饰文化的历程.中国纺织出版社,2007年,第81页。

高屋建瓴　继往开来

——我国首部《中国昆曲年鉴》阅后漫谈

孙伊婷

摘要：昆曲入遗十年，如何"继承"和"创新"始终是保护工作的首要话题。"青春"重焕、引领"时尚"的"蓬勃"状态是否操之过急过快，而脱离继承的创新往往会导致盲目而缺乏后劲，注定只能是空中楼阁、昙花一现。在宏观的哲学层面上提升作品的境界，努力接近原著精髓，对未来昆曲的命运走向至关重要。

关键词：昆曲　年鉴　传承　遗产　继承　创新

作者：孙伊婷（1985—　），中国昆曲博物馆研究人员，从事昆曲、苏州评弹等相关领域文化研究。

391

第五届中国昆剧艺术节期间，我国首部融学术性、文献性、资料性于一体的昆曲年刊《中国昆曲年鉴·2012》隆重发行，成为艺术节中一道亮丽的风景线，诚可喜可贺，可敬可叹！

自2001年昆曲被列入首批"人类口头和非物质遗产代表作"以来的十年间，海内外华人界掀起了一波紧似一波的昆曲保护浪潮，财政扶持、院团演出、人才培育、资料发掘、理论研究、场馆建设、节庆举办、海外交流……多面各方，种种举措，可谓尽心竭力、用心良苦；十年后，国内有识之士提议编撰全国性的昆曲年鉴，化零为整、细致入微、图文并茂。不容置疑，这一宏大工程必将彪炳昆史，给昆曲艺术留下历史的记录。

关于《中国昆曲年鉴·2012》的具体内容，仅看目录即可大略知晓，顾名思义，但凡过去一年国内外重大昆剧举措、演出、活动、成果均涵盖其内。她是新世纪昆曲保护发展

历程的一个缩影。面对这国内第一部昆曲年刊，我们理当思索——回顾往昔，正视当下，憧憬未来，并就昆曲发展的某些瓶颈问题探究一二。

关于编撰初衷，年鉴主编、著名学者朱栋霖先生在受访时曾表述如下，当飨国人：

> ……昆曲不仅仅是一个剧种，昆曲活动也不再仅仅是演戏，它是一种文化，代表了已经逝去的中国历史文化的活生生的载体。昆曲艺术是综合的文化，此中有文学、诗词、戏剧、美术、音乐、舞蹈、服装、装饰、建筑，和中国古代人的生活方式，是代表中国历史传统文化的综合载体。它还是活的载体，它是我们已经消失的历史遗留下的一部分。尤其是在今天全球化、现代化、西方化的浪潮中，中国文化正在从我们身边消失，而我们保护传承人类口述与非物质文化的意义就在于留住我们的历史，留住我们的文化。昆曲，已经不仅仅是演一出戏，看一出戏，它和普通的戏曲、普通的文艺节目不一样。我们花力气保护传承昆曲，就是花力气留住我们的文化。这个文化在几千年间曾是我们民族的灵魂与血脉，我们有责任保护它。今天我们通过各种形式，包括昆曲年鉴，记载下在今天保护传承昆曲的足迹，让后人看到我们这代人做了哪些工作，也给后人提供很多经验。也许若干年之后我们觉得前面做的工作不适合，那么有这个记录呢，就可以进行讨论和反思。……昆曲不仅仅是通常的戏曲，它是历史，它是我们民族的历史文化的本身，它是我们中国人的过去。我们每个人对昆曲的态度不是喜欢不喜欢看的问题。关注昆曲就是关注我们自己，关注我们自己的过去，思考我们今天的路走得如何，将来往何处去。

（摘自《姑苏晚报》郭浏：《为世界级"非遗"搜存历史档案》）

这一席话道出了昆曲之所以为昆曲、这朵伴随了汉民族六个世纪的江南梨园奇葩之所以得以独秀群芳、流馨后世的奥妙所在，笔者对此甚为赞同。"百戏之母"的昆曲与古希腊戏剧、印度梵剧同为世界戏剧三大源头，堪称中国古典文艺史上的后起之秀和集大成者。而今，古希腊戏剧和印度梵剧都早已消逝在历史的尘埃中，唯有昆曲得以在舞台上完好保存、完美演绎着，并在21世纪新颜再展、绵绵不绝。时间即是最好的证明，我们不妨说——这是世界对昆曲最美的赞誉，更是人类历史对江南情韵、神州文化和东方文明最高的褒奖。

2011年系昆曲入遗十周年，亦是苏州昆剧传习所创办九十周年，这两个在昆史上里程碑式的标志性事件及其相关活动成果皆为年鉴所收录，成为书中两项重要主题。十年，较之历史的六百春秋可谓倏忽一瞬，而于昆曲未来的命运去向却是至关重要的，这里存在一个导向性问题。

十年来，围绕"继承"和"创新"及其优先比重展开的争论，始终是昆曲保护发展工作的首要话题。众所周知，非物质文化遗产项目申报的原则条件之一即是"濒危性"，既然如此，那么同其他非遗名录相仿，昆曲正因其濒危状况才更亟待保存，何况党和政府也始终高度强调"传承"之于昆曲艺术前景的重要性和紧迫性。然而十年间，由于种种原因，我们的昆曲似乎仍身不由己地从救亡图存这一稳健美好的初衷，一跃升至了"青春"重焕、引领"时尚"的"蓬勃"状态，其间是否操

之过急过快了一些，须否在将来逐步矫枉过正？且容斟酌。

关于这个问题，笔者认为，近一个世纪前，薪尽火传的苏州昆剧传习所及其孕育的"传"字辈艺人就是最好的楷模。事实上，原生态的昆曲，尤其是原生态的昆曲表演，究竟何等模样，现在活着的人们恐怕已很难说清道明，我们只能说，如此这等或许更接近昆曲的本真罢。因此，较之其他戏曲剧种，数百年间留存于世的昆曲古籍文本、屈指可数的前辈艺人演出音像资料以及今尚健在的老辈艺术家的口传心授、言传身教，于昆曲保护发展的意义尤为重大。试想，若无扎实认真的传承，何来青出于蓝胜于蓝的创新？脱离继承的创新往往是盲目的，注定只能是缺乏后劲的空中楼阁、昙花一现。在这一点上，享誉海内外的"青春版"《牡丹亭》即是一个成功典例；而本届昆剧艺术节上演的上昆新作《景阳钟变》、苏昆新版《玉簪记》、湘昆全本《白兔记》等剧目，人物鲜明，剧情连贯充实，总体而言创新适当，忠于原著精神，且不失昆曲本真，演员表演忘我投入，不乏亮点，也是近年来昆曲改编的上乘之作。

如何丰富昆曲艺术所包涵的哲学宗教意蕴，这是笔者关注的又一至关重要的问题，亦是值得未来业内重视和探究的一项创作课题。作

为上层建筑的文艺之于自然万物和人类历史，看似只是很小的一部分，但从某种程度上而言却能够天马行空、无所不包。红尘俗世的两性真爱，与道教、佛教等东方传统宗教哲学所崇尚的寰宇大爱和生命真谛，或者说入世的爱与出世的爱，其实是属于两个层次、两种境界的爱。二者看似矛盾，但从根本上来说正是辩证统一的。在当代中国，包括戏剧在内的各文艺门类，如能突破这种思维界限，以更为宏观的哲学理念去引领创作，那作品的整体意蕴将更为深邃宏大，这样的作品才能真正有"魂"。在这方面，《诗经》、《易经》、《庄子》、《离骚》、《红楼梦》等一大批中国古典文化杰作堪称典范。

显而易见，较之戏曲的其他剧种，虽说昆曲的创作者、受众群和创作对象不乏黎民百姓，但总体而言还是以文人士大夫、知识阶层为主。阳春白雪的昆曲以其特有的一唱三叹、流丽悠远的"水磨腔"闻名于世，给人一种"此曲只因天上有，人间能得几回闻"的天籁之音的感觉，因而更适合表现中国传统生态哲学观中看似不食人间烟火、实则包涵宇宙万物的天地大爱。这是昆曲的一大优势，值得进一步发掘。例如，我们不妨从一个更宽泛的视角去看待和

理解隐约揭示了圣俗色空辩证原理的昆剧经典《玉簪记》。又如本届昆剧节上演的北昆青春豪华版《红楼梦》，其结尾即在某种程度上突破了感慨儿女之情、家国历史变幻的局限，首尾呼应，绛珠仙草魂归苍穹，"聚则成形，散则成气"，面对"白茫茫一片真干净"的人间；"情不情"的男主人公宝玉终究顿悟："假作真时真亦假，无为有处有还无"，原来人世不过大梦一场，末了原是四大皆空。"枉入红尘若许年"的这块顽石，经历人间百味，终又追寻渺渺真人和茫茫大士，回到茫茫寰宇。整部作品的结尾上升到了一个更为宏观的哲学层面，也就离原著精髓更近了一步。

作为文化部授权的权威学术性昆曲年刊，《中国昆曲年鉴·2012》以事实为依据，以数据为佐证，它的正式出版无疑为我们将来的昆曲工作开了个好头。若干年后，其始终如一的编撰成果将见证 21 世纪的昆曲保护发展史，为后人留下一笔高度凝练、弥足珍贵的非遗财富。唯有尊重历史的印迹，我们方能高屋建瓴，承前启后，继往开来，将昆曲这一我们民族引以为傲的传统文化精华引领走向更高更广的发展平台。

问题、概念与抉择

——新时期专业音乐教育之多维共生观[1]

钱建明

摘要：新时期[2]我国高等专业音乐教育观是 20 世纪中国音乐现代化的产物之一，也是全球文化背景下，相关教育机构置身世界文化多维共生的生态环境，通过学科建设、课程结构研究的中西"场域转换"，选择音乐文化传承与音乐文化身份理解、操作范式的一种目标过程。本文从"剧场艺术"、苏联模式、全球文化三个层面，对其内容和规律进行了梳理，并在此基础上提出了自己的看法。

关键词：音乐教育、剧场艺术、苏联模式、全球文化

作者：钱建明，男，音乐学博士，南京艺术学院教授；研究方向为音乐人类学、音乐表演理论、乐器学理论。

在西方文明中，音乐教育被视为一门基础性人文学科。随着演奏家、歌唱家、作曲家及职业音乐教师等社会分工的出现，各种专业性的高等音乐教育机构和管理部门应运而生，成为折射和影响不同民族聚居区域社会结构、文化变迁的一个重要组成部分。

新中国建立以来，我国高等专业音乐教育一直采取中央和地方政府办学为主的模式。上世纪 80 年代以来，随着教育体制改革步伐的加快，大部分原归属国家部委管辖的高等院校逐渐划归地方政府，全国高等专业音乐艺术院校的调整也不例外。由于历史原因，高等专业音乐教育观念程式化，学科布局、教材建设滞后等问题日益凸显。如何以全新思想和多元文化视角审视我国高等音乐教育之"专业性"坐标，进一步探索其历史成因与发展空间，当具有重要的现实意义。

一、剧场艺术：作为社会行为的"共享文化"

本文视域中的"剧场艺术"，即都市化舞台表演艺术，具有专业性、观赏性、娱人性等艺术属性，可与业余性、民俗性、自娱性的"广场艺术"相对应。具体而言，是指中华人民共和国成立后，经执政党和政府文化管理部门倡导并影响，在一些经济较发达、传统文化积淀较深厚地区所出现的一种都市文化现象。其专业特征、受众需要，反映了我国社会文化变迁与相关音乐表演团体展演方式的关系，以及高等专业音乐学科建设、课程结构与之相联系的特点。作为"共享文化理想、价值和行为准则等社会体系的产物"，高等音乐教育概念的形成与发展必然具有特定社会行为特征。

（一）文化整合

中华人民共和国成立之初，政府文化管理部门的首要任务是，如何在旧中国贫穷落后的经济基础上建设一支专业化的音乐表演艺术家队伍，使新中国音乐文化建设顺应由战争环境向和平环境、由农村工作向城市工作的战略性转变。[3]相关文化传播之认同维度与高等专业音乐教育观念间的联系，大多由此延伸。

1951年6月，文化部在北京召开全国文工团工作会议，决定在中央、各大行政区、大城市设立专业化的剧院和剧团。1952年，文化部又发出《关于整顿和加强全国剧团工作的指示》，提出：今后国营歌剧团、话剧团应改变其以往文工团综合性宣传队的性质，成为专业化的剧团，逐步建设"剧场艺术"。因而，继1950年中央音乐学院在天津成立后，文化主管部门对全国各地的高等专业音乐教育格局进行了统一调配和合理布局，先后在东北、华北、西北、西南、华中、华东、华南七大行政区建立了音乐专科学校或艺术院校中的音乐系科。由此，一种适应都市化和剧场艺术需要的正规化、专业化高等音乐教育体系逐渐形成。

新中国早期高等专业音乐教育师资结构来自不同层面，其专业门类、人员构成，决定了我国音乐院校最初的办学概念和教学条件。总体来看，这一时期的师资结构主要包含两个层面：一是新中国成立前后自海外留学归来的歌唱家、演奏家、指挥家和作曲家；二是毕业于新中国成立之前音乐专科学校（如上海国立音乐专科学校）、综合大学、师范学院音乐系科；三是来自解放区的歌唱家、作曲家、音乐理论家，以及各地区具有较高造诣的民间艺人等。例如，中央音乐学院是由"南京国立音乐院"、"国立北平艺术专科学校音乐系"、华北大学文艺学院音乐系、香港中华音乐院、燕京大学音乐系合并而成（首任院长马思聪、副院长贺绿汀、党委书记兼副院长吕骥）。教学领域骨干包括：马思聪、吕骥、杨荫浏、江定仙、萧淑娴、曹安和、廖辅叔、李焕之、李凌、赵沨、李元庆、张洪岛、蒋风之、喻宜萱、沈湘、易开基、黄飞立、蓝玉崧、朱工一、吴景略、周广仁等。50年代中期开始，该院先后选派多批次青年分赴苏联、波兰、民主德国、保加利亚等国留学深造，他们学成归国后，进一步充实了该院的师资队伍。[4]

作为新中国文化整合的系统结构之一，以及"剧场艺术"建设的一个重要组成部分，国家文化主管部门制定并实施的城市文化政策，以及相关高等音乐教育机构的建立，不仅为国家主流文化发展提供了重要基础，而且为我国高等专业音乐教育开拓多种资源条件，整合办学模式、课程结构等，带来了广泛而又深远的影响。社会学家认为，文化是从看起来分离的许多部分聚合而成的系统结构，只要各个部分是合理粘合的，这个系统结构就会充分合理地运行。[5]作为社会行为的"剧场艺术"，在新中国初期凝聚和提升高等教育观念之"共享文化"作用，由此可见。

（二）文化符号

文化以符号为基础，[6]音乐作为一种特殊的文化符号，具有沟通和连接人类"共享文化"的特定"解码"功能，但由于"文字为文化中心"的历史传统和文化语境，[7]其符号概念中的"所指"与"能指"，具有自身规律。

源于上世纪50—60年代声乐艺术"土洋之争"的中心问题，在于是否需要从"统一科学"[8]的角度"建立统一的中国唱法"，以及如何建立"中国新唱法"两方面。其本质，不仅反映了"剧场艺术"建设中，我国高等专业音乐教育领域"中西观念"的大碰撞，同时还暴露出相关领域对于以符号传播为标志的"共享文化"的认知差异。

1957年2月，在文化部召开的全国声乐教学会议上，以《继承与发扬民族声乐艺术传统》、《民族传统声乐的教学方法》（舒模、肖晴），以及《几年来音乐学院声乐教学中的几个问题》、《西洋音乐技术和它的历史发展》（喻宜萱、蒋英）为代表的一些观点，分别从自身教学实践出发，回顾和总结了民族声乐艺术的特点与方法。而文化部副部长刘芝明在题为《全国声乐教学会议上的总结报告》中则提出：一方面，对已经被我们介绍过来的欧洲传统唱法要继续深入学习，并使它和我们民族的艺术传统和中国实际进一步结合起来；另一方面，对我国固有的民族传统唱法要予以进一步提高和发展。1962年12月，中国音乐家协会在北京召开作曲家、表演艺术家和

理论家代表共同参与的座谈会,对"洋唱法"在民族化方面的进步和"土唱法"在人才培养方面的成绩,做出充分肯定。作曲家李焕之在题为《谈谈民族演唱艺术的发展与提高》中不仅指出民族唱法学习西洋方法是一条路,同时也提醒人们"在土洋结合上问题是很多的",如在西洋唱法和民族唱法结合的过程中,"是西洋的被改造了呢还是西洋的改造了民族"等问题。[9]

1956 年 8 月,文化部和中国音协在北京举行了第一届"全国音乐周"。作为新中国"剧场艺术"建设和高等专业音乐教学成果展示的一个重要侧面,参加会演和观摩的单位达 34 个,近 4500 人(包括十余个少数民族代表队)。29 台音乐会、91 场演出中,含歌剧 4 部、交响乐 8 部、大合唱和声乐套曲 12 部、民族管弦乐曲 32 部等。[10]其间,毛泽东在接见各地与会代表时提出了著名的"双百方针"("百花齐放"和"百家争鸣"),不仅成为检阅专业音乐表演和创作队伍的重要标志,而且为高等专业音乐教育领域从艺术和科学的"符号"规律出发,通过各种教学研究和学术争鸣,为培养和造就更多新中国音乐文化建设事业需要的专门人才,奠定了重要的理论基础。

社会学家认为,文化具有共同理想、价值和行为准则等特点,正是这种共同准则,使一定个体或群体的行为能够为其他社会成员所理解,并赋予他们以生活意义。[11]从相关社会群体置身"共同语言、共同地域、共同经济生活,以及表现于共同文化上的共同心理素质"[12]需要来看,新中国初期专业音乐教育观念与"剧场艺术"建设的联系,首先取决于"文化整合"及特定"符号"之"共享文化"特征,其教学模式、课程结构、教材建设等学科内容,则有待于特定历史条件下,外来文化的进一步促进与影响。

二、苏联模式:作为"异文化"的专业体制

前苏联专业音乐教育自成体系,具有教学原则和培养目标统一规格等特征。基于历史条件,上世纪 50—60 年代,我国主要采用前苏联及东欧国家音乐教育模式,培养与国家主流文化相联系的音乐专门人才。其体制内容,包括院校布局、学科理念、培养目标、课程结构等。作为一种广延存在、并具有社会文化"空间环境依托"[13]的"异文化"的输入,苏联模式对于我国"剧场艺术"建设,以及高等专业音乐教育的学科建设、潜质开发、资源策略等,具有不可忽视的历史影响。

(一)从"客位"到"主位"

音乐人类学研究领域中的"主位"与"客位",涉及一定音乐事象观察角度与认知的不同文化身份,其

实质,反映出不同民族成员或社会群体之间存在的文化差异性,以及文化研究者从中所获"异文化"考察的经验。[14]

1953 年 3 月,文化部召开全国第一次艺术教育座谈会,不仅明确了各艺术院校以教学为中心的基本方针和任务,而且开始全面学习苏联经验,按照苏联专业音乐教育模式设置相关学制、招生标准、课程比例与主要科目等。紧接着,来自苏联的著名作曲家、指挥家、歌唱家、演奏家等分赴我国各大音乐院校,以不同形式参与到相关院校专业化、正规化办学过程中去。例如,苏联小提琴家米基强斯基、比列捷、马卡连科,德意志民主共和国小提琴家舒尔茨和匈牙利小提琴家戴阿克等,相继在中央音乐学院、上海音乐学院从事专业教学工作。1955 年初,苏联合唱指挥家杜马舍夫、民主德国合唱指挥家希则曼分别在中央乐团(时为"中央歌舞团")和上海乐团教授相关课程。1956 年初、1957年 9 月,中央音乐学院、上海音乐学院和中央乐团分别主办苏联指挥家巴拉晓夫、迪里捷耶夫专家班,以及民主德国戈斯林专家班。其教学理念和课程内容(如指挥法、合唱学、视唱练耳、钢琴、总谱读法、作品分析等),[15]体现出我国专业音乐教育体制初期,认同并借鉴苏联模式,通过突出实践性和音乐形态的范式训练,形塑专业音乐教育学科的主要特征。

作为效法苏联模式的另一方面,中国选派大量留学生赴苏联和东欧各国深造。据不完全统计,这一时期派出的小提琴专业留学生就有黄晓和(留学苏联,1953 年)、赵维俭(留学罗马尼亚,1954 年)、杨秉孙(留学匈牙利,1954 年)、王振山、袁培文(留学匈牙利,1955 年)、盛中国、林耀基(留学苏联,1960 年)、韩里、朱丽(留学苏联,1962 年)等;其他专业留学生包括吴祖强(理论作曲,留学苏联,1952 年)、杜鸣心(理论作曲,留学苏联,1954 年)、李德伦(指挥,留学苏联,1953 年)、郑晓英(指挥,留学苏联,1954 年)等。他们学习勤奋、成绩优秀,学成回国后,成为各大音乐院校相关领域教学和艺术实践的骨干力量。对于苏联模式更加广泛和深入地植入我国音乐教育体制而言,音乐表演教学领域中突出技法训练与作品演绎相结合的系统性课程实施,这批留学生具有不可低估的历史影响。

苏联模式影响下的我国专业音乐教育范式,在其草创时期就已取得较大成效。例如,傅聪在"第五届肖邦国际钢琴比赛"中获第三名(华沙,1955 年)、刘诗昆在"李斯特国际钢琴比赛"中获第三名和特别奖(匈牙利,1956 年)、顾圣婴在"日内瓦国际钢琴比赛"中获二等奖(日内瓦,

1958 年），以及杨秉孙在第三、第五、第六届世界青年与学生和平友谊联欢节（柏林、华沙、莫斯科）中分获优秀奖和三等奖，盛中国在第二届柴可夫斯基国际小提琴比赛中获奖等。从学习西方经典作品、拉近与国际乐坛距离、拓宽中国音乐家的专业视野而言，苏联专业音乐教育理念及课程体系的深层影响，就此拉开帷幕。

作为体现中国大陆社会文化在国际格局中的地位，及其在社会意识形态领域中的阵营取向的一种具体表现，我国音乐院校积极采用苏联模式，在学习和掌握西方经典方面所取得的初期成果，不仅具有"客位"向"主位"转换的特点，而且通过对于"异文化"的吸纳和转换，形成了自身特有的社会文化维度，正如社会学家所说：文化认同可以在民族性前提下，通过扩大经济或加强政治秩序，"合并"或"组合"产生更多的民族集团利益。[16]我国专业音乐教育观立足自身"空间环境依托"形成并发展的特点，可见一斑。

（二）从中心到边缘

音乐人类学家认为，置身于广袤空间和时间长河中的音乐文化，不仅可以体现社会、语言、艺术、宗教等行为侧面，而且是以连接该文化不同时代、不同民族条件为限制特征的相对实体，二者交汇中心及边缘框架所蕴藏的认知思维，具有双重间性的差异。[17]据此探究，作为

一种"异文化"对"剧场艺术"建设的影响之一，其专业音乐概念所形成的局限性，同样具有不可低估的历史影响。

上世纪 50—60 年代，坚定不移地学习苏联先进经验，"采取批判的态度，将民族乐器中的落后部分改掉"，并以此为指导思想发展中国民族乐队，[18]成为相关音乐院校、科研单位，以及专业民族乐团共同努力，建设大型民族器乐合奏文化的重要任务。据不完全统计，这一时期建立的国营性质民族乐团（队）包括：中央歌舞团民族乐队（1952 年）、中国歌剧舞剧院民族乐队（1952 年）、上海民族乐团民间乐队（1952 年）、中央广播民族乐团（1953 年）、"前卫"歌舞团民族乐队（1956 年）、中央民族乐团（1960 年）等。其乐队观念，集中体现为：在中国传统乐器系统化改良基础上，参照俄罗斯、哈萨克斯坦大民间乐队模式，"最大限度地发挥我们民族乐器的集体效能。"[19]1956 年"全国音乐周"期间，中央广播民族乐团演出的《瑶族舞曲》《陕北组曲》、1964 年"第三届全军文艺会演"期间，济南军区前卫民族乐队演出的《水库凯歌》《旭日东升》等，及其所暴露出的音响失衡，以及"不中不西"等问题，均可视为这一背景下的产物。从器乐文化置身一定社会行为、民族传统的"中心"与"边缘"意义来看，通过"乐改"和照搬苏联模式，片面追求"剧场

艺术"的"急功近利"是显而易见的。

据不完全统计，1949—1979年代，不同程度受专业音乐教育模式影响而创作改编的民族器乐曲近千首。由于主流社会文化影响，除曲名、体裁等具有较为鲜明的时代特征外，不少作品在曲体、音乐语言等，也带有明显的"异文化"烙印。以相关独奏合奏曲为例，其中套用外来曲体之模式可大致归纳为：单乐段，以及无再现二部、三部、多部结构约占三分之一；有再现三部、多部结构，以及回旋体、变奏体、有再现复三部结构近三分之二。此外，部分作曲家存在采用公式化概念，简单套用外来技法等问题，如笛子独奏《公社的一天》、筝独奏《和平舞》、二胡独奏《公社颂》，以及根据传统乐曲"小放牛"改编的合奏曲《牧童之歌》等，均将"圆舞曲"作为重要的节奏元素和内声部织体来处理，以显示其时代特征。[20]从相关院校课程结构偏重西方作曲技术理论学习，以及"剧场艺术"之舞台表演特征来看，其中有关民族音乐理论研究、创作技法探索等课程配套、教材建设则相对滞后，如果说苏联模式所带来的"异文化"，使我国专业音乐教育形成了最初的体制特征的话，由此带来的主、客位立场转换，则使得民族器乐创作表演等其他课程体系，在相当一个历史时期中处于"边缘"地位。

由此可见，通过学习苏联经验，并以此整合和发挥新中国初期专业音乐人才资源优势，是基于特定社会意识形态，以及我国在世界格局的阵营取向，构建我国专业音乐教育概念和课程体系的重要策略之一。其历史影响和价值评估的多样性，不仅涉及苏联模式之核心规律，而且关系到作为文化战略的中国专业音乐教育观的形成与发展。正如有学者所指出，非西方音乐与西方音乐的跨文化影响，是一种相互联系或相互制约中的对抗，由此产生的共享文化，建立在一种复杂的理论研究基础上。[21]

三、多元一体：作为"全球文化"之学科建设

新时期以来，中国高等专业音乐教育界在《中国教育改革和发展纲要》提出的"面向现代化、面向世界、面向未来"总体背景下，进一步审视本学科发展历程，积极履行自身社会文化职责。在全球文化视野中，其学术视角和思想方法，面临如何将高等音乐教育纳入中国文化发展全局策略，推动世界不同文化和文明间的对话的重要抉择。

（一）反思与转向

新时期以来，中国高等音乐教育界基于自身文化立场，应对全球化和多元文化挑战的战略抉择，始于相关学科理论的回顾和探索，以

及对于"剧场艺术"、苏联模式等的文化反思。

总体来看,欧美传统音乐教育哲理之一,是将教育机制贯穿于"以主体为中心"的人文内容与能力培养过程中,并通过将音乐教育分设于音乐院和综合大学两类教学机构加以具体实施。换言之,既将"主体中心"内容之一的学生"视为某种文化的继承人",同时亦将一定学术领域的发展视为"主体中心"的社会影响力。[22]

以美国高等音乐教育发展为例,早在19世纪建立的奥柏林音乐学院(1865)、新英格兰音乐学院(1867)、皮博迪音乐学院(1868)、费城音乐学院(1869),以及费城大学(1862)、密歇根大学(1880)、哥伦比亚大学(1896)、艾奥瓦大学(1906)中,就已普遍开设综合性音乐课程,但较之侧重训练从事音乐艺术实践的专业人员(如歌唱家、演奏家、作曲家、指挥家等)的音乐学院相比,二者在包括专业理念、教学方法及课程设置等在内的"专业属性"方面,其实分属两条轨道:总体来说,音乐学院侧重培养应用型专业人才(如朱莉亚音乐学院、柯蒂斯音乐学院、新英格兰音乐学院、曼哈顿音乐学院等),综合大学侧重培养音乐史论研究,以及音乐理论研究人才(如罗彻斯特大学、密歇根大学、西北大学、辛辛那提大学等)。

迄今为止,一方面,作为熟悉和传承西方经典音乐文化——歌剧、交响乐、教堂音乐等的必要手段,上述音乐学院应用音乐教学体系中的基本乐理、视唱练耳、和声、复调、键盘、乐器法,以及音乐史论等课程内容,总是与相关音乐形态的本体规律与演技特征相联系;另一方面,随着"以主体为中心"之学术理念和研究成果在相关领域的体现,综合大学的课程设置、教学方式则通常具有学术前沿意义上互动性和开放性。例如,上世纪30年代曾以仿效英国高等音乐教育体系为特色的美国科内尔大学,由于创立了音乐学讲座模式,随着许多欧洲著名音乐学家的到来(如何佩尔、布克夫策尔、内特尔、普兰米纳克等等),该校的音乐学理论研究和课程建设至今仍是诠释欧洲传统音乐教育基础文本和音乐人类学研究影响深远的一个学科。[23]

相比之下,中国音乐教育观及其教学范式中沿用苏联模式,偏重专业技能学习的教学理念和课程结构(包括师范院校音乐系科),则至今未发生根本变化。世纪之交,当相关院校课程结构和教学范式的"音乐工艺模式"面临"音乐文化模式"严峻挑战时,[24]随着音乐作为文化的历史与现状的深入研究和实践,我国专业音乐教育学科理论建设,以及知识观念的反思及重新定位,显得格外引人瞩目。因而，随着高等教育在我国意识形态领域中的文化转型，以及美苏"冷战"结束后世界格局的变化，培养具有全球意识和文化素养的专门人才和综合性人才的不同目标，在相关院校的学科建构和课程结构转型中日显清晰。

上世纪 90 年代末，我国高等专业音乐教育布局调整后，除教育部保留一所国立音乐学院（中央音乐学院）外，上海、天津、沈阳、西安、武汉、广州、成都分别拥有地方教育机构管辖的 7 所专业音乐学院。此外，在江苏、吉林、山东、广西、云南、新疆等省份和地区，还建有包括专业音乐教育在内的综合性艺术学院 12 所。相关院校通过音乐教育资源有机整合，重新审视欧美传统和现代专业音乐教育观念和成功经验，结合自身条件，进一步加强应用性课程训练与课程结构研究，在新的契机下迅速转向，并在国际乐坛产生较大反响。例如，仅 1989—1995 年，中央音乐学院、上海音乐学院选手获国际小提琴、钢琴比赛前三名就达数十人。作为吸取欧美传统和现代高等音乐教育经验、承继我国高等音乐教育历史特点的重要体现之一，音乐学理论、音乐史论研究，以及音乐人类学等专业和课程，在承载新时期专业音乐教育观念转变，拓宽现有教学条件下人才培养的多元文化视野等方面，则发挥了

特有的学科影响力。

世纪之交，作为上层建筑的我国专业音乐教育观面临十分严峻的挑战。伴随"剧场艺术"实践中出现的新课题，以及国家文艺体制改革需要，高等专业音乐教育界注重培养较高专业技能的单一人才观念、相关体制结构中专业设置过细、选择过早，偏科严重等问题，已经难以适应当代社会多元发展的需要。[25]究其原因，不仅涉及我国专业音乐教育体制形成的历史局限性，而且涉及国家教育决策机构的相关文化立场和价值观。换言之，当"政治忠诚以及政治行动是以某一民族共同体的成员身份为基础，并以此指导社会行为"的观念，[26]逐渐被以文化理解为目标的多元文化视野所取代时，必然导致单一社会价值观及其结构范式与目标距离的相对疏远。新时期以来，我国高等专业音乐教育体制亟待改革之必要性与紧迫性，以及相关思想观念的反思与转向基础，由此可见。

（二）文化策略与文化资源

新时期以来，中国高等专业音乐教育观念的转变与现实抉择，既是基于自身历史反思、应对全球化影响的文化策略需要，同时也是源于课程结构改革和教学范式探索的必要性而进行的一种自觉调整。与此相联系，鉴于国家高等教育体制改革与发展相关政策制定、运行机

制，以及影响范围的过程特点，积极探索和论证我国高等专业音乐教育体制改革中的文化策略和资源整合，十分必要。

首先，母语文化是各种传统音乐的根基，也是全球文化背景下，民族国家以独立自主的文化立场和民族传统面对现代化，并融入多元文化资源的主要文化身份和客观条件。如果说，20世纪以来，由于国家政治体制转型，我国音乐教育课程体系的主要特征是由"中体西用"演变为"西体为主"（即全面模仿和学习西方，包括受苏联模式影响等），近一百年以后，重新审视其文化得失，恰如其分地解构西方文化中心论（一元论）的教育模式，则反映了新时期以来，我国高等音乐教育体制通过国民教育资源之战略调整，发掘和彰显我国高等专业音乐教育发展的原动力之一。

其次，由于专业音乐教学领域"统一科学"[27]认识论的解体，不仅为相关知识观，文化价值观带来挑战，同时也为我国高等专业音乐教育机构教发挥不同资源优势，面向世界，构建自身文化策略，提供了机遇。研究显示，不同音乐对象的研究，并非具备统一的科学考量准则，世界各种音乐文化知识体系和教育体系，期待更为客观公正的评价。因而，通过母语系统的音乐文化教育，以及"专业性"、"公共性"的相互关系的价值评

估等方面，应成为我国高等音乐教育界转变知识观念，回应世界音乐发展需要的文化策略之一。

再则，作为中国高等专业音乐教育面向未来的重要前提，有关母语文化体现民族之魂，坚守自身立场与世界文化对话和交流的文化策略，应更深入地思考和探索其课程改革与学科发展间的现实问题和前瞻性问题。例如，各音乐院校迄今多采用西方音乐理论体系为主的观点和方法，去解读和教授中国音乐的不同层面，不同程度地削弱或割裂了中国传统音乐文化体系内的知识内容，其价值观亦随之发生异变。只有科学合理地解决好类似问题，中国专业音乐教育才能够在世界范围内充分发挥自身优势。

中国高等专业音乐教育通过调整文化策略，在全球文化背景中凸显自身学科构架的资源体系，来自"多元一体"的民族结构和文化视野。首先，中华文化源远流长，博大精深，记录和见证我国历史和"多元一体"民族格局及其文化衍变的实物与文献较为完整和详实。其次，伴随中华文化精神、心理、行为、艺术、思维、审美及价值观的文化哲学和生态环境，在各民族、各地区具有较为完整的体系性流布和发展。1995年10月，不少学者在"中华文化为母语的音乐教育研讨会"上积极探讨中华文化为母语教育的意义

和界定,对其文化资源的整合与系统性建构、实施,提出了学术性意见和建设性主张,其中,对于相关院校"专业性"和"公共性"音乐教育课程"文化资源"广泛而又深入的课程接通的探索研究,体现出中国高等专业音乐界立足自身母语文化,走向世界、走向未来的信心和学术前景。

由此可见,全球文化语境中的中国高等专业音乐教育理念的转型与重构,是基于国际音乐文化对话前景的一种抉择,其内涵理解与知识体系的价值标准,取决于相关学科理念的认知途径及其文化资源的再生能力。新时期以来,我国高等音乐教育界对自身学科建设的反思与瞻望,体现了这一认知过程的现实意义。其价值,亦诚如有学者所说,音乐人类学研究的目的之一,在于确信各种文化拥有自己的音乐,将其区别于其他所有文化,并从源于自己的历史、价值结构与社会类型中,探寻其音乐共性和张力。[28]

结　语

新时期我国高等专业音乐教育观是 20 世纪中国音乐现代化的产物之一,也是全球文化背景下,相关教育机构置身世界文化多维共生的生态环境,通过学科建设、课程结构研究的中西"场域转换",选择音乐文化传承与音乐文化身份理解、操作范式的目标过程。由于音乐理论

界和教育界对于我国专业音乐教育的历史和未来尚未取得统一共识,其看法和做法至今具有广泛影响。因而,从学术视角还原并反思我国专业音乐教育观形成和发展的不同场域,探究其中的规律和意义,对于厘清当下高等专业音乐教育体制改革与多元文化教育语境的关系等,是十分必要的。

新时期我国高等专业音乐教育观的多维共生场域,首先来自特定历史条件下,我国政治地理基础,以及有关"剧场艺术"与新生民族国家现代化建设的联系。上世纪中期,作为现代国家主流文化发展的重要体现之一,政府文化主管部门不仅要求各类国营演出团体改变以往文工团和综合宣传队的性质,成为专业的剧团,而且需要培养大量具有"剧场艺术"专业特征的音乐人才。与此相关的时代背景和国家意识形态特点,决定了我国专业音乐教育观的初始立场。

我国专业音乐教育观念与体制,自蔡元培、肖友梅创办"上海国立音乐院"起,已在仿照欧美体制基础上做出尝试,但囿于社会条件,其学科概念、课程结构较为有限。新中国成立后,随着苏联模式的深入影响,我国专业音乐教育理念、课程范式"西化"体制初具规模。值得关注的是,作为借鉴苏联经验的课程实践之一,相关院校虽然一定程度

加强了中国传统音乐在教学环节中的比重，但其认知理念和课程范式的研究，则较为有限。

世纪之交，我国专业音乐教育观的反思与转向，体现在世界文化多样化背景下，如何通过加强"母语文化"与教育目标的联系，构建与全球文化和谐相处的新的学科理念及其课程系统。就中国近现代文化史所勾勒的社会教育版图而言，在中体西用变为西体为主的历程中，有关学科、课程的认知与研究十分薄弱，或者说更多被模仿和复制等应用性过程所覆盖，音乐教育及其课程内容亦不例外。面向未来，中国高等专业音乐教育学科建设的理论研究与教学实践，既取决于自身立足全球文化背景下音乐教育的世界性视野，同时也取决于包括本土音乐教育体系在内的音乐学科建设的

科学性与前瞻性。

综上所述，新时期我国高等专业音乐教育观的形成与发展，并非孤立或偶然出现的一种音乐文化现象，而是中国音乐教育体制及其社会属性发展到一定阶段的产物。作为中西文化传统、观念、共享文化交流等方面的现实存在，其物质的、人文的、精神的多种元素，不仅构成了特定社会条件下自身社会功能传播、流动、扩散的思想特征，而且体现了相关社会成员根据自身民族结构、文化理想，开创未来前景的现实需要。由于我国高等教育改革所处的社会文化前沿地位，其实践中所产生的现实问题，仍在不断为这一领域增添新的课题，因而，本文所及内容仅是阶段性工作，其结果，希望可以成为其他学者相关研究的铺路石。

注 释

[1] 本文系笔者根据 2011 年 11 月南京国际音乐教育高层论坛主题发言整理而成。

[2] 1976 年 10 月，以"四人帮"退出政治舞台为标志，历时十年的"文化大革命"就此画上句号。随着改革开放的社会文化大潮，中国进入了政治、经济、文化艺术等领域的新时期。对于新中国前十七年和"文革"十年而言，新时期高等专业音乐教育界以充分解放思想、多元共生的理论研究和社会实践，反映了其求真务实、勇于探索的一个学术侧面。

[3] 居其宏. 新中国音乐史. 湖南美术出版社, 2002 年 11 月, 第 8 页。

[4] 居其宏. 新中国音乐史. 湖南美术出版社, 2002 年 11 月, 第 8 页。

[5] 威廉·A. 哈维兰. 文化人类学. 上海社会科学院出版社, 2006 年 1 月, 第 45 页。

〔6〕龚鹏程.文化符号学——中国社会的机理与文化法则.上海人民出版社，2009年1月，第41页。

〔7〕龚鹏程.文化符号学——中国社会的机理与文化法则.上海人民出版社，2009年1月，第117—118页。

〔8〕管建华.世纪之交——中国音乐教育与世界音乐教育.南京师范大学出版社，2002年1月，第27—28页。

〔9〕梁茂春等.中国音乐论辩.百花洲文艺出版社，2007年5月，第201页。

〔10〕龚鹏程.文化符号学——中国社会的机理与文化法则.上海人民出版社，2009年1月，第41页。

〔11〕威廉·A.哈维兰.文化人类学.上海社会科学院出版社，2006年1月，第34页。

〔12〕费孝通.中华民族多元一体格局（修订本）.中央民族大学出版社，1999年9月，第5页。

〔13〕伍国栋.民族音乐学概论.人民音乐出版社，1997年3月，第59页。

〔14〕杨民康.音乐民族志方法导论——以中国传统音乐为实例.中央音乐学院出版社，2008年4月，第130页。

〔15〕刘大冬.指挥学科建设及理论研究工作纵横观——新中国指挥艺术发展的追述.内部刊物，未发表。

〔16〕萨利姆·阿布.文化认同性的变形.萧俊明等译.商务印书馆，2008年1月，第11—12页。

〔17〕山口修.出自积淤的水中——以贝劳音乐文化为实例的音乐学新论.中国社会科学出版社，1999年9月，第54页。

〔18〕李元庆.谈乐器改良问题.载《民族乐器改良文集》（第一集），音乐出版社，1961年12月，第6页。

〔19〕张晋德.一个新型民族乐队的成长——介绍中央人民广播电台民族乐团.载《人民音乐》，1955年第6期。

〔20〕叶栋.民族器乐的体裁与形式.上海文艺出版社，1988年2月，第260页。

〔21〕B.内特尔.西方音乐影响世界的研究.载《音乐人类学的视界——全球文化视野的音乐研究》，管建华编译，上海音乐学院出版社，2010年1月，第43页。

〔22〕〔英〕K.斯万维克.教育与音乐.载《音乐教育学》，人民音乐出版社，1996年12月。

〔23〕〔美〕R.E.穆勒·伯纳·雷恩鲍.美国高等音乐教育.载《音乐教育学》，人民音乐出版社，1996年12月，第176—178页。

〔24〕管建华.世纪之交——中国音乐教育与世界音乐教育.南京师范大学出版社，2002年1月，第41页。

[25] 居其宏.新中国音乐史.湖南美术出版社,2002年11月,第222页。

[26] [澳]罗·霍尔顿.全球化与民族国家.世界知识出版社,2006年1月,第138页。

[27] 管建华.世纪之交——中国音乐教育与世界音乐教育.南京师范大学出版社,2002年1月,第27—28页。

[28] [美]内特尔.音乐共性的研究.载《音乐人类学的视界——全球文化视野的音乐研究》,管建华编译,上海音乐学院出版社,2010年1月,第102页。

国立中央大学美术教育历史研究[1]

——以徐悲鸿写实主义美术教学实践为例

尚莲霞

摘要：中央大学艺术系是徐悲鸿写实主义美术教育思想自创立至日臻成熟阶段的发展平台，本文从徐悲鸿执掌中央大学艺术系时期的招生考试、课程设置、师资力量和考核毕业等方面的史料呈现和分析，来探讨徐悲鸿写实主义美术教育思想的历史价值和现实影响。

关键词：徐悲鸿写实主义美术教育思想　中央大学艺术系

作者：尚莲霞，女，南京大学历史学博士，南京大学美术研究院讲师。

20世纪中国近现代美术教育，其中徐悲鸿的写实主义美术教育思想建立了比较完整的体系，他的美术教育思想在他"生前"、"身后"乃至对今日的美术教育都产生了重大的影响。徐悲鸿早年受"五四"新文化运动思想影响，提出采欧洲写实救当时之弊，推行以写实主义改良中国画的系统主张，自1928年开始，徐悲鸿以国立中央大学艺术系为平台践行着他的写实主义美术教育体系。20世纪三四十年代的中央大学艺术系聘请有一大批享誉国

内外的著名美术家，一时间中央大学艺术系成为大师云集、师资力量雄厚的美术教育的大本营。1937年抗日战争爆发，抗日救亡成了压倒一切的时代主旋律，徐悲鸿的写实主义美术教育思想适应了战时需要，与革命现实主义相融合。1942年毛泽东发表了《在延安文艺座谈会上的讲话》，提倡现实主义的革命功利性，徐悲鸿学派和延安鲁迅文学艺术院成为推动现实主义美术发展的中坚力量。诚如徐悲鸿所言："写实主义足以治疗空洞浮泛之病，

今渐渐稳定,此风格再延长 20 年则新艺术基础乃固。"在中央大学西迁至重庆后,徐悲鸿将写实主义与抗日救亡的社会现实相结合,使徐悲鸿写实主义美术教育思想成为中国现代美术发展的主流导向。解放后,由于政治上的"一边倒",中国美术教育也向苏联学习,苏联的契斯恰阔夫素描教学体系被系统地引进中国各大美术学院,成为继徐悲鸿写实主义美术教育体系之后引领中国美术发展的导向。

本文研究的徐悲鸿在中央大学的美术教育思想主要集中在 1928—1946 年这个阶段,尽管徐悲鸿在中大的教育实践主要集中在 1928—1938 年,其后的 1938—1946 年是由吕斯百主持中大艺术系的教学活动的,但是,吕斯百是徐悲鸿学派的忠实继承者,因此,1938—1946 年期间中央大学美术教育仍然是徐悲鸿写实主义体系的延续。文章将从徐悲鸿执掌中央大学艺术系时期的招生考试、课程设置、师资力量和考核毕业等方面的史料呈现和分析,探讨徐悲鸿写实主义美术教育思想的历史价值。

一、徐悲鸿执掌的中大艺术系概况

关于国立中央大学艺术系的性质,以往的学者往往界定为美术专门院校,其实中央大学艺术系的性质是师范美术教育。这一点可以从它的学校沿革、招生状况、培养目标、学制课程以及毕业生分配等方面得到验证,而且中大艺术系一直是隶属于国立中央大学教育学院。在 1933 年《国立中央大学教育学院 22 年度进行计划》中列出了中央大学艺术科的培养方针:"甲、培植纯正坚实之艺术基础以造就自力发挥之艺术专材;乙、养成中学及师范学校之各种艺术师资;丙、养成艺术批评及宣导之人才以提高社会之艺术风尚而陶铸优美雄厚之民族性。"[2]由此可见,中央大学艺术系是培养中学及师范学校的各种艺术师资,它的性质是师范教育。中央大学艺术系最早可以追溯到创办于 1902 年的三江师范学堂的图画手工科,该校前后共办了十年,至 1911 年冬因辛亥革命爆发而停办。1914 年复校,在其南京旧址开办国立高等师范学校,1923 年合并于东南大学,改称教育学院,1924 年工艺专修科独立为江苏省立艺术专科学校。1927 年 4 月,国民政府定都南京,接收各公立学校,组建成国立第四中山大学,并将江苏省立艺术专科学校并入第四中山大学教育学院,在第四中山大学教育学院内设立艺术专修科。1928 年 5 月正式更名为国立中央大学艺术系,下设国画、音乐、手工三组,学制二至三年,徐悲鸿受聘中大艺术系后,于 1929 年度起改学制为四年,增设西画组,徐悲鸿主任西画，吕凤子主任国画。1931年因工艺组学生过少而停办。1931年，艺术专修科奉命改称"艺术科"，[3]设国画、西画、音乐三组，学制仍为四年，故艺术系由绘画组和音乐组组成，隶属于中央大学教育学院，毕业后授予学士学位。1937年西迁重庆，1938年8月，奉国民政府教育部令，中央大学教育学院改为师范学院，同时又把艺术科改为"艺术专修科"，学制三年，但很快又改为"艺术系"，学制五年。1935年—1936年徐悲鸿任主任。1937年起吕斯百任代理（徐悲鸿）科主任，1940年正式任系主任。1945年7月14日，增设艺术学部。1945年8月1日，为了在课程开设和师资上节省人力、物力，经校行政会议通过，对师范学院一部分系科进行改并，师范学院只保留教育、艺术、体育三系和附设体育专修科。[4]

二、徐悲鸿时期中央大学艺术系招生与教学情形

徐悲鸿在中央大学艺术科这个重要的艺术舞台上确立了以写实主义作为科学法则和造型基础。徐悲鸿认为："艺术家应与科学家一样有求真的精神，研究科学，以数学为基础，研究艺术，以素描为基础。"要求学生具有坚实的造型基本功力，强调学生素描基本功的坚实训练，强调美术教育面向社会、反映时代的

要求。徐悲鸿主持中央大学艺术系教学期间，以"尊德性、道学问、致广大、尽精微、极高明、道中庸"作为对学生的要求，教育方向一直沿着认真、刻苦，以求发展民族美术的目标前进，同样也体现了"中西融合"的美术教育思想。徐悲鸿一方面将法国巴黎高等美术学院的教学经验直接移植到中央大学艺术系的西画教学中，开创中国的西画教学；另一方面，他将写实主义与中国传统艺术中的观念和自己的理解相融汇，进行中国画人物画的教学改革。

一、生源与招生考试

要建立一所好的大学，优质的生源是至关重要的。当时的国立中央大学教育学院艺术科因为徐悲鸿先生的到来，在国内声名鹊起，极大地吸引着全国各地的美术考生前来投考。从地域上看，中大考生主要集中在苏浙皖一带，在北方京津地区，中大对考生吸引力不足。这一方面原因由于求学地理位置的便利，另一方面原因也由于京津地区名校林立，是中大强有力的竞争对手。但是抗战初期，中国的高等教育事业遭到了巨大破坏，而中央大学则因举校成功西迁成为保存最为完好的国立大学。[5]虽然经过西迁的颠沛流离，但中大学生人数在1937年不降反增。到了1941年1月，"大学学生总额已逾三千，较在南京增加三倍。"[6]抗战时期的中央大学成为

众多考生报考的首选。1947年,国立中央大学师范学院艺术科主任吕斯百先生在《学识杂志》第5—6期刊登了《中央大学艺术系课程概况》,文中提到了投考艺术系的条件:"……不过大家所关心的,恐怕是想知道投考中大艺术系的条件!无论绘画或音乐,除学者本人自小的禀赋与爱好外,最好是从初中开始学起。不过大学入学考试有一般的规定,就是要高中毕业和同等学力,就是说有高中二年级以上的程度,如其是师范毕业,依教育部的规定,就当有服务三年的证明。自然,我们希望研究艺术的愈年轻愈好,不过我们计算师范毕业再服务三年,当不能超过二十三岁。年龄过大,再开始学艺术,是不十分适宜的。"[7] 由此可见,中大艺术科的报考条件应该是符合高中毕业生或者具有同等学历的师范毕业生并有服务三年的证明,年龄在二十三周岁以下的青年均满足条件可报考。

自1929年徐悲鸿主持中大艺术系西画组,西画组招生考试体现了移植法国美术教育的模式。1931年7月上旬,徐悲鸿主持中大艺术科美术专业招考新生,当主考的素描结束的次日早晨,就把试卷和分数当众公布,让应考的学生们看,这种做法在当时是少见的。《徐悲鸿年谱》记载了关于徐悲鸿在法留学期间,于1920年4月初参加了巴黎高等美术学院的入学考

试的情况:

> 徐悲鸿与我国女画家方君璧,同时报考法国国立最高美术学校。
>
> 四月五日,参加第一试,考试人体实习,被录取。
>
> 四月十二日,参加第二试,考试石膏模型,又被录取。
>
> 四月十九日,参加第三试,考试美术理论。
>
> 四月下旬,综合三次考试成绩,以优异的成绩被录取,在录取的一百名新生中,名列第十四(第二年升为第六)。

徐悲鸿将巴黎高等美术学院的入学考试的形式和内容直接移植到中大艺术系的招生考试中,考试内容包括理论和实践两方面:一、第一天专业技法考试:素描或人体,考试时间为四小时;二、第二天专业理论考试:艺术概论和西洋美术史等。考生除了专业理论和实践两门考试科目以外,还需要参加与投考其他专业相同的基础学科考试。如1933年中央大学《本校22年度招生简章》明确规定考试内容:"(1)党义(2)国文(3)算学(4)英文(5)中外史地(6)理化(7)生物(8)军事学科。考教育学院艺术科国画组者,加考

（1）国画理论，（2）实像模写；考西画组者，加考（1）石膏写生，（2）几何画，（3）中国美术史。"

徐悲鸿以中央大学艺术系为其写实主义美术教育的早期实践基地，培养了一批写实主义体系的继承者，他们成为后来北平国立艺专科和中央美术学院的重要师资，为徐悲鸿思想的继承和发扬贡献了力量。因此，在中央大学期间，徐悲鸿为了网罗人才，吸收优质生源，他采取"广收旁听生"这一举措，即允许优秀美术青年先以旁听生身份入校学习，第二年再参加入学考试进行录取培养。旁听生中同样人才辈出，不亚于在籍学生，并且徐悲鸿学派的许多杰出代表人物，例如：吕斯百（1928 年）、王临乙（1928 年）、吴作人（1929 年）、孙多慈（1930 年）、萧淑芳（1935 年）等最初也正是通过以旁听生的身份进入中央大学学习的。"接受旁听生"一直是徐悲鸿执掌中大艺术科以来的一个长期坚持的举措，凡有培养潜力的青年要求来中大旁听时，他从不拒绝。有时旁听的人数竟超过正式学生。吕斯百在 1943 年《艺术学系之过去与未来》一文中也曾把"广收旁听生"作为"我们希望本系逐渐成为研究艺术的最高学府，就有最低限度的要求"之一。在整个 20 世纪的艺术家和艺术教育家中，徐悲鸿的提携人才、奖掖后进的伯乐精神是最突出

的，并贯穿了他的一生。

二、课程整合与教学活动

课程是大学人才培养的重中之重，课程的设置、组织和教学的实施，对于大学人才培养以及毕业生就业都具有导向性，是促进大学与社会相互作用的关键环节。1933 年，中央大学教育学院编制了各系科课程标准，其中关于课程建设的目标定位为"根据中华民国教育宗旨及其实施方针，培养教育建设所需之各种人才，以完成民族复兴之使命"。[8]徐悲鸿长期执教于国立中央大学，对当时美术教育、美术风格的转变和课程设置等方面起到重要影响。他倡导西方写实主义，分别对艺术科的西画组和国画组课程进行了调整。

（一）中西融合的中国画教学改革

如何对待中国传统美术，徐悲鸿提出"古法之佳者守之，垂绝者继之，不佳者改之，未足者增之，西方画之可采入者融之"。主张对"古法"进行改良，"法"即画法，徐悲鸿的改良主张与实践，可以概括为写实方法与技巧，也就是"古法之近于写实者守之，远离写实者改之，西方画之写实法融之"。因此，中国画的核心是笔墨，徐悲鸿把素描融入笔墨，素描是包括中国画在内的一切造型艺术的基础，"他在教学中不遗余力地实施素描第一，以求惟妙惟

肖的写实主义教学原则。即使是在抗战的艰难条件下,他仍要求学生们锤炼素描的基本功,坚持模特儿、静物的写生。"[9]他参照我国古代画理中的"六法论",融合西方造型教学的基本法则,创立了独特的素描教学的"新七法"作为其美术教育的核心内容。在中国画教学过程中进行中西融合的尝试:首先体现在制定的中国画教学大纲,也把学习素描放在首位;其次在课程设置和学分计算上,素描课占重要分量。1941年10月,中央大学艺术系学制改为5年,国画、西画合并在绘画组,根据中国第二历史档案馆所藏国民政府教育部档案显示的国立中央大学师范学院艺术学系绘画组的课程表:"一、二年级集中教学,三、四、五年级分西画、国画组施教。一、二年级素描每周9小时(半年4.5学分,全年9学分),三年级实像模写及素描、油画每周15小时(半年7.5学分,全年15学分),四、五年级油画及国画每周15小时(半年7.5学分,全年15学分),四、五年级油画及国画每周15小时(半年7.5学分,全年15学分),图案每周3小时(半年3学分,全年6学分),风景静物每周3小时(半年3学分,全年6学分)。"[10]一年级基本学习素描,主要是教育学、文化理论科目,二年级以专业课为主,体现素描优先的教学思路。国画组三年级处于过渡阶段,实像模写继续进行,而色彩、风景静物属于西画教学内容的课程列为选修,国画四、五年级以传统的中国画教学内容为主,诗文、书画、篆刻皆列为必修课程,学分比例大幅提高。整个中国画教学模式与传统并无太大差异,素描、油画、国画、风景静物、图案等学科,为艺术学系之主要课目,且需长期训练,始能纯熟,复得实益处。素描是用来打基础,服务于造型训练的,不影响学生的创作。诚然,以写实主义改造中国画是徐悲鸿多年的艺术理想,而抗日战争的爆发为他实现理想提供了难得的契机。此时,他的个人艺术偏好与社会时代需要相吻合,徐悲鸿感叹道:"吾国因抗战而使写实主义抬头。"[11]"徐悲鸿不仅自己在创作中加快了中西融合的步子,……而且还大张旗鼓地把西画的写生融入中国画教学之中,建构中西融合的中国画教学体系。"[12]其实,在当时的国立中央大学艺术科的中国画教学中,徐悲鸿模式只是其中之一,并没有出现绝对一统天下的局面。至于中国画教学除了徐悲鸿教授素描、西画实习、西洋美术史等课程外,中央大学还聘请了一些中国画教授:

1928年—1935年
吕凤子
1928年—1936年
汪采白
1929年—1948年

张书旂　花鸟

　　1933 年—1934 年

张大千（1899—1983）

　　1936 年—1937 年

高剑父

　　1937 年—1948 年

黄君璧（1898—1991）

山水

　　1943 年—1948 年

谢稚柳（1910—1997）

工笔

　　担任图案、色彩学、西洋美术史等课程的陈之佛（1896—1962），兼授工笔花鸟。担任中国美术史、国画概论、篆刻等课程的傅抱石兼授山水画。

　　因此，师资的多元化保证了中国画教学模式的多元化，徐悲鸿施行的写实主义模式，更多地体现在一种造型训练的理念，但决没有以此束缚学生的创作个性。从中央大学教育学院艺术学系毕业生的绘画风格可以看出，中国画专业毕业生的风格主要受徐悲鸿写实主义影响的很少，因此，徐悲鸿提倡的中西融合的中国画教学模式在中央大学艺术系时期并没有得到很好地实施，只能说是初步尝试，1946 年以后，这种模式被沿用于国立北平艺术专科学校的教学活动中并逐渐走向成熟。

（二）教学活动体现理论与实践相结合

　　徐悲鸿在教学上认真贯彻"面向自然，对景写生"，注重理论和实践相结合的教学模式。他鼓励学生通过细心观察、研究、写生，充分了解描摹对象的造型规律，才能进入写神，达到得心应手的地步。体现了他所提倡的"致广大，尽精微"，"妙造自然"的写实精神。正如他在 1918 年《中国画改良之方法》中提出的："盖艺术乃民族生活之现象，思想之表征。"并一再提出"智之美术"，要"求真"、"求实"，"凡美术之所以感动人心者，决不能离乎人之意想"。因此，艺术是生活和思想的反映，唯有求真、求实的美术才是最能打动人的。徐悲鸿在美术教育中推行旅行写生制度，探求"或穷造化之奇，或探人生究竟"也是其走中西融合道路的体现。他在《复兴中国艺术运动》一文中说："夫人之追求真理，广博知识，此不必艺术家为然也。惟艺术家必须如此。故古今中外高贵之艺术家，或穷造化之奇，或探人生究竟，别有会心，便产杰作。……真正艺术品之产生，与夫文化史上大杰作之认识，必须具此精湛之思想，否则必陷于形式一套，欲希望汤之盘铭，所谓德之日新又新，必不可得也。"[13]徐悲鸿将这一思想贯彻于中央大学艺术系的教学活动中，在百忙之中抽出时间亲自带队组织学生

进行户外写生教学。艺术科包括西画组和国画组定期组织师生以徐悲鸿、潘玉良等教授带队的"旅行写生"教学活动。另一方面，国立中央大学艺术科重视实践方面教学主要体现在定期举办创作实践类观摩讲座，这种教学相长的模式产生了较好的教学效果。

三、大师云集：中央大学艺术系的教授群体

国立中央大学艺术科建立以后，中国人才已有累积，因而在聘用师资上主要聘请本国留法、留日学成回国的艺术家来校任教，例如：李毅士、徐悲鸿、潘玉良、陈之佛、张大千、高剑父、吕凤子、汪采白、张书旂、黄君璧、傅抱石、谢稚柳、许士骐、吕斯百、吴作人等，一时间中大艺术系成了名师的讲堂。当时的中大锐意改革，广揽人才，形成了尊重人才、尊重学术的氛围。中央大学艺术系取得这样的成就与徐悲鸿慧眼识珠，甘做伯乐，破格提拔人才的一贯作风分不开的。徐悲鸿之所以在美术界具有崇高地位而且他的美术教育思想影响了中国几十年，其原因一方面在于他的勤奋刻苦以及精湛的技艺；另一方面美术教育事业中对学生的大力提携和不遗余力的培养和举荐。在中国现代美术教育史上，徐悲鸿先生桃李满天下，硕果累累，留下许多艺坛佳话，在他身后，徐悲鸿学派可以在中国美术界

大放异彩。徐悲鸿在聘用人才方面主要有三个方面：

1. 珍爱人才、唯才是举，积极推荐优秀艺术青年，创造机遇，为他们提供出国留学深造的机会，为国家培养美术创作与艺术教育的领军人才；

2. 不为学历文凭限制，破格录用杰出青年担任国立中央大学艺术系助教，提高教师队伍的艺术创作水平；

3. 全力倾心于教学工作，在百忙中做到对学生来信必复，对于优秀的美术青年可以先以旁听生身份入校听课，再参加考试录取培养，扩大了美术教育的影响力，争取了优秀的生源。

1937年抗日战争爆发后，国立中央大学教育学院艺术科迁至重庆，中国油画的中心逐渐从上海转移到重庆沙坪坝。后来，许多美术院校又陆陆续续迁往重庆，例如：国立艺术专科学校、私立武昌艺术专科学校等。在这些美术院校中，以徐悲鸿为代表的中央大学艺术科抵达重庆的时间最早。中央大学艺术科在南京近十年所积累的设备及绘画用具皆因庞大和难以搬运被遗弃。因此，初至重庆的国立中央大学艺术科出现教学用具与绘画材料的极其匮乏。当时，以徐悲鸿为首的中大师生们用自制的猪鬃笔代替油画笔。师资中还有黄君璧、吕凤

子、陈之佛、许士骐、庞薰琹、李瑞年、秦宣夫、谢稚柳、费成武、艾中信，1937年10月，吴作人、吕斯百等油画家，随中央大学迁至重庆，不久，徐悲鸿从桂林来到重庆，接着中大又相继聘请了孙宗慰、陈晓南、黄养辉、张蒨英等人担任西画教师。学校里破陋的教室需要修缮、教学设备的匮乏、资金的不足是解决这些难题的关键，因此，为了寻求资金重振中央大学艺术科，徐悲鸿1939年再次远赴南洋进行为期三年的募捐艺展和艺术考察，于1942年回到重庆，筹备成立了中国美术学院。1943年以后，国立中央大学艺术系教学设备增加，停办了六年的音乐科重新恢复招生，艺术系的学生人数增加至一百人。中央大学艺术系成为西迁后美术教育最成功的。

四、考核、毕业与就业

国立中央大学艺术系属于师范教育，因而毕业生的毕业和分配遵守师范教育的相关规定。1933年《国立中央大学教育学院二十二年度进行计划》中规定："一、大学毕业生经本大学试验及格者予以一年之训练，期满及格，给予证书。二、请教育部通令各省市教育局资送现任初高中教员曾在公立或已立案之私立大学本科毕业，经本大学试验及格者，予以一年之训练，期满及格，给予证书。待遇：以上两项学生在训练期间及训练后服务期间，应受

下列较优之待遇：（一）第一项之学生概免学费；（二）第二项之学生除免学费外，请教育部明定由各该省市教育厅局供给其他费用，并保留原职，训练期满，仍回原校服务。（三）请教育部明定凡各校聘请高中教员，应仅先任用第一项之毕业生。"[14]该规定中所列出的第一项之学生即中央大学教育学院应届本科毕业生，学生在校期间学费是全免的，大学毕业生经本大学试验及格者还需经过一年的训练（即实习）期满及格后方可毕业，给予证书，训练期间免学费。对于大学本科毕业生通过大学试验合格的具体要求，教育学院也有相关规定，具体如下：第一学年侧重基础课目学习，必修课目逐年减少，第一学年不设选修课目；第二学年得选修八学分；第三学年选修十六学分；第四学年得选修二十学分。教育学院注重学理与实际并重，逐年均订有"指导观察及实习"。为增进学生之独立研究能力起见，本院学生于毕业考试前，须提出论文一篇作为毕业考试成绩之一部分。此项论文题目至迟须在第四学年开始时决定，并由学生商请本系教授一人担任论文指导。其论文不及格者不得毕业。吕斯百担任系主任后在1947年《学识》第5—6期刊登了《中央大学艺术系课程概况》中对毕业生学分要求与教育学院规定大致相同：第一学年侧重基础科目，必修课目逐年减少，第

一年不设选修课目;第二年得选修 8 学分;第三年得选修 16 学分,第三年 20 学分。

三、结 论

徐悲鸿写实主义美术教育思想早期创立阶段,是围绕中央大学艺术系的建设而发展的。他以中央大学艺术系为基地开展教学活动,从理论和实践两个层面丰富了徐悲鸿写实主义美术教育思想。随着八年抗战,徐悲鸿写实主义美术教育思想得到了空前的壮大。战后,徐悲鸿北上接任北平艺专校长,徐悲鸿学派的弟子们以及写实主义的追随者们一起聚集于北平艺专。中央大学艺术系则由徐悲鸿的学生吕斯百率领迁回南京,那里也团结了一批徐悲鸿学派的画家。"这样在重庆、南京、北平和战前、战后形成了一个强大的以徐悲鸿为中心的写实画家群落,开始以它的美学原则,创作模式左右着中国油画的发展。先后加入这个画家群落的有吴作人、吕斯百、张安治、张倩英、陈晓南、冯法祀、孙宗慰、李宗津、董希文、李瑞年、艾中信、戴泽、文金扬、黄显之、秦宣夫等。显然,这个阵容是其他学校无法相比的,也远远超过了徐悲鸿 30 年代所团结的画家范围。"[15]1942 年 10 月,徐悲鸿在教育部长朱家骅的支持下,创办中国美术学院,张安治、张倩英、黄养辉、孙宗慰、冯法祀、文金扬、艾中信、费成武、李宗津、宗其香、吴作人等徐氏弟子和吕斯百、蒋兆和、王临乙、陈晓南、李瑞年、宋步云等人分别被聘为兼职副研究员或助理研究员。这些人无不以西画为擅长,徐悲鸿体系得到进一步扩充和发展。于是,他一方面着手探索中国画教学改革,另一方面又积极培养人才,派出张安治、陈晓南、费成武、张倩英等人赴英国深造,为后来教学人才的使用奠定了基础,同时也保证了其教学方案实施的延续性。

徐悲鸿写实主义美术教育思想在中央大学艺术系是初创阶段,但最能体现他的教学思想的还是他在国立北平艺专当校长时期。解放以后,他的想法需要和解放区来的思想进行融合。自抗日战争起,中国的艺术和政治的关系结合得越来越密切,艺术必须为抗战服务,美术教育的目的也是为抗战培养宣传工作的美术工作者,担负着宣传群众、教育群众、提高群众文化的重任。建国初期,百废待兴,中国几乎切断了与西方国家的关系,除了通过苏联东欧的折射以外,很难直接接触到优秀的西方艺术。不仅仅是艺术领域,全国各行各业都在开展学习苏联的运动,苏联的社会主义成为新中国借鉴学习的榜样,"苏联的今天就是我们的明天"。当时中央美院华东分院率先成立了美术理论研究室,主要职能是译介外国美术史论著作,其中俄语翻译最热。杨成寅翻译了苏联契斯恰阔夫素描教学体系,1955年文化部召集召开的全国素描教学座谈会进一步要求向全国推广契斯恰阔夫素描教学体系。至此,以契氏为代表的苏联素描教学经验被系统地引进中国各大美术学院,成为继徐悲鸿写实主义美术教育体系之后引领中国美术发展的导向。"契氏体系是苏联当时一个完备的素描教学体系,基于西方文艺复兴学院教学的传统,基于科学主义、自然主义和现实主义的美学。这个体系引入我国教育界后,便很快被普遍接受,进而处于一统天下的地位。契氏素描教学法,从思想体系、课程设置、教学要求、作画方法、直至作画工具,几乎全被我国美术院校作为规范加以推行。"[16]在对苏联社会主义现实主义美术的借鉴和引进过程中,中国的美术界逐渐形成了一整套行之有效的教学法和一个相对完备的教学体系,今天现实主义在中国的成就证实了徐悲鸿的预测,因此他是当之无愧的中国写实主义美术绘画之父。总而言之,本文通过对徐悲鸿中央大学时期写实主义美术教育思想的史料的梳理和分析,使得徐悲鸿美术教育研究更加充实和完整,并对当前美术教育具有重要的启示作用。

注　释

[1] 基金项目:南京大学2012年青年基金项目《徐悲鸿与中央大学美术教育研究》。

[2] 1933年第1期《国立中央大学教育丛刊》,第318页。

[3] 国立中央大学整理委员会会议决案提及:"一、院系之整理。甲、关于教育学院者:将该院原有之教育原理、教育心理、教育行政、教育社会四系。改并为教育学系,自22年度起,另设师资专科。各院毕业生有志为中等学校教员者,得在教育学习肄业一年,休息特定科目后,由学校给予证书。原有艺术教育科,艺术专修科,改并为艺术科。"缩微胶卷,中国第二历史档案馆馆藏,国立中央大学档案648—950。

[4] 朱伯雄、陈瑞林编著.中国西画五十年.人民美术出版社,1989年,第19—24页。

[5] 抗战时期的中央大学地分三处:重庆、成都和贵阳。虽然地域分散、头绪繁多,领导不便、开支增加,不利于办学,然而在抗日精神的感召下,大家齐心协力,知难而上,克服重重困难,不断扩大办学规模,使中大的发展达到历史上的鼎盛时期,成为全国规模最大的高等学府。

[6]《上总裁书》,文存,第7册,第169页。

［7］吕斯百.中央大学艺术系课程概况.学识杂志.1947年,第5—6期,第48页。

［8］国立中央大学教育学院22年度进行计划,教育丛刊,第1卷第1期,1933年。

［9］黄宗贤.大忧患时代的抉择——抗战时期大后方美术研究.重庆出版社,2000年,第191页。

［10］国民政府教育部档案,"师范学院艺术学系学制及课程设置",中国第二历史档案馆藏,全宗号五,案卷号2317。

［11］徐悲鸿.西洋美术对中国美术之影响.王震编.徐悲鸿文集.上海画报出版社,2005年,第191页。

［12］黄宗贤著.大忧患时代的抉择——抗战时期大后方美术研究.重庆出版社,2000年,第248页。

［13］王震著.徐悲鸿研究.江苏美术出版社,1991年,第73页。

［14］《国立中央大学教育丛刊》,1933年。

［15］刘新著.中国油画百年图史.广西美术出版社,1966年,第106页。

［16］潘耀昌编著.中国近现代美术教育史.中国美术学院出版社,2002年,第54页。

图书在版编目(CIP)数据

东吴文化遗产.第四辑/苏州大学非物质文化遗产研究中心编.—上海:上海三联书店,2013.3
ISBN 978-7-5426-4073-4

Ⅰ.①东… Ⅱ.①苏… Ⅲ.①文化遗产—华东地区—文集 Ⅳ.①K295-53

中国版本图书馆 CIP 数据核字(2012)第 307508 号

东吴文化遗产(第四辑)

编　　者／苏州大学非物质文化遗产研究中心

责任编辑／杜　鹃
装帧设计／鲁继德
监　　制／任中伟
责任校对／张大伟

出版发行／上海三联书店
　　　　　(201199)中国上海市都市路 4855 号 2 座 10 楼
网　　址／www.sjpc1932.com
邮购电话／24175971
印　　刷／上海惠顿实业公司

版　　次／2013 年 3 月第 1 版
印　　次／2013 年 3 月第 1 次印刷
开　　本／710×1000　1/16
字　　数／400.千字
印　　张／26.75
书　　号／ISBN 978-7-5426-4073-4/G·1224
定　　价／62.00 元